2,000개의 언어를 둘러싼
발전과 통합의 과제

아프리카
아이덴티티

앤드류 심슨 엮음

김현권 · 김학수 옮김

지식의날개

「이 도서의 국립중앙도서관 출판예정도서목록(CIP)은 서지정보유통지원시스템 홈페이지 (http://seoji.nl.go.kr)와 국가자료공동목록시스템(http://www.nl.go.kr/kolisnet)에서 이용하실 수 있습니다.(CIP제어번호: CIP2016020215)」

아프리카 아이덴티티

– 2,000개의 언어를 둘러싼 발전과 통합의 과제 –

엮은이 / 앤드류 심슨
옮긴이 / 김현권 · 김학수
펴낸이 / 이동국

펴낸곳 / 한국방송통신대학교출판문화원
　　　　주소　서울특별시 종로구 이화장길 54 (우03088)
　　　　대표전화　1644-1232　팩스 (02)741-4570
　　　　http://press.knou.ac.kr
　　　　출판등록　1982. 6. 7. 제1-491호

초판 1쇄 펴낸날 / 2016년 8월 23일

책값은 뒤표지에 있습니다.
ISBN 978-89-20-01955-5　03340

출판위원장 / 권수열
편집 / 전준섭 · 김경민
편집 디자인 / 홍익 m&b
표지 디자인 / 최원혁

옮긴이 서문

이 책은 아프리카 대륙의 언어 상황을 개괄하면서 주요 아프리카 국가의 국민통합과 발전 과정에서 언어가 어떤 역할을 해 왔는지를 주 내용으로 다룬다. 언어는 인간과 다른 동물을 구분하는 중요한 요소이고, 인간은 언어를 매개로 서로 교류하면서 다양한 문명을 발전시켜 왔다. 언어가 언제 어디에서 어떻게 발생했는지는 인류가 아직 풀어야 할 수수께끼이지만, 아프리카에서 인류가 처음 발생했다는 점에서 볼 때 언어도 이곳에서 탄생했을 가능성이 크다.

세계 언어의 권위 있는 정보 사이트인 에스놀로그(www.ethnologue.com)의 집계(2016년 기준)에 따르면 아프리카 대륙에는 2,136개의 언어가 있다. 크건 작건 간에 이 언어들은 아프리카 54개국에서 약 12억 명의 인구가 사용한다. 평균적으로 국가당 약 40개의 언어와 언어당 5만 6,000명 가량의 화자가 있는 셈이다. 남북한 합쳐 약 7,400만 명의 인구가 국어를 줄곧 단일어로 사용해 온 우리 민족으로서는 이 수치가 실로 경이로울 수밖에 없다. 또한 이 수치는 7,097개로 집계된 전 세계 언어의 30퍼센트에 달한다.

그러나 세계에서 두 번째로 큰 대륙인 아프리카에 이렇게 많은 언어와 국가가 있음에도 우리는 아프리카를 한 덩어리로 묶어 부르는 경향이 있다. 예컨대, '테러가 아프리카에서 발생했다'라든지, '나는 아프리카를 다녀왔다'라든지, 혹은 '그는 아프리카 출신이다'라든지 등으로 말이다. 이 문장에서 '아프리카'를 빼고 '아시아'를 넣어 보면 뭔가 부자연스럽다는 것을 알 수 있다. 그만큼 우리 의식 속에는 아프리카가 여전히 생소하고 먼 지역으로 남아 있다.

아프리카는 최근 들어 이른바 '지구의 마지막 보루'로서 세계 각국의 초미의 관심 지역으로 떠오르고 있다. 여기에는 아프리카인을 대상으로 한 수백 년간의 노예거래를 했고 수십 년간 아프리카를 식민 지배했던 유럽 국가를 비롯해 미국, 중국, 인도, 일본 등의 경제대국이 포함된다. 우리나라도 또한 예외가 아니어서 아프리카에 대한 관심과 이들 국가와의 교류가 날이 갈수록 늘고 있다. 대개는 풍부한 자원과 시장성과 같은 경제적 이유 때문이지만 현재 아프리카가 안고 있는 가난, 질병, 기아, 난민 등의 문제와 관련하여 국가 기관이나 민간 NGO 단체가 진출하는 경우도 많다.

그러나 오늘날 아프리카와 적극적으로 교류하고 있는 이들 경제대국은 본격적인 진출에 앞서 이미 오래전부터 아프리카에 관해 다양한 지식을 축적해 왔고, 그중에서도 특히 아프리카 언어와 문화 연구를 중요시했다는 공통점이 있다. 예컨대, 아프리카를 직접 식민 경영한 유럽(영국, 프랑스, 독일 등)은 역설적이게도 그 접촉 초기부터 오늘날까지 우리가 알고 있는 아프리카 언어와 문화에 대한 지식을 꾸준히 생산해 왔다. 미국은 아프리카를 직접 식민 지배하지는 않았지만, 제2차 세계대전 이후부터 아프리카 연구에 박차를 가해 현재는 유럽과 함께 언어와 문화 연구를 포함한 거의 모든 분야를 주도하고 있다. 세계 경제의 한 축으로 자원 확보를 위해 아프리카에 적극적으로 진출하고 있는 중국도 정치적 차원에서 아프리카와의 관계를 막 맺기 시작할 무렵인 1950년대부터 오늘날까지 스와힐리어, 하우사어 등의 다양한 아프리카 언어 전문가를 국가 차원에서 꾸준히 양성하고 있다.

그렇다면 이들 경제대국이 본격적인 진출에 앞서 아프리카 언어에 큰 관심을 둔 이유는 무엇일까? 이는 당연하지만, 언어가 종족의 역사와 문화를 담고 있는 매개체이므로 아프리카인을 이해하고 그들과 교류하기 위해서는 먼저 그들의 언어를 알아야 했기 때문이다.

아프리카 대륙에는 우리나라와 같이 단일어를 사용하는 국가가 없다. 토착어가 무수히 많으나 거의 모든 국가가 영어, 프랑스어, 포르투갈어와 같은 구 식민종주국의 언어를 여전히 국가 공식어로 사용한다. 그러나 열악한 교육 여건 때문에 이러한 외래 공식어를 모어처럼 구사할 수 있는 아프리카인의 비율은 그리 높지 않다. 반면에 아프리카인 대부분은 자신의 토착 모어와 그 지역의 아프리카 교통어(lingua franca)를 일상에서 사용한다. 영어와 프랑스어, 스와힐리어와 하우사어 같은 거대 언어의 틈바구니에서도 무수히 많은 작은 아프리카 토착어가 여전히 생명을 유지하는 이유는 바로 이 토착어들이 오랫동안 그 사용자의 종족과 개인 정체성을 표시해 주는 유일한 언어였기 때문이다.

이 책은 아프리카 54개국 중 19개국의 언어 분포와 사용 양상을 각국의 저명한 언어 전문가가 상세히 개괄한 편집서이다. 북부 아프리카에서 사하라를 거쳐 남부 아프리카에 이르기까지 권역별로 중요한 아프리카 국가들이 망라되어 있다. 장마다 해당 국가의 역사를 간략히 소개하여 현재의 언어 분포와 언어 사용의 역사적 맥락을 쉽게 이해할 수 있도록 했다. 주요 내용도 각국의 언어 분포 현황부터 주요 언어와 교통어, 언어 사용, 언어 지위, 언어 정책 및 계획, 다언어주의, 언어와 정체성, 언어 태도, 언어 선택에 이르기까지 다양하다. 인간 사회는 언어를 매개로 움직이므로 사회가 어떻게 작동하는지를 이해하기 위해서는 먼저 언어가 그 사회에서 어떤 역할을 하는지를 알아야 한다. 특히 아프리카와 같은 다언어 사회는 더더욱 그렇다. 이 책은 바로 이러한 문제들에 접근할 때 요긴한 참고서라고 할 수 있다.

마지막으로 비록 이 책이 언어와 관련되어 있고, 두 옮긴이 모두 언어학 전공자로서 한 사람은 아프리카 언어를, 다른 한 사람은 프랑스어를 전문적으로 연구한다고는 하나, 국내에 아프리카와 관련한 용어나 명칭이 아직 표준화되지 않은 점, 그리고 역자의 전문성을 벗어난 지역의 생소함 때문에 번역 과정이 순조롭지는 못했다. 특히 국내에 아직 소개되지 않은 인명이나 지명이 그러했다. 하지만 두 옮긴이는 아프리카와 언어학에 대한 전문 지식, 해외 인터넷 사이트 검색, 자문 등을 통해 그러한 명칭을 최대한 원어에 가깝게 우리말로 옮기고자 했다. 이 번역서가 앞으로 국내에서 아프리카 용어를 표준화하는 작업의 작은 시발점이 되었으면 하는 바람이다. 그리고 독자의 편의를 위해 각 장에 언급된 국가 기초 정보를 최신 정보로 업데이트해서 책의 뒷부분(558쪽)에 실었다.

아무쪼록 이 책이 다른 분야의 아프리카 전문가뿐만 아니라 다양한 목적으로 아프리카에 관심이 있는 독자에게 유용한 기초지식을 제공해 줄 수 있다면 옮긴이로서는 더 바랄 나위가 없겠다.

지은이 소개

아코수아 아니도호(Akosua Anyidoho)

오스틴 소재 텍사스 대학교에서 외국어 교육으로 박사 학위를 취득했다. 가나 대학교(레곤)의 언어학과에서 오랫동안 강의했으며, 2000~2002년에 학과장을 역임했다. 은퇴한 이후에도 학생들의 학위 논문을 지도하면서 여전히 이 학과와 인연을 맺고 있다. 연구 관심 분야는 제2언어 교육 및 학습, 교육과 언어, 아프리카 여성의 구전 문화 등이며, 이 분야에서 다수의 논문을 출간했다. 현재 가나에서 뉴욕 대학교 해외 연수 프로그램의 책임자로 일하고 있다.

데이비드 애플야드(David Appleyard)

1975년부터 런던 대학교 산하의 동양·아프리카연구소(School of Oriental and African Studies: SOAS)에서 2006년에 정년으로 퇴임할 때까지 암하라어와 아프리카 뿔 지역의 여러 언어, 다양한 에티오피아학 연구를 수행했으며, 현재 동 대학교 아프리카 뿔 지역 언어학과의 명예 교수이다. 연구 관심 분야는 이 지역의 방대한 언어와 언어학적 문제이며, 특히 에티오피아 셈어 및 쿠시어의 유형학과 역사비교언어학에 중점을 두고 연구하였다. 이 분야에서 다수의 저작물을 남겼으며, 주요 저서로는 *Ethiopian Manuscripts*(1993)와 언어 교재인 *Colloquial Amharic*(1995), *A Comparative Dictionary of the Agaw Languages*(2006) 등이 있다. 현재 Encyclopaedia Aethiopica의 국제 자문위원과 편집위원으로 활동하고 있다.

에드몽 빌로아(Edmond Biloa)

카메룬의 야운데 제1대학교 아프리카 언어학과의 교수 겸 학과장으로 재직하고 있다. 연구 관심 분야는 프랑스어학, 생성통사론, 심리언어학 등이다. 저서로는 *Functional Categories and the Syntax of Focus in Tuki*(Munich: Lincom Europa 1995), *Syntaxe générative. La théorie des principes et des paramètres*(Munich: Lincom Europa 1998), *La langue française au Cameroun*(Bern: Peter Lang

2003), *Cours de linguistique contemporaine*(Munich: Lincom Europa 2004), *Grammaire générative. La théorie minimaliste de Noam Chomsky*(Yaoundé: Cameroon University Press 2004), *Le français en contact avec l'anglais au Cameroun*(Munich: Lincom Europa 2006) 등이 있다. 또한 카메룬 프랑스어학과 사회언어학, 아프리카 언어통사론, 프랑스어 습득에 관한 다수의 논문을 출간했다.

에얌바 G. 보캄바(Eyamba G. Bokamba)

어바나 샴페인 소재 일리노이 대학교 언어학과의 언어학 및 아프리카어 교수로서 1974년부터 동 대학교에서 여러 보직을 맡았다. 처음에 인디애나 대학교에서 반투어 통사론 연구자로 출발하여 그곳에서 1976년에 박사 학위를 취득했고, 사회언어학 분야에 또 다른 관심을 가지면서 특히 아프리카 교육에 관한 언어 정책, 언어 변이, 코드 전환 등을 포함한 다언어주의 관련 연구를 수행했다. 이 분야를 비롯하여 반투어 통사론과 아프리카어 교육 자료 등에 대한 다수의 논문을 출간했으며, 최근의 저서(부인과 공저)로는 *Tósolola na Lingála: A multidimensional Approach to the Teaching and Learning of Lingála as a Foreign Language*(NALRC Press, University of Wisconsin-Madison, 2004)가 있다. 현재 *Multilingualism in Sub-Saharan Africa*라는 사회언어학 저서를 집필 중이며, 이는 이 분야의 대표작이 될 것이다.

메리 에스터 크롭 다쿠부(Mary Esther Kropp Dakubu)

가나 대학교 아프리카연구소의 교수이며, 1964년부터 동 대학교에 재직해 왔다. 주요 연구 분야는 콰어와 구르어를 비롯한 나이저콩고 언어이다. 저서로는 *Dagaare Grammar*(Legon: Institute of African Studies 2005), *Ga Phonology*(Legon: IAS 2002), *Ga-English Dictionary with English-Ga Index*(Accra: Black Mask Publishers 2002), *Korle Meets the Sea, a Sociolinguistic History of Accra*(New York and Oxford: OUP 1997), *The Dangme Language: An Introductory Study*(London/Accra: Macmillan/Unimax 1987), *One Voice: The Linguistic Culture of an Accra Lineage*(Leiden: African Studies Centre 1981) 등이 있다. 또한 *The Languages of Ghana*(London: Kegan Paul International Ltd. 1988)의 편집자이자 주요 기고자로 활동한 바 있다.

조르주 에추(George Echu)

카메룬 소재 야운데 제1대학교의 프랑스어학과와 언어학과 부교수이며, 이중언어 연구 부서를 이끌고 있다. 강의 분야는 프랑스어학, 사회언어학, 대조언어학, 번역 등이다. 2002년 8월~2003년 5월에 블루밍턴의 인디애나 대학교에서 풀브라이트 특별 연구원으로 활동했다. 다수의 연구 논문을 출간했고, *Official Bilingualism and Linguistic Communication in Cameroon*(New York: Peter Lang 1999) 과 *Africa Meets Europe: Language Contact in West Africa*(New York: Nova Science Publishers 2004)를 공동으로 편집했다.

모하 엔나지(Moha Ennaji)

1982년에 에식스 대학교에서 언어학 박사 학위를 취득했다. 페스 대학교 문과대학 정교수로서 1988~1994년에 영어과 학과장을 역임했다. 현재는 1998년부터 그의 감독하에 모로코에서 출간되는 국제학술지인 *Languages and Linguistics* 의 책임을 맡고 있다. 또한 언어, 문화, 사회 분야에 관한 다수의 책과 논문을 쓰고 편집했다. 가장 최근의 저서로는 *Multilingualism, Cultural Identity, and Education in Morocco*(Springer 2005), *A Grammar of Amazigh*(Fatima Sadiqi 와 공저, 2004), *A Grammar of Moroccan Arabic*(A. Makhoukh, H. Saidi, M. Moubtassime, S. Slaoui와 공저, 2004)이 있다. 최근 논문으로는 조슈아 피시맨(Joshua Fishman) 교수가 편집한 *Handbook of Language and Ethnic Identity*(OUP 1999)에 실린 'The Arab World(Maghreb and Near East)'와 알레야 루시디(Aleya Roushdy)가 편집한 *Language Contact and Language Conflict in Arabic*(Curzon 2002)에 실린 'Language Contact, Arabization Policy and Education in Morocco' 등이 있다.

체게 기씨오라(Chege Githiora)

주로 동아프리카 언어의 문법 기술과 언어학을 연구하고 있다. 또한 기쿠유어 형태통사론과 정서법, 스와힐리어 사전 편찬, 라틴 아메리카에 있는 아프리카 유민의 문화와 정체성에 대한 연구를 발표했다. *Diccionario Swahili-Español*(El Colegio de Mexico 2002)의 저자이며, 만프레디(Manfredi), 리틀필드(Littlefield)와 함께 *Trends in African Linguistics* Vol VI(Africa World Press 2004)를 공동 편집 했다. 다른 관심사는 사회 내의 언어 역동성이며, 가장 최근의 연구는 나이로비의 다언어주의와 사회계층에 대한 것이다. 미시간 주립대학교를 졸업한 후 멕시코의 엘 콜레지오와 보스턴 대학교(1998~2000)에서 스와힐리어를 가르쳤다. 현재 런던 대학교 SOAS에서 스와힐리어 강사로 재직 중이다.

웬디 제임스(Wendy James)

옥스퍼드 대학교의 사회인류학 교수이자 영국학사원의 연구원이다. 하르툼 대학교에서 강의했고, 수단과 에티오피아에서 연구를 수행했다. 북동 아프리카의 역사인류학과 지역 문화전통의 지속적 생존력에 특히 관심이 있다. 최근에 일반서 *The Ceremonial Animal: A New Portrait of Anthropology*(2003)를 출간했고, 수단에 대한 주요 연구로는 *Kwanim Pa: The Making of the Uduk People*(1979)과 *The Listening Ebony: Moral Knowledge, Religion, and Power among the Uduk of Sudan*(1988)이 있다. 또한 *The Southern Marches of Imperial Ethiopia*(1986), *Juan Maria Schuver's Travels in North East Africa*(1996), *Remapping Ethiopia: Socialism and After*(2002) 등을 비롯해 여러 저서를 공동 편집한 바 있다.

안 모상 크누첸(Anne Moseng Knutsen)

노르웨이의 오슬로 대학교에서 프랑스어학, 서아프리카 문화, 현지조사 방법론을 강의하고 있다. 주요 관심사는 프랑스어권 아프리카에서 사용되는 프랑스어의 사회언어학적 변이형으로서, 특히 그녀가 현지조사를 광범하게 수행한 코트디부아르의 프랑스어가 그 대상이다. 박사 논문인 'Variation du français à Abidjan(Côte d'Ivoire). Etude d'un continuum linguistique et social'은 코트디부아르의 아비장에서 사용되는 프랑스어 변이형의 언어적 특징과 사회언어학적 양상을 다룬 연구이다.

낸시 쿨라(Nancy Kula)

네덜란드의 레이덴 대학교에서 박사 학위를 취득했다. 학위 논문인 'The Phonology of Verbal Derivation in Bemba'는 *Holland Academic Graphics*(2002)의 LOT 시리즈로 출간되었다. 현재 에식스 대학교의 언어학과에서 강사로 재직 중이다. 연구 관심 분야는 음운론을 비롯해서 형태론 및 통사론과 음운론의 접점, 반투어 비교 연구이며, 이 분야의 논문을 여러 편 발표했다.

빅터 파숄레 루크(Victor Fashole Luke)

시에라리온 대학교 부속 포라 베이 칼리지(Fourah Bay College)의 언어학과 강사이자 언어학과의 언어학 부서를 이끌고 있다. 상급과정의 의미론과 화용론, 사회

언어학, 응용언어학 등을 강의하지만, 원래 주 관심 분야는 시에라리온 크리오어의 공시적 연구이다. 파일(Fyle), 존스(Jones)와 함께 크리오어-영어 사전 편찬의 편집자로 활동했으며, 현재는 시에라리온의 언어 다원주의의 맥락에서 시에라리온 크리오어의 지배권 문제를 연구하고 있다. 2001~2004년에 SOAS의 아프리카 언어문화학과의 아킨툰데 오예타데(B. Akíntúndé Oyètádé)와 함께 10년에 걸친 시에라리온 내전이 크리오어의 어휘에 어떤 영향을 끼쳤는지를 연구했으며, 연구 결과의 일부를 2005년에 'Representation of Civil War Violence in Sierra Leone Krio'라는 논문으로 출간했고, 또 다른 일부는 현재 오예타데와 공동으로 집필하고 있는 책에 실었다.

루츠 마텐(Lutz Marten)

런던 대학교 산하 SOAS에서 남부 아프리카 언어학의 수석 강사로 재직 중이며, 1999년에 동 대학교에서 박사 학위를 취득했다. 주요 연구는 이론언어학과 아프리카 언어학이며, 특히 반투어가 주된 대상이다. 잠비아, 탄자니아, 나미비아, 말라위 등지에서 현지조사를 수행했으며, 주로 스와힐리어, 벰바어, 헤레로어를 연구한다. 저서로는 *At the Syntax-Pragmatics Interface*(OUP 2002), *A Grammatical Sketch of Herero*(Jekura Kavari, Wilhelm Möhlig와 공저, Köppe 2002), *Colloquial Swahili*(Donovan McGrath와 공저, Routledge 2003), *The Dynamics of Language*(Ronnie Cann, Ruth Kempson과 공저, Elsevier 2006)가 있으며, 아프리카 언어와 언어학에 관한 저서의 일부를 집필하고, 학술지에 논문을 여러 편 발표했다.

피오나 머클로흘른(Fiona McLaughlin)

플로리다 대학교의 아프리카 언어학과 부교수로 재직 중이며, 현재 동 대학교에서 아프리카 도시 언어에 관한 연구 프로젝트를 맡고 있다. 월로프어, 세레르어, 풀라어의 음운론과 형태론, 세네갈의 언어 접촉과 관련한 사회언어학 연구에 초점을 두고 있다. *Phonology*와 *Studies in African Linguistics* 등을 비롯한 학술지에 명사 부류, 중첩, 자음변이에 관한 논문을 게재했으며, *Adjective Classes: A Cross-linguistic Typology*(OUP 2004)와 *Linguistic Fieldwork*(CUP 2001)를 포함한 여러 학술서에 편저자로서 논문을 기고했다. 세네갈의 다카르에 있는 서아프리카연구센터 연구소장직을 역임했으며, 가스통 베르제 드 생루이 대학교(Université Gaston Berger de Saint-Louis)에서도 강의했다.

라젠드 메스트리(Rajend Mesthrie)

케이프타운 대학교의 언어학과 교수로 재직 중이며, 남부 아프리카 언어학회의 회장직도 맡고 있다. 주요 연구 분야는 남아프리카 기반의 사회언어학이다. 남아프리카공화국의 인도 이주민에 관해 수행한 초기 연구는 *Language in Indenture*(Routledge 1992)와 *English in Language Shift*(CUP 1992)라는 제목의 두 권의 저서로 출간되었다. 또한 *Language in South Africa*(CUP 2002), *Concise Encyclopedia of Sociolinguistics*(Elsevier 2001)를 편집했고, *Introducing Sociolinguistics*(Edinburgh University Press 2000)를 공동 저술했다. *African Studies*, *Journal of Sociolinguistics*, *Journal of Multilingual and Multicultural Development*를 포함한 여러 학술지의 편집위원으로 활동 중이며, 케임브리지 대학교 출판부의 기획 시리즈인 *Key Topics in Sociolinguistics*의 편집자이기도 하다.

마틴 오윈(Martin Orwin)

런던 대학교 산하 SOAS에서 강사로 재직하면서 소말리어와 암하라어를 가르치고 있다. 주요 연구 분야는 소말리어 운문의 언어 사용이며, 특히 시인이 운율 체계와 함께 언어의 다른 특징을 어떻게 창의적으로 사용하는지에 중점을 두고 있다. 이와 관련하여 여러 편의 논문을 발표한 바 있고, 집필 중인 소말리어 운율에 관한 책을 출간했다[Alliteration in Somali Poetry, Springer, 2011]. 또한 소말리어 시가 (詩歌)도 번역하여 그중 일부를 출간했다.

벤저민 아킨툰데 오예타데(Benjamin Akíntúndé Oyètádé)

런던 대학교 산하 SOAS에서 요루바어 강사로 재직 중이며, 동 대학교에서 요루바어와 문화를 강의하고 있다. 그는 주로 시에라리온과 디아스포라의 요루바 언어학과 언어, 문화를 집중적으로 연구하고 있으며, 이에 관한 다수의 논문을 발표했다. 2001~2004년에 시에라리온 대학교 부속 포라 베이 칼리지의 빅토르 파숄레 루크와 함께 10년에 걸친 시에라리온 내전이 크리오어 어휘에 끼친 영향을 연구했다. 국제개발부(Department for International Development: DIFD)가 재정 지원하고, 영국문화원이 연구를 맡은 이 프로젝트는 요루바어와 요루바 문화가 시에라리온 크리오어에 대해 갖는 역사·문화적 의미 연구를 후속적으로 수행하는 계기가 되었다. 현재 *Yorùbá: The Making of a Language*라는 책을 집필하고 있으며, SOAS의 아프리카 언어·문화학과 학과장직을 맡고 있다.

파티마 사디키(Fatima Sadiqi)

1982년에 에식스 대학교에서 이론언어학으로 박사 학위를 취득했다. 그 후 모로코 언어와 여성/성 문제에 대해 많은 연구물을 출간했다. 국제학술지인 *Languages and Linguistics*의 편집장이자 언어와 성 분야의 최초 국제학술지인 *Language and Gender*의 편집위원으로 활동하고 있다. 또한 여성연구소의 창설자이자 소장이었고, 최초의 성 연구 학부의 학부장이었으며, 중국, 일본, 동유럽, 아랍어권의 언어 기반 지역연구에서 다양한 국내외 위원회의 위원을 역임했다. 2006년에는 북아프리카의 언어, 성, 이슬람에 대한 강의와 저술을 위해 하버드 대학교에서 연구 장학금을 받았다.

앤드류 심슨(Andrew Simpson)

서던 캘리포니아 대학교의 언어학과 교수로서 주요 연구 분야는 비교언어학 기술과 사회언어학이다. 코트디부아르의 아비장 대학교에서 학부를 마치고, SOAS에서 석사와 박사 학위를 취득한 후, 1998~2006년에 동 연구소에서 언어학 강사, 수석 강사, 조교수로 강의 활동을 했다. 20개국 이상의 아프리카 국가를 두루 다녔으며, 특히 독립 이후 서부 아프리카에서의 언어 발달의 역동성에 관심을 두고 있다. 또한 옥스퍼드 대학교 출판부가 출간하는 *Language and National Identity in Asia*의 편집자이기도 하다.

잉세 스카툼(Ingse Skattum)

오슬로 대학교의 문화연구 및 동양어 학과의 프랑스어권 연구 교수이자 아프리카 연구 프로그램의 팀장이다. 프랑스어권 아프리카의 사회언어학, 교육과 언어, 구술성과 문해, 구술 및 기록 문학이 연구 관심사이다. 그리고 바마코 대학교와의 공동 프로젝트인 '말리 국어의 교육제도 내 통합에 관한 연구(Research concerning the integration of national languages into the educational system of Mali, 1996~2006)'의 노르웨이 측 책임자이다. 노르웨이, 프랑스, 영국에서 다수의 논저를 발표했고, *Nordic Journal of African Studies*의 특별호인 'L'école et les langues nationales au Mali'(Helsinki University Press 2000)'를 편집했으며, 아마두 쿠루마(Ahmadou Kourouma)의 *Les soleils des indépendances*를 노르웨이어로 번역했다(Uavhengighetens soler, Cappelen 2005). 또한 J. K. 사나커(J. K. Sanaker), K. 홀터(K. Holter)와 함께 *La francophonie: Une introduction* *critique*(Oslo: Unipub 2006)를 공동 저술했다.

야시르 술레이만(Yasir Suleiman)

케임브리지 대학교의 근대 아랍연구인 술탄 카부스 빈 사이드 폐하의 석좌 교수이
자 에든버러 왕립학회의 특별 연구원이며, 케임브리지 킹스 칼리지의 교수급 연
구자이다. 최근까지 에든버러 대학교에서 이슬람 및 아랍 학부의 이라크 교수였
고, 이 대학교의 에든버러 아랍세계와 이슬람 연구소 소장이며, 어문학과 문화대
학 학장으로 재직했다. 아라비아 만 지역의 아랍어 정책과 개혁의 선도적 고문으
로 일했고, 언어, 문학, 번역을 통한 중동의 정체성연구에 관심을 두고 있다. 이러
한 주제에 대해 다수의 논저를 발표했는데, 대표적으로 *The Arabic Grammatical
Tradition: A Study in Ta'lil*(1999), *The Arabic Language and National Identity:
A Study in Ideology*(2003), *A War of Words: Language and Conflict
in the Middle East*(2004)를 들 수 있다. 또한 다수의 책을 편집한 편집
자로서 *Arabic Sociolinguistics: Issues and Perspectives*(1994), *Language
and Identity in the Middle East and North Africa*(1996), *Arabic Grammar
and Linguistics*(1998), *Language and Society in the Middle East and North
Africa*(1999)를 편집했고, 이브라힘 무하위(Ibrahim Muhawi)와 *Literature and Nation
in the Middle East*(1999)를 공동 편집했다. 2003~2006년에 레버흄(Leverhulme)
수석 연구원직을 역임했고, 이 기간 동안 본서에 실린 논문을 집필했다.

파루크 토판(Farouk Topan)

1970년에 다르에스살람 대학교 스와힐리어과를 창설했으며, 다르에스살람 대학
교와 나이로비 대학교에 스와힐리문학 강의를 개설했다. 스와힐리문학의 다양한
측면, 영적 홀림, 종교, 동아프리카 정체성과 관련해 저술 활동을 했고, 가장 최근
의 저서로는 팻 캐플런(Pat Caplan)과 공동 편집한 *Swahili Modernities. Culture,
Politics and Identity on the East Coast of Africa*(2004)가 있다. 그는 극작가이
기도 한데, 그가 쓴 극본 중의 하나인 *Mfalme Juha*('The Idiot King')는 탄자니아
학교 교과과정의 지정 도서이다. 2006년까지 SOAS의 아프리카학과에서 강사와
학과장을 역임한 후 은퇴했다.

차례

지도 목록

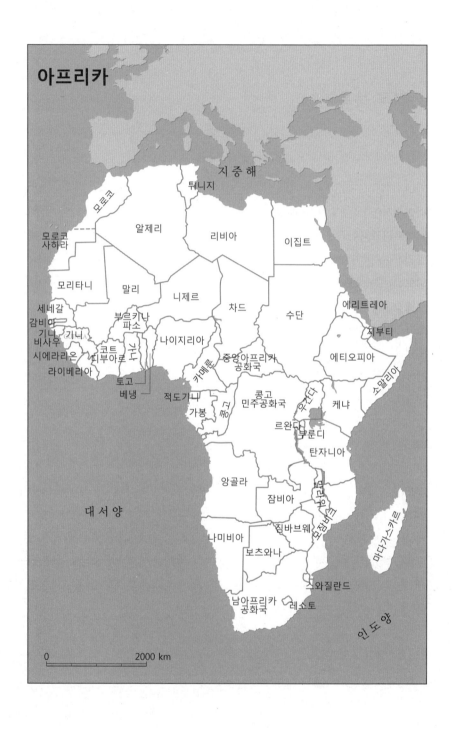

아프리카

지 중 해

모로코

튀니지

알제리

리비아

이집트

모로코
사하라

모리타니

말리

니제르

차드

수단

에리트레아

세네갈
감비아
기니   가나
비사우
시에라리온   코트
라이베리아   디부아르

부르키나
파소

나이지리아

지부티

중앙아프리카
공화국

에티오피아

토고
베냉

적도기니

카메룬

콩고
민주공화국

우간다

케냐

소말리아

가봉

르완다
부룬디

탄자니아

대 서 양

앙골라

잠비아

모잠비크

마다가스카르

짐바브웨

나미비아

보츠와나

스와질란드

남아프리카
공화국

레소토

인 도 양

0   2000 km

제 1 장

들어가기

앤드류 심슨(Andrew Simpson)

1.1 현대 아프리카 국가의 언어와 국가 건설의 도전

이 책은 현대 아프리카의 많은 국가에서 국민의 결속과 정체성을 구축, 유지하고 강화하려는 노력에 언어가 긍정적으로나 부정적으로 담당해 왔거나 현재 담당하고 있는 역할을 서술했다. 이질적인 주민 사이에서 다양한 면모를 보이는 의사소통 체계로서의 언어는 일반적으로 집단 정체성을 나타내는 중요한 상징으로 기능한다. 그래서 언어는 단일어를 사용하는 여러 공동체 사이에 자연적 연대의식을 불어넣기도 하고, 때로는 소지역이나 지방보다 더 큰 규모의 주민 집단이 소속감을 갖도록 고의로 조작하기도 하면서 독립 국가에서 매우 폭넓은 국가 정체성을 확립하는 것으로 인식된다. 아프리카라는 맥락에서 보면, 이 대륙의 다수 국가가 보여 주는 아주 복잡다단한 종족언어적(ethno-linguistic) 모습으로 인해 국가 통합 과정

(Alexandre 1968; Bamgbose 1991)과 국가 건설 과정에 관심을 의식적으로 집중하는 것은 특히 중요하다. 현재 대다수의 아프리카 국가는 서구 식민 지배가 팽창한 결과로 현재와 같은 모습의 영토를 갖게 되었고, 동질적이거나 단합된 주민 집단에 대한 고려 없이 반강제적으로 인접 국가와 국경을 마주하게 되었다. 많은 아프리카 국가가 일차적으로는 광범하고도 전혀 다른 종족 집단이 주민 집단을 형성하여 유럽의 식민 통치와 지배를 받았고, 또 어떤 종족 집단은 새로운 국경으로 서로 분할되어 서구 국가가 통치하는 둘 또는 그 이상의 영토에 편입되었다. 20세기 후반기에 와서는 거의 모든 아프리카 국가가 서구 식민통치에서 완전히 독립했다. 이처럼 국경이 대부분 외부의 강압으로 임의로 형성되었기 때문에 주민들이 아주 복잡하게 뒤섞였고, 이들은 공인된 영토와 더 나은 미래에 대한 희망만을 간직한 채로 국가를 세워 수많은 신생국이 급작스레 탄생했다. 이로 인해 아프리카 신생 독립국의 리더십은 커다란 도전에 직면했다. 아프리카 대륙의 신생국에 거주하는 광범하고 다양한 종족과 언어 집단을 어떻게 결집하여 국가에 대한 소속감과 충성심을 갖게 할 것인지의 문제가 대두했다.[1] 수많은 다언어, 다종족 국가로 구성된 사하라 이남 아프리카에서 안정적이고 통합된 신생 국가를 건설하려고 시도하면서, 언어는 시민 개개인의 교육과 고용, 정치 참여에 대한 접근성뿐만 아니라 국가사회의 폭넓은 공유의식과도 밀접하게 연계된 중요 경쟁력임이 증명되었고, (단일 국가 내 다언어의 공존이라는 의미에서) 다언어 사용(multilingualism)이 때로는 활용할 자산(資産)이라기보다는 국가 발전에 주로 부정적인 복합 상황으로 인식되었다는 것은 극히 자연스러운 일이었다.

---

1 이 책에서는 많은 아프리카 국가 중 이질적인 언어종족 국가에 대한 사례로, 인구 1,600만 명에 언어가 250개인 카메룬과 인구 2,800만 명에 언어가 140개인 수단, 인구 1억 4,000만 명에 언어가 400개인 나이지리아, 인구 6,000만 명에 언어가 200개인 탄자니아를 들었다.

국가 차원의 언어 문제가 다양한 아프리카 국가의 지속적 발전에 어떤 영향을 미쳤는가 하는 것이 이 책 전체의 공통된 주요 관심사이다. 각장을 통해 독자는 각 국가의 언어 패턴의 형성과 정착에 대해 사회언어학적이고 역사적인 지식을 제대로 얻을 것이다. 이 책은 아프리카의 여러권역에 위치한 19개국만을 다루었고, 아프리카 대륙의 54개국 모두를 상세하게 다루지는 않았다. 이들 국가는 명확한 의도와 주제를 가지고 선별했기 때문에 이들의 문제는 그 밖의 아프리카 국가에도 빈번히 출현한다. 다종족, 다언어 국가가 직면한 국가 건설이라는 도전이 아주 첨예한사하라 이남 국가 외에도 이 책에서는 북아프리카의 이집트와 모로코 양국의 언어와 국가 정체성도 논의에 포함했다. 이 양국은 아주 소수의 언어를 (아랍어의 몇 가지 변이형, 모로코는 베르베르어와 프랑스어) 가졌음에도국가 정체성 확립이 초미의 관심사로 떠오르고 있다. 개별 국가에 초점을맞춘 각 장의 서론에 해당하는 이 장에서는 이 책의 전개 과정에서 드러나는 핵심 이슈를 개관하고, 과거 식민시대와 21세기를 바라보는 최근 수십 년간에 걸쳐 이룩한 주요 발전 양상을 조명해 본다.

1.2 식민지배 전후 아프리카의 언어 증진

많은 국가에서 독립 이후에 나타난 언어의 중요성과 확산, 사용 기능에 미친 중대한 영향력은 식민지배를 받던 당시에 이미 존재했다. 이는 다양한종족과 언어 집단을 미래 국가의 한 국민으로 묶어 버린 국경이 설정되고, 언어와 관련된 구체적 활동과 정책이 있었기 때문에 생겨났다. 식민정부가 교육 분야에서 일반적으로 채택한 접근 방식은 서구 언어 교육에 따른것이었다. 즉, 영어나 프랑스어 구사력을 갖춘 말단 관리를 필요한 만큼만훈련하면 충분했던 것이다. 반면에 남아 있는 대다수의 현지 국민에 대한 교육은 선교단체의 산발적인 활동에 맡겨졌다. 이와 같이 이원적으로 실시된 교육으로 인해 두 가지 아주 중대한 결과가 초래되었다. 한편으로 기독교 확산을 위한 선교 활동과 그러한 활동이 교육과 연계됨으로써 아프리카 토착어가 선교에 빈번히 사용되었고, 이로 인해 다양한 토착어를 처음으로 표준화하고 공식적으로 기술하는 것이 필요해졌다. 수업 자료와 더불어 아프리카 언어의 사전, 문법서, 정서법 등이 만들어졌고, 이와 같이 공식적인 지위 승격을 위해 선택된 언어는 더 높은 지위를 얻었다. 대부분의 경우 그러한 언어는 교통어로 확산되었고, 이전에 불분명했던 종족 정체성을 확고하게 만드는 효과도 있었다(제8장, 제12장, 제16장의 가나, 콩고민주공화국, 잠비아 참조). 다른 한편으로 모어교육이 교육받는 사람들의 학업 효과를 더욱 높이는 효과가 있었지만, 학교 수업에서 토착어 사용이 항상 공개적으로 환영받았던 것은 아니다. 영어와 프랑스어가 식민 정부의 공용어였던 까닭에 서구어를 구사할 줄 알면 더 좋은 직업을 구할 수 있었기 때문에 많은 사람이 영어나 프랑스어가 아니라 토착어를 교육 수단으로 사용하는 것에 반감을 가졌다. 때에 따라서는 토착어를 통한 교육이 아프리카인을 발전시키는 언어 수단(즉, 영어나 프랑스어 지식)을 고의로 은폐하기 위해 유럽인이 도입한 관행으로 여겨지기도 했다(Adegbija 2000).

유럽어라는 수단을 통해 아프리카 식민지의 소수 주민에게만 교육을 한정하고 그 언어수행 능력을 향상함으로써 식민 국가는 토착 엘리트 계급을 양산했다. 이들 엘리트는 더 많은 주민이 서구어 교육을 받으면 정부 일자리의 경쟁이 심해지므로, 대중교육이 자신들의 경제적 이해관계와 일치하지 않는다는 것을 잘 알고 있었다(McLaughlin: 제5장). 따라서 20세기 중반에 많은 식민지가 독립했을 때, 식민지배자의 언어는 비교적 소수의 토착민만이 누릴 수 있는 (서구어 학습 기회를 얻은 자들이 탐욕적으로 고수하려는) 경제적 성공, 고등 교육, 사회적 특권으로 자리매김했다.

이와 달리 아프리카어는 대부분 비공식 영역에만 국한해 사용되었고, 많은 주민이 지방의 교통어로 사용하는 곳에서조차 공적 특권을 누리지 못했다.

1950년대 후반과 1960년대에 많은 식민지와 보호령이 외치(外治)에서 독립했을 때, 과거 식민정부로부터 권력을 이양받은 신생국들은 언어를 포함해 광범한 영역에서 국가 차원의 정책을 세우고, 주민의 동의를 받을 필요가 있었다. 아프리카의 신생 독립국은 **국어** 기능을 하는 단일한 토착어를 찾아서 이를 발전시켜야 한다는 의식이 있었다. 주민 전체를 결속하고, 주권 영토에 통일된 단일 국민으로서의 소속감을 고취하여 모든 주민을 위해 더 나은 미래로 발전시키려는 목표를 달성하는 협력 도구로서뿐만 아니라 국가와 정부의 행정, 광범한 교육 발전에 실제 이용되는 단일어(또는 언어군)를 정해야 할 필요성도 분명 있었다. 이는 출세 기회가 있는 폭넓은 경제 체제하에서 개인이 구사하는 언어 수를 줄이고 공용어를 사용함으로써 국어의 존재를 강화하기 위한 정책이었다. 국가는 국가 건설의 정서적 기능과 좀 더 공적 기능을 수행하는 단일어(경우에 따라 언어군)를 사용하는 것을 바라게 마련이다. 하지만 그러한 이중 기능은 절대적으로 필요한 것은 아니다. 이론상 한 언어는 공적 생활의 측면을 담당시키고, 다른 언어는 국어로 격상하여 집단 정체성과 국가 충성심을 고취하는 데 사용할 수도 있다.

많은 아프리카 국가의 언어 상황은 단순히 독립 이전 식민시대의 기본 언어 정책을 계승하는 방안을 따랐고, (기회가 주어지고 재원이 허락되면) 미래의 국어 문제를 재고하겠다고 선언하는 경우가 절대다수였다. 이는 사실상 행정에 깊이 침투해 있고, 고학력자가 구사하는 식민지배자들의 언어를 정부의 행정과 대중교육 확산을 위해 국가 공용어로 받아들인 것이다. 반면 광범한 국가 정체성을 새롭게 형성하기 위해 국어를 선택하고 격상하려는 조치는 없었다. 다수의 국가 지도자와 정부는 몇몇 언어를 국어로 간주해야 한다고 주장했지만 이는 상징적 행위에 지나지 않았으며, 그러한 언어에 새로운 권위를 부여하고 사용을 강조한 구체적 조치는 없었다. 많은 경우, 한 국가의 모든 토착어(또는 다수의 토착어군)는 존중하고 귀중하게 간직해야 할 상징으로만 생각하여 국어로 인정했고, 이는 어떤 한 언어를 국어로 격상하려면 동시에 다른 언어도 국어로 격상하여야 하는 상황이었기에 결국은 불가능한 일이었다(카메룬의 경우, 1974년에 250개의 토착어가 국어로 인정되었고, 수단은 140여 개의 토착어를 국어로 공표했다).

독립 이전의 언어 상황을 기본적으로 수용하고, 식민 서구어를 아프리카어로 대체하는 새로운 정책을 펼치기 위해 일반적으로 식민지배자의 언어를 폐기하는 것을 주저하는 이유는 다양하지만, 많은 독립 국가에서 비슷한 형태로 표출되었다. 토착어를 (단순히 상징적 차원이 아니라 의미 있는 방식의) 국어나 공용어의 지위로 격상하는 데에서 나타난 첫 번째 중대한 문제는 대다수 식민 영토에 주민의 절대다수가 구사하는 단일 토착어가 없다는 점이었다. 그 대신 산발적인 다언어 상황이 자주 나타났고, 많은 토착어는 전체 인구 중에서 소수를 점하는 집단들에 의해 사용되었다. 대부분의 경우, 식민지화 정책에 따라 같은 국경 내에 아주 이질적인 주민을 인위적으로 묶어 놓았기 때문에 1950년대와 1960년대에 독립을 쟁취한 국가들은 다수의 토착어 중에서 국가의 (단일) 공용어를 정상적인 방식으로 선택할 수 없었다. 식민지였다가 후에 독립을 이룬 국가 중 상당수는 널리 세력을 떨치는 다수 종족 집단이나, 인구의 50퍼센트 이상이 사용하는 언어를 보유하지 못했다. 그리고 지역적으로 중요하면서 규모가 큰 종족 집단(예컨대, 나이지리아의 하우사인, 이보인, 요루바인, 제10장)이 있는 국가의 소수 종족 사이에서는 이들의 지배를 받는 것을 무척 두려워했다. 따라서 과거 식민지배자의 언어를 대체할 공용어로 다수 종족의 언어를 즉각 선택하기는 어려웠다. 전 국민의 상당수를 점유하는 소수 집단들은 과거 식민지배자의 언어를 종족언어적으로 중립적인 언어로 여겼는데, 그 이유는 이 언어가 어떤 집단도 우위에 두지 않음으로써 규모가 더 큰 대집단이 공용어와 국어를 장악하여 자신들의 이익을 챙길 잠재성을 억제할 수 있는 보증서였기 때문이다. 그러한 이유로 많은 경우, 과거 식민지배자의 언어는 종족으로 뒤얽힌 주민을 공평하게 결속하고, 미약한 신생 독립국의 안정을 도모하는 유일한 언어로 인식되었다.

이와 관련하여 유럽어를 공용어로 유지하는 것을 선호하는 성향은 토착어의 발달 정도에 대한 의심과, 동일한 영역에서 유럽어와 경쟁적으로 사용할 수 있는 잠재력이 있는지에 대한 우려에서 비롯한 것이었다. 아프리카 언어의 정서법 체계가 개발되었지만 모든 방언을 아우르는 문자표상 체계의 관행이 없었고, 많은 경쟁 형태 중 어떤 형태를 표준형으로 인정할 것인지에 대한 합의도 없었다.[2] 토착어가 공식 기능을 갖는 영역에서 아프리카어의 어휘부는 대부분 확장성이 없었고, 모든 공공생활과 교육 영역에서 서구어를 제대로 대체할 수 있는 토착어의 능력도 대체로 불신했다. 또한 많은 사람이 아프리카 국가가 과학과 기술을 계속 발전시켜, '세계를 향해 창을 열고' 다른 국가와 유익한 교류를 잘 유지해서 현대화할 수 있도록 영어나 프랑스어와 같은 언어를 지속적으로 사용하는 것이 필요하다고 주장했다(Adegbija 1994).[3] 마지막으로, 여러 아프리

---

2 거의 모든 인구가 상호 이해가 가능한 단 하나의 언어를 구사하는 소말리아의 경우, 합의된 철자 표기 방식이 없어서 영어, 이탈리아어, 아랍어 표기가 지속되었지만, 1972년에 통일된 문자 체계가 채택되자 소말리어가 모든 공식 기능에 사용되는 국어로 공표되었다(제15장).

3 이와 관련해서 제2장에서는 이집트 민족주의자들이 국제적으로 통용되는 아랍어를 이집트 근대화의 도구로 유지할 것을 힘주어 강조했다는 점에 주목한다. 그들은 이것이야말로 외부세계의 발전에 동참할 능력을 갖추지 못한 국지적인 아랍어를 능가하는 '푸샤(fusha)'의 이점이라고 지적했다.

카 국가의 교육 엘리트가 아프리카어의 격상보다 유럽어의 유지를 선호한 것은 그들의 경제적 성공과 특권적 지위를 보장받을 수 있었기 때문이라는 이유도 있었다(제9장 코트디부아르 참조).

이러한 언어 태도와 복합적 인구 구성의 결과, 사하라 이남의 많은 아프리카 국가는 실질적으로 별다른 언어상의 변화 없이 1960년대에 독립했고, 유럽어는 공공 영역에서 지배적 역할을 계속 유지했다. 이는 결과적으로 소수의 엘리트만이 구사하는 외국어는 신생 국가를 통일하려는 열망을 집결할 잠재력이 없으며, 그 대안으로 토착어를 선택해야 한다고 주장하는 지식인들의 비판을 받았다. 1.3절에서는 1960년대부터 현재까지 어떤 사태가 일어나고 발전했는지를 알아보고, 아프리카어와 유럽어(또한 이들의 혼합어) 양자를 강화하기 위해 어떤 조치를 취했는지를 살펴본다.

1.3 언어 확산과 성장의 영역: 1960년대에서 현재까지

1950년대와 1960년대에 식민통치에서 최초로 독립을 쟁취한 이후, 대다수의 아프리카 국가는 지식 팽창과 더불어 언어 체험을 다양하게 겪었다. 그것은 문해(文解) 프로그램의 개발, 교육기의 채택, 미디어, 지도자급 인물의 공공연설과 같은 의도적 진흥책과 함께 몇몇 종족 간에 이루어지는 의사소통의 언어가 비공식 교통어로 더 널리 확산된 것처럼 특별한 계획 없이도 직접 성장했기 때문이었다.

교육 분야에서 젊은이에게 특정 언어로 수업하는 것은 대중교육제도가 정착된 국가의 국민에게 언어지식을 확산하는 가장 효과적인 방법이다. 따라서 학교와 대학의 교육매체로 어떤 언어를 선택하느냐의 문제는 신생 국가를 발전시키는 과정에서 국어와 공용어를 결정하는 데 영향을 크게 미쳤고, 언어에 대한 사람들의 일반적 태도(예컨대, 수단으로서도 가치가 있고 잠재적 특권과도 연결된다는 생각)에도 큰 영향을 미쳤다. 20세기 후반 아프리카의 여러 신생 독립 국가는 공교육 접근성 향상을 위해 노력했지만, 그 과정에서 교육매체 언어를 선택하는 데 큰 어려움을 겪었다.

가장 일반적인 관행은 유럽어를 중등교육에서는 보편적으로, 초등교육에서는 아주 광범하게 주 교육매체로 사용하는 것이었다. 운용상 이러한 조치는 전 국민에게 단일어로 된 통일된 교육 자료를 제공해야 하는 국가에서는 여러 면에서 가장 손쉬운 원칙이었다. 이는 많은 교육 자료를 외국의 원자료를 이용해 가장 쉽게 준비할 수 있기 때문이었다. 하지만 학령기 아동이 최초의 교육매체로 영어와 프랑스어 같은 낯선 언어를 사용하는 것은 그리 적절하지 않은 것으로 입증되었고, 교육의 초기 단계에서는 모어로 교육을 하는 것이 학습전략상 훨씬 더 효과적인 것으로 알려졌다. 모어교육의 긍정적 가치에 대한 증거가 더욱 광범하게 수용되고, 교육에 토착어의 도입으로 국가 결속력이 다져질 것이라는 정치적 희망과 함께 많은 아프리카 국가는 지역 언어로 초등교육을 실시하려고 했는데, 사정이 허락하는 곳에서는 취학 아동의 모어로, 그렇지 못한 곳에서는 그 지방의 다른 주요 모어로 실시되었다. 이러한 모어교육 시도는 다양하게 이루어졌고, 몇몇 국가(말리, 잠비아, 남아프리카공화국)는 지속적인 성공을 거두었으나, 또 다른 국가(나이지리아, 가나)는 재원 부족으로 지지부진하거나 중단되었다.

교육 언어에 대한 일반 국민의 태도를 보면, 다수의 국가에서 수행된 연구에서는 부모가 자녀에게 두 언어를 학습시키는 것을 가장 원한다는 것을 보여 준다. 즉, 모어와 광범한 의사소통의 수단인 유럽어로 교육을 실시하는 것인데, 전자는 일반학습을 쉽게 하고 문화지식을 강화하는 수단으로 이용하고, 후자는 자녀가 성장한 후에 더 나은 직장을 보장받는 수단으로 교육받기를 원했다. 하지만 교육 수단으로 모어를 사용하는 것과 관련하여, 전체 교육을 모어로 실시하는 데 이용할 수 있는 제대로 된 교육 자료가 부족하다는 점이 자주 지적되었다. 무엇보다도 늘 지적된 문제는 많은 국가에는 아동이 최초로 습득한 모어를 교육할 수 있는 다양한 언어로 만든 교육 자료가 별로 없고, 둘째, 적절한 교재가 있다고 하더라도 이질적 언어배경을 가진 학생들을 함께 가르치는 것은 매우 어려우며, 셋째, 토착어로 수업을 진행할 수 있는 언어 교수법을 훈련받은 교사역시 거의 없다는 것이었다. 이러한 난제 외에도 아프리카어를 통한 교육은, 토착어의 형식적 학습은 실용성이 없고 개인의 직업 능력을 향상하려면 유럽어를 습득해야 한다는 대중의 일반적 사고방식 때문에 더욱 힘들었다.[4] 결과적으로 토착어로 교육하는 것과 광범한 의사소통 능력을 지닌유럽어로 교육하는 것 중 어느 하나를 선택해야 할 때, 학부모는 자녀를위해 한결같이 후자를 선호하는 것으로 밝혀졌다.[5]

독립 후 최근 수십 년간 대부분의 국가에서 교육이 독립 전보다 훨씬 더 보편화되고, 초등교육의 교육 수단으로 토착어를 도입하려는 시도가 확산되었다. 그러나 학생들은 유럽어로 대부분의 수업을 받으려고 했고, 국가 통일을 공고히 하려는 방편으로 아프리카어에 대한 지식을 보급하려는 교육 정책은 대중에게 잘 먹혀들지 않았다. 교육이 실시되는 지역에서조차 취학률(말리 26퍼센트, 제6장 참조)이 낮아서, 많은 국가의 교육제도가 취학 연령의 소수 아동에게 유럽어 학습을 강화하면서도 한편으로

---

4 여러 국가에서 아프리카어로 된 학위 프로그램에 참여하는 다소 저조한 (때로는 감소하는) 등록 비율은 학문적 대상으로서 토착어에 대한 지식이 경제적 가치가 낮다는 것을 나타내는 지표이다. 이와 달리 서구 유럽어로 된 학위 프로그램은 더 높은 등록률을 자랑한다.

5 더 나은 취업 기회와 직결되는 언어를 배워야 한다는 경제적 압력이 유럽어에만 국한된 것이 아니라는 점에 주목할 가치가 있다. 에티오피아에서 암하라어는 더 높은 보수의 직업을 보장하는 언어적 열쇠로 여겨지며, 대다수의 소수 언어 집단은 암하라어를 통한 모어 학습을 선호한다(제15장).

는 장밋빛 계획을 거창하게 세웠지만 공공 영역에서 아프리카어를 확산하는 데는 별반 효과가 없었다.

국가 정치와 정부의 행정 영역에서 광범하게 나타나는 이언어(二言語) 사용 양상을 관찰할 수 있다. 일상적 문서작업과 정부의 공공기관 업무는 과거 식민어로 실시하고 있다. 예컨대, 의회의 정치 토론에서는 토착어가 사용되지만 대개는 식민시대의 언어로 토론을 한다(제10장 나이지리아 참조). 하지만 그러한 정치 엘리트가 지배하는 공적 상황을 제외한 면대면 대중 집회와 텔레비전 대담에서 정치가는 아프리카를 청중에게 구애하기 위한 수단으로 사용하는 것 같다(제5장, 제6장, 제13장, 제16장 참조). 이는 특히 월로프어, 밤바라어, 스와힐리어와 같이 널리 알려진 언어나 정치가의 인지도가 높은 지역의 소수 언어로도 행해진다. 이것은 최근 여러 국가에서 나타나는 현상이지만, 눈에 띄게 증가한 것은 아니다.

미디어 영역에서는 좀 더 색다른 양상이 엿보인다. 문어 형식의 미디어에서는 사하라 이남의 아프리카에서도 여전히 유럽어가 압도적이며, 몇몇 토착어로 발간되는 신문도 있지만 거의 대부분의 인쇄신문은 영어와 프랑스어로 발간된다. 아프리카어를 열렬히 지지하는 독자도 유럽어로 된 신문을 선호한다(그것이 더 쉽다고 생각해서이다. Igboanusi and Peter 2004). 결과적으로 아프리카어 신문의 발행이 증가되는 기미는 보이지만 매우 미미하다. 텔레비전에서도 아프리카어 사용이 증가하는 경향을 보이는데, 유럽어의 사용 비율과 비교할 때는 여전히 미약하다. 아프리카어 텔레비전 방송은 국가기관의 지원을 받아 선별된 지방어로 뉴스 단신을 정기적으로 내보낸다. 하지만 신문과 텔레비전보다 토착어를 훨씬 많이 사용하는 미디어는 라디오 방송이다. 최근 많은 국가에서 급증한 라디오 방송은 허물없는 대담쇼나 시청자 참여 프로그램을 포함해 더 많은 청취자를 대상으로 폭넓고 다양한 프로그램에 지역어를 더 널리 사용한다(제16장). 제8장에서 아니도호(Anyidoho)와 다쿠부(Dakubu)가 지적하듯이,

교육, 관계(官界), 신문과 달리 라디오 프로그램에 토착어 사용이 확산된 것은 아프리카어는 구어 전승이 강하고, 유럽어는 독해와 작문 같은 다른 형식적 의사소통 방식이라는 전통적 견해와 관련이 있는 것 같다. 사실 위의 문단에서 관찰되는 일반적인 언어 확산 양상은 유럽어와 아프리카어 각각의 **고유한** 사용 영역이나 **자연적** 영역과 관련해서 내려온 선입견과 일치한다. 더욱이 아프리카어는 비형식적 구어 사용 영역에서 널리 확산되는 현상이 극명하게 드러난다.[6]

정부의 언어 계획과 다소 비조직적 확산 정책의 결과, 다양한 아프리카어와 유럽어가 20세기 후반에 괄목할 만한 성장세를 이룬 것에 주목할 수 있다. 식민지배 시절의 언어였던 영어와 프랑스어는 교육제도, 정부, 첨단 상업 활동에 확고한 뿌리를 내렸고, 많은 아프리카인이 이러한 제반 영역에 널리 참여하고 배우면서 꾸준히 확산되어 균등하지는 않지만 도시 지역에 매우 집중적으로 분포한다. 사하라 이남의 아프리카에 대한 언어수행 능력 수준을 비교한 조사는 없지만, 아덱비자(Adegbija 2000)는 서아프리카인의 약 30퍼센트 이상이 과거 식민지배 시대의 언어 중 한 언어를 이해하고 말하는 것으로 추정한다. 또한 많은 국가에서 학교 교육에서 배운 그러한 언어를 일상적으로 늘 사용하지는 않기 때문에 사용자 비율은 훨씬 더 낮을 것으로 평가된다. 그러나 과거 식민시대에 비해 서구어에 노출되는 기회가 점차 증가하고, 교육을 받은 주민이 서로 뒤섞이면서 영어와 프랑스어는 20세기 초반보다 더 널리 알려졌다. 영어와 프랑스어

---

6 이러한 관점에서 서구어가 압도적으로 지배하는 텔레비전 프로그램 편성은 신문 저널리즘의 생산 방식과 유사한 더 공식적인 매체 명칭을 가진 것으로 보인다(그게 아니라면 다른 지역어에 능통한 시청자보다는 '국가적' 시청자에게 접근하기 위해 유럽어를 사용하는 것으로 보인다). 텔레비전 보유자가 늘어나고 제품 가격이 낮아지면, 아프리카 국가에서 텔레비전 방송은 아시아의 일부 지역처럼 더욱 지역화되고 사유화될 것이며, 프로그램 편성에 토착어가 확산될 것이다.

(그리고 이 두 언어보다 못하지만 포르투갈어)의 확장세는 후퇴하기보다는 증가하고 있으며, 많은 국가의 일상생활의 특정 영역에서 확고한 발판을 내리고 있다.

최근 수십 년간 많은 아프리카 토착어도 널리 확산되었는데, 많은 경우 영어, 프랑스어, 포르투갈어의 성장보다 더 폭넓게 여러 분야에 걸쳐 매우 인상적으로 확산되고 있다. 공적, 사적 생활 영역에서 의도적으로 격상하고, 진정한 국어와 공용어를 확립하기 위해 스와힐리어(Swahili)가 독립 후 탄자니아 주민 사이에 널리 확산된 것은 다종족 맥락에 처한 아프리카 국가의 언어 계획에 대한 놀라운 성공 사례로 늘 지적되고 있다. 1960년 이후 스와힐리어의 확산 노력이 크게 집중되면서 이 언어는 탄자니아 내에서 매우 널리 알려졌고, 교육, 행정, 종족 간 의사소통에 국가적으로 사용되고 있다. 다른 국가에서도 상당히 많은 주민이 겉으로 분명히 드러나지는 않지만, '자연적' 성장세와 더불어 특정 토착어를 알고 있다. 세네갈의 월로프어(Wolof)는 세네갈 전체 인구의 40퍼센트가 사용하는 모어이지만 주민의 50퍼센트 이상이 제2언어로 사용하며, 말리의 밤바라어(Bambara)는 주민의 40퍼센트가 제1언어로, 나머지 주민의 40퍼센트가 제2언어로 사용한다. 또한 케냐의 스와힐리어는 주민의 약 2/3가 제1언어나 제2언어로 사용하며, 가나에서는 50퍼센트가 넘는 주민이 여러 변이형을 가진 아칸어(Akan)를 사용한다. 결과적으로 토착어는 이 모든 다종족 국가에서 주민 대다수가 아는 언어가 되었고, 그 비율은 탄자니아, 세네갈, 말리의 경우 (아프리카로서는) 놀랄 정도로 높은 수준에 이르렀다.[7]

---

7 독립 후 일부 국가의 특정 지역에서 크게 확장되었다. 예컨대, 하우사 중심의 '북부화' 정책의 결과, 하우사어 지식이 나이지리아 북부에 퍼지면서 하우사어는 나이지리아에서 가장 널리 알려진 언어가 되었다(그렇지만 전 인구의 대다수가 이 언어를 이해하는 것은 아니다). 초기 수 세기에 확산되어 다언어 국가

위에서 살펴본 대로 구체적이고 순수한 정체성—처음에는 아프리카나 유럽의 특정 종족 집단에 확립되어 그 후 많은 주민 사이에 퍼진 정체성이라는 의미에서 오인받았다—을 가진 것으로 인식된 언어의 성장세 외에도, 아프리카 국가에는 새로운 **혼합어** 형태로 출현한 언어도 있다. 이들은 최근에 더 널리 확산되어 상당히 많은 화자가 이해하고 사용하거나, 과거 수십 년 사이에 처음으로 생겨나 주민 사이에서 즉각적으로 성장세를 획득한 언어이다. 첫 번째 경우는 종족 간 의사소통어와 교통어로서 유럽어와 아프리카어가 혼합하여 생겨난 다양한 피진어(Pidgin)이다. 피진어는 상이한 언어가 타락한 형태라고 부정적으로 생각할 수도 있지만, 카메룬과 나이지리아 같은 국가에서는 영어에 기반을 둔 피진어가 오늘날 상당수 화자의 제2언어로 비공식 맥락에서 가장 일반적으로 사용되면서 은밀하게 특권적 지위를 획득한 것으로 보인다. 시에라리온에서는 원래 피진어였던 언어가 크레올어(Creole)로 발달해서 19세기 후반에 토착 화자의 실질적 다수가 사용했고, 오늘날 '크리오어(Krio)'는 모어 화자의 10퍼센트를 넘었고 더 많은 주민으로 확산되어 현재 시에라리온 주민의 약 95퍼센트가 일상적으로 알아듣고 사용한다. 따라서 피진어(그리고 이와 관련해서 크레올어화된 여러 변이형)는 많은 아프리카 국가에서 현저한 증가세를 보이는 언어이며, 대중의 교통어로서 종족이 다양한 주민 사이에서 확산되고 있다. 이와 동시에 최근에는 제2의 혼합어 형태도 출현했는데, 이 변이형은 여러 나라의 도시와 마을에서 이따금 불만을 가진 젊은 세대에서 발달한 도시 은어(slang)이다. 점차 널리 퍼지는 이 대중적 코드는 지역어와 외국어가 혼합되어 생겨났고, 보수적이고 구시대적인 사회 부문에서는 엉터리 말로 낙인이 찍혀 있다. 케냐의 셍어

의 인구 대다수가 이해하는 아프리카어로는 (13세기부터 확산된) 에티오피아의 암하라어를 들 수 있다. 이 언어는 19세기 말에 의도적으로 이루어진 '암하라어화' 정책으로 사용이 더욱 장려되었다.

(Sheng: 주로 스와힐리어 기반이다), 카메룬의 캄프랑글레어(Camfranglais: 대부분 영어, 프랑스어, 카메룬어의 혼합으로 생겨났다), 남아프리카공화국의 쪼찌어(Tsotsisaal), 쨤토어(Isicamtho), 시에라리온의 사비스만 크리오어 (Savisman Krio: 주로 시에라리온의 마약을 하는 소외계층의 젊은이가 사용하는 크리오어의 변이형)가 그것이다. 종족상 중립적인 지역의 정체성을 상징하는 것으로 보이는 이들 도시 은어는 더욱 발달하면서 오래전에 확립된 피진어, 크레올어와 함께 더 광범한 국가 정체성을 표현하는 중요한 언어요소가 될 가능성이 있다.

마지막으로 모든 형태의 유럽어와 일차적으로 유럽어 기반의 피진어 외에, 특히 식민시대 이후에 식민 지역에서 발달해서 정착한 영어와 프랑스어의 지역적 비표준어도 많다는 점을 지적할 필요가 있다. 나이지리아 영어, 카메룬 영어와 프랑스어, 세네갈 프랑스어, 가나 영어가 그것이다. 이들 언어는 관련된 다른 아프리카어의 어휘, 발음, 문법의 몇몇 측면을 선택적으로 받아들였다. 코트디부아르의 프랑스어처럼 이들 언어는 영어와 프랑스어를 공식적으로 교육받은 사람보다도 훨씬 더 많은 사람이 사용한다. 코트디부아르에서는 **아비장 대중 프랑스어**가 국가 전체, 특히 도시와 소도시로 확산되어 광범한 주민이 알고 사용한다(제9장). '영어'와 '프랑스어'가 사회경제적으로 널리 확산되었고, 유럽어를 유럽의 표준어 형태로만 말했던 과거 교육된 엘리트의 장벽이 무너지면서 영어와 프랑스어의 비표준 지역변이형은 다음과 같은 점에서 중요하다. (1) 유럽의 표준 영어, 표준 프랑스어와 다르고, 유럽어의 다른 지방 변이형과도 여러 면에서 다르기 때문에 별도의 정체성을 투사하는 데 더욱 쉽게 이용된다. (2) 일반적으로 비형식성과 사용 국가의 일상생활의 특정 면모를 반영하고, 또한 이를 포착할 수 있는 능력으로 인해 그 가치를 더 인정받는다. (3) 이 지역 변이형의 개별성과 지역성은 유럽어와 과거의 식민지배 생활을 자동으로 연상시키지 않는다. 또한 이 변이형의 비표준화로 인해 화자 사이에 혁신과 자발성이 촉진되고, 언어 변동과 발달이 자연스럽게 이루어진다.

지금까지 식민지배 이후의 아프리카에서 여러 언어가 운용된 방식을 일반적 용어로 간략히 요약하였다. 이제는 언어, 국가 통합과 정체성의 상호 관계를 고찰하고, 어떤 압력이 특정 언어를 선호하고 우세하게 만드는지를 살펴본다.

1.4 언어와 국가 정체성

언어의 선택과 사용이 아프리카의 국가 건설에 미치는 효과에 대해서는 언어 선택과 관련된 더 구체적 이유를 확인하고, 그것이 정체성 확립에 미치는 효과를 논하기 전에 세 가지 일반 사항을 지적하고자 한다. 첫째, 아프리카는 소수의 예외가 있지만, 19세기 이후 유럽의 다양한 국가 성장을 특징짓는 언어국수주의 같은 것은 경험하지 않았다. 유럽 국가는 (단일) 언어가 국가의 정수(精髓)이며, 국가의 지위 옹호를 위한 핵심적이고 상징적인 결집의 계기라는 헤르더(Herder)의 견해를 받아들였다. 이는 당연히 다종족 식민지배지의 영토 확장을 통해 국가 건설이 감수하는 실질적 제약에 대한 고민 때문인 것으로 보인다. 아프리카의 독립 운동은 대부분의 아시아처럼 지리적 형태와 거주지 영토의 여러 종족을 수용했고, 종족 집단의 물리적 분포를 반영하는 국경을 근본적으로 재규정하지 않았으며, 외치에서 독립하기 위해 공동 투쟁을 벌였다. 그러므로 대부분의 아프리카 식민지의 다양한 종족언어적 특성상 게르만족이나 폴란드인이 유럽의 민족주의 운동에서 그랬던 것처럼 신생국을 대표하는 상징으로 단일어를 사용할 수 없었다. 이처럼 언어가 독립과 독립 이후의 민족주의 운동과 결합된 경우, 예를 들어 북아프리카의 아랍어 사용국(예컨대, 제3장 모로코 참조)이나 동아프리카의 스와힐리어 지역(특히 제13장 및 제14장 케냐, 탄자니아)에서는 교통어 또는 공통어가 생겨났다. 그 외의 지역에서는 언어가 민족주의의 핵심적인 정신 동력으로 등장하지 않았는데, 예외로 아프리칸스 민족주의는 영국통치에 반대하는 투쟁에서 아프리칸스 국가를 정의하는 유일한 속성으로 아프리칸스어(Afrikaans)를 채택하기도 했다(제17장).

둘째, 언어보다 더 강한 구속력을 지닌 정체성의 다른 지표가 있다. 이를 지나치게 강력히 추진할 경우, 대다수 주민의 결속과 충성심을 확립하기 위해 언어가 지니는 잠재력을 파괴하거나 모호하게 만들 수도 있다. 종교는 많은 아프리카 국가에서 특히 중요하며, 종교 집단 간 긴장이나 갈등이 있는 경우에는 언어와 기타 수단을 통한 국가 정체성의 확립을 더욱 복잡하게 만든다.[8] 마찬가지로 종족 집단이나 씨족 집단에 대한 충성심 역시 동일 언어를 사용하는 다른 화자와 연대하는 힘보다 더 강력한 힘이 될 수 있다. 예컨대, 소말리아에서(제15장) 씨족 충성심은 소말리아 화자에게 광범한 국가 정체성을 구축하는 데 관여하는 것으로 지적되었다. 또한 독립 이전의 나이지리아의 이보어(Igbo)나 요루바어(Yoruba)처럼 상호 이해가 가능한 언어를 사용하는 화자는 종족언어적으로 동일한 정체성으로 통일되지 않았고, 오히려 서로 물고 뜯는 경쟁상대로 투쟁하기도 했다(Gordon 2003). 영토와 영지에 대한 소속감과 연관된 민족 정체성 개발의 배경에는 언어 결속성이 매우 중요하다. 제2장에서 논의한 이집트의 초기 영토 민족주의처럼, 언어에 핵심 역할을 부여하지 않는 다른 사회정치적, 경제적 민족 정체성 구축은 아프리카 국가 발전의 특정 시기에도 나타나는데, 예컨대 잠비아는 독립 직후 외교 정책의 기조를 국내 경제 문제와 함께 남아프리카의 해방되지 않은 지역을 대상으로 국가

---

8 언어가 종교 및 국가 정체성과 맺는 관계는 제2장 이집트와 제3장 모로코에서 특히 흥미롭게 논의했다. 기독교도와 이슬람교도가 많은 나이지리아, 에티오피아, 가나와 같은 나라에서 이 관계는 분명 밀접한 관련이 있다.

초기의 정체성을 확립했다(제16장). 국제적 차원, 특히 아프리카 전체와 서구의 상호작용에서 볼 때, 나이지리아가 독립 직후 국가 발전 과정에서 보인 호전적인 정치적 입장은 이 나라 정체성 정책의 특징이다(Falola 1999).

셋째, 제5장에서 머클로흘른(McLaughlin)이 잘 지적했듯이 국가 정체성의 개념은 국내외의 국가 이미지 투사 및 그 식별과 관련해서 정의할 수 있다. 머클로흘른은 국가 정체성이란 개념을 두 가지 의미로 해석할 수 있다고 했다. (1) 국가정부에 대한 소속감과 주민의 관계, (2) 국제적 세계질서에서 개별 국가정부의 정체성이 그것이다. 첫 번째 의미에 기초한다면 세네갈은 거의 압도적으로 월로프어를 사용하는 국가로 기술할 수 있는 반면, 국제적 차원에서는 프랑스어권 국가로 정의할 수 있다. 따라서 개인이 국가가 주민과의 관계에서 만들어 내는 식별표지와 국가의 외부적 이미지 사이에는 잠재적 차이가 있다는 점을 기억해야 한다. 국가 정체성은 국가의 리더십을 통해 의도적으로 구축할 수 있기 때문이다.

이제 이 책의 각 장에 제시한 관찰과 관련해서 주요 언어의 개인적·집단적 사용과 관련 있는 두드러진 핵심 세력을 확인한다. 또한 우세한 지위를 갖고서 국가의 정체성과 주민에게 영향을 미치는 언어가 지지를 받는 이유도 지적한다.

1.4.1 특권, 자기 발전, 자주권

다언어를 사용하는 개인이 특정 언어를 선호하는 것은 타인의 언어 선택에 영향을 미치고, 화자 집단의 다른 언어 지배력을 더 강화할 수도 있다. 개인과 집단이 특정 언어를 선호하는 것은 그 언어와 잠재적으로 연관된 특권적 가치 때문이다. 이와 관련해서 식민지배 시대의 유럽어를 능통하게 구사하는 것은 아프리카의 여러 국가에서 여전히 교육과 현대화의 중요하고도 특권적인 표지이며, 따라서 많은 사람이 사회적 지위 획득을 위한 출세 수단으로 유럽어를 학습한다. 서구어 구사 능력이 경제적 발전과 고위 직종에 접근할 수 있는 중요한 열쇠라는 사실은 영어나 프랑스어 같은 언어가 대부분의 아프리카 국가에서 지위 상승의 야망을 실현할 수 있는 힘을 지녔다는 것을 확인해 준다. 특권과 연계된 언어 선택의 효과는 다른 비유럽어에도 나타나며, 단일 주민이 사용하는 여러 언어 사이에 사회적으로 결정된 위계구조가 있을 때 드러난다. 예컨대, 아랍어 사용 주민 사이에는 고전 아랍어와 근대 표준 아랍어에 대한 경외심과 지역 구어 아랍어의 지위 사이에 심각한 긴장감이 존재한다. 구어 아랍어 변이형은 대부분의 사람이 가정에서 배우는 언어형이지만, 일반적으로 평판이 낮고, 표준 아랍어에 비해 열등한 것으로 간주된다. 제2장 이집트에서 보는 바처럼, 지역적으로 발달한 이집트의 아랍어 변이형을 이집트 영토의 민족주의를 뒷받침하는 언어 상징으로 격상하려는 시도는 실패했는데, 이는 지역 구어 아랍어가 고전 표준 아랍어보다 열등하다는 뿌리 깊이 박힌 인식 때문이었다. 지역 구어 형태의 아랍어와 대립해서 고전 아랍어가 오랫동안 지닌 확고한 지위는 제3장의 모로코에서도 발견할 수 있다. 여기서는 교육을 받은 엘리트뿐만 아니라 일상적으로 모로코 아랍어를 알고 사용하는 대중도 구어 아랍어를 고전 아랍어의 타락한 형태로 인식하고 있다는 사실을 추가로 지적할 수 있다.

제3장은 모로코의 성(性) 문제와 관련해 언어가 사회특권과 상호작용하는 방식을 흥미롭게 논의한다. 이는 국어 문제에 미치는 영향에 대한 논의와 더불어 가부장적인 모로코 사회의 전통적인 남성 지위가 표준 아랍어를 구사하는 능력 덕택에 언어적으로 유지되는 반면, 많은 여성을 표준 아랍어의 동반자적 화자로 참여시키지 않는다는 사실을 지적한다. 그 결과 여성은 언어전략을 달리해서 자신의 능력 향상과 사회적 출세를 추구한다. 즉, 교육을 받은 여성은 현대화와 문명과 직접 연계된 프랑스어

뿐만 아니라 프랑스어-모로코 아랍어의 코드 전환을 통해서, 그리고 프랑스어 접근이 불가능한 시골 여성은 여성 구어 베르베르어(Berber)와 모로코 아랍어를 사용함으로써 이 전략을 구사한다. 그러한 언어 사용 양상 때문에 남성과 여성 사이에 언어에 대한 충성심이 다르게 형성되고, 남녀로 구성되는 국가 통일의 상징인 단일어의 격상이 방해받는다.

1.4.2 반동적 언어 선택: 소수 종족의 불안

일부 주민 사이에 나타나는 특정 언어에 대한 선호와 충성심은 국가 내 더 강력한 대다수 화자의 지배에 대한 반작용으로 표출될 수도 있다. 이 책에서는 이러한 현상과 그로 인한 언어 분쟁의 몇 가지 사례를 서술한다. 제11장 카메룬의 경우, 종족 공통성의 일차적 상징으로 영어와 피진 영어에 대한 영어권의 강한 정체성은 과거 영국이 통치하던 카메룬 지역인 남서부와 북서부 지방의 약 20퍼센트의 주민에게서 나타났다(이곳은 카메룬의 여느 지방과 마찬가지로 종족언어적으로 아주 복잡하다). 이 정체성은 주로 영어와 프랑스어 두 언어가 카메룬의 공용어로 공인되었음에도, 정부가 불공정하고 차별적으로 프랑스어를 강조한다는 감정에서 야기되었다. 프랑스어권의 다수 주민과 비교할 때 차별을 받는다는 인식 때문에 (비록 **프랑스어권** 주민의 단지 소수만이 실제로 프랑스어를 사용하지만) 결과적으로 남서부와 북서부의 주민이 영어 중심의 굳건한 영어권 정체성—과거에는 이러한 형태로 존재하지 않았다—을 지지하는 시위와 집회를 열었고, 이 두 '영어권'의 분리를 요구하는 민족주의 운동이 일어났다.

아프리카 화자가 차별적 상황에서 사용하는 유럽어에 대한 또 다른 두 사례는 제6장과 제17장에 서술되어 있다. 남아프리카공화국의 영어는 반아파르트헤이트(anti-apartheid) 운동과 연관되고, 남아프리카공화국의 흑인 주민 사이에서 영어는 아프리칸스어 사용 주민으로부터 자유와 통일을 상징하는 언어로 인식되었다. 아파르트헤이트 체제를 성공적으로 폐지하면서 영어는 남아프리카공화국에서 아주 강한 긍정적 의미를 지니고서 등장했는데, 이는 저항의 기능과 미래의 희망을 표상한 과거 역할에서 유래한다. 말리의 프랑스어는 밤바라어를 회피하는 수단으로, 송하이와 타마세크 주민 사이의 의사소통에 사용되는 것으로 보고되었다. 교통어로 널리 퍼져 있는 밤바라어가 송하이인과 타마세크인에게는 부당한 지배적 언어로 인식되기 때문이다.

　　다른 많은 아프리카 국가에서 유럽어는 국가 차원의 공용어로 선호된다. 이들 국가에서 종족언어적 소수 집단은 거대 종족 집단의 권력을 걱정하고, 이들 거대 집단의 언어가 권위 있는 공식 역할을 해서 권력이 팽창하는 것을 우려한다. 1.2절에서 지적한 대로 거대 종족 집단의 지배를 받는 소수 종족의 일반적 우려는 독립 시점인 1960년대에 대다수의 국가에 편재한 현상이었고, 지금도 많은 국가에서 주요 근심거리로 남아 있다. 이러한 맥락에서 유럽어는 종족상으로는 중립적이고, 이론상으로는 종족이 혼합된 주민을 통합할 수 있어서 모든 종족 집단에게 공평무사한 것으로 인식된다. 이러한 언어 인식은 나이지리아, 코트디부아르를 비롯해 다수의 소수 종족이 있는 많은 국가에서 영어와 프랑스어의 지위를 공고히 유지하고 공식적으로 뒷받침하는 중요한 근거가 되고 있다.

1.4.3　차후의 관련 문제: 언어의 포털 기능, 언어 기원과 변별성의 문제

영어와 프랑스어를 교육제도와 다른 (공공)생활의 주요 분야에서 유지해야 하는 또 다른 이유는 이들 언어로 출간된 저술을 통해 과학과 기술의 발달을 지속적으로 쫓아가야 한다는 압박 때문이다. 현대세계와의 밀접한 연관성은 유럽어를 통해 일상적으로 가속화되는데—이를 **포털 기능**이라고 부를 수 있다—이것은 기술 분야와 공적 영역 이식에 필요한 언어 재원이 없는 아프리카어로는 실현이 불가능하다. 단일 비유럽어를 공공생활에서 채택하여 주민 대다수가 알고 공공 분야에 사용하는 국가, 예컨대 스와힐리어를 사용하는 동아프리카나 아랍어를 사용하는 북아프리카, 아프리카의 뿔인 소말리아 같은 국가에서도 고등 교육을 영어나 프랑스어로 실시하는 것이 지배적 현상이다. 유럽어 외의 다른 언어로 된 교육 자료와 관련 용어가 없어서 기술 분야에서 아프리카어가 유럽어를 대체하기란 매우 힘든 일이다. 이러한 상황은 앞으로도 계속될 것으로 보이는데, 이는 아프리카어가 첨단기술을 설명할 수 없다는 선입견 때문이다. 제13장 기씨오라(Githiora)의 지적에서 알 수 있듯이, 화자는 현대의 공식적 의사소통 수단으로서 '아프리카 토착어에 대해 뿌리 깊은 불신'을 갖고 있다. 과학적 목적에 부응하지 못하는 아프리카어에 대한 그러한 만성적 자신감의 결여로 토착 국어를 널리 적용하는 데 심각한 공백이 있다. 케냐에서는 '모든 영역에서 국가 통합을 위한 광범한 언어 수단으로 스와힐리어를 사용하려는 열망이 좌절되기도' 했다.

이처럼 아직도 아프리카에서는 영어와 프랑스어가 공식적으로 우세한 지위를 점유하는 것을 자주 볼 수 있는데, 이는 피할 수 없는 현상이어서 주민이 여러 다종족으로 불균형하게 구성된 국가에서는 환영을 받기도 한다. 그러나 진정한 지역 기반의 언어 사용을 장려하고, 유럽어의 광범위한 확산을 막는 몇몇 국가는 이를 비난하기도 한다. 이에 대한 극명한 사례는 모로코의 아랍어 이식 정책에서 볼 수 있다. 이 정책은 전 생활영역에 표준 아랍어를 확산하고, 아랍어의 현대화를 통해 고등 교육과 공공 분야에서 아랍어로 프랑스어를 대체하려는 시도이다. 아랍어화 정책은 모로코의 문화 정통성을 계승하고, 국가의 통일성과 결속을 구축함으로써 (보수 세력에게) 모로코의 국가 정체성에 대한 언어적 위협으로 보이는 프랑스어를 축출할 뿐만 아니라, 베르베르어 사용 주민이 아랍어를 중심으로 국가 결속력도 다지도록 한다.

　아주 일반적으로 국가 통일의 상징으로서 언어의 의도적 격상은 흔히 지역적 정통성의 문제, 특정 언어가 특권과 연계되어 국가를 언어적으로 대표하는 것에 대한 (대중의) 수용 여부, 그리고 선택된 국어를 통해 화자가 다른 국가의 화자와 분명하게 구별되는지의 여부를 고려해야 한다. 이러한 문제는 제1언어나 제2언어 화자가 많은 언어가 여러 다른 국가로 확산되어 1~2개국 이상에서 국어로 기능하는지의 여부에서 발생한다. 예컨대, 동부와 중부 아프리카의 스와힐리어와 북부 아프리카와 중동의 근대 표준 아랍어에서는 이 문제가 항상 발생한다. 전자와 관련해서 동부와 중부 아프리카 국가에서 사용되고 발달된 스와힐리어는 변동이 크고, 그러한 차이 때문에 탄자니아의 (비공식적으로 인정받는) 국어로 사용되는 스와힐리어와 케냐, 우간다, 콩고민주공화국의 스와힐리어가 매우 다르다는 점이 지적되었다(제13장과 다른 장). 이처럼 기본 언어형은 여러 가지 방식으로 다양하게 발달하여 국어들은 아주 차이가 심하다.

　북아프리카와 중동의 여러 나라에서 국어로 사용되는 아랍어의 경우는 그 상황이 꽤나 복잡한데, 이는 제2장과 제3장에서 다루었다. 모로코 아랍어와 이집트 아랍어처럼 지역 **구어** 형태의 아랍어는 아주 확연하게 구별되고, 그 화자는 다른 나라의 아랍어 화자와 명백하게 구별되지만, 국어로서 사용하기에는 특권적 위세가 미약하다. 근대 표준 아랍어는 고전 아랍어와 더 밀접한 관계가 있고, 많은 화자의 생각에는 고전 아랍어와 심리적으로 크게 다르지 않다(Suleiman: 제2장). 그래서 그것은 아주 널리 공유된 아랍어 형태로서 명성은 크게 누리지만, 다수의 국가에서 확연히 구별되는 국어로서 사용될 만큼 큰 잠재력은 분명히 없다. 이러한 복잡한 사정으로 인해 아랍어 사용 국가의 민족주의자는 다양한 반응을 보인다. 이집트의 초기 **토착 세력** 민족주의자 중에는 지역 구어 아랍어를 이집트의 개별 국어로 격상하지 못한 이도 있었고, 국가 정체성과 특정 언어 사용의 연계를 부인하는 이도 있었다. 후자는 공유 아랍어 형태를 사용함으로써 이집트는 개별 국가로서의 정체성이 없고 범아랍 국가의 일원에 불과하다는 결론을 피하기 위해 그러한 입장을 취했다. 이와 달리 이후의 이집트 아랍 민족주의자는 공개적으로 범아랍주의를 표명했고, 아랍의 정체성 공유표지로서 고전 아랍어와 표준 아랍어의 중요성을 받아들였다. 그들은 범아랍어권 내에서 이집트와 이집트 문화의 주요 역할을 강조하면서 이집트와 아랍 국가의 밀접한 연계는 이집트의 정체성을 감소시키기는커녕 적극적으로 고양한다고 주장했다(Suleiman: 제2장). 이렇게 언어와 문화의 차별성 문제는 자국의 국어와 공용어를 다른 나라와 공유하는 국가에서 민족주의 지도자의 주의를 끌고 서로 다른 반응과 해석을 불러일으키면서 어떤 반응과 해석은 다른 것보다 더 널리 수용되고 있다.

1.4.4 결과

이 장의 앞 절에서 지적한 언어 선택에 대한 고려와 거기에 미치는 압력으로 인해 상당히 다른 언어 강조 양상이 확립되었고, 이는 국가 정체성의 향상에 영향을 미쳤다. 첫째, 비교적 그리 보편적인 결과는 아니지만, 단일 토착어를 국어와 공용어로 사용하기 위해 국가와 국민의 가장 주요한 언어로 의도적으로 격상한 사례를 들 수 있다. 이러한 격상과 그로 인해 취득한 지위는 반드시 (헌법상) 공인을 받아야 하는 것은 아니다.[9] 이 책에서는 지배적 단일 국어 정책의 사례로 탄자니아, 소말리아, 에티오피아를 제시했다.[10] 다른 장에서 관찰한 대로 이러한 여러 국가에서 공식적, 비공식

---

9 스와힐리어는 탄자니아의 국어로 알려져 있지만, 헌법상 공식 지위를 인정받지는 못했다.

10 여기에 이집트처럼 아랍어를 지배적으로 사용하는 국가를 추가할 수도 있지만,

적 역할을 하는 토착어를 국어로 격상하는 것은 국가 통합과 긍정적인 가치를 지닌 국가 정체성을 성공적으로 창출하기도 하고 그렇지 못하기도 한다. 탄자니아의 국어와 공용어 역할을 하는 스와힐리어의 발달과 확산은 일반적으로 식민지배 이후 국가 건설에 매우 긍정적인 효과를 가져왔고, 신생 통일 국가인 탄자니아의 소속감과 충성심을 고양하는 데 아주 중요한 역할을 했다. 하지만 에티오피아와 같은 국가에서는 국가의 지배적 언어로서 암하라어(Amharic)가 더욱 광범하게 성장·발달하여 1955년에 에티오피아의 공용어로 인정을 받았지만, 이후 다양한 국민의 '마음과 생각을 획득하는' 데는 성공하지 못했다. 비암하라어 사용 집단은 에티오피아의 암하라어 중심의 확장과 근대국가로의 발전을 썩 달갑지 않게 바라보고, 과거의 식민지배와 유사한 것으로 생각했다(제15장). 1974년의 마르크시스트 혁명과 그 후 타 언어에 대한 관용 움직임이 있은 뒤, 티그리냐어(Tigrinya)와 오로모어(Oromo) 같은 지방어가 재성장한 것은 에티오피아에서 오랜 전통과 높은 도구 가치를 지닌 암하라어가 다른 종족 정체성에 대한 강한 충성심을 제대로 막아 내지 못했다는 것을 보여 준다. 소말리아는 단일 토착어가 국어와 공용어의 기능(1970년대에 공공 영역에서 영어, 이탈리아어, 아랍어를 대체했다)을 갖고 격상된 세 번째 국가이다. 소말리아 주민은 종족이 상당히 동질적인데, 이는 사하라 이남에서는 드문 경우이다. 하지만 이러한 잠재적 이점도 이 국가의 장기적 평화와 안정을 확보하지 못했다. 보캄바(Bokamba)를 비롯한 여러 학자의 지적처럼(제12장), 토착어를 공식적 단일어로 광범하게 사용하는 정책은 주민 전체를 강력히

아랍어는 중동에서 아프리카로 유입된 언어이기 때문에 아프리카 일부 지역에서 오랫동안 사용되었다고 하더라도 '토착어'로 분류하기는 어렵다. 민족주의의 목표를 위해 고전/표준 아랍어는 사실상 때로는 외국어로 소개되었다(제2장의 민족주의자 살라마 무사 참조). 제13장에서 지적한 바대로 케냐는 이제 아프리카어인 스와힐리어를 국어와 공용어로 인정하는 과정에 들어선 국가이다.

결속하는 정체성의 창출 및 강화를 보장하지 않는다.[11]

두 번째의 언어적 결과는 단일 토착어를 국어로 격상하려는 시도보다 훨씬 더 일반적인 것으로, 국어의 역할을 의미 있게 수행하는 토착어(들)가 없어서 유럽어를 국가 공용어로 인정하는 것이다. 이는 독립 후 공적 영역에서 과거 식민시대의 언어를 그대로 존치하기로 결정한 조치로서, 흔히 복잡하고 위험한 결과를 낳을 수 있다. 이러한 사회언어학적 배경으로 국가 건설 과업의 '성공' 수준을 측정한다면, 국가 통합이 이루어지는 분위기와 정책의 통일성, 체제 안정 유지로 측정이 가능하겠지만, 구체적이고 분명한 목표를 지닌 국가 정체성의 의도적이고 급속한 확립으로는 평가할 수 없다. 비토착어를 단일 공용어로 채택하는 정책을 다소 불분명하지만 야심차게 실시한다면 종족 간의 긴장을 완화하고, 종족 관계가 복잡한 주민으로 구성된 국가의 분쟁 감소에 도움이 된다. 이러한 비토착어는 다양한 영역에서 특정 종족 집단에게만 특혜를 주는 의사소통의 수단으로 이용되지 않기 때문에 언어 차이로 인한 긴장 고조 가능성은 감소된다. 하지만 압도적으로 우세한 지위를 갖는 비토착어에 국가 차원의 중요한 지위를 부여하면 국가 건설 과정에서 일차 목표인 **평화 유지**를 달성하지 못할 수 있다. 제9장은 코트디부아르가 독립한 후 수십 년간 우푸에부아니(Houphouët-Boigny)의 통치하에서 프랑스어의 확산과 지속적 발전으로 프랑스어(또는 코트디부아르의 다양한 프랑스어 변이형)가 코트디부아르의 정체성을 나타내고, 국어로서 기능을 담당한 사실을 다룬다. 그러나 1993년에 우푸에부아니의 사망 이후 분쟁으로 점철된 10년의 세월에서 프랑스어를 상징으로 투사한 국가 통일의 이미지는 깊이 숨긴 종족 간의 불화를 드러내는 가면(假面)에 지나지 않았고, 프랑스어의 국어

---

11 아시아의 남북 분단이나 1970년대 후반 캄보디아가 자초한 대학살처럼, 단일어 국가인 르완다와 부룬디에서 비극적인 전쟁이 일어난 것은 이 사실을 확인해 준다.

격상은 종족 간 갈등을 극복하는 데 필요한 집단 소속감을 고취하지 못했다는 사실을 보여 준다.

제11장은 위에 제시한 둘째 유형의 언어 우세 형태가 변형된 카메룬의 사례를 다루는데, 영어와 프랑스어가 카메룬에서 공통의 공용어로 사용되어 이 나라의 국가 정체성 확립에 분명한 시사점을 주는 상황을 서술한다. 프랑스어와 영어에 대한 개인의 지식과 공적 사용을 조화롭게 강조하지 않은 탓에 공식적 이언어 정책을 헌법상으로 천명하지만, 실제로 카메룬 주민은 두 부류의 주요 다종족 집단으로 분리되어 있다. 즉, 보다 차원 높은 국가 정체성과 충성심이 영어권에 속하느냐 아니면 더욱 다수의 프랑스어권에 속하느냐 하는 소속감에 따라 결정된다. 영어(그리고 이와 연관된 중요한 피진 영어)와 프랑스어는 카메룬 국민을 양극화하고 분열하는 언어적 신호가 되었다. 불공평한 공식적 이언어 사용(bilingualism)을 채택함으로써 국가 통합에 심각한 문제가 생겨났고, 심지어 영어권 공동체 자체의 분열도 초래했다.

세 번째 일반적 유형의 아프리카 국가의 언어 존재 양태와 '강조'는 국가 정체성이 잠재적으로 형성되는 대중의 의식 차원과 공적 차원에서 다언어주의(multilingualism)를 국어로 인정하고, 종족언어적 다원주의를 국가의 확실한 선호 자산으로 간주하는 것이다. 언어 스펙트럼상 단일어 또는 공용어 격상의 정반대 입장에 있는 다언어주의는 일반적으로 일련의 다양한 토착어(이들은 국어로 공식 인정받기도 한다)가 모두 국가의 정체성을 나타낸다. 그러한 다수의 공식 언어는 정부의 적극적 지원을 받고, 교육과 미디어의 영역에서 격상되어 사용되기도 한다. 때로는 광범한 의사소통 능력을 지닌 유럽어가 공적 수단의 역할을 갖는 것으로 인정받기도 하고, 이따금 다언어 국가 정체성의 부차적 요소로 간주되기도 한다. 이 책에서 국가정부의 핵심 정체성으로 인지되고 형성된 다언어 중심의 흥미 있는 사례는 말리, 콩고민주공화국, 잠비아, 남아프리카공화국이다.

제6장은 말리에서 문화와 언어의 다원주의를 옹호하는 국가 차원의 노력이 지속되었으며, 다양한 공적 영역에 13개의 국어를 사용했다는 것과 언어 다원주의의 옹호는 '그 자체로 국가 정체성의 표지로서 상징적 가치를 지닌다'는 점을 고찰한다. 이와 비슷하게 제12장에서는 콩고민주공화국은 기본적으로 다언어 국가의 정체성을 지니며, 강한 국가 정체성의 개발은 언어 다원주의가 필연적이고 본질적으로 분열적인 것이라는 개념에 반대되는 분명한 사례이다. 광범하게 공유되는 단일어는 국민 결속에 도움이 되는 것이 확실하지만, 콩고민주공화국의 경우는 공통된 단일 국어 없이도 다른 언어를 사용하는 화자 사이에 국가 정체성이 발달할 수 있다는 점을 의미심장하게 보여 준다. 제16장의 잠비아에 대한 논의는 나아가 그러한 일반적 견해를 확인해 주고, 잠비아 다언어주의의 특정 패턴을 다수의 토착 국어와 영어, 때로는 이 두 언어의 혼합 형태가 모두 잠비아의 국가 정체성을 확립하는 것으로 보인다는 사실을 지적한다. 이처럼 잠비아의 긍정적 다언어주의 수용은 이 나라의 다양한 언어가 국가 건설의 장애물이라기보다는 자산으로 간주되는데, 이는 1990년 이후 비교적 최근에 일어난 대중의 사고 변화를 반영하는 것이다. 이에 앞서 국가를 통일하는 수단으로서 공식 단일어의 역할이 강력하게 강조되었고, 이러한 변화는 "다언어와 단일어의 대립을 보이는 복수성의 철학"이 지역적으로 새로이 출현했다는 것을 알려 준다. 이러한 복수 언어 인정의 철학은 그 자체로 아파르트헤이트 이후 남아프리카공화국의 언어 다원주의가 지닌 힘으로 과시되고 있다. 남아프리카공화국에서는 현재 11개의 공용어가 공인되고 있으며, 다양한 측면에서 국가 지원을 받고 있다.

위의 널리 알려진 언어 다원주의의 유형과 한 국가 내의 단일 국어와 공용어가 우연히 존재하는 상황 사이에, 이 책의 여러 장에 기술된 국가에서 나타나는 또 다른 제3의 중도적 입장이 있다. 이들 각 장은 언어에 대한 폭넓은 이해를 한층 더 심화하고, 국가 건설 과정과 관련해서 추가 사항을 지적한다. 이 책에 부각된 언어 양상에 대한 일반적 지적으로 이 개관을 끝맺기 전에, 우세 언어의 최후 모습과 여기에 제시한 성과와 위계에 대한 광범한 기술을 포함한 이유를 간단히 언급할 필요가 있다. 국가의 교통어가 비공식적으로 확대되는 경우가 바로 그것이다. 이 현상을 보여 주는 두 가지 사례는 세네갈의 월로프어와 말리의 밤바라어이다. 제5장에서는 세네갈의 월로프어가 매우 빈번하고 광범하게 사용되어 '사실상 국어로 기능하고, 때로는 국어로 지칭되는' 현실을 보여 준다. 하지만 의회 토론과 같은 비공식적 영역으로 확산됨에도 월로프어는 공식적으로 '국어'로 공인된 다른 여러 토착어와 별반 다를 바 없는 지위에 처해 있다. 더욱이 월로프어의 지위를 다른 '국어'보다 더 우위로 격상하고, 프랑스어와 맞먹는 국가의 공식 지위를 부여하려는 제안도 있었지만, 이는 몇몇 부문에서 강한 저항에 부딪혔다. 제5장은 지금까지 월로프어의 놀랄 만한 발달과 확산—'서서히 진행되는 세네갈의 월로프어화(Wolofization)'로 묘사된다—은 상당 부분 월로프어가 다른 공인된 국어보다 더 상위의 공식 지위도 없었고, 다른 국어에 부여한 공식 후원도 특별히 받은 적이 없다는 사실에 기인한다. 이와 같은 공식 대우가 없었던 까닭에 월로프어의 사용 확대를 시비할 법적 근거가 없었고, 자연스럽게 월로프어는 세네갈 전국에 걸쳐 그 성장세를 자유롭게 지속할 수 있었다. 따라서 월로프어는 성공적으로 국어가 되었고, 공식적 격상의 목표 없이도, 심지어는 명백한 격상 시도도 없이 발전하여 세네갈의 정체성을 나타내는 집단표상이 된 흥미로운 언어 사례이다. 말리에서도 이와 관련된 상황이 빚어졌지만, 분명하고도 중요한 차이가 있었다. 세네갈처럼 제1언어를 사용하는 상당수 소수 주민(40퍼센트)이 사용하는 단일 토착어는 유일한 공적 지위나 공식 주도권을 갖지 않고서도 대다수의 주민(80퍼센트)이 알고 사용함으로써 확산되었다. 예컨대, 세네갈의 월로프어처럼 밤바라어는 이제 유명세를 지닌 여러 국어군에 속한 언어가 되었다. 세네갈의 상황과 비슷하게 대중은 밤바라어의 지위가 상승했다고 해서 그것이 더 격상된 역할을 한다고 생각하지 않으며, 밤바라어 역시 월로프어와 비교해 그리 광범하게 확산되지도 않았는데, 이는 밤바라어가 말리에서 특수한 국가 상징의 지위가 없는 것으로 간주되었기 때문이다. 하지만 이 두 언어는 지배적 언어가 되었고, 화자 수와 사용 영역이라는 두 측면에서 볼 때, 거의 일정한 방향성 없이 자연스럽게 계속 확산되고 있다. 지금으로서는 이 두 교통어가 유일한 국어나 공용어로 바뀔 것 같지는 않지만, 장차 수년 내에 어떻게 발달할지, 차후 국가 결속 기능으로 널리 사용되어 또 다른 공식 지위를 가질지, 아니면 단지 하나의 국어로 남아 말리와 세네갈에서 국가 건설을 위한 언어로 효율적으로 이용될지를 두고 보면 무척 흥미로울 것이다.[12]

1.5 끝맺는 말

현대 아프리카의 대다수 독립 국가는 비교적 신생국이고, 집단 정체성의 오랜 전통이 없음에도 앞으로 이어질 여러 장은 아프리카 대륙에 있는 많은 국가의 주민 사이에 국가 정체성이 출현하고 있다는 것을 증언한다. 이들은 영토 경계를 공유하고, 과거 식민지배를 빈번히 당한 역사가 있다는 것에 자극을 받아 국가 축구팀, 대중음악, 국제 관계에 참여하고 대표로 나서는 등 자연스럽게 이용하거나 실현이 가능한 다른 국가 상징과 함께 출현한다. 아프리카 국가의 정체성 개발에서 언어가 갖는 역할에 관해 살펴보면 이 언어가 서구 유럽(또는 일본이나 한국과 같은 아시아 국가처럼)의

---

12 이러한 점에서 월로프어, 밤바라어와 유사하고 미래에 국가 공용어로 발전할 가능성이 있는 언어는 시에라리온의 크리오어이다. 이 언어는 국가의 거의 모든 주민이 알고 있지만 국가가 공식적으로 인정하는 역할은 아직 없다(제7장).

민족주의에 이따금 이용된 것과 같이, 모두는 아니지만 대부분의 경우에 이질적이고 종족언어적으로 혼합된 국민 구성으로 인해 단일 국가로서의 의식과 운명을 지닌 단일어를 사용하지 못했다. 그 대신 많은 국가의 국가 건설에서 언어가 차지하는 절대적으로 중요한 역할이 적어도 독립 직후에는 신생국의 사회 통합을 유지하고, 영토의 통일과 이를 고수하는 것이었다. 그리하여 호전적인 민족주의보다는 정변 억제, 분쟁 감소, 결속력 강화에 중점을 둔 실용적 국가주의에 초점을 맞추었다. 그러한 염려로 인해 유럽어는 종종 공식어로 사용되었고, 토착어를 통한 국가 정체성 창출에 영향을 미치는 우세한 힘을 계속 유지했다. 다른 국가에서는 다언어주의가 확고히 천명되거나 더욱 적극적인 언어 다원주의로 국가 정체성에 접근하지 않았기에 토착어는 국가 정체성의 형성에 더욱 중심적이고 분명한 모습을 드러내었다.

많은 국가에 **이국적인** 유럽어가 존재하고, 이것이 국가 정체성의 일반적 형성에 미친 영향을 살펴보면, 이 유럽어가 갖는 평화 유지와 국가 통합의 역할에 관한 긍정적 가치 덕택에 많은 국가에서 과거의 식민어를 언어 풍경의 유용한 몫으로 인정하는 사례가 점차 증가한다고 자주 보고되었다(Adegbija 1994). 영어와 프랑스어 같은 언어는 다수의 중요 영역에서 갖는 도구적 가치가 커서 이들은 결과적으로 많은 국가의 영속적 특성인 것으로 보이며, 적어도 이들 국가의 정체성과 속성을 나타낸다. 그러한 국어로서의 이식 과정에 도움이 된 것은 많은 국가에서 나타나는 영어와 프랑스어의 개별적 지역 변이형의 발달과 특히 범지구적인 영어의 세계화, 즉 제1언어, 제2언어 사용자가 점차 영어를 사용하는 경향이 증가하여 전 세계로 확산되는 현상이다. 이 두 가지 발달로 유럽어와 유럽어가 모어로 사용된 국가, 언어에서 과거의 식민지배에 대한 기억이 자동으로 연상되는 것이 흐려진 가나 같은 국가에서는 영어와 프랑스어가 국가 정체성의 요소로 정착되었다. 제8장은 영어가 오늘날 가나에서 가나어의 하나로 인식되며, 가나의 국민 정체성의 (부분적) 표지로 사용되고 있음을 밝힌다.

이러한 언어 사용 양상과 관련해서는 제8장에서 아니도호와 다쿠부가 지적한 사항과 연관되는, 1.3절에서 이미 강조한 사항을 재차 강조하는 것이 유익하다. 즉, 식민통치를 경험한 많은 아프리카 국가에서 구어와 문어 의사소통의 언어 차이는 심하고, 토착어와 유럽어는 영역을 서로 달리하여 가장 적절하게 이용된다는 것, 다시 말해 유럽어는 (읽기와 쓰기를 포함한) 더욱 공식 영역에서 사용되고, 토착어는 강한 연대성이 있는 비공식 상호작용에서 사용된다는 인식이 그것이다. 이처럼 일차 의사소통 기능상의 차이로 인식된 언어 분리는 아프리카 사회의 전통을 따르면서도 또한 상이한 언어와 단일어의 레지스터나 변이형은 또 다른 활동과 일반 생활에 적절하게 사용되는 것으로 보인다. 개인이 공식적으로 구별되는 다양한 활동에 참여하고 다양한 사회 집단에 소속되는 한, 단일어의 여러 레지스터와 변이형을 이용하거나 다른 외국어의 수행 능력이 필요하다. 영어와 프랑스어(그리고 포르투갈어)는 기원상으로 비토착어임이 분명하고 단지 교육을 통해 학습되었지만, 이들은 더욱 공식적인 언어 변이형을 구현하는 다언어 변이체계(multi-variety system)에 속하고, 문어와 공식 의사소통에 필요한 도구가 될 수밖에 없다. 또한 토착어가 일반적으로 더 폭넓고 우세하게 사용되는 비공식 의사소통에는 그리 적합하지 않을 수도 있다. 이처럼 활동과 영역에 따른 언어 계층과 변이형의 구조적 체계는 엄밀히 말하자면 단일어 사용 주민에게서도 발견되는데, 예컨대 영국에서 문어와 의회 토론에서 사용되는 표준 영어의 더욱 공식적인 변이형은 영국 대부분의 지방에서 사용되는 자연적 구어 발화의 형태와는 아주 다르다. 언어 중심의 정체성의 관점에서 볼 때, 개인의 언어 어휘부를 구성하는 전체 언어 재원은 이미지 구축 및 국민과 국가정부 건설을 포함해 자신을 타인과 관련지어 바라보는 방식에 영향을 미친다는 것, 그리고 공식적 목적으로 사용되는 언어 역시 화자의 국가 정체성에 대한 의식을 형성한다는 것을 자연스레 예측할 수 있다. 그리하여 우리는 이 책의 여러 장에 개진된 흥미로운 최후의 관찰(이는 다른 장의 내용에서 나온 결론으로 추론할 수 있다)을 지적하고자 한다. 그것은 언어로 형성된 아프리카의 국가 정체성은 복합적이고, 많은 경우 언어 집단에 의해 주민과 개인의 자산으로서 확립된다는 사실이다.

1.4.4절에서 아프리카의 여러 국가(예컨대, 말리, 콩고민주공화국, 잠비아)의 국가 정체성은 단일 토착어나 단일 비토착어가 아니라 해당국에 사용되는 집단 언어군에 의해 복수로 형성된다는 점을 살펴보았다. 제8장과 제17장에서는 가나와 남아프리카공화국의 국가 정체성이 이와 유사하게 다언어 체계에 대한 지식과 사용을 통해 복합적으로 형성된다는 점을 추가로 지적했다. 가나에서 영어는 국가 정체성 요소로 부상하고 있으며, 토착어의 수행 능력은 국가 소속감에 대한 아주 중요한 보완 요소라는 점을 강조했다. 아니도호와 다쿠부는 "대부분의 주민에게 가나의 정체성은 인정된 종족 정체성을 수반하는 듯하며, 영어의 지위와 역할이 어떤 것이든 가나의 언어 한 가지를 말하는 능력 역시 국가 정체성의 필수적 자질이다"라고 기술한다. 메스트리(Mesthrie)는 남아프리카공화국의 많은 주민에게 국가 정체성은 이 나라에서 사용되는 여러 다른 언어, 즉 영어, 토착 국어, 쪼찌어, 쨤토어와 같이 부상하는 도시 코드 체계의 사용을 조화시킴으로써 형성된다는 점을 지적한다. "특정 맥락에서 전통적 아프리카어를 지나치게 강조하는 것은 아이러니하게도 많은 이에게 종족의 존엄성을 부인하는 아파르트헤이트 시대를 연상시킨다. 흑인 남아프리카공화국민이 영어를 지나치게 사용하는 것은 (흑인에게는) 부적절한 것으로 보이며, '지나치게 백인임을 자처하는 것'으로 보인다"(Slabbert and Finlayson 2000). 다양한 아프리카 주민의 국가 정체성은 언어적으로는 (비토착어를 포함하여) 일상적 다언어의 구사에 근간을 두며, 유럽 맥락에

서 나타나는 상황과 달리 우세한 단일어 변이형만을 지적하는 것으로는 분명히 드러나지 않는다. 제8장에서는 자금 지원을 많이 받고, 현재 가나 의 국가 정체성을 뒷받침하는 잘 기획된 언어 계획 이니셔티브는 혼합된 언어를 한 가지 특정 방향으로 설정하여, 영어를 범종족적으로 사용하도 록 추진하거나 아니면 토착어를 현재 영어가 지배한 영역으로 확산할 수 도 있다는 점을 첨언한다. 하지만 가나나 가나와 유사한 사회언어학적 상 황을 가진 아프리카의 다른 국가에서 이러한 조치는 재정적 이유와 그 밖 의 다른 이유로 인해 추진하기가 어려워 보인다. 국가 정체성을 '다언어' 의 혼합에 기반을 둔다면 이는 다수의 아프리카 국민의 중요한 특성으로 정착될 것인데, 여기에는 일반적으로 복잡한 언어 상황과 현대 국가의 성 장과의 상호작용 또한 중요한 특성이 된다.

이러한 결론적 지적을 이해한 후에, 이제 독자는 이 책의 주요 장을 통해 개별 국가의 과거와 현재 진행 중인 언어 상황에 대한 더 자세한 사 항을 접할 것이다. 아프리카 대륙의 여러 권역에서 선별된 이 논집이 아 프리카의 언어와 국가 정체성에 대한 비교 연구에 유용한 기초가 되고, 이 주제와 관련해서 더 깊은 연구와 사고를 이끌어 낼 수 있기를 바란다.

제2장 이집트
이집트에서 범아랍 민족주의로

야시르 술레이만(Yasir Suleiman)

2.1 개관: 용어와 그 중요성

언어 기반의 정체성은 민족주의 연구에서 빈번히 다루는 주제이다. 하지만 이 둘의 관계와 그 구성요소(언어와 국가)는 **구성**의 문제이며, 이를 필자는 다른 곳에서는 **담론 기획**(discursive project. Suleiman 2006)으로 부른바 있다. 형식적 진술과 그 반대 진술을 쉽게 할 수 있기 때문이다. 이집트의 언어와 국가 정체성의 관계는 20세기에 걸쳐 오랫동안 논의의 대상이 되어 왔다. 이집트 국가를 중심으로 한 이집트와 연계된 정체성(이집트 민족주의)을 주장하거나 이 정체성을 대다수 사람의 지배적 종교(이슬람)와 관련해서 영토적으로 정의하려는 초(超)이집트 민족주의를 주장하는 논의가 그간 있었지만, 이는 서구 문화나 언어와 대립하는 동양 문화나 언어에 대한 막연한 개념에서 나온 것이었다(Gershoni and Jankowski 1995). 이

장에서는 이집트의 두 가지 가장 중요한 국가 정체성의 표현인 민족주의
와 범아랍 민족주의를 다룬다.

이집트의 언어와 국가 정체성의 관계는 용어상으로 난처한 문제가
있다. 이집트는 아랍어를 공식어로 하는 단일어 국가이지만, 아랍어의 변
동성을 어떻게 보느냐에 따라 문헌상 드러나는 견해는 다양하다. 퍼거슨
(Ferguson 1959)의 영향을 받은 양층어 상황 모형(diglossic model)은 두
언어 변이형을 설정하고, 문헌과 그 외의 공식적 사회언어학 영역에 국한
해서 사용하는 상위 변이형과, 수많은 다양한 언어 현상에 나타나는 구어
하위 변이형을 설정한다. 그 후에 퍼거슨(Ferguson 1996)은 이 모형을 일
부 수정했다. 또 다른 모형은 세 가지 변이형을 설정하는데, 퍼거슨의 상
위와 하위 변이형 외에 식자 구어 아랍어(Educated Spoken Arabic)를 설정

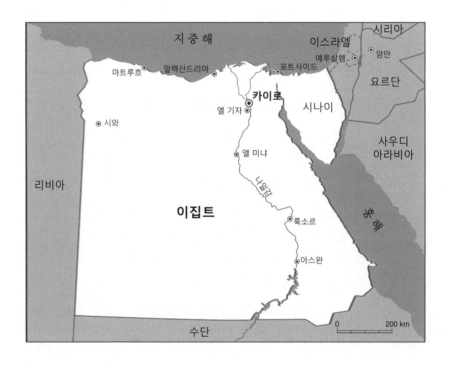

한다. 이 변이형은 위의 두 변이형의 특성을 지닌 혼합어이지만, 완전히 규범화된 코드는 아니다(Mitchell 1978, 1986; Hary 1996). 바다위(Badawi 1973)는 퍼거슨의 상위 변이형과 하위 변이형 사이에 5개 단계(5개의 변이형이 아니라)의 아랍어를 설정한다. 이처럼 다양한 아랍어 변이형의 범주는 그 경험적 타당성과 상관없이 이집트의 언어와 국가 정체성의 관계를 다룰 때, 위의 어느 변이형 또는 단계를 문제시하느냐의 문제를 제기한다. 그래서 본격적으로 논의를 전개하기 전에 용어와 개념적 근거를 분명하게 밝히는 것이 순서일 것이다.

이집트의 국가 정체성 논의에서 언어에 대한 담론은 아랍어의 표준 변이형과 비공식 구어 변이형과 관련해서 전체 윤곽이 설정되며, 그 결과 기본적으로 양층어 상황 모형을 고수한다(Gershoni and Jankowski 1986, 1995; Suleiman 1996, 2003, 2004a). 앞의 문장에서 사용된 '표준'[1]과 '구어적(colloquial)'이라는 용어는 토착어 및 사회정치적 담론에서는 각각 알루가 알아라비야 알푸샤(al-lugha al-'arabiyya al-fusha, 우아한 아랍어)와 알암미야(al-'ammiyya, 비공식 구어)로 지칭된다.[2] 번역의 함정과 번역 용어가 이집트와 아랍어 독자가 아닌 사람들에게 일으키는 잠재적 오해—예컨대 아랍어의 두 변이형을 고전 아랍어와 이집트어라는 문제성 있는 용어로 지칭하는 경우(Haeri 2003; van Gelder 2004)—를 피하기 위해 필자는 이 장에서 푸샤(fusha)와 암미야(ammiyya)라는 용어를 사용한

---

1 '표준어'란 용어가 이 범주 내의 변동성을 배제하지 않는다는 점을 지적해야겠다. 이 문제와 관련한 재미있는 논의에 대해서는 Bentahila and Davies(1991)를 참조한다.
2 이집트의 암미야를 지칭하기 위해 '구어적'이란 용어를 사용하는 Haeri(1997)의 견해에 찬성하지 않는다. 영어로 글을 쓰는 대부분의 언어학자들이 이 용어를 일상적으로 사용하며, 필자의 견해로는 별 문제가 없다. 이는 Haeri(1997: 12)의 주장과 반대로, 암미야가 단일한 것이라거나 사회문화적으로 예민한 문체 변이가 불가능하다는 것을 함의하지 않는다.

다. 이 접근 방식은 이집트 국가전통과 일치하는 용어로 이집트 민족주의와 관련해서 언어와 정체성을 논의할 수 있다는 장점이 있다. 이 두 범주는 대부분의 이집트인(CIA-World Factbook 2015년 기준 인구는 8,848만 7,396명임 – 역주)이 자국의 언어 상황을 어떻게 개념화하고, 내부 연구자가 어떤 입장을 채택하는지의 문제를 잘 조화시키기 때문이다. 필자가 다른 곳에서 논의한 바처럼, 공명/공감(resonance)은 국가 건설의 신화를 만들고 조작하는 작업을 제약하기 때문에 국가 정체성의 구축에서 상당히 중요한 요소이다(Suleiman 2003, 2006; Schöpflin 1997).

이처럼 내부자 관점에 주의를 기울이면, 언어에 대한 민중의 신념을 우선시하면서(Niedzielski and Preston 2000) 이집트 사회에 숨겨진 이데올로기와 가정(假定), 은폐된 지향성을 더욱 세밀히 관찰하고, 이 언어 신념이 언어 재원(repertoire)과 어떻게 연관되는지를 잘 엿볼 수 있다. 에이드(Eid 2002: 204)가 지적했듯이, '인지된(즉, 구성된) 암미야와 푸샤의 양분법은 이집트든 다른 아랍 국가든 상관없이 아랍 화자/작가'의 집단의식에 깊이 뿌리박혀 있다. 따라서 아랍어에 대한 퍼거슨식 양층어 상황 개념의 경험적 타당성을 겨냥한 비판에도 불구하고, 이 개념은 확실히 대부분의 아랍 화자에게 사회심리적이고 문화적인 타당성을 갖는다. 이러한 관점에서 '이집트어'를 암미야로 지칭하는 것(Haeri 2003)은 이 변이형에 대한 소수의 견해를 반영하는 것이며, 대부분의 이집트인은 이에 동의하지 않는다. 대부분의 이집트인에게 암미야는 언어가 아니라 일종의 라흐자(lahja), 즉 방언이며, 보통은 언어의 지위가 부여되지 않는 변이형이다. 하지만 현대 언어학의 도구와 이론적 틀을 사용하여 경험적으로 고찰하면, 암미야에 언어 체계의 지위를 부여하는 것이 합당하다. 그 외에도 많은 이집트인에게 암미야는 (푸샤와 비교할 때) 오명이 붙은 변이형으로서, 언어를 논하는 비전문적 담론에서는 이집트인의 모어이자 사회화 과정을 겪으면서 습득하는 언어임에도 흔히 '문법이 없다'고 기술된다.

이 연구에서는 영어 번역 용어보다 **푸샤**를 선호하는 것은 이 용어가 지닌 역사적·문화적으로 지속되어 온 함축 의미가 강하기 때문이다. 푸샤는 이슬람 이전 시기부터 수 세기에 걸쳐 실제로 변화했지만, 이집트 화자에게는 여전히 동일 언어로 지각된다. 많은 현대 언어학자의 입장에서 보면, 이는 물론 객관적으로는 옳지 않은 견해이다(Versteegh 1997). 문화적 지속성이 갖는 함의는 이집트의 국가 정체성 구축에 중요하다. 그것은 과거 역사와 지속성을 강조하고, 오랜 역사와 정통성에 기반을 두고 국가를 건설하려는 사람들에게 문화적 지속성을 부여하고 이용하는 것이 '민족주의'의 일반적 특징이기 때문이다.

요약하자면, 민족주의에서 언어연구는 현대 언어학의 범주와 반드시 일치할 필요가 없다. 현재의 이 사례 분석에서 현대 언어학은 **푸샤**를 전근대적 형태와 현대적 형태로 구분한다. 그러나 실제로 민족주의의 언어연구는 이러한 두 범주를 전혀 고려하지 않는데, 이는 언어와 국가 정체성 구축의 조작, 역조작의 문제로서 각기 서로 다른 역사적·정치적 사태와 지향 목표, 이데올로기의 입장을 조정한다는 민족주의 연구의 지지를 받는다(Suleiman 2006). 여기서 필자는 이 점을 강조하고 싶다. 그것은 특히 서구의 대부분의 아랍 언어학자와 사회언어학자는 형식주의적 경험주의(필자의 견해로는 이는 오도된 객관성이다)의 미명 아래 이 관점을 이해하려 하지 않기 때문이다(Ibrahim 1989 참조). 그 결과 그들은 **언어 공동체**(linguistic community)와 **발화 공동체**(speech community)의 중요한 차이를 수용하지 못했다. "언어 공동체는 이데올로기적으로 분명히 표명되고, 규범적으로 구성된 **표준어**를 고수하려는 집단이고, **발화 공동체**는 구체적 발화형을 실제로 이용하는 집단이다"(Blommaert 2006: 243; Silverstein 1996, 1998에 의거). 블로메어트는 이 구별을 통찰력 있게 지적하면서 "이 두 공동체는 동일하지 않으며, 사회언어학적으로 규정할 수 있는 공동체와 언어 이데올로기상으로 규정할 수 있는 공동체의 차이는 언어 이데올로기—앞에서 민간언어학(folk linguistics)으로 부른 것—가 어느 정도로 주도권을 장악했는지를 보여 준다. 이는 결과적으로 사회언어학적 현상의 맹점을 드러낸다"(Blommaert 2006: 243; Silverstein 1996, 1998에 의거)라고 하였다. 아랍어 사회언어학은 그러한 '맹점'으로 가득 차 있다. 우리는 여기서 국가 건설이라는 맥락에 따라 이집트를 **푸샤**를 중심으로 뭉친 강력한 이데올로기 지향성을 지닌 **언어 공동체**로 지칭함으로써 이 맹점을 피하고자 한다. 언어 영역에서 국가 정체성의 중요하고도 영속적인 지표로 이를 수용하든 거부하든 상관없이 말이다. 그러한 지표의 하나로서 **암미야**를 이용한다는 것은 이집트의 일반적 규칙에서 볼 때 예외적이다.

위에서 지적한 의미대로 이집트를 언어 공동체로 지칭하면, 우리는 언어-국가 정체성에 대한 내부자적 관점을 취하게 된다. 존 에이셀레(John Eisele 2002)는 이 관계로 쉽게 전환되는 네 가지 동기, 즉 통일성, 순수성, 지속성, 경쟁을 제시했다. 뒤에서 살펴보겠지만, 이러한 동기나 토포이(topoi. 문학의 전통적인 주제나 사상—역주), 특히 통일성과 지속성은 이집트 국가 정체성 구축에서 지속적으로 조작되어 왔다. 경쟁은 **푸샤**와 **암미야** 간의 팽팽한 긴장관계를 기술한다는 점에서 중요하다. 반대로 언어 순수성은 **푸샤**를 **암미야**의 '침식'과, 뒤에서 살펴보겠지만 세계화로 인한 외국어의 '맹공'에 대한 보호와 관련하여 부각되는 개념이다.

나아가 내부자 관점을 더욱 정밀하게 다듬는다면, 이는 유용하게 발전될 수 있다. 이는 **모어**(mother tongue)와 **토착 모국어**(native language) 같은 용어 쌍과 관련이 있는데, 필자는 이집트의 언어 상황을 기술하는 데 이들을 적절히 수정해서 이용하고자 한다. 여기서는 이 글의 목적에 맞추어 이 두 용어를 한편으로는 **언어 공동체**와 **발화 공동체**의 구별과 관련시키고, 다른 한편으로는 **암미야**와 **푸샤**와 연관시켜 다음의 개념 연쇄를 만들어 내려고 한다. 즉, (1) **암미야**, 모어, 발화 공동체의 연쇄와,

(2) 푸샤, 토착 모국어, 언어 공동체의 연쇄가 그것이다. 전자 용어의 결합은 퍼거슨이 개념화한 언어의 하위 변이형에 뿌리를 두고 있고, 후자는 퍼거슨의 상위 변이형의 개념에 상응한다.

　　필자는 위의 용어 연쇄가 이집트의 언어와 국가 정체성 관계 논의에서 새로운 주장이라는 점을 잘 알지만, 이들이 언어 자료를 다루는 경험 언어학(empirical linguistics)의 발견과, 내부자 관점을 가진 이데올로기의 표현으로서 민간언어학(folk linguistics)이 가진 뿌리 깊은 신념 사이의 괴리를 줄이는 데 필요하다고 본다. 모어를 암미야, 즉 발화 공동체와 연계 지음으로써 아랍어 변이형의 성질을 포착할 수 있다. 다시 말해, 비공식적으로 습득된 비공식 변이형으로서 문화적 친근성을 지닌 것으로 볼 수 있다. '토착 모국어'를 푸샤, 언어 공동체와 연계 짓는 것은 토착성이라는 이데올로기적 의미를 표현하기 위해서이다. 푸샤는 이집트인에게 (학교 교육을 통해 공식적으로 습득된다는 의미에서) 모어는 아니지만, 사회심리학적 용어로 소속감과 친밀감을 주는 요소이다. 이러한 개념 연쇄를 통해 이집트의 국가 정체성 구축 논의에서 더욱 미묘한 의미를 갖는 언어 개념에 쉽게 접근할 수 있고, 특히 많은 아랍어 사회언어학에 만연된 의사소통의 수단으로서 언어의 도구 역할을 넘어 층층이 깊이 쌓인 의미를 발굴해 낼 수 있다. 따라서 정치학, 사회학, 인류학과 맞물려 뒤섞일 수 있는 잠재적 가능성도 배제한다. 위의 용어들과 개념은 뒤에 나오는 논의의 기초가 된다.

2.2　언어와 이집트 민족주의

이집트 민족주의는 수십 년간 이집트의 주도 세력이었다. 그 절정기는 1920년대였지만, 실제 기원은 19세기 전반기로 거슬러 올라가며, 이 시기는 이집트가 명목상으로 여전히 오스만 제국의 휘하에 있을 때였다. 구체적으로는 1805~1948년에 이집트의 새로운 통치자였던 무하마드 알리(Muhammad Ali)가 근대 국가를 세우던 시기로 거슬러 올라간다. 그는 유럽식 교육과 과학에 대한 통로로서 번역을 이용하여, 본인의 의도와 달리 근대화의 수단으로서 푸샤의 중요성을 강조했다. 유명한 샤이크 하산 알아타르(Shaykh Hasan al-ʻAttar, 1766~1835년경)에 따르면, 푸샤는 '이집트인의 마음을 일깨우는' 능력을 지녔다(Ahmed 1960: 5). 샤이크 리파아 알타흐타위(Shaykh Rifaʻa al-Tahtawi, 1801~1873)는 능력이 뛰어나고 수완이 좋은 성직자이자 '공복(公僕)'이었고, 그가 이끈 번역 운동은 푸샤의 기능적 영역을 확장해 나갔다. 그는 근대화의 수단으로 푸샤를 활성화하고, 교육과 정부의 공식 의사소통의 언어가 될 수 있는 채비를 갖추게 했다. 이에 대한 지표로 들 수 있는 것은 교육을 위해 푸샤로 책을 쓰고, 이 새 언어를 공식적《이집트 가젯(*Egyptian Gazette*)》에서 터키어와 병용하는 것이었다. 터키어는 오스만 제국의 대부분의 아랍어권에서처럼 정치 계층의 언어였다. 실제로 시간이 얼마 지나지 않아 푸샤는 출판 언어로서 터키어를 완전히 교체했다. 이러한 터키어 말살이 지니는 상징적 의미는 국가의 의사소통 수단으로서 푸샤를 인정하는 것만큼이나 이집트의 언어와 국가 정체성 관계에도 중요했다. 하지만 이러한 사실 때문에 무하마드 알 타흐타위가 나서기 전에 식자 계층이 푸샤를 사용하지 않은 것으로 이해해서는 안 된다. 1798년에 이집트에 대한 나폴레옹의 전쟁 포고에 대응하여 알 자바르티(al-Jabarti, 유명 역사가, 1754~1825)는 문헌적 '저항' 수단으로서 언어의 상징적 중요성을 강조했다. 이에 대한 미첼(Mitchell 1998: 133)의 설명은 전체로 인용할 가치가 있다.

알렉산드리아에 상륙해 카이로로 진군하면서 나폴레옹이 취한 첫 번째 조치는 프랑스 동양학자들이 작성한, 이집트인에 대한 아랍어 인쇄

포고문을 이용하도록 한 것이었다. 이 위기의 와중에 작성된 사기(史記)에 나오는 이 이상한 혁신 조치에 보인 자바르티(Jabarti)의 반응은 매우 흥미롭다. 그는 이 포고문을 베끼면서 내용을 설명하고, 몇 쪽에 걸쳐 문법적 오류 목록을 자세히 작성했다. 또한 문장마다 프랑스 동양학자들의 구어법, 철자 오류, 생략, 불일치, 형태적 오류, 통사적 오류를 지적하고는 이처럼 잘못된 용법을 통해 프랑스 당국자의 부패, 사기, 오해, 무지 등을 끌어냈다.

하지만 그는 **푸샤**에 대한 관심에도 불구하고, 이를 교육적 목적으로 이용하여 유럽식으로 문법책을 지었다. 알 타흐타위는 언어(푸샤)나 종교(이슬람)를 우선시하는 이집트 정체성의 구축에는 별로 관심이 없었다. 실제로 알 타흐타위는 교육의 임무 가운데 하나는 '국가적 형제애'가 '종교적 형제애'와 다르다는 믿음을 신장하는 것이며, 이집트인이 바라는 최고의 가치는 '조국애(hubb al-watan)'—근대적 의미로 '영토주의 애국심'의 형태—라는 생각을 갖게 하는 것으로 믿었다(Hourani 1983: 78-79; Zroukhi 1999). 알 타흐타위는 조국을 사회화된 지리적 개념으로 이해했고, 영토로서의 조국에서 개인 간의 연대는 상징적 의미를 지닌 언어라는 수단을 통해 형성되는 것이지, 언어 능력을 통해 형성되는 것으로는 보지 않았다. 알 타흐타위는 집단을 정의(定義)하는 원리로 조국을 개념화함으로써 근대세계의 민족이 자신을 새롭게 개념화하는 방식과 집단 유대의식을 제공했다. 그는 국가 결속과 종교 결속을 구별할 것을 촉구하면서 이슬람 이전, 즉 17세기에 아랍인이 이집트에 도래하기 전의 파라오 역사에 진지한 관심을 보였다. 그럼으로써 그는 파라오 역사가 이집트의 영광을 재현하도록 근대 이집트인을 격려할 것이라고 믿었다. 적어도 열망의 차원에서, 그리고 목표 설정을 위해서 알 타흐타위는 고대로부터 근대까지 이집트 역사가 평탄하게 흘러온 것으로 생각했고, 과거 이집트 역사 속의 아랍 요소를 각별히 우선시하지도 않았으며, 동시에 이집트 사회 구성 요소로 이슬람이 중요한 것으로 생각하여 무시하지도 않았다. 그는 이집트 영토와 지속적 역사를 강조하고, 언어와 종교의 결속을 그리 중요하게 평가하지 않으면서 이집트 민족주의의 가장 영속적인 교리의 기초를 닦았다. 하지만 그는 언어를 근대화할 필요성을 무시하지는 않았다.

20세기 초반에 아흐마드 루트피 알 사이드(Ahmad Lutfi al-Sayyid, 1872~1963)가 위의 견해를 다시 받아들여 20년간 발전시켰다. 가장 중요한 교육학자였던 알 사이드는 독립국으로서 이집트는 언어(푸샤)와 다수인의 종교(이슬람)에 의해 규정되는 것이 아니라—이 두 지표는 이를 공유하는 다른 국가와 이집트를 연결하는 구성체(construct)로 간주된다—거주자의 성격을 영원히 결정하는, 명확히 구분된 영토 내에 지속적으로 존재함으로써 규정된다고 믿었다. 이러한 환경적 · 생태적 논리가 어떻게 생겨났는지, 어떤 기제를 사용했는지, 거기서 생겨난 결과가 무엇이었는지는 불분명하지만, 알 사이드는 1908~1914년에 편집한《알 자리다(al-Jarida)》신문을 통해 환경과 생태가 이집트인과 언어에 미치는 영향을 널리 알렸다.

지리와 환경에 대한 관심에도 불구하고 알 사이드는 근대화에서 언어가 갖는 역할에 관심이 컸다. 그리고 많은 글에서 언어라는 프리즘을 통해 **푸샤**에 접근했다. 그는 언어와 관련된 저술을 많이 하면서 **푸샤**의 어휘와 문체를 근대화할 필요성을 느꼈고, 이 과제를 이집트 민족주의자의 입장에서 해결하려고 노력했다. 그는 **푸샤**를 제대로 고치면 미래의 국가 정체성을 규정할 수 있을 것으로 생각하고, **푸샤**의 이집트화(tamsir al-lugha)를 신봉했다. 언어 정책의 근간으로서 **푸샤**를 이집트화하는 것은 이 아랍어 변이형과 **암미야**—알 사이드는 논문에서 **이집트어**(al-lugha al-misriyya)로 지칭했다—사이에 일종의 중간지대를 만들어 이 둘을 접근시키는 것이었다. 더 구체적으로 말해 **푸샤**를 이집트화한다는 것은 통사적으로 간결하게 만들고, **암미야**의 어휘를 다수 도입하여 별도의 취향을 불어넣는 것이었다.

분명 알 타흐타위와 알 사이드는 1920년대에 이집트 민족주의의 개화에 엄청난 영향을 미쳤다. 그 결과 국가적 자부심이 크게 고양되어 1919년 영국 식민통치에 항거하는 혁명, 1922~1923년에 의회 민주주의의 정착, 1923년에 투탕카멘(Tut-Ank-Amon)의 무덤 발견에 대한 사람들의 열광, 무스타파 케말 아타튀르크(Mustafa Kemal Atatürk)의 터키 민족주의 진작과 언어 개혁—이집트 영토 기반 민족주의자는 이를 모델로 간주했다—에 대한 관심이 크게 일어났다. 영토의 통합, 고대 이집트 역사와의 연속성, 언어 생태, 언어 근대화는 1920년대의 이집트 민족주의를 더 발전시키고 완결 짓는 기반이 되었다. 특히 이 시기의 영토주의적 민족주의자는 **푸샤**가 다른 아랍어 사용국과 함께 초(超)이집트 국가 정체성의 근거가 될 수 없다고 주장하면서 레반트(Levant) 지역의 아랍 민족주의자를 암암리에 반대했다. 이는 이집트가 **푸샤**와 연계된 덕분에 아랍국이 되었다는 아랍 민족주의자의 믿음 때문이었다. **푸샤**가 이집트의 지배적 종교 문화와 문학의 언어로 지속되는 한, 그러한 구속이 이집트의 정치생활에서 완전히 배제될 수 없다는 것을 인식한 영토주의적 민족주의자는 토착화 캠페인에 착수했다. 이 캠페인의 핵심은 **암미야**를 이집트의 진정하고 합법적인 목소리로 승격하는 것이었다. 이러한 정치 발전은 타우피크 아완(Tawfiq ʿAwwan)의 '알 시야사 알 우스부이야(al-Siyasa al-Usbuʿiyya)'로 간결히 표현되었다. 이는 1929년에 영토주의적 민족주의자의 대표적 구호였다(Gershoni and Jankowski 1986: 220에서 인용).

이집트는 이집트의 언어가 있고, 레바논은 레바논의 언어가 있으며, 히자즈(Hijaz)는 히자즈의 언어가 있다. 이 모든 언어는 결코 아랍어가 아니다. 각 나라는 각국 소유의 언어가 있다. 그렇다면 왜 우리가 그 언어로 대화하듯이 글을 쓰지 않는가? 사람들이 말하는 언어는 또한 글을 쓰는 언어인 까닭에 그렇게 해야 한다.

이 주장을 강조하기 위해 영토주의적 민족주의자는 **암미야**에 대한 콥트 기층어(substratum)의 영향을 강조하고,[3] 이 기층어의 잔존 어휘와 다른 특징을 지적했다(Bishai 1960; Youssef 2003). 어떤 영토주의적 민족주의자는 역사에 충실하려면 고대 이집트의 합법적 계승자로서 콥트 왕조는 아랍어를 버리고 사어(死語)인 콥트어로 복귀해야 한다고까지 주장했다(Suleiman 2003). 또 다른 영토주의적 민족주의자는 **암미야**를 문어에도 전폭적으로 사용해야 한다고 주장하고, 그 논거로서 이집트와 이집트인의 목소리를 문헌에 기록하는—특히 과거와의 지속에 대한 산 증거로 농민(fellah)의 목소리를 글로 기록하는—현실적이고 자연스러운 모방 원리를 원용했다(문어로 **암미야**를 사용하는 것에 대해서는 Selim 2004 참조). 이 전략을 위해 아랍어를 이집트에 도입하려면 새로운 용어로 설명해야 했다. 이 작업을 위해 영토주의적 민족주의자는 17세기 아랍의 이집트 정복을 아랍의 침략이나 점령으로 보았고, 아랍어를 침략자나 점령자의 언어로 간주했다. 그리고 아랍어를 제국주의의 언어로 생각하고, 1882년에 시작된 영국 식민통치—수차례에 걸쳐 격변을 겪은 후에 1952년에 가서 실질적으로 종식된다—의 언어로서 영어와 아랍어를 동일시했다.

---

3 콥트어는 상형문자로 표기된 고대 이집트어의 민중어 형태이다. 이집트의 지배적 다수어로서 콥트어에서 아랍어로의 이전은 11세기 마지막 수십 년간에 걸쳐 이루어졌다. 이 이전 과정은 여러 요인의 영향으로 생긴 것인데, 즉 (1) 7세기 이슬람이 이집트에 도입될 당시 이집트에 그리스어가 널리 사용되었다는 점, (2) 그 후 몇 세기 동안 콥트어를 기록 문헌에 제한적으로 사용했다는 점, (3) 이집트에 위치한 아랍인의 밀집 거주지로 인해 아랍어가 국가기구의 언어로 확립되었다는 점 등이다. 콥트어에서 아랍어로의 언어 이전에 대한 더 자세한 정보는 al-Sharkawi(2002), Bishai(1963), Rubenson(1996)을 참조한다.

이들 민족주의자의 이데올로기는 전임자들의 점령 초기의 편파적인 이념을 계승했지만, 몇 가지 중요한 점에서 차이가 있다. 한편으로는 이집트의 언어로서 암미야를 선호하는 민족주의자를 중심으로 강력한 확산 운동이 전개되었지만, 알 타흐타위나 알 사이드는 이를 전혀 뒷받침하지 못했다. 암미야의 몇몇 특징, 예컨대 어휘의 유연성과 혁신에 대한 더 완화된 태도에도 불구하고 알 사이드는 이 변이형을 경멸했다(Wendell 1972). 또한 1920년대의 영토주의적 민족주의자와 달리 알 타흐타위나 알 사이드도 암미야를 문헌의 생산 수단으로 옹호하지 못했다. 초기의 민족주의자는 과거의 아랍어 요소를 역사적 단절로 보지 않고 파라오 시대와 근대 이집트의 연속성을 강조했지만, 새로운 민족주의자는 이 아랍어 요소를 단절로 간주하고, 이집트가 '역사적으로 검증된' 친화력으로 이를 보완했다고 생각했다. 그리하여 민족주의 브랜드를 진정한 것으로 만들기 위해서는, 민족주의의 생태환경과 그 친화력을 믿었던 신흥 민족주의자는 아랍인을 포용하고, 아랍어를 이집트 역사에 완전히 편입해야 했다. 이들은 이 작업을 나일 강 계곡의 원동력을 빌려 수행해 나갔고, 그 힘을 이집트의 전 역사를 통해 민족을 영원한 정신으로 무장시키는 용광로로 간주했다.

2.3 이집트 민족주의: 세부적 기술

뒤에서 살펴보겠지만, 1930년대부터 정체성 구축 방식의 흐름이 이집트 민족주의에서 초이집트 민족주의로 바뀌었음에도, 이후 수십 년간 이전 사상을 신봉하며 입장을 분명하게 밝힌 지지자가 있었다. 그러한 인물 중에 살라마 무사(Salama Musa, 1887~1958)가 있었는데, 그는 1950년대에 이 문제를 널리 알리기 위해 저술 활동을 했다. 살라마 무사는 국가 정체성의 측면에서 이집트는 아랍이 아니며, 문화 공통성과 공감에도 불구하고 푸샤는 모든 사용 국가를 한 국가로 만들지 않는다는 영토적 국수주의를 고수했다. 게다가 그는 국수주의적 이데올로기를 이집트를 위한 중요한 본성적 원동력으로 간주하여 파라오를 강력하게 옹호했다. 하지만 국가 정체성에 대한 그의 생각은 1920년대 당시 젊은 민족주의자가 가진 생각과는 다소 미묘한 차이를 보인다. 첫째, 그는 이집트의 문화 정체성을 유럽 문화권에 두었다. 17세기 아랍이 이집트를 '침략하여 점령함'으로써 아랍과 이슬람 통치에 종속되기 전에 비잔틴 통치하에 있었다는 것이 그 근거였다. 둘째, 그는 국수주의적 언어 문제를 지속적으로 비판했다. 언어가 민족적 자기 인식의 토대가 아니라고 생각한 그의 신념을 감안하면 이는 놀라운 일이었다. 이 주제에 관한 그의 관심은 다른 사실에서 기인하는데, 이집트의 근대화는 언어 상황의 점검 없이는 진행될 수 없다는 시각이 그것이다(Suleiman 2003: 180-190). 이 문제는 다음에 살펴볼 것이다.

살라마 무사는 《현대 수사학과 아랍어(al-Balagha al-'asriyya wa-l-lugha al-'arabiyya》(1947)에서 푸샤와 관련해 끔찍한 생각을 했다. 전반적으로 사막의 생태와 문화에 기원을 두고 거기서 자유롭지 못한 과학, 산업, 근대성의 위급 상황을 다루는 데 푸샤는 어휘상의 결함이 있다고 말했다. 아랍어는 사막에서 기원하는 까닭에 근대세계의 가치와 위험하게 상충하는 가치가 있는 것으로 알려졌다. 푸샤의 문법은 지나치게 복잡해서 몇 년간 학습하고 정식 교육을 받아도 완전히 숙달했다고 말할 수 없는 언어로 묘사된다. 아랍어 수사학은 정서와 감성주의, 인위성, 언어적 오만, 이상한 은유, 현학적 발화로 비난받고, 현대 교육제도의 도구로 사용하기에 너무 거추장스러운 것이라고 비판받았다. 살라마 무사는 푸샤의 이러한 결점 때문에 이 언어는 근대화를 위한 도구로 부적합하다고 결론지었다.

게다가 푸샤는 (거의) 사어라고 할 수 있을 정도로 화석화되었다. 살라마 무사는 이 끔찍한 상황에서 벗어나는 한 방법으로 문법과 문체의 단순화, 유럽어 어휘의 차용, 결함 있고 낙후된 아랍문자 대신 로마문자 수용을 제시했다. 아랍문자의 개혁은 의사 전달 효율성을 증대하고 언어 습득을 도우며, 새 옷을 입은 **푸샤**의 근대성을 상징한다. 이는 아타튀르크 치하에서 경험한 터키어 개혁을 모방한 것이다. 그것 말고도 **푸샤**의 지위를 박탈하고, **암미야**를 이집트인의 진정한 모어로 삼아 언어 구사를 철저히 통제할 수 있는 방법이 있다. 살라마 무사는 제시된 이 두 가지 해결책과 연계해서 콥트어의 부활을 주장했다. 콥트어는 고대 이집트인의 민중어로서 콥트교회에서 여전히 사용하던 언어였다. 살라마는 이것이 실천 불가능한 목표이지만, 이집트 민족주의에서 파라오라는 주제를 부각하기 위해 상징적 이유에서 내세운다는 점을 확실히 깨닫고 있었다. 살라마 무사의 계산으로는 아랍인과 아랍어보다 이집트인만의 역사로 관심을 더 확실히 돌려서 비아랍적 민족주의를 자극하여 아랍 요소를 상쇄하려고 한 것이 분명했다.

그렇다면 살라마 무사의 언어관이 이집트 민족주의 이데올로기와 어떻게 부합하는가? 국가 정체성의 요소나 표지로서의 언어를 거부하는 입장과 근대화의 수단이자 대상으로서 이집트어에 대한 지속적인 관심사 사이에 내재적 모순은 없는가? 그는 이집트의 언어, 이집트를 위한 언어로서 **푸샤**나 **암미야**의 간단한 형태를 선호하지 않는가? 이 문제에 대해 그는 어떤 생각을 전개해 나갔는가?

살라마 무사의 이집트 민족주의에서 언어에 대한 관심은 기본적으로 실용주의이다. 그는 이 주제를 민족 정체성 확인의 입장에서 접근한 것이 아니라 사회경제적 열망을 위한 근대화의 관점에서 접근했다. 따라서 그에게는 원칙적으로 근대화를 간결한 **푸샤**를 통해 달성하느냐, 아니면 **암미야**를 채택하여 달성하느냐는 것은 아무 문제가 되지 않았다. 어떤 것을 선택하느냐의 문제는 순수하게 이념의 선택이 아니라 실용성과 수용의 문제, 즉 어느 것이 과연 달성 가능한지의 여부에 대한 판단이었다. 그리하여 그는 실용주의 노선을 위해 일관성과 엄밀한 논리를 저버리는 이상한 접근 방식을 택했다. 이집트 민족주의를 위한 완벽한 운동가로서 살라마 무사는 인쇄매체, 특히 언론을 철저히 이용했다. 그는 호소력 있는 감동적이고도 명료한 문체로 독자에게 "이것이 바로 본인이 옹호하는 근대화된 푸샤이다"라고까지 썼다. 하지만 1930년대 이후 그의 견해는 점차 무정부적으로, 한때 그 주창자들이었던 자들이 폐기했던 과거의 정치적 사고를 들먹이는 것으로 비쳤다. 차후에 살펴보겠지만, 영토주의적 민족주의자로서 살라마 무사는 자신과 이집트인을 국가 속에 유폐하는 초민족주의적 정체성을 주장하는 정치사상의 동조자로 낙인이 찍혔다.

언어는 이집트의 국가 정체성 정의에는 불충분하며, 문화적으로는 주변 아랍국가보다는 유럽과 더 가깝다는 생각은 또 한 사람의 영토주의적 민족주의자인 타하 후세인(Taha Hussein, 1889~1973)의 사상이다. 타하 후세인의 저서 《이집트 문화의 미래(*Mustaqbal al-thaqafa fi misr, The Future of Culture in Egypt*)》(1938)는 이집트 민족주의사의 주요 이정표이다. 다른 민족주의자와 달리 그는 이집트의 문화어로서 푸샤의 온전성을 강조했다. 그는 푸샤의 형식 문법을 시급히 단순화해야 한다는 점을 인정하면서도 이것이 푸샤의 '내부' 문법을 손상하는 것은 아니라고 강력하게 주장했다. 그는 교육 개혁 프로그램의 핵심을 푸샤의 근대화에 두고 독립국가로서 이집트의 자기 부정(否定)을 전제로 했다. 이는 다음 사실을 보면 알 수 있다. (1) 종교 교육의 요새인 옛 알 아자르 대학의 푸샤에 대한 제도적 기반을 약화하고, 교사 훈련과 교육 평가 및 사정에 다른 요인을 개입시켰다. (2) 조기 학령기에 정부 부문의 외국어 교육을 배제하고, 푸샤를 외국어와의 경쟁과 유혹으로부터 해방했다. (3) 대부분의 비이집트인과 이집트인 상류층의 자녀가 다니는 사립학교의 교과목으로 아랍어를 강제로 교습했다.

타하 후세인은 이집트 국민을 정신적으로 주조하고 단결시키는 언어의 힘을 확신하면서 종교와 문화정치는 별개라는 전제에 기반을 두고 **푸샤**가 무슬림이나 비무슬림의 언어를 동등하게 취급해야 한다는 점을 확실히 못 박았다. 이와 같은 전망에서 그는 콥트교회가 **푸샤**의 교회 내 입지를 다음 네 가지를 통해 향상해 주기를 요청했다.[4] (1) 성직자가 표준으로서 **푸샤**에 능통할 것, (2) 교도가 문법오류가 없는 문헌에 접근하게 할 것, (3) 문헌을 우아한 문체로 작성할 것, (4) 아랍어 성서 번역본은 영어, 프랑스어, 독일어 번역본처럼 언어적으로 뛰어나게 만들 것을 확실시했다. 이러한 목적 달성을 위해 타라 후세인은 "(종교 의례서)를 재작성하는 데 협조하고, 아랍 기독교인이 훌륭한 아랍어로 예배를 드리게 하겠다"고 말했다(Hourani 1983 : 334).

분명 《이집트 문화의 미래》는 1930년대 초이집트 형태의 민족적 자기 인식 경향을 반격하기 위해 쓴 것이다. 실제로는 1940년대 말과 1950년대 초에 타라 후세인의 사상이 범아랍 민족주의 색채를 희미하게나마 띠기 시작했다는 증거가 다소 있기는 하다. 이러한 형태의 아랍 민족주의 출현을 논의하기 전에 또 하나의 민족주의자 견해를 잠깐 살펴보고, 이들 민족주의자가 이데올로기를 개진하는 사상의 폭을 살펴보자.

루이스 아와드(Luis 'Awad)는 30년이란 세월을 두고 책을 두 권 썼는데, 여기에서 그는 이집트의 언어-국가 정체성에 대한 견해를 피력했다. 첫 번째 저서 《플루토랜드(*Plutoland*)》는 1947년에, 두 번째 저서 《아랍어의 기반 서설(*Muqaddima fi fiqh al-lugha al-'arabiyya, Prolegomenon to the Foundations of the Arabic Language*)》은 1980년에 출간되었다. 이들 저술 사이에 시간 차가 있고, 또한 언어와 국가 정체성의 관계 처리 방

---

4 이집트 인구의 약 10퍼센트가 기독교인으로 추산되며, 그 대부분이 콥트 기독교도이다.

식이 상이한데, 그럼에도 이들 저서는 이집트 민족주의의 지속성과 변화를 보여 주지만, 푸샤가 이집트의 국가 정체성을 규정하지 않는다는 원리에는 타협점이 없다. 아와드는 《플루토랜드》에서 기원전 640년 아랍의 이집트 정복과 1882년 영국의 이집트 점유를 비교했다. 이 비교를 통해 그는 푸샤가 외국어이며, 이집트가 완전히 독립하면 저항하고 추방해야 할 정복자의 언어로 간주했다. 하지만 이를 달성하기 위해 필요한 것은 '기저'의 '저속한' 암미야를 국어의 지위로 승격하는 언어혁명이며, 문헌과 문학작품에 쓸 수 있는 적합한 언어로 만들어야 한다고 역설했다. 또한 구태의연하고 거추장스러운 푸샤가 이집트인의 창조성을 끝없이 가로막기 때문에 암미야를 풍부하게 갈고닦음으로써 이집트인과 국가를 과거의 언어 족쇄로부터 해방할 수 있다고 생각했다. 이 견해는 윌리엄 윌콕스(William Wilcocks 1893)와 하에리(Haeri 2003)가 최근에 내세운 주장이다. 아와드는 암미야는 푸샤와의 관련성을 무시하고 그 나름의 음운, 형태, 통사, 어휘, 운율을 발전시켰고, 이집트 기층어(콥트어)의 영향으로 이집트 밖의 다른 암미야와 다르게 발전했다고 주장했다. 이 주장은 상당 부분 과거 이집트 민족주의의 표현, 특히 1920년대에 유행한 민족주의와 부합한다.

1979년 이스라엘과의 평화조약에 이어 이집트의 아랍 보이콧 운동이 일어났을 때, 사다트 대통령의 '이집트 제일정책'의 배경에 반대하여 작성한 《아랍어의 기반 서설》에서 아와드는 아랍인이 아라비아 반도 외부에서 유래하며, 따라서 아랍인과 아랍어는 푸샤가 지배적 다수어로 사용되는 곳에서 생겨난 토착어라고 주장했다. 그는 때로는 직설적으로, 때로는 간접적으로 푸샤는 아랍 문법가와 문화 엘리트가 주장하는 유일성(uniqueness)을 유지할 수 없고, 이집트인을 이집트 밖의 공동체와 결속하는 국가 정체성의 유대로 간주될 수 없다고 주장했다. 그러나 아와드는 이집트 암미야의 특이성이 사실상 이집트인의 성대의 특수한 생리 구조에서 나온 것이라는 과감한 논지를 펼쳤다. 그는 이집트 **암미야**는 생리적으로 결정된 것이므로 유전 기호로 이집트인과 비이집트인을 구분하지 못하고, **암미야**가 민족 집단으로서의 이집트인을 정의하는 데 충분하지 않다고 주장했다. 그 이전의 민족주의자처럼 아와드도 국가 정체성 확인에 있어 언어보다 영토와 환경을 더 우선시했다. 그러나 그들처럼 그 역시 민족적 자기 확인에 언어 문제를 묵살하기보다는 개입시켜야 할 필요성을 느꼈다.

이 문제에 관한 이념적 담론에서 언어가 갖는 보편성 때문에 이집트 민족주의의 주요 태도는 두 가지로 나타난다. 첫째, **푸샤**는 이집트의 국가 정체성을 규정하는 힘이 있는 것으로 비치지 않는다. 이 견해는 19세기 원시 이집트 민족주의자의 특징인데, 특히 알 타흐타위의 경우가 그러했고, 20세기 이집트 민족주의 옹호론자의 특징이기도 하다. **암미야**의 경우는 문제가 그리 명확하지 않은데, 그 이유는 **암미야**가 **푸샤**보다도 더 이집트에 특유한 것이기 때문이다. 이집트 민족주의자는 **푸샤**가 이데올로기 정의에 어떤 역할을 하며, 별개의 독립국으로서의 이집트의 차별성 주장을 완화하는 것으로 믿었다. **푸샤**가 국가 정체성을 규정한다면 이집트는 아랍 국가여야 하는데, 어떤 경우에도 이집트 민족주의자는 이 결론에 동의할 수 없었다. 따라서 **푸샤**의 정체성 정의 능력에 대한 민족주의자의 관심사는 언어가 국가표지라는 원리를 부인하거나, 적어도 거기에 도전하는 양상을 보인다. 그러나 이들 민족주의자 가운데 몇몇은 스스로 제 무덤을 팠다. 왜냐하면 이들은 그러한 **암미야**의 정의적 역할을 적극 수용하기 때문이다. 필자는 이러한 두 종류의 민족주의 흐름이 국가 정체성 확인에서 이타성(alterity) 원리를 치밀하게 적용했기 때문이라고 본다. 즉, 민족적 자아와 주요한 타자 사이에 언어 유사성이 실질적으로 크면 클수록 국가 정체성의 기반으로서 자아와 타자가 공유한 유사성을 부인하거나 설명하기를 꺼린다.

둘째, 이집트 민족주의자는 언어 개혁에 지속적으로 강력한 관심을 표명하고, 이를 이집트의 사회경제적 근대화와 결부시킨다. 푸샤와 언어의 모든 영역에서 다양한 강도의 개혁이 요구되었다. 푸샤를 개혁 대상으로 보거나 국가 건설과 동시대적 근대화의 최선책은 아니라고 생각하는 사람들에게 암미야는 생존 가능한 유일한 차선책으로 여겨졌다. 이러한 이집트 민족주의의 두 흐름의 차이는 그 이데올로기가 지닌 취약점 때문이다. 타하 후세인의 《아랍어의 기반 서설》을 읽어 보면, 이집트 민족주의와 푸샤 중 하나를 선택해야 한다면 그는 푸샤를 선택할 것이라고 했다. 물론 이로 인해 그는 아랍 민족주의자와 이념적으로 더욱 가까워졌다. 푸샤를 암미야와 접근시켜 이를 이집트화하려는 시도에도 불구하고 알 사이드는 암미야의 지지자가 아니라서 이와 같은 지적은 할 수 없다.

이집트 민족주의는 예외는 다소 있지만 이집트인의 특성 정의에 환경의 역할이나 나일 강의 생태를 역설했다. 특히 이것이 언어와 어떤 관계가 있는지를 보여 주는 방식은 매우 흥미로운 주제이지만, 민족주의와 관련해서 탐구된 적은 없다. 특히 암미야에 대한 콥트 기층어의 영향과는 별도로—특히 어휘 영역에서—어떻게 생태가 언어를 통해 정체성의 정의 기능을 갖는지가 불분명하다. 따라서 아와드에는 생태, 생물, 언어 사이의 연계성에 대한 암시가 있지만, 이 연계는 모호하여 언어와 정체성 연계의 성질에 대한 이해 증진에는 별로 도움이 되지 않는다.

2.4 이집트 민족주의에서 범아랍주의로

1930년대에 이집트는 국가 정체성의 방향 전환을 목격했다. 게르쇼니와 얀코브스키(Gershoni and Jankowski 1995)는 이 주제를 깊이 연구했고, 이 시기의 방향과 이념을 초이집트 민족주의자라는 이름으로 특징지었다.[5] (1) 이집트 동양주의(Egyptian Easternism, al-rabita al-sharqiyya)는 이집트를 서양과 문화적으로 연관 지으려는 자들의 주장에 반대하여 이집트의 동양적 특성을 강조한다. (2) 이집트 이슬람 민족주의(Egyptian Islamic nationalism, al-rabita al-islamiyya)는 이집트의 무슬림 유산과 다른 무슬림 국가와의 형제애와 신앙을 강조한다. (3) 총체적 이집트 민족주의(Integral Egyptian nationalism)는 이집트의 국가로서의 유일성과 지위를 강조하고, 동시에 다른 아랍과 무슬림 국가/민족과의 강한 문화적 결속을 역설한다. (4) 이집트 아랍 민족주의(Egyptian Arab nationalism)는 이집트를 다른 아랍어 사용 국가와 강한 문화적·정치적 유대를 가진 아랍 국가로 규정하려고 한다. 시간이 지나면서 이 민족주의는 1950년대와 1960년대에 나세르 치하에서 범아랍주의의 형태로 발전했다. 이집트 민족주의의 언어 관점에서 볼 때, 이들 이데올로기 중 그 어느 것도 **암미야**를 옹호하지 않는다. 의사소통의 목적이든, 상징적 국가 정체성 확인을 위해서든 간에 이들 이데올로기에서는 **암미야**를 분리함으로써 **푸샤**의 지위는 이집트에서 더 큰 가

---

5   이 초민족주의에서 이집트는 해당 민족주의의 중심에 서 있다는 점을 지적하는 것이 중요하다. 이는 아랍 민족주의에도 해당하는 지적인데, 이집트 아랍 민족주의자는 아랍 민족주의를 정치적·문화적으로 이집트를 벗어나 범아랍권의 모든 아랍어 사용국을 포함하는 것으로 간주한다. 그리하여 이 초민족주의 이름에 '이집트의'라는 수식어가 들어간다. 또한 지적할 중요 사항은 이 초민족주의를 가로지르는 '국가'는 항구적인 의미가 있는 개념 구성이 아니라는 것이다. 총체적 이집트 민족주의에서 보면, 이집트는 국가이지만 여러 아랍어 사용 국가와 강력한 비국가적 연계를 맺고 있다. 이집트 아랍 민족주의에서 이집트는 아랍어 사용 국가를 포괄하는 범아랍 국가의 핵심이다. 이집트 이슬람 민족주의는 이집트에서는 무슬림이 다수인 국가와 강력한 연계를 지닌 별도의 정체성을 지닌다. 이집트 동양 민족주의는 이집트의 별도의 국가 정체성을 강조하지만, 중국이나 일본과 같은 국가와의 문화적 유사성을 강조한다. 그리하여 이집트를 일련의 구심적 민족주의 원의 중심으로 본다면, 이 여러 원은 민족주의 담론의 중심에서부터 주변까지 다음과 같이 배열된다. 즉, 이집트 민족주의, 총체적 이집트 민족주의, 이집트 아랍 민족주의, 이집트 이슬람 민족주의, 이집트 동양 민족주의이다.

시성을 확보했다. 즉, 이들 민족주의는 발화 공동체가 아니라 언어 공동체를 강조하고, 모어가 아니라 토착 모국어를 강조한다.

신앙의 연대를 강조하고, 꾸란의 언어로서 이슬람 아랍어의 각별한 중요성에 비추어[6] 볼 때, 푸샤는 이집트 이슬람 민족주의에서 특수 지위를 부여받았다. 따라서 이 민족주의에서 **푸샤**의 재생에 대한 관심은 이슬람 공동체 부활의 선결조건이다. 따라서 고의든 아니든 이슬람 아랍어의 특수 지위를 강조함으로써, 이집트 이슬람 민족주의자는 **푸샤**를 이슬람 내 아랍어 화자로서 이집트인을 특징짓는 정체성 표지로 바꾸어 버렸다. 어떤 형태의 초민족주의건 간에 이집트의 선도적 역할 부각에 관심을 가지면서, 이슬람 민족주의자는 **푸샤**를 국가 정체성의 상징 수단으로 확인함으로써 그들의 정치 자산을 본능적으로 인식한다. 따라서 이슬람 민족주의와 아랍어의 연결 논리는—의도하지 않은 결과이지만—민족주의를 범아랍 민족주의의 목표라고 할 수 있는 아랍의 통일 구현으로 전제한다. 정치적 관점이 아니라 지적 관점에서 보면, 이슬람 민족주의는 세속주의에 빠지지 않고, 범아랍주의의 특징인 **푸샤**-국가 정체성의 강력한 표현을 향해 방향을 이동하면서 점차 범아랍주의로 알게 모르게 변모해 갔다.

이집트의 범아랍 민족주의는 1950, 1960년대에 나세르 치하에서 정치적·문화적으로 매우 강력하게 표현되었다. 하지만 이에 대한 동인은

---

6 하에리(2003)는 이집트 푸샤(그녀는 이를 '고전 아랍어'로 부른다)가 신성한 언어, '반신성화된 언어'라고 상세히 설명한다(이는 필자의 용어이지만 하에리의 논의를 정확히 잘 반영한다). 푸샤에 대한 이러한 견해는 이집트 민족주의의 주요 경향 가운데 하나에서 자연스레 나온 것이다. 즉, 분명히 세속 취향을 지닌 범아랍주의가 그것이다. 나아가 이 견해는 20세기 초반에는 초이집트 국가 정체성의 개념에서 상당히 벗어나 있다(Gershoni and Jankowski 1995). 신성에 대한 하에리의 견해는 실제로 푸샤에 대한 대단히 일반적인 견해에는 예외적인 것이다. 즉, 전체로서의 푸샤가 아니라 '푸샤로 계시된 꾸란'에 신성함을 부여하는 것(이것이 무엇을 의미하든 간에)이 일반적 견해이다. 이 문제와 관련해서는 Mansour(2004), Suleiman(2004b)을 참조한다.

그 이전인 1940년대에 출현했다. 랄프 쿠리(Ralph Coury 1982)는 그 초기 단계에서 이 과정을 촉발한 다수 요인을 확인했는데, (1) 양차 대전 사이에 이집트에서건 아랍 국가에서건 주로 이집트인 교사를 채용함으로써 이집트인과 아랍인 사이에 접촉이 증가된 것, (2) 이집트의 신문, 잡지, 책, 필름을 아랍국에 수출하여 '아랍 문화의 이집트화'와 '이집트 문예와 문화 산물의 아랍화'가 일어난 것(Ralph Coury 1982: 460), (3) 이집트와 아랍 국가 사이에 무역 증가와 금융 연계, (4) 팔레스타인 문제와 이로 야기된 강한 감정, 즉 이집트의 정치적 운명과 이웃 아랍 국가의 운명이 서로 묶여 있다는 생각이 그것이다. 운송 연계의 증가와 전자적 의사소통 채널(예컨대, 라디오 방송)은 뉴스 및 정보의 접촉과 교환을 더 자유롭게 할 수 있는 기회를 제공했다. 따라서 이집트의 범아랍 민족주의는 이념적 산물이 아니라 사회적 · 문화적 결과를 배출한 객관적 · 물질적 여건에 뿌리를 두고 있으며, 광범한 지지층을 가진 운동이었다. 게르쇼니와 얀코브스키(Gershoni and Jankowski 1995: 118)는 이를 다음과 같이 언급했다.

> 이집트 아랍 민족주의자 담론에 개입하는 사회적 · 정치적 계층의 범위 역시 매우 광범위하다. 이집트 태생의 이집트인, 이집트에 사는 아랍 이민자, 기독교인과 무슬림, 새로운 국회 밖 운동의 기존 정치가와 급진주의자, 1930, 1940년대에 출현한 구세대 인물과 신(新) 귀족층, 와프디 당원(Wafdists)과 자유주의자(이집트 정당원), 궁정과 최고위 '교리학자(ulama)' 등이 해당한다. 이 모든 사회 집단과 정치 세력은 이집트 아랍 민족주의의 지적 작업의 구축과 사회적 확산에 참여했다.

이집트 아랍 민족주의는 **푸샤**를 이집트인을 내적으로 결합시키는 가장 중요한 결속으로, 외적으로는 언어를 공유하는 다른 아랍인과의 연합으로 간주했다. 이들 민족주의자에게 언어는 가장 중요한 정체성 기준으로서 이집트 민족주의의 환경을 대체했다. 언어는 민족의 특징을 주도하고 한 세대에서 다음 세대로 사회가치를 전달하는 능력 덕분에 이 기능을 행사하는 데 가장 적절한 자격을 갖춘 것으로 여겨졌다. 이러한 점에서 볼 때 언어는 야누스의 얼굴을 가진 것 같다. 즉, 그것은 과거를 회고하고 미래를 전망함으로써 현재를 통해 과거와 미래를 연결한다. 그러므로 국가는 국어를 보살펴야 한다. 언어를 쇠퇴와 외부의 공격으로부터 보호도 하지만, 영양을 공급하며 발전시켜야 한다. 이브라힘 압달 카디르 알 마지니(Ibrahim ʿAbd al-Qadir al-Mazini, 1890~1949)는 국가와 언어를 동일시하고, 이를 다음과 같이 요약했다(Gershoni and Jankowski 1995: 118-119). "민족주의는 …… 언어에 불과하다. 국가의 본질이 어떠하든, 그 기원이 과거에 얼마나 오래 뿌리내리고 있었든지 간에 각 언어의 자손은 서로 유사하거나 일치하며, 다른 언어의 자손과는 다르다"(Hijazi 1979: 327-332). 이 견해에 따르면, 국가는 국어에 관심을 가짐으로써 유익한 정체성 의식에 관심을 보이며, 이 정체성 의식이 언어를 국가 자체로 만든다.

아랍 민족주의와 이슬람의 관계는 흥미롭다. 어떤 이집트 이슬람 민족주의자에게 이슬람과 아랍어는 이집트 국가를 정의하는 데 똑같이 중요하다. 하지만 대다수는 국가 정체성을 정의하는 데 있어 아랍어가 이슬람보다 더 중요하다고 여기는데, 이는 **푸샤**가 이슬람보다 그 시기가 훨씬 앞서고, 공통의 기반에서 이집트 국내외의 무슬림과 비무슬림을 결속하는 힘이 있기 때문이다. 이들 민족주의자는 **푸샤**에 열광하면서도 이슬람은 아랍인의 종교이며, 아랍어를 통해서 아랍인의 정신과 가치관에 깊이 물들어 있는 종교로 생각한다. 이집트 민족주의의 정체성을 정의하는 데에서 특히 중요한 기준으로 간주되는 **푸샤**에 대한 이러한 시각을 해명하면서, 아랍 민족주의자는 문학작품에서 오로지 이 언어만을 독자적으로 사용할 것을 주장했다. 단편소설가인 마흐무드 타이무르(Mahmoud

Taymour, 1894~1973)는 **암미야**로 쓴 소설을 **푸샤**로 개작해서 자신이 아랍 민족주의로 개종한 사실을 드러냈다. 이집트의 아랍 민족주의자는 이집트가 독자적 실체를 가진 국가라는 생각을 떨치지 못하지만, **푸샤**를 공통어로 가진 다른 아랍 국가와 강력한 유대를 가진 아랍 국가라고 생각한다. 이집트 민족주의는 이 두 입장을 쉽게 양립시키는데, 그것은 이집트가 아랍 문화와 문학, 정치 체제의 핵심이라고 생각하기 때문이다. 이들 민족주의자에게 아랍주의는 정치적 중요도의 감소나 정체성의 배제가 아니라 문화와 정치의 영향력으로 이집트를 격상하는 것을 의미한다. 따라서 이집트의 범아랍주의도 전적으로 이념적 구성물이 아니라 고도의 정치적 계산과 계몽적 실용주의가 가미되어 있다.

2.5 결론적 지적

이념적 성향과 관계없이 이집트의 민족주의 경향은 아랍어를 두 측면에서 바라본다. 즉, 국가 정체성 확인의 지표나 표지로서 이용할 수 있는 적합성과 근대화에서 담당하는 역할이 그것이다. 전자의 측면에서 보면 이집트 민족주의는 민족적 실체를 정의하는 **푸샤**의 역할을 부인하는데, 그것은 심지어 **푸샤**의 열렬한 옹호자인 타하 후세인의 사례에서 보듯이 이 변이형을 문화 표현의 수단으로 간주하더라도 마찬가지이다. 필자는 이집트 민족주의의 이러한 현상에 대한 중요한 설명 근거로 이타성, 즉 자신(이집트)을 다른 주요 타자(다른 아랍 국가, 영토)와 차별할 필요성이 있다고 제시했다. **암미야**를 그러한 정체성 정의의 원리로 격상하려는 시도는 널리 확산되지 않았다. 이집트에서는 **푸샤**에 대한 강한 애착 때문에 (특히 종교와 문화 영역에서) 압달라 알 나딤('Abdalla al-Nadim, 1845~1896)처럼 작품에 **암미야**를 사용한 작가는 실용적 목적으로 그렇게 했고, **푸샤**를 이집트의 '국어'로 사용하는, 유일한 아랍어 변이형으로 간주하는 주장을 이러한 실용적 관행과 연결하기도 한다(Selim 2004). 암미야에 이념적으로 물든 상징적 의미를 부여하려는 몇몇 이집트 민족주의자의 시도는 다음의 이유 때문에 실패로 돌아갔다. 즉, 이집트 사회에서 역사적으로 공인된 푸샤의 지위, 이러한 민족주의 노선을 봉쇄하려는 정치적 의도의 결여, 민족주의를 전개해 나갈 자원, 즉 사전, 문법, 학교 교과서의 부재 등이 그것이다. 그 결과 이집트는 언어라는 측면에서 두 공동체가 공존하는 사회의 중심이 되었는데, 모어로서 암미야에 토대한 발화 공동체와, 민족적 자아를 이념적으로 결부한 토착어로서 푸샤에 기반을 둔 언어 공동체가 그것이다. 그래서 민족주의자이든 아랍주의자이든 상관없이 이들은 후자의 개념의 연쇄에 여전히 닻을 내리고 있다.

이집트의 근대화는 푸샤에 대해 이원적 태도를 보였다. 하나는 근대화의 수단으로 푸샤를 이용해서 과정이든 결과이든 서구의 발전을 수입해 이집트에 토착화하려는 것이고, 다른 하나는 푸샤를 근대화하여 이 과업수행의 수단과 사회 전체에 근대화의 상징으로 만들려는 것이었다. 바로 여기서 푸샤의 수단적 성격과 상징적 성격이 화합한다. 언어 영역에서 근대화를 위해 풍부한 어휘력과 철자 개혁, 문법 교육의 간소화가 제시되었다(Eliraz 1986). 그러나 이러한 종류의 제안은 언제나 전통과 변화(또는 정통성), 외래화와 서구화(taghrib)의 이념 갈등을 함의한다. 이집트의 민족주의는 이러한 갈등을 통해 언어에 이차적 기능을 부여하고 통일, 지속성, 순수성의 동기를 유발하는데, 이는 필자가 앞에서 지적한 것처럼 이집트의 언어와 국가 정체성의 연계를 개념화하는 핵심이다.

최근 이집트의 푸샤는 세계화의 공격을 받아 순수성이 침식되고, 국가 상징으로 이용될 수 있는 여력이 감소된 것으로 인지되었다(Warschauer 2002). 일부 민족주의자는 가게 표지를 아랍어 대신 서구어, 특히 영어로 표기하는 것을 고질적 병폐로 보는데, 와파 카밀(Wafa' Kamil 연도 없음)

같은 학자는 지난 30년간 카이로의 언어 풍경에 대한 광범하고도 경험적인 종단 연구에서 이를 '정신질환'(44쪽), '암적 성장'(94쪽)으로 규정했다(Landry and Bourhis 1997). 카밀(연도 없음: 135-136)은 이러한 현상을 보여 주는 신문기사 제목을 나열하고 있는데, 이 현상이 이집트에서 어떻게 개념화되어 있는지를 보여 주기 위해 몇몇 사례를 번역해서 제시한다. '천대(賤待)의 계곡에 있는 아랍어', '외래화의 광풍이 이집트 거리를 휩쓸다', '[외래화]: 언어의 위기가 아니라 국가의 패배', '언어가 강간당한 나라에 화가 있을지어다!', '아랍 영어(Arabenglish)가 확산되기 전에', '[외국어 가게 명칭을 사용하는] 자는 국가의 양심을 비뚤어지게 한다.'

카이로 대학교의 아랍어과 학과장인 카밀은 외래어로 표기된 가게 명칭에 대해 다음과 같이 기술한다(연도 없음: 12). "이 현상은 이집트 거리의 면모를 왜곡하고, 이집트의 본성이 아니라 외국의 면모를 부여한다. 그것은 우리 언어의 모습을 일그러뜨려 이집트의 정통성에 위해를 가한다." 이집트와 다른 아랍어권 국가의 민족적 자아에 대한 건전한 정의를 지속적으로 부여할 수 있는 **푸샤**의 힘에 영향을 미치는 세계화는 중동의 현대 정치 상황과 중동과 서구의 관계에 귀중한 통찰력을 제공한다.

제 3 장

모로코
언어, 민족주의, 성

모하 엔나지(Moha Ennaji)
파티마 사디키(Fatima Sadiqi)

3.1 개관

이 장은 모로코의 언어, 민족주의, 문화 정체성의 문제를 다룬다. 이 장은 언어와 민족주의의 상호 관계를 집중 조망하며, 모어는 국가 정체성 구축과 성(性)의 자각에 중요한 역할을 하고, 학습한 언어는 국가 건설과 근대화에 기여한다는 점을 강조한다.

언어와 국가 정체성과 관련한 문제를 논의하기 전에 민족주의 논의에 빈번히 사용되는 몇몇 용어와 이들이 정확히 무엇을 가리키는지를 살펴보는 것이 유익하다. 순수하게 정치학 용어로 **민족**, **정부**, **국가**의 세 개념은 모두 다른 주권 국가가 인정하는 통일된 독자적 영토를 가리킨다.[1]

---

1 '국가'라는 용어는 자주 논의되는 명확한 정의와 다소 다르게 사용되기도 하지

문화 집단은 사회경제적으로나 정치적으로 특정 지배 집단에 의존하는 자율적 언어 공동체이다. 민족주의란 용어는 정치적, 사회경제적 독립 쟁취를 목표로 하는 사회정치적 성향을 가리킨다. 마지막으로 민족주의 개념은 효율적인 근대식 정부 설립에 역량을 집중하는 운동을 가리키기도 한다[민족주의(nationalism)와 국가주의(nationism)의 구별에 대한 상세한 내용은 특히 Fishman 1968, 1971 참조].

언어와 국가 정체성은 논란이 분분한 주제이다. 넓게 말해 여기에는 아주 상반된 두 가지 견해가 있다. 첫째 견해는 언어와 국가/문화 정체성 사이에는 직접적 관계가 없고, 있다고 하더라도 단지 우연한 관계만이 있다는 입장이다(Appel and Muysken 1987 : 15). 둘째 견해는 더 일반적인 것으로서 언어가 문화 유산, 추측, 가치, 신념과 더불어 국가 정체성의 주요 매개체라고 주장한다. 피시맨(Fishman 1999)에 따르면, 언어와 국가 정체성은 서로 밀접한 연관을 맺으며, 언어 공동체가 자신의 정체성에 대해 우호적 태도를 지닐 때 더욱 그렇다. 이 후자의 견해를 지지하는 많은 학자는 언어가 흔히 민족성과 국가 정체성을 규정하고 결정하는 일차적 기준이라고 말한다. 하나의 국가는 하나의 언어와 연관되고, 역으로 하나의 언어는 하나의 민족성(nationality)을 확인하는 수단이다. 예컨대, 아랍어는 아랍 국가에서 사용되고, 프랑스어는 (대부분) 프랑스 국가와 관련되며, 그리스어는 그리스와, 이탈리아어는 이탈리아와 관계를 맺고 사용된다. 마지막 절에서 살펴보겠지만, 모로코 같은 국가에서 언어 관용이 사회문화적 의미를 지닌다고 할 때, 그것은 언어가 성(gender)과 관련해서 의미심장한 함의를 지닌다는 말이다. 샤라드(Charrad 2001)와 사디키(Sadiqi 2003)가 주장하듯이, 성은 언어와 국가, 정부와 문화 정체성의 상

___

만, 일반적으로 (1) 단일 민족으로서, (2) 별개 지역이지만 반드시 독립 지역은 아닌 곳에 거주하고, (3) 동일한 역사를 공유하는 인구를 말한다. 더 자세한 논의는 Guibernau(1996), Kellas(1998)를 참조한다.

호작용에 분명히 관여하며, 국가 전체의 맥락에서 볼 때 남성과 여성이 투사되고 이해되는 방식으로 그 성격이 규정된다.

이 장은 5개 절로 나뉘는데, 3.2절은 모로코의 간단한 역사적 배경을 살피고, 3.3절은 모로코의 다언어 환경을 논의한다. 3.4절은 아랍어화와 그 교육적 함의를 고찰하고, 3.5절은 1960년대 이후 언어와 민족주의에서 일어난 변화를 다룬다. 마지막으로 3.6절에서는 모로코의 언어와 성이 민족주의와 문화의 부흥으로부터 얼마나 큰 영향을 받고 상호작용하는지를 살펴본다.

3.2 역사적 배경

모로코(CIA-World Factbook 2015년 기준 인구는 3,332만 2,699명임 – 역주)는 1912~1956년에 프랑스와 스페인의 식민지배를 받았다(북부와 남부는 스페인의 지배를 받고, 중부는 프랑스의 지배를 받았다). 프랑스의 식민통치 시절에는 소수의 모로코인만이 프랑스어 교육을 받았다. 하지만 독립 이후에 프랑스어 화자가 증가했고, 언어적 · 문화적 차원에서 다양한 변화를 겪었다. 특히 문화 부흥과 아랍어와 이슬람 문화의 부활, 최근에는 베르베르어의 회생이라는 격변까지 겪었다.

20세기 초에 모로코 영토의 상당 부분을 차지한 소위 프랑스 식민지 프로젝트인 '문명화 미션(mission civilisatrice)'은 일반 주민에게는 기여한 바가 거의 없었고, 주민의 1.7퍼센트만이 프랑스 학교에 다닐 수 있었다(Ennaji 2005: 제5장). 이 시기에 민족주의자들은 사학재단의 자유학교를 세워서 전통적 과목과 근대적 과목을 아랍어로 가르쳤다. 모로코가 독립하면서 이들 학교는 독립 체제로 편입되었고, 많은 대학생이 프랑스어와 아랍어 교육을 받았다.

프랑스 식민지배자들은 식민통치 기간 내내 모로코 사회를 토착어와 토착 문화에서 분리하려고 했고, 두 종족 집단(아랍인과 베르베르인)으로 나누어 식민지배를 했으며, 1930년에는 소위 **베르베르 칙령**(le Dahir Berbère)으로 알려진 조치를 시행하고자 했다. 베르베르 칙령은 모로코의 언어인 아랍어와 베르베르어뿐만 아니라 모로코의 국가 정체성과 영토통일에 충성심을 갖고 있던 베르베르어권과 아랍어권 학자, 정치 지도자와 일반인의 비판을 강력히 받았다.[2]

독립 초기에는 모로코 아랍인과 베르베르인을 구별하는 것이 그리 어려운 일은 아니었다. 각 언어 공동체는 단일어만 사용했고, 아랍어와 베르베르어의 이언어 사용자는 극소수였기 때문이다. 하지만 사회 이동이 빈번해지고, 종족 간 결혼이 증가하고, 사회경제적 상호작용이 활발해지면서 베르베르어뿐만 아니라 모로코 아랍어(Moroccan Arabic)도 사용하게 되어 오늘날 대부분의 베르베르인이 이언어 사용자가 되었다. 그러므로 일반적인 사회문화적 맥락에서 볼 때, 이 두 종류의 언어 집단은 명확하게 구별되지 않는다. 많은 아랍 부족이 문화적으로 베르베르화했고(언어적으로는 그렇지 않지만), 동시에 많은 베르베르 부족이 수 세기에 걸쳐 아랍화했기 때문이다(Ayache 1956 참조). 이처럼 다소 복잡한 양상을 띠지만, 베르베르어 화자는 그들 나름대로 종족 집단을 형성했고, 비베르베르인은 아랍어만 사용하는 것으로 기술할 수 있다(Boukous 1995; Ennaji 1995, 1999, 2005; Sadiqi 1997 참조).

따라서 모로코에는 두 가지 주요 종족 집단으로서, 아랍어 사용 집단과 베르베르어 사용 집단이 있다. 역사적으로 후자 집단은 마그레브(모로

---

2 예컨대, 민족민중운동당(National Popular Movement Party)의 당수인 마흐주비 아헤르단(Mahjoubi Aherdan)은 베르베르어를 부활시키기 위해 투쟁한 것으로 모로코에 널리 알려졌는데, 그가 아랍화나 베르베르인과 아랍족의 분리를 반대한 적은 한 번도 없었다.

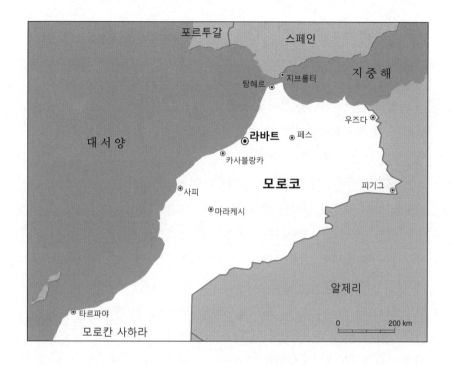

코, 알제리, 모리타니, 튀니지, 리비아)의 최초의 주민이었다. 한편 전자 집단
은 8세기에 새로운 정치제도, 아랍어, 신종교인 이슬람을 가지고 아랍 반
도에서 건너왔다.

　독립 이후 모로코는 이슬람과의 관계로 고전 아랍어(Classical Arabic)
를 공용어로 채택했다. 1960년대 이래로 모로코는 국가 건설이라는 미명
아래 아랍어화 정책을 실시했는데, 이는 곧 베르베르인을 아랍어화하고,
모든 생활에서 프랑스어를 고전 아랍어로 대치하는 것을 의미했다.

　마그레브 전체와 특히 모로코는 다언어주의가 특징이다. 이는 각각
다른 영역에 많은 언어와 변이형이 사용된다는 의미에서 그렇다. 3.3절에
서는 이러한 다언어주의에 초점을 맞추어 논의한다.

3.3 모로코의 다언어 맥락

모로코는 언어 다원주의의 복잡한 네트워크를 보여 준다. 이는 언어학자와 문법학자뿐만 아니라 화자도 목격할 수 있는 사실이다. 모로코의 언어 사회는 엄청나게 복잡하고 다양하기 때문에 언어 상황 역시 복합적이고 역동적인 다언어 상태를 보인다.

이러한 맥락에서 볼 때, 모로코에는 적어도 7개의 언어와 방언이 상호작용한다. 이 7개 언어는 베르베르어, 모로코 아랍어, 고전 아랍어, 표준 아랍어, 프랑스어, 스페인어, 영어이다. 모로코의 다언어 상황의 중요 특징 가운데 양층어 상황(diglossia)은 지적할 만하다. 이 개념은 마르세(Marçais 1930~1931)가 최초로 논의했고, 이후 퍼거슨(Ferguson 1959)이 연구했다. 한마디로 말해, 양층어 상황이란 상위 변이형(고전 아랍어)과 하위 변이형(일상 구어 아랍어)이라는 두 종류의 아랍어 변이형이 아랍세계에 있다는 것이다. 오늘날에는 적어도 삼층의 아랍어 변이형(triglossia)이 있다고 생각하는 학자도 있는데, 이들은 고전 아랍어, 표준 아랍어는 각각 상위 변이형과 중간 변이형이며, 구어 아랍어(Colloquial Arabic)는 하위 변이형이라고 주장한다(Ennaji 1991 and Youssi 1995 참조).

꾸란에 기록된 이슬람 언어인 고전 아랍어는 상위 변이형으로, 문헌과 종교 권력에서 사용된다. 이는 학교에서 배우는 문어이며, 종교적 이유로 베르베르어와 아랍어 사용자 모두 이 언어를 존중한다.

표준 아랍어는 중간 지위의 변이형으로 체계화되고 표준화되었다. 그것은 교육, 미디어, 행정에 사용되었다. 고전 아랍어(CA)와 표준 아랍어(SA)의 주요 차이는 후자의 음운, 형태, 통사가 훨씬 유연하다는 점이다. 예컨대, 고전 아랍어의 격표시 접사가 표준 아랍어에는 상실되고 없다[CA *kutubun*(책들) → SA *kutub*(책들)]. 또한 고전 아랍어와 달리 표준 아랍어에는 고전 아랍어의 어순인 동사-주어-목적어(VSO) 외에 새로운 어순인 주어 – 동사 – 목적어(SVO)도 있다. 이는 프랑스어의 형태통사론의 영향을 받은 것으로 보인다. 또한 표준 아랍어는 프랑스어에서 단어와 구를 많이 차용했다(Ennaji 1988). 나아가 표준 아랍어는 현대 대중문화의 매개체이자 아랍어화 과정의 소산으로 간주된다. 그 결과 교육, 행정, 미디어 같은 영역에서 표준 아랍어의 지위는 더욱 견고해졌다.

체계화나 표준화되지 못한 모로코 아랍어(MA)는 '하위' 지위에 있다. 하지만 그것은 대다수의 주민이 사용하는 아랍어 변이형으로서, 베르베르인은 일반적으로 이 언어를 제2언어로 사용한다. 대중과 엘리트는 이를 고전/표준 아랍어의 타락한 형태로 간주한다. 언어적으로 볼 때, 모로코 아랍어의 특징은 모음 탈락과 모호한 모음(schwa)을 사용하는 것이다. 예컨대, SA *kataba*(쓰다) → MA *ktəb*, SA *saariq*(훔쳤다) → MA *sarq*, *sarəq*가 그것이다. 또한 모로코 아랍어는 표준 아랍어와 어휘적으로 다르다. 예컨대, SA *'umma*(국가) → MA *blad*, SA *sariqa*(절도) → MA *xeTfa*를 들 수 있다. 그리고 베르베르어뿐만 아니라 프랑스어(FR)에서도 많은 차용어를 가져와 사용한다. 예컨대, FR *table* → MA *Tabla*, FR *ampoule* → MA *bola*. 그리고 BER *tamssumant*(노력), *tagzzart*(푸줏간 주인임)가 모로코 아랍어에 차용되었다.

모로코 아랍어는 도시 변이형과 시골 변이형으로 나눌 수 있다. 북부의 샤말리(Shamali) 지역 방언은 탕지에(Tangiers), 세프샤운(Chefchaoun), 태투안(Tetouan), 라라슈(Larache) 같은 도시나 소도시에서 사용된다. 그리고 중부의 페스(Fès) 지역에서 사용되는 파씨(Fassi) 변이형이 있다. 라바트(Rabat), 카사블랑카(Casablanca)의 방언도 있다. 남부에는 타셸히트(Tashelhit) 베르베르어의 영향을 크게 받은 마라케시어(Marrakeshi)와 아가디르어(Agadiri)가 있다. 이들 방언은 마라케시, 에싸우이라(Essaouira), 아가디르(Agadir)에서 사용된다. 마지막으로 모로코 사하라 지방에는 하싸니야(Hassaniya) 방언이 있다. 어휘가 많고 음운상 특이한데도 대부분의 모로코인은 여러 지방의 방언을 서로 이해한다.

모로코의 제2언어인 베르베르어는 주민의 거의 절반이 사용한다. 이 언어는 북부의 타리피트어(Tarifit), 중부 아틀라스 산맥 지방의 타마지그트어(Tamazight), 남부의 타셀히트어 등의 세 변이형으로 구분된다. 베르베르인은 모로코 아랍어를 교통어(lingua franca)로 사용하는데, 이는 여러 베르베르어 변이형을 서로 늘 이해하는 것이 아니기 때문이다. 기본적으로 베르베르어는 시골에서 사용하는 언어이지만, 가정과 길거리에서도 주로 사용한다. 모로코 아랍어처럼 베르베르어도 오랫동안 체계화와 표준화가 되지 않은 언어이며(Sadiqi 1997 참조), 최근에 와서는 상황이 다소 바뀌었다. 이는 뒤에 가서 살펴볼 것이다.

모로코에는 유럽어도 사용되는데, 중요도로 보면, 프랑스어, 영어, 스페인어 순서이다. 사실상 제2언어로 사용하는 프랑스어는 프랑스어와 문화를 확산하려는 프랑스의 장기적 식민 정책으로 인해 정부, 교육, 개인 비즈니스, 미디어 같은 핵심 영역에 확고하게 자리를 잡았다. 프랑스어는 식민지배어이지만, 통치 엘리트와 일반 주민이 널리 사용하는 언어이기도 하다(Elbiad 1985 참조).

영어는 교육, 국제통상, 외교에서 널리 사용한다. 영어가 모로코인에게 특권적 지위를 갖게 된 것은 식민지배 흔적이 전혀 없고, 제1의 국제어라는 사실 덕분이다(Ennaji 2005: 제6장; Sadiqi 1991 참조).

마지막으로 스페인어는 과거에 스페인이 지배한 지역, 즉 북부와 모로코 사하라 지역에서 사용한다. 독립 후 교육과 행정 전 분야에서 사용하던 스페인어는 프랑스어와 표준 아랍어로 대치되었다. 스페인과 지리적으로 인접한 덕택에 과거 스페인 접경 지역에 살던 모로코인은 일상생활에서 스페인어로 소통하며, 거래는 대부분 스페인어로 이루어진다.

다음 절에서는 아랍어화 정책의 목표와 이 정책에 대한 다양한 (때로는 상반되는) 태도를 살펴본다.

3.4 아랍어화와 교육

모로코의 아랍어화와 교육 사이에는 복잡한 관계가 있다. 사회언어학적인 문제와 사회문화적 문제는 1960년 이래 아랍어화 정책을 실시한 결과로 생겨났다. 모로코의 이질적인 언어 상황은 언어 정책과 교육에 함의를 갖는 심각한 문제로 간주되었다. 하지만 다언어 문제가 국가 차원의 문제라면, 이 문제는 모어(모로코 아랍어와 베르베르어)의 다중 방언적 특성으로 인해 더욱 복잡한 양상을 띤다.

이 절에서는 아랍어화의 여러 가지 다른 측면과 아랍어화에 대한 태도를 살펴본다. 다시 말해, 아랍어화가 국가 정체성을 고양하는 데 어떻게 이용되었는지, 초중등교육에서 표준 아랍어를 어떻게 진작하고, 그것이 고등교육에서는 왜 실패했는지를 논의한다. 또한 각 교육 단계에서 아랍어 정착 정책의 실패로 얼마나 학업 저하에 영향을 크게 받았는지, 이로 인해 흥미로운 사회언어학적 문제가 어떻게 발생했는지를 살펴본다.

아랍어화 과정은 다음의 세 가지 목표를 지닌다. (1) 아랍어를 표준화·현대화하고 진작해 독립 국가인 모로코의 새로운 요구에 부응한다. (2) 모든 공적 상황에서 프랑스어를 표준 아랍어로 교체한다. (3) 정치적 통일로 사회문화적 응집성을 확보하고, 이를 통해 문화적 정통성과 아랍 무슬림의 가치를 보전한다.

모로코인은 절대 다수가 무슬림이어서 공식 국어로서 고전/표준 아랍어를 충실히 보전한다. 앞에서 언급했듯이 모로코 주민 대다수가 고전/표준 아랍어를 존중하는데. 그 이유는 그것이 성전(聖典)인 꾸란의 언어이고, 문화적 독립과 국가통일의 상징이기 때문이다. 이러한 점에서 베르베르어는 고전/표준 아랍어와 경쟁상대가 되지 못한다.

아랍어화에 대해서는 적어도 세 유형의 담론이 있다. 순수주의자의 담론, 정부의 담론, 근본주의자의 담론이 그것이다. 순수주의자의 담론은 아랍어화를 철저하게 옹호하고, 역동적 공공생활 전 분야에서 프랑스어를 궁극적으로 근절하는 것이다. 이러한 담론의 기원은 식민지배에 대항하여 민중을 결집하기 위해 아랍어가 이슬람과 함께 치명적 무기로 사용되던 식민시대까지 거슬러 올라간다. 급진적이고 철저한 아랍어화의 최전선에 있는 우익 이스티크랄 당(Istiqlal party)은 현행 행정과 교육에서 지배적 우위를 차지하는 프랑스어를 부정하고 고발하기 위해 언론을 조직적으로 이용했다(Mouhssine 1995 참조).

통치 엘리트는 아랍어화 정책에 대해 온건하고도 실용적인 태도를 보인다. 이들은 점진적 아랍어화를 지지하고, 프랑스어-아랍어의 이언어 사용을 지원한다. 고(故) 하산 2세(Hassan II)는 1978년에 이프란(Ifrane) 담화에서 이언어 사용은 실용적 이유에서 필요하지만, 아랍어화는 국가 정체성을 지키기 위한 필수사항이라고 선언했다.

당시 고전/표준 아랍어가 (특히) 과학과 기술 같은 프랑스어 사용 영역을 모두 접수할 수 없었던 사실을 지적할 필요가 있는데, 그것은 아랍어가 이 임무를 수행할 준비를 완전히 갖춘 것도 아니고, 철저히 현대화된 것도 아니기 때문이었다. 정부에 따르면, 프랑스어와 아랍어 이언어 사용은 아랍어화를 강화하는데, 그것은 새로운 용어를 지닌 아랍어를 제공하기 때문이며, 이 용어는 프랑스어에서 아랍로 번역되거나 즉각 전위될 수 있다. 이런 종류의 이언어 사용으로 서구에 더욱 개방적이 되기도 한다. 이언어 사용과 모로코 작가 및 연구자의 노력으로 문화와 사회, 문학이 국제무대에서 더욱 널리 알려졌고, 또한 과학과 세계지식에 크게 기여했다. 따라서 프랑스어는 현대 문화, 과학, 기술에 통로를 뚫는 도구일 뿐만 아니라 사상 교환과 전 세계와 사회경제적, 문화적 교류를 증진하는 수단으로 간주된다(Lakhdar Ghazal 1976 참조).

무슬림 근본주의자들은 고전/표준 아랍어만이 모로코인의 학습과 고급 담론의 언어로서 합당하며, 외국어는 지역 토착어, 특히 모로코 아랍어와 베르베르어와 함께 배척해야 하는 것으로 신봉한다. 프랑스어, 스페인어, 영어는 식민지배나 제국의 언어로 여겨져 이슬람 원칙과 지침과 반대되는 서구의 타락한 생활방식을 전하고 확산하는 것으로 간주되었다. 그러한 근본주의자들에게는 고전/표준 아랍어만이 학습하고 교육할 가치가 있는데, 그것이 무슬림 전통, 믿음, 가치를 반영하기 때문이다.

사디키(Sadiqi 2003), 엔나지(Ennaji 1999), 그랜드기욤(Grandguill-aume 1991) 같은 다수의 학자는 아랍화 정책이 이슬람 근본주의 발달에 간접적으로 기여했고, 이슬람주의자의 요구를 증진하는 길을 마련했다고 주장한다. 프랑스어 사용을 꺼리는 무슬림 근본주의 지도자들은 권력 투쟁에 대중을 동원하기 위해 고전/표준 아랍어를 이용한다. 이슬람주의자의 담론은 실제로 종교적 요구뿐만 아니라 언어 문제에도 기초를 두고서 이 두 가지를 함께 정치적 목적에 활용한다. 근본주의자들은 모로코의 언어 문제를 이용하고, 사회 전반에 아랍어화를 촉진하기 위해 모로코에서 사용되는 언어를 활용한다.

하지만 아랍어화가 이 지역의 근본주의 탄생과 성장에 기여한 유일한 요인은 아니다. 거기에는 사회경제적 요인과 국제적 요인도 있다. 1980년대 이래 모로코가 겪은 심각한 경제 위기로 인해 교육을 받은 청년의 대량 실업사태가 발생했다. 고(故) 하산 2세는 1999년 7월 8일에 라바트(Rabat)에서 있었던 프랑스 잡지 《르 누벨 옵세르바퇴르(Le Nouvel Observateur)》와의 인터뷰에서 프랑스 작가 장 다니엘(Jean Daniel)에게 "빈곤과 경제 난관은 흔히 극단주의를 양산한다"고 말하면서, "이로 인해 서구에는 약물 중독자와 범죄자가 발생한 반면 북아프리카에는 무슬림 근본주의자가 탄생했다"고 언급했다.

1978년에 이란에서 샤(Shah)의 몰락과 호메이니(Khomeini) 혁명 이후 생겨나기 시작한 국제적 차원의 근본주의도 있다. 이는 공산주의의 종식과 소련의 몰락, 베를린 장벽의 붕괴, 뉴욕을 공격한 9 · 11 사태, 미국의 이라크 전쟁과 함께 계속 증가했다.

이제 모로코의 아랍어화, 언어 정책, 교육의 상호 관계에 대해 논의한다. 또한 아랍어화가 모로코의 교육제도와 더불어 다언어 상황에 어느 정도 크게 영향을 미쳤는지를 살펴본다.

아랍어화는 교육 및 언어 정책과 직접적으로 관련성이 있다. 독립 이후 교육 정책의 특징은 네 가지 기준에 입각해 있는데, 전국적 교육제도의 통일, 아랍어화, 모든 지역 단위 주민에게까지 보편화된 교육, 주민 모두를 위한 자유 교육이 그것이다. 하지만 오늘날 많은 교육자는 이 기준의 효율성을 문제시하고, 교육의 획일화보다는 다양화가 바람직하다고 주장한다. 그것은 각 지방의 사회언어학적 특성과 지리적 특성을 고려하지 않고 전국적으로 동일한 커리큘럼을 적용하려고 했기 때문이다.

초중등 공립학교에서는 아랍어화가 거의 완벽하게 이루어졌다. 초중등학교에서는 모든 과학 과목을 표준 아랍어로 가르친다. 하지만 아랍화가 여전히 문제가 되는 이유는 많은 교육자와 정책 입안자가 전면적 아랍어화를 택할지, 부분적 아랍어화를 택할지를 아직 철저히 확신하지 못하기 때문이다. 예컨대, 고등교육은 아직 아랍어화가 되지 않았다. 이에 대해 정부는 첨단 과학, 기술, 의학 관련 책과 참고서가 표준 아랍어로 편찬되지 않고 대부분 영어와 프랑스어로 작성되었기 때문이라고 설명한다 (Mouhssine 1995 참조).

사립학교와 프랑스 미션학교에서는 프랑스어를 절대적으로 많이 사용한다. 공교육제도에 만족하지 못한 학부모는 자녀를 사립학교나 프랑스 학교에 보내 프랑스어를 숙달시키고, 더 좋은 직장에 취업할 수 있도록 한다. 사실 프랑스 미션학교 졸업생은 대학 입학 자격시험(바카로레아) 성적이 우수한 모로코 공립학교 졸업생보다 의학, 과학, 기술, 경영, 농업, 기계공학 관련 대학에 진학할 수 있는 기회와 입학률이 더 높다.

이것이 함의하는 바는 아랍어화가 기본적으로 빈자를 대상으로 한 정책이라는 것이다. 다시 말해, 아랍어화된 학생은 고학력 학위가 있더라도 프랑스어로 교육받은 학위자보다도 취업 기회가 훨씬 적다는 것이다. 따라서 현행 교육제도는 빈자를 차별하고, 교육적으로나 사회경제적으로 부유층에게 유리하다는 의미에서 이중 잣대를 지닌다(프랑스어로 표현하면 deux poids, deux mesures, 즉 '불공평한 처사'이다). 아랍어화가 유익한 것이라면, 그것은 모든 모로코인에게 유익한 것이어야 한다. 나아가 정치가도 이중적 행동을 한다. 공적으로는 아랍어화를 떠들지만, 자녀의 교육 문제에서는 프랑스 학교를 더 선호한다. 그러한 정치가가 모로코의 국가 발전을 위한 중요한 대의명분으로 아랍어화를 내세우는 것은 명백한 정치적 위선이며, 민족주의를 가장하는 것이다.

이러한 아랍어화에 대한 모순된 태도는 현대 모로코 사회의 복잡성과 다언어 면모, 사회적, 정치적 추세를 반영하는 것이다. 전체적으로 볼 때, 모로코와 미래를 위해 최선책으로 보이는 언어 선택의 타협점은, 오늘날 대부분의 모로코인이 실용적인 이유로 프랑스어 표준 아랍어의 이 언어 사용을 선호하는 것이다. 다시 말해, 프랑스어는 과학기술과 국제적 의사소통에 사용하고, 표준 아랍어는 문화적, 문학적, 종교적, 정치적 담화에 사용하는 것이다(Ennaji 1991 참조). 모로코 아랍어와 베르베르어는 모로코 국가의 유일성과 국민의 역동성을 표현하는 일상생활의 의사소통 언어이며, 그들의 일상생활을 표현하는 수단으로서 보존할 필요가 있다.

3.5 민족주의와 언어 변화

지난 세대에 언어 영역에서 일어난 가장 괄목할 만한 변화는 표준 아랍어를 재생하고 현대화하려는 목적을 가지고 아랍어화 정책을 실시한 것이다. 그 전반적 목표는 프랑스어 대신 표준 아랍어를 폭넓은 의사소통의 언어로 전체 생활 영역에 일반화하는 것이었다. 보수주의자에게 프랑스어는 모로코의 언어와 문화 정체성에 대한 위협으로 간주되었기 때문이다.

아랍어화 과정은 현대 국가의 요구에 부응하기 위해 언어를 표준화하고 현대화하는 것이다. 이는 또한 많은 영역에서, 특히 교육과 매스미디어에서 프랑스어를 대체하는 것을 목표로 한다. 표준 아랍어, 이슬람, 국가 정체성 사이에는 연관성이 있으므로 아랍어화는 아랍어와 국가 정체성의 발흥으로 간주된다. 아랍어화의 부차적 목적은 베르베르인을 아랍 문화와 정체성에 동화시키는 것이다.

또 다른 중요 변화는 표준 아랍어와 베르베르어의 지위 격상이다. 아랍어화 과정은 표준 아랍어의 현대화 및 부흥이라는 결과를 초래했다. 이러한 변화 외에도 베르베르어를 모로코의 국가 유산과 문화 정통성의 일부로 공식 승인하고 초등학교에 도입한 것은 국가 차원의 '종족언어적 부활'의 훌륭한 사례이다. 이러한 회복은 표준 아랍어와 베르베르어가 모로코의 국가 정체성에 강력한 상징적 역할을 하는 동시에 외래어(주로 프랑스어)의 위협을 받기 때문에 일어난 것이다.

베르베르어를 부활시키려는 시도는 베르베르어가 모로코 인구 절반의 모국어라는 사실에서 비롯되었다. 이 언어는 프랑스어, 표준 아랍어, 모로코 아랍어의 영향으로 쇠퇴했다. 최근 정부는 베르베르어에 대한 이런 위협을 완화하기 위해 베르베르어를 국가의 문화 정체성의 일부로 공식 인정했다. 이러한 인식의 증거로, 2001년에는 아마지그 왕립문화연구소가 설립되었다. 이는 아마지그어(Amazigh, 베르베르어)와 문화를 교육, 행정, 대중매체에서 촉진하는 것을 목표로 하고 있다.

종족언어적 관심사의 부활은 이들 언어와 변이형의 사용 영역과 기능에 영향을 미치기 전에 먼저 언어와 변이형에 대한 사람들의 태도에 영향을 미쳤다. 일반적으로 모로코인은 언어와 국어에 자부심을 갖고 있다.

자국어와 다른 언어 및 외국어에 대한 사람들의 태도는 변했지만, 이러한 태도는 오랫동안 정부와 정책 결정자에게 상당히 무시당했다. 그 결과 아랍어화만이 독립 후 40년간 부분적으로 성공을 거두었고, 아랍어와 아랍 문화의 복구 투쟁만 계속 전개되었다.

모로코에서 고전 아랍어와 표준 아랍어가 존중을 받는 것은 이들이 종교적 함의를 지니고, 국가 통일과 아랍 민족주의와의 연대를 상징하기 때문이다. 베르베르어와 모로코 아랍어는 일반적으로 친밀한 상황과 상거래에서의 의사소통 수단으로 간주되지만, 최근에 와서 국가 정체성과 정통성 그리고 집단 관계의 상징이 되었다.

학문적 차원에서 볼 때, 가장 교육을 많이 받은 사상가들과 순화주의자들은 아랍 민족주의를 강조하고, 아랍 통일을 구축할 필요성을 역설한다. 이는 아랍·이슬람 가치와 신념을 회복하고, 식민시대의 언어와 문화 그리고 일반적으로 서구를 점진적으로 배척하기 위해서였다. 알자브리(Aljabri 1995)와 알만즈라(Almandjra 1996)는 아랍 민족주의를 열렬히 지지하는 아랍학자이다. 민중의 차원에서는 아랍·이슬람 문화에 긍정적 가치가 깃들어 있다. 하지만 민중은 이슬람 신앙과 아랍어 및 문화 사이에 필연적 관계가 있다고 잘못 생각하고 있다. 대부분의 사람은 중동에 아랍어 사용 기독교도가 있다는 사실(레바논, 시리아, 이집트, 수단, 이라크 등)과, 세계 곳곳에는 무슬림이지만 아랍어를 사용하지 않는 국민도 많다는 사실(예컨대, 마그레브의 베르베르인, 이란의 페르시아인, 중동의 쿠르드인, 파키스탄인, 말레이인, 인도네시아인 등)을 흔히 인식하지 못한다.

베르베르어 운동가는 베르베르어를 공식 상황이나 비공식 상황에서 모두 가르치고 사용함으로써 이를 복원하고 소생시켜야 한다고 생각한다. 이들은 베르베르어가 과거 기억 속의 언어가 되면 안 된다고 생각하고, 이를 적극 사용해 일상적 의사소통에 사용되는 언어로 전환하려고 투쟁한다. 하지만 베르베르인이 아닌 보수주의적 아랍어 사용자는 베르베르어의 격상을 국가 통일과 정치 안정을 해치는 잠재적 위협 요소로 생각한다. 그러한 견해는 순전히 사회문화적 현상과 아랍어의 우월적 지위 유지를 원하는 편견의 소산이다(Boukous 1995; Ennaji 1997, 2005 참조). 아랍 민족주의자는 친아랍 전략만이 모로코의 정치적 독립을 공고히 하고, 국가 통일을 보전할 수 있다고 주장한다.

현 상황을 전반적으로 평가하자면, 모로코에는 두 토착어와 언어형, 즉 모로코 아랍어와 베르베르어가 있고, 이들 언어에 대한 애착심이 널리 퍼져 있는데, 이로 인해 아랍통일과 아랍 민족주의에 대한 맹목적 추종이 사실상 줄어들고 있다고 말할 수 있다. 오늘날 모로코에는 서로 경쟁하는 것처럼 보이는 두 가지 경향이 회복 조짐을 보인다. (1) 아랍어와 아랍·이슬람 문화의 부활, (2) 베르베르어와 모로코 아랍어 같은 모어를 격상하려는 노력—이는 주민의 국민 문화 창달과 관련이 있다—이 그것이다. 오늘날 베르베르어와 그 문화의 지지자들은 아랍어와 더불어 베르베르어를 국가 공식어로 인정해야 한다고 주장한다(Ennaji 2005: 제4장 참조).

광범한 의미에서 민족주의는 문화적으로 오래전에 정착한 집단의 지위 격상 활동을 가리키는데, 이것이 모로코의 언어 사용과 선택뿐만 아니라 언어 태도의 이식에도 큰 영향을 끼쳤다. 어떤 집단에 소속되어 있다는 감정이 강할수록 그 집단의 언어를 격상하려는 욕구 역시 강렬하다. 모로코의 민족주의와 최근의 **종족언어 부활**로 모어(모로코 아랍어와 베르베르어), 고전/표준 아랍어, 모로코의 다른 외국어는 여러 가지로 영향을 받았고, 각기 다른 동기에서 이 변이형 각각에 대한 대중의 적극적인 지지 활동이 일어났다. 예컨대, 교육받은 식자들은 표준 아랍어와 모로코 아랍어를 섞어 발음함으로써 모로코 아랍어에 대한 지지를 강력히 표명한다. 모하메드 슈크리(Mohamed Choukry)나 아민 엘 알라미(Amine El Alami) 같은 유명 작가는 모로코인의 일상과 문화 정체성의 진면목을 여실히 보여 주기 위해 작품에 모로코 아랍어를 사용한다.

　다음 절에서는 모로코 다언어 맥락의 또 다른 차원인 성에 대해 고찰하고, 이 성이 언어 선택과 국가 정체성에 대한 인식과 투사 그리고 국가 건설과 어떻게 상호작용하는지를 살펴본다. 이를 위해 우선 비언어적인 성 관련 활동이 국가 이미지 속에서 어떻게 형성되었는지를 간단히 기술한 다음, 모로코 남녀의 언어 선택과 사용에 영향을 미치는 구체적 요인을 집중적으로 살펴본다.

3.6 성과 민족주의

성 문제는 식민시대부터 모로코의 국가 발전 및 국가 특징과 연계되어 왔다. 식민주의는 일반적으로 모로코의 국가와 문화의 정체성에 위험 요소로 인지되었고, 이 정체성의 일차 상징으로서 여성은 두 가지 불이익을 받았다. 여성은 식민지배자로부터 자신을 보호하려는 민족주의자의 투쟁이자 모로코 사회 전체를 '개화하는' 가장 효율적 수단인 여성 '해방'의 모색이라는 양면적 모습으로 비쳤다.

　프랑스 보호령 시기, 독립 투쟁의 일환인 민족주의의 아이콘이라고 할 수 있는 알랄 알 파씨(Allal al-Fassi)와 모하메드 하산 와자니(Mohamed Hassan Ouazzani)는 각기 다른 목적을 가지고 여성 해방을 민족주의 사업의 일환으로 부르짖었다. 알랄 알 파씨는 이집트에 유학하고 살았던 살라피스트(Salafist, 이슬람 개혁파)로, 여성을 아랍어로 교육할 것을 주장하고, 일부다처제를 배척했다. 이는 일부다처제가 여성에게 해악을 끼쳐서가 아니라 '현대' 이슬람의 이미지를 '퇴색시키는' 관습이기 때문이었다. 한편 모하메드 하산 와자니는 프랑스에 유학하면서 거주했던 지성으로, 여성을 아랍어와 프랑스어로 교육할 것을 요구했고, 평등한 상속법을 부르짖었다. 이는 기존의 법이 여성에게 해악이 될 뿐만 아니라 평등한 상속법이 현대 평등 사회의 '징표'이기도 했기 때문이다. 이 두 여성은 서로 다른 목적의 사업을 위해 여성 '해방'을 모색했는데, '계몽화된' 이슬람 국가(알 파씨)와 유럽식 국가(와자니)가 그것이었다. 이 두 가지 목적에서 여기서 '남성 위주 여성주의' 관념(즉, 남성이 추진한 피상적인 여성 개발을 위한 제안)으로 부르는 다수의 개념이 생겨났는데, 이들 목적은 다소 추상적이었고, 모로코의 '후진성'을 개혁하려는 '구제책'이었다. 흥미롭게도 이 두 사람은 모로코 사회의 특정 사업에 여성을 '이상적' 시민으로 승격시키기 위해 언어를 이용하였다.

독립 후 새로운 정책 입안자들은 식민 총독시대와 거의 같은 이유로 남성 위주의 여성관을 계속 옹호했다. 예컨대, 1957년에 모하메드 5세는 대중 앞에서 장녀의 베일을 벗기고, 사회 발전을 위한 여성 해방의 필요성을 역설했다. 이와 같은 견해는 이후 **국가 여성주의**(state feminism)로 알려졌다.

궁극적으로 민족주의에서 유래하는 국가 여성주의는 근대 국가로서 모로코의 모습을 외부세계에 부각하려는 바람에서 비롯되었고, 독립 전후 모로코 여성의 정체성 형성에 큰 영향을 미쳤다. 예컨대, 모하메드 5세의 상징적 '베일 벗기기' 제스처를 따라 수천 명의 도시 거주 여성이 베일을 벗었고, 보수주의자든 아니든 모스크의 종교지도자도 베일 벗기기를 구직(求職) 및 국가 건설과 관련지었다. 정당들(보수주의자와 기타)도 그 뒤를 따라서 선거 운동에 '여성주의적' 개념을 포함시켰다. 그들은 여성을 교육하고 훈련하지 않으면 모로코는 발전할 수 없다고 주장했다. 물론 우선 순위가 높은 핵심 공약일수록 '비여성주의적' 관념을 취했지만 말이다. 그들이 투쟁해서 폐지하겠다고 외쳤던 가부장적 견해를 노골적으로 거듭 표방하는 행동이나 그들이 지향하는 바에서도 비여성주의가 확인된다(Sadiqi 2007).

성 요인으로 인해 오늘날 모로코의 언어 선택이 왜 이처럼 왜곡되고 다언어 상황이 더 복잡하게 되었는지, 그리고 단일어가 모든 국민의 국가 정체성과 일상의 의사소통에서 유일한 수단이 될 수 없는지를 앞으로 더 자세히 고찰해 보자.

3.6.1 언어 선택과 성 관련 정체성 표현

남성 위주의 여성주의는 여성 개인의 지위 향상을 목표로 하지는 않았지만, 중상류 계층의 여성은 고등교육과 취업 기회를 얻고 공공 영역에 진입할 수 있었다. 그리하여 모로코에서는 독립 후 신흥 부르주아 계층에서 최초의 여성 약사, 법조인, 의사, 대학 교수가 배출되었다. 이러한 여성의 여성주의 경향은 자유롭게 확산되었는데, 그것은 여성이 '현대적' 개념과 관행을 쉽게 수용하고, 무슬림이라는 정체성을 포함해 직업적 특수성도 거부하지 않았기 때문이다. 이러한 혁신적 변화는 모로코의 전통관습과 생활방식을 크게 바꾸지는 못했지만, 이러한 자유주의적 경향은 의상(衣裳) 변화와 함께 프랑스식 스타일과 생활방식을 따르는 등의 다른 사회 관행에서도 나타났다.

언어 사용을 보면, 특히 중상류 계층의 문해(文解)가 증가하면서 오늘날 성의 영향을 가장 분명하게 받는 언어는 프랑스어이다. 프랑스어는 교육과 밀접한 관계가 있는 도시의 상위어이자 제2언어이다. 독립 직후 수년간 프랑스어는 민간 부문에서 가장 유용한 언어였다. 또한 프랑스어는 고소득 직업을 얻는 데 필요해서 '사회계층의 상승', '현대성', '계몽', '서구세계에 대한 '개방성'의 상징으로 인식되었다. 일반적으로 프랑스어에 대한 모로코인의 태도는 긍정적이다. 모로코 아랍어처럼 프랑스어도 남녀 공히 사용하지만, 프랑스어를 사용하는 데에는 성의 차이가 있다. 남성의 경우는 행정과 군대의 고위층이 프랑스어를 사용하며, 식민지배어로서 프랑스어가 가진 기세등등한 남성적 면모를 활용하고, 여성의 경우는 프랑스어가 지닌 사회특권으로 이득을 더 많이 본다. 여성이 '개화되고' '현대적인' 여자로 여겨지면 사회적 능력을 인정받고, 자녀에게 프랑스어를 가르칠 수 있는 여성은 보수적 가정에서도 아주 좋은 신붓감으로 인정받는다.

대부분의 모로코 여성은 프랑스어에 쉽게 접근할 수 없음에도 일반적으로 남성보다 프랑스어를 더 선호한다. 더욱이 여성 역시 표준 아랍어의 구사 능력보다 프랑스어 수행 능력을 더 과시하려는 경향도 있다. 이러한 행동은 표준 아랍어 구사 능력보다 프랑스어 구사 능력을 지닌 여성이 남성에게서 더 큰 호감을 얻는다는 사실과 관계가 있다. 이는 모로코의 문화 정체성과 별로 관계가 없는 프랑스어가 표준 아랍어 사용과 통제를 통해 남성 중심이 된 모로코 사회에서 남성 지위를 위협하지 않기 때문이다. 또한 주목해야 할 점은 남성은 '프랑스식(서구식)'으로 '행동하는' 여성보다 프랑스어를 '말할 줄 아는' 여성에게 더욱 우호적이라는 것이다. 이는 프랑스어를 구사하는 여성이 자녀에게 프랑스어를 사용하고 가르칠 수 있기 때문이다. 반면 프랑스식으로 '행동하는' 여성은 공동체 성원으로서의 '정통성'이 없다는 것이 일반적 인식이다. 또한 그것은 모로코 문화 가치와도 충돌되고, 지나친 여성 해방의 표시로도 간주된다. 이러한 평가는 모로코의 가부장적이고 남성 지배적인 문화에 기반해 있다. 이 점을 잘 아는 여성은 프랑스어를 구사함으로써 사회적 권한을 얻고 사용하며 유지한다.

프랑스어와 표준 아랍어를 비교하면, 이 두 언어가 사실상 사회 권력을 행사하는 것으로 보일 수 있지만, 모로코라는 맥락에서 보면 이 두 언어 권력은 각자 구체적인 상징 의미를 지닌다. 즉, 프랑스어는 식민 이후의 모로코 행정과 정치에서 매우 중요하고, 표준 아랍어는 영광에 빛나는 과거와 문화 정체성의 상징이다. 이 두 상징 권력은 궁극적으로 여성보다 남성에게 더 힘을 발휘한다. 남성은 프랑스어와 표준 아랍어의 두 권력 모두를 활용하지만(남성은 정치, 행정, 비즈니스에서 최고위직을 점유한다), 여성은 이 두 언어의 '현대적'(하지만 '소외된') 모습과 더 깊은 관계를 맺기 때문이다. 여성이 프랑스어를 사용하는 것은 '훌륭한' 시민을 양성한다는 차원에서 긍정적으로 인식된다.

가장 두드러진 모로코의 네 언어인 베르베르어, 모로코 아랍어, 표준 아랍어, 프랑스어 모두를 고려할 때, 이 언어 스펙트럼의 한 극에서 보면, 여성은 남성보다 베르베르어와 모로코 아랍어 쪽에 더 가깝다는 사실을 알 수 있다. 이는 모로코 사회가 (지역어인 베르베르어와 모로코 아랍어에 상징적으로 간직된) 토착전통을 고수하고, 이 전통의 고수를 여성에게 떠맡기기 때문이다. 이 스펙트럼의 또 다른 극에서 보면, 대부분의 여성은 모어인 표준 아랍어와 프랑스어로부터 소외되는데, 이는 일반 학교 교육을 받을 수 있는 길이 여성에게는 차단되어 있기 때문이다.

가부장적인 다언어 국가 시민으로서의 여성은 수동적이지 않다. 여성은 자신이 이용할 수 있는 언어를 선택할 뿐만 아니라 사회경제적 지위에 따라 의사소통의 지위향상 전략을 개발함으로써 '투쟁한다'. 모로코 여성의 의사소통 전략은 주로 출신 지역과 교육 정도에 좌우된다. 대부분이 문맹인 시골 여성은 스스로의 지위 향상을 위해 베르베르어나 모로코 아랍어 또는 이 두 언어로 된 여성 구술문학을 활용한다. 문맹 여성은 구술 이야기와 민요의 두 매체 속에서 자신을 표현함으로써 공동체에 자신의 존재를 부각하고, 이러한 방식을 통해 가부장제가 강요하는 역할을 뒤바꾸기도 한다.

교육을 받고 글을 읽을 줄 아는 유식한 모로코 여성은 베르베르어나 모로코 아랍어(또는 이 두 변이형 모두), 표준 아랍어, 프랑스어를 사용한다. 소수의 여성은 영어나 스페인어 또는 이 두 언어를 함께 구사하기도 한다. 이들의 의사소통 전략은 문맹 여성이 사용하는 전략과 다르다.

도시 지역의 교육을 받은 이언어 사용 여성이 이용하는 가장 중요한 소통 전략은 코드 전환(code-switching)이다. 이는 대부분의 경우, 모로코 아랍 어와 프랑스어를 섞거나 이 둘을 잘 조절해서 번갈아 사용하는 전략이다 (Sadiqi 2003: 제4장 참조). 코드 전환은 두 가지 언어 코드의 구사 능력뿐 만 아니라 실생활에서 이들 코드를 자유자재로 적절히 운용하는 능력도 필요하기 때문에 모로코 사회에서 코드 전환은 긍정적 인식과 결부되고, 남성보다는 여성의 발화에서 아주 명백하게 나타난다.[3]

언어 선택과 특정 언어 형식의 사용에서 성이 중요 역할을 한다는 관찰은 언어가 국가 정체성의 형성에 개입하는 결과를 낳았다. 구술문학에서 베르베르어와 모로코 아랍어의 일상적 사용은 두 언어에 대한 애착심을 강화하고, 시골 여성의 지위 향상을 가져왔다. 또한 프랑스어-모로코 아랍어 코드 전환이 교육받은 도시 여성의 지위를 향상한다면, 이러한 현상으로 다언어주의가 모로코에 확고히 뿌리를 내리면서 언어 사용 양상이 더 복잡하고 다양해져 단일 발화와 의사소통—이는 모로코 국가 정체성의 유일한 언어 수단이 될 것이다—으로 수렴되기보다는 여러 다른 언어 형태가 고착화될 것이다. 일반적으로 다언어주의는 통일 국가를 성공적으로 구축하는 데 불가피한 걸림돌로 간주되는 것은 아니지만, 국가 건설 과정에 따르는 부차적인 도전으로 인식된다. 따라서 앞에서 살펴본 여러 이유로 성에 따른 다언어 행동이 유발되는 한, 성으로 인해 모로코의 일반적인 사회언어학적 상황에는 한층 더 복잡한 층이 생겨나고, 언어가 모로코의 단일 국가로서의 정체성과 맺는 관계도 더욱 복잡해진다. 하지

---

3 모로코 아랍어와 베르베르어와 관련된 코드 전환은 베르베르어 이언어 사용자가 말할 때 나타나지만, 이런 식의 코드 전환이 남녀 공히 나타난다는 점에서 성과 관련이 있다고 볼 수는 없다. 반면 프랑스어-모로코 아랍어 코드 전환은 여성 화자에게 자주 나타나서 여성의 전형적 언어 활동으로 간주된다. 베르베르어와 프랑스어의 코드 전환은 아직까지 일상화되지 않았다.

만 이는 흥미로운 양상이다.

이 밖에도 성이 언어 및 국가 정체성과 상호작용하는 두 번째 방식으로 새로운 성 대립의 출현(또는 '재조명')을 들 수 있다. 최근 여성의 권리 인정에 대한 목소리가 높아지면서, 모로코의 엄격한 가부장 사회에 여성성을 주장하는 시도가 증가했고(이것은 여기서 지적한 코드 전환과 지위 향상 전략 같은 현상에도 언어적으로 드러난다), 많은 여성이 최근 몇 년 사이에 출현한 이슬람 근본주의와 잠재적 갈등을 빚고 있다. 이슬람 근본주의 운동은 고전/표준 아랍어를 모로코의 이상적 언어 상징으로 간주하는 아랍·이슬람 국가의 정체성의 투사와 관련이 있다. 하지만 앞에서 지적한 대로, 많은 여성이 표준 아랍어를 사용하는 대등한 파트너로 인정받지 못하며, 표준 아랍어가 남성의 전유물이라는 사실을 피부로 느낀다. 그러한 상황에 대해 공격적인 여성은 다른 방식의 언어 사용 전략을 택하여 이를 강화하거나 고수함으로써 남녀의 국가 참여를 똑같이 포괄하는 국어로서의 표준 아랍어와 거리를 두려고 한다. 이처럼 성 관련 경쟁이 계속 존재하는 한, 모로코의 언어는 통일되지 못하고 계속 분열될 것이다.

3.7 결론

모로코의 언어와 문화 정체성은 네 가지 주요 요소인 베르베르어, 아랍어, 프랑스어, 이슬람으로 표현된다. 베르베르어와 구어 아랍어는 대중문화를 구현하고, 고전 아랍어, 프랑스어, 이슬람은 교양 문화를 대변한다. 이러한 다언어와 다문화의 맥락에서 국가의 합법성은 넓게는 기록 문화에 바탕을 두며, 기록 문화가 지속적으로 향상되려면 권력과 연계되고 거기에 의존해야 한다.

모로코는 독립 이래로 근대와 보수 사이에서 요동치고 있다.

1960~1980년대 모로코는 강력한 프랑스 문화의 영향 아래 근대로 기울었지만, 1990년대 이후부터는 이슬람 근본주의의 발흥으로 보수주의로 기울었다.

식민지배 이후 수년간 통치 엘리트는 국가 근대화 노력의 일환으로 프랑스어-아랍어의 이언어 사용을 정치적으로 선택했다. 구체적으로 말하자면, 1960~1970년대의 민족주의와 국가 건설을 위해 표준 아랍어를 공식어와 종교어로 선택했고, 비즈니스와 행정의 언어로 프랑스어를 우선적으로 선택했다. 아랍어 방언과 베르베르어는 일반적으로 비공식적·사적 영역으로 격하되어 사용되었다. 하지만 오늘날 모로코에서는 프랑스/서구 가치와 아랍어/이슬람교 사이의 긴장뿐만 아니라 베르베르 문화와 아랍 문화 간 긴장이 형성되고 있다. 이러한 언어 상황으로 인해 다양한 차원의 권력 투쟁을 반영하는 이해관계와 이념 갈등이 충돌하고 부각된다. 많은 경우, 모로코의 언어와 문화의 상호작용은 대립과 역설로 특징지을 수 있다.

모로코의 언어 상황은 정체되지 않았지만, 오늘날에는 사회언어학적 현상의 주요 측면으로서 성 문제가 대두하는 경향을 보인다. 식민지배 후 오직 구어로만 사용되던 언어인 베르베르어와 지역 아랍어 방언이 의식적으로 부당하게 격하되고, 이에 따라 여성도 문맹과 많은 남성의 도시 이주로 인해 거의 대부분이 이 두 언어만 사용하면서, 하찮은 존재로 격하되었다. 1980년대 중반 이후, 여성의 인권 향상에 대한 요구가 커지면서 언어(권력), 세속화, 문화에 관한 새로운 요구가 여성 해방을 위한 일련의 요구와 함께 생겨났다. 다시 말해, 가정과 사회 내 여성의 지위 향상과 정치 주체로서의 여성의 적극적 정치 참여에 대한 진지한 요구가 생겨난 것이다. 언어적으로 볼 때 이러한 사태로 도시에서는 프랑스어-아랍어의 코드 전환이 증가했고, 시골에서는 여성 지위 향상의 언어로 베르베르어와 모로코 아랍어를 계속 자유롭게 이용하는 결과가 나타났다. 모로코의 종족언어적 문화 부흥이 모어 사용으로 더욱 고조되었고, 모로코 아랍어와 베르베르어는 가장 전형적인 문화의 면면을 반영함으로써 종족 정체성, 집단 간 관계, 문화 정통성의 상징으로 긍정적인 평가를 받고 있다. 이러한 의미에서 이들 언어는 모로코의 정체성을 표현하는 진정한 언어 표상으로 인식되었고, 학자들과 문화단체는 이들 언어를 체계화하고 표준화해서 국가적으로나 지역적으로 공인된 언어 수준까지 격상하려고 노력하고 있다.

　이러한 자유로운 언어 발달과 대조적으로 모로코는 강력한 이슬람 근본주의의 발흥 또한 목격하고 있다. 이슬람 근본주의는 고전/표준 아랍어에 편승해 공공 영역에서 여성의 '수줍어하고' '베일에 가린' 모습을 강조하고, 여성의 공격성에 대해서는 눈살을 찌푸리며 불쾌해한다. 독립 이후 아랍어화 정책은 모로코의 여러 공공 영역에서 고전 아랍어와 표준 아랍어의 입지를 강화했고, 이로써 아랍·이슬람 모로코 민족주의가 크게 성장했다. 그 결과 현대성과 서구 영향을 반대하는 전통 아랍 보수주의가 확고하게 자리 잡았다. 모로코에 잠재한 이처럼 다양한 세력이 궁극적으로 어떻게 타협점을 찾고, 어떤 종류의 국가 정체성이 지배적인 것이 될지는 현재로서 불분명하지만, 분명한 사실은 언어가 국가의 특성을 결정하는 데 중요한 역할을 하고, 국가 정체성에 대한 여러 견해와 밀접한 관련을 맺는다는 것이다.

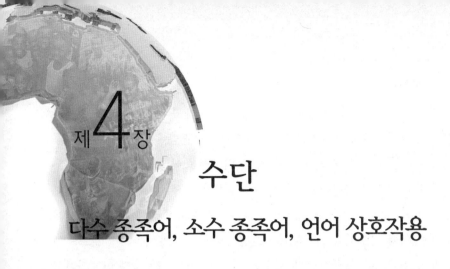

제4장

수단

다수 종족어, 소수 종족어, 언어 상호작용

웬디 제임스(Wendy James)

4.1 개관

오늘날 수단에 대한 글과 토론을 보면, 수단의 남부와 북부가 확연히 다르다는 것을 일반적으로 당연시한다(수단은 2011년에 수단과 남수단으로 정식 분리됨 – 역주). 예컨대 북부의 혹독한 사막과 남부의 그늘진 초원, 북부의 아랍 **종족** 점유지와 남부의 **아프리카 흑인** 거주지, 북부의 이슬람과 남부의 다양한 기독교 및 전통 종교 등을 두고 말이다. 그러나 이러한 차이를 신중히 다루어야 하는데, 이들이 지리적, 인종적 주요 사안이 아니기 때문이다. **영토로서** 북부와 남부의 개념은 나일 강안을 따라 상대적으로 입지한 동서 개념과 대조되는데, 이것은 주도권을 다투는 권력자들이 내린 정치적 정의의 문제일 뿐이다. 오늘날 수단에 대한 많은 담론에서 남부와 북부 간의 대립과 남북부 내부 간의 대립은 수십 년간 내전을 비롯하여 최근 현대 정치사의 산물이다. 하지만 수단의 언어와 언어 사용의 여러 측면을 고찰하고, 특히 정치 틀 안에서 어떻게 언어 문제를 파악했는지를 주목하면 다른 접근방식을 발견하게 되고, 기존의 고정관념에서 벗어날 수 있다.

이러한 접근이 왜 중요한가? 첫째, 아랍인을 어떻게 정의하든 이들은 수단의 토착민이 아니다. 오래 지속된 형질인구사와 나일강 중류의 문화 전통으로 남부와 북부 두 지역의 수단인이 연계되며, 이는 아라비아에서 들어온 아랍 이주민이 출현하고 확산된 시기(이는 물론 그 자체의 별도의 계기가 있었다)보다 훨씬 이전에 있었던 일이다. 이집트와 북부 아프리카의 주민 및 문명과도 관련이 있다는 것은 이미 널리 알려진 사실이다. 하지만 나일사하라 어족에 속하는 누비아어(Nubian languages)가 아직도 수단 최북단의 이집트와의 국경지대에서 사용되고 있다는 사실은 그다지 알려져 있지 않다. 이는 곧 고대에 남부로 이어지는 연계가 있었다는 것을 가리킨다. 언어적·인종적 관점에서 볼 때, 나일강 계곡의 남쪽과 북쪽 강안의 풍경은 매우 다채롭다. 인류사의 여명 이래로 이곳은 문자 그대로 민족이동의 통로였기 때문이다. 종족적, 문화적 근거에서 북부와 남부를 경계 지으려는 현대의 노력은 늘 수많은 변칙에 직면한다. 분명히 수단에는 계급의 차별이 있었다. 왜냐하면 국가 건설의 주요 거점이 나일강을 따라 있었고, 그들은 노동력을 비롯해서 모든 자원을 주변 지역에서 착취했기 때문이다. 오늘날 부분적으로 인종적 고정관념이 형성된 것은 노예무역을 통해 생겨난 이 같은 정황 때문이었다. 16세기부터 엘리트 계층은 아랍어 및 이슬람과 결탁했고, 정치적 지배를 받는 남부도 그러했다(이 과정은 20세기 영국 제국주의 통치정책으로 더욱 복잡하게 뒤얽혔고, 영국 통치로 인해 영어의 지위는 과거 수단 왕국을 넘어서 여러 지방에서 격상되었다).

전반적으로 수단의 아랍 정체성은 과거처럼 명문 세도가와 인척을 맺을 수 있느냐에 크게 달려 있다. 이 세도가는 이미 부계(父系) 족보를 통해 신비에 쌓여 있는 역사적 아랍 이주민, 더 정확히는 마호메트 가문이나 그 동족과 연계된다. 그러나 수단 무슬림 사회의 엘리트 집안은 동족결혼을 통해 지위를 더 공고히 하면서도 사회적, 종족적 가계를 넘어 타 종족과의 혼인 및 **지역**사회와 비공식적으로 결탁하는 비중도 매우 컸다. 그 결과 **북부** 주민은 부친을 통해 **아랍인** 가문을 계승하면서도 모친이나 외할머니 가계와 맺은 개인적 관계를 통해 누바인(Nuba), 딩카인(Dinka), 푸르인(Fur)과 연계를 맺을 수 있었다. 수단 왕국에서 사회신분은 중요 엘리트나 권력을 가진 통치자 집단, 예컨대 센나르(Sennar) 술탄국의 **푼지인**(Funj)—그 자체로는 '종족을 차별하지 않는다'는 단어이다—과의 가족관계로 결정되었다.[1] 다르푸르(Darfur) 분쟁을 서술한 일반적인 글에서 보듯이, 아랍인과 아프리카인을 구별하는 잔혹한 인종분리는 최근의 산물일 뿐이다. 과거의 술탄국과 핵심 엘리트는 오늘날 언론용어로 **아프리카 흑인**인 푸르인이었는데, 이들이 주변의 유목 '아랍인'과 경제적으로 협력하거나 종족 간의 결혼을 통해 상호관계를 다양하게 맺었다는 점이 흔히 간과되었다.

수단은 1956년에 독립한 이래 거의 반세기 동안 이 넓은 국가의 외딴 벽지—그곳이 남부든 동부든 서부든—의 불만세력과 부당한 대우로 분쟁이 점화되면서 내전에 휩싸였다(전체 조망에 대해서는 Johnson 2006 참조). 1972년에 카르툼(Khartoum)의 가파르 니메이리(Gaafar Nimeiry) 중앙정부와 남부에 근거지를 둔 아냐냐운동(Anyanya movement)이 아디스아바바 협정을 맺은 후 10년 동안 평화가 지속되었다. 1983년 이래로 수단 인민해방운동/군대(SPLM/A)가 남부에서 다시 소요를 일으켰지만, 그

---

1 과거 센나르 왕국을 통치한 푼지인(Funj)이 아랍인이었는지 실루크인이었는지의 여부를 두고 식민통치기간에 영국인 사이에서 논쟁이 벌어졌다. 이는 북부의 과거 아랍 정치와는 아무 관련이 없고 수단과 확실한 관계가 있는 '남부'의 전통왕국이었다. 그것은 신분을 나타내는 말이 아니었고, '종족'을 나타내는 말은 더더욱 아니었다(James 1977 참조).

것은 수단 정부의 시민적 민주개혁을 목표로 한 것이어서 열렬한 지지를 받았고, 남부뿐만 아니라 북부에서도 군사적 성공을 거두었다. 1988년에 평화 예비회담이 진행되었지만, 1989년에 호전적인 민족이슬람전선(National Islamic Front)의 지원을 받은 오메르 엘 베시르(Omer el Beshir)의 군사 쿠데타가 먼저 일어나는 바람에 예비회담이 깨졌다. 2005년 1월 9일에 오메르 엘 베시르 정부와 인민해방운동/군대가 남부권의 새로운 정치적 권리를 인정하고, 북부권 인접지역의 특별 조항을 인정하는 포괄적 평화협정(CPA)을 맺을 때까지 내전은 격화되고 지속되었다.[2] 서부의 다르푸르 술탄국은 1916년에 합병된 이래 언제나 **북부** 지방에 속했다. 이 평화협정의 협상이 계속되는 동안 다르푸르에서 수년 동안 부글거리며 끓고 있던 무장 저항세력이 2003년 초에 급속히 세력을 확장했다. 당시 수단 정부의 강력한 무력저지는 국제여론을 충격에 빠뜨렸고, 일반시민은 처참한 비극을 겪었다. 2007년도 중반에도 다르푸르 내전에 대한 만족스러운 결론이 도출되지 않았다. 다르푸르 사태가 정치적 의지를 무력화(無力化)하고, 자원을 빼내려는 저의에서 비롯한 것이기 때문이었다. 자칫했으면 이 사태는 수단공산당(CPA)이 즉각 침투하는 양상으로 전개되었을 것이다.

언어의 지위와 사용에 대한 토론은 수단의 현대 정치투쟁사의 한 장을 구성한다. 1898년에 영국과 이집트의 동거정부가 설립된 이래 아랍어와 영어는 국가행정 언어로서 자격이 동등했지만, 1930년경에 영어는 남부 정부와 교육의 공식어가 되었다. 북부를 기반으로 한 민족주의자 정치

---

2 포괄적 평화협정(CPA)의 결정대로 정치구역을 언급하거나, 1972년부터 1983년까지 남부가 북부에 저항했던 시기의 이 나라 정치권역을 언급할 때는 North, South, Northern, Southern처럼 첫 글자를 대문자로 적는다. 일반적인 경우나 국경이 그리 중요하지 않았던 초기 역사를 언급할 때는 소문자를 사용한다(대문자의 권역은 남부권, 북부권으로 옮긴다-역주).

가들은 이 조치에 반발했고, 1956년에 독립한 후 아랍어는 북부뿐만 아니라 남부의 주요 국어로 선포되었다. 아랍어는 상당히 오랫동안 남부 학교의 교육어가 되었으나 이후 이 정책은 폐지되었다. 남부 교육에서 언어 문제에 대한 첨예한 의견 대립은 곧장 남부 민족주의의 발흥을 야기했고, 내전 이후 수십 년간 현장은 정부 주도 지역과 반란군 주도 지역 사이에서 우왕좌왕했다. 마침내 2005년 포괄적 평화협정에서 수단 전국의 아랍어/영어의 지위 평등이 문서상으로 합의되었다(뒤의 내용 참조). 현장에서 수단인이 사용하는 언어의 지위는 간단히 다음과 같이 요약할 수 있다. 아랍어는 수단 전국의 다수 주민이 사용하는 문어이자 교통어이다. 하지만 이 진술에는 엄청나게 복잡하고 다양한 사실이 은폐되어 있다. 오늘날 언어학자들에 따르면, 약 4,000만 명의 주민 가운데 주로 북부의 1,500만 명이 수단 구어 아랍어(Sudanese Colloquial Arabic)를 주요 언어로 사용하고, 2만 명이 아랍 크레올어인 **남부권** 아랍어, 즉 **주바 아랍어**(Juba Arabic)를 사용한다.[3] 적어도 주민 3/4이 거주하는 북부의 경우 주민 모두를 아랍어 화자로 추정하기도 하는데, 이는 (나이가 좀 들어 배운 아랍어 외에도) 문어로 사용하는 토착 수단어도 많다는 사실을 간과한 것이다. 북부 토착어는 남부 토착어만큼 언어학자, 정치가, 교육 정책가의 관심을 끌지 못했다. 엄청나게 다양하고 풍부한 남부의 토착어는 (비교방법 덕택에) 많이 연구되었고, 현대문화 및 교육정책 논쟁사의 한 장을 이룬다. 남부의 교육은 선교 집단이 최초로 맡아서 영어가 교육계층의 교통어가 되었다. 이와 함께 남부권 아랍어는 내전 기간에 편리한 구어 형태로 널리 사용되었고, 기독교회에서도 많이 사용되었다.

이처럼 간단히 요약한 배후의 복잡한 언어 상황은 아래에서 지적하겠지만, 중요한 것은 이 장 앞부분에서 보았듯이 2005년 포괄적 평화협정 조항이 (1956년의 주 경계가 정하는 바대로) 남부권에 자치권을 즉각 부여하고, 남부권 주민이 분리자치를 한 지 6년 후 주민선거 실시를 약속하는 등 수단의 신기원을 기록한 것이다. 언어의 관점에서 볼 때, 이는 남부권의 행정 및 교육의 주 언어는 영어라는 주장의 승리를 알리는 신호였다. 하지만 여기서 중요한 것은 이 협정으로 통일국가를 이룬 신정부가 포괄적 평화협정을 통해 남수단의 공식적 언어정책의 역사적 변화를 알렸다는 점이다. 포괄적 평화협정 문서는 수단의 언어 다양성과 수단 국민의 언어권에 대한 전혀 새로운 인식을 제공했다. 관련 구절은 인용해 볼 가치가 있다.

• 2.8 언어

---

3 www.ethnologue.com/show_country.asp?name=SD, 2006년 7월 27일 기준.

- 2.8.1 모든 토착어는 국어로 존중받고, 개발하고, 진흥한다.
- 2.8.2 아랍어는 광범하게 사용되는 수단의 국어이다.
- 2.8.3 국가 차원의 다수어로서 아랍어는 국가 행정업무의 공식 사무어이자 고등교육의 수단이다.
- 2.8.4 준정부 차원의 입법행위를 통해 각 차원에서 부차적 공식 사무어로 아랍어와 영어 외의 어떤 국어(들)라도 채택할 수 있다.
- 2.8.5 정부 및 각급 교육에서 행정어와 교육어를 차별해서는 안 된다(CPA 2005: 27-28).

이러한 공식적 표명과 조항은 과거 수단에서 취했던 그 어떤 조치보다 토착어에 대해 더 **민주적 태도**를 취한 것이다. 더욱이 이 협정문은 아랍어의 영향이 덜한 남부권 지방을 지적한 것이 아니라 국가 전체를 언급한다. 토착어를 인정하느냐 마느냐 하는 문제는 수십 년간 논쟁의 초점이었다. 그것은 이 이상이 현실에서는 실제로 구현하기 매우 힘들다는 것을 보여 준다. 한편 **상명하복**식 언어정책의 이식은 악명 높을 정도로 힘들지만, 현재 남부권뿐만 아니라 북부권에서도 수단 토착어의 역할을 지지하는 여론이 고조되고 있고, 지역어에 대한 주민의 동조도 확산되면서 포괄적 평화협정에 명시된 이상적 전망이 더욱 현실화되고 있다.

이 장의 나머지 부분에서는 일단 현재 수단에서 사용되는 다양하고 풍부한 언어를 소개한다. 그리고 언어발견 작업과 언어분석 작업이 발전하는 모습을 간략히 요약하고, 이 작업이 (특히 주로 비무슬림 지역에서) 교육발전과 어떤 연관이 있는지 살펴본다. 또한 아랍어와 영어가 어떻게 국어가 되었는지, 이들의 관계가 어떻게 경쟁적으로 전개되었는지를 개괄한다. 마지막으로 특정 언어에 초점을 맞추어 이들의 공적 경합을 고찰하기보다는 이들이 실생활에서 복수로 공용되면서 어떻게 공존하는지를 고찰하는 것이 유익할 것이다. 일상 속 뜻밖의 장소에서 유창한 이언어 화자를 볼 수 있어서, 사회적 상호소통 상황에서 아랍어 간 코드 전환뿐만 아니라 언어의 교차 사용도 접할 수 있다. 수단 곳곳에는 통역사로 활약해도 될 만큼 표면상의 **동시통역**을 구사하는 사람이 대단히 많은데, 뒤에서 이에 대한 사례를 제시한다. 북부와 남부 각 지방을 관통하는 언어 차이를 극복하는 언어 능력은 그 자체로 수단어의 회복력이라고 할 수 있다. 또한 공공담화 채널을 통해 지속적으로 생존하는 소수어의 능력도 이것으로 설명된다. 카트린 밀러(Catherine Miller)와 그녀의 동료들은 최근 동부 수단의 언어와 지방 역사가 복잡하게 얽힌 것을 보여 주었고(Miller 2005), 지난 세대의 도시화와 내전, 강제이주가 수단 전국의 언어 사용권(使用圈)의 면모를 어떤 방식으로 변형했는지를 지적했다(Miller 2006). 많은 경우, 특정 **종족** 집단과의 연계와 그 언어의 구사력 사이에 큰 차이가 있었지만, 토착어를 더 깊이 문화적으로 이해하려는 경향도 있었다. 이 문제는 결론에 가서 재론할 것이다. 최근의 격변으로 인해 어쩔 수 없이 모든 언어 연구에 수반되는 인내심 있는 조사가 소강상태에 접어들었다. 하지만 2006년 4월, 베르겐에서 개최된 제7차 국제회의에서 있었던 이 주제에 대한 대토론회는 수단어 연구가 활발히 재개되고 있다는 점을 보여 주었다. 이 장의 내용은 대토론회에서 발표된 몇 편의 논문 덕을 톡톡히 보았다.[4]

4.2 나일 강 중류 지방의 언어 유산

중부 나일강 계곡은 인간이 늘 상호 교류하는 권역이었다. 서부, 남부, 동

---

4 이 장의 초고에 대해 매우 유익한 조언을 해 준 벨(Herman Bell) 교수에게 특히 감사한다.

부의 풍부한 초원, 삼림, 언덕 지역은 상거래와 종족 이동으로 도시권이 형성되었고, 갖가지 언어가 상호작용하는 경기장이 되었다. 수백만 년에 걸쳐 나일강과 그 긴 지류의 비옥한 지역이 생태적 이유로 사람들의 정착이 확장되거나 축소되면서, 이집트 왕조가 들어서기 전부터 이곳의 상거래와 정쟁은 남북의 축을 따라 늘어나기도 하고 줄어들기도 했다.

사람들은 오늘날 수단에서 얼마나 많은 언어가 사용되는지 가끔 질문한다. 수단 전국과 각 지방에 거주하는 인구수처럼 언어의 수도 가변적이다. 소수 언어권에 관심이 있는 사람들은 그 수를 아주 많이 제시한다. 예컨대 1995년 조사에 따르면, 수단의 2,800만 명의 인구(CIA World Factbook 2015년 기준 수단의 인구는 3,610만 8,853명이고, 남수단은 1,204만 2,910명임 — 역주)가 약 400개의 언어를 사용한다(Verney 1995: 5). 언어학자들은 이보다 더 적은 언어 수를 제시해서, 1970년에 실시한 수단의 언어조사(Linguistic Survey of the Sudan)에서는 136개의 언어가 보고되었다(Bell 1976, 1978~1980). 하계언어학연구소(Summer Institute of Linguistics)의 에스놀로그 웹사이트(Ethnologue website)의 현재 언어 측정치를 보면, 이 수치는 타당한 것으로 보인다. 이 사이트는 오늘날 수단의 인구가 약 4,000만 명이고 언어는 142개라고 간략히 기술하면서, 그중 8개의 언어가 최근에 소멸했다고 보고한다(각주 3 참조). 물론 두 언어가 다른 언어인지 한 언어의 방언 변이형인지는 견해 차가 있으며, 현재 수단어를 언어학적으로 재분류하고 있다. 그러나 언어 수가 많다는 것 외에 수단의 언어는 역사적으로 볼 때 오래된 어족에 속하며, 기원이 다양한 것으로 알려져 있다. 아프리카의 주요 대어족 중 세 어족이 수단에서 출현하는데, 그것은 북부와 동부의 아프로아시아 어족, 주로 수단 서부를 잇는 벨트와 기타 지방의 나일사하라 어족, 서부와 남부로 확장된 나이저콩고 어족이다. 나일강 중류의 분지는 언어가 분화되고 언어 간 상호 차용이 이루어지는 중심지역으로, 아프리카 대륙의 더 광범한 언어지리와 사회사로 편입된다(Ehret 2002). 나일강 상류 지방의 언어에 대한 언어학적 관심은 아주 일찍부터 시작되었는데, 19세기 초에 여행자들은 카이로에서 접한 노예의 언어를 조사했고, 19세기 말에 탐험가와 선교사들은 놀랄 정도로 대규모의 현지조사를 수행했다(Köhler 1970, 1971). 그래서 생각하지도 못한 19세기 자료가 지금도 나타나는데, 최근 출판된 네덜란드 여행가인 슈버(Schuver)가 기록한 글에 나오는 청나일강 상류 지방의 어휘 목록(James, Baumann, and Johnson 1996: 329-346)이 그 예이다.

어휘와 문법의 목록은 20세기에도 급증했고, 몇몇 언어의 교육진흥책에 대한 광범한 결정이 1927년 레자프회의(Rejaf Conference)에서 채택되었다(Sanderson and Sanderson 1981). 행정관료와 전문학자의 연구와 더불어 기독교 선교학자의 뛰어난 활약상도 계속되었다(Stevenson 1971 참조). 1970년대 언어연구의 주요 관심사는 단어와 문법 연구에서 화자의 언어 사용 방식, 즉 아랍어의 확산 방식과, 역사적, 교육적, 창조적 잠재력을 지닌 토착어로 전환되었다. 이 시기는 매우 생산적 시기였고(예컨대, Thelwall 1978 참조), 그 연구 주제는 지금도 계속 탐구되고 있다.

20세기 중반에 학자들은 비교 가능한 언어자료를 다수 확보했고, 수단 지역의 다양한 아프리카어를 분류하기 시작했다. 터커와 브라이언(Tucker and Bryan 1955, 1966; Tucker 1978)은 아프리카어 분류의 중요한 작업 틀을 제안했고, (쿠시어군, 나일어군 같은) 친족관계가 있는 어군을 현지에서 확인했지만, 이들을 전체 언어분류 내에 체계적으로 편입시키지는 못했다. 그래서 아직도 많은 아프리카어가 **고립된 개체**로 남아 있으며, 그 작업 틀은 지리적 인접성과 종족인종(ethno-racial)에 대한 잘못된 역사적 가정[예컨대, '햄어군(Hamitic)'과 '나일햄어군(Nilo-Hamitic)'의 분류]의 영향을 받았다. 그다음 단계의 아프리카어 분류의 접근방식은 조지프 그린버그(Joseph Greenberg 1963)의 연구였다. 그는 아프리카어에 대한 엄격한 **언어학적 접근**만을 주장하며 언어 간 비교에 종족 정체성이나 문화 정체성에 대한 선입견을 배제했다. 그는 기존의 아프리카어 분류 틀을 바꾸어서, 예컨대 **햄어군**과 그 변이형을 제외했다. 그의 분류작업의 영향으로 나일강 중류와 상류 지방의 아프리카어는 더 광범한 상위 어족(super-family)의 지위를 얻었다. 가장 친근성이 가까운 언어는 동부, 남부, 서부로 확산되는 어군에서 멀리 떨어진 고립 지역의 언어였다. 그린버그는 광범한 **나일사하라 어족**을 제안했는데, 이는 과거 북동부 아프리카의 언어와 아무 연계가 없던 서부 아프리카의 많은 언어를 포함하는 제안이었다. 그는 과거에 설정했던, 이 어족의 **나일어** 하위어군을 그 원래의 **지리적 권역**을 넘어서 마사이어(Masai)처럼 잘 알려진 동부 아프리카의 (과거의) 나일햄어군까지 확대했다. 새로운 현지조사 자료를 포함해 이후 여러 연구를 통해 나일사하라 어족의 전반적 성립 가능성이 커졌다(Bender 1983, 2003 참조).[5]

역사 재구(再構)를 위한 언어 비교방법을 이용하는 오늘날의 연구는 문화적 의미 전파에 대한 연구, 즉 분명한 **언어적** 관계 및 변화뿐만 아니라 의미의 전파과정에 대한 연구로 복귀했다. 예컨대 나일사하라 어족 내의 역사적 관계의 여러 시기의 재구에 대한 에레트(Ehret)의 연구는 음성과 통사의 추상적 변화뿐만 아니라 의미관계와 변화를 강조하며(Ehret 2001), 이 전체 어족의 원거주지로서 오늘날 수단 중심부의 특정 지역을 지적한다. 그의 연구는 또한 언어가 확장되거나 축소되고, 안정되거나 변동하는 추세를 보이는 사회정치적 맥락에 관한 문제를 제기함으로써 오랫동안 살아남는 언어생존 및 언어변화 탐구에 기여했다.

수단의 토착어는 정치적 지배수단으로 중요성이 커지기도 하는데, 예컨대 오늘날 우리가 아는 현대 수단의 대부분의 영토를 지배한 고대 메

---

5 그린버그의 주장 중 일부에 대해 이의가 제기되었고, 카두글리 크롱고어
   (Kadugli-Krongo)는 나이저콩고 어족으로 분류되었지만 오늘날에는 나일사하
   라 어족으로 간주하는 경향이 더 짙다.

로에 왕국(Meroe, 기원전 6~4세기경)이 그러했다. 2종의 메로에어 기록 문자는 고대 이집트 문자에서 파생된 글자를 적용하고 엄격한 음운체계를 갖추었지만, 고대 이집트 상형문자를 모두 포괄하지는 못했다. 메로에어(Meroitic)는 언어학자와 역사가에게 놀라운 수수께끼였지만, 아직까지도 거의 해독하지 못하고 있으며, 나일사하라 어족에 속하는 것으로만 추정할 뿐이다(Haycock 1971, 1978; Rilly 2004). 나일강을 따라 이집트 남쪽으로 아스완(Aswan) 지역부터 수단과 동골라 직선 유역(Dongola Reach)까지 누비아어가 퍼져 있고, 여전히 구어 형태로 널리 사용되고 있다[그중 중요한 두 언어는 노빈어 Nobíin(Fadiccha-Mahas)와 케누지 동골라어(Kenuzi-Dongola)이다].[6] 중세기 누비아어의 직계 조상어는 고대 누비아어(Old Nubian)로서 콥트어, 이집트어, 메로에어에서 차용한 문자를 사용하는 독자적 문자체계를 갖고 있었고(Bell and Haashim 2006), 누비아

---

6 별개의 세 '종족적', 언어학적 용어는 핵심 음절 'nub'을 둘러싼 수단어 용법을 통해 생겨났다. 이는 황금을 가리키는 고대 이집트어와 관련이 있다고도 하고, '황금의 땅'에 사는 사람들을 가리키는 명칭의 어원과 관련이 있다고도 한다. 누비아(Nubia)는 이집트와 수단 국경에 걸친 지역이고, 'Nubian'은 누비아인과 토착어를 가리키는 말로 오랫동안 사용되었다(어원이 같은 'Nubadae'도 고대 그리스와 에티오피아 문헌에서 발견할 수 있다). '누바(Nuba)'는 적어도 18세기 후반부터 수단 중부의 누바산(Nuba Hills)을 가리켰지만, 청나일 상류에서 나온 센나르 주변의 정착민을 가리키기도 했다(James Bruce 참조). 오늘날 '누바'라는 용어는 '누바산'만 가리키고, 그곳 사람들과 언어와는 전혀 무관하다. [그러나 아랍어 표현 bilad al-Nuba는 누바 나일강(Nubian Nile)을 가리킨다]. 수단의 최남단에는 오스만 시기에 일부 군인과 모험적 장사꾼이 누비아 북부지역을 거쳐 이곳에 왔는데, 현지에서 선발되어 동아프리카 영국 식민지 건설을 담당했던 수단 군인과 상인(그리고 민간 수행단)을 일컫는 말로 누비(Nubi)가 시작된 것으로 보인다. 앞으로 논의하겠지만, 남부 아랍어의 다양성은 키누비(Ki-Nubi)로 알려진 이 공동체에서 발전되었다. 한편 '누비'라는 말은 남부 수단의 여러 지역에서 상인, 군인 신병, '인습에서 탈피한' 사람을 일컫는 데 자유롭게 사용되었다. 심지어 고향에서는 바리인이나 딩카인이지만, 도시에서는 아랍어 이름이라며 누비(Nubi)로 이름을 바꾸어 사용하는 것을 볼 수 있다.

인은 이러한 영광스러운 과거의 기억을 귀하게 생각한다. 누비아인의 역사적 흔적 역시 오늘날 구어가 사용되는 영역보다 더 넓은 지역에서 발견된다(Bell 1970). 그래서 센나르의 푼지 왕국(Funj Kingdom, 16세기 초~19세기) 시기에 아랍어가 이슬람교와 함께 지배적 위치를 확보했음에도 누비아어가 여전히 매우 중요한 언어라는 주장이 제기되기도 했다(James 1977; Spaulding 1985). 당시 극서 지방의 다르푸르 술탄국은 장거리 거래에는 아랍어를 구사했지만 푸르어(Fur)가 사용되던 그곳 지역의 정치문화를 지배했다(O'Fahey and Spaulding 1974; O'Fahey 1980). 나일강 남부의 실루크 왕국(Shilluk)도 토착어를 사용하는 정치체제를 바탕으로 나일강을 따라 강안 양쪽 지역과 상호관계를 맺었다[Evans-Pritchard 1962(1948); Mercer 1971]. 남부 최남단에는 잔데인[Azande; 아잔데는 잔데어로 잔데인(Zande)의 복수형임—역주]이 제국을 세워 잔데어(Zande)를 사용하는 엘리트가 2세기 동안 콩고강과 나일강이 분수령을 이루는 광대한 지방의 많은 종족을 정치적, 군사적으로 지배했다(Evans-Pritchard 1971). 남부의 다른 종족 집단은 언어적 영향을 비롯해 여러 가지 영향력을 확산하며 광대한 지방을 다스렸다. 예컨대 딩카인의 경우, 가축을 통한 부의 축적과 남부 지방을 가로지르는 주기적 이동과 탐험이라는 두 가지 패턴을 통해 이곳을 다스렸다. 딩카인과 누어인(Nuer)같이 나일어를 사용하는 유목민은 북부의 낙타와 가축을 기르는 아랍어 사용 수단인과 광범하게 접촉과 교류를 했고, 사회경제적 교환과 외교적 유대를 유지했다. 동부수단의 국경 고지대에서는 나일어가 그곳 언어인 코만어(Koman languages)에 영향을 미쳤다는 실제 증거가 있다.

수단의 정치경제사에서 토착어가 훌륭한 역할을 수행한 것 외에도, 지역 엘리트가 외부에서 들어온 언어를 사용하고 진흥했다. 그러한 외국어는 상거래활동과 함께 들어오거나 정복의 결과로 생겨났다. 예컨대 고대에 이 지역은 이집트뿐만 아니라 그리스, 라틴과도 접촉했다. 콥트어는 종교의례와 학문어로서 중세 기독교 시대의 누비아에서 사용되었고, 터키어는 오스만 제국 시대(1821~1885)에는 행정언어가 되었다. 하지만 외국에서 '도입되어' 가장 지속적인 영향을 미친 언어는 아랍어였다. 이슬람 기원 1세기부터 누비아에 아랍인이 있었던 것이 확인되지만, 아랍어는 약 5세기 전 푼지 시대에 나일강 분지에서 광범하게 확산되었다. 아랍어는 **종족적** 의미의 **아랍인**의 이주뿐만 아니라 아랍어 사용 거래상의 정착과 이들과 지역 토착민의 혼인으로 확산되었고, 지역을 순회하는 무슬림 선생도 늘어났다. 아랍어 소통네트워크를 확산하는 데 일조했던 무역 거래상과 성직자는 가족이나 가계, 출신 고향 등에서 다양한 배경을 가진 사람들이었다. 나일강 하류와 홍해를 건너온 아랍어 사용 유목민의 이주도 [예컨대, 박가라종 소(Baggara cattle)를 기르는 많은 유목민처럼 현지 유목민이나 하인을 구인함으로써] 경제적 거래 빈도와 종족 간 혼인율이 상당히 높은 경우에는 아랍어 확산의 요인이 되었다(Cunnison 1971).

4.3 현대 정치 프레임워크의 기원

수단의 식민통치 시대의 제1언어였던 터키어는 지역행정, 경찰, 군사 제도의 언어에 많은 흔적을 남겼다. *bash-*(장, 우두머리) 같은 요소는 *bashkatib*(주임서기), *bashmuhandis*(수석 엔지니어) 같은 단어에서 보듯이 21세기까지 살아남았다. 그러나 터키어는 일상어로 더 이상 사용되지 않고 소멸했으며, 유감스럽게도 극소수의 수단 학자와 수단학 학자만이 수단 역사를 간직한 오스만 제국 시대의 고문서를 연구할 수 있는 능력을 갖고 있다. 오스만 제국에 항거한 마흐디스트운동(Mahdist movement)이 성공하자 수단은 1885년에 이슬람 색이 짙은 민족주의적 의제를 갖고 독립했고, 이에 따라 정부의 행정언어로 아랍어가 재정착했다. 1898년에는 영국과 이집트가 수단을 **재정복**하면서 영어가 정부의 지배적 언어로 정착했고, 55년간의 영국과 이집트의 동거정부(흔히는 오늘날 **영국 식민시대**로 불린다)를 거치면서 영어는 다양한 방법으로 엘리트 사회의 교육, 사회, 문화생활에 깊이 침투했다. 이 시기에 수단 민족주의자는 남부 기독교 선교교육을 통해 확산되는 영어 사용을 지지하기 시작했고, 아랍어는 명분을 위해 투쟁했다. 1956년에 수단이 독립한 이래 영어와 아랍어는 수단의 정치와 교육의 핵심 의제로 남아 있다.

하지만 언어 문제는 이 두 언어의 경합 문제만이 아니었다. 오히려 그것은 수단의 아랍어, 영어, 토착어의 적절한 관계와 위상에 대한 삼자 논쟁이었다. 여기서 핵심 역할을 한 요인은 인정을 받기 위해 수단 남부 주민이 벌인 정치투쟁이었다. 수단이 독립했던 1955년에 발발한 최초의 내전과 함께 동거 통치시대에 만연한 아랍어와 무슬림의 생활양식에 남부 주민은 크게 실망해 있었다. 지속적인 노예 상태를 막기 위한 노력과 함께 그 목표는 무모한 무역상인에게서 더 심한 착취를 받지 않게 남부 주민을 보호하는 것이었다. 또한 급속한 도시화와 탈민족화, 그로 인한 도덕과 훈육의 상실이라는 사회악으로부터 남부를 구하려는 낭만적인 생각도 다소 있었다. 그들에게 이 모든 사회악은 아랍어를 사용하는 북부 수단인이 남부로 무모하게 이주하면서 생겨난 것이었다. 행정기구는 수단 전국에 걸쳐 **간접 통치**에 기반을 두었지만, 남부 3개 주(州)의 경우에는 핵심 부족장에게 막강한 권력을 위탁해서 북부보다 훨씬 **직접적인 통치**를 했다. 남부 주민의 운명은 동아프리카 식민국가의 양상과 궤적을 같이하는 것처럼 보였다. 1930년부터 1947년까지 행해진 **남부권 정책**에 따르면, 이러한 원칙이 표명되었다. 즉, 남부 주는 북부인의 이주를 철저히 감시하고, 교육은 오직 기독교 선교조직에 맡긴다는 원칙이 그것이다. 영어는 교육뿐만 아니라 행정 분야의 언어로도 승격되었다. 이와 달리 선교단체는 교회와 학교에서 토착어를 사용할 것을 장려했다(Sanderson and

Sanderson 1981). 수단 정치부 소속 영국 관리는 북부에 근무할 경우 아랍어를 능숙하게 구사해야 했고, 남부에 배치되면 남부 언어를 선택하고 학습해서 이에 대한 보상을 별도로 받았다(Deng and Daly 1989). 지리적으로는 북부이지만 무수히 다양한 토착어가 있는 누바산(Nuba Hills) 지역(에스놀로그 사이트에 따르면 모두 43개의 언어가 사용된다—역주)은 당시 정책에 내포된 몇 가지 모순을 분명하게 드러냈다. 이 지역은 북부의 비정상적 '오지'였지만, 주변 지역은 오랜 세월에 걸쳐 무역거래를 담당하고 나일강 계곡에 노동력도 제공했다. 또한 수단국의 전 역사를 통틀어 군대 모병의 주요 원천이기도 했다. 하지만 식민 동거정부는 누바산 지역의 분리성을 강조하고, 선교단체에 활동을 허용하며 초기 교육을 책임지게 했다. 이 정책은 비판을 받을 수밖에 없었고, 실패한 정책으로 간주되었다(Elzailaee 2006). 이 정책이 언어 문제와 종교에서 갖는 함의는 (북부에 기반을 둔) 수단 엘리트의 민족주의적 정책이 더욱 부상하고(Beshir 1969), 독립 후 분쟁으로 이 문제가 더욱 격화되었다는 점이다.

1950년대 후반 일차 내전이 점차 격화되면서 남부 불만세력의 발생에 일조한 영국 식민정책에 대한 비판이 고조되었고, 1963년에는 남부에서 활동하던 모든 외국 선교단체가 추방되었으며, 1964년에는 누바산과 남부 청나일강 지역에 있던 선교단체도 함께 추방되었다. 북부의 많은 사람과 정당은 수단 전국의 공공생활과 교육의 언어로서 아랍어를 옹호해야 한다고 더욱 거세게 주장했다. 이와 함께 이슬람교가 모든 수단어의 진정한 운명이라는 주장을 펴는 목소리가 더욱 커졌다.

1969년에 북부 중등학교의 주요 교육어를 영어에서 아랍어로 교체했다. 1980년대 초에 아랍어는 카르툼 대학교와 대부분의 학교에서 주요 학습언어로서 지위를 넘겨받았고, 영어 보충수업을 학생들에게 실시했다. 더욱 최근에 들어 국제관계와 과학연구의 명성을 위해 대학에서 영어 구사력은 점차 더 큰 가치를 인정받고 있다.

1969년에 니메이리의 좌파 인민혁명은 관심사를 새롭게 재정비하면서 남부의 통합정부를 인정한 1972년의 아디스아바바 평화협약의 기초를 닦았다. 하지만 1983년에 니메이리는 개인적으로는 더욱 종교적인 입장을 취하며 남부권 지방정부의 폐쇄를 공표했고, 이와 더불어 수단에 엄격한 샤리아(sharia) 법을 강제로 적용하면서 아디스아바바 평화협약의 기반을 붕괴시켰다. 수단 내전은 다시 고개를 쳐들기 시작했다. 주로 남부에 기반을 둔 계속된 지방자치운동은 전 기간을 통틀어 초등교육에서의 토착어 사용과, 교육에 영어의 조기 도입 명분을 옹호하는 싸움이었다. 당시의 전망을 어둡게 한 1989년의 오메르 엘 베시르의 이슬람 지원 쿠데타에 이어 출현한 이슬람 정치는 그 후 수단 역사를 지배했다. 남부와 더불어 수단인이 거주하는 에티오피아, 우간다, 케냐의 난민촌에서 초등교육은 놀라울 정도로 어려움을 잘 극복했는데, 자원봉사 교사는 부서진 건물과 나무 아래서 수업을 하고 중등교육은 다른 곳에서 해야 했다.

내전의 결과로, 특히 가장 최근의 1983~2005년 분쟁의 결과로 주요한 사회적, 정치적 변화가 일어났다. 수단인의 언어 사용에 영향을 미치는 전반적인 새 요인이 작용하기 시작했다. 특기할 점은 남부와 북부에서 동아프리카와 이집트, 중동국가, 서방세계로의 대량 강제이주로 인해 복합적 이산주민이 생겨났고, 이러한 환경에서 수단인이 자녀를 양육한다는 사실이었다. 서부에 사는 수단인은 영어에 능통해지고, 동아프리카에 사는 수단인은 스와힐리어에 능통해져서 이제 남부 수단에서도 스와힐리어를 들을 수 있었다. 프랑스어권 국가로 이주한 난민도 있고, 심지어 노르웨이, 스웨덴, 덴마크 같은 나라로도 이주하여 그곳 난민은 해당국의 국어를 배울 것으로 기대된다. 의상, 가족, 개인생활의 많은 영역에서 서부의 수단인은 변했고, 이와 더불어 언어도 바뀌었는데, 특히 여성이 그러했다. 중동에서 수단인은 분명 '고향 분위기 나는 곳'을 찾았다. 그리고 아랍어 사용이 많아지고 무슬림 생활방식이 더 강화되었지만, 국가 환경과 가능해진 국제 교류는 오히려 자신들이 떠나왔던 곳의 환경 및 생활방식과는 사뭇 달랐다. 카이로 같은 대도시로 강제 이주한 수단인도 많았는데, 이곳에서 그들의 지위는 극히 모호했다. 물론 그들은 아랍어를 사용하기도 했지만, 이는 남부 출신뿐만 아니라 예컨대 다르푸르에서 이주한 난민을 위한 것이기도 했다.

내전 기간에 통신기술이 널리 확산되고 사용된 것도 언어 상황이 복잡하게 된 또 다른 이유였다. 라디오는 최근 내전 기간에 대단히 중요한 역할을 했는데, 수단 인민해방군 라디오방송국(1985~1991년에는 에티오피아에서 방송됨)에서는 영어, 표준 아랍어와 남수단 아랍어를 사용했고, 교육, 선전, 오락에는 다양한 토착어를 사용했다. 초기 몇 년간 라디오방송국은 지역사회가 (여러 언어를 사용하여) 이 운동을 지지하도록 촉구하거나 이들 사회가 어떻게 이 운동에 가입했는지를 바리어(Bari)나 라투카어(Latuka) 같은 언어로 홍보했고, 적이 공격하기 전에 특정 마을로 피난할 것을 지시하는 역할을 했다(이들 몇몇 방송은 BBC가 모니터하고 번역했다. James 2000 참조). 그 후 몇 년간 수단 인민해방군 라디오방송은 지역사회의 지도자를 대상으로 방송하는 것 같았는데, [지하드(*Jihad*)를 명백히 강요했던] 옴두르만(Omdurman) 라디오나 중동의 다른 방송국에서 방송되는 선전에 대항하는 것을 목표로 삼기도 했다. 이 몇 해 동안 트랜지스터 라디오는 수단 전역에 아주 광범하게 유포되었다. 수단 국내외 난민캠프의 주민은 각기 다른 방송국의 주파수를 맞추어 가며 아랍어와 영어 방송을 더 많이 청취할 수 있었고, 친숙한 토착어로 된 비정규 프로그램도 청취했다. 현장에서 언어논쟁은 전진과 후퇴를 거듭했고, 내전 기간을 통틀어 영어의 지위가 남부에서 확고하게 자리 잡았다. 학교는 동아프리카에서 교육을 받은 교사에 의해 운영되었고, 동아프리카 실러버스를 이용했다. 아랍어는 일반 학과목으로 교육했지만, 지역 토착어는 교과목에서 점점 사라지는 경향을 보였다(Breidlid 2006; Steven 2006).

4.4 일상생활과 언어

4.4.1 아랍어

아랍어가 수단에서 널리 사용된다고 말할 때, 이 진술에는 부연 설명이 필요하다. 아랍어의 수준과 성질은 다양하고, 방언도 많기 때문이다. 모스크와 칼와스(Khalwas: 이슬람 신학교)에서 가르치는 꾸란과 다른 옛 문헌의 종교 아랍어는 일상생활과 거리가 있고, 라틴어가 유럽의 중세 종교에서 가졌던 지위와 같았다. 수단, 이집트, 다른 중동국가의 공공생활, 기록문헌, 국립 라디오방송과 텔레비전 프로그램(좀 더 유연한 입장을 지닌 다수의 지역방송국도 포함된다)에는 근대 표준 아랍어가 사용되고 있다(Bell and Haashim 2006 참조). 수단 중부와 북부의 구어 방언인 수단 구어 아랍어(Sudanese Colloquial Arabic)는 비공식 문헌에 사용되기도 하지만, 대개 일상생활 전반에 널리 사용된다(Trimingham 1946; Persson and Persson 1979). 이러한 발화 네트워크에서도 지위와 교육, 배경을 표시하는 세련된 수준이 있다. 엘리트의 발화방식은 이집트 구어 아랍어를 지향하는, 빠르고 분명한 모음에 악센트를 사용하는 것이 특징이다. 반면 강한 악센트를 갖는 모음은 길거리 아랍어의 특징을 나타낸다. 서부 극지방의 방언은 고유의 변별적 특징이 발달했고, 남부에서는 어려운 자음과 문법규칙(예컨대, 대명사와 동사의 성)이 상당히 많이 탈락되고, 다양한 남부 토착어의 어휘와 표현방식을 차용한 아랍어 변이형이 발달했다.

역사가 상당히 오래된 **남부** 아랍어는 비형식적 교통어로 사용되던 오스만 제국의 군대징병과 무역거래가 빈번하던 시기로 거슬러 올라간다(Meldon, 1913; Mahmud 1983). 이 남부 아랍어는 남부에 기지를 둔 게릴라군의 일상어가 되었고, 수단 인민해방군 라디오가 방송하던 시기에 가장 널리 사용된 언어로 여겨진다. 오늘날 **주바** 아랍어(Juba Arabic)로 알려진 이 변이형은(Smith and Morris 2005) 남부 최남단까지 알려져서 우간다와 케냐에서는 **누비어**(Kinubi)로 불린다. 이는 1890년대부터 동아프리카에 주둔한 다양한 수단 수비대가 확산시킨 것이다(Soghayroun 1981; Luffin 2004). 이러한 요새에 모인 군인은 보통 지역사회와 교류했고, 이들의 아내와 애인을 취했다. 각 주둔군은 요새 주변에 '말라키야(malakiya)'로 불리는 주민 주거지를 끌어들였는데, 오늘날에도 남부 수단의 거의 모든 마을에서는 말라키야로 알려진 별도 구역을 볼 수 있다. 남부 아랍어는 말라키야에서 자라나는 세대의 제1언어가 되었고, 이들이 서로 결혼하고 언어공동체를 이루었다. 동아프리카의 주요 도시에는 별도의 누비아인 사회가 있는데, 이들의 언어는 북부 수단의 구어와 아주 달라서 서로 이해가 불가능할 정도이다.

하지만 아랍어 자체는 어떤 변이형이건 수단과 인접권역의 다른 언어와 비교해 볼 때 특권을 지닌 언어이다. 수단 구어 아랍어에서도 시골 문맹 '촌놈'의 지역 구어에 대한 기성의 '속물적' 태도를 엿볼 수 있다. 영어나 프랑스어처럼 학교에서 공부하는 계몽어는 아랍어와 함께 **루가**(lugha)로 분류되거나 제대로 된 언어로 존중받지만, 지역어는 해당 지역에 오랜 옛날부터 전해 내려온 원시적 발화를 환기하는 경멸적 이름인 **루타나**(rutana)로 명명된다. 이러한 일반적 태도는 다른 난점과 궤적을 같이한다. 예컨대 구어 아랍어에도 '이교도'의 치유자와 점술가에게 적용되는 많은 경멸 어휘가 있는데, 이들은 문화적으로 번역이 불가능한 요소이다. 또한 수단 구어 아랍어에서 볼 수 있는 일상단어로 누바어 기원의 단어인 *kujur*가 있는데, 이는 이슬람교의 사악한 마귀인 *jinn*을 연상시키는 '주술사'를 의미한다. 제의를 담당하고 존경받는 토착 종교인을 이 용어로 부르는 것은 이들 사회의 도덕적·영적 권위자를 비난하고 조롱하는 것이다. 인류학자와 역사가는 누어인과 딩카인 같은 부족의 종교지도자를 '선지자'란 명칭으로 사용하도록 배웠는데, 이렇게 보편적 관용을 지닌 고매한 단어와 편견에 물든 *kujur*란 단어가 과연 조화를 이룰 수 있을까(Evans-Pritchard 1956; Lienhardt 1961; Johnson 1994)? 영어 인류학 용어 가운데는 이 아랍어로 번역될 수 없는 용어가 아주 많은데, 이는 카르툼 대학에서 용어집을 만들려고 했을 때 밝혀진 사실이다. 아랍어로든 딩카어로든 '씨족', '모계'는 아주 나쁜 용어로 여겨지지만, '종교', '제의' 같은 용어는 일반적인 전문어로 간주된다. 오늘날 자유주의 사고를 지닌 수단인은 마치 진정한 정치변화로 포괄적 평화협정의 조항을 바꾸어야 하듯이, 수단의 토착어가 과거의 후진적 이미지가 있으므로 토착어 문화를 버려야 한다는 시각은 바뀌어야 한다고 생각한다.

4.4.2 북부권의 토착어

경솔한 저널리스트는 북부를 획일적으로 아랍어를 사용하는 곳, 무슬림, 심지어 종족적 의미의 '아랍인'으로 묘사한다. 앞에서 간단히 살펴보았듯이 북부는 많은 언어의 발상지이다. 베자어(Beja, Bedawi)는 아랍어처럼 아프로아시아 어족에 속하지만, 위에 언급한 누비아어는 나일사하라 어족에 속한다. 누바산과 다르푸르 지역의 대표적 언어 외에도 청나일 주의 남동부와 남부의 최남단의 12여 개의 소수어가 여기에 속한다. 이와 달리 누바산의 많은 언어는 나이저콩고 어족에 속한다. 북부 수단 지역에 사는 대다수 주민은 광범하게 사용되는 아랍어에 편안함을 느끼면서도 지방어는 옛 유산으로 간주한다. 앞에서 지적한 대로 아랍어는 남부 청나일 지역뿐만 아니라 누바산에서 교통어로 사용되지만, 이들 지방의 토착주민은 북부 수단의 주류사회에 대해 모호한 입장을 취한다. 몇몇 지역이 1980년대의 내전에 휘말렸지만, 고도의 정치 수준을 유지했고, 그로 인해 2005년의 포괄적 평화협정에서 새로 탄생한 남부 코르도판(Kordofan) 주와 청나일 주는 특별 지위를 인정받고 있다.

최근 새롭게 진행된 현지조사에서는 아랍어가 교통어와 교육어로 확산되는 지방의 토착어 지위와 관련해 흥미로운 증거가 나타나고 있다. 1970년대 조사에 따르면, 다르푸르와 누바산 같은 지방에서 토착 모어를 사용하던 주민 사이에 북부 아랍어가 확산해도 토착어가 상실되지는 않는다는 증거가 있다. 하지만 이 보고서에서도 아랍어를 특히 교육을 통해서 일상생활에 받아들이는 것이 반드시 토착어를 소멸시키는 것을 의미하는 것은 아니라는 지적도 있다(Thelwall 1971; Bell 1978~1980). 최근 연구에 따르면, 많은 토착어는 계속 되살아나고 있는 것으로 확증된다. 카트린 밀러(Catherine Miller)는 아랍어가 결코 획일적으로 확산되는 것은 아니며, 도시화 과정과 교육 덕택에 토착어에 대한 각성이 일어나고 토착어 활용이 촉진된다고 강조했다. 더욱이 베자인, 누바인, 푸르인 같은 '종족' 사회 집단에 대한 인지도는 해당 종족의 언어를 실제로 사용하느냐의 여부와는 아주 별개의 문제이다(Miller 2006). 최근 동부 수단의 베자인 사이에서 아랍어가 사용된다는 주장은 특히 흥미롭다. 베자어는 전통 윤리와 도덕을 소중히 간직하는 언어로 간주되어 이곳 남성은 여성이 아랍어로 말하는 것에 눈살을 찌푸린다. 이 지역은 수 세기 동안 아랍어가 널리 사용된 곳이다. 따라서 가정처럼 도덕 윤리가 깃든 영역에 아랍어가 침투하는 것을 막는 **방패막**은 다른 경우에도 잠재적 문제를 야기할 수 있다(Vanhove 2006).

4.4.3 남부권의 토착어

수단 남부에는 무수히 다양한 언어가 집중되어 있다. 앞에서 설명한 것처럼 이곳의 토착어는 국정(國政)에서 비교적 높은 지위를 획득했다. 언어학자들은 나일사하라 어족의 하위 어군과 다수의 나이저콩고 어족 사이에 밀접한 분지(分枝) 양상을 발견했다. 인류학자와 민속학자도 수단어를 이해하고, 그것의 사회적 표현과 역할을 이해하는 데 크게 기여했다(Deng 1973 참조). 현대에는 언어학 하계연구소의 후원으로 전문적 연구가 활발히 진행되고 있다. 이 연구소는 1970년대 후반에 남부권 지방과 협력하여 지역어 교육 자료를 개발했다. 남부 분쟁이 재개되자 이 연구소는 동아프리카 난민과 함께 수단 언어프로젝트를 수행하는 등 외국에서도 연구를 계속했다. 오늘날에는 성서뿐만 아니라 각종 입문서, 이야기책, 남부 언어로 작성된 출간물을 놀라울 정도로 많이 이용할 수 있다. 1970년대 평화 시기에 주바 주 지방교육청과 마리디(Maridi) 주 지방어연구소(Institute of Regional Languages)의 협조로 많은 소책자가 출간되었다. 오늘날 난민캠프에서는 이러한 학습 자료를 문해 교육의 입문서로 사용하며, 수요가 아주 많다. 그래서 새로운 책이 카르툼과 동아프리카에서 상당수 출간되고 있다.[7]

　　순수하게 인구 측면에서 봤을 때, 남부에는 딩카어 화자가 수적으로 우세하며, 이에 따라 현대정치의 판도가 형성되었다. 딩카어는 나일어 중 가장 널리 사용되는 언어이며, 아랍어를 제외하면 수단에서 가장 큰 종족 언어 집단이다(아주 보수적으로 추산해도 약 100만 명 이상이다). 딩카어 화자는 반세기에 걸쳐 남부 분리운동의 정치적·군사적 리더십에서 핵심 역할을 했다. 이로 인해 정치계에 긴장이 조성되기도 했다(Johnson 2006). 지난 10년의 평화 기간(1972~1983)에 남부의 수도였던 주바에서는 나일어 화자 집단과 비나일어 화자 집단의 경쟁이 치열하게 벌어졌다. 에콰토리아(Equatoria) 주민은 이것을 '딩카인의 지배'로 보았다. 당시 카르툼의 사주를 받아 일어난 이 두 언어 집단의 경쟁으로 니메이리 정부의 지방정부 폐지 결정이 내려졌고, 결과적으로 1983년의 내전 재발의 직접적 도화

7　동아프리카의 사례는 Persson and Persson(1991)의 *Mödö–English Dictionary with Grammar*를 참조한다.

선이 되었다.

4.4.4   오늘날의 영어 관행

최근 수년간 수단의 국제관계는 외교, 정치, 군사, 비즈니스 협력, 인도주의와 개발 문제 등에서 증가 추세를 보이고 있다. 이는 부분적으로 유전에 대한 신규투자 때문이다. 비단 서방국가뿐만 아니라 케냐, 남아프리카공화국 같은 아프리카 국가, 중국, 말레이시아, 인디아 같은 아시아 국가와도 이러한 업무를 영어로 수행하는 것이 점차 증가하는 추세이다. 지난 20년간 북부 지역의 학교와 대학에서는 영어교육 표준이 확실하게 정착했고, 이 작업은 소수의 국외거주 전문위원이 지속적으로 충원되면서 크게 진전되었다. 계속된 내전 기간에 많은 남부 수단인이 동아프리카로 이민을 가거나 교육을 받을 수 있는 유엔난민고등판무관(UNHCR)의 공식난민으로 서구국가로 이민을 가는 등, 정착 주민 자격으로 국외에서 교육을 받으려고 했다. 수많은 수단인이 서구로 이주했다. 이들 강제 이주자는 고향의 가족과 연락을 유지했고, 평화가 정착되면서 귀국하거나 귀향할 수 있었다. 이로써 수단인의 생활에서 영어가 차지하는 지위는 더욱 공고해졌다. 수단으로 귀국한 이들은 새로 탄생한 청나일 주로 가려고 했는데, 그곳은 북부에 속하지만 특별히 지역적으로 배려하여 남부기관과의 연계를 인정하고 교육발전계획에 영어교육을 포함했기 때문이다.

요컨대 현재의 언어 상황을 보면 헌법상 국어는 아랍어와 영어이지만, 남부는 최초로 행정과 교육에 영어 우선권을 부여했다. 실제로 남부에서는 수십 년간 공식교육이 거의 없었지만, 비공식 교육이 교회의 지원으로 지역 토착어와 남부 아랍어, 초급 영어를 이용해 지속되어 왔다. 북부에서 아랍어는 국내 문제와 종교 연구, 초등교육에 오랫동안 사용되었고, 영어는 중고등교육 과목으로 도입되었으며, 국제관계에서는 거의 절대적으로 사용되었다.

4.5 결론: 이언어 사용과 수단 토착어의 생태

현대 수단공화국은 우위를 다투며 경쟁하는 언어, 언어 차이, 상호 차용의 복잡한 역사를 물려받은 한편 언어 사멸의 사례와 소규모 사회의 언어 생존 등 놀라운 이야기도 많이 간직하고 있다. 특히 시간이 지나면서 수단의 언어 생존은 주민의 다언어 구사 능력과 상당히 밀접한 관련이 있는 것으로 보인다. 그들은 모어는 물론이고 상거래와 공공생활을 위한 언어도 구사할 수 있으며, 상당히 많은 경우 그 밖의 몇 개 언어도 상당히 유창하게 말할 수 있다. 오늘날 수단 곳곳에서는 (과거에도 그러했고) 통역사가 여러 언어를 넘나들며 의사소통을 하는 모습을 볼 수 있다. 유창한 언어 능력은 언어가 자유롭게 교환되는 수단 국경지역의 전형적인 모습이기도 하다.

　1970년에 필자가 경험한 사례는 이를 잘 보여 준다. 필자는 수단 국경의 에티오피아 역내에 있는 코모(Komo) 마을에 앉아 코모어[국경 양쪽에서 사용되고 수단어인 우두크어(Uduk)와 비슷한 언어로 이전 현지조사에서 얻은 지식이 좀 있었다]를 배우려고 했다(James 1988). 필자의 통역사는 코모어를 배웠고, 영어도 좀 아는 아누아크인(Anuak)이었다. 우리는 코모어로 녹음을 했고, 그는 이것을 전사하고 번역하는 일을 도왔다. 이 지역의 많은 주민이 필자가 오로모어(Oromo)를 아는 것으로 생각했는데, 이는 서부 에티오피아의 많은 외국인이 이 언어를 알고 있었기 때문이다. 필자는 오로모어의 아주 기초 표현만 알고 있었고, 이곳에서 사용할 것으로 기대했던 암하라어(Amharic)를 6개월간 교육받고 에티오피아에 온 터였다. 당시 에티오피아 서부지방에서 암하라어를 잘 사용하지 않는다는 것을 몰랐던 것이다. 필자에게 뭔가를 말하려는 마을 사람들은 양측 모두가 가까스로 남부 아랍어를 사용했다. 의사소통을 하려면 적어도 7개 언어를 넘나들며 이들을 서로 연결해야 했다. 필자의 경험은 다소 비영어적인 것이었지만, 그렇게 특이한 것은 아니었다. 수단 여행자는 이처럼 언어가 혼합된 사회와 복잡한 의사소통망을 일상적으로 경험한다. 소도시나 대도시를 막론한 국경 마을에서 이는 흔히 접할 수 있는 상황인데, 필자는 수단같이 긴 띠 모양으로 국토가 광대한 국가에서는 그렇지 않을 것이라고 오판을 했던 것이다. 코모어처럼 소수어 화자는 다양한 채널을 통해 **외부**세계와 의사소통을 하면서 친밀감이나 심지어 사적인 감정도 표현하는 것으로 보인다.

언어 교환이 상당히 많이 일어나고 일상의 구어 번역 관행이 있음에도 이들 언어가 깊은 의미를 지니고 있다는 사실에 유념해야 한다. 농담, 은어와 무언의 영역 같은 것이 그 예이다. 오늘날 수단의 토착어는 학문적 조사와 소도시까지 전개된 문화 프로젝트를 통해 사회의 각별한 관심을 끌고 있다.[8] 한편 오늘날 많은 수단 토착어는 전자적(電子的) 생태를 누리고 있어서, 지역통화 및 국제통화는 10여 개의 언어로 이루어진다. [우두크어(Uduk)로 나누는 대화는 아프리카, 북아메리카, 호주를 넘나들며 이루어진다.] 딩카어 같은 지역어로 된 음악 테이프도 유통되고 있으며(Miller 2006), 이메일 통신과 인터넷 채팅 사이트도 급증하고 있다.

벨과 하심(Bell and Haashim 2006)은 통일 수단의 언어를 존중하고, 이 언어들이 수단 구어 아랍어로 유입된 것을 인정하며, 교육과 문화 활동에서 다언어 요소의 중요성을 인식해야 한다고 주장했다. 이 주장을 강

8 카르툼의 푸르 문화프로젝트 기획에 대해서는 Idris(2006)를 참조한다. 북서부의 자가와어(Zaghawa) 속담에 대한 최근의 관심에 대해서는 Osman(2006)을 참조한다. 남서부 율루어(Yulu)에 대한 언어학적 연구 및 언어보호에 관해서는 Gabjanda(1976)와 Hamid(2006)를 참조한다.

력하게 지지하려면, 국제원조 프로그램의 영향 외에도 수단 이주민의 중요성과 그들이 국가사태에 미치는 영향력을 인식해야 가능하다. 수단인을 독자적 생활양식과 언어를 지닌 국민으로 정의한다면, 그것은 협소한 것이다. 이는 수단의 지리적 심장부의 아랍어 사용 무슬림만을 연상시키기도 하고, 때로는 이들을 기독교나 문화적으로 전통적인 전형적 **남부인**과 대립시키기도 하기 때문이다. 이에 대해서는 필자 역시 이 장에서 비판한 바 있다. 이러한 실상이 과거에는 다소 진실이었지만, 오늘날에는 수정이 필요하다. 남부에는 아랍어 방언이 많이 생겨나고 있으며, 남부 원주민 출신의 (또는 서부의) 수백만 주민이 북부 주요 도시에 살고 있다. 이러한 현실에 맞추어서 다언어 사용의 역할과, 이동과 거래를 야기하는 언어기능을 미래의 문화발전이라는 구상 속에서 구축해야 한다. 그러한 구상은 이 장의 초입에서 간단히 살핀 포괄적 평화협정의 **민주적** 조항과 부합하며, 필자의 견해로는 수 세기에 걸쳐 수단의 언어가 사용되는 실제 현실과도 일치한다.

제**5**장

세네갈
국가 교통어의 출현

피오나 머클로흘른(Fiona McLaughlin)

5.1 아프리카의 국가 정체성

아프리카 맥락에서 언어와 국가 정체성의 관계를 다루는 데 있어서 국가
정체성이란 용어는 다음 두 가지의 의미를 지닌다. 하나는 대중과 민족국
가의 관계와, 그에 대한 대중의 소속감이고, 다른 하나는 개별 민족국가가
국제적인 세계 질서 안에서 갖는 정체성이다.[1] 첫 번째 의미를 따르면, 세
네갈은 국제무대에서는 프랑스어권 국가이지만 월로프어(Wolof)를 주로

---

1   아프리카 국가를 연구하는 정치학자들은 이 문제에 대해 복합적이고도 수준 높
    은 연구를 발표해 왔다. 그에 비추어 볼 때 이와 같은 두 가지 정의는 매우 기초
    적이고 지나치게 단순화한 것으로 보일 것이다. 그러나 여기서 필자는 그러한
    연구를 천착할 의도는 없고, 단지 언어와 국가 정체성 간의 관계가 갖는 두 가
    지 두드러진 양상을 파악하기 위한 도구로 이 두 정의를 이용한다.

사용하는 국가라고 표현하는 것이 가장 적절할 것이다. 아프리카 민족국가는 비교적 최근에 나타난 현상으로서, 대부분의 경우 아프리카 식민지가 유럽 식민 열강으로부터 독립을 획득한 1960년대 초부터 유래한다. 즉, 현존하는 아프리카 국가는 이전에 존재했던 토착 정치조직에서 비롯한 것이 아니다. 이들 국가의 국경은 19~20세기에 그곳 식민지에서 정치적, 경제적 지배권을 행사했던 유럽 열강의 경쟁관계와 타협의 부산물이다. 그렇다면 유럽 역사와 확장주의의 부산물이자 아프리카의 관점에서 볼 때는 임의적으로 구성한 정치적, 지리적 국경 안에서 어떻게 국가 정체성 의식이 싹틀 수 있을까?

20여 년 전에 쓴 글에서 헤너즈(Hannerz 1987: 548)는 식민 이후의 공유된 역사 축적이 그 불완전한 축적 과정과 상관없이 국가 건설에 중요한 역할을 담당했다고 지적하면서 다음과 같이 말한다.

국가 창조는 경향적으로 적어도 어느 정도까지는 국가 스스로의 힘으로 발전을 이룰 것이라는 하나의 예언이다. 그것이 비록 많은 경우 힘든 싸움이었고…… 종국에는 그 일부가 성공하지 못했더라도 과거의 (아프리카) 식민지는 계속 공통의 역사를 많이 축적해 왔으며, 이제 각국은 행정, 교육, 언론 권력을 망라하는 조직을 갖추었다. 그들은 아직도 상당히 불완전하지만, 점차 국가다운 모습을 띠었다. 그리고 사소하게만 볼 수 없는, 여러 사회구조를 관통하여 흐르는 일부 의미 조류는 범위를 현지나 지역, 종족보다는 국가 전체에 영향을 미치고 있다고 볼 수 있다. 이는 한 세기 혹은 그 이상의 역사를 지워야 없어질 수 있는 사실이다.

따라서 헤너즈의 관점에 비추어 볼 때, 식민 이후 공통의 역사 축적 과정은 약하건 강하건 간에 민족주의 의식이 잠재적으로 발전할 수 있는 맥락을 제공한다. 이 장의 주제인 세네갈은 국가로서 반세기에 이르는 공통 역사 외에도 문제가 다소 있지만, 일부 학자가 지적했듯이 광범한 대중의 수피 이슬람 밀착(Crowder 1962a; Cruise O'Brien 1971, 1975)과, 종족 집단 사이의 조화로운 관계로 생겨난 특정한 문화 동질성을 추가할 수 있다(UNESCO 1974). 여기에 덧붙여 또 다른 중요한 요인은 월로프어가 세네갈의 비공식 국어로 출현해서 확장되었다는 사실이다. 이는 세네갈을 동질적으로 만들고(Harney 2004: 35), "나중에 그 영토 내에서 한층 생동감 넘치는 국가를 탄생시키는 데" 기여했다(Cruise O'Brien 2003: 121). 그러나 국제무대와 자체의 공식 정책으로 볼 때 세네갈은 전적으로 프랑스어권 국가에 속한다. 따라서 언어 정체성과 관련되는 한에서 국가 정체성의 두 가지 기본 양상인 국가에 대한 국민의 소속 의식과 세계질서 내의 국가 정체성은 월로프어가 전자의 영역에서, 프랑스어가 후자의 영역에서 각기 지배적으로 사용된다는 점에서 서로 맞지 않는다.

이 장에서는 아프리카에서 정치적으로 가장 성공하고 안정된 국가 중 하나인 세네갈의 언어와 국가 정체성 간의 관계를 살펴본다. 특히 민족국가에 대한 세네갈 국민의 다면적 소속 의식에서 반영된 국가 정체성에 주요 초점을 둔다. 이 과정에서는 국가 교통어로 떠오른 월로프어가 중심 역할을 했다. 한편 5.5절에서는 세네갈이 유일한 공용어인 프랑스어의 사용을 통해 어떻게 자신을 바라보고, 자체 제도를 영속화하는지를 다룬다. 다음 5.2절에서는 우선 세네갈에 대한 개관과 역사를 소개한다. 언어와 종족성 간의 복잡한 관계가 주제인 5.3절에서는 이 두 요인이 국가 정체성의 구축과 이를 둘러싼 논쟁에서 어떤 역할을 하는지를 논의한다. 5.4절에서는 주로 도시에서 나타난 현상으로 17세기 초반부터 시작된 월로프어화(Wolofization) 과정을 검토한다. 5.5절에서는 세네갈 공용어인 프랑스어의 역할을 살펴본다. 앞으로 밝혀지겠지만, 서아프리카의 다른 프랑스어권 국가와 비교할 때 세네갈의 두드러진 특징은 특정 아프리카어가 국가 교통어로 출현한 반면 이전 식민종주국의 언어인 프랑스어는

공용어임에도 결코 대중의 소통어가 되지 못했다는 사실이다.[2]

5.2 세네갈 소개

세네갈은 서부 아프리카 해안에 자리하고 있으며, 인구는 약 1,000만 명이다(CIA-World Factbook 2015년 기준 인구는 1,397만 5,834명임 – 역주). 북쪽으로는 모리타니, 동쪽으로는 말리, 남쪽으로는 기니 및 기니비사우와 국경을 접하고 있다. 다카르는 세네갈의 수도로서 아프리카 대륙 최서단의 케이프베르데(Cap Vert) 반도[3] 끝에 있으며, 약 150만 명의 인구(CIA-World Factbook 2015년 기준 인구는 352만 명임 – 역주)가 분주하게 살고 있다. 세네갈은 사하라 사막 남쪽의 반건조 사바나 기후대에 걸쳐 있는 사하라 지역 국가이다. 농업 인구는 주로 땅콩이나 기장을 경작하는 농부(Pélissier 1966)와 풀라르어(Pulaar)를 사용하는 소수의 유목민이다. 세

---

2 이 자리를 빌려 필자와 세네갈의 언어와 민족주의에 대해 많은 흥미로운 대화를 나눔으로써 이 주제에 대한 필자의 이해를 크게 높여 준 압둘라예 바리(Abdoulaye Barry), 마마두 치쎄(Mamadou Cissé), 쥬디스 어빈(Judith Irvine), 캐롤라인 줄러드(Caroline Juillard), 압둘라예 카네(Abdoulaye Kane), 레오나르도 빌랄롱(Leonardo Villalón) 씨에게 감사한다. 특히 이 장의 초기 버전을 읽고 많은 논평을 해 준 캐롤라인 줄러드 씨에게 감사드린다. 그녀는 또한 필자가 세네갈에 대해 기술한 많은 일반적인 내용이 대체로 세네갈의 북부 지역에도 기본적으로 적용되며, 특히 카자망스 지역도 이에 해당될 수 있다는 점을 매우 적절하게 지적했다. 유감스럽게도 지면이 허락하지 않아 세네갈의 국민통합에 가장 큰 장애가 되는 카자망스 지역에 대해서는 상세히 논의하지 못했다. 이에 대해 관심 있는 독자는 줄러드의 상세한 연구(특히 Dreyfus and Juillard 2004; Juillard 1995)를 참조하기 바란다.
3 여기서 케이프베르데는 이 반도를 지칭하며, 포르투갈어 기반의 카보베르데 크레올어를 사용하는 아프리카 서부 해안의 섬나라인 카보베르데(Cape Verde 혹은 Cabo Verde)와 혼동해서는 안 된다.

네갈 인구의 약 94퍼센트는 서아프리카의 수피 전통을 따르는 무슬림인데, 이 전통은 이슬람권 곳곳에 퍼져 있는 티자니야(Tijaniyya)와 카디리야(Qadiriyya) 같은 수피 종파와 무리디야[Muridiyya, 또는 무리데(Murid)라고도 함], 라예네(Layene)라고 불리는 두 토착 종파를 주축으로 한다. 나머지 인구는 대부분이 로마가톨릭을 믿는 기독교도이며, 정령신앙을 신봉하는 사람도 극소수 있다. 그중 정령신앙 요소는 이슬람 및 기독교와 관련된 현지의 예배의식에서도 찾아볼 수 있다. 1960년에 독립한 이래 세네갈은 종족성과 종교에 따른 정치적 동요가 거의 없이 상대적으로 안정된 다당제 민주주의를 실시해 왔으며,[4] 세네갈의 초대 대통령이었던 레오폴 세다르 셍고르(Léopold Sédar Senghor)도 무슬림이 대부분인 이 국가에서 가톨릭을 신봉했다.

세네갈의 북부 지역은 감비아 강이 통과하는 좁다란 소국가인 감비아로 인해 남쪽 지역과 크게 분리되는데, 이는 유럽식민지 확장정책의 부산물이다. 감비아는 영국 식민지였고, 세네갈은 프랑스 식민지였다. 이 두 국가는 원래 식민지로 출발해서 탄생했지만, 북부와 남부 간의 지리적 분리는 문화적 분할이기도 하다. 잘 알려진 세네갈의 문화 동질성은 서로 유사한 계층적 사회구조를 가진 집단이 지배하는 감비아 북부 지역에 더 잘 들어맞는다. 이 집단들은 2~4개의 주요 족내혼(endogamous) 집단으로 구성된다. 여기에는 특정 사회에 따라 (1) 노예, (2) 대장장이, 가죽 가공업자, 나무 가공업자, 직공, 도공, 악사, 구전 전승자, 예술가 등으로 구성된 기능공 계급(caste), (3) 전통적으로 농업에 종사해 온 자유민, (4) 귀족과 할풀라르(Haalpulaar) 종족 집단에는 토로베(tooroɓe)로 불리는 이

---

4 이러한 일반화에 대한 중요한 예외로는 1989년 4월에 발생한 세네갈 내의 무어인에 대한 종족 폭력 행위를 들 수 있다. 처음에 세네갈과 모리타니의 국경 문제로 촉발된 이 분규는 국제 문제로까지 비화했고, 국민의 정치 불만에 의해 크게 악화되었다.

슬람 성직자 계급이 포함된다.[5] 이처럼 고도로 계층화된 사회구조는 감비아 남쪽의 더 덥고, 덜 건조하며, 더 많은 언어를 사용하는 세네갈 저지대의 카자망스(Casamance) 사회 집단에는 나타나지 않는다. 졸라인(Joola)과 바이눙크인(Bainunk)과 같은 카자망스 집단은 세네갈 북부의 사헬 집단보다는 남쪽의 이웃 국가인 기니비사우와 기니의 거주 집단과 더 많은 문화적 특징을 공유한다. 게다가 저지 카자망스의 인구는 무슬림이 대부분인 북부에 비해 가톨릭 신자가 훨씬 많고, 꽤 최근까지도 포르투갈어 기반의 크레올어가 이 지역의 거점도시인 지갱쇼르(Ziguinchor)의 교통어로 사용되었다. 그러나 현재는 월로프어가 부분적으로 세를 잠식한 상태이며(Dreyfus and Juillard 2004; Juillard 1995), 그 과정에서 도시주민의 저항이 다소 있었다. 그동안 세네갈은 주민의 이주가 많아졌고, 그 어느 지역도 문화적, 언어적, 종족적으로 동질하지는 않지만, 세네갈 역사에서 중요한 것은 많은 카자망스 주민이 지배적인 북부로부터 차별감과 거리감, 심지어 소외감도 느낀다는 점이다. 이 감정은 1980년대 초에 **카자망스 민주세력운동**(Mouvement des Forces Démocratiques de la Casamance)으로 조직된 지역분리운동을 유발하여, 1980년대와 1990년대에 전쟁으로까지 치닫는 등의 폭력사태가 주기적으로 발생했다. 그렇지만 이러한 문제 대부분을 종족이나 언어의 관점에서 다루지 않았다. 카자망스의 지배 종족 집단인 졸라인은 월로프어로 **칼**(kal)이라고 하는 형식적인 농담관계(Joking relationship)를 감비아 북쪽의 종족 집단과 즐기며, 재미있는 욕설을 주고받으면서도 통제권을 주장한다.

앞으로 논의할 역사적, 사회적 원인으로 월로프어가 세네갈의 국가 교통어로 등장했지만, 세네갈은 결코 언어적으로나 종족적으로 동질적인

---

5 이들 사회 집단 및 사회구조와 관련하여 다양한 시각을 보여 주는 학술연구가 많은데, 대표적인 것이 Diop(1981), Conrad and Frank(1995), Tamari(1997) 등이다.

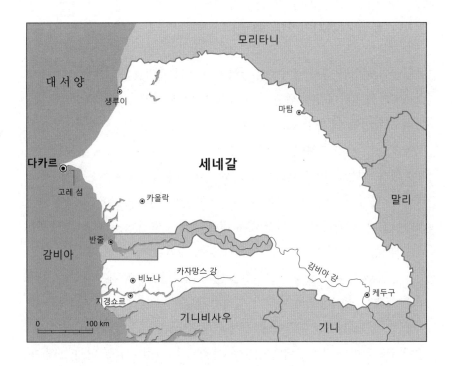

국가가 아니다. 나이지리아나 코트디부아르 정도는 아니지만, 세네갈에
도 대부분의 다른 아프리카 국가와 마찬가지로 다양한 언어와 종족이 있
다. 세네갈에는 약 25개의 아프리카 언어가 있는데, 거의 모두가 나이저
콩고 어족 내의 대서양어군과 만데어군에 속한다. 언어와 종족성의 관계
는 집단마다 다르며, 도시화 현상은 이 나라의 언어 지형뿐만 아니라 종
족 지형까지 상당히 크게 바꾸고 있다. 이와 관련한 문제는 뒤의 5.3절에
서 다룬다.

5.2.1 독립 전까지의 약사(略史)

유럽인이 해양을 통해 접촉하기 전까지 현재의 세네갈 지역에는 지정학적으로 8~11세기에 존속했던 가나 왕국과 13세기 말리 왕국의 영향 아래 여러 소왕국이 있었다. 베르베르계에 속하는 알모라비드(Almoravid)인의 영향으로 이 지역 북부에 정주하던 풀라르인이 11세기 무렵에 이슬람으로 개종했다. 이들은 이후 테크루르(Tekrur)에 신정국가를 세웠는데, 이곳은 특히 18세기 후반에 서아프리카의 이슬람 전도 집단과 지하드가 발생한 지점이었다. 사람들은 이 기간 내내 내륙의 사하라 횡단 대상 교역로를 주된 교역로로 이용하여 금과 소금, 노예 등을 교역했다.

유럽과의 초기 접촉은 포르투갈인과 네덜란드인의 해양탐험을 통해 이루어졌다. 언어상으로 나타난 이러한 접촉 흔적은 여러 지명[6]에서 찾아볼 수 있으며, 포르투갈어에 기반을 둔 크레올어도 카자망스 지역, 그 중에서도 특히 지갱쇼르에서 여전히 사용된다. 그러나 1600년대 초에 프랑스가 이 지역에 진출하면서 가장 중요한 유럽의 접촉 상대국으로 떠올랐다. 1638년에 프랑스인은 세네갈 강에 있는 보코스(Bocos) 섬에 상관(商館)을 설치했고, 이를 통해 세네갈 해안 지역에 대한 권리를 처음으로 주장했다. 1659년에 이 상관을 좀 더 규모가 큰 은다르(Ndar) 섬으로 옮긴 프랑스인은 국왕인 루이 9세의 이름을 본 따서 이 섬을 생루이(Saint-Louis)라고 명명하고, 그곳에 요새를 세웠다. 1678년에는 이전에 네덜란드인이 점유했던 고레 섬에 새로운 상관을 설치했다. 이 두 곳의 작은 상관이 대서양 해안에 설치됨으로써 사하라 횡단로를 통한 내륙 교역이 서부 해안으로 전환되기 시작했다. 이는 또한 세네갈의 도시화와 도시어로서 월로

---

6 이에 대한 예로 케이프베르데 반도의 해안도시로서 포르투갈어 *rio fresco*(시원한 강)에서 유래한 뤼피스크(Rufisque)와 네덜란드어 *goede rade*(좋은 항구)에서 유래한 것으로 보이는 고레(Gorée) 섬이 있다.

프어가 부상하는 계기가 되었다(McLaughlin, 근간, a ; 2008년 출간됨 – 역주).

생루이, 고레, 뤼피스크를 포함한 대서양의 항구 도시는 대서양 횡단 노예무역과 기타 상업활동에 힘입어 18세기와 19세기 내내 계속해서 성장하고 번영했다. 19세기 초에 영국이 고레 섬과 생루이를 10여 년간 점령했지만, 유럽 국가가 노예제 폐지에 합의한 직후 이 지역은 프랑스에 다시 반환되었다.

1870년대 초에는 해안 도시인 생루이, 고레, 뤼피스크, 다카르가 차례로 자치지역(commune)의 지위를 승인받았다. 이로써 이곳 도시민은 부여받은 시민권을 통해 투표를 포함하여 모든 권리를 행사하는 프랑스 국민이 되었다. 반면에 나머지 지역주민은 피통치자로 계속 남아 있어야 했다. 이 4개 자치지역의 거주민은 프랑스 시민으로서 자신들의 법적, 정치적 권리를 주장하면서 국제적인 아프리카 도시문화를 창출했다 (Diouf 1998). 식민시대가 한창인 19세기 후반에서 20세기 초반에 아프리카 대륙의 광활한 영토가 프랑스의 통제를 받았다. 프랑스령 서아프리카 [Afrique Occidentale Française(AOF) 또는 영어로 French West Africa]도 그 중 하나였는데, 1895~1902년까지 생루이는 이 지역 최초의 수도였다. 1902년에 수도를 1857년에 새롭게 세운 신도시인 다카르로 옮겼다.

5.2.2 독립과 셍고르의 유산

세네갈은 1960년에 프랑스로부터 독립했고, 다카르가 이 신생국의 수도가 되었다. 독립과 더불어 시인이자 철학자이며 정치가인 셍고르가 대통령이 되어 1980년까지 권력을 잡았고, 그 후 자기 휘하에 있던 압두 디우프(Abdou Diouf)에게 대통령 자리를 넘겨주었다. 2000년도에는 야당인 세네갈 민주당(Parti Démocratique Sénégalais, PDS)의 당수인 압둘라예 와데(Abdoulaye Wade)가 민주적인 선거에서 디우프에게 승리하면서 40년간

지배해 온 사회당(Parti Socialiste, PS) 정권을 무너뜨렸다. 프랑스식 교육을 받은 지식인인 셍고르는 마르티니크의 시인인 에메 세제르(Aimé Césaire)와 더불어 네그리튀드(Négritude) 철학을 창시했다. 하니(Harney 2004: 19)는 네그리튀드를 "전 세계 흑인의 인종귀속이론이라는 것과 (동시에) 민족주의를 확인하는 식민 이후의 중요한 과정을 개시하는 문화활력 회복의 계기"로 설명한다.[7] 또 다른 아프리카 독립국인 탄자니아의 건국자 줄리어스 녜레레(Julius Nyerere)는 식민종주국의 언어에 더해 스와힐리어라는 아프리카 언어의 공용을 추진함으로써 이 과정을 이행했다. 한편 셍고르는 세네갈의 모든 제도권 생활에서 프랑스어 사용을 장려함으로써 근본적으로 다른 길을 택했다. 1950년대부터 1970년대까지는 지식인층 사이에 월로프어 우호 운동(pro-Wolof movement)이 나타났다. 철학자인 셰이크 안타 디오프(Cheikh Anta Diop), 언어학자로서 나중에 합류한 파테 디아녜(Pathé Diagne), 영화제작자 셈벤 우스만(Sembéne Ousmane), 작가이자 수학자인 사키르 티암(Sakhir Thiam) 등이 월로프어를 적극적으로 지지한 지식인이었다.[8] 1971년에는 토착어의 지위를 조금이나마 인정한 셍고르가 6개 언어를 국어로 공식적으로 지정했다. 하지만 이 언어들을 공식적으로 표기하는 문제 때문에 셍고르와 비판자들 사이에 이념적, 정치적 논쟁이 잇따라 벌어졌다. 어떤 이유에서인지 셍고르는 겹친 음성을 표기하는 데 합자(double letter)를 사용하지 않으려고 했다. 그 반대자들은 합자로 표기되는 겹친 음성이 포함된 잡지와 영화 제목 등을 도발적으로 만들었으나 모두 금지되었다.[9] 이 문제는 적어도 셍고르의 관점에서 볼 때, 언

---

7 셍고르의 생애에 관심 있는 독자는 Vaillant(1990)가 쓴 전기를 참조한다.

8 지식인 가운데 일부는 계속해서 월로프어로 작품 활동을 한다. 여기에 속한 작가로는 사키르 티암과 극작가이자 소설가인 셰이크 알리우 은다오(Cheikh Aliou Ndao), 가장 최근에는 월로프어로 최초의 소설을 출간해서 두각을 나타내기 시작한 소설가 부바카르 보리스 디오프(Boubacar Boris Diop)가 있다.

9 셍고르가 겹친 음 표기 시에 합자의 사용을 금지한 이유에 대해서는 두 가지 가

어학적 문제가 아니라 국가 권위와 언어통제의 문제였다. 합자가 이미 오래전에 세네갈 언어의 공식 철자로 인정되었음에도 셈벤 우스만은 최후의 저항수단으로서 자기 저택을 *Galle Ceddo*(전사의 집)로 명명했다. 실제로 6개 언어를 공식 국어로 지정한 것은 언어가 정치적 문제로 비화되지 않도록 선제조치를 취한 것이었으나, 오히려 오랫동안 이를 등한시하는 정책이 되었다.

철학자이면서 정치가인 동시에 시인이자 언어학자로서 셍고르의 프랑스어 경력이 정점에 달했던 것은, 그가 흑인 최초로 프랑스어 감시기관인 프랑스학술원(Académie Française) 회원으로 선출되었던 때이다. 프랑스어와 관련된 이러한 유산은 셰이크 하미두 카네(Cheikh Hamidou Kane)부터 파투 디오메(Fatou Diome)까지 프랑스어권 아프리카 문학에서 차지하는 세네갈 작가의 유명세에서 찾아볼 수 있다. 또한 2002년에 압두 디우프 전 세네갈 대통령이 **프랑스어권국제기구**(Organisation Internationale de la Francophonie)의 사무총장으로 취임한 사실도 그 사례이다.

세네갈의 식민 역사와 셍고르의 지적 유산으로 인해 프랑스어가 세네갈에서 널리 사용되는 것처럼 보이지만, 실상은 그렇지 않다. 개인생활과 공적 영역에서 프랑스어는 상당히 제한적으로 사용된다. 그 대신 북부 대서양어인 월로프어가 세네갈의 교통어가 되었다. 추정하건대 세네갈 인구의 약 40퍼센트만이 월로프인이지만, 월로프어를 모어나 제2언어로 사용하는 인구는 거의 90퍼센트에 달한다. 월로프어가 공식적으로는 여러 다른 언어와 동등하게 국어의 지위만을 누리지만, 비공식적으로는 흔히 세네갈의 유일한 국어로 불린다. 다음 절에서는 국가 정체성의 구축과 세네갈의 국가 건설에서 프랑스어를 사용하는 엘리트의 영향력을 줄이는

설이 있다. 한 가지는 셍고르가 모델로 생각한 프랑스어에 겹친 음이 없기 때문이고, 다른 한 가지는 셍고르의 모어인 세레르어에 겹친 음이 없기 때문이다.

데 월로프어화(Wolofization)가 미친 중요 역할을 고찰한다.

5.2.3 21세기의 변화

2000년 2월에 장기간 야당을 이끌던 압둘라예 와데가 대통령 선거에서 승리하면서 40년간 이어 오던 셍고르의 사회당 통치에 종지부를 찍었다. 와데의 대통령 취임으로 세네갈 정치의 변화 기류와 함께 세네갈의 여러 국어의 상황에 대한 좀 더 능동적인 접근이 예고되었다. 그러나 와데 대통령이 프랑스어와 함께 월로프어를 공동 공용어로 지정하려는 신계획은 다른 언어 사용자의 강한 저항을 받았다.

1971~2001년에는 셍고르가 '무책임한 낭만주의자'(Cissé 2005 : 283)로 여긴 사람들이 주도한 국어운동 확산에 대응하여 단지 립서비스로만 공식 국어로 지정한 6개 언어 외에는 다른 언어는 리스트에 추가되지 못했다. 그러나 2001년도 헌법에서 원래의 6개 언어(Joola, Malinke, Pulaar, Seereer, Soninke, Wolof)와 표준화된 표기법을 갖춘 다른 언어들이 국어로 지정되면서 공인된 국어의 수가 늘어났다. 2001년부터는 카자망스의 몇몇 소수언어(Balante, Mancagne, Manjak 등)와 일부 캉긴어(Cangin), 모리타니의 아랍어 방언으로서 세네갈의 소수 원주민이 사용하는 하싸니야어(Hassaniyya)까지 포함하여 많은 언어가 공식적으로 지정되면서 국어의 지위를 얻었다. 예상하건대 세네갈의 모든 언어는 머지않아 문자로 표기될 것이다. 현재 몇몇 국어에 대해 문맹퇴치 프로그램이 가동되고 있으며, 그중 많은 언어가 주로 유럽연합을 비롯한 외국의 비정부단체로부터 재정지원을 받고 있다. 그러나 세네갈 정부도 과거에 시도는 했으나 포기한 실험인 교실 내의 국어 사용을 재도입하기 위해 일부 초등학교를 시범장소로 선택했다. 게다가 2004년에는 문화부가 다른 부처와 연계하여 국가 전역에 국어의 문해 능력을 늘릴 목적으로 국어 아카

데미를 만드는 프로그램에 착수했다.[10] 이것이 현실 정치에서 이 언어들의 미래에 어떤 의미가 있는지는 아직 불분명하며, 국어를 대규모로 사용하는 데도 세네갈 현 정부가 감당할 수 없는 막대한 자원이 소요될 것이다. 그러나 국가 차원과 세네갈의 언어 논쟁에서 이러한 움직임이 국어와 소수언어에 대한 하나의 여지를 연다는 점에서 그러한 태도 변화는 중요하다.

와데 대통령이 처음 당선되었을 때 그는 세네갈의 많은 문제를 혁신적으로 해결하기 위해 조속히 행동하는 실용주의자로 '의욕적인(can do)' 대통령의 이미지를 가졌다. 그는 언론에 성명을 발표하거나 대중연설을 할 때 프랑스어와 월로프어를 동시에 사용함으로써 대중의 인기에 영합하는 친월로프어의 입장을 취했는데, 이러한 행동을 곧 다른 공무원도 받아들였다. 매스미디어의 자유화, 특히 디우프 대통령의 임기 말에 이미 순조롭게 추진되던 라디오의 민영화와 함께 이러한 와데의 사례는 결국 비인쇄 매체의 주요어로서 프랑스어의 위상이 상당히 침식되는 결과를 낳았다. 오늘날에는 정부관리가 라디오나 텔레비전 방송 인터뷰를 처음부터 끝까지 월로프어로 진행하는 것을 심심치 않게 들을 수 있는데, 이는 10년 전까지만 해도 전혀 볼 수 없던 상황이다. 최근 10년 동안 인기 있는 월로프어 라디오 방송국이 많이 생겨난 것도 월로프어를 프랑스어만큼이나 라디오 방송에서 표준으로 만드는 데 도움이 되었다. 특히 풀라르어와 같은 다른 국어가 사용되는 방송 프로그램이 약간 있지만, 적용 범위는 여전히 매우 제한적이다.

2000년도에 대통령으로 취임한 직후 와데는 모든 공무원과 국가직

---

10 현재 세네갈의 문해력(literacy)은 로마자를 읽고 쓰는 능력을 의미하지만, 월로프어, 풀라르어, 말링케어 등은 문해 전통을 포함하여 과거 오랫동안 아랍 문자로 표기된 전통이 있었다는 점도 주목할 만하다. 그러한 아자미(ajami) 표기를 고려한다면 공식적인 세네갈의 문해율은 분명히 더 높아질 것이다.

근로자가 월로프어로 읽고 쓰는 법을 알아야 한다고 제안해서 한바탕 소동이 벌어졌다. 이에 대해 사람들이 즉각 반발했다. 월로프어가 모어가 아닌 다른 종족 집단과 더불어 특히 풀라르어를 사용하는 국회의원들이 가장 큰 목소리로 반대했다. 이들은 와데의 제안을 다른 언어 집단을 배제한 채 국가의 월로프어화를 슬그머니 촉진하려는 수단으로 보았다. 결국 와데는 이에 대한 해명을 요구받았고, 그의 제안은 실행되지 못했다. 국어로서 월로프어의 지위와 관련하여 어쩌면 가장 두드러진 최근 사건인 와데의 제안과 그에 대한 반응은 공적 영역에서 사용되는 언어의 적합성에 관한 고질적인 통념을 잘 보여 준다. 알려진 바와 같이 프랑스어로 시작되는 국회 토론은 종종 월로프어로 끝을 맺는데, 프랑스어를 전혀 하지 못하는 의원도 있다. 월로프어는 국회와 여러 공식 맥락에서 실**질적인**(de facto) 국어 기능을 담당하지만, 월로프어를 다른 모든 언어보다 상위의 유일한 국어로 공인하거나 입법 논의를 하면, 반발이 거세지면서 다른 언어 사용자가 정부에 대해 세네갈은 민주적인 다언어 사회라는 점을 즉각 상기시킨다. 이 점 역시 월로프어를 공적 영역에서 사용하는 것은 지나치다고 생각하는 타 종족 출신의 국회의원들이 의회에서 그 주장을 분명히 드러내는 상징적인 거부 행위로서 풀라르어나 세레르어, 졸라어로 연설하는 장면에서 나타났다. 또한 와데가 2006년의 프랑스 공식 방문 중 그곳 세네갈인 앞에서 월로프어로 연설했을 때 다른 언어를 사용하는 세네갈인이 그가 월로프어를 사용한 것에 대해 격한 반응을 보였다. 어쨌든 월로프어가 국어로서 공식적으로 지정된 다른 언어를 넘어서는 **법적**(de jure) 지위가 없다는 것은 월로프어화를 반대할 법적 근거나 표면적 근거가 없다는 것이므로 이는 이 언어의 확산을 촉진하는 중요한 요인임이 분명하다.

정책개발의 측면에서 세네갈 언어의 장래가 앞으로 어떻게 될지는 불확실하다. 여기에는 재정과 인력 문제는 말할 것도 없고, 그 밖의 다양한 요인이 결부된다. 치쎄(Cissé 2005: 306)는 현재까지 세네갈의 언어정책에 대해 복잡한 다언어 상황에서 프랑스어와 획일적으로 병합된 국어의 단순한 이분적 대립(그의 용어를 빌리면 이언어 사용)으로 변화하는 것으로 적절히 묘사한다. 그는 세네갈 언어를 적재적소에 사용하도록 만드는 좀 더 정교한 접근방법을 마련하기 위해 각 언어의 사회적·경제적, 정치적 역할을 고려하는 새로운 정책을 요구한다(2005: 306). 세네갈의 모든 언어를 표준화하고, 이들을 공식 국어로 지정하는 일이 어떠한 포괄적 언어정책에는 필수적인 첫 단추이지만, 그러한 정책이 나중에 어떻게 드러날지는 전혀 예측할 수 없다.

5.3 언어 정체성과 종족 정체성

세네갈의 언어와 종족성의 관계는 복잡하고 다변적이기 때문에 모든 언어나 종족 집단을 아우르는 일반화는 거의 불가능하다. 어빈(Irvine 1993), 갤과 어빈(Gal and Irvine 1995), 어빈과 갤(Irvine and Gal 2000)의 연구에서 밝혀졌듯이, 식민지배 당시 아프리카 종족과 언어 분류는—이때 학문 연구는 분류학에 사로잡혀 있었다—종종 복잡한 실체보다는 언어와 인종에 대한 유럽 식민주의자의 이념을 반영한 것이었다. 아마도 세네갈 언어와 관련된 가장 유명한 사례는 마인호프(Meinhof 1912)가 사람의 외모를 기준으로 대서양어인 풀라르어를 이와는 전혀 관계가 없는 '햄어(Hamitic)' 라고 부른 것이다. 지금은 그의 분류가 폐기되었지만—1963년 그린버그(Greenberg)가 풀라르어를 대서양어군으로 분류하기 전까지는 완전히 폐기된 것이 아니었다—식민 이념을 통해 형성된 여러 다른 언어와 종족 분류는 오늘날까지도 지속되고 있다. 어빈과 갤(2000)은 선교사와 식민관리가 세네갈 북부의 종족 집단과 언어를 우월성에 따라 어떻게 계층적으로 구분했는지를 잘 보여 준다. 그들은 풀라르인에게 특권을 부여했는데, 그 이유는 풀라르인이 이슬람과 오랫동안 연관이 있었고(이 점 때문에 일부 선교사가 이들을 싫어하기도 했지만), 이들의 우월한 지성은 무엇보다 풀라르어의 섬세함에 잘 드러난다고 보았기 때문이다. 여기서 섬세함이란 의심할 여지없이 풀라르어의 복잡한 형태음운 구조를 의미한다. 언어계층의 최하의 위치는 정령신앙, 정치조직, 언어 등의 '원시적 단순성'(Irvine and Gal 2000: 55)이 명백하게 드러난 종족이 차지했다. 여기에는 세레르인뿐만 아니라(사실 이들 언어의 형태음운 구조는 풀라르어만큼이나 복잡하다) 티에(Thiès) 시 인근에서 사용되는 다양한 캉긴어(Cangin)를 사용하는 집단도 포함되었는데, 이들도 역시 '원시적 단순성'의 논리에 따라 세레르로 불렸다. 캉긴어 사용자를 여전히 세레르인으로 간주하여 세네갈의 인구조사에서도 그렇게 표현한다. 예를 들어, 그들의 언어는 세레르-논(Seereer-Non), 세레르-은둣(Seereer-Ndut), 세레르-사펜(Seereer-Safen)과 같은 합성 명칭을 가진다.[11] 이러한 사례가 분명하게 보여 주는 것은 세네갈의 종족 정체성과 언어 정체성이 종종 여러 이념에서 나온 것이며, 그 결과로 나온 분류는 일반적으로 다언어적이고 다종족적인 개인이 구성하는 복잡한 사회를 크게 단순화했다는 점이다. 이에 대해서는 다음에서 논의한다.

5.3.1 세네갈의 언어

세네갈에는 약 25개의 언어가 있다. 이들은 계통적으로 방대한 나이저콩

---

11 캉긴어 화자의 역사는 다소 복잡한데, 그 이유는 이들이 문화관습과 부친의 성함에 접사를 붙여 사용하는 전통을 세레르인과 공유하는 한편 월로프인과도 공유하는 무엇인가 다른 것이 있기 때문이다.

고 어족[12]의 하위 어군인 대서양어군[13]과 만데어군에 속하는 토착어이며, 그중 대서양 언어가 90퍼센트가량을 차지한다. 세네갈에서 가장 많이 사용하는 대서양어는 다음과 같다. 즉, 감비아와 모리타니에서도 사용하는 월로프어, 세네갈과 모리타니부터 차드에 이르기까지 서아프리카 전역에 퍼져 있는 풀라어, 풀라니어, 풀풀데어로도 알려진 풀라르어, 풀라르어와 가장 가까운 자매어인 세레르어, 언어군집(cluster)으로서 각 언어의 방언이 다양한 상호 소통성을 보이는 졸라어이다. 현재의 분류에서는 세레르어, 풀라르어, 월로프어가 대서양어군의 북부 어파를 구성하며, 그중 풀라르어와 세레르어의 관계가 가장 밀접하다. 그러나 이 북부의 세네갈 언어 사이의 관계에 대한 분명한 그림은 아직 나오지 않은 상태이며, 뒤에서 논의하겠지만 이 언어들과 캉긴어의 관계에 대해서도 더 많은 연구가 필요하다.

월로프어는 눈에 띌 정도의 방언 차이는 거의 없는데, 이는 역사적으로 증명되듯이 월로프어가 그동안 교통어로서 상당히 널리 사용되었다는 것을 보여 준다. 현재의 월로프어는 지방 변이형과 도시 변이형의 두 방언으로 크게 나눌 수 있다. 그중 도시 변이형은 프랑스어와의 접촉으로 프랑스어 차용어가 많다. 세네갈의 풀라르어도 상호 소통이 되는 몇몇 변이형이 있다. 북부 지역에서 사용하는 푸타 토로어(Fuuta Tooro)가 주요 방언으로 꼽히며, 풀라어 방언 중에서 가장 보수적인 방언이다. 또 다른 세네갈의 풀라 방언은 풀라쿤다어(Fulakunda), 풀라두어(Fulaadu)

---

12 대서양 언어 사이에는 공유하는 혁신 요소가 분명하지 않다. 이 때문에 나이저 콩고 어족이 실제로 계통적 어족인지 아니면 유형적 분류인지에 대해서는 학자 간에 이견이 있다.

13 대서양 언어들이 지리적으로 아프리카의 서부 해안에 분포하기 때문에 이 어군은 베스터만(Westermann 1927)의 'Westatlantisch(독일어로 서대서양을 의미함—역주)'에 따라 예전에는 서대서양어군(West Atlantic)으로 불렸고, 현재도 일부 문헌에서 이 용어를 계속해서 사용하고 있다. 도뇌(Doneux 1975)가 처음 제안한 이 새로운 용어는 현재 대부분의 학자가 사용하고 있다.

와 같은 카자망스 방언과, 많은 세네갈 거주 기니인이 사용하는 푸타 잘론(Fuuta Jalon) 방언이다. 졸라 언어군집에는 대서양어군의 박(Bak) 어파에 속하는 졸라 퐁이어(Joola Foñi)나 쿠자마트 졸라어(Kujamaat Joola)와 같은 언어와 방언이 포함된다. 이러한 북부 대서양 언어들은 명사부류 체계가 공통으로 잘 발달되어 같은 유형학적 특징을 보인다. 풀라르어의 일부 방언에 나타나는 20개 이상의 명사부류와 많은 동사 확장소(verbal extensions), 형태론적 자음변이(consonant mutation)가 그러한 특징에 해당한다. 이 언어들은 또한 다른 나이저콩고 언어와는 달리 성조가 없다는 점에서 특이하다. 세네갈에서 사용되는 만데어로는 말링케어(Malinke)나 소세어(Soose), 사라홀레어(Saraxole)라고도 알려진 소닝케어(Soninke)가 있다. 이 언어들은 서부 만데어로서 성조가 있다. 소세어는 북부 카자망스와 지갱쇼르에서 사용하는 교통어로 중요한 역할을 한다. 특히 이 언어는 명사부류 체계의 잔재만 남아 있는 등의 매우 전형적인 만데어 특징을 보인다. 소닝케어/사라홀레어는 다소 외지어의 특징을 보이며, 다른 만데어와는 상호 소통이 거의 되지 않는다.

세네갈 인구 대다수가 대서양어 아니면 만데어의 모어 사용자이지만, 일부 소수는 모리타니의 하싸니야(Hassaniyya) 방언, 레반트어(Levantine) 및 모로코 방언과 같이 다른 아랍어(아프로아시아 어족) 변이형을 사용한다. 포르투갈어 기반의 크레올어도 카자망스 일부 지역에서 사용하며, 다카르에 사는 카보베르데 섬과 카자망스 출신의 이주민도 이 언어를 사용한다. 카자망스 변이형과 카보베르데 변이형 사이에 어느 정도 표준어화(koineization)가 진행되고 있는데, 대부분의 경우 카보베르데 변이형에 초점을 맞춘다.

세네갈에서 사용하는 유럽어 중에서는 물론 프랑스어가 공용어 및 교육어로 두드러지게 드러난다. 영어는 지식인층뿐만 아니라 한 번에 몇 년씩 미국에 거주하는 많은 세네갈 출신의 교역 이주민 사이에서 인기를 얻고 있다. 이주가 세네갈의 언어에 어떤 영향을 미쳤는지에 대한 연구는 거의 없지만, 본국으로 돌아온 이주자 가운데는 유럽어를 꽤 유창하게 구사하는 사람이 많다.

5.3.2   세네갈의 종족성

언어는 종종 아프리카뿐만 아니라 세계 도처에서 종족성을 나타내는 표지로 동원되지만, 그것의 유일한 요소는 아니다. 게다가 언어를 중요한 것으로 생각하지만 많은 경우 종족성과 특별히 관계가 있는 요소도 아니다. 다시 말해 언어와 종족성은 독립 범주이지만 언어 이념을 통해 서로 밀접하게 연결된다. 어빈과 갤(Irvine and Gal 2000: 35)은 언어 이념을 "참여자와 관찰자가 언어 변이형에 대한 이해를 두고 이를 자신에게 중요한 사람, 사건, 활동에 배치하려는 생각"이라고 정의한다. 예컨대, 현재의 세네갈에는 부모가 졸라인이나 세레르인이라는 이유로 이 언어를 몰라도 자신을 종족상 졸라인이나 세레르인으로 여기는 사람이 있다. 이와 달리 특히 도시에서는 부모가 졸라인이나 세레르인이어도 월로프어가 자신이 구사하는 유일한 언어이기 때문에 스스로를 월로프인이라고 여기는 사람도 있다. 앞의 5.3절에서 논의했듯이, 이러한 개념을 포함하는 범주가 여러 의미에서 볼 때 프랑스의 식민주의적 학술 분류 작업의 부산물이었다는 사실도 세네갈 언어와 종족성의 복잡한 접목관계와 관련된다. 다음 논의에서 밝혀지겠지만, 세네갈에서 언어를 종족성에 맞추는 일은 획일적인 것도, 뭔가 뚜렷한 것도 아니다.

월로프인은 수적으로 세네갈 인구의 40퍼센트를 상회하는 가장 큰 종족 집단이다. 스스로 월로프인이라고 여기는 세네갈의 인구는 특히 다카르와 같은 도시에서 젊은 세대의 언어전환의 결과로 증가하고 있다. 일찍이 1960년대에 기록된 전환 과정에서는 월로프어가 종종 다언어 가족의 주된 언어로 사용된다. 국가 전역의 소도시에 사는 취학 아동 조사에서 배우자의 한 사람만 월로프인이던 세대에서는 월로프어가 일반적으로 가정 언어였는데, 아주 흥미롭게도 배우자가 둘 다 월로프인이 아니라 서로 다른 언어를 사용하는 가족에서도 월로프어가 주된 언어였다는 점이 밝혀졌다(Wioland 1965; Wioland and Calvet 1967).[14] 오늘날에는 이와 비슷한 도시 상황에도 그러한 세대의 아동은 월로프어를 사용하기 때문에 스스로를 월로프인이라고 생각한다. 따라서 언어적으로 월로프어화가 되는 것은 어느 정도는 종족상으로도 월로프어화가 되는 것이라고 할 수 있다.

두 번째 종족 집단인 레부(Lebu)인은 스스로가 레부어로 부르는 월로프의 한 방언을 사용하는데, 그들의 언어가 다른 월로프 방언과 거의 완벽하게 소통이 가능함에도 그들은 이를 다른 언어로 인식한다. 레부인은 주로 케이프베르데 반도의 해안에 사는 어부이며, 많은 사람이 또한 수피파의 일종인 라옌(Layene)에 속한다. 라옌은 레부인인 세이디나 리마무 라예(Seydina Limamou Laye, 1843~1909)가 창설했다. 요프(Yoff)와 와캄(Ouakam) 같은 많은 레부 마을은 급속히 다카르 같은 대도시의 일부로 편입되고 있다.

세네갈에서 풀라르어 혹은 풀라어를 사용하는 인구는 전체 인구의 약 23퍼센트를 차지하며, 이 인구 집단 내의 여러 집단을 일컫는 이름이 몇 가지 있다. 이 전체를 통합하는 종족명은 '풀라르어 화자'를 뜻하는 할풀라르(Haalpulaar)인데, 이 용어는 다양한 명칭을 사용하는 사람들의 언어 관념에 따라 풀라르어 전체 화자나 투쿨로르(Tukulor)로 불리는 사람만을 가리킨다. 투쿨로르는 월로프어에서 유래한 것으로 보이며, 대략 역사적으로 무슬림이면서—더 최근에 이슬람으로 개종한 목축 풀라니인

---

14 Dreyfus and Juillard(2004: 8, 각주 8)는 이 연구들이 친월로프 성향의 가능성이 있음을 지적했다.

과 대조되는—테쿠루르(Tekrur)로 불린 세네갈 북부의 정주 풀라니인을 일컫는 말이며, 여기에서 투쿨로르라는 명칭이 생겼다. 일정 수의 종족명 [예컨대, 카(Ka), 카네(Kane), 팜(Pam), 아티에(Athie), 아그네(Agne)]은 서아프리카 도처의 풀라르어 사용자 사이에서 발견되는 다른 명칭[예컨대, 바(Bâ), 소우(Sow), 디알로(Diallo)]과는 대조적으로 이 집단에만 국한된 것으로 보인다. 세 번째 명칭은 풀로(Pullo, 단수)/풀베(Fulɓe, 복수)인데, 이 명칭은 서아프리카 전역에 퍼져 있는 목축민이나, 원래 목축민으로서 가축을 기르는 풀라르어 화자가 좀 더 일반적으로 사용한다. 동부 방언이 풀풀데어(Fulfulde)로 알려진 풀라르어는 서아프리카의 넓은 지역에서 1,200만 명 이상의 화자가 사용하지만, 이 언어가 사용되는 각 나라에서는 소수언어이다. 풀라르어는 서아프리카의 중요한 국제어이지만 어떤 나라에서도 우세한 언어가 아니다. 이처럼 독특한 풀라르어의 지위는 월로프어와 같이 우세한 국어로 인해 언어가 대규모로 전환되는 사태에 처해지지 않기를 바라는 일부에게 경각심을 불러일으켰다. 더 큰 국제 공동체에 대한 풀라르어 사용자의 소속감은 이러한 경계심을 유지하는 데 중요 요소이며, 할풀라르는 단순히 투쿨로르의 하위 집단을 가리키는 이름이 아니라 모든 풀라르어 사용자를 가리키기를 바라는 사람들의 논리적 근거와 관념을 정당화한다. 이러한 경각심은 특히 1980년대에 학생 단체 사이에서 나온 과격한 할풀라르운동에서 분명히 드러났으며, 오늘날에도 여전히 많은 영향을 미치고 있다.

서로 의사소통이 되지 않는 몇몇 세네갈 언어 사용자를 세레르라는 종족 명칭으로 부르는데, 이들은 세네갈 인구의 15퍼센트가량을 차지한다. 여기에는 지정된 표준 변이형인 세레르-신어와 같은 다양한 주요 세레르 방언의 화자와, 살룸(Saloum) 섬에서 사용되는 뇨밍카어(Nyominka)와 쁘띠뜨 코트(Petite Côte)의 방언 같은 지역 변이형을 사용하는 화자가 포함된다. 이 변이형들은 상호 의사소통이 되지만, 티에(Thiès) 시 부근과 그 남쪽의 구릉지에는 세레르로 알려진 다른 소집단이 있는데, 이들이 사용하는 5개 대서양 언어는 세레르-신어와 상호 의사소통이 안 되며, 그들 간에도 서로 소통이 원활하지 않다(Williams 1994). 이 언어들은 캉긴어(Cangin)로 알려져 있는데, 이 명칭은 피츨(Pichl 1966)이 티에의 현지 명칭을 따서 붙인 것이다. 여기에 속하는 언어로는 레하르어(Lehar), 팔로르어(Palor), 사피사피어(Safi-Safi), 논어(Non), 은둣어(Ndut)가 있다.

카자망스 저지에 집중적으로 분포하는 졸라 종족 집단도 상호 의사소통의 정도가 다른 언어와 방언군의 화자이다. 졸라 퐁이어 혹은 쿠자마트 졸라어라는 언어가 언어적으로 조밀한 이 지역의 교통어이다. 졸라인은 세네갈 인구의 5~6퍼센트를 차지한다. 졸라 집단 내의 다양한 언어 사용자가 공유하는 정체성 의식의 토대는 공통의 문화 실천 양식이며, 또한 이들이 카자망스의 주된 종족이므로 세네갈 북부와는 구분되는 정체성 의식에도 기반을 둔다.[15]

카자망스에는 또한 상당수의 소수 종족이 분포되어 있다. 만카그네인(Mancagne), 만작인(Manjak), 발란테인(Balante)을 비롯하여 카자망스 위쪽 지역의 바싸리인(Bassari)이 이에 속한다. 이들 때문에 이 지역은 다소 높은 비율의 다언어 상황이 되었고, 말링케어나 소세어, 포르투갈어 기반의 크레올어와 때에 따라 풀라르어와 같은 몇몇 교통어가 사용된다.

세네갈의 만데어 사용자는 인구의 6퍼센트에 불과하지만, 이들은 언어적으로나 종족적으로 서아프리카의 광활한 지역에 분포해 있다.[16] 말링

---

15 Dreyfus and Juillard(2004)는 지갱쇼르의 언어와 정체성을 다카르와 비교해서 상세하게 논한 연구이다.
16 특히 Mansour(1993)는 만데어를 사용하는 서아프리카 지역이 문화적으로 균일하다는 입장을 견지함과 동시에 만데어 사이의 상호 소통성에 초점을 맞추어 이 언어들이 실제로 어떤 한 언어의 방언이라고 주장한다. 세네갈의 경우에는 소세어가 이러한 범주에 속할 수 있겠지만 소닝케어(혹은 사라홀레어)는 그렇지 않다.

케어나 소세어도 카자망스 강 북부의 카자망스 지역에서 교통어로 사용된다. 할풀라르인과 마찬가지로 사라홀레인과 소세인도 감비아, 기니, 말리, 코트디부아르, 심지어는 더 먼 지역의 여러 집단과 많은 문화적 특징을 공유한다. 여기에는 말리 제국의 창건자인 순자타에 관한 서사시가 담긴 서아프리카의 주요 구전 전통도 포함된다. 그러므로 이들 사이에는 국경을 초월한 집단에 대한 소속감 같은 것이 있다. 그러나 이 소속감은 코트디부아르처럼 결코 정치적으로 파괴적인 결과를 낳는 데는 이용되지 못했다.

세네갈의 언어 다원주의에 비추어 볼 때 월로프어가 어떻게 국내 무대에서 우세한 지위를 확보하게 되었는지에 대한 문제는 한층 흥미로울 수밖에 없다. 따라서 다음 절에서는 월로프어화 현상과 더불어 이 언어가 국가 교통어로 출현하게 된 경위를 논의한다.

5.4 월로프어화

월로프어가 세네갈에서 교통어로 확산되는 현상을 의미하는 월로프어화(Wolofization)는 이 언어가 20세기 중반에 시작된 급격한 도시화에 힘입어 큰 탄력을 받았음에도 결코 최근의 현상이라고는 할 수 없다. 현재 세네갈 인구의 90퍼센트 이상이 월로프어를 제1언어나 제2언어로 사용하는데, 도시화가 계속 진행되므로 앞으로 이 비율은 더 올라갈 가능성이 높다. 월로프어화가 시작된 때는 이 언어가 세네갈의 북부 지역에서 교통어로 사용되던 식민 이전 시기로 거슬러 올라가지만, 그 동력은 18세기와 19세기에 도시의 해안 문화가 발전하면서 생겨났으며, 그 이후에는 도시화 및 근대성과 밀접하게 연관된다.

5.4.1 월로프어화의 역사

역사적 증거에 따르면, 월로프어는 적어도 16세기 초반(Klein 1968)이나 더 이른 시기에 세네갈 북부 지역의 월로프 왕국과 세레르 왕국 간의 교통어로 사용되었다. 바올(Bawol)과 졸로프(Jolof) 같은 월로프 왕국이 그 남쪽에 있는 살룸(Saalum)의 세레르 왕국과 인접해 있었지만, 월로프 왕국들 내에는 세레르인도 소수 살고 있었다. 월로프인이 정치적, 문화적, 언어적으로 세레르인에게 어떤 영향을 끼쳤는지는 역사 문헌에 널리 입증되어 있어서 월로프어가 이 두 집단의 교류에서 우선 교통어로 사용되었을 가능성이 매우 높다. 이러한 사실을 통해 세레르인 사이에 오랫동안 널리 퍼져 있는 이언어 사용(bilingualism)의 이유와 월로프인의 상대적인 단일어 사용 이유가 설명된다. 월로프인은 과거에 이웃과의 의사소통을 위해 다른 언어를 익힐 필요가 없었고, 오늘날에도 여전히 그럴 필요가 없다. 이는 또한 월로프어의 방언이 왜 그렇게 드문지, 왜 이 언어가 지역마다 그렇게 비슷한지를 설명하는 가장 중요한 요인 중 하나이기도 하다. 즉, 월로프어 사용자는 서로 빈번하게 접촉을 했기 때문에 교통어의 발생을 예측할 수 있는 상황이다.[17]

초기에 유럽인과 지속적으로 접촉했던 북부 세네갈 해안은 왈로(Waalo)와 카조르(Kajoor)에 있던 월로프 왕국들의 관할 지역이었다. 바로 여기에 생루이와 고레 같은 대서양 도시가 최초로 건설되었고, 그로 인해 월로프어는 도시 언어가 되었다. 18세기에 나온 프랑스어 자료에는 이 두 도시의 월로프어 사용을 언급하는데, 상인이 상거래에서 속지 않도록 이 언어를 배울 것을 강력하게 권고하는 내용이 담겨 있다(Searing 2005). 그

---

17 Irvine(2006)은 월로프어 방언 간의 차이가 없는 사실에 대해 학술적인 설명이 필요하다는 문제를 제기했다.

러나 현실적으로 프랑스인은 생루이부터 세네갈 강 위쪽 지역으로 군사활동 및 상업활동에서 **랍토**[laptots; 세네갈의 원주민 선원(하역부)을 의미함―역주]라고 알려진 통역사의 도움을 받을 수밖에 없었다. 이 랍토들이 분명히 강가의 이러한 연결망을 따라 월로프어를 푸타 토로(Fuuta Toro)의 풀라르어 사용 지역으로 전파하는 데 중요한 역할을 했을 것이다.

도시에서 사용되는 월로프어(이하 도시 월로프어라고 칭함)는 프랑스어 차용이 많다는 특징이 있다. 이를 식민지배 이후의 현상으로 보는 학자도 일부 있지만, 이미 19세기 중반에 적어도 당시에 가장 중요한 도시였던 생루이에서 이 현상이 있었다는 확실한 증거가 있다(McLaughlin 근간, b). 이러한 혼종적인 방언이 사회적으로 확산된 월로프어와 프랑스어 사이의 이언어 사용에 나타났을 가능성은 매우 낮다. 오히려 이 언어는 당시 상업과 정치 영역을 지배하던 생루이의 혼혈인인 메티스인(métis)을 포함하여 이 두 언어를 사용하던 소수 엘리트 집단의 말씨를 본떠서 생겨난 고급 도회어였다.

다카르가 건립된 때는 1857년인데, 이곳에 최초로 정착한 상당수의 사람은 생루이와 고레 출신으로서 이들은 도시풍의 화법을 그대로 옮겨왔다. 20세기 전반부에 상업어로서의 월로프어의 역할은 카자망스와 특히 그 지역 거점인 지갱쇼르를 포함하여 세네갈 전역에 월로프 상인이 퍼져 나가면서 더욱 강화되었다. 처음에는 프랑스령 서아프리카의 수도였다가 1960년에는 신생국의 수도가 된 다카르가 건설되면서 도시 인구가 급증했다. 이곳에 온 사람들은 곧 월로프어를 배웠으며, 오늘날에도 다카르에서 월로프어를 사용하는 인구 비율은 약 96퍼센트로서 국가 전체의 월로프어 사용자 비율보다 높을 것으로 추정된다(Cissé 2005).

5.4.2 국어의 출현

17세기 이후의 월로프어화 역사는 세네갈의 도시화 역사와 밀접하게 연관되며, 그 결과 월로프어는 도시생활 및 근대성과 관련된다. 이는 이 도시 방언이 프랑스어 어휘를 자유롭게 차용하기 때문에 더 그렇다. 어쩌면 이 사실로 인해 이 도시 방언이 농촌 변이형과 가장 크게 구별되고, 두드러지게 도시 스타일의 특징으로 바뀌었을 것이다. 그리고 도시의 발화방식이 도시 노동자에 의해 작은 마을과 촌락으로 다시 전달되어 또 하나의 변이형이 계속 확장된다. 월로프어가 확산되고, 새로운 도시 이주민이 이를 가정에서 일상적으로 사용하기 시작하면서 젊은 세대가 월로프어로 언어를 교체한다. 그러한 맥락에서 언어와 종족이 합쳐지면 점차 더 많은 사람이 스스로를 월로프인과 동일시한다.

그러나 도시 맥락에서 월로프인이라는 것은 머클로흘른(McLaughlin 2001)에서 논의된 바와 같이 월로프어라는 말이 도시 정체성에 대한 편리한 용어로 종종 사용되기 때문에 많은 것을 의미한다. 인상적인 한 가지 사례로 파틱(Fatick) 마을 출신의 할풀라르인 교사가 한 말을 들 수 있다. "난 집에 있을 때는 할풀라르인이지만, 다카르에 있을 때는 월로프인이다"(McLaughlin 1995: 156). 이 말은 곧 다카르에서는 다른 사람과 마찬가지로 완전히 도시인이 되었다는 것을 의미한다. 그러나 역설적으로 종족 집단과 언어로서의 월로프 개념에는 도시생활의 부정적 속성 또한 투영되었다. 다른 언어 사용자는 도시 월로프어의 모든 프랑스어 차용 어휘를 두고 월로프어 사용자가 자신의 문화에서 분리되었기 때문에 모어조차 제대로 구사하지 못하는 징표라고 즉각 지적한다.[18] 원래의 월로프인

---

18 필자(McLaughlin 2001: 164ff.)는 풀라르어와 세레르어 도시 변이형 모두에서 광범한 프랑스어 차용이 나타나지만 차용 어휘는 특히 자음 변환과 같은 이 두 언어의 복잡한 형태음운적 특성 때문에 더 잘 은폐되므로 항상 그런 식으로 인

이 아니라는 이러한 비난에 대한 반응은 도시 정체성을 위해 종족 정체성을 명백히 포기하는 것으로서, 단순히 자신이 다카르 출신이라고 말하면서 어떠한 종족 집단과도 자신을 동일시하지 않는 다카르 젊은이 사이에서 이러한 현상이 특히 두드러지게 나타난다. 따라서 도시화와 월로프어화는 세네갈의 종족 개념에 지대한 영향을 미친다. 이것이 나중에 어떻게 전개될지는 좀 더 지켜봐야 알겠지만, 종족에 대한 충성심이 정체성 구축에서 경시된다면 5.3.2절에서 논의한 풀라르어와 만데어 사용자 사이의 종족에 토대한 초국가적 충성심도 약해질 수 있다. 월로프어화로부터 직접 발생하는 탈종족화 과정은 결국 더 강한 세네갈 민족주의의 의식 형성에 기여할 수 있다.

월로프어가 어떻게 세네갈의 실질적인 국어로 부상했는지를 고찰하면서 4개 주요 부상 요인을 지적할 수 있다. 첫째, 월로프어를 교통어로 사용한 것은 식민지 시대 이전으로 역사가 오래되었다. 둘째, 해안 지역에 최초로 건설되었던 도시에서 월로프어가 사용되어 도회어가 되었다. 셋째, 20세기 중반부터 도시화가 급증했다. 넷째, 월로프어 사용이 정부 정책을 통해 공식적으로 장려된 적이 없었기 때문에 공식적으로 월로프어화에 반대할 만한 실질적 근거가 없었다.

5.4.3 국어에서 국제어로

세네갈인은 오래전부터 국경을 넘어 다른 세계와 다양하게 교역하면서 이주 네트워크에 참여해 왔다. 세네갈 무역업자는 코트디부아르, 가봉, 남아프리카공화국을 포함하여 많은 아프리카 국가에서 중요한 위치를 점하며, 미국을 비롯하여 프랑스와 그 밖의 유럽국가에 상당히 큰 세네갈 이주민

식되는 것은 아니라는 점을 지적한 바 있다.

사회를 형성하고 있다. 아주 최근에는 아프리카인의 불법적 유럽 이주와 관련하여 세네갈이 논란의 대상이 되었는데, 그 이유는 이주자를 가득 태운 보트가 세네갈에서 출발하여 카나리아 섬으로 향하기 때문이었다. 서로 다른 언어 배경을 가진 세네갈인이 고향을 떠나 세계 도처의 세네갈 사회에 진입할 때 가장 많이 사용하는 언어는 월로프어이다. 세네갈 무역업자는 대부분 무리드 수피(Murid Sufi) 종단에 속하며, 이 종단을 중심으로 발달한 사회와 상업망에 의존해 있다. 무리드 종단은 20세기 초 세네갈의 월로프어 중심지에서 처음 생겨났으며, 신도는 고향뿐만 아니라 종교활동(아랍어와 더불어)과 해외 상업활동에서 월로프어를 사용한다. 국가 차원에서 나타나는 월로프어화 과정은 여러 교역망에서 월로프어를 교통어로 사용하면서 해외에서도 늘어나는 추세이므로 다소 세계적 양상을 보이거나, 또는 세계화로 인해 월로프어화가 강화되고 있다고 말할 수 있다.[19]

5.5 프랑스어권 국가?

지금까지 다룬 언어와 국가 정체성에 관한 논의는 국가 정체성의 첫 번째 정의, 즉 민족국가(nation-state)와 국민의 관계와 소속감에 초점을 두었다. 이제 국제적인 세계질서 내의 개별 민족국가의 정체성에 대한 두 번째 정의를 내리고자 한다. 그 이유는 세네갈의 프랑스어 사용 인구 비율이 10~24퍼센트로 추산되더라도 세계질서 안에서는 세네갈을 확실한 프랑스어권 국가로 간주할 수밖에 없기 때문이다.[20]

---

19 월로프어화와 세계화와 관련된 문제에 대한 심층적 논의는 McLaughlin(근간, a; 2008년에 출간됨 – 역주)을 참조한다.

20 Cissé(2005: 272)는 프랑스어권 고등심의회(Haut Conseil de la Franco-phonie)가 1990년에 펴낸 보고서에 따르면, 세네갈 인구의 10퍼센트가 프랑스

5.5.1 프랑스어권과 세네갈

프랑스어권(francophonie)이라는 개념은 다소 복잡한 개념이다. 그 이유는 이 개념 자체가 프랑스 및 예전 식민지와 모순관계를 의미하고, 세계어로 사용되는 영어에 대한 불안에 기인하기 때문이다. 그런데 프랑스어권이란 용어가 의미하는 것은 정확히 무엇일까? 세네갈을 프랑스어권 국가라고 부르는 이유는 프랑스어 사용 인구가 압도적으로 많아서가 아니라 이 나라가 과거에 프랑스 식민지였고, 프랑스어가 현재 국가 공식어이기 때문이다. 따라서 어떤 국가를 프랑스어권 국가라고 하는 것은 다양한 층위에서 해당 국가가 국제적 동맹관계에 있음을 의미한다. 셍고르 전 세네갈 대통령은 이러한 국제관계의 가치를 인식해서 세네갈이 프랑스어권 네트워크에 계속 의존하고 결부되면 경제적, 이념적으로 신식민주의와 다를 바가 없다는 정적들의 주장에도 불구하고 국가 공식어로서 프랑스어 사용을 옹호하고 장려할 것을 주장했다. 그의 후임자인 압두 디우프[Abdou Diouf. 프랑스어권국제기구(*Organisation Internationale de la Francophonie*: OIF)의 사무총장 역임]와 압둘라예 와데(Abdoulaye Wade)도 모두 프랑스어권 국제 네트워크와 강한 유대를 맺었다. 프랑스어 쇠퇴와 국제어로서 영어 부상과 더불어 프랑스어권의 개념은 프랑스뿐만 아니라 국내 정치에서 언어정책을 중요한 문제로 다루는 캐나다와 벨기에 같은 프랑스어를 일부 사용하는 서구 국가에서 한층 더 중요해졌다. 프랑스어권 공동체는 세네갈을 프랑스어권 국가로 포섭해서 프랑스어권 지위를 바탕으로 세네갈에 정치적, 경제적 지원을 제공해 주기를 항상 바란다. 세네갈이 실제로 프랑스어권 국가인지 아닌지는 프랑스어권 국가의 국제 네트워크의 회원 자격

어를 '항시 사용(real francophones)'하고, 14퍼센트가 '간헐적으로 사용(occasional francophones)'하는 것으로 집계되었다.

과는 사실상 별 관계가 없다. 그 이유는 프랑스어권이라는 개념은 단지 언어와는 큰 관련이 없고, 대부분은 정치적인 것이기 때문이다.

5.5.2 세네갈의 프랑스어 사용

5.2절의 논의에서 보았듯이 세네갈은 정부, 관료 정치, 교육 등의 영역에서 공식적으로 프랑스어를 장려하는 정책을 장기간 시행해 왔다. 반면에 토착어와 관련해서는 언어 문제가 크게 정치쟁점이 되지 않을 정도로만 공식적으로 허용했다. 외관상으로는 국어를 장려하고, 1961년에 창설된 다카르 응용언어학센터(Centre de Linguistique Appliquée de Dakar, CLAD)와 같이 상당한 수준의 인적, 재정적 지원이 필요했던 새로운 계획안조차도 프랑스어 사용을 촉진하는 것을 목표로 삼았다. CLAD의 언어학자들이 위임받은 임무는 세네갈 토착어 사용자에게 프랑스어를 더 잘 가르칠 방법을 마련하는 것을 가장 중요한 목표로 두고 토착어를 연구하는 것이었다.

세네갈에서 프랑스어는 정부와 교육 영역에서 사용되며, 무엇보다도 소수 엘리트의 공용어로서 학교교육을 통해 전달된다. 대부분의 학생이 학교에서 받는 프랑스어 수업은 세네갈인에게 프랑스어를 배운 세네갈 교사가 담당한다. 부분적으로는 프랑스 출신의 프랑스어 원어민의 교육—세네갈이 프랑스로부터 독립한 직후까지 실시된 일반적인 프랑스어 교육 상황이다—에서 세네갈 출신의 프랑스어 화자의 교육으로 수업 제도가 전환되면서 독특한 세네갈 프랑스어 변이형이 발생했고, 이 변이형이 무표적인 표준(unmarked norm)이 되었다. 세네갈 프랑스어에는 월로프어와 다른 세네갈 언어의 운율요소와 문법 특징이 많이 포함된다. 두드러진 특징으로는 프랑스어 목젖음 [ʁ] 대신에 설단음 [r]을 사용하거나, 단어 첫 음절에 강세를 두거나, 첫 자음이 없는 음절 앞에 성문폐쇄음이나 활음 같은 자음을 첨가하거나(예컨대, dehors[바깥]이 [rɔːw.eb]로 발음된다), 모음첨가로 자음군을 분리하거나, 대과거를 다른 사건에 대한 선행성과 관계없이 과거시제로 활용하는 것 등이다.

세네갈에서 프랑스어가 변용되는 두 번째 방식은 혼종적인 월로프어 도시 변이형에 어휘를 제공하는 언어(lexifier language)가 되면서 나타난다. 월로프어의 문법구조는 도시 변이형에서 대부분 그대로 나타나지만, 프랑스어 차용 어휘가 상당히 많다. 이 혼합된 변이형으로 인해 세네갈의 프랑스어는 오히려 더 널리 사용되는 결과를 낳았는데, 그 이유는 도시말에 처음 노출된 도시 이주자가 나중에 프랑스어를 쉽게 배울 수 있기 때문이다. 세네갈의 교육이 계속 프랑스어로 이루어지고—나중에 토착 국어로 교육을 병행하더라도 그럴 것이다—취학률이 높아지면 일반 국민의 프랑스어 구사력도 향상될 것이고, 도시의 월로프어도 계속 자유롭게 프랑스어 어휘를 차용할 가능성이 높다.

세계적으로 영어가 가장 중요한 국제어로 부상하면서 받은 영향도 세네갈에서는 다소 특이하게 감지되었다. 프랑스어 교육을 받은 과거의 화이트칼라인 엘리트 세대는 흔히 일반국민의 프랑스어 구사력을 향상시키고, 교육수준을 높이는 데 관심이 없었다. 왜냐하면 그렇게 되면 자신들은 물론, 좁은 취업시장에서 좋은 교육을 받은 자기 자식의 경쟁이 더 심해질 수 있기 때문이었다. 마이어스-스코튼(Myers-Scotton 1993)은 이 현상을 엘리트 울타리(elite closure)로 표현한 바 있다. 그러나 뛰어난 프랑스어 구사력과 훌륭한 교육이 경제적 성공의 열쇠였던 시기는 이미 지나갔다. 그다지 높지는 않지만 경제성장과, 특히 다카르와 그 외 지역에서 눈에 띄게 나타나는 건설 붐은 상당 부분이 해외 이주민의 기업가적 노력과 국제적인 상업망, 고향으로 보낸 송금 덕분이다. 해외의 기회는 정식교육은 받았지만 기회를 얻지 못한 사람과 정식 교육을 거의 받지 못했거나 아예 받지 못한 사람, 프랑스어를 하지 못하는 사람 모두에게 매력적이다. 많은 해외 이주자는 프랑스어보다 영어가 더 유용하다고 생각하는데, 이들이 세네갈로 돌아오면서 들여온 월로프어 변이형은 영어 차용 어휘가 많이 포함되어 있어 새롭게 각광을 받고 있다.

5.6 결론

세네갈은 합당한 이유로 국제적 맥락에서 프랑스어권 국가로 간주되지만, 실제로는 다언어 국가이면서 월로프어를 주로 사용하는 국가이다. 월로프어화가 공식적인 지지 없이 발생한 비공식적 과정이기 때문에 월로프어는 대부분의 지역에서 비공식적인 국어로 떠올랐다. 압둘라예 와데의 계획이 실패한 사례가 보여 주듯이 월로프어를 다른 세네갈 언어보다 상위에 두려는 공식적인 기도는 모두 정치적 위험 부담을 상당히 크게 안으며, 이 상황으로 인해 프랑스어를 공식적으로 장려하는 정책이 강화된다. 그러나 월로프어에 더 높은 공식 지위를 부여하는 것에 반대하는 사람조차도 일상에서는 월로프어를 사용하는 것이 거의 확실하다. 월로프어화를 가장 격렬히 반대하는 사람들도 국가 정체성을 규정하는 데 지금까지 계속 중심 역할을 해 온, 크루즈 오브라이언(Cruise O'Brien 2003: 140)이 '무방향성 사회운동(undirected social movement)'이라고 부른 운동에 동참한다.

잉세 스카툼(Ingse Skattum)

6.1 개관

말리는 7개국과 국경을 접하고 있는 내륙국이다. 서쪽으로 세네갈, 북쪽으로 모리타니와 알제리, 동쪽으로 니제르와 부르키나파소, 남쪽으로 코트디부아르, 기니와 국경을 맞대고 있다. 말리는 아프리카에서 가장 면적이 넓은 국가 중의 하나로서 북부의 사하라 사막, 중부의 반사막 지대인 사헬, 남부의 수단 사바나의 세 기후대로 구분된다. 인구는 약 1,300만 명 (CIA-World Factbook 2015년 기준 인구는 1,695만 5,536명임 – 역주)으로 대다수가 남부 지역과 주요 강인 니제르 강(아프리카에서 세 번째로 긴 강이다)과 세네갈 강을 따라 거주한다. 주요 수출품은 금과 목화이며, 목화는 아프리카에서 이집트 다음으로 생산량이 많다. 그러나 말리는 세계의 최빈국 중 하나이다. 삶의 질, 평균 기대수명, 문해율 등을 지표로 한 유엔

개발프로그램(UNDP)의 인간개발지수(HDI)에서는 177개의 조사 대상국 중 174위이다. 통계를 보면, 출산율이 높고(여성 1명당 약 7명의 영아를 출산) 유아 사망률도 세계에서 가장 높은 국가(11.3퍼센트)에 속한다. 한편 평균 기대수명은 48.5세에 불과하고, 인구의 절반이 15세 미만이다. 문해율은 19퍼센트이며, 학교 취학률은 26퍼센트이다.[1] 인구의 약 90퍼센트가 무슬림이며, 9퍼센트는 정령신앙을 믿고, 1퍼센트는 기독교를 믿는다. 정령신앙은 무슬림과 기독교 신앙 모두에 영향을 미치며, 종교적으로 관대한 편이다. 남부 지역에 있는 수도 바마코(Bamako)의 인구는 약 100만 명이다(CIA-World Factbook 2015년 기준 인구는 250만 명임 – 역주). 다른 주요 도시로는 세구(Segu), 시카쏘(Sikasso), 쿠티알라(Koutiala), 카이예스(Kayes), 몹티(Mopti), 젠네(Djenne), 팀북투(Timbuktu), 가오(Gao)가 있다. 말리는 1880~1895년에 프랑스 식민지가 되었고, 1892년에는 프랑스령 수단으로 불렸다. 이 지역은 1960년 9월 22일에 독립국으로 선포되었고, 그 직후 중세의 말리제국의 이름을 따라 국호를 말리로 변경했다. 1960년 이후 말리공화국은 세 차례나 들어섰는데, 모디보 케이타(Modibo Keita, 1960~1968)가 제1공화국을 세웠고, 무사 트라오레(Moussa Traoré, 1968~1991) 장군이 제2공화국을 세우고, 민주적으로 선출된 두 대통령 알파 우마르 코나레(Alpha Oumar Konaré, 1992~2002)와 아마두 투마니 투레(Amadou Toumani Touré, 2002~)가 제3공화국을 세웠다.

공식어는 프랑스어지만, 이를 구사하는 인구는 5~10퍼센트에 불과하다. 따라서 인구 비율로 볼 때 말리는 사하라 이남의 다른 프랑스어권 국가보다 프랑스어 화자(제1언어나 제2언어로 사용)가 적다.[2] 그 한 가지 이

---

1 위의 수치는 모두 *L'état de l'Afrique 2005*(2005; Paris: Jeune Afrique/L'Intelligent)에서 인용한 것이다.
2 모리타니는 대마그레브(Grand Maghreb)에 가입해서 공용어를 아랍어로 교체했으므로 여기서는 제외한다.

유는 말리가 프랑스어권 국가 중에 드물게 토착어인 밤바라어(Bambara)를 널리 사용하는 국가이기 때문이다. 모어로 밤바라어를 사용하는 사람은 약 40퍼센트이며, 나머지 40퍼센트의 사람은 교통어로 사용한다. 그러나 이 언어가 특별한 지위를 가진 것은 아니고, 말리의 다른 12개 언어와 함께 '국어'로 인정받았을 뿐이다. 국어의 지위를 가졌다는 것은 이 언어가 표기체계(codification. 공식적으로 인정된 알파벳과 철자법)를 갖추고 있고, 가장 중요한 영역인 교육과 같은 공공영역에서 사용된다는 것을 의미한다. 말리는 자국의 국어를 교습 수단으로 교육체계에 도입한, 사하라 이남에서 매우 보기 드문 프랑스어권 국가 중의 하나이다. 1992년의 헌법에서 문화적 다원주의와 언어적 다원주의를 옹호한다는 점에서도 예외적인 국가이다.

말리의 자주적인 국민은 여성과 아동의 권리뿐만 아니라 사회의 문화 다양성과 언어 다양성을 보호하겠다는 결정을 선언한다(전문).

프랑스어는 공식적 표현수단이다. 국어의 장려와 공용화 방법은 법으로 규정한다(제2장, 제25조).[3]

이 장에서는 말리의 국가 정체성을 나타내는 표식으로서 상징적 가치를 가진 언어 다원주의를 주로 옹호하고자 한다. 언어 다원주의 옹호의 유일한 근거는 아니지만 주된 근거로 말리의 다종족적, 다언어적 역사를 들 수 있다. 주간지 《젊은 아프리카(*Jeune Afrique*)》의 한 기자는 "아프리카의 북서부 지역만큼 재통합하려는 욕구가 강렬한 지역은 없다"(Andriamirado 1987 : 59)고 주장했다.

6.2 역사적 배경

말리는 가나(Ghana), 말리(Mali), 가오(Gao)와 같이 위대한 서아프리카 제국(8~16세기)이 있던 빛나는 과거를 자랑한다. 이 '황금시대'는 오늘날 말리의 대다수의 종족 집단의 주요한 역사적 관계를 형성하며, 대다수의 국민 사이에 동일 공동체 소속감이 큰 이유를 대부분 설명해 준다. 이러한 제국들을 건설한 소닝케인(Soninke), 마닝카인(Maninka) 또는 말링케인(Malinké),[4] 송하이인(Songhay)은 말리의 핵심 종족이다(Diakité 1989 : 136). 그러나 이 세 제국이 존속하던 당시에 이미 광활한 영토에 많은 인구가 살고 있었다. 따라서 현재 말리 내의 다문화주의와 다언어주의는 이러

---

3 프랑스어 원문의 번역은 모두 필자 개인의 번역이다.
4 여기서는 가장 일반적으로 통용되는 영어 명칭을 사용하지만, 언어와 종족 집단의 일치 여부가 불분명한 경우에는 프랑스어나 토착어 명칭도 사용했다.

한 말리의 과거 유산의 일부이다.

가나제국(8~11세기)은 최초의 제국으로서, 오늘날의 모리타니와 말리의 교차 지역에 있었으며, 동일한 언어를 사용한 여러 소닝케 씨족집단이 세운 국가였다. 이들은 북쪽에서 내려온 유목민의 압박으로 뭉치면서 사하라 횡단교역(주로 북부 지방의 금과 남부 지방의 소금을 거래)을 통해 왕국을 건설했다. 또한 흑인과 베르베르 군주를 통치하면서 이 지역에 평화와 질서를 확고히 유지했고, 정령신앙을 가졌음에도 이슬람을 허용했다. 그러나 11세기에 가나제국은 베르베르 무슬림에 의해 멸망했다(Ki-Zerbo 1978: 110).

말리제국(13~15세기)은 1235년에 순자타 케이타(Sunjata Keita)가 통일할 때까지 동일 언어와 문화를 가졌음에도 동족 간 전쟁을 벌였던 마닝카인이 건설했다. 순자타는 마닝카 씨족집단의 역할은 물론이고, 다른 종족집단의 권리와 의무(직업 및 계급의 분배)도 지정해 주었다. 이 사회조직은 수 세기 동안 지속되었고, 오늘날에도 그 흔적이 다소 남아 있다. 마닝카인은 오늘날의 말리와 기니 국경에 위치한 만데(Mande) 산에 살았다. 순자타가 영토를 서쪽으로 크게 확장하면서 말리제국의 세력은 대서양의 니제르 강과 사하라 남쪽의 열대우림까지 뻗어 나갔다. 말리제국의 통치하에 이슬람이 기반을 닦으면서 팀북투와 젠네가 학문의 중심지로 부상했다(Diakité 1989; Ki-Zerbo 1978).

15세기 중반에 말리제국이 쇠퇴하고, 가오제국이 발흥했다. 여러 송하이인을 통일한 손니 알리 베르(Sonni Ali Ber)가 팀북투, 젠네, 마시나(Macina. 오늘날의 말리 중부)뿐만 아니라 모씨 왕국(Mossi. 오늘날의 부르키나파소)까지 정복했다. 그의 후계자 중의 한 사람인 아스키야 모하메드(Askia Mohammed)는 백성에게 이슬람을 믿도록 강요하는 한편 대서양에서 오늘날 나이지리아의 하우사인 도시인 카노(Kano)와 카씨나(Katsina)에 이르는 서아프리카 대부분의 지역을 차지할 정도로 제국을 방대하게 확장했다. 16세기 말까지 수도 가오는 서아프리카의 최대 도시였지만, 연이은 내분으로 인해 왕조가 곧 쇠약해져 1591년에 결국 모로코인에게 정복을 당했다(Ki-Zerbo 1978).

디아키테(Diakité 1989)는 가나, 말리, 송하이 제국의 건국 과정이 동일했다고 주장한다. 즉, 공통의 문화와 언어 유산을 물려받았다는 것을 인지한 씨족들이 단일한 정치와 군사통치 아래 하나의 집단으로 통일되었다는 것이다. 이렇게 종족이 합병되고 동질화된 뒤에 제국이 확장되었는데, 이는 곧 이들 제국이 다른 집단을 정복했다는 것을 의미한다. 따라서 이들 왕국은 모두 다양한 종족과 언어가 섞인 제국이었으며, 단순한 인접국의 관계에서 혼합과 재구조화, 동화를 거치면서 종족 변화를 겪었다. 이처럼 제국을 창건한 종족 외에도 동일한 정치적 지배권 아래 통합되었던 종족 집단을 살펴보면, 풀라니인[Fulani, 푈인(Peul)], 세레르인(Serere), 베르베르인, 아랍인, 보조인(Bozo), 투아렉인(Tuareg) 등의 종족을 우선 꼽을 수 있다. 이들 종족 집단의 역사는 인근 집단의 역사와 분리할 수 없다.

이 지역의 가장 중요한 통합 요인 중에는 경제와 함께 특히 종교가 큰 역할을 담당했다. 사하라 횡단교역에 힘입어 거대시장과 상업도시가 많이 생겨났고, 이는 곧 다양한 종족 집단을 끌어들이는 계기가 되었다. 이 중심 도시들은 경제 다음으로 중요한 통합 요인이었던 이슬람을 확장하는 데 크게 기여했다. 무슬림은 다양한 종교 관행을 공유했다. 예컨대, 기도, 사원, 기념일 등이 그것이다. 이슬람은 무슬림 정체성의 일부였고, 때에 따라서는 종족관계를 좌지우지했다. 예를 들어, 마닝카인은 종족과 언어라는 면에서는 자신과 밤바라인이 가까운 친족이지만, 이슬람을 오랫동안 거부하고 정령신앙을 고수하기 때문에 자신과 다르다고 생각했다(Diakité 1989: 141-142).[5]

---

5 오늘날에도 '밤바라'라는 명칭은 '이교도(pagan)'와 동의어로 사용된다.

데비스(Devisse 1989: 106)는 어떻게 개인과 집단 모두가 안전을 이유로 종족 정체성을 때로 바꾸면서까지 무슬림 공동체의 정체성을 받아들였는지를 기술했다. 어떤 집단은 조상이 이슬람을 받아들였기 때문에 아랍 역사학자가 이를 언급한 이후에 후세에 알려지기도 했다(Devisse 1989: 110). 정체성과 관련된 이슬람의 역할에 대한 또 다른 증거는 일부 종족 집단이 더 신망 있는 동방 무슬림의 유래와 자신의 종족 시조를 일치시키려고 원래의 탄생 신화도 바꾸었다는 사실을 들 수 있다(Devisse 1989). 예컨대, (서로 가까운 관계인 마닝카, 밤바라, 디울라 집단으로 이루어진) 만딩인(Manding)이 그에 해당한다(Devisse 1989: 114).

일부 경우에는 말리제국 내의 종족문화적 상호작용으로 인해 혼합과 (또는) 동화를 통하여 종족이 재구성되었다. 디아키테(Diakité 1989)는 새로운 종족 집단이 출현하는 경우를 두 가지로 언급한다. 예컨대, 마시나 지역에 사는 마르카인(Marka)은 소닝케인으로도 종종 인구에 회자되지만, 사실은 가나가 멸망한 후 소닝케인이 이주한 결과 탄생한 종족이다. 즉, 이들은 소닝케 이주민이 풀라니인, 밤바라인, 보조인, 소모노인(Somono) 출신의 현지 집단과 혼인해서 생겨난 종족이다. 많은 마르카인이 소닝케인과 마찬가지로 상업에도 종사하지만, 이들은 또한 농사도 짓고, 밤바라어를 사용한다. 또 다른 예로 아르마인(Arma) 집단을 들 수 있는데, 이 집단은 모로코 정복자들이 현지의 송하이 여성과 혼인해서 탄생한 종족이다. 이들은 스스로를 팀북투 출신의 아랍인, 즉 예언자의 후손으로 여기며, 아랍어와 송하이어를 모두 사용한다.

아랍 역사가들은 소규모의 종족 집단이나 개인이 종족의 고유 특징 전체나 일부를 상실한 뒤 규모가 더 크고 영향력이 강한 집단에 동화된 경우도 기록하고 있다. 동화는 전쟁이나 상업, 이슬람 연구나 가뭄과 같은 자연재해 등의 다양한 이유로 주민이 이주해서 이루어졌다. 이런 종족 동화는 (빈번한 이종결혼을 통해) 자연스럽게 이루어지거나 (노예를 첩으로 삼는 것처럼) 강압적으로 이루어졌다. 그 결과 언어와 문화를 포함해서 세력이 더 강한 상대의 성도 받아들였다(그러나 노예의 지위는 그대로 유지되었다). 종족 동화 현상은 이 지역의 모든 종족 집단에 영향을 주었기에 오늘날 대부분의 종족 집단은 같은 성을 가진 사람이 많고, 무엇보다 서로 평화롭게 공존한다.

따라서 서아프리카의 사헬 지역은 대제국들이 존속하던 시기에 하나로 뭉친 세력에 의해 종족들이 합병되고(씨족 집단이 국가체제로 합쳐짐), 섞이고 동화된 진정한 용광로였다. 디아키테는 서아프리카 제국들이 종족 특수성에도 불구하고 동질적 문화를 창출했다고 주장한다. 이러한 취지로 그는 프랑스 인류학자인 올리비에 드 사르당(Olivier de Sardan)의 말을 인용한다.

인간과, 동일한 환경이 수 세기에 걸쳐 접촉함으로써 양립적이거나 때로는 동질적인 사회구조가 생겨났다. 그러나 그 차이가 완전히 사라진 것은 아니었고, 서로 다른 언어와 생산방식(정착 농업/반유목적 가축 사육)이 존재하는 점에서 알 수 있듯이 서로 다른 문화와 생활방식이 여전히 널리 퍼져 있었다(Diakité 1989: 146에서 인용).

통합 세력이 이 시기의 주요 특징이지만 분리 세력도 있었는데, 특히 더 나은 생활 여건을 찾기 위해 이주하면서 동족 집단이 분산되었다. 그러나 이 장에서는 반란 세력인 투아렉인을 제외하고 매우 관용적인 평화 공존을 하는 종족과 언어의 현황을 설명하기 위해 통합 세력에 더 많은 무게를 두었다.

대제국들이 멸망한 후 내전이 빈발했고, 주로 단일 종족에 기반을 둔 소규모 왕국들이 등장하는 시기가 찾아왔다. 당시 말리의 여러 왕국 중에서 가장 중요한 왕국은 세구의 밤바라 왕국과 마시나의 풀라니 왕국이었다. 세구 왕국(18~19세기)은 니제르 강을 따라 만데에서 팀북투까지 뻗어 있었는데, 여기에는 마시나 지역과 대도시 젠네와 팀북투, 그 이후에는 카르타(Kaarta. 북서쪽에 있었던 또 다른 밤바라 왕국), 동쪽으로 도곤(Dogon)과 모씨 지역이 포함되었다.

풀라니인이 주류를 이루었던 마시나 지역은 원래 밤바라인이 오랫동안 통치했다. 그러나 19세기 초에 셰이크 아마두(Cheiku Amadu)라는 풀라니인이 밤바라인을 격퇴하고 젠네를 정복한 뒤, 1825년에는 팀북투까지 점령했다. 그 후 그는 대다수 사람을 이슬람으로 개종하여 이슬람 왕국을 설립했다. 얼마 후에는 세네갈 출신의 투쿨로르인(Tukulor. 풀라니인과 가까운 종족) 엘 하지 우마르 탈(El Hadj Umar Tall)이 성전을 일으켜 밤바라 비교도와 풀라니 무슬림이었던 셰이크 아마두(그는 다른 무슬림 종파였다)를 공격했다. 그도 니제르 강기슭에 또 다른 신정국가를 세웠지만, 19세기 말 말리에 진입한 프랑스인에게 항복했다. 1866년에 세네갈 총독이었던 페데르브(Faidherbe) 장군의 주도로 프랑스인과 엘 하지 우마르 탈의 아들인 아마두 사이에 조약이 체결되었고, 이 조약으로 프랑스의 식민정복의 길이 열렸다.

그러나 프랑스인은 기니, 코트디부아르, 말리의 경계 지역에서 만딩 '제국'을 창시한 디울라 알마미 사모리 투레(Diula Almami Samori Touré)라는 전쟁 지휘관의 거센 저항에 직면했다. 그는 1898년에 체포되어 가봉에서 유배생활을 하다가 1900년에 사망하기 전까지 17년 동안 프랑스인에 맞서 싸웠다. 그는 특히 프랑스에 맞서 저항하는 과정에서 보인 용맹과 탁월한 군사지략으로 칭송받기도 했지만, 다른 아프리카인에게 행한 무자비한 탄압 때문에 지탄도 받았다.

공식적으로 1892~1960년에 걸쳐 지속된 프랑스의 말리 식민통치는 이 지역에 프랑스 법률과 행정뿐만 아니라 프랑스식 교육체계와 프랑스어가 이식되는 계기가 되었다. 물론 60~70년간의 프랑스 식민통치의 영향은 매우 컸지만, 사하라 이남의 다른 프랑스 식민지만큼 그 영향이 강하지는 않았다. 말리는 장기간에 걸쳐 종족들이 공존하면서 뒤섞여 살았을 뿐만 아니라 역사와 문화유산이 풍부해서 프랑스의 영향력에 맞서 전통과 언어를 고수할 수 있었다.

1960년에 독립한 이후 말리에는 모두 세 차례의 공화국이 들어섰다. 1968년에 초대 대통령이었던 모디보 케이타가 무사 트라오레 중위가 주도한 쿠데타로 전복되었고, 트라오레 자신도 1991년에 아마두 투마니 투레(간단히 ATT로 불린다)에게 축출당했다. ATT는 알파 우마르 코나레가 승리한 1992년의 민주선거까지 과도정부를 이끌었다. 알파(일반적으로 이렇게 불린다)는 투아렉인 반란 사태(1990~1996)를 우여곡절 끝에 해결했고, 1996년에 '평화의 불꽃(Flame of Peace)' 제단에서 무기를 불태움으로써 상징적인 축하 세례를 받았다. 1994년에는 무사 트라오레가 법의 심판에 회부되었고, 재판은 공정한 것으로 평가받았다. 사형이 언도되었지만 처형되지 않을 것이 확실했고, 말리의 용서 전통에 따라 석방되었다(Skattum 1998). 코나레는 1997년에 대통령에 재선되었고, 2002년에 헌법대로 두 차례의 임기를 마친 후 공직을 떠났다(아프리카에서는 드문 일이다). 같은 해에 그는 자신의 신조인 범아프리카주의 투쟁을 벌이는 아프리카연합위원회에서 명망 있는 지위인 사무총장으로 임명되었다.

> 아프리카인에 대한 서약을 지키기 위해 우리는 아프리카 시민과 함께 결속력과 책임 의식이 있는 진정한 아프리카식 아프리카, 즉 위대한 아프리카 국가를 건설해야 한다(Konaré 2005: 12).

범아프리카주의가 다른 서부 아프리카 제국보다 문화와 언어의 다양성을 더 폭넓게 포용하더라도 그 방식 역시 과거의 유산을 따른다.

코나레의 전임자로서 1991~1992년에 민주주의로 변화를 주도했던 방식 덕택에 널리 존경을 받았던 ATT는 2002년에 무소속 후보로 선거에서 승리했다. 그는 다양한 연정(聯政)에 의지하여 아프리카 집회전통(palabre. 모든 사람이 자기 생각을 표현하는 권리를 가진 모임)에 뿌리를 둔 '합의' 방식에 의거하여 통치했다. 이에 따라 말리는 1992년부터 정치적으로 국정을 잘 운영하는 국가로 인정받았다.

그러나 오늘날 말리에 갈등이 전혀 없는 것은 아니다. 주요 문제 중 하나는 말리학생연합(Association des Elèves et Etudiants du Mali, AEEM)이 1992년부터 주도해 온 파업인데, 이 단체는 무사 트라오레의 축출에도 핵심 역할을 담당했다. 파업에 이은 폭동과 폭력 사태로 학교교육이 방해를 받아 말리 학생들의 학력 수준이 저하되었다는 인식이 생겨났다(Diakité 2000). 이러한 학력 저하는 말리인의 프랑스어 구사 역량에서도 나타났다.

6.3 말리의 국어: 개관

역사적 배경이 보여 주듯이 말리의 종족 집단은 서로 뒤섞이고 동화되어 그 경계가 불확실하다. 그 외에도 종족 수는 인구조사(1976, 1987, 1998년)에 종족이나 종교에 관한 설문은 포함되지 않아서 추정치에 불과하다. 하지만 1987년도의 인구조사에는 모어와 다른 구어에 대한 질문이 포함되어 있다(Recensement général de la population et de l'habitat, 1987).

그러나 비드린(Vydrine)의 말처럼 종족성과 언어 사이에 일대일 대응 관계는 없다.

개인의 종족 귀속이 언어나 문화가 아니라 무엇보다 출신에 달려 있다는 사실은 서부 수단에서 잘 알려져 있다. 달리 말해 종족적 프로파일과 언어적 프로파일은 특히 도시에서 반드시 서로 일치하는 것은 아니다. 도시에서 '제1언어'는 '모어'나 '부친어'와 다른 경우가 많기 때문이다(Vydrine 1994: 200).

지역어의 추정치는 잘 알려진 이유로 인해 매우 가변적이다. 즉, 언어와 방언 간의 불확실한 경계, 언어 연구의 부재, 이주, 언어전이, 광범하게 퍼진 다언어주의, 제1, 제2, 제3의 언어를 정의하기 어려운 난점 등 때문이다. 언어와 방언을 구별하는 언어학자의 방법은 언어 수의 추정치 계산에서 특히 중요하다. 하계언어학연구소(Summer Institute of Linguistics, SIL)가 말리의 토착어를 55개로 제시하는 것과 달리(Ethnologue 2005: 141), 마호(Maho 2001: 106)는 27개의 언어 명칭을 제시한다. 카뉘와 뒤메스트르(Canut and Dumestre 1993: 220), 칼베(Calvet 1992: 215) 같은 대부분의 연구자는 약 20개의 언어 추정치를 제시한다. 아프리카의 맥락에서 보면 이는 타당한 수치이며, 말리가 적어도 어느 수준까지 다언어주의를 수호한다는 것을 설명해 준다.

이들 언어 중 13개 언어는 국어의 지위를 지니며, 나이저콩고 어족, 나일사하라 어족, 아프로아시아 어족 등 세 어족에 속한다. 도곤어(Dogon)는 아직 분류되지 않았고,[6] 몇몇 다른 언어도 미분류 상태이다.[7] 아프리카, 특히 말리에서는 나이저콩고 어족이 가장 중요하다. 말리는 만데어군, 대서양어군, 구르어군(볼타 강의 이름을 따서 볼타어군으로 불리기

---

6 공식적으로 구르어군(Gur)으로 분류된다.
7 역사적 관점과 논의에 관해서는 Platiel and Kaboré(1998), Heine and Nurse(2000, 2004), Maho(2001), Childs(2003), Ethnologue(2005)를 참조한다. 자주 언급되는 에스놀로그는 언어의 공식적 지위를 놀라울 정도로 부정확하게 기술해서, 개정 제12판에서는 프랑스어가 "정부의 목적에 사용되지만 공용어는 아니다"(1991: 300)라고 했고, 개정 제15판에서는 프랑스어와 말리의 언어들을 동등하게 놓고 "국어나 공용어로는 프랑스어, 바마난칸어 (……) 등이 있다"(2005: 141)고 했다.

도 한다)이 대표적이다. 이들 어군 중에서 만데어군이 가장 중요한데, 압도적으로 수가 많은 만딩어 군집[Manding cluster. 밤바라어, 마닝카어, 디울라어, 카쏭케어(Xassonke)]**8**과 서부의 두 만데어인 소닝케어(Soninke)와 보조어(Bozo)가 포함된다. 대서양어군은 풀풀데어[Fulfulde. 또는 푈어(peul)]가 대표적 언어이고, 구르어군에는 시예나라어[Syenara. 또는 세누포어(sénoufo)], 마마라어[Mamara. 또는 미냥카어(minyanka)], 보무어[Bomu. 또는 봐무어(bwamu), 보보어(bobo)]가 포함된다. 나일사하라 어족에 속하는 언어로는 송하이어가 대표적이다(이 언어의 분류는 여전히 논란이 있다). 아프로아시아 어족의 두 언어는 투아렉인의 베르베르어인 타마세크어(Tamachek)와 무어인의 언어인 하싸니야어[Hassaniyya. 또는 모르어(maure)]이다.

이들 언어 중 1967년에 국어로 지정된 10개 언어는 밤바라어, 보무어, 보조어, 도곤어, 풀풀데어, 마마라어, 시예나라어, 송하이어, 소닝케어, 타마세크어이고, 거의 30년 후인 1996년에 하싸니야어, 마닝카어, 카쏭케어가 이 10개 국어에 추가되었다. 총 13개 언어는 국어의 지위를 동일하게 부여받았지만, 실제 사용 범위(화자 수와 사용 영역)와 확산 정도(지역, 지방, 국가, 국제), 표준화(방언 선택, 철자법의 개발), 지식화(현대 용어의 존재 여부), 역동성(첨단 용법, 쇠퇴 용법, 안정 용법), 국가 내의 관계(방언/언어) 등에서 다양한 차이를 보인다.

20여 종 언어의 화자 수 역시 수천 명에서 수백만 명으로 매우 가변적이고 불확실하다. 1987년도 인구조사에서 6세 이상의 시민을 대상으로 언어조사를 수행했는데, 그 수가 거의 600만 명에 이른다. 말리는 현재

---

8 프랑스 언어학자들은 만딩어[또는 만딩그어(mandingue)]에 대해 '지역'을 의미하는 만덴(Manden)과 '언어'를 의미하는 칸(kan)에 따른 '만덴칸어(mandenkan)'로 교체해야 한다고 주장해 왔다. 이 용어는 확고하게 자리 잡은 프랑스어 용어 만딩그어를 아직 대체하지 못했다.

주민이 약 1,300만 명이고 언어관행도 변하고 있지만, 국어의 상대적 수치의 중요성은 이 조사에 준거하여 언급한다.

아랍문자로 기록하는 하싸니야어를 제외하고 모든 국어는 라틴문자로 기록한다.

다음에 나오는 말리의 사회언어학적 개황에서 필자는 국가적으로 가장 중요한 지위를 지닌 언어로 인정받은 13개 국어에 국한하여 설명한다. 먼저 압도적 다수가 사용하는 주요 언어인 밤바라어의 지배적 역할을 살펴본 뒤, 다른 국어의 상황을 살핀다. 마지막으로 오늘날 말리에 수입된 두 언어, 즉 아랍어와 프랑스어의 현저히 다른 역할을 기술한다.

6.4 밤바라어의 지배적 사용

밤바라어는 제1언어(L1)로서 전체 국민의 약 40퍼센트가 구사하는 것으로 추정된다(1987년도의 인구조사는 약 600만 명 중 거의 300만 명에 해당하는 50퍼센트 주민이 밤바라어, 마닝카어, 디울라어를 사용하는 것으로 추정한다). 나머지 40퍼센트는 '제2의' 언어(L2, L3 등)를 사용한다. 밤바라어의 중심지는 남부 말리, 바마코, 세구(고대 밤바라 왕국의 수도)이지만, 밤바라어는 말리의 모든 지방으로 확산 중이다. 몇몇 사회언어학적 연구(Barry 1990 Calvet 1992; Vydrine 1994; Dombrowsky 1993, 1994; Canut and Keita 1994; Canut 1996)가 보여 주듯이, 이는 제1언어와 제2언어로 사용되는 현상과 관련이 있다. 하지만 밤바라어의 지배적 지위나 역동성은 새로운 것이 아니다. 만딩어 군집 또는 만딩어에 대한 가장 초기의 언어학적 연구에서 모리스 들라포스(Maurice Delafosse)는[9] 밤바라어가 서부 아프리카에

---

9 M. Delafosse, *La langue mandingue et ses dialectes* (*malinké, bambara,*

서 가장 중요한 언어이며, 이는 역사적, 정치적, 경제적, 행정적, 군사적 이유로 그렇게 되었다고 지적한다. 특히 그는 중세기에 밤바라어가 떨친 위세를 언급하며, 이후 계속해서 이 언어의 위세가 확장된 것에 주목했다. 그 역동성은 오늘날 더욱 두드러졌는데, 뒤메스트르(Dumestre 1994b, 2003)는 그에 대해 몇 가지 요인을 든다. 첫째, 공공행정의 발달과 바마코 출신의 공무원(프랑스어에 능통하지만 보통 밤바라어를 사용한다)이 모든 지방의 주요 도시에서 밤바라어를 확산하는 역할을 했다. 둘째, 인프라의 개선으로 사람들이 더욱 자유로이 여행할 수 있었다(계절적 이주와 시골의 이농). 셋째, 이슬람의 확산으로 설교에 밤바라어를 사용하고, 전통적으로 프랑스어를 사용하던 소규모 가톨릭 집회도 예배 시에 밤바라어를 상당히 널리 사용했다(지역어를 선호하는 신교 교회와 대조된다). 넷째, 밤바라어의 동질성으로 의사소통이 용이하고, 도곤어, 보조어, 마마라어 등과는 달리 방언으로 나뉘어 있지 않다. 만딩어들 간의 공통 어휘는 거의 모든 경우 85퍼센트에 이르며, 밤바라어, 마닝카어, 디울라어 간의 통사적 변동 역시 별로 크지 않다. 나아가 밤바라어는 프랑스어와 더불어 말리에서 전국적으로 사용되는 유일한 언어이다. 언어적으로 뿐만 아니라 문화적, 경제적, 정치적으로 밤바라어를 압도적 다수로 사용하는 것을 강하게 반대하는 유일한 주민은 수도에서 멀리 떨어진 북부 송하이어와 타마세크어 화자로, 이들은 남부 종족 집단과는 문화적으로 현격하게 다르다(Canut 1996). 북부 지역에서 송하이어는 수 세기 동안 교통어로 기능했고, 투아렉인은 중앙권력에 반대해 왔다. 이 두 집단은 일반적으로 종족 간의 의사소통에는 프랑스어를 더 선호한다.

　　말리에 대한 최초의 사회언어학적 조사(Barry 1990)는 풀라니인과 송하이인이 대다수를 차지하는 젠네 시에서 이루어졌는데, 이 조사는 밤바

---

dioula) (Paris: Geuthner), Dumestre(2003: 7)에서 재인용한 것이다.

라어가 새로운 지역과 새로운 영역을 침식해 가면서 어떻게 주요 의사소통 수단이 되었는지를 명백하게 보여 준다. 이 조사에 참여한 초등학생의 1/3만이 밤바라어를 제1언어로 사용했고, 모두가 구어로 말했고, 46퍼센트는 집에서도 밤바라어를 사용했다. 이 조사는 또한 대부분의 시장거래가 밤바라어로 이루어지고, 1980년 이래 연례축제의 연극도 모두 밤바라어로 행해졌음을 보여 준다. 밤바라어는 카이예스와 몹티에서 가장 보편적으로 사용되었다(Dumestre 2003: 8).

제1언어로 사용되는 밤바라어는 친족관계에 있는 마닝카어(Canut and Keita 1994)와, 마마라어 같은 별개의 언어(Dombrowsky 1993, 1994)를 점차 대체해 나가고 있는데, 특히 이들 언어가 전통적으로 압도적으로 사용되던 지방에서도 그렇다. 바마코에 오는 개인도 밤바라어를 주요 언어/제1언어로 바꾸는 경향을 보이는데, 제1세대 이주민은 밤바라어를 교통어로 사용하고, 제2세대는 가정에서 조상의 언어를 사용하면서 제1언어로 밤바라어를 사용하며, 제3세대에서는 조상어가 사라졌다. 한편 프랑스어는 수도로 새로이 이주한 주민 사이에 제2언어나 제3언어로 그 모습을 드러내고 있다(Dumestre 2003).

밤바라어는 풀풀데어 같은 제2언어를 대체하기도 한다. 젠네, 몹티, 그 외 마시나(Macina) 같은 곳의 도곤어 화자는 전통적으로 풀풀데어를 제2언어로 선택했는데, 이곳에서도 밤바라어는 오늘날 종족 간 의사소통의 수단으로서 압도적으로 널리 사용된다. 제2언어로서 밤바라어는 특히 중소도시와 시골에서도 확산 중인데, 이는 학교 같은 '현대적' 제도의 설립, 이슬람 같은 문화의 발전, 농작물의 산업화와 함께 나타난 현상이며, 동시에 도시 지역에서 빈둥거리며 소일하던 사람들이 귀향하면서 생겨난 현상이다(Dumestre 2003).

그 결과 거의 모든 곳에서 상호 이해가 가능한 밤바라어 사용자는 단일어 사용자가 되고, 소수어 사용 화자는 다언어 사용자(아프리카어를 여럿 구사하는 사람. 여기서 프랑스어는 제외된다)가 되는 경향을 보인다. 칼베의 정확한 지적대로, 그들은 필요하면 언제나 다른 언어를 배운다(Calvet 1992: 199).

밤바라어는 서서히 그리고 꾸준히 새로운 영토로, 새로운 영역으로 확장해 나가고 있다. 특히 문서기록 영역에서 우세하게 사용된다. 밤바라로 된 공식 월간지 《키바루(Kibaru)》는 1972년 이후 정기적으로 발간되고 있으며, 새로운 제2의 월간지 《제카바라(Jèkabaara)》는 사립문화단체인 자마나(Jamana)가 1986년 이후 발행하고 있다. 이 두 월간지는 시골 주민을 독자로 하며, 농업과 건강 같은 개발 주제를 특집으로 싣는다. 제3의 밤바라어 신문인 《디비파라(Dibifara)》는 1991년에 발행되었다. 국가적 문맹퇴치운동과 관련해서 이들 언론은 처음에는 프랑스어로 발행했으나 정부 당국은 곧 밤바라어와 다른 국어로 문해교육을 실시하기로 정책을 바꾸었고, 이 변화는 1963년도에 시작되었다(Traoré 2006: 3). 문맹퇴치 캠페인의 일환으로 수많은 책자를 국어로 출간하며, 특히 밤바라어로 작성했는데, 이는 기능적 문해를 개발하고, 새롭게 문해를 깨친 이들에게 읽을거리를 제공하기 위한 것이었다. 이는 특히 쿠티알라와 시카쏘(Sikasso) 인근의 목화재배 지역에서 실시되었다. 이곳에는 섬유대기업인 말리섬유개발사(Compagnie Malienne pour le Développement des Textiles, CMDT)가 기능적 문맹퇴치운동에 아주 적극적인 곳이기 때문이었다. 이는 밤바라어가 어떻게 해서 더욱 소수의 언어를 대체하게 되었는지를 보여 주는 사례이기도 한데, 이곳은 마마라어를 지배적 다수어로 사용하는 지역임에도 문맹퇴치운동에는 사실상 밤바라어를 사용했다(Dombrowsky 1993). 최근 몇 년간 몇몇 새로운 출판사(Donniya, Le Figuier, Jamana)가 교재, 소설(옛 이야기와 다른 구전 장르, 소설, 시, 아동도서, 심지어는 프랑스어의 번역) 등을 국어로 출간하기 시작했는데, 이들 대부분도 밤바라어였다.

시청각 자료에서도 밤바라어는 매우 특권적 지위를 누린다. 말리 라디오텔레비전 방송국(Office de Radiodiffusion Télévision du Mali, ORTM)은 텔레비전 뉴스를 주당 2회 10분씩 10개 국어로 방송한다.[10] 단지 밤바라어 방송만이 추가로 30분간 주간 뉴스를 방송한다. 몇몇 다른 텔레비전 프로그램도 국어로 편성하지만 거의 항상 밤바라어에 우선권을 주는 것 같다. 예컨대, 방송프로그램의 제목은 모두 프랑스어나 밤바라어이다. 텔레비전 광고를 비롯해 여성해방이나 백신접종 같은 개발 이슈에 대한 방송 캠페인을 밤바라어로 하는 것이 더욱 빈번해지고 있다. 주로 말리의 전통희극(commedia dell'arte)인 〈코테바(koteba)〉에 영감을 받은 아주 희극적인 촌극을 통해서이지만 말이다.

라디오는 말리에서 여전히 가장 보편적이고 대중적인 의사소통 수단이다. ORTM의 라디오 채널은 2개이고, 텔레비전 뉴스의 음성방송도 채널2를 통해서 나온다. 1991~1992년의 민주화 과정 이후 상당수의 사설(私設) 라디오가 전국적으로 개국했다. 이들은 모든 국어를 지지하고 강화하는 강력한 수단인데, 밤바라의 우월적 지위는 여기서도 당연히 반영된다.

밤바라어는 예술계, 예컨대 영화제작에도 절대적으로 많이 사용된다. 말리는 영화 분야에서 술레이만 치쎄(Souleymane Cissé), 셰이크 우마르 치쏘코(Cheikh Oumar Cissoko), 아다마 드라보(Adama Drabo) 같은 유명 감독을 배출했다. 아프리카의 영화 거장인 세네갈인 셈벤 우스만(Sembéne Ousmane)은 많은 영화를 월로프어로 제작했지만, 마지막 영화

---

10 2006년 9월 20일에 참조한 ORTM 웹사이트에 따르면, 이들 언어는 밤바라어, 보무어, 보조어, 도곤어, 풀풀데어, 하싸니아어, 시예나라어, 소닝케어, 송하이어, 타마세크어이다. 13개 국어 가운데 이들 10개 언어를 선택한 것은 나머지 3개의 국어인 마닝카어, 카쏭케어, 마마라어가 실제로 다른 언어와 동등하지 않으며, 지위가 잘 보호받지 못한다는 사실을 보여 주는 여러 징후 중 하나이다. 하싸니아어는 교습언어가 아닌데도 10개 국어에 속한다.

는 밤바라어로 제작했다. 음악에서는 살리프 케이타(Salif Keïta), 우무 상가레(Oumou Sangaré), 로키아 트라오레(Rokia Traoré) 같은 국제적 성공을 거둔 음악가도 있는데, 이들 모두가 밤바라어로 노래를 부르는 것을 볼 수 있다.

마지막으로, 1991년에 시작된 민주화 과정으로 정치가가 유권자와 접촉하기 위해 국어로 연설을 하는 경우가 훨씬 많아졌다. 이제 이러한 연설은 텔레비전과 공공집회 모두에서 더욱 빈번하게 밤바라어로 행해진다.

이 모든 영역은 과거 프랑스어의 특권적 독점 영역이었던 현대생활과 밤바라어를 더욱 밀접하게 결부하는 데 기여한다. 뒤메스트르(Dumestre 1994b, 2003)가 말했듯이 밤바라어는 프랑스어와 어깨를 겨루는 도약판으로 이용되는데, 이는 말리의 다른 국어와 프랑스어의 중간 단계로 간주할 수 있고, 전통적인 구어 영역과 현대의 문어 영역의 두 영역에 동시에 걸쳐 있다. 사하라 이남 아프리카의 과거 프랑스와 벨기에 전체 식민지에서 공통으로 사용되는 프랑스어와 국어의 양층어 상황(diglossia)은 말리에서는 프랑스어, 밤바라어, 그 외의 말리 국어로 구성되는 삼층어 상황(triglossia)처럼 비친다.

주목할 가치가 있는 다른 과정은 바마코 방언의 발달과 확산이다. 이 방언은 다른 만딩어 방언과 차이가 거의 없어서 쉽게 확산되며, 아울러 현대생활과도 연계되어 위세를 누린다. 이 방언은 어휘, 음운, 형태, 통사의 층위에서 프랑스어의 영향을 받았다. 뒤메스트르(Dumestre 2003: 10-11)가 기술한 바처럼 이 방언은 프랑스어의 수백 단어를 도입했는데, 대부분이 현대적 현상을 가리키는 단어이다. 이들 차용어를 밤바라어로 된 신조어로 대체하려는 노력이 최근에 있었지만, 보통사람에게는 별로 성공을 거두지 못했다(예컨대, 공항을 가리키는 *pankurunyòrò* = '뛰다-카누-장소'). 부친, 모친, 삼촌, 숙모, 조카 같은 밤바라어가 있지만, 이들을 가리키는 프랑스어도 빈번히 차용된다. 음운 층위에서는 자음군과 폐음절(고전 밤바라어 음절구조는 CVCV이다)뿐만 아니라 /z/, /ʃ/ 같은 흔하지 않은 음운이나 외국어 음소 /v/도 나타난다. 형태통사 층위에서 눈에는 거의 띄지 않지만 나타나는 현상은 복수 표지를 더 많이 사용하고('전통' 텍스트보다 '현대적' 발화 텍스트가 2배 가까이 많다), 접미사 *-li*를 사용한 명사화, *mana*(~한다면) 대신에 *ni*(~한다면)가 더욱 확산되었고, 그 외의 다른 형태통사적 현상도 있다.

밤바라어의 압도적으로 우세한 지위와 역동성에도 불구하고, 말리인은 밤바라어를 공용어 지위를 가진 다른 12개의 언어보다 더욱 고귀한 국가 상징을 지닌 국어로, 다시 말해서 다른 언어보다 더 국가적인 언어로 인정하지 않는다는 점을 지적하는 것이 매우 중요하다. 언어적으로 두 가지 측면에서 볼 때 말리인은 밤바라어/국어를 지지하는 민족주의적 감정을 보인다. 즉, 밤바라어와 다른 국어를 대립시키는 것이 아니라 프랑스어에 반대하여 밤바라어/국어의 지지를 호소하는 것이다. 첫 번째 지적(밤바라어/국어)은 밤바라어라는 용어 자체와 관련된다. 밤바라어 화자는 자신을 '바마난인(Bamanan)'으로 부르고, 언어는 '바마난어(Bamanankan)'라고 부른다. 갈수록 더 많은 말리인이 이렇게 말하는데, 프랑스어로 글을 쓸 때 특히 그렇다. 아직은 상황이 그렇지 못하지만, 프랑스인에게 자신들을 그렇게 받아들여 주기를 원한다. 두 번째 지적(밤바라어/국어와 프랑스어)은 국어에 채택한 알파벳(라틴 알파벳 제외)에 소수의 음성기호를 도입한 것과 관련된다. 실제로 이 기호들은 단어 처리에 상당히 큰 문제를 일으켰지만, 말리인은 이 글자들을 프랑스로부터 문화적 독립을 의미하는 중요한 상징으로 간주한다. 일례로 2001년에 서구에서 개최된 초등학교 교육 수단으로 국어를 통합하려는 세미나에서 이 주제 하나가 전체 토론을 독차지하다시피 했고, 1994년 학교개혁으로 도입된 이 언어 교육에 대한 중요한 교육적, 언어학적 문제는 논의에서 도외시되었다(다음 6.5절의 논의 참조).

6.5 다른 국어

밤바라어 이외의 4개 국어인 풀풀데어, 송하이어, 타마세크어와 소닝케어는 말리의 사회언어학적 배경에서 볼 때 그 모습이 잘 드러난다. 이들 언어는 주요 지역에서 주로 사용되어, 풀풀데어는 중부, 송하이어와 타마세크어는 북부, 소닝케어는 남부에서 주로 사용된다. 이들은 수적으로도 많지만, 다른 몇 가지 점에서 그 중요도를 알 수 있다. 이들 언어는 1967년에 밤바라어와 함께 규범화되었고, 1980년대 초에 밤바라어(이는 1979년에 도입되었다)에 이어 이언어 사용 실험학교에서 교육언어로서 공인되었다. 1994년에 실시된 학교개혁은 초등학교 전체에 이언어 사용 프로그램을 보편화하는 것이었는데, 개혁 초기에 밤바라어, 풀풀데어, 송하이어를 도입했고, 그 이듬해인 1995년에 소닝케어, 타마세크어, 도곤어를 도입했다. 간행물 영역을 보면, 공식어인 밤바라어 신문 《키바루(*Kibaru*)》를 1972년에 창간했고, 풀풀데어 판(*Kabaaru*)은 1983년에, 소닝케어 판(*Xibaare*)은 1989년에, 송하이어 판(*Alhabar*)은 1992년에 창간했다(Skattum 1994: 357).[11] 국어로 출간된 최초의 잡지인 《자마(*Jama*, '민중')》는 1976년에 바마코의 인문학연구소가 제작한 대중문화 및 과학 잡지이다.[12] 이 잡지의

---

11 그러나 풀풀데어와 소닝케어 판은 이들 언어를 쓸 줄 아는 기자가 부족해서 한동안 3개월에 1회 정도만 발간되었고, 송하이어 판은 오래전에 발간이 중단되었다. 밤바라어 판만이 매달 정기적으로 발간되고 있다(《디비파라(*Dibifara*)》 편집자 Y. Diallo와의 사적 대화).
12 1986년까지 《상코레(*Sankore*)》라는 이름으로 불렸다.

각 호는 밤바라어와 풀풀데어로도 번갈아 나온다(Barry 1988: 23).[13]

이 지방어 중 두 언어, 즉 풀풀데어와 송하이어는 각 지방의 교통어로 기능하며, 밤바라어에 대해서는 '하위어'로, 소수 모어에 대해서는 '상위어'로 기능하는 중간 지위를 차지한다(이는 마치 밤바라어가 프랑스어에 대해서는 '하위어'이고, 다른 국어에 대해서는 '상위어'인 것과 동일하다).

수적으로 볼 때 풀풀데어는 이들 지방어 가운데 가장 중요한 언어이다(1987년, 화자 62만 명[14]). 만데어 군집과 더불어 이 언어는 아프리카에서 국제적으로 가장 널리 사용된다. 풀풀데어는 아프리카 대륙에서 사헬 벨트를 지나 대서양과 카메룬까지 사용되고, 화자가 1,300만 명이나 되는데도 어디서나 소수어의 지위를 면치 못하고 있으며(Childs, 2003: 23), 말리에서는 밤바라어가 확산되면서 소통어(교통어)로서의 기능도 위축되고 있는 것으로 보인다. 중부 말리의 니제르 강 삼각주의 마시나(Macina)에서 주로 사용된다. 전통적으로 풀풀데어가 지배적이던 다종족 거주도시인 몹티 시에 대한 칼베(Calvet 1992)의 조사에 따르면, 풀풀데어가 여전히 상당히 큰 역할을 하고 있지만(16퍼센트), 시장거래에서는 밤바라어가 지배적 다수어(46퍼센트)로 사용되고, 그 뒤를 송하이어(13퍼센트)가 뒤따르고 있다(Calvet 1992: 200). 그렇지만 풀풀데어는 제1언어로서 그 지위를 가지며, 세대 간에 여전히 세습되고 있다(Calvet 1992: 205). 풀라니인은 전통적으로 이동유목인이었지만 점차 정착생활을 하고 있다. 문화적 이유로 이들은 자녀를 '프랑스어' 학교에 보내는 것을 꺼린다(유목민에게는 실제적인 이유도 있다). 풀라니인은 풀풀데어와 프랑스어 두 영역의 기능적 문해학습을 거의 받지 않으며, 문해율도 말리에서 최저 수준이다(Canut 1996: 73-74). 자기 언어의 문해에 대한 부정적 태도는 자신의 언어를 쓰

13 《자마》는 풀풀데어를 쓸 줄 아는 사람을 찾지 못해 더 이상 풀풀데어 판을 낼 수 없었던 《카바루》와 같은 문제에 직면했다(Y. Diallo와의 사적 대화).

14 모든 언어의 화자 수는 1987년 조사를 기준으로 제시한다.

는 법을 개발하여 월로프어의 지배에 저항하는 세네갈의 풀라니인과는 대조된다(Fagerberg-Diallo 2001). 이러한 태도의 차이가 왜 생겨났는지에 대한 이유를 연구하면 재미있을 것이다.

송하이어(1987년, 화자 36만 명)는 나일사하라 어족 중에서 가장 불확실하게 분류된다(Heine and Nurse 2004: 69). 다른 나일사하라어와 지리적으로 격리되어 있고, 주변의 만데어와 베르베르어의 영향을 받기 때문이다. 이 언어는 북부의 알제리와 니제르 국경 근처인 가오에서 사용되는데, 이곳의 송하이어는 아랍어와 상당히 많이 섞여 있다. 송하이인은 농경민과 목축민으로 구성되며, 이 두 집단은 자주 상반되는 이해관계를 갖는다. 가뭄으로 많은 송하이인이 니제르 강을 따라 마시나의 대보(Debo) 호(湖)로, 심지어는 바마코까지 남하했다. 이 빈곤한 오지에 일하러 오는 교사는 거의 없으며, 학교 등록률과 문해율은 저조하다. 칼베(Calvet 1992)가 이 지방의 주도인 가오에서 사회언어학적으로 조사한 바에 따르면, 송하이어는 밤바라어가 바마코에서 하는 역할과 동일하다. 즉, 송하이어는 대부분의 사람이 사용하는 제1언어로서 교통어로 기능하며, 시장 거래의 약 77퍼센트가 송하이어로 이루어진다. 밤바라어처럼 송하이인은 대다수가 송하이어만을 단일어로 사용하지만, 다른 종족 집단은 다언어를 사용한다. 타마세크인은 2~3개 언어를 말하고, 풀라니인은 2~4개 언어를 말한다. 심지어 이 지역에서는 밤바라인도 보통은 자기 언어와 송하이어를 사용하는 이언어 사용자이다(Calvet 1992: 209). 마닝카인, 소닝케인, 보조인, 마마라인 같은 종족 집단과 달리 송하이인은 밤바라인에게 노골적으로 반감을 보인다. 바마코의 송하이인은 다른 종족 집단보다 더 심하게 자기 언어에 집착하고, 가능하면 밤바라어를 사용하지 않고 프랑스어를 사용한다(그러한 이주민은 대개 교육을 어느 정도 받은 사람이다. Canut 1996: 116-117).

소닝케어(1987년, 화자 수 36만 명)는 서부 만데어에 속한다. 소닝케어와 만데어 군집 사이에는 상호 이해가 되지 않으며, 다른 서부 만데어인 보조어와도 의사소통이 되지 않는다. 소닝케인[사라콜레인(Sarakolle)으로도 불리지만, 마르카인(Marka)으로 잘못 불리기도 한다]은 서부의 혹서 지방인 카이예스에 거주하는 유명한 거래상이다. 이 두 가지 이유 때문에 그들은 프랑스에 건너온 말리 이주자 중에서 상당한 비중을 차지한다. 이들의 언어는 서부 말리에는 널리 사용되지만, 소닝케 상인은 실용적이어서 밤바라어로 쉽게 바꿔서 사용한다(Vydrine 1994: 201).

타마세크어(1987년, 화자 수 24만 5,000명)는 북부 팀북투 인근에서 투아렉인이 사용한다(Touareg의 단수는 Targi). 투아렉인은 베르베르인의 후예로 말리에서 가장 사막화된 지역인 아드라르 데지포라(Adrar des Iforas) 지방에 산다. 이들은 낙타, 소, 염소를 기르며, 사하라에서의 소금거래로 생업을 유지한다. 그들은 송하이인과의 이해관계로 인해 갈등이 잦고, 지방 정부기관과도 분쟁하며, 그들이 사는 모든 나라(리비아, 알제리, 말리, 니제르, 부르키나파소)의 정부기관과도 사이가 나쁘다(Bernus 1992: 24). 현대에 와서 투아렉인은 말리에서 발생한 소요에 책임이 있으며, 이들 소요는 종족적 문제보다는 주로 정치적, 경제적, 문화적 문제에서 비롯한 것이다. 지리적으로 중앙권력에서 소외되고, 혹독한 기후 조건과 유목생활 관습, 강한 독립 요구와 같은 요인이 소요의 원인이다. 투아렉인은 외세에 항상 저항했고, 자녀를 '프랑스어' 학교에 보내기를 거부했다. 그들은 고유 문자인 티피나그(tifinagh)를 가진 유일한 베르베르인으로, 이 문자는 고대와 현대의 사하라 바위에 새겨져 있다. 투아렉인은 교통어로 송하이어를 사용하지만, 자기 언어에 대한 애착심이 매우 강하다. 한 투아렉인은 "우리 정체성의 기본 요소는 우리의 언어이다"라고 말한다(Canut 1996: 77에서 인용). 1990년대의 '반란' 때문에 이들 유목민의 상당수가 이웃나라나 남부로 이주했다. 그들은 바마코에서 밤바라어를 쉽게 습득했지만, 보통은 프랑스어를 더 선호한다(송하이인처럼 투아렉인 이민자도 대개

교육을 받은 엘리트이다. Canut 1996: 129).

도곤 방언(1987년, 화자 수 40만 7,000명)은 반디아가라(Bandiagara) 절벽과 그 아래 평원에 있는 마시나 동부에서 집중적으로 사용된다. 이 방언의 가장 큰 특징은 엄청나게 다양하다는 것인데, 이는 말리에서는 예외적 현상이다. 여러 다른 출처는 12~15개의 도곤 방언이 있다고 하는데, 한 조사는 20여 개의 도곤 방언이 있다고 한다(Plungian and Tembiné 1994: 164). 물론 서로 다른 방언이 실제로 방언인지 아니면 다른 언어인지에 대해서는 논란이 있다. 서로 인접한 방언은 서로 이해가 되지만, 다른 변이형 사이에는 상호 이해가 되지 않고 소통에 어려움이 있다. 방언 간 의사소통을 위한 공통 변이형은 발달하지 않았다. 이 때문에 도곤 방언의 언어 표준화 가능성은 요원하고, 종족 내에서만 거의 구어로 사용된다. 도곤인은 이들의 정교한 우주기원에 대한 광범한 민속학적 연구를 통해 가장 잘 알려진 종족 집단이 되었지만, 도곤어에 대한 언어학적 연구는 아직 거의 이루어지지 않았다.

국어로 사용되는 다른 만딩어 계열의 언어들은 밤바라어보다 훨씬 적게 사용된다. 마닝카어는 남부의 기니와 코트디부아르 접경에서 사용되며, 바마코의 서남부인 키타(Kita) 인근 지역에서 많이 사용된다. 마닝카어는 이들 이웃국가에서는 중요한 언어이고, 말리제국과 관련해서 역사적 명성을 갖고 있지만, 말리에서의 입지는 미미하다. 국어로 인정된 언어 중 상당히 낮은 위치에 있으며, 교육 수단으로 아직 학교에 도입되지 않은 국어이고, 공공 텔레비전 뉴스 단신에서도 사용되지 않는다. 이는 밤바라어와의 관계가 밀접하고, 어느 정도 '농민'의 언어로 간주되기 때문인 것으로 보인다. 그 결과 많은 마닝카인은 도시의 밤바라어를 채택해서 사용하려고 한다(Canut and Keita 1994).

카쏭케어(1987년, 화자 수 6만 7,000명)는 말리의 서부, 주로 카이예스와 바풀라베(Bafoulabé)에서 사용된다. 만딩어 군집의 다른 세 언어와의 관계는 그리 밀접하지 않고(세네갈과 감비아의 말링카어와는 어휘적 유사성이 약 70퍼센트이다), 밤바라어와 소닝케어의 영향을 받았다(Vydrine 1994). 마닝카어처럼 국어로 선포된 하위 세 언어 중 하나이며, 역시 텔레비전 뉴스 단신에는 사용되지 않는다. 그러나 2001년에 마지막으로 채택되어 교육 수단으로 사용되고 있다. 선교사는 이 언어의 사용범위를 확장하여 문헌기록에 사용했다.

서부 만데어인 보조어(1987년, 화자 수 11만 4,000명)는 니제르 강을 따라 주로 몹티의 어부가 사용하는데, 이들은 이 지역에 다른 종족 집단이 오기 전에 이미 거주하고 있었다(Gardi 1989: 91). 보조인은 니제르 강의 흥망성쇠를 따르며, 그들 중 일부는 1년 내내 보트 위에서 지낸다. 몹티 시에 대한 사회언어학적 조사에 따르면, 보조인이 보조어를 널리 사용한다고 주장하지만, 오늘날 시장 거래의 5퍼센트만이 보조어로 이루어진다. 칼베(Calvet 1992: 200-205)는 보조인이 자기 언어의 미래를 걱정하지만 잘될 것이라고 확신하는 분위기라고 말한다. 보조어는 세대 간에 여전히 전수되고 있다는 점에서 사멸은 임박한 것 같지 않다. 더욱이 보조어는 공공의 지지를 받아서 2001년에 학교교육의 수단으로 도입되었고, 텔레비전 뉴스 단신에서 사용되는 10개 국어 중 하나이다.

구르어군에 속하는 시예라나어[Syenara, 세누포어(sénoufo). 1987년 화자 수 14만 1,000명]와 마마라어[미냥카어(minyanka). 1987년 화자 수 22만 8,000명]는 코트디부아르와 접경하는 말리 남동부의 시카쏘(Sikasso)와 쿠티알라(Koutiala)에서 사용한다. 이곳은 강우량이 비교적 양호하고, 주민 대부분이 목화재배로 생계를 유지한다. 이들의 언어는 역시 남부에서 사용되는 보무어[Bomu 또는 부와무어(bwamu), 보보어(bobo). 화자 수 약 13만 6,000명]와 관계가 밀접하지 않다. 마마라어는 흔히 시예라나어의 한 어파로 간주되었고(Dombrowsky 1994: 16), 몇몇 개괄적 연구는 이들이 한 언어 공동체를 구성하는 것으로 본다(Confemen 1986; Cissé 1992). 하지만 현대 민속학자들은 마마라인을 독자적 언어를 가진 독립 종족으로 규정한다(Dombrowsky 1994). 마마라 방언은 내적으로 서로 상당한 차이가 있다. 이러한 이유와 시예나라어와의 밀접한 관계 때문에 마마라어는 사회언어학적으로 시예나라어와 보무어에 비해 열등한 지위에 있는 것으로 보인다. 후자의 두 언어는 공공뉴스에서 사용되지만, 마마라어는 그렇지 못하다. 또한 이 두 언어는 1997년에 학교의 교육 수단으로 도입되었으나 마마라어는 2001년이 되어서야 이 지위를 비로소 획득했다. 하지만 마마라어와 관련해서 가장 괄목할 만한 사실은, 밤바라어가 이 지방을 침식하는 데도 크게 반발을 보이지 않는다는 점이다(Dombrowsky 1994).

국어의 하나인 마지막으로 하싸니야어(Hassaniyya 1987년. 화자 수 약 2만 2,000명)는 셈어군의 아랍어파에 속하며, 화자의 종족 이름인 무어어[Moor, 마우레어(maure)]로도 알려져 있다. 무어인은 북서부의 모리타니아 국경 근처에 사는 소수민족이다. 그들은 소, 양, 낙타를 기르는 유목민으로 운송과 상거래에도 종사하며, 때로는 농경민으로 정착하기도 한다. 이들의 언어는 교육 수단으로 사용되지 않지만 ORTM 텔레비전 뉴스에서는 사용된다.

6.6 아랍어[15]

소규모 종족 집단이 구사하는 하싸니야 방언을 제외하고, 아랍어는 말리의 모어가 아니다. 그러나 고전 및 근대 표준 아랍어의 문자 다양성은 역사적으로, 종교적 이유로 중요하다. 이슬람 학자들의 기록 언어인 아랍어는 이 지역에서 6세기 동안 지속된 최초의 문어였다. 초기 역사에서 대부분

---

15 이 장에 제공된 정보는 Bouwman(2005)의 자료를 상당 부분 차용한 것이다.

의 문헌 자료는 아랍어로 적혀 있었고, 일부 말리어 역시 아랍 문자로 표기되었다. 말리와 가오 제국 치하에서 팀북투와 젠네는 국제적으로 잘 알려진 이슬람과 아랍어 교습의 중심지였고, 최근 팀북투에는 17세기 저명한 학자의 이름을 따른 아흐메드 바바센터(Ahmed Baba Centre)가 지어졌다. 이곳에는 매우 흥미로운 아랍어 필사본이 수집되어 있어서 세계 학자들의 시선을 끌고 있다.

오늘날 현대화된 이슬람 학교인 마드라사(madrasa)에서는 아랍어를 교습 과목이자 교습 수단으로 사용하고 있는데, 이는 이 언어의 폭넓은 사용에 공헌한다. 마드라사는 종교 및 (프랑스어를 포함한) 세습적 주제를 모두 가르치며, 살아 있는 외국어로서 아랍어를 현대식으로 교육해 좋은 결과를 내고 있다. 이 방식은 부모에게 매우 인기가 있어서 취학아동의 약 30퍼센트가 마드라사에 다니며(Bouwman 2005: 1), 마드라사는 공교육체제의 일부분으로 인정받고 있다. 이는 국가 모스크와 함께 내무부의 관할 아래 있는 전통 꾸란학교와는 전혀 다른 사례이다. 학생 수는 많다고만 알려져 있고, 전통학교에 다닌다. 이 학교 학생들은 실제 아랍어를 배우지 않고도 꾸란의 여러 곳을 암기한다. 많은 부모가 전통이든 현대식이든 '프랑스' 학교보다 이슬람 학교를 선호하는데, 이는 그런 학교에서 가르치는 것이 전통적 가치에 더 가깝고(Dumestre 1997, 2000), "그들과 자식들이 천국에 갈 기회를 늘려 주기" 때문이다(Bouwman 2005: 189). 이런 학교는 아랍 국가로부터 지속적으로 재정 지원을 받고 교육비도 저렴하다.

말리 정부는 이슬람 학교에 전혀 재원을 대지 않으면서도 "학교를 통제하고, 프랑스어를 사용하게 하며, 세속화하려고 한다"(Bouwman 2005: 189). 말리가 아랍국가, 특히 사우디아라비아가 이슬람의 와하브주의(Wahhabism; 꾸란의 교리를 고수하는 이슬람 근본주의 분파임—역주)를 전파하기 위해 재정지원을 하는 것과 반대로, 말리는 이슬람의 수피(Sufi; 신비주의 성향을 지닌 이슬람 보수적 분파임—역주) 성향이 강한 세속국가이기 때문이다. (와하브주의와 같은) 근본주의는 "이슬람의 입법 자료를 현대적 문자 형태로 해석하는 것을 장려"하고 "서아프리카의 전통적인 이슬람 관행을 비난한다"(Bouwman 2005: 9).

마드라사 교육이 직업 선택의 폭을 좁히고, 정부정책은 이 학교 출신 학생들을 말리의 주변인으로 의식하게 만드는 경향이 있어서, 대다수는 살라피야(salafiya; 수니파 내의 극단적 근본주의—역주) 성향이 지배적인 이집트와 말리에 돌아와 이런 이슬람 형식을 전파(말리 교재에 와하브를 포함시키고 따르는 것이다)할 의도로 사우디아라비아에서 공부를 계속한다. 이런 학생이 아랍어에 훨씬 더 능숙해져서 고국에 돌아오는 것은 물론이다.

전통적 방식으로 교육을 받은 이슬람 성자와 성직자, 설교자, 율법학자가 작업에 아랍어를 제한적으로 사용하고 말리어로 전해진 이슬람 지식에 의존하는 반면, 현대 아랍교육을 받은 아랍어 전문가와 율법학자는 우리가 생각하는 것보다 훨씬 더 많이 아랍어를 차용한다(Bouwman 2005: 190).

이렇게 아랍어는 프랑스어처럼 국어나 공식어로서의 지위를 갖지는 못하지만, 현대 말리에서 더 강력한 기반을 다지고 있다.

6.7. 프랑스어

1888년에 키타라는 도시에서 최초로 기독교 선교가 실시되고 한 세기가 지난 뒤, 처음으로 프랑스 행정가들이 이 나라를 찾았고, 1892년에 최초의 철도인 케이즈-니제르 구간 철도가 세워졌다. 프랑스어를 '정말로'[16] 능숙하게 구사하는 말리 인구는 전체의 5퍼센트에 불과하고(Dumestre 1993: 219), 추가로 인구 5퍼센트가 프랑스어를 제한적으로 구사할 수 있는 것(Rossillon 1995: 86)으로 추정된다. 이런 현상은 이 국가의 지리적 위치를 통해 어느 정도 설명이 된다. 육지로 둘러싸인 내륙국 말리는 아프리카의 해안 국가보다 프랑스의 영향에 노출이 덜 되었다는 설명이 그것이다. 말리에 프랑스어가 유창한 인구 비율이 낮은 두 번째 중요한 요인으로 프랑스어를 대신해서 이민족 간 의사소통의 수단으로 기능하는 주요 토착어가 있음을 들 수 있다. 세 번째로, 프랑스어 능력은 주로 학교에서 습득하기 때문에 19퍼센트에 불과한 낮은 문해율이 이 현상에 중요한 역할을 한다고 볼 수 있다(학교 등록률 역시 26퍼센트 정도에 불과하다). 게다가 '진짜' 프랑스어 주사용자는 위에 제시한 수치보다도 더 적은데, 이는 학교를 다닌 사람들이 학교에서 배운 프랑스어를 실생활에 사용할 기회가 없어서 쉽게 잊어버리기 때문이다. 칼베(Calvet 1992: 197)는 바마코 시장에서 일어나는 의사소통의 4퍼센트만이 프랑스어로 이루어진다고 기록했다. 그래서 이웃국가인 코트디부아르와 수도인 아비장의 프랑스어 상황과 비교하면 말리인의 프랑스어 지식과 실제 사용은 커다란 괴리를 보인다.

말리에서 프랑스어는 상류층과 일터에서 주로 사용된다. 일터를 벗어나면 프랑스어를 구사하는 사람도 자신이 구사하는 말리어를 사용하는 경우가 대부분이다. 부모의 사회적 지위와 프랑스어 숙달 정도는 자녀의 삶에 엄청난 차이를 가져와 결국 사회적 차이를 재생산하는 경향이 있다. 프랑스어를 구사하는 엘리트는 자녀를 개인교습을 시키거나 사립학교, 외국학교 등에 보내 프랑스어에 정기적으로 노출하려고 한다(Dumestre

---

[16] 초등학교 6년 과정 수료자로 조사대상을 한정했다. 이 기준은 프랑스어 능력을 확인하는 데 더 신뢰할 수 있는 방식이 없을 때 사용된다.

1997, 2000). 그러나 자녀를 가르치기 위해 집에서 프랑스어를 사용하는 사람은 거의 없다. 프랑스어는 신분 확인을 위한 용도가 아닌, 사회적 지위 향상을 위한 수단으로 사용된다. 밤바라어의 지배를 피하려고 프랑스어를 사용하는 송하이인과 타마세크인에게도 프랑스어는 중요한 역할을 한다.

비록 일상에서 사용되지 않더라도 프랑스어는 이웃국가와 마찬가지로 말리에서 매우 중요한 언어이다. 현대생활에서 프랑스어가 지닌 특권과 현대생활과의 밀착도는 밤바라어를 확실하게 뛰어넘는다. 모든 법이 프랑스어로 작성되고, 대부분의 국가 행정문서 역시 그렇다. 공적 업무는 물론 국정이 프랑스어로 진행되고, 대통령과 장관은 정기적으로 국민에게 프랑스어로 연설을 한다. 이런 영역에서 국어를 더 많이 사용하자는 논의가 진전되었음에도 말이다. 대부분의 초등학생은 여전히 모든 교육을 프랑스어로 받고 있고(Traoré 2006), 7학년이 넘어가도 마찬가지이다. 바마코 대학은 프랑스처럼 프랑스어를 문학부(Département des Lettres)에서 가르치는 반면 다른 언어는 영어과나 독일어과와 같은 외국어 학과에서 가르친다.[17]

말리의 행정, 입법, 사법, 공공연설, 신문, 라디오, 텔레비전 등에서 구어 및 문어로 사용되는 프랑스어는 표준 프랑스어, 즉 본국의 프랑스어와 상당히 비슷하다. 프랑스어를 공식 장소에서만 거의 사용했기 때문에 지역 변이형으로 바꾸는 것이 '차단'된 것이다. 물론 말리 프랑스어를 프랑스 본국의 프랑스어와 구별하는 특정 용어와 문장도 있다. 말리인 대부분이 그 용어와 문장을 사용해서 그것을 거의 알아차리지 못한다. (예컨대, '부재하다'라는 뜻의 *absenter*는 '부재한 사람을 찾다', '~와 일당'인 *et consort*는 '다른 사람과 함께'라는 뜻으로 사용되고, '~의 수준에서, ~의 영역

---

17 아프리카언어학과 개설 제안은 2007년에 공식 승인되었다.

에서, ~에 관하여' 등을 의미하는 *au niveau de*는 짧은 전치사인 *à*, *dans*, *chez* 의 '~에, ~안에, ~ 집에'의 뜻으로 사용된다. 한편 '교환하다'라는 뜻을 가진 타동사 *échanger*는 '함께 대화하다'와 같은 자동사로 사용되기도 한다.) 일반적인 프랑스어 능력이 악화되고 있다는 증거도 있다. 비록 저자가 알고 있는 연구 중에 실제 수치를 보여 주거나 실력 저하를 입증하는 연구 자료는 하나도 없지만 말이다. 그러나 어떤 연구는 프랑스어가 초등학교와 중등학교에서 통달하기가 매우 힘들다는 사실도 보여 준다(Opheim 1999; Skattum 2000b; Thyness 2003).

프랑스어와 아랍어, 말리어 사이의 접촉으로 언어 차용에 따른 결합이든 코드 전환(말하는 도중에 언어를 바꾸어 말하거나 말투를 바꾸는 현상임 ─ 역주)이든 필연적으로 언어가 혼합된다. 과거 말리의 언어는 아랍어에서 아주 많은 단어(종교 용어, 요일 명칭 등)를 차용해 왔지만, 이런 차용은 이제 아주 잘 통합되어 인지하지 못할 정도이다. 오늘날 아프리카 언어들보다 프랑스어와 아프리카 언어 사이에서 언어혼합이 더 많이 일어난다. 이런 과정의 일부로 바마코의 밤바라어는 가장 혼합이 심한 변이어로 여겨지지만, 많은 사람이 그것을 잡종 프랑스어(hybrid) 또는 프랑스어로 피폐해진 언어라고 부른다. 차용은 반대 방향으로도 일어나서 프랑스어가 밤바라어에서 차용하는 경우도 있는데, 송하이어, 풀풀데어, 타마세크어에서는 그런 현상이 거의 일어나지 않는다. 언어혼합은 프랑스어가 주로 사용되는 도시 상황에서 일어나는 전형적인 현상이다.

아직 프랑스어는 말리의 공용어로서, 사회적 지위와 특권을 위한 최상의 언어로서 지위를 위협받지 않는 것으로 보인다. 그러나 국어, 그중에서도 밤바라어가 실제 사용에서 입지를 강화하고 있고, 특히 대중매체와 교육 부문에서 대중의 인지도를 높여 가고 있다는 사실에 주목해야 한다.

6.8 교육 부문의 국어

독립 이후 정부 당국은 시간을 가지고 모든 국어가 재평가받고 발전하여 학교에 도입하는 현황을 확인하고자 하는 열망을 다시금 드러냈다(1962년, 1968년, 1970년 법령과 1978년 교육에 관한 국가 세미나 보고서. Confemen 1986: 207). 구체적 후속 조치가 단지 부분적으로 상당히 느리게 취해졌다고 말하지만, 그래도 다른 사하라 이남 프랑스어권 국가보다 모국어 교육 지원에 더 많은 노력을 기울여 왔다.[18]

그 첫 실험은 1979년에 독립 후, 4년제 초등학교에서 프랑스어-밤바라어 프로그램을 갖고 거의 20년간 진행되었다. 같은 형식의 이언어 사용 프로그램을 풀풀데어, 송하이어, 타마세크어에 적용했으며, 100개가량의 학교가 이 '1세대 실험'을 채택해서 처음에는 좋은 성과를 거두는 듯했으나 나중에는 교육 자료 및 적절한 교원 훈련 부족으로 결과적으로 실패했다(Skattum 1997).

1987년에 수렴학습(Convergent Teaching: CT)이라고 불리는 중등학교의 이언어 사용 실험이 밤바라의 세구에서 시작되었고, 이것이 긍정적 결과를 내자 정부 당국은 국가 차원에서 이를 채택하기로 했다. 1994년에 수렴학습을 활용한 학교개혁이 성공적으로 제안되었고, 교육개발 10개년 계획(Programme Décennal de Développement de l'Education, PRODEC) 이라는 (역시 수렴학습을 이용한) 더 야심찬 개혁이 1998년에 실시되었다. 이 정책은 충분한 준비 없이 교육 수단으로서의 국어를 프랑스어로 교체했다가 수년 뒤에 개혁마저도 포기해 버린 기니와 마다가스카르에서

---

18 이는 아프리카연합이 2001년에 창설한 범아프리카 아프리카언어 아카데미 (ACALAN)의 본부가 바마코에 위치한 것을 인식해서일 수 있다(물론 말리의 전직 대통령 알파 우마르 코나레의 영향 때문이거나 도움 때문일 수도 있다).

의 실패 사례를 피하기 위해 시간을 두고 천천히 진행되었다. 말리에서는 11개 국어가 프랑스어와 함께 교육언어로 점진적으로 제시되었다. 1994년에는 밤바라어, 풀풀데어, 송하이어, 1995년에 도곤어, 소닝케어, 타마세크어, 1997년에 보무어, 시에나라어, 2001년에 보조어, 마마라어, 카쏭케어를 도입했는데, 교육언어로 마닝카어와 하싸니야어만이 이 자격을 얻지 못했다. 이언어 교육은 1999년에 법적 지위를 부여받았다. "교육은 공용어와 국어로 제공해야 한다"(Traoré 2006: 3). 세 번째 단계는 숙련도에 맞춘 이언어 교육과정의 도입과 함께 2002년에 시작되었다. 이 교육과정은 PRODEC의 단점을 개선하기 위해 만들어졌다(그러나 단점을 보완할 수 있을지를 확인하기에는 아직 너무 이르다). 2005~2006년에 총 8,063개 초등학교 중 2,550개 초등학교, 즉 31.62퍼센트에 달하는 말리의 초등학교가 이언어 교육을 채택했다(Traoré 2006: 5). 교원양성대학도 국어를 도입할 계획을 가지고 있다. 이는 교사가 교육 수단이자 대상으로서 프랑스어 교육만 받고 국어 문법이나 국어를 통한 교습에 대한 훈련 없이 여름 단기연수만 받는 현 상황에 상당한 발전을 가져올 것이다.

교육부는 공식·비공식 교육 모두를 책임지는데, 실용 문해센터, 여성센터, 이른바 교육발전센터(CED) 등 한 번도 학교에 다니지 못한 낙오자나 젊은이를 교육하는 비공식 부문을 상대적으로 강조한다. 이런 센터에서는 국어로 교습을 진행한다. 일반적인 교육사업으로는 칭찬받을 만하지만, 최근 한 박사논문에서 이 교육의 질에 의문이 제기되었다(Haïdara 2005). 저자는 비공식 교육기관 교사의 낮은 지도수준을 지적했다(그들은 국어 철자와 문법에 대한 지식이 부족할 뿐만 아니라 교사 훈련도 제대로 받지 못한 경우가 허다했다). 또한 글쓰기 환경이 거의 조성되지 않은 탓에 이곳 출신의 학생들이 새로이 습득한 문해 능력을 유지하기 힘들다는 사실도 문제시되었다.

공공부문에는 네 종류의 학교가 있다. 국립학교, (공동체 소유의) 지역사회학교, (개인 소유의) 사립학교, 기독교와 이슬람이 모두 소유한 종교학교가 그것이다. 여기서 이언어 사용 프로그램은 국립학교에서 주로 사용되며, 지역사회학교와 사립학교, 기독교 학교는 거의 배타적으로 프랑스어만 사용한다. 마드라사는 공식적으로 아랍어를 가르치지만, 여러 연구가 보여 주듯이 토착어로 설명하는 것은 물론 아랍어 교재를 국어로 번역하여 가르치는 실용적인 이언어 교육을 실시한다(Kane 1991; Dombrowsky 1994; Bouwman 2005; 모두 Tamari 2006: 1-2에서 재인용).

몹티나 젠네 같은 극단적 다언어 사회는 이언어 CT 프로그램에 특별한 도전장을 내밀었다. 이런 곳에서 언어 하나를 교습 공동매체로 선택하는 것은 결코 쉬운 일이 아니다. 말리의 교육부장관은 당국이 지역사회에 아동이 학교에서 놀 때 사용하는 언어를 선택하도록 제안할 것이라고 표명했다(Traoré 2006: 6). 이렇게 밑바닥에서 시작하는 상향식 접근방식은 교육적으로 건전하고, 말리의 언어학자인 베리(A. Barry 1988: 26)의 관점과도 일치한다. "다른 언어를 사용하는 사람에게 단 하나의 언어를 강요할 수는 없다. 그것은 단지 문제를 회피하는 것에 지나지 않기 때문이다. 프랑스어가 바마난 아동에게 불리한 것과 마찬가지로 바마난어도 풀라니 아동에게 불리하다." 그러나 현실은 대다수 아동이 다언어 도시에서 밤바라어를 선택하는 것처럼, 교육부의 제안 역시 밤바라어의 지위를 사실상 더욱 강력하게 만드는 것 같다.

6.9 언어태도

학습 수단으로서 국어를 도입하는 것에 대해 부모가 갖는 태도는 당연히 이언어 교육개혁의 성패를 결정짓는 가장 중요한 요소이다. 프랑스어가 사회적 성공의 지름길로 인식되는 환경에서 부모는 국어 교육을 반대할 것으로 추정된다. 다른 아프리카 국가처럼 말리에서도 이미 알고 있는 언어를 배울 필요가 없다는 것이 일반적인 반대의 이유이다. 세구 지역의 한 마을의 선생은 다음과 같이 설명한다.

(국민 의식제고 캠페인 기간에) 밤바라어를 배울 것이란 말에 농부들은 다 싫은 내색을 감추지 않았어요. 그도 그럴 것이 학교는 뭔가를 배우는 곳, 우리가 알지 못하는 것을 배우는 곳이기 때문이죠. 그런데 이미 알고 있는 밤바라어라니! 지금 우리한테 고자질하는 거죠?(Opheim 1999: 155)

성적 저하는 반대의 또 다른 이유였다. 부모는 밤바라어를 배우는 데 들이는 시간이 아깝다고 했다. 다음은 한 아버지의 비난이다.

전에는 학교에서 3, 4년을 배우면 글씨를 쓸 수 있었어요. 그런데 오래전에 그게 바뀌었죠. 요즘 학교는 매우 복잡해졌어요. (밤바라어를) 쓸 줄 알면 학교에서는 (프랑스어를) 쓸 줄 알아야죠. 이 사태를 우리는 이렇게 해석해요. 이제 우리 아이들은 4학년이 돼도 글씨를 쓸 줄 모르겠구나(A. C. 강조는 원문의 것. Opheim 1999: 156에서 재인용).

확실히 부모는 자식에게 부여되는 사회경제적 이점 때문에 프랑스어를 선호한다.

당신네의 언어는 돈과 정기적인 급여를 보장해요. 사람의 성공에서 돈을 무시할 순 없잖아요? 프랑스어를 할 줄 알면 여행도 갈 수 있고, 세상을 알 수도 있어요. 그리고 절대로 무시당하지 않죠. 하지만 우리의 언어로는 아무것도 할 수 없어요(N. M. Opheim 1999: 155에서 재인용).

프랑스어야말로 유용한 언어예요. 그건 두구쿠나에서 이미 다 증명된 거죠. 프랑스어를 배운 아이들은 다 중요한 인물이 됐지만 밤바라어를 공부한 학생들이 그렇게 된 건 본 적이 없어요(O. C. Opheim 1999: 155 에서 재인용).

그러나 부모들 사이의 언어태도는 이 작은 마을에서처럼 항상 부정적인 것만은 아니다. 이 학교는 이 지역의 다른 학교와 비교할 때 매우 낮은 성적을 냈다. 같은 지역의 7개 학교에서 수행된 조사는 더 긍정적인 그림을 보여 준다(Haïdara 2005: 253-284). 이 지역과 특히 세구의 학교 대다수가 이언어 사용 실험학교였는데, 하이다라(M. L. Haïdara)는 적어도 자식 한 명이 이언어 학교에 다니는 부모가 41.8퍼센트로, 그중 39.3퍼센트가 교습에 만족하고, 26퍼센트가 불만족스러워하며, 34.6퍼센트가 별다른 의견이 없는 것으로 나타났다(Haïdara 2005: 253). 이 조사에 참여한 부모 중에서 63퍼센트가 이언어 교습을 선호했고, 6퍼센트만이 반대했으며, 31퍼센트가 모호한 답변을 내놓았다(Haïdara 2005: 257). 그러나 절반 이상의 부모가 국어로 가르치는 방법이 불충분한 것으로 느꼈다(Haïdara 2005: 255-256). 더 일반적인 수준에서 86.6퍼센트의 부모가 모국어로 가르치는 것이 학습에 더 도움이 되며(Haïdara 2005: 255), 68퍼센트는 어느 언어나 체계적 의사소통의 언어로 발전할 수 있다고 생각했다. 이는 국어가 학문적 목적에 부합하지 않는다는 일반적 편견에 반하는 의견이라고 할 수 있다. 국어 교육에 대한 부모의 태도에 영향을 미치는 몇 가지 요인이 있다. 특별한 학교교육을 받지 않은 부모나 고등교육을 받은 부모는 긍정적이었지만, 학교교육을 조금 받은 부모는 상당히 부정적인 경향을 보였다(그들은 프랑스어를 더 잘하기를 바랐는지 모른다). 수렴학습이 실시되었던 세구의 시민 대다수가 긍정적인 반응을 보였는데, 이는 아마도 높은 학습 결과 때문인 것으로 보인다(Haïdara 2005: 260). 연령 역시 중요한 역할을 했다. 나이가 많은 부모는 국어로 학습하는 것을 거부하는 경향을 보였다(이는 나이가 많은 사람이 변화를 두려워하기 때문인 것으로 보이는데, 여기에 잔존하는 공식어에 대한 존중과 프랑스어가 공식기관의 유일한 합법적 언어라는 식민지적 태도도 한몫을 하는 것 같다). 젊은 부모 대다수는 국어로 학습하는 것에 대해 호의적인 경향을 보였는데, 이는 확실히 미래에 대한 희망을 보여 준다(Haïdara 2005: 263). 교사의 태도조사는[19] 74.2퍼센트가 국어로 학습하는 것을 선호하는 것으로 나타났다.

그러나 하이다라의 2005년 조사는 이 지역도 다른 곳과 마찬가지로 말과 행동이 반드시 일치하지 않는다는 사실을 보여 준다. 이 7개 학교에 자녀를 등록한 부모를 관찰하면서 하이다라는 ('전통적인') 프랑스어 단일어 학교에 학생들이 제일 먼저 차는 것을 발견했다. 반대하거나 변명조의 말도 들렸다. "나는 밤바라어 학교에 내 자식을 보내지 않을 거예요!", "(교장이 부모를 안심시키며) 올해는 국어를 사용하지 않았습니다"(Haïdara 2005: 283). 실제 삶에서 교육을 많이 받은 부모일수록 자식에게 프랑스어로 교육하는 것을 더 선호했고, 이는 교사도 마찬가지인 것으로 드러났다.

이는 설사 국어를 선호하더라도 국어로 교육을 해서 자녀의 미래를 위험에 처하게 만들고 싶어 하지 않는다는 사실을 보여 준다. 국어를 통한 교습을 매력적으로 만들려면 국어가 정말 실용적인 것이 되어야 한다. 정부는 초등교육 이후에 이러한 국어 학습을 도입하고, 공공부문에서의 구직과 관련해 능숙한 국어 문장력을 전제조건으로 내세워야 할 것이다. 비정부기구에서 종종 이런 능력을 요구하면서 많은 성인이 프랑스어 학습에 더해 (국어) 작문수업도 듣게 되었다.

---

19 A. Diarra and Y. Haïdara(1999), Etude sociolinguistique sur l'identification des langues nationales dominantes par zone et du potentiel enseignant par langue', Haïdara(2005: 284)에서 재인용한 것이다.

6.10 결론

이 장에서 말리가 편협하게 공식어인 프랑스어나 지배어인 밤바라어와 같은 단일어를 발전시키기보다 문화 및 언어 다원주의를 지키기 위해 지속적인 노력을 기울이고 있는 나라라는 사실을 알았다. 언어지형도를 구성하는 20여 개의 언어 가운데 13개 언어가 '국어'의 지위를 부여받았다. 말리에서 이는 단순한 지명 이상의 의미를 갖는다. 제3공화국의 1992년 헌법이 법률에 따라 13개 언어의 동등한 지위를 약속했을 뿐만 아니라, 언어정책 역시 교육제도와 시청각 매체, 출판에 해당 국어를 도입하는 후속조치를 취했다. 1960년 이후 소규모로 시작된 이 정책은 이어지는 1991~1992년의 민주화 과정에서 더욱 현저하게 부각되었다.

그러나 이들 국어가 너무 느리게 발전하고 있다는 사실을 인정해야 한다. 30퍼센트의 초등학생만이 프랑스어에 1개의 국어가 추가된 이언어 수업을 듣고 있고, 5종의 주간지와 1종의 잡지만이 국어로 발간되며, 국영 텔레비전 방송사는 이들 국어 중 10개어에 뉴스 방송의 단 10분을 일주일에 2회 할당해 놓았다. 당국은 이런 지체 현상을 경고로 받아들이며, 기니와 마다가스카르와 같은 프랑스어권 국가의 실패를 답습하지 않도록 목표를 정했다. 특정교육 분야는 전통적으로 프랑스어를 선호하는 부모와 교사의 지원이 필요하다. 이 두 집단은 이제 국어를 적절한 교육수단으로 받아들일 준비가 되어 있다.

그러나 언어에 대한 태도와 실제 행동이 잘 일치하지 않으며, 대부분의 부모는 여전히 자녀를 단일어를 사용하는 프랑스어 학교에 보내는 것을 선호한다. 자신이 그런 교육을 받은 부모의 경우는 더욱 그렇다. 학생의 1/3가량은 근대 표준 아랍어로 수업을 진행하는 마드라사에 등록한다. 아랍어의 경쟁력은 발전하고 확산되고 있지만, 말리에서 아랍어는 공식 지위를 갖지 않는다.

언어정책의 한계와 여기에 언급된 언어태도에도 불구하고 모든 국어를 보호해야 한다는 공감대가 정부 당국은 물론 일반 시민 사이에서도 형성되고 있다. 제1언어이자 교통어로서의 밤바라어가 두드러지게 독점하고 있지만, 공격적인 언어태도를 보이지는 않는다. 밤바라어 단독이든 프랑스어와 공동이든 간에 밤바라어를 공식어로 지정하고 싶어 하는 말리인은 거의 찾아보기 힘들다. 인구의 약 80퍼센트가 밤바라어를 구사하고 5~10퍼센트만이 프랑스어를 구사하는데도 말이다. 그 적은 프랑스어 구사자로 인해 말리는 적어도 프랑스 식민지의 프랑스어권 국가가 될 수 있었다.

문화적, 종교적, 언어적 관용의 전통은 가나, 말리, 가오 등 중세 왕국에서 내려온 유산을 통해 설명할 수 있다. 말리는 근대국가 성립 이전에 존재했던 나라로, 이는 사하라 이남 아프리카에서 보기 드문 사례이다. 역사는 말리 국민에게 그들이 매우 오래되고 명망 있는 국가의 국민이라는 공동의 정체성과 확신을 부여했다. 다언어 사용은 말리의 정체성을 형성하는 부분이며, 이 나라의 언어정책은 문화와 언어의 다원주의를 보호한다.

제 7 장

시에라리온

크리오어와 국가 통합의 모색

B. 아킨툰데 오예타데(B. Akíntúndé Oyètádé)

빅터 파숄레 루크(Victor Fashole Luke)

7.1 서론

시에라리온공화국은 가나, 코트디부아르, 나이지리아와 같이 서아프리
카 해안에 위치한 다른 국가보다 면적, 인구, 언어 수가 적다(CIA-World
Factbook 2015년 기준 인구는 587만 9,098명임 – 역주). 그러나 이 나라에
서 사용되는 언어의 배치 상황과 언어가 일반 국민을 어떻게 연결하는지
와 관련하여 각별히 흥미로운 현상이 나타난다. 시에라리온에는 템네어
(Temne)와 멘데어(Mende)라는 2개의 거대 토착어가 있지만, 전체 인구의
95퍼센트가 사용하는 보편적 교통어로서 널리 퍼진 언어는 사실 크리오
어(Krio)로 알려진 영어 기반의 크레올어이다. 이 언어는 수도인 프리타운
(Freetown)과 그 인근에 사는 소규모 화자 집단의 모어이다. 이 장에서는

크리오어가 어떻게 점차 중요해졌는지와, 어떻게 이 언어가 해방된 이주 노예 집단과 프리타운 지역의 토착민 간의 접촉 언어로 발전했는지를 고찰한다. 또한 크리오어의 발전이 국가 언어정책과 공식어로서의 영어 지위에 어떤 의미를 갖는지와, 이 언어에 대한 양면적이고 다변적인 태도의 실체도 살펴본다. 우선 7.2절은 시에라리온의 탄생과 프리타운의 특수 주민에 대한 역사적 개요를 간략히 기술한다. 7.3절은 시에라리온에 현존하는 다양한 언어를 개관하고, 이들이 일상생활에서 어떤 역할을 하는지를 살펴본다. 7.4절은 식민시대와 독립 이후의 크리오인과 그들의 언어에 초점을 맞추어, 크리오어가 거의 모든 시에라리온인 사이에서 어떻게 종족의 공통 언어로 확산되었는지를 알아본다. 7.5절은 시에라리온의 언어와 국가 정체성을 둘러싼 문제를 재검토하고, 시에라리온의 국어계획의 수립이 가능한지, 가능하다면 어떻게 가능한지를 결론적으로 다룬다.[1]

7.2 시에라리온의 형성

시에라리온이란 명칭은 1462년에 포르투갈의 항해자였던 페드로 다 친트라(Pedro da Cintra)가 이 지역을 발견했을 때 부여한 포르투갈 명칭 시에라 리우야[Sierra Leoya; '암사자(leoa) 산(sierra)'이라는 뜻-역주]에서 파생했다. 유럽인은 서아프리카에서 최초로 시에라리온과 주기적으로 접촉했으며, 17세기에는 많은 노예가 조지아와 사우스캐롤라이나와 같은 남부 주에 세워진 농장에서 일하기 위해 시에라리온에서 북아메리카로 송출되었고, 18세기에는 노예무역이 전성기를 맞았다. 얼마 후 영국에서 노예무

---

1   이 자리를 빌려 필자는 논문이 완성될 수 있도록 도와준 시에라리온 영국문화원, 시에라리온 대학교, 시에라리온 정부, 런던 대학교의 동방아프리카연구소(SOAS) 등의 기관과 협회에 감사를 드린다.

역에 반대하는 여론이 들끓었을 때 해방 노예를 후에 프리타운이 된 해안 지역에 이주시키려는 시도가 수차례 있었다. 최초로 '해방된 아프리카인 (Liberated Africans)' 집단은 '검은 빈민(Black Poor)'으로 불렸고, 1787년에 런던으로부터 시에라리온 현지의 템네인에게 사들인 땅으로 이주했다. 그러나 1년이 갓 지나자마자 400명으로 구성된 이 최초 이주 집단의 대다수가 질병과 템네인과의 분쟁으로 사망했다. 5년 뒤인 1792년에 미국의 독립전쟁에서 영국을 위해 싸우는 대가로 자유를 얻은 1,100명의 두 번째 노예집단이 해방되었고, 이들은 험한 악조건 속에서 살았던 노바스코샤 (Nova Scotia)에서 프리타운으로 이주했다. 시에라리온에 주둔하던 영국인의 보호를 받던 '노바스코샤인'은 1800년에 '머룬인(Maroons)'으로 알려진 500명의 자메이카 출신의 세 번째 자유 노예집단과 합병되었다. 당시 머룬인이 들어오면서 이들이 사용하던 영어 기반의 피진어도 같이 들어왔다. 1808년에 영국의 노예제 폐지법으로 대서양 횡단 노예무역에 영국민의 참여가 금지되었고, 서아프리카와 아메리카 대륙을 정기적으로 오가는 다른 국적의 노예선을 나포하기 위해 영국 해군이 동원되었다(Cole 2006: 36). 그 결과 1808~1864년에 프리타운 지역에 약 5만 명의 노예가 이주했다(Wyse 1989: 1-2; Sengova 2006: 170). 이들 가운데는 상당수의 요루바인과 시에라리온 출신의 노예가 있었지만, 대부분은 원래 서아프리카의 다양한 종족 집단 출신으로 여러 지역에서 잡혀 온 사람들이었다. 영국인의 보호 아래에서 새로운 공동체를 형성한 '크레올인' 혹은 알려진 바대로 '크리오인'은 19세기에 시에라리온에서 성공적인 상업망과 새로운 정체성을 공유하면서 구축했다. 한편 프리타운은 이곳에 주재한 영국 총통이 골드코스트(현재의 가나)와 감비아 지역을 관리하고 있었기 때문에 지역적 관점에서 점점 더 중요해졌다. 프리타운에는 또한 포라베이 대학(Fourah Bay College)이 1827년에 개교한 이래 전체 서아프리카에서 영어권 대학 수준의 교육기관으로 수년간 유일하게 운영되었다.

1961년에 시에라리온은 평화적으로 독립했다. 이 신생국은 프리타운을 중심으로 한 비교적 작은 직할 식민지와 1896년에 영국 보호령이 된 훨씬 규모가 큰 내륙 지역이 합병되면서 건국되었다. 그 결과 북쪽으로 기니, 남동쪽으로 라이베리아, 남서쪽으로 265마일에 달하는 대서양 해안선을 경계로 약 3만 평방마일 규모의 국가가 탄생했다. 시에라리온은 다음과 같이 4개의 행정 구역으로 나뉜다. 프리타운 도시 지역의 인근 지방을 포함한 서부 지역(Western Area), 나머지 3개(북부, 남부, 동부)의 도가 그것이다. 현재 인구는 약 600만 명으로 추산되며, 18개에 이르는 토착 종족 집단 중 어떤 집단도 전체 인구의 1/3을 넘지 않는다. 그 밖에 수천 명의 유럽인, 인도인, 레바논인 등이 시에라리온에 거주하면서 경제활동을 하고 있으며, 나이지리아, 감비아, 라이베리아 등을 포함한 다른 인

근 아프리카 국가에서 온 사람도 상당수 있다.

1991~2000년의 10여 년에 걸친 참혹한 내전으로 시에라리온은 많은 인명과 국가 기반 시설이 피해를 보았으며, 수많은 난민이 생겨났다. 이 기간에 특히 프리타운의 인구가 농촌 지역에서 탈출한 피난민으로 인해 크게 증가했고, 그 구성도 다양해졌다. 유엔 개입으로 평화가 복원된 이후 광업 위주의 손상된 경제를 되살리고 국가를 재건하기 위해 대규모의 해외원조를 받았다. 확실하고도 의욕적인 재건을 이루었지만 할 일은 여전히 많이 남아 있다. 따라서 시에라리온의 복원을 위해서는 사회의 전 영역과 모든 종족 집단의 긍정적인 협력이 필요하다.

7.3 시에라리온의 언어

7.3.1 개관

시에라리온은 다언어 국가이며, 인구 대부분이 이언어 사용자이거나 다언어 사용자이다. 영어가 국가 공용어이며, 교육, 정부 행정, 사법, 문서 소통, 생활의 다른 모든 공공 영역에서 다른 언어에 우선해서 지배적으로 사용된다. 영어는 또한 고등교육의 상징으로서 지위와 위세가 높은 언어이기도 하다. 영어 외에 거의 사용되지 않는 언어 일부는 점차 사라지고 있지만, 16개 언어는 모어 화자가 여전히 상용한다.[2]

2　과거에 시에라리온에서 사용된 언어 중 로마어(Loma), 판테어(Fante), 밧사어(Bassa), 요루바어(Yoruba)를 비롯한 여러 언어가 현재는 의미 있고 발전 가능한 소통 수단으로 활발히 사용되지 않는다. 마잉카어(Mayinka)는 멘데어에 흡수되어 대부분의 화자가 현재는 라이베리아에서 거주한다. 로마어는 이제 라이베리아 언어가 되어 더 이상 시에라리온에서 찾아볼 수 없다. 판테어, 밧사어, 요루바어도 시에라리온에서는 화자 집단이 별로 없어서 정상적인 사

크리오어(Krio), 멘데어(Mende), 템네어(Temne), 림바어(Limba)

코노어(Kono), 수수어(Susu), 셰르브로어(Sherbro), 풀라어(Fula)

얄룽카어(Yalunka), 크림어(Krim), 바이어(Vai), 킷시어(Kissi)

크루어(Kru), 마딩고어(Madingo), 로코어(Loko), 골라어(Gola)

그중에서 크리오어를 제외한 나머지 언어는 모두 같은 나이저코르도판 어족(Niger-Kordofanian)에 속하며, 이 어족은 크게 (1) 나이저콩고, (2) 코르도판의 두 어군으로 나뉜다. 나이저콩고 어군은 다시 두 갈래로 분류되는데, 코노어, 수수어, 얄룽카어, 바이어, 멘데어가 만데 하위 어군에 속한다. 그 나머지 템네어, 셰르브로어, 크림어, 킷시어, 골라어, 림바어는 또 다른 갈래인 서대서양[West Atlantic. 또는 대서양콩고(Atlantic Congo)라고도 함] 하위 어군에 속한다. 현재까지 어떤 시에라리온 언어나 언어군이 공식적으로 국어로 선포된 바는 없지만, 위에 언급된 16개 언어 중 뒤에 다룰 멘데어, 템네어, 림바어, 크리오어의 4개 언어가 다른 언어보다 더 중요한 것으로 인식되어 대중매체에서 통용되고, 최근에는 모어 교육의 언어로도 도입되었다.

7.3.2 멘데어, 템네어, 림바어

멘데인은 시에라리온에서 가장 큰 언어 공동체로, 전체 인구의 약 30퍼센트를 차지하는 것으로 추산되며, 정치적 세력이 큰 종족 집단이다. 이 언어 화자가 점유하는 면적 규모는 남부와 동부의 주요 행정구인 보(Bo), 케네

적 소통수단으로 거의 사용되지 않는다. 그러나 요루바어는 비밀결사(secret societies)의 의례 언어로, 첫 번째 혹은 두 번째 이름(그러나 마지막 이름이나 성으로는 자주 사용되지 않는다)이나 사건 명칭, 현지 단체처럼 문화유산으로 여전히 사용된다.

마(Kenema), 카일라훈 푸제훈(Kailahun Pujehun), 모얌바(Moyamba) 등에 걸쳐 약 1만 2,000평방마일에 달한다. 멘데인은 원래 라이베리아의 로파(Lofa)와 기니에서 시에라리온으로 들어왔다. 멘데어는 만데어군의 남서 어파에서 분기되었고, 이 외에 로코어, 빤디어(Gbandi), 뻴레어(Kpelle), 로마어도 이 어파에 속한다. 현재 캅파 멘데어(Kappa Mende), 세와마 멘데어(Sewama Mende), 코 멘데어(Kɔɔ Mende), 완자마 멘데어(Wanjama Mende) 등 총 4개의 멘데어 방언이 있으며, 모두 상호 간에 의사소통이 가능하다. 이들의 문화 및 사회와 관련해서 볼 때 대부분의 멘데인은 무슬림으로서 일부다처제이며, 씨족통치를 한다. 이들의 전통사회로는 남성은 포로(Poro), 완데(Wande), 코보(Kobo)가 있고, 여성은 본도(Bondo)가 있다. 이들 전통사회는 각 공동체의 최종 항소법원으로 기능한다. 템네인과 림바인과 마찬가지로 멘데인도 종족 충성심과 상호 유대가 강한 민족이다.

역사에 따르면, 템네인은 원래 시에라리온에서 유래한 것이 아니라 기니의 푸타 잘롱(Futa Jallon) 산간 지역에서 이곳으로 이주해 들어왔다. 14세기경 이들이 시에라리온에 처음 이주했을 때, 이들은 해안 지역에 살던 소소인(Soso)과 충돌하여 기니로 다시 쫓겨났다. 그러나 이들은 결국 시에라리온 북부의 내륙 지역을 통해 다시 들어와 그곳에 정착했고, 오랫동안 그 지역에서 세력을 떨쳤다. 현재 템네인의 수는 멘데인과 엇비슷하게 전체 인구의 31퍼센트 정도로 추산되며, 주로 캄비아(Kambia), 포트 로코(Port Loko), 봄발리(Bombali), 통콜릴리(Tonkolili)를 포함하는 매우 넓은 영토를 차지한다. 이러한 넓은 지역에 걸쳐 분포하는 5개의 템네어 방언은 서부(Western), 요니(Yoni), 동부 코닝케(Eastern Koninke), 서부 코닝케(Western Koninke), 봄발리(Bombali) 방언으로서 서로 의사소통이 가능하다. 문화와 생활양식의 측면에서 볼 때, 템네인은 주로 무슬림이며, 여러 씨족으로 나뉜다. 문화와 전통이 보존된 전통사회로는 남성은 포로(Poro)가, 여성은 락벤레(Ragbenle)가 있다. 템네 소년과 소녀는 각기 이들 사회 집단을 통해 성인이 된다.

시에라리온에서 세 번째로 중요한 토착(혹은 '오랫동안 존속한') 종족 집단은 림바인이다. 림바인을 시에라리온의 주요 종족 집단으로 여기는 주된 이유는 이 종족 출신의 일부 인사가 정치, 경제, 교육 분야에서 활약을 하기 때문이다. 림바인이 점하는 인구 비율은 약 8.7퍼센트이며, 1만 9,000평방마일에 달하는 시에라리온 북부가 이들의 주된 거주지이다. 이 지역에는 통코(Tonko), 사프로코(Safroko), 비리와(Biriwa), 셀라(Sella), 와라와라(Warawara) 방언 등 5개 림바어 방언이 분포한다. 멘데인, 템네인과 마찬가지로 이들도 씨족통치를 하며, 문화와 전통을 보존해서 다음 세대로 전승하는 비밀결사가 있다. 예컨대, 빵바니(Gbangbani), 코포(Kofo), 포로(Poro)는 남성 집단이고, 본도(Bondo)는 여성 집단이다.

위의 세 집단이 집중한 지역의 점유율을 따져보면 다음과 같다. 남부와 동부의 멘데인이 주로 거주하는 카일라훈, 코노, 보, 본테, 푸제훈 지역에서 멘데어를 모어로 사용하는 비율은 각기 74.5퍼센트, 80.5퍼센트, 78.6퍼센트, 87.5퍼센트, 94.8퍼센트이다. 반면 템네인의 거주지인 북부의 캄비아, 포트 로코, 통콜리의 템네어 모어 화자 비율은 각각 54.7퍼센트, 87.2퍼센트, 79퍼센트로 추산된다(Statistics Department of Sierra Leone 2003 자료). 마지막으로 림바인이 주로 거주하는 북부의 봄발리, 코이나두구(Koinadugu)의 비율은 각각 24퍼센트, 20퍼센트이다. 이 수치로 미루어 봄발리에서는 현재 템네어는 림바어보다 더 큰 위세를 떨치며, 림바어는 템네어의 위세에 점점 가려지는 것을 알 수 있다. 일반적으로 템네어와 멘데어는 남부와 동부, 북부 지역에서 다른 종족 출신의 제2언어(L2) 화자가 템네인 및 멘데인과 교류하기 위해 배우고 사용한다. 이 지역의 소수 언어인 소소어, 셰르브로어, 코노어, 마딩고어, 풀라어, 림바어와 같은 언어는 외부인이 익히지 않고, 해당 종족끼리의 의사소통에만 사용된다. 템네어를 모어로 사용하는 사람은 템네인의 주 거주지 외에 크리오인이 실질적으로 주류를 이루는 서부에도 상당수 분포한다. 주요 서부 도시의 종족별 구성 현황을 살펴보면, 크리오인 39.5퍼센트, 템네인 37.1퍼센트, 멘데인 7.1퍼센트, 마딩고인 8퍼센트, 림바인 3퍼센트의 순이다.[3] 다수의 템네인과 여러 종족 집단이 프리타운과 그 도시 근교에 살더라도, 서부의 도시 지역에서 사용되는 유력 언어는 크리오어임이 분명하다. 이는 서부 농촌에서도 거의 마찬가지이다. 크리오어가 40.6퍼센트, 멘데어가 9.4퍼센트, 템네어가 27.3퍼센트, 림바어가 6.4퍼센트로서 여기에서도 크리오어가 상당히 우세하다.

템네어, 멘데어, 크리오어, 이보다는 좀 떨어지지만 림바어는 (제한적이나마) 교육 영역에도 사용된다. 1981년에 간행된 교육 영역의 잠재적인 토착어 사용에 관한 유네스코 보고서에 따라 이 4개 언어가 초등학교에서 교육매체로 사용되고, 차후에 학과목으로 교습될 수 있도록 표준화와 철자법 개발 언어로 선택되었다. 이 사업은 현재 진행 중이며, 이들 언어로 문학작품을 생산하는 시도도 하고 있다. 교육 자료를 만드는 데는 특히 고(故) 클리퍼드 파일(Clifford Fyle) 교수가 설립한 레콘 자문단체(Lekon Consultancies)의 지원이 큰 도움이 되고 있다.

7.3.3 크리오어

템네어와 멘데어가 시에라리온 인구의 약 60퍼센트에 달하는 상당수의 모

---

3 템네인의 존재감은 여기서도 드러난다. 어느 종족 집단보다도 더 많은 템네인이 도시에 살기 위해 고향을 떠났다. 일반적인 종족의 유동성과 관련해서 볼 때, 이 글에서 인용한 비율은 전쟁 이후에 산출된 것으로서, 1990년 이전의 좀 더 동질적인 서부 지역의 인구와 대비된다. 따라서 전쟁의 여파로 도시 이주가 상당히 증가했다고 할 수 있다.

어 화자와 약간의 제2언어 사용자가 있는 중요 언어이지만, 이 두 언어는 주로 해당 지역에서만 국지적으로 사용된다. 다시 말해, 템네어든 멘데어든 그 어떤 언어도 국가 영역을 크게 벗어나 확산되지 않았다. 이와는 달리 크리오어는 시에라리온 인구의 10퍼센트만 모어로 사용한다(World Bank data 2004).[4] 게다가 크리오어는 상대적으로 면적이 작은 (그러나 경제적으로 매우 중요한) 서부 지역에 주로 국한되어 있다. 그럼에도 이 언어는 시에라리온의 모든 종족 집단이 알고 있으며, 인구의 95퍼센트가 무역, 현지 상거래, 다양한 일상생활의 비공식 맥락에서 종족 간의 소통에 사용하는 전국적인 교통어로 크게 발달했다. 크리오어는 현재 외국인조차 정규 코스로 배울 정도로 인기가 있고, 시에라리온에서 매우 중요하고 의미 있는 위치에 있다.

이처럼 큰 성공을 거둔 영어 기반의 이 크레올어의 실제 유래와 관련하여 그동안 문헌에서 논리정연하게 개진한 타당성을 주장한 가설은 다음과 같이 세 가지이다.

아메리카-카리브 해 유래설(The Americo–Caribbean Origin Theory)
이 가설은 크리오어가 대서양 노예무역의 결과로 아메리카 대륙에서 생겨나 18세기 말에 프리타운 식민지가 해방노예의 피난처가 되었을 때 이

---

4   Sengova(1987: 523)는 1987년 기준으로 크리오어의 모어 화자 수와 비율을 이보다 훨씬 적은 10만 명으로 추산했다. 한편 1993년의 시에라리온에 대한 에스놀로그 보고서에는 47만 2,600명으로 제시되는데, 이 수치가 정확하다면 이는 현재 인구의 약 13퍼센트에 해당한다. 많은 크리오인이 1990년대의 내전 기간에 여러 국가로 피신했으므로 전쟁이 끝난 후 2004년에 세계은행이 추산한 10퍼센트란 수치는 크리오인의 이주를 고려할 때 1993년의 에스놀로그 수치와 어느 정도 일치하는 것으로 보인다. 실제로 크리오어 모어 화자의 정확한 구성 비율이 어떻든 간에 분명한 것은 크리오어를 제2언어로 사용하는 사람 수(거의 모든 인구)에 비해 이 수치가 확실히 작다는 사실이다.

곳으로 들어왔다고 주장한다. 특히 머룬인이 시에라리온에 이주하기 전에 살았던 자메이카에서 공동체로 발전하는 동안 영어 기반의 피진어가 이들 사이에서 생겨났을 가능성이 제기되었다. 그 후 이 피진어가 종국에 크리오어로 발전되었다는 것이다. 오늘날 카리브 해 도처에서 사용되는 크레올어가 크리오어와 많이 닮았다는 점이 이 가설을 뒷받침하는 증거로 지적된다.

국내 선정착설(The Domestic Pre-settlement Theory) 이 가설은 영어 기반의 피진어가 식민지 정착 전에 아프리카 해안을 따라 이미 존재했고, 노예와 함께 신대륙으로 들어와서 시에라리온으로 재수입되기 전에 크리오어로 발달했다는 주장이다. 따라서 가장 오래된 크리오어 형태는 최초의 유럽 상인과 현지 아프리카인이 기니 해안에서 사용한 교통어로 추정한다.

국내 후정착설(The Domestic Post-settlement Theory) 이 가설은 크리오어의 발달과 관련하여 가장 일반적으로 수용되는 가설로서, 이에 따르면 18세기 말에서 19세기 초에 프리타운에 정착지가 건설된 이후 크리오어가 생겨났다. (7.2절에서 기술한 바와 같이) 먼저 피진어가 나타난 이후, 식민지의 다양한 정착 집단은 소통매체가 시급히 필요했기 때문에 이 피진어 형태를 사용하는 모어 화자가 많아지면서 결국 크레올어가 되었다는 것이다. 노예의 이주 당시에 프리타운에 살던 집단은 노바스코샤인, 검은 빈민 가운데 생존한 자, 머룬인, 수만 명에 달하는 해방 아프리카인, 영국의 식민지 개척자, 프리타운 반도의 시에라리온 주민이었다. 이 각 집단은 고유의 언어 정체성과 사회문화적 정체성을 지녔으며, 특히 해방 아프리카인은 다양한 아프리카 언어를 사용하는 이질적인 집단의 출신이었다(Spitzer 1974: 11). 정착민이 단지 생존을 위해 교류할 수밖에 없었기 때문에 이 잡다한 언어 집합에서 크리오어가 탄생했다고 본다.

오늘날의 크리오어 어휘 목록과 과거 기록에 나오는 어휘 목록을 살펴보면, 차용 어휘와 유입된 말의 출처가 매우 광범한 것을 분명히 알 수 있다. 영어와 요루바어 차용이 가장 많고, 하우사어, 월로프어, 포르투갈어, 자메이카 크레올어, 아랍어, 판티어, 프랑스어, 풀라어, 멘데어, 템네어, 기타 아프리카 언어의 어휘도 섞여 있다. 이렇게 어휘가 과도하게 혼합된 배경과 19세기 전환기의 프리타운의 상황을 볼 때, 프리타운의 혼혈인에서 단순한 형태의 피진어가 우선 발생했고, 그 후 이 언어가 좀 더 완전한 크레올어로 진화했을 가능성이 매우 높다. 이는 이 언어가 정착민 아동의 모어로 사용되다가 결국에는 오늘날의 크리오어로 변형되었기 때문이다.

최근 몇 년간 교육 영역과 제2언어 학습자를 위한 모델로 사용할 만한 크리오어 표준형을 가려내기 위해 학계가 신중한 노력을 기울였다. 모어로서의 크리오어 표준형에 대한 기술이 다소 성공을 거두었지만, 표준 크리오어의 속성이 다수의 제2언어 사용자에게는 완전히 수용되지 않았다. 실제로 크리오어 변이형이 제2언어 형태로 다양하게 많이 나타나는데, 그 이유는 전국 도처에서 크리오어를 제2언어로 사용하는 사람들 사이에 이 언어형이 집단적으로 확산되었기 때문이다. 멘데인, 템네인, 림바인, 기타 집단이 사용하는 크리오어 형태에는 통사구조와 음운구조, 어휘 등의 차이가 나는 변이형이 분명히 존재하며, 크리오어 모어 화자가 가정에서 사용하는 언어형과는 아주 다른 '방언'이 끊임없이 생겨나고 있다. 〈표 7.1〉은 크리오어의 지역 변이형을 표준 영어와 표준 크리오어 형태와 비교한 것으로, 비표준 크리오어 형태와의 차이를 일부 보여 준다.

시에라리온에서 크리오어를 제2언어로 사용하는 사람 대부분이 소수의 크리오어 모어 화자보다는 다른 제2언어 사용자를 통해 크리오어를 습득한다는 점도 주목할 만하다. 즉, 이들이 크리오어의 사용 환경을 주도하는 것이다. 또한 대부분의 제2언어 사용자가 크리오어를 배우는 근본

표 7.1

┃ 표 7.1 ┃ 크리오어 지역 변이형과 표준 크리오어 및 표준 영어와의 비교

지역 변이형	표준 크리오어	표준 영어
We tu ɛn in in na padi.	In na mi padi.	He is my friend.
Na mi de stɔdi am.	Na mi de tek an lɛsin.	I am his/her tutor.
Mi pɛn dɔn kɔt ink.	Mi pɛn dɔn tap fɔ rayt.	There is no more ink in my pen.
Sɛn fɔ mi rɛs, ya.	Briŋ rɛs fɔ mi, ya.	Bring me some rice, OK.
Di chɔp dɔn rɛdi mek wi chɔp.	Di it dɔn redi, lɛ wi it.	The food is ready let's eat.

이유는 크리오어 모어 화자와의 의사소통 때문이 아니라, 그들 서로 간의 의사소통이 필요하기 때문이다. 자신이 사용하는 크리오어 형태에 자신 감을 갖는 제2언어 사용자가 점점 늘면서 이제는 역설적이게도 이들이 모어 화자의 크리오어 형태에 영향을 줄 정도가 되어, 다양한 비표준 어형이 크리오어 모어 화자의 말에 스며들어 간다.

크리오어를 다언어를 사용하는 시에라리온인의 언어에 추가하는 방식은 지역과 사람에 따라 이언어 사용과 다언어 사용의 양상에서 차이가 크게 난다. 교육을 받거나 독서가 가능한 인구 비율이 가장 높은 프리타운에는 크리오어와 영어의 2개 언어를 주로 사용하는 사람이 많다. 때에 따라 일부는 템네어나 림바어, 풀라어(혹은 타국에 조상이 있는 사람들은 레바논어, 아랍어, 프랑스어 등의 언어)와 같은 다른 제3의 언어를 구사하기도 한다. 그러나 프리타운을 벗어나 내륙으로 들어가면 양상이 전혀 달라진다. 영어는 순식간에 아주 생소한 언어가 되고, 크리오어가 다른 현지어와 더불어 종족 간의 의사소통에 지배적인 매개어로 사용된다.

크리오어가 다양한 환경에서 다언어 사용자에 의해 널리 사용되면서 어휘도 풍부해졌다. 그 결과 크리오어는 시에라리온인이 늘 접하는 거의 모든 일상생활에서 쓰인다. 물론 매우 공식적인 상황에서는 양질의 교육을 받은 사람(약 10퍼센트)은 영어를 여전히 지배적으로 사용한다. 크리오어가 이렇게 다양한 영역에서 널리 사용되고 전 국민에게 알려져 있는 것이 사실이라면, 크리오어를 시에라리온의 공용어나 국어로 삼아 공식적으로 지위를 높일 수는 없을까? 잠재적이나마 그 가능성을 검토하려면 크리오인의 다양한 사회사적 특징과 다른 시에라리온 집단과의 교류 양상, 제2언어 화자 및 크리오어 모어 화자의 크리오어에 대한 일반적인 태도를 고려할 필요가 있다. 7.4절에서는 크리오어 및 모어 화자와 다른 시에라리온 집단 간의 사회언어학적 관계를 과거와 현재로 구분하여 간략히 기술한다.

7.4 크리오인과 언어: 태도와 역사

7.4.1 크리오인과 그들의 언어에 대한 부정적 문제

스펜서-월터스(Spencer-Walters 2006: 236)는 해방 노예의 시에라리온 이주가 원래 '문명화 작업(civilizing project)'으로 인식되었으며, 이 작업의 의도는 '문명화된' 아프리카 사회를 창조할 수 있다는 것을 유럽인과 다른 아프리카 민족 모두에게 보여 주는 것이었다고 지적한다. 따라서 이 '시에라리온 실험(Sierra Leone Experiment)'은 혼합된 아프리카 이주민에게 서구교육을 실시하는 데 심혈을 기울였고, 기독교를 포함한 다양한 서구 문화상을 수용할 것을 장려했다. 상당수의 크리오인이 정규 교육을 받을 수 있는 기회를 이용한 결과, 19세기 중반 무렵부터 많은 사람이 취득한 자격증을 이용하여 식민 관료체제하의 의사나 변호사가 되거나 기타 전문직 종사자 혹은 서기가 되었다. 그로 인해 그들은 영국식 교육을 받지 못한 시에라리온의 다른 아프리카인과의 경쟁에서 앞섰다(Dixon-Fyle and Cole 2006: 16). 크리오인 가운데 성공했거나 교육받은 사람들은 종종 서구식으로 자기 이름을 지었다. 또한 "많은 이가 스스로 단순히 기독교도가 아닌 '검은 영국인(Black Englishmen)'으로 부르는 데 자부심을 가질" 정도로 서구문화의 상징을 받아들이고 표현하는 데 몰입했다(Dixon-Fyle and Cole 2006: 3). 이와 같이 크리오인이 서구 교육과 문명에 대해 긍정적으로 반응한 결과, 그들은 보상으로 식민 당국이 통제하던 다양한 자원에 특권적으로 접근했고, 이는 다시 그들에게 다른 시에라리온 집단이 쉽게 취할 수 없는 이득을 안겨 주었다.

19세기에 영국인에 의해 프리타운으로 이주한 집단이 점차 합쳐지면서 이들 사이에 영국의 직접 통치하에서 쌓인 공통의 경험과 특수한 생활 조건으로 배양된 새로운 정체성이 생겨났다. 이들은 표준 영어가 쓰이지 않는 영역에서 집단 내의 소통 수단으로 사용될 정도로 이제는 충분히 안정된 크레올어를 포함하여, 다른 토착 집단과는 차별되는 특징을 갖춘 공동체로 발전했다. 그러나 전해진 바와 같이, 다른 집단과는 구분되는 크리오인의 특별한 발전 노정에서 신속하게 이룬 교육과 경제발전이 적어도 크리오인 일각에 우월의식을 불러일으키는 계기가 되었다는 점은 중요하다. 그러한 이들은 주로 유럽식 생활방식을 따르고, 스스로 교양 있고 교육받은 성공자로 생각했던 사람들이었다. 그들은 편견에 사로잡혀 다른 토착 집단을 뒤처지고 교양 없는 집단으로 멸시했다. 이러한 일부 크리오인의 행태로 말미암아 영국이 관할하던 시에라리온에서 크리오인과 다른 토착 종족 집단 간에 심각한 종족분리 현상이 발생했다. 다른 집단은 영국인이 관리하고 분배하는 자원을 크리오 집단이 부당하게 많이 취득하는 바람에 비크리오인의 발전이 크게 저해되었다고 여겼다. 이로 인해 19세기부터 일부 크리오인과 비크리오인 집단 간의 감정이 악화되었다.[5]

---

5 크리오인에 대한 반감이 물리적인 폭력으로 표면에 드러났던 사건은 1898년에

크리오인과 시에라리온의 다른 집단의 본질과 기원이 크게 다르다는 인식은 식민시대에 널리 퍼져 나중에는 크리오인과 비크리오인 모두가 그러한 생각을 하게 되었고, 양측의 분열의 골은 더욱 깊어졌다. 콜(Cole 2006: 49)은 1950년대 시에라리온의 독립이 임박했을 무렵 "양 집단은 서로가 다르고, 별개라는 사고에 이미 길들여진 상태였다"고 지적한다. 따라서 영국 식민통치는 모두를 아우르는 시에라리온의 국가 정체성을 발전시키고 촉진할 수도 있었을 텐데, 그러한 공통의 식민통치 경험이라는 잠재 가치가 독립 당시에 활용되지 못했다. 실제로는 이와 정반대의 일이 벌어져서 양 집단의 극단주의자가 정치적 목적으로 종족 분열을 교묘하게 조작하는 바람에 일반인 사이에 불신이 팽배해졌고, 종족 간의 경계도 부정적으로 고착화했다. 독립 이후부터 크리오인과 다른 집단의 관계가 좋은 방향으로 흘러가지 못한 경우가 많았다. 특히 이전의 영국인이 크리오인을 선호했던 여파가 여전히 남아서 경제적 불평등이 계속되었고, 이는 "독립 이후 국가 정체성을 심각하게 위협하는 적개심"을 부추겼다(Dixon-Fyle and Cole 2006: 15).

언어적으로 볼 때, 크리오어는 원래 영어가 불완전하게 변한 언어로서 오랫동안 비토착어로 간주되었다는 점을 지적할 수 있다. 이 때문에 다른 시에라리온인에게는 크리오어의 모어 화자인 크리오인의 지위가 외국에서 유래한 것으로 비쳤다. 일부는 크리오어가 영어나 다른 토착어와는 달리 권위와 순수함이 결여된 '잡종어'이므로 이를 시에라리온의 거대 언어나 영어보다 순수하지 못하며, 따라서 별로 존중할 만한 가치가 없는

발생한 이른바 오두막 세금 전쟁(Hut Tax War)으로서, 이때 수백 명의 크리오인이 다른 집단 사람들에게 살해당했다. 이 폭력 사태의 단초는 새로운 세금 제도를 도입한 영국인이 제공했다. 즉, 이 제도에 대해 위협적으로 큰 부담을 느낀 다른 시에라리온인이 크리오인이 이 제도를 지지했다고 (잘못) 오해해서 벌어진 사건이었다.

언어라고 보았다. 실제로 크리오어는 아주 최근까지도 학교와 공식 영역에서 사용이 금지되었다가 1980년대 초에 교육 영역에서 시작된 토착어 개발 프로그램에서 템네어, 멘데어, 림바어와 함께 지위를 '되찾은' 바 있다(Sengova 2006: 184). 방구라(Bangura 2006: 163)는 혼합된 (혹은 적어도 그렇게 인식된) 외래어라는 이유로 생긴 크리오어에 대한 부정적 태도가 이를 사용하는 크리오인에 대한 편견을 낳았을 수도 있다고 주장한다. 또한 'Krio nɔto neshɔn(직역하면, '크리오는 민족이 아니다.')'이라는 어구가 크리오인이 확실한 종족 집단이 아니라 단지 혼합 집단에 불과하다고 헐뜯는 데 사용되었다는 점도 종종 지적되었다[여기에서 'neshɔn/nation(민족)'은 시에라리온의 개별 종족 집단의 의미로 사용. Spencer-Walters 2006: 226]. 따라서 크리오인과 이들이 사용하는 크리오어 모두가 다른 시에라리온 집단의 부정적 반응의 원인이었다. 그 원인을 다시 요약하면, 크리오인이 과거에 부당하게 경제적 이익을 취득한 점, 교육받지 못한 비크리오인을 무시한다는 인식이 팽배했던 점, 크리오어를 순수하지 않은 외래의 언어로 보았다는 점 등이다.

한편 비크리오인만이 크리오어에 대한 비판의 목소리를 낸 것은 아니었다. 식민지배를 받던 시절에 크리오인이 (영어를 사용하는) 교육에 접근할 수 있었던 최초의 집단이었다는 사실이 크리오어에 대한 크리오인 자신의 태도에 부정적인 영향을 미쳤고, 이 언어에 대한 평판도 더 나빠졌다. 크리오인이 학교에서 받은 교육을 자체적으로 활용하면서 크리오어 모어에 대한 의식도 소원해졌다. 그들은 가능하면 표준 영어를 사용하기를 원했고, 그러한 부정적인 유산은 자식들에게 그대로 대물림되었다. 1980년대에 템네어, 멘데어, 림바어와 함께 크리오어를 학교 언어로 공식적으로 도입하자는 제안이 나왔을 때도 크리오 주민 일각에서 교육매체로 이를 사용하는 것에 반대하는 목소리가 가장 컸다(Spencer-Walters 2006: 240). 따라서 크리오어는 한 언어로서 '부끄러운 과거'를 경험했다고 말할 수 있다. 집단 차원의 언어 사용에서 억압받거나 경시되지 않았던 다른 시에라리온 언어 상황과는 달리 크리오인의 자식은 대부분이 모어를 부끄럽게 여기도록 길들여졌다. 오늘날에도 교육을 받은 크리오인 가운데 일부는 크리오어가 고상한 표준 영어에 본질적으로 나쁜 영향을 미쳐 결국에는 젊은 층의 학업 발달에 잠재적으로 해를 끼칠 것이라고 생각한다. 크리오인 집단 일각의 이와 같은 크리오어에 대한 부정적인 태도 때문에 교육을 받은 현재의 크리오인 세대는 주로 집에서만 크리오어를 사용한 부모 세대에게서 언어적으로 얻을 수 있는 것이 그리 많지 않았다. 이 때문에 실제로 오늘날 교육을 받은 보통의 크리오어 모어 사용자의 어휘 수준이 크리오어를 제2언어로 사용하는 멘데인, 템네인, 림바인보다 오히려 더 떨어지는 실로 이상한 상황이 발생한다.[6]

크리오어의 향후 발전과 관련하여 과거의 사회언어학적 역동성으로 생기는 여러 복잡한 문제를 짚어 볼 때, 다음과 같은 순수 언어학적 문제도 같이 다룰 필요가 있다. 즉, 1980년에 파일과 존스(Fyle and Jones)가 편찬한 크리오어-영어 사전을 통해 널리 용인된 크리오어 표기체계가 최종적으로 마련되기 전까지 대부분의 크리오어 역사에서 표준화된 철자법이 없었다는 점이다. 스펜서-월터스(Spencer-Walters 2006: 239)는 과거에 크리오어의 표기법이 저마다 달라서 널리 인정받는 문학이 생길 수 없

---

6 아주 최근에는 교육받은 특정한 엘리트층 사이에 'Savisman Krio'(직역하면, '서비스맨 크리오어'라는 뜻)로 알려진 크리오어 변종이 유행하면서 크리오어에 대한 새로운 편견이 나타났다. 이 크리오어 변이형은 마약에 빠진 젊은이와 사회 언저리에 놓인 다른 계층의 사람 사이에서 특히 인기를 끌었는데, 저속하고 폭력적인 말을 사용한다는 특징이 있다. 일각에서는 이 변이형이 주류가 사용하는 크리오어를 대치할 것이라는 우려 섞인 목소리도 나왔다. 그러나 사비스만 크리오어를 사용하는 계층은 극히 일부에 불과하므로 실제로 이 형태가 일반적으로 사용되는 크리오어를 대치할 가능성은 거의 없다. 하지만 사비스만 크리오어의 출현을 우려한 나머지 크리오어 모어 화자 중 일부는 영어를 더 선호했고, 크리오어는 더 부정적으로 생각했다.

었고, 오늘날에도 문학작품을 창작하는 작가조차 표준화된 크리오어 표기법을 잘 아는 사람이 많지 않다고 지적한다. 게다가 이러한 표기체계는 로마자에 없는 다양한 기호를 사용하기 때문에 조판이나 문서처리 과정에서 문제가 종종 발생한다.

7.4.2 크리오인/비크리오인의 종족관계와 크리오어에 대한 긍정적 문제

앞의 7.4.1절에서 논의한 내용을 보면, 크리오어를 공식 기능을 가진 언어로 격상하는 데 크리오어와 크리오인의 역사적 양상을 잠재적인 장애로 볼 수도 있다는 점이 분명해진다. 이는 주로 크리오인에 대한 부정적 태도와 크리오어가 크레올어로 여겨지기 때문이다. 그러나 사람들 일각에 그러한 태도가 있더라도 현재와 최근까지의 시에라리온의 전반적인 크리오어 상황을 보면, 크리오어를 긍정적으로 생각할 뿐만 아니라 크리오어가 종족 간의 관계 유지에 유용하다는 인식도 꽤 많다는 것을 알 수 있다.

　무엇보다도 교육받은 크리오 엘리트 가운데는 크리오어에 대해 좀 더 깨인 생각을 가진 사람도 있다. 물론 크리오 엘리트 내에서 크리오어를 표준 영어의 '불완전한' 형태나 '조악한' 형태로 여겨 이를 폐기하자는 목소리도 아주 시끄럽게 나왔다(Spencer-Walters 2006: 240). 크리오어에 대한 꽤 다른 태도를 보이는 대표적인 사례로는 저명한 크리오 출신 기자인 토머스 데커(Thomas Decker)를 언급한 스펜서-월터스(Spencer-Walters 2006: 247)를 들 수 있다. 토머스 데커는 크리오어가 다른 언어와 마찬가지로 복잡한 사고를 표현하는 가치 있고 '참된' 언어라는 긍정적 인식을 심어 주기 위해 다양한 활동에 참여했다. 이러한 활동에는 크리오어를 사용하는 극작활동, 크리오어 존중을 고무하는 꾸준한 신문컬럼 및 라디오 인터뷰 이용, 셰익스피어가 쓴 《줄리어스 시저(*Julius Caesar*)》

의 크리오어 번역[이는 스와힐리어를 탄자니아 국어로 장려하기 위해 셰익스피어 작품을 번역한 조지프 녜레레를 연상시킨다. 이 책에 수록된 토판(Topan)의 논문 참조] 등이 포함된다. 데커의 활동은 다른 사람에게도 자극을 주어 1970년대와 1980년대에 크리오어로 극을 쓰는 것이 유행이었다.

둘째, 크리오 엘리트 모두가 크리오어에 대해 반드시 부정적이지만은 않았던 것처럼, 방구라(Bangura 2006)와 콜(Cole 2006), 그 외의 다른 사람은 크리오인이 전체적으로 볼 때 사람들이 생각하는 만큼 획일적이지는 않다는 점을 강조한다. 이들에 따르면, 앞장서서 서구 언어와 문화의 다양한 면을 받아들인 교육받은 엘리트층 외에도 크리오인 집단에는 교육을 제대로 받지 못한 노동자 계층이 많았고, 오늘날에도 그렇다. 이들은 영국식 생활방식에 동화하거나 맞추려고 하지 않고, 종교적으로도 기독교 개종의 심한 압박에도 불구하고 대체로 이슬람이나 정령신앙을 고수하는 사람들이었다. 목소리를 내지 않으면서도 수적으로 중요한 이 집단은 (상당수의) 엘리트가 보여 준 것과 비교해 볼 때 크리오어를 공개적으로 무시하지는 않는다.

셋째, 크리오 엘리트와 일부 교육받은 비크리오인 외에는 크레올어화된 언어인 크리오어에 대한 부정적인 태도가 그리 널리 나타나지 않는다는 것도 중요하다. 표준 영어의 구사력을 갖추지 못한 시에라리온인은 주로 영어 차용어 수준으로 크리오어를 유창하게 구사하는 능력을 사실상 바람직한 자기 표출의 지표로 여긴다. 이는 크리오어 지식을 표준 영어의 지식으로 '전환하려는' 노력을 개인이 조금만 기울이면 언젠가는 좀 더 손쉽게 영어 구사력을 갖출 수 있다는 말이다. 따라서 많은 사람에게 크리오어는 교육의 디딤돌이자 표준 영어를 이해하고 말하고 잘 구사하는 능력을 갖춘, 인정할 만한 교육수준에 도달한 궁극적인 지표이다. 그러므로 크리오어를 배우고 말하는 능력은 영어를 배우려는 사람에게는 설정한 목표를 따라가는 과정의 한 단계이며, 크리오어를 정기적으로 사용하는 것이 정확한 영어 습득에 지장을 준다고 생각하지는 않는다(실제로 이와는 아주 정반대로 도움을 준다).

네 번째로 중요한 것은 크리오어를 알거나 사용하는 다른 언어 사용자가 시에라리온 곳곳에 널리 산재하고, 그러한 언어 상황이 갈수록 눈에 띄게 활발히 조성되고 있다는 점이다. 역설적이게도 크리오어가 프리타운의 교육받은 토착 원어민의 가정 내에서만 제한적으로 사용되고, 그 타락한 언어형이 자식 세대에 전승되는 것과는 달리, 지방 사람은 크리오어를 크게 확장해 이를 모어의 형태와 규칙과 접목하여 다양한 하위 변이형을 많이 만들어 냈다. 멘데어-크리오어, 템네어-크리오어, 기타 지역 변이형이 바로 그 예이다(Sengova 2006: 180). 크리오어가 광역 의사소통 수단으로 널리 채택되어 사용된다는 것은 이 언어가 그만큼 실용적일 뿐만 아니라 이를 인정하는 사람의 범위가 넓다는 것을 보여 준다. 만약 대중 사이에 크리오어에 대한 부정적 태도가 깊게 뿌리박혀 있다면, 크리오어는 분명히 이와 같이 자발적으로 자연스럽게 확산되지 않았을 것이다. 현재 크리오어는 교육제도 내에서 공식적으로 강습되고 있으며, 학교와 교사 양성기관, 대학 등에 개설된 크리오어 수업은 인기가 많다.

최근에 논문 필자 중 한 사람이 시에라리온 크리오어 발전계획의 일환으로 프리타운 지역에 거주하는 다양한 계층의 크리오어 모어 화자와 제2언어 화자를 대상으로 연구를 수행한 바 있다. 그 결과 크리오어의 사용 영역이 흥미롭게도 늘어나는 것으로 보였고, 지금까지 영어가 독점해 온 특정한 공식 맥락에서도 이제 크리오어가 영어와 경합을 벌이기 시작했다는 조짐이 나타났다. 또한 출간을 남겨 둔 이 연구에서는 비공식 상황을 적절히 조절하고, 사회의 견고한 장벽을 제거할 때 과거에는 영어만이 사용되던 특정 영역과 공식 환경에서 크리오어가 점차 사용되고 있음이 밝혀졌다. 이러한 혁신적인 상황의 근저에는 크리오어가 현재 폭넓게 인정되고 있다는 사실이 깔려 있다. 또한 이는 크리오어의 사용을 순전히 비공식 맥락에만 국한해서 볼 수 없다는 점을 강하게 시사한다.

마지막으로, 대다수의 비크리오인이 크리오어를 종족 중립적인 교통어로 자발적으로 널리 수용했다는 것은 크리오어가 시에라리온 종족 간의 관계 협상에서 매우 중요한 역할을 담당하게 되었음을 의미한다. 즉, 공통 언어인 크리오어가 시에라리온의 종족 갈등을 해결하는 주요 요인으로 작용했다는 점은 널리 알려져 있다. 셍고바(Sengova 2006: 172)는 최근에 크리오어가 보여 준 이와 같은 중요하고도 구속적인 기능을 다음과 같이 강조한다.

> 크리오어가 종족, 언어, 문화 등에서 많은 시에라리온 집단 사이의 간극을 성공적으로 메웠을 뿐만 아니라 사회조화와 응집력, 협력 등을 이끌어 내는 중요한 소통도구가 되었다는 점에 많은 이가 동의한다 ……. 시에라리온에서 크리오어가 지닌 **교통어**(*lingua franca*) 지위 덕분에 최근에 겪은 수십 년간의 파괴적인 전쟁과 참혹한 학살보다 더 큰 정치 내분을 초래했을 사회문화적, 언어적 장벽이 상당 부분 좁혀졌다.

따라서 많은 사람이 크리오어가 다종족 국가인 시에라리온의 갈등과 분열을 완화하는 데 도움을 주었다고 본다. 비록 크리오어가 (아직은) 시에라리온인이 공공연히 자부심을 표현하고, 고귀한 것으로 여길 만큼 아주 긍정적인 국가의 상징은 아니더라도 은연중에 이 언어는 국가 위상을 유지해 준다는 점에서 매우 중요한 언어가 되었다. 셍고바는 시에라리온에 종족 화해의 새로운 조짐이 보인다고 언급하면서 이 나라의 미래에 조심스러운 낙관론을 계속해서 피력한다. 그녀는 크리오어가 이 분위기를 조성하는 과정에서 담당한 중추적 역할을 다음과 같이 다시 강조한다.

20세기 들어, 시에라리온에서 특히 크리오인과 나머지 토착 집단 간의 사회적, 정치적 관계가 긴장과 불신 때문에 가끔 훼손되지만, 최근에는 여러 조건이 상당히 개선된 것으로 나타난다. 한 가지 중요한 관점에서 볼 때, 시에라리온인은 크리오인에 빗대어 일반적으로 사용되는 'Krio noto nation(크리오는 민족이 아니다)'라는 표현에서 보다시피, 민족(고유 종족성)을 부정하는 신화에서 거국적인 다언어 상황과 종족 다원주의를 적극 수용하는 쪽으로 변화했다. 이를 가능하게 만든 주요 매개는 언어로서 통합적 소통어인 크리오어를 사용했기 때문이다 ……. 시에라리온은 이제 크리오어는 물론, 유럽인으로부터 물려받은 식민주의적인 오명 때문에 한때 멸시받았던 크리오인의 다양한 사회 생활양식과 관습을 수용한 것으로 보인다(Sengova 2006: 176-177).

이 절에서 논의한 그러한 발전 양상과 크리오인과 연관해서 나타나는 다른 긍정적인 특징을 염두에 두면서 7.5절에서는 다시 크리오어로 돌아가 국어 및 공용어의 문제를 다룬다.

7.5 크리오어: 시에라리온의 국어인가?

시에라리온은 사하라 이남의 여느 아프리카 국가와 마찬가지로 단일 영토를 가진 정체로서, 미래의 국가 생존에 필요한 국가 통합의 개념을 장려해야 하는 다언어, 다민족 국가이다. 서아프리카의 다른 국가처럼 국가 정체성 의식이 식민시대에 생성되지 않았던 시에라리온은 독자적이고 결집된 국가로서 확실한 토대도 구축하지 못한 채 독립했다. 최근까지도 시에라리온은 내적으로 국가의 지속적인 안정을 크게 위협했던 종족분쟁을 수없이 겪었다. 따라서 종족 간의 화합을 다시 도모하고, 다양한 집단 사이에 단일 국가의 소속감을 불러일으키려면 가능한 한 모든 수단을 강구하는 것이 매우 중요하다. 이와 같은 일반적 맥락에서 볼 때, 시에라리온의 긍정적인 결집의식을 강화하는 데 사용되는 국어를 찾아 장려하는 일은 국가 정체성을 광범하게 구축하고, 국민의 단결심을 고양하는 과정에서 중요한 선제 조치이다.

그러한 목적으로 이용할 수 있는 잠재 언어를 (다시) 살펴보면, 현실적으로 이 나라에서 사용되는 언어로 선택의 폭이 줄어든다. (1) 하나 또는 그 이상의 주요 토착어, (2) 영어, (3) 크리오어가 그것이다. 첫 번째 가능성과 관련해서 시에라리온에 템네어나 멘데어와 같이 종족 간의 의사소통과 교역을 가능하게 했던 지역어가 있지만, 이들은 국가 차원의 화합을 강화하고, 진정한 국가 정체성의 토대를 형성할 만한 확실한 잠재력이 없다. 실제로 다른 아프리카 국가뿐만 아니라 불행히도 시에라리온에서도 종종 나타났듯이, 종족이 정치적 수단으로 이용되면 그러한 언어가 정치불화와 사회분열의 요인이 될 가능성이 매우 높다. 그렇다고 해서 종족 정체성의 중요한 상징인 주요 토착어를 억제해야 한다는 것은 아니다. 그러한 준국가적 정체성은 침해받아서는 안 되고, 시에라리온의 다양한 집단을 효과적으로 결속하는 기능을 계속 발휘할 수 있게 허용해야 한다. 그러나 지역 정체성 및 종족 정체성과 더불어 시에라리온의 국가적 지위와 발전을 강화하려면 더 높은 수준의 국가적 단결을 다질 필요가 있다. 따라서 시에라리온에 필요한 것은 국가주의적 유대 속에서 국민을 단결할 수 있는 언어이다. 즉, 국민이 종족성을 잃지 않고, 문화유산과 전통적 가치를 위태롭게 하지 않으면서도 안전하게 인정하고 관계를 맺을 수 있는 언어 말이다.

영어가 이와 같은 역할을 수행할 가능성이 있는지 살펴보면, 아프리카에는 일반적으로 종족 간의 의사소통을 쉽게 하려면 영어, 프랑스어, 포르투갈어와 같은 식민종주국의 언어를 사용해야 국민 통합을 이룰 수 있다는 생각이 지배적이다(그러나 이를 잘못된 생각으로 보는 사람도 많다).

시에라리온의 경우, 영어가 국가의 유일한 공용어이자 고등교육의 주요 지표로 자리 잡았다. 그러나 이런 식으로는 진정한 통합이 될 수 없다고 주장하는 사람도 많다. 밤보세(Bamgbose 1991: 18)는 아프리카 국가에서 식민종주국의 언어를 국어로 사용할 경우에 나타날 수 있는 잠재적 취약점을 다음과 같이 요약한다.

이러한 접근방법에서 종종 간과되는 점은 이렇게 해서 이룩한 국가 통합은 그 나라의 각 종족 집단이나 언어 집단 출신의 교육받은 엘리트 계층이 결합하는 수평적 통합에 불과하다는 것이다.

인구의 10퍼센트만이 영어를 구사하는 시에라리온과 같은 상황에서는 종족 통합보다는 종족 다양성이 궁극적인 결과가 될 것이다. 여기에 도사린 위험은 분명하며, 진정한 국가주의와 종족 단결을 도모하려는 나라는 좀 더 포괄적이고 포용력 있는 접근방법을 찾아야 한다. 이와 같이 목표가 분명한 국가 통합은 종족 경계를 극복하고, 밤보세(Bamgbose 1991)가 참된 '수직적 통합(vertical integration)'이라고 부른 결과를 낳을 것이다. 현재의 예측으로는 가까운 미래에 시에라리온에서 지금보다 훨씬 더 많은 사람이 영어를 사용할 가능성은 매우 낮다. 따라서 영어는 국어로 선택하기에 적합한 후보가 아니다.

사하라 이남의 아프리카 국가에서 주요 토착어와 식민종주국의 언어를 국어로 선택하려고 할 때, 종종 이로 인해 한 나라의 언어 자원과 전국적인 의사소통 수단으로 생각되는 언어를 철저히 검토한다. 시에라리온의 경우에는 널리 알려진 크레올어이자 피진어인 크리오어를 국어 선택의 대안으로 생각할 수 있는데, 실제로 크리오어가 국어의 역할을 할 후보 자격이 있음을 뒷받침하는 긍정적인 요소는 많다.

앞에서 언급했듯이 크리오어의 매우 중요한 특징 중 하나는 전체 인구의 95퍼센트가 이 언어를 알고 있다는 단순한 사실이다. 이는 곧 크리오어 모어 화자와 이를 제2언어로 사용하는 사람을 합친 비율이 다른 대부분의 사하라 이남 국가의 주요 언어가 누리는 화자 비율보다 높다는 것을 의미한다. 크리오어가 이렇게 아주 광범하게 확산되어 있으므로 여기에 국어 지위를 부여하면, 시에라리온은 거의 전 국민이 아는 국어를 가진 상황이 된다. 또한 밤보셰가 민주주의와 포괄적 국가 정체성의 발전에 본질적인 것으로 강조하는 수직적 통합도 가능하다. 오늘날의 크리오어는 그동안 이를 헐뜯고 거부해 온 프리타운에 사는 크리오인의 전유물이 아니라, 시에라리온 곳곳에서 열성적으로 사용되는 전국적인 언어가 되었다. 또한 크리오 출신이 아닌 대부분의 시에라리온인이 모어와 거의 같은 시기에 접하거나 그 직후에 접하는 언어이다. 이 때문에 사람들은 크리오어의 언어체계에 익숙하고 매우 정통하다.

시에라리온의 여러 집단에 크리오어가 널리 확산된 것과 관련해서, 이미 일부 언급한 바와 같이 크리오어는 이러한 확산으로 말미암아 다른 언어로부터 다양한 음운, 어휘, 통사적 특징을 받아들였다. 이 때문에 크리오어는 다민족적이고도 국가주의적인 특색을 생생히 띠고, 사회문화적인 경계가 없으며, 국민 구분이 그다지 중요하지 않은 종족 간 소통 상황에서 선호하는 언어가 되었다. 크리오어가 본래 강력한 영어 어휘 기반의 크레올어로 출발했지만, 다양한 현지어의 영향 아래에 지속적으로 발전하면서 외래 색채와 사이비 언어라는 인식이 많이 없어졌기 때문에 이제 크리오어는 시에라리온의 토착어 내지 최소한 준토착어의 면모를 갖추었다. 따라서 모어 화자가 사용하는 크리오어의 변화된 형태와 이탈된 모습으로 인해 국민이 전체적으로 크리오어를 수용하고, 이 언어에 동질의식을 크게 느끼게 되었다는 긍정적 관점을 엿볼 수 있다.

앞에서 언급한 모든 것, 즉 크리오어 제2언어 사용자가 크리오어와 일찍부터 친숙해지는 것, 크리오어의 지역 변이형, 크리오어의 광범한 확장성 덕분에 크리오어는 이제 시에라리온 국민을 하나로 단결하는 주요 문화적 접합체로 간주할 수 있다. 크리오어에는 국민의 결집력을 만들어 내는 독특한 잠재력이 있다. 그리고 크리오어는 종족 간의 긴장관계를 제거해서 시에라리온인을 단일민족으로 화해할 수 있는 유일한 언어이고, (거의) 전 국민에게 의미를 전달할 수 있다. 겉보기에는 아직 신뢰가 없는 것 같지만 (크리오어에 대한 자부심이 자주 표출되지 않는다는 의미에서) 크리오어는 어쩌면 이미 대부분의 국민이 그 가치를 암묵적으로 높게 평가하는, 국가 정체성의 강력한 '감춰진' 표지가 된 것 같다. 마지막으로, 크리오어가 어떻게 현재의 국가 공용어인 영어와 우열을 다투는지를 생각해 보자. 우선 영어가 시에라리온의 여러 제도와 상황에서 이론의 여지없이 중요한 위치를 점하고 있고, 공식적인 자리와 '고상한' 영역에서 사용 가치를 높이 평가받는다는 점은 인정해야 한다. 그러나 말할 수 있는 것은 크리오어도 좀 더 '진지한' 상황에서 사용될 수 있는 잠재력이 분명히 있다는 점이다. 물론 크리오어가 격식에서 벗어난 감정을 고조할 수도 있지만, 크리오어를 사용한다고 해서 그 상황의 격식이 반드시 떨어지는 것은 아니다. 크리오어가 가진 다재다능함과 격식 있는 자리와 격식 없는 자리에서 사용될 수 있는 잠재력 때문에 크리오어는 공용어 수준의 언어를 사용하는 상황에 적절하고 편리하게 사용되는 영어의 '대리인'으로 볼 수 있다.

이 절과 7.4.2절에서 검토한 긍정적인 특징을 살펴보면, 시에라리온은 국민 통합 고취에 크리오어가 제공하는 특별한 기회를 이용하는 한편, 크리오어의 지위를 전국적으로 좀 더 격상할 필요가 있다. 따라서 국정현안과 외부세계의 언어 연계 유지에 필요한 것을 충족하면서 시에라리온의 국가 정체성이 앞으로 계속 성장할 수 있도록 실행 가능한 방법으로 필자는 다음과 같은 의견을 제시한다. 우선, 크리오어를 영어와 더불어 공식적으로 국가의 공동 공용어로 인정할 필요가 있다. 또한 크리오어에 시에라리온 유일의 국어의 지위를 부여한다. 이러한 새로운 역할은 국가(國歌), 군대, 대국민 연설과 같은 상황뿐만 아니라, 교육과 대중매체 등의 영역에서 크리오어가 광범하게 사용되도록 발전시키면서 지원할 수 있다. 크리오어를 시에라리온의 유일한 공용어가 아닌 공동 공용어로 격상하자는 이유는 크리오어의 지위가 아무리 높이 격상되어도 영어는 오랫동안 축적한 사회언어학적 영향력과 국제적 위상, 교육적 영향력이 있기 때문에 다양한 공공생활 영역에서 완전히 사라지지 않는다는 실용적 측면을 고려했기 때문이다. 하지만 물론 영어가 가까운 장래에 대다수의 국민에게 알려질 가능성은 없다. 그러나 크리오어를 시에라리온의 국어이자 공동 공용어로 채택한다면, 현재의 공용어인 영어에 당장 접근할 수 없는 대다수의 국민은 자동으로 중요한 국가 현안에 참여할 기회를 얻고, 단일 국가에의 소속감도 높아질 것이다. 사람들이 국가의 미래 발전에 포괄적으로 참여하려면 적합한 토착어 혹은 '준토착어'가 격상된 지위를 적절히 확보해야 가능하며, 이는 나아가 국가 공용어인 영어에 크리오어도 추가하자는 주장을 강력하게 뒷받침할 수 있다. 또 다른 제안은, 주요 지역어인 템네어, 멘데어, 림바어를 이들을 주로 사용하는 각 지역의 공용어로 인정하고 크리오어와 비슷하게 교육과 대중매체에서 널리 사용하도록 발전시키자는 것이다. 마지막으로, 현실적으로 가능하다면 시에라리온의 다른 언어도 대중매체로 좀 더 많이 사용할 것을 제안한다.

크리오어가 시에라리온의 국가 정체성의 성장에 기여하도록 이러한 방식으로 지위를 격상하려면, 그 과정에는 크리오어가 극복해야 할 많은 난관이 분명히 있을 것이다. 무엇보다도 크리오어가 국어 및 공동 공용어의 지위로 격상되면, 어느 변이형을 크리오어의 표준형으로 지정할지에 대해 더 명확한 검토가 필요할 것이다. 그리고 크리오어가 공식 상황이나 격식 차린 상황에서 사용될 때 일관성을 유지하도록 표준 크리오어를 꼼꼼히 기술하는 것도 중요하다. 둘째, 엘리트 계층에서 크리오어를 공식적으로 격상하는 것에 부정적인 반응이 나올 가능성이 매우 높다. 그러나 이 문제는 언어학적 해결방안이 수직적인 발전효과를 꾸준히 가져오는지에 따라 다루어야 할 것이다.[7] 셋째, 크리오어를 제2언어로 사용하는 사람에 비해 모어로 사용하는 사람이 매우 적기 때문에 언어의 합법적인 '소유권' 문제와 무엇을 크리오어의 표준형으로 받아들여야 할지를 결정할 권리가 누구에게 있는지, 즉 크리오어를 모어(L1)로 사용하는 집단인지 아니면 다양한 크리오어 변이형을 사용하는 대다수의 제2언어(L2) 화자인지의 문제가 대두할 가능성이 높다. 이와 같은 여러 장애요인에도 불구하고, 시에라리온인이 크리오어를 국어 및 공용어의 지위로 격상하는 성공적 신화를 이룰 능력이 있다고 확신한다. 그리고 시에라리온이 크레올어/피진어를 국어 및 공용어의 지위로 성공적으로 격상하는 모습을 보여 준다면, 이는 널리 사용되는 피진어/크레올어가 있고, 언어와 국민 통합 문제에 대해 이와 유사한 해결책을 찾으려는 다른 아프리카 국가에 중요한 영감으로 분명 작용할 것이다.

---

7 시에라리온의 국가 위상을 좀 더 포괄적으로 추진하는 과정에서 과거의 크리오에 대한 부정적 이미지에서 어떻게 '다시 회복할' 수 있는지의 문제와 관련하여, 이전에는 학자들이 시에라리온의 다양한 역사 속에서 비시에라리온 집단이 크리오 인구 집단의 형성에 어떤 역할을 했는지에 중점을 두었기 때문에 크리오 집단의 비토착적 성격이 많이 강조되었다. 그러나 최근 들어 Cole(2006: 33)과 같은 학자들은 크리오 집단을 형성하는 과정에서 현지에서 다시 잡힌 노예의 존재에 대해 더 많은 평가를 할 수 있을 뿐만 아니라, 또 그렇게 해야 한다고 주장한다. 이들에 따르면, 해방되어 프리타운에 정착하기 위해 실려 온 노예 가운데에는 시에라리온 출신도 많았는데, 이들이 결국 크리오 집단을 형성했다. 현지에서 다시 잡힌 이러한 노예의 수가 서아프리카의 다른 지역 출신으로 프리타운에 재정착한 노예보다 훨씬 적기는 하지만, 크리오 집단에 내재한 본래의 지역 요소를 시려 있게 제시하고 부각한다면, 한 토착 집단으로서의 크리오인의 현 지위를 '입증'하는 데 도움이 될 것이다.

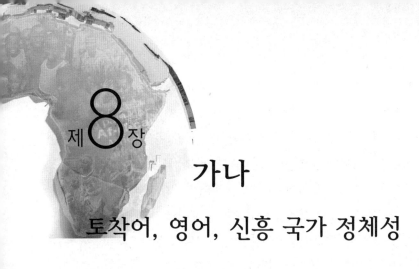

제8장

가나

토착어, 영어, 신흥 국가 정체성

아코수아 아니도호(Akosua Anyidoho)

M. E. 크롭 다쿠부(M. E. Kropp Dakubu)

8.1 서론

대부분의 사하라 이남 국가와 마찬가지로 가나도 언어가 매우 많고, 언어
적으로 복잡하다. 그러나 서로 친근관계가 가까운 언어로 구성된 아칸어
(Akan)가 정확히 국토의 2/3를 차지하며, 예전부터 오늘날까지 그 외의 지
역에도 큰 영향력을 행사해 왔다. 국가의 지정학적 경계가 현지 상황보다
는 유럽 식민세력의 이해관계에 더 큰 기반을 두고 형성된 식민시대의 산
물이라는 주장이 맞겠지만, 오늘날의 가나는 19세기에 아칸어를 사용한
아산테(Asante 혹은 Ashanti) 제국의 영토와 영향권에 실제로 거의 정확히
일치한다(Wilks 1993: 203). 그렇다고 해서 반드시 언어, 종족 정체성, 민
족주의, 가나의 국가 정체성의 존재와 본질 등의 관계가 난순화되는 것은

아니며, 오히려 문제가 더 복잡하게 얽혀 있다고 할 수도 있다.

가나와 같은 옛 식민지에 국가 정체성이 과연 있었는지에 대한 의문이 때때로 제기되지만, 가나는 현재 인구의 절반 이상이 태어나기 전인 1957년도에 독립했다. 50세 이하의 가나인은 가나와는 여러 면에서 대조되는 국가에 둘러싸인 독특한 제도를 가진 독립국가 안에서 성장했다. 확실한 것은 가나의 국가 정체성은 분명히 존재하며, 대부분의 국민이 이를 의식한다는 점이다. 그렇다면 독립국 가나의 탄생을 이끈 민족주의운동에서 언어가 어떤 역할을 수행했고, 또 오늘날 민족주의적인 정치 이념 속에서 언어가 어떤 위상을 가지는지에 대한 의문이 생긴다. 이 장에서는 이러한 논제를 다루면서 식민지 이전부터 발전해 왔고, 오늘날 특히 교육과 언론, 지방정부와 중앙정부에서 나타나는 언어정책과 관례를 검토

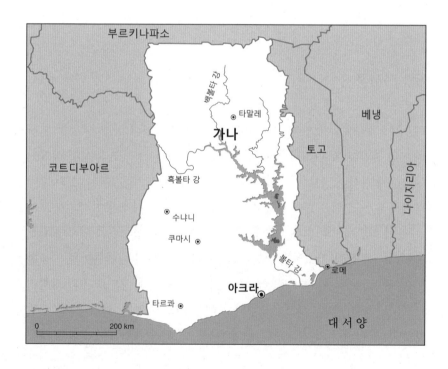

한다.

먼저 가나의 언어지형에 관해 일반적인 개관을 한 후, 1957년 영국의 식민통치로부터 독립한 시기 전후로 형성된 언어와 국가 정체성의 이념과 이와 밀접하게 연관된 교육 분야의 언어정책을 다룬다. 그다음에는 가나의 다양한 언어 집단이 보여 주는 국가 차원과 국가 이하 차원의 언어와 정체성의 관계에 대해 논의한다. 마지막으로 공공 담론에서 드러나는 국민 통합과 민주주의의 긴장관계에 대하여 논한다.

8.2 가나의 다언어 사용 개관

가나 영토와 관련하여 '토착어'라고 간주되는 언어 수를 살펴보면, 가나에는 약 50개의 서로 의사소통이 되지 않는 언어가 있고, 이들 대부분은 나이저콩고 어족의 구르(Gur)어군과 콰(Kwa)어군에 속한다. [유일한 예외는 만데어(Mande)에 속한 2개의 소수언어인 릭비어(Ligby)와 비사어(Bisa)이다.] 2000년도 인구조사에서 파악된, 1,800만 명을 약간 상회하는 인구(CIA-World Factbook 2015년 기준 인구는 2,632만 7,649명임 – 역주)를 이 언어 수에 대비해 보면, 가나 언어당 '평균' 약 36만 명의 화자가 존재한다. 그러나 물론 이 '평균' 화자 수를 가진 언어는 매우 적다. 아칸어는 700만 명 이상의 모어 화자와 제2언어 화자가 아주 많다. 반면 북부의 극서부에서 사용되는 사팔리바어(Safaliba)의 화자는 최대 5,000명 정도이다. 대부분의 언어는 이 양극 사이에 있다. 이러한 토착어 외에도 완전히 다른 계통에 속하는 두 언어가 국가 도처에서 사용되는데, 아프로아시아 어족의 차딕(Chadic)어군에 속하는 하우사어(Hausa)와 인도유럽 어족의 게르만어군에 속하는 영어이다. 이 언어들을 제1언어나 모어로 쓰는 사람은 극히 적지만, 이 언어들은 특히 도시를 비롯한 여러 지역 종족의 의사소통에서 매우 중요하다.

　가나는 언어적으로 그리고 어느 정도는 문화적으로 대략 두 부분으로 나뉜다. 백볼타(White Volta) 강과 흑볼타(Black Volta) 강의 합류 지점 남쪽에서 사용되는 언어는 서로 관계가 가깝지는 않아도 나이저콩고 어족의 콰어군으로 분류된다. 여러 방언형을 가진 아칸어, 은제마어(Nzema)와 이와 가까운 친족어, 구안어(Guan 혹은 Guang)는 모두 서로 관계가 밀접하고 확실하다. 그러나 이 언어들의 동쪽에 있는 언어, 즉 가-당메어(Ga-Dangme), 에웨어(Ewe), 볼타 지역의 대부분의 언어는 서로 다르며, 코모에어(Comoe)와도 아주 다르고, 친근관계도 별로 없다. 북쪽의 사바나 지역의 언어는 구르어군에 속하며, 주로 중부 구르(Central Gur)의 오티-볼타(Oti-Volta)와 그루시(Grusi) 어파에 속한다[이에 대한 자세한 사항은 Dakubu 1988 참조].

　북부와 남부 지역의 일부 언어는 역사적으로 볼 때, 팽창하던 제국의 언어였다. 남부 지역에는 아칸어를 사용하는 몇몇 왕국이 확장 국면을 거쳤으나, 근대에 가장 강력했던 왕국은 단연 아산테였다. 아칸어의 아산테 방언은 수도인 아크라(Accra)와 같은 도시와 다소는 전국적으로 제2언어로 계속 확산되고 있다.

　에웨어는 가나에서 제2의 다수 언어이며, 식민지의 국경 획정에 심각한 영향을 받은 언어 가운데 가장 화자가 많다. 그 이유는 에웨어 화자의 절반이 토고공화국에 살고, 모든 가까운 친족어가 토고 및 베냉공화국에 있기 때문이다. 가나에서 에웨어는 때에 따라 그 지역의 기존 언어를 희생양으로 동에서 서로 퍼져 나갔고, 볼타 지방의 일부 소수 언어 집단 사이에서 제2언어로 사용된다. 3세기 동안 아칸어를 사용하는 몇몇 공동체도 볼타 지역 동쪽에 정착했다.

　북부에는 역사적으로 특히 곤자(Gonja)와 닥본(Dagbon)과 같이 세력을 떨친 왕국이 여럿 있었다. 그러나 18세기에 아산테가 이 두 왕국을 멸망시켰다(Ward 1948: 131). 이들 왕국이 사용하던 곤자어(Gonja)와 닥바니어(Dagbani)는 본거지에서 무사히 자리를 잡았지만, 이 두 언어 모두 어떤 또 다른 구르어가 북부 사회나 남부의 도시에 거주하는 북부 집단들의 제2언어로 중요하게 사용된다는 증거는 없다. 어퍼 웨스트 지방(Upper West Region) 소재지인 와(Wa)의 왈리어(Wali)는 예외였다. 와 왕국(Wa kingdom)이 가장 크고 강력했던 적은 한 번도 없지만, 이곳은 그 지역을 통틀어 어떤 규모이건 예나 지금이나 유일하게 상업활동이 이루어지는 마을이다. 이 지역의 언어인 왈리어는 주변 지방의 언어인 다가레어(Dagaare)와 대부분 상호 의사소통이 되며, 그곳의 교역어로 확산되고 있다.

8.3 영어, 통치 언어, 가나 정체성

현재 가나의 공용어는 영어이며, 약 12개의 가나 언어도 교육과 정보 확산을 위한 목적으로 공인되어 있다. 모든 가나인이 반드시 영어를 알아야 한다고 명확히 언급된 바는 없는데, 이는 뒤에 논의할 현 교육정책의 영향이라고 말할 수 있을지도 모른다. 분명한 것은 영어가 가나 정체성의 표지라거나 표지가 되어야 한다는 주장이 공개적으로 명확히 지지받은 적이 없다는 점이다.[1] 그럼에도 다소 논란은 있겠지만, 우리는 이 방향으로 상황을 충분히 전개할 수 있다고 생각한다.

가나는 1957년에 사하라 이남의 영국 식민지(Gold Coast and Northern Territories)로서는 최초로 독립했다. 가나는 초대 대통령이었던 콰메 응크루마(Kwame Nkrumah)가 이끄는 국가 지도층의 범아프리카적인 이념에

---

1 "표준 가나 영어가 나타나기를 희망한다"는 Boadi(1994: 56)의 언급이 있지만, 이는 일정한 특징을 가진 가나 영어가 가나의 국가 정체성의 지표가 될 때만 논리적이다.

맞추어, 유럽의 교역 관심사만을 의미하던 식민시대(그리고 식민 이전 시대)의 '황금해안'에서 오늘날의 가나 지역이 아니라, 모리타니와 말리의 경계에 있던 한 서아프리카 중세 왕국의 명칭으로 국명을 변경했다. 그러나 언어개혁은 이 상징적 조치를 넘어서지 못했다. 영국 식민정부가 사용한 언어는 영어였고, 이 관례는 독립 이전의 입법부와 독립 이후의 국회와 국가법원에서도 그대로 계승되었다. 가나의 세 인접국인 토고, 아이보리코스트, 부르키나파소[이전에는 어퍼볼타(Upper Volta)로 불림]가 모두 프랑스 식민지였고, 오늘날에도 공식적으로 '프랑스어권' 국가에 해당한다. 따라서 '영어권' 국가인 가나는 언어, 정치, 교육의 역사가 다른 나라에 둘러싸여 있다.

식민지 시대부터 현재까지 거의 모든 법률서류와 헌법문서에는 가나 언어의 수행 가능한 역할에 대한 기록이 전혀 없어서 가나 언어는 암묵적으로 가정, 지방, '전통적' 문맹 영역 속에 갇혀 있다. 1934년의 「황금해안 식민지 입법심의회의 통치와 의사규정(Standing Orders and Rules of the Legislative Council of the Gold Coast Colony)」에는 "심의회의 의사록과 토론은 영어로 하지만, (ii) 청원서를 제출한 의원 당사자가 정확성이 공인된 영어 번역본을 같이 제출하는 한, 의원은 어떤 언어로도 청원서를 제출할 수 있다"고 언급되어 있다.[2] 1년 뒤에 나온 「영국의 위임통치령인 황금해안, 아샨티, 북부 영토 및 토골란드에 관한 법령(Ordinances of the Gold Coast, Ashanti, Northern Territories and Togoland under British Mandate)」은 '민사소송의 제4특무부서 번역수수료[Fees for Particular Duties Division 4 Interpretation in Civil Causes (c)]'라는 항목에서 "이 지역에서 일반적으로 사용되는 언어 외의 다른 언어 번역에는 매일 1실링에

---

2 「황금해안 식민지 입법심의회의 통치와 의사 규정(Standing Orders and Rules of the Legislative Council of the Gold Coast Colony)」(Accra : Government Printing Office 1934). Section A1 Article 3(1).

서 5실링의 수수료를 부과한다"고 언급한 것을 제외하면, 언어에 대한 언급은 없다.[3] 일상적으로 사용되는 언어로 다반사로 이루어지는 번역 일에 수수료를 부과할 필요는 분명 없었던 것이다.

가나의 헌정사를 반영하는 문서도 주목할 만한 한 가지 예외를 제외하고는 언어 문제에 대해 침묵했다. 1951년의 황금해안 헌법은 입법부의 '특별의원과 선출의원(Special and Elected Membership)'의 자격 요건 중에 의원은 "결격사유가 없는 한 의회활동에 능동적으로 참여할 수 있을 정도의 영어 구사력을 갖춰야 한다"고 규정했다.[4] 이후의 헌법도 이 요건을 그대로 유지하다가,[5] 1992년에 현행 헌법을 제정하면서 비로소 이 요건을 삭제했다.[6] 영어를 유일한 공용어로 지정하는 것이 잠재적 불화를 피하는 요인이라고 일반적으로 생각했지만, 이 조항의 삭제로 현재 영어의 법적 위치가 불명확해졌다는 점이 지적되었다(Asante 2006: 14). 이와는 아주 대조적으로, 독립 당시 가나 국민으로 등록하기를 바라는 사람은 '그가…… 가나 언어 한 가지를 충분히 알고 있다는 것'을 주무 장관에게 알릴 필요가 있었고,[7] 1969년(10쪽, 제2조)과 1979년 헌법[17쪽, 제17조

---

3 「영국의 위임통치령인 황금해안, 아샨티, 북부 영토 및 토골란드에 관한 법령 (Ordinances of the Gold Coast, Ashanti, Northern Territories and Togoland under British Mandate)」(Accra: Government Printing Department 1935). P. 264 Appendix B Part 3.

4 「1951년 1월 1일에 효력이 발생한 황금해안 헌법(The Gold Coast Constitution, brought into operation on 1 January 1951)」(Accra: Government Printing Department 1951). P. 19 art. 42.

5 즉, 「가나공화국 헌법(Constitution of the Republic of Ghana)」(Accra-Tema: Ghana Publishing Corporation 1969), art. 57 (1)d pg. 64; 「가나공화국 헌법 (Constitution of the Republic of Ghana)」(Accra-Tema: Ghana Publishing Corporation 1979), art. 76(1)c.

6 「가나공화국 헌법(Constitution of the Republic of Ghana)」(Tema: Ghana Publishing Corporation 1992), pg. 73 art. 94(1)c.

7 「가나 헌법을 위한 헌법위원회 제안서(The Proposals of the Constitutional

(2)], 1992년 헌법[8쪽, 제9조(2)] 모두 귀화의 필요 요건으로 가나 언어에 대한 지식을 요구하였다.

이 중 어떤 헌법도 상당히 많은 국민이 영어를 필요 수준만큼 구사할 수 없다는 사실을 명확하게 밝히고 있지 않다. 모든 헌법에는 국민의 법적 권리에 대한 조항이 있지만, 피고인이 이해하는 언어로 정당한 법 절차를 밟을 법적 권리는 없다. 가나 언어에 대한 지식은 가나 국민이 되는 필요조건이지만, 그 자체로는 권리 행사의 충분조건은 되지 못한다.

식민 언어정책은 하우사어가 왜 종족 간의 교통어인지에 대해 답해준다. 먼저 지방경찰을 만든 식민정부는 전쟁에 참여할 육군사단을 나중에 창설하면서 오늘날의 북부 가나에서 나이지리아에 이르는 사바나 지역의 남자들을 주로 징집했다. 이때 하우사어는 고의적으로 낮은 계급끼리나 낮은 계급 간에 사용되는 언어로 권장되었다(Gillespie 1955). 하우사어는 남부 가나 외부 지역 중 특히 북동 지역 출신자 사이에서 마을 종족의 소통 언어로 여전히 사용된다. 가나의 하우사어 사용자에게 하우사어는 분명 영어처럼 종족 정체성을 상징하지 않는다. 그러나 많은 사람에게 하우사어는 가나 정체성, 또는 오히려 중앙정부와 정부 후원 지역, 종족 간의 제도와 결부되어 현대적 도시 개념으로서 '가나'의 도시 정체성을 의미한다.

가나에 영어 외의 다른 국어가 필요한지의 문제는 국민 통합과 민주주의—이 두 과정은 서로를 항상 강화하는 것은 아니다—관련 공개 담론과 학술 담론에서 빈번히 제기되었다. 많은 사람은 공식적 지위와 상관없이 그러한 언어가 필요하다고 느꼈으며(Ansre 1970; Chinebuah 1977), 1971년에는 이러한 목적의 발의가 의회에서 통과되었지만, 실질적인 결

Commission for a Constitution for Ghana)」(1968), p. 37, para. 145. 이 문서에는 1957년 가나 국적과 시민권 관련 법률이 언급되어 있다.

과를 내지는 못했다(Amonoo 1989: 42-43). 당시 많은 지식인의 의견을 대변한 아프론티(Apronti)는 가나 영어의 우월한 지위가 '주권 개념에 의문을 품게 한다'고 생각했다(Apronti 1974: 54). 그는 영어가 엘리트의 전유물이기 때문에 이를 국가 정치 담론의 언어로 사용하는 것은 비민주적이라고 보았다. 양카(Yankah 2004)와 보아디(Boadi 1994: 61)도 이와 같거나 비슷한 맥락에서 주장했다. 그러나 이 학자들도 가나 언어를 하나만 선택하는 것이 정치적으로 매우 어렵다는 것을 인정한다. 아프론티와 양카는 학교에서 제2의 가나 언어를 배우고, 대중매체를 가나 언어로 사용할 것을 장려하는 등의 점진적인 접근법을 옹호했다. 반면 치네부아(Chinebuah 1977)는 아칸어 사용을 강력하게 지지했는데, 이에 앞서 저명한 비언어학자(non-linguist)인 에프라임 아무(Ephraim Amu)와 존스쿼티(K. A. B. Jones-Quartey)도 그런 생각을 가진 바 있고, 그 후 아모누(Amonoo 1989: 43)도 그런 생각을 다소 조심스럽게 표명했다.

　2005년 10~11월에 필자는 아크라 거주 노동자와 가나 대학교 학생을 대상으로 두 가지 설문조사를 실시했다.[8] 이 설문의 주된 목적은 국어 문제에 대한 태도를 알아내는 것이었다. 표본으로 선택한 아크라 거주자 143명과 대학생(인문과학과 자연과학 모두 포함) 108명은 수가 적은 데다가 주로 (반드시 그런 것은 아니지만) 비교적 교육을 잘 받고 좋은 환경에서 자란 여성이었다. 따라서 결과가 결코 절대적이지는 않지만, 이 표본은 이 주제에 관한 의견을 그런 대로 표명할 수 있는 계층의 사고방식을 반영하는 것 같다. 이 표본의 가장 큰 단일어 집단은 아칸어를 모어로 사용하는 사람들이었다(아크라 거주 노동자의 55.3퍼센트와 대학생의 38.8퍼센트). 가장 일반적으로 사용되는 언어는 단연코 영어였다(대학생 100퍼센트와 아크라

8　이 연구는 가나교육신탁기금(Ghana Educational Trust Fund)을 통해 가나 대학교 아프리카연구소의 지원을 받았다.

거주 노동자의 89퍼센트 이상). 아칸어도 각 집단의 절반 이상이 사용했고, 그 외의 다른 언어를 사용하는 사람은 절반에 훨씬 미치지 못했다.

특정 언어에 대한 구체적인 생각을 알아내려는 추가 질문을 통해 모든 가나인이 알아야 하는 어떤 언어가 있다고 생각하는지, 만약 그렇다면 그 언어가 어떤 언어인지와 그 언어를 가나 국어로 선포해야 하는지에 대해서도 대상자들에게 질문을 했다. 모든 응답이 분명하거나 계량화된 것은 아니었지만, 이 설문조사를 통해 아크라의 중산층과 대학생으로 대표되는 미래의 중산층이 일반적으로 영어를 긍정적으로 생각한다는 결론이 나왔다. 또한 언어 통일을 바람직한 것으로 인식했는데, 학생의 79.6퍼센트와 노동자 집단의 65퍼센트가 가나인 모두가 사용하는 언어가 있어야 한다고 생각했다. 그러나 다언어 사용이 가나 사회의 분열 요인인지에 대해서는 의견이 팽팽하게 엇갈렸고, 이 문제를 심각하게 생각하지도 않았다. 많은 사람이 토착어를 국어로 삼는 것을 바람직한 것으로 여겼지만, 이 문제를 중요하게 생각하는 사람은 거의 없었고, 확실한 후보 언어도 나오지 않았다. 많은 사람이 모든 가나인은 아칸어를 배워야 한다고 생각하고, 아칸어 사용자 일부도 아칸어를 국어로 선호했지만, 이것이 과반수의 입장은 아니었다. 이러한 결과는 비교적 극소수의 사람이 언급한 하우사어처럼 사람들이 영어도 어떤 의미에서 가나 언어라고 인식하기 때문인 것으로 보인다. 실제로 일부는 영어를 가나인이 알아야 하는 언어라고 답했으며, 이를 본인이 사용하는 가나 언어에 포함했다.

8.4 언어정책과 교육

언어와 민족주의 사이에 관계가 있다면, 예상컨대 민족주의적 정서를 함양하는 주요 수단인 교육 분야의 언어정책에 이 관계를 반영할 수 있다. 가나의 정규교육은 서아프리카 해안에서 유럽 상인과 기독교 선교사의 활동과 함께 시작되었다. 유럽인은 15세기 말부터 가나 해안에서 활동했지만, 근대 교육의 역사는 19세기에 기독교 선교회가 상설되면서 시작되었다.

웨슬리 감리선교회(Wesleyan Mission)는 1838년에 가나 해안을 따라 전도활동을 시작했고, 후에 케이프코스트(Cape Coast)에 개종자를 교육하는 학교를 세웠다. 맥윌리엄과 콰메나포(McWilliam and Kwamena-Poh 1975)에 따르면, 이 선교회는 학교 교육과정에서 현지어가 아닌 영어를 강조했다. 그러나 1870년대에 성직자 중 일부가 아동에게 판테어(Fante)를 읽는 법을 가르치면 전도가 더 쉬울 것이라는 사실을 깨달았다. 이에 따라 그들은 복음성가를 판테어로 번역하고 입문서를 개발했지만, 이러한 노력은 영어 사용을 지지한 동료의 의심을 받았다. 판테어 개발에 반대했던 사람 중에는 선교학교에 다녔거나, 유럽에서 고등교육을 받았던 아프리카인도 있었다. 이 황금해안의 엘리트들은 영어를 문명과 종교의 언어로 생각했기에 현지어 개발의 중요성은 느끼지 못했다(McWilliam and Kwamena-Poh 1975).

그럼에도 1890년경에 판테 지역에서 영어를 학교의 유일한 언어로 사용하는 것에 민족주의자들이 저항했다. 이 반발은 대안교육을 제공하기 위해 학교를 설립하고자 한 캐슬리 헤이포드(J. E. Caseley Hayford)와 존 멘사 사르바(John Mensah Sarbah)의 글에 표현되어 있다. 그러나 이들의 저항은 학생들이 영국 시험감독기관만이 인정하는 영국식 직업을 구했기 때문에 결국 실패했다.

한편 바젤선교회(Basel Mission)는 아쿠아펨(Akuapem)과 가(Ga) 지역에 자리를 잡았다. 1843년에 최초의 학교가 아크로퐁-아쿠아펨(Akropong-Akuapem)에서 개교했다. 바젤선교회는 감리선교회와는 달리, 처음부터 개종자가 그들의 언어로 성경을 읽으면 복음전파가 가장 잘 될 것이라고 믿었다. 따라서 문해와 학과목 교육이 현지어로 행해졌다.

브레멘선교회[Bremen Mission, Norddeutsche Missionsgesellschaft(북독일선교회)]는 1847년에 에웨인 지역에서 에웨어를 학교 언어로 사용하면서 선교활동을 시작했다. 이 두 선교회는 학교에서 영어를 사용하는 것을 막았다고 하는데, 그 이유는 아동이 모어를 사용하기를 바랐고, 또 독일인이므로 경쟁국의 언어를 장려하고 싶지 않았기 때문이다. 어쨌든 바젤선교회와 브레멘선교회는 토착어인 츠위어(Twi), 가어(Ga), 에웨어 교육의 발판을 마련했다. 그들은 1853~1905년에 학생용 입문서와 독본, 사전, 성경 번역본 등 다양한 책을 제작했다.

1874년에 영국이 가나 남부를 직할 식민지로 정하고, 공립학교를 세우면서 예상한 대로 영어를 교육매체로 사용했다. 보아디(Boadi 1976)에 따르면, 학교에서 현지어만 사용하는 기독교 선교회가 정부의 재정 지원을 받으려면 그들이 운영하는 교과과정에 영어를 반드시 포함해야 했다. 영어를 통한 식민지 교육정책은 1922년에 영국령 서아프리카 교육개선의 권고안을 마련하기 위해 펠프스스톡스(Phelps-Stokes) 위원회를 설치할 때까지 계속 영향력을 발휘했다. 이 위원회의 권고안 중 하나는 초등학교 저학년은 현지어를, 그 이상의 학년은 영어를 교육매체로 사용하라는 것이었다.

1951년에는 이른바 속성개발계획(Accelerated Development Plan)의 일환으로 국가교육개선 권고안을 마련해 줄 것을 한 위원회에 요청했다. 이 위원회의 고려 사항에는 모든 교육 단계에서 영어를 교육 언어로 사용할 수 있는지에 대한 조사도 있었다. 이 위원회는 자체 보고서에서 펠프스스톡스 위원회의 권고안에 동의하면서, 현지어를 저학년에서 사용할 것을 제안했다. 그리고 과거의 교육정책이 제안한 것처럼 현지어를 초등학교 4학년부터 교과로 배울 수 있었다.

1957년에는 또 다른 위원회가 역시 초등학교 1학년부터 3학년까지 현지어 사용을 지지했다. 그러나 소수의 반대 의견서는 초급 단계를 포함하여 모든 단계에서 영어를 교육매체로 사용할 것을 권고했다. 결국에는 소수 의견이 채택되어 정부는 1957년에 영어 단독 정책을 시행했다. 역설적이게도 이 해는 가나가 정치적으로 독립한 해였는데 민족주의적인 색채가 짙은 회의인민당(Convention People's Party, CPP) 정부가 국부(國父)의 권고 아래 이 정책을 시행에 옮겼다.

그다음 중요 사건은 1967년 국민해방회의(National Liberation Council, NLC)—이 정권은 1966년에 콰메 응크루마 박사 정권을 축출했다—의 군사정부가 교육평가위원회를 설치했을 때 발생했다. 당시 이 위원회는 교육 언어에 대한 권고안을 마련하고, 기본적으로 현지어 정책으로 돌아갈 것을 권고했다. 이들의 권고 내용은 초등학교 1~3학년까지는 현지어를, 4학년부터는 영어를 교육매체로 사용하고, 그 이후 과정에서는 현지어 학습을 계속하라는 것이었다. 아울러 이 위원회는 대부분의 가나 아동이 영어를 거의 접할 수 없는 단일어 환경에서 지낸다는 점도 밝혔다. 그러나 아동이 영어에 일찍 노출되는 도심의 공립학교는 예외 규정을 마련했다. 이들은 초등학교 4학년 이전에 영어로 수업을 받는 것을 허용했다. 이 위원회가 내린 또 다른 권고는 다른 언어를 사용하는 학생들이 1학년 때부터 영어로만 수업을 받는, 이른바 '국제학교'와 같은 사설 교육기관을 관리하는 것이었다. 이러한 사설교육기관의 수업 관행은 계속 허용되었지만, 이들은 6년 동안 해당 지역의 주요 현지어를 추가로 가르쳐야 했다. NLC는 이 권고안을 수용했다.

진보당(Progress Party)이 주도한 민간정부(1969~1971)도 초등학교 하급반의 현지어 사용정책을 유지했다. 맥윌리엄과 콰메나포(McWilliam and Kwamena-Poh 1975: 120)는 '초등교육의 교과과정 변화(Curricula Changes in Elementary Education)'라는 제목의 교육부 문서를 다음과 같이 인용한다.

현재 초·중등학교의 교과과정에 마련된 주요 가나 언어가 초등과정의 첫 3년 동안 과목으로서, 가능하면 그다음 3년 동안에도 교육매체로 사용하는 것이 현재의 정부정책이다. 영어를 강의어로 사용하는 초등학교 상급반이나 그 이상의 단계에서는 적절한 가나 언어를 교과목으로 강의해야 할 것이다.

이 정책은 50개에 달하는 모든 가나 언어가 아니라, '현재 초·중등학교의 교과과정에 마련된' 언어만을 포함한다는 것에 주목해야 한다. 1960년대에는 아쿠아펨어, 판테어, 에웨어, 가어, 닥바니어, 카셈어, 은제마어가 그런 언어였다. 1980년대에는 이 언어 목록이 확대되어 아산테어, 당메어, 곤자어, 다가레어, 왈리어가 포함되었지만, 이 언어들이 국가 전체 언어 수에서 차지하는 비중은 여전히 작다.

1972년에 진보당 정권을 계승한 국민구원회의(National Redemption Council)의 군사정권은 교육과정을 평가하기 위해 설치한 위원회의 권고와는 달리 초등학교 1학년에만 토착어 정책을 적용했다. 다른 정부와 마찬가지로, 정책보고서에서는 이후의 교육과정에서 현지어를 교과목으로 계속 강의할 것을 명시했다.

국민민주회의(National Democratic Congress, NDC. 1993~2000)로 탈바꿈한 임시국방협의회(Provisional National Defence Council, PNDC. 1982~2000) 군사정권은 실천보다는 이론적으로 물려받은 언어정책을 유지했다. 이 정권의 통치 초기에는 정책이 별로 바뀌지 않았지만, 1989년 PNDC가 교육제도 재편을 결정했을 때, 현지어를 필수 교육과정에 포함하여 중학교와 고등학교를 마칠 때 시험을 볼 수 있게 했다. 이 정책은 가나 언어 학습에 합법성을 부여하는 것처럼 보였는데, 그 이유는 현지어와 관련된 과목을 교과과정에 넣지 않았던 사설 '국제'학교가 이 졸업시험에 대비하여 학생을 교육해야 했기 때문이다. 그러나 1994년에 이 신교육제도가 난관에 부딪혀 교육 전문가들이 문제를 검토해서 해결방안을 내놓도록 요청받았는데, 이때 현지어가 희생되었다. 여러 전문가의 견해로는 교과목이 너무 많아서 심도 있게 가르치고 배우는 것이 어려웠다는 것이다. 이에 따라 현지어는 선택과목이 되었다.

NDC 정부 말기에, 교육부가 독일기술협력재단(German Gesellschaft für Technische Zusammenarbeit)의 지원으로 초등학교 1~3학년 과정에 사용할 읽기와 쓰기, 수학, 환경학에 관한 강의교재를 아칸어, 에웨어, 닥바니어, 곤자어, 가어로 개발했다. 이 교재로 학생의 약 75퍼센트를 교육언어로 학습하게 만들 예정이었다. 그러나 2002년 당시 이 교재를 각 학교에 배포할 준비가 막 끝났을 때 정권 지도층이 바뀌었고, 그와 함께 이 교육부문 정책도 바뀌었다.

2000년 1월에 정권을 잡은 국민애국당(National Patriotic Party, NPP)은 진보당을 정치적으로 계승했다. 그러나 교육 부문의 언어정책에서는 완전히 다른 입장을 취했다. 2002년 5월에 NPP 교육부 장관이 영어를 각급 교육단계의 유일한 교육매체로 삼는다는 정부계획을 발표했다. 그는 이 신정책이 영어로 시험을 치고, 고급과정의 교육을 준비하는 학생에게 큰 도움이 될 것이라는 기대감을 표명했다. 이로 인하여 전국적으로 논쟁이 벌어졌지만, 교육부 장관은 이 결정이 최종안이라고 공표했다. 전임자와 마찬가지로 NPP 정부도 정권을 잡자마자 교육평가위원회를 설치했다. 그러나 이전과는 달리 NPP 정부는 이 위원회가 최종 결과를 낼 때까지 기다리지 않았다. 영어 단독의 교육정책은 이 위원회의 보고서가 나오기 전에 이미 발표되었다.

정부는 교육 언어에 대한 정부 입장이 바뀌었다는 것을 공식적으로 표명한 적이 없었다. 그러나 2004년 10월에 간행된 교육개혁평가위원회의 보고서에 관한 백서 조항에는 몇 가지 개정 사항이 실렸다.

정부는 어린이의 모어와 가나의 공용어인 영어를 유치원과 초등학교에서 교육매체로 사용해야 한다는 권고안을 수용한다(p. 27).

같은 조항에는 현지어를 사용하는 상황을 다음과 같이 명시한다.

교사와 학습교재가 마련되고, 학급의 언어 구성이 상당히 균일한 곳에서는 어린이의 모어를 유치원과 초등학교 저학년에서 지배적인 교육매체로 사용해야 한다(pp. 27-28).

이와 관련한 논쟁은 계속되고 있다. 가나 신문은 때로 이 정책을 고수하자는 주장이나 현지어로 변경하자는 기사를 싣는다. 정책 고수를 주장하는 사람은 언어가 많다는 점, 이 언어들을 가르치고 배우는 데 자원이 부족하다는 점, 학급이 다양한 언어 배경의 아동으로 구성된다는 점 등을 들어 영어가 교육매체로서 더 적합하다는 과거 논지를 되풀이했다. 이들은 또한 영어 능력으로 개인이 얻는 막대한 사회자본 이야기도 반드시 꺼낸다. 그 반대 진영에서는 이러한 결점의 원인이 정책 자체라기보다는 현지어에 대한 부정적 태도가 만연해 있어서 현지어 발전에 대한 관심이 없기 때문이라는 점을 강조했다.[9]

이처럼 짧은 역사적 개요를 기초로 살펴보면, 가나가 독립한 이래로 정치 무대의 변화는 거의 변함없이 학교 언어에 대한 정책 변화와 수정으로 이어졌다는 것을 알 수 있다. 어떠한 정책도 이렇게 변화가 잦으면 실행하고 감독하며 평가할 수 없고, 그 약점도 논할 수 없다. 한 가지 예외는 19년간 통치했던 PNDC/NDC 정부이다. 오랫동안 이 정부는 정치 전복세력으로부터 자신을 보호하고, 그들의 지위를 정당화하는 데만 몰두

---

9 이 논쟁의 개관은 Anyidoho(2004)를 참조한다.

했지, 교육 언어와 같이 민감한 주제를 다룰 능력은 없었다. 민주적으로 선출된 두 민간정부는(1957년과 2000년) 자국민을 위한 영어 단독의 교육 정책을 선택했다.

현재 세계에서 영어의 위상이 높기 때문에 현지어가 학교 환경에서 거의 내몰렸고, 학생들은 현지어 연구가 어떤 현대적 의의가 있는지를 거의 알 수 없게 되었다. 예컨대, 2006년 6월에 오우수안사(Owusu-Ansah)는 2003년도 서아프리카시험협의회(West African Examination Council) 문서 작성 언어를 맡은 주심사원의 보고서를 다음과 같이 인용했다(p. 17). "가나 언어에 대한 오늘날의 교육정책은 가나 언어의 육성을 가로막고 있다. 학생들은 가나 언어의 학습을 싫어한다."

현지어가 교육제도의 주변으로 밀려나고는 있지만, 이와 동시에 오늘날 많은 가나 언어가 라디오와 텔레비전을 통해 적극적으로 홍보되고 있다. 여러 방송국이 현지어로 주로 방송하는데, 주목적은 언어 홍보가 아니라 최대한 많은 청취자를 끌어들이기 위함이다. 이 방송국들은 인기가 매우 높다. 이러한 상황은 대다수의 가나인이 토착어를 구두 소통에 관련짓고, 영어를 문해에 관련짓는다는 시각을 뒷받침하는 사례이다. 앞에서 지적한 바와 같이, 사람들은 글을 알건 모르건 간에 영어를 이제 가나 언어로 인식하는 것 같다.

8.5 언어와 정체성의 경합

가나 주민에게 언어는 준국가적 종족 정체성, 또 어떤 경우에는 초국가적 종족 정체성의 주요 표지로 보일지도 모른다. 게다가 대부분의 가나인에게 가나 정체성은 공인된 종족 정체성을 수반하므로, 영어의 지위와 역할이 무엇이든 가나 언어의 구사력 또한 국가 정체성의 필요한 특징처럼 보인다. 1960년도에 시행된 인구조사처럼 가장 최근의 인구조사(Government of Ghana 2001: 표 4)에서도 종족분류의 지표로 언어가 사용되었다(매우 불만족스럽게 진행된 조사였다. Dakubu 2002/3 참조). 2003년에 가나 인문자연과학 아카데미(Ghana Academy of Arts and Sciences)가 주관하여 아크라에서 개최한 국민통합 심포지엄에서 어떤 역사학자는 출생 국적에는 언어와 영토 의미가 포함된다는 견해를 표명했다(Perbi 2006: 36). 한편 수석재판관인 아쿠아(Acquah 2006: 48)도 언어가 귀화의 법적 필요조건일 뿐만 아니라, 대통령이나 주무장관이 의도적으로 포기할 수 없는 유일한 것이라고 언급했다. 언론의 관심을 불러일으켰던 2005년의 또 다른 심포지엄에서 아칸 왕국에 속한 주아벤(Juaben)국의 수장이 종족 집단의 정의에는 본질적으로 언어가 포함된다고 거듭 말했다.[10] 따라서 종족 정체성은 국가 정체성과 분리된 것이 아니라 병존하며, 때에 따라 서로 갈등을 빚을 수 있다는 것이다.

8.5.1 언어와 정체성의 경합: 아칸어

초기 문헌에서 '아칸'은 가나와 상아해안 동부 지역의 다양한 민족지리학적 특징을 공유하면서 친족관계가 있는 언어 화자를 일컫는 민족지리학적 명칭으로 나타난다. 이 명칭은 여전히 이와 같은 방식으로 종종 사용된다. 1960년대부터 이 명칭은 이러한 가나인 대다수가 사용하는 상호 소통되는 언어 변이형을 가리키는 포괄적 용어로 사용되었다. 이러한 의미에서 아칸어에는 일반적으로 '츠위어'로 알려진 모든 변이형—아산테어(Asante), 아쳄어(Akyem), 아쿠아펨어(Akuapem), 아콰무어(Akwamu), 왓사어(Wassa) 등—과 보레보레(Borebore), 아고나(Agona), 고모아(Gomoa)를

---

10 Nana Otuo Siriboe II in GAAS/FES(2005: 29), 2005년 6월 21일의 *Daily Graphic* 9쪽에서 보도된 바와 같다.

포함한 해안 지역과 그 인근의 판테어, 브롱-아하포 지방(Brong-Ahafo Region)의 북부 지역 방언인 보노어(Bono)도 포함된다. 이들 언어 집단은 처음에는 단일 식민지에 속했다가 나중에 가나의 민족국가로 편입되었는데, 과거에 아칸어 각 방언은 자치국가와 영토가 서로 겹쳤고, 그래서 각 언어 집단은 정치적으로나 언어적으로 서로 다르다고 여겼다.

전반적으로 볼 때 아칸인은 자기 언어와 문화에 애착이 강한 민족으로 여겨지지만[이는 가나 남부에 널리 퍼진 추장제(chieftaincy system)의 근거이다], 개별 국가와 방언 지역으로서의 자기중심주의가 계속 영향을 미쳤다. 이 지역에 유럽식 교육제도가 들어오면서 바젤선교회가 처음 창안한 아쿠아펨 방언 기반의 맞춤법이 '표준'이 되어 아산테어를 포함한 츠위어 사용이 지역 도처에 퍼졌다. 판테어 사용 지역에는 다른 맞춤법이 사용되었다. 그러나 1960년대에 아산테어 언어학자와 작가의 노력으로 아산테어 맞춤법이 개발되었고, 이 맞춤법은 아산테어와 이와 가까운 다른 방언들의 표기에 사용되었다. 일반적으로 아칸어 방언은 서로 소통되며, 아칸어는 공식적으로 판테어, 아산테어, 아쿠아펨어의 3개 언어로 구분된다. 아칸어 맞춤법 통일안은 당시 교육부 산하에서 가나 언어의 출판업무를 맡고 있던 가나언어사무국(Bureau of Ghana Languages)이 설치한 위원회가 마련했다. 이 위원회는 권고안을 구체화한 후 이를 보고서로 만들어 1979년에 교육부 장관에게 제출했지만, 이 권고안은 시행되지 못했다. 그 이유는 가나 언어의 교육과 출판이 전반적으로 하향세였던 탓도 일부 있었지만, 일부 작가가 다소 반발했기 때문이다. 지금까지 통일 맞춤법을 이용하여 출판된 것은 감리교 찬송가집인 *Kristofoɔ Ndwom Nwoma*(아칸어로 찬송가라는 뜻-역주)가 유일하다. 그리고 언어(또는 또 다른 것)에 기초를 둔 범아칸 민족주의도 이제 사라진 것으로 보인다.[11]

---

11 이에 대한 세부 정보를 제공해 준 플로렌스 돌파인(Florence Dolphyne, 사적

한편 아칸어는 교통어로 실제 널리 퍼져 있으며, 가나 인구의 50퍼센트 이상이 구사한다. 동시에 어쩌면 가장 큰 언어 집단으로서, 또한 과거 팽창주의 유산이라는 지위 때문에 아칸인은 다른 종족 집단을 지나치게 통제하는 거만한 집단으로 여겨지기도 한다. 그 때문에 일부 아칸인이 아칸어 사용에 수동적으로 반대한다는 입증되지 않은 설도 있다. 사람들은 상대적으로 많은 화자 수를 근거로 아칸어를 국어로 선택·육성하는 일에 찬성하더라도, 다른 한편으로는 그로 인해 아칸인이 지배할까 봐 두려워한다. 아크라에서 행한 설문조사에서 나타났듯이 대부분의 아칸어 사용자는 이 문제를 그냥 되는 대로 내버려 두는 것으로 만족한다. 아칸어 사용자는 물론이거니와, 심지어는 일부 다른 가나인의 관점에서 볼 때도 아칸어는 가나 정체성과 동일시되는 경향이 있고, 이 사실로 인해 아칸에만 국한된 언어 민족주의는 불필요한 것이 아닌가 가정해 본다.

8.5.2 에웨어

에웨어를 사용하는 가나 인구는 약 12.7퍼센트(2000 Census: 표 4)로서, 이들은 토고에서 에웨어를 사용하는 사람과 같은 언어와 역사를 공유한다. 아칸어와는 달리 에웨어는 19세기에 브레멘선교회의 선교사가 만든 표준형이 있다. 이 표준형은 주로 에웨어의 남부 지역 변이형을 기초로 하지만, 어느 변이형과도 형태가 일치하지 않으며, 기본적으로 구어가 아니라 문어로 사용된다. 선교사는 이 표준형을 이용하여 많은 인쇄물과 특히 인기가 많은 성경 번역본을 만들었다. 로런스(Lawrance 2005: 223)에 따르면, 중요한 점은 에웨어 사용 지역이 독일 식민지였던 시기에 사람들이 독일어 학습에 반발했기 때문에 영어에 대항하는 완충장치로 에웨어의 기초

대화)에게 감사의 뜻을 표한다.

교육을 적극 실시했다는 것이다. 이 덕택에 에웨어가 사용되는 지역 도처에 표준 에웨어가 받아들여졌고, 이 표준형을 읽고 쓰는 능력도 널리 확산되었다. 게다가 이 표준형은 막 생겨나기 시작한 에웨 민족주의의 초점이 되었다.

토골란드가 1914년에 영국령과 프랑스령으로 나뉜 이후, 에웨어를 이용한 교육이 점차 쇠퇴했다. 특히 에웨 민족의식에 위협을 느껴 이를 의도적으로 약화하려고 한 프랑스령 지역에서 교육이 더 많이 쇠퇴했다(Lawrance 2005: 223). 독립하면서 가나의 볼타 지방(Volta Region)이 된 과거의 영국령 지역에서는 에웨어가 공식적으로 무시되었지만, 여전히 남부 지역의 민족주의를 재결집하는 구심점으로 작용했다. 1956년에 영국령 토골란드를 곧 가나에 귀속될 황금해안과 합병할지 토고와 합병할지를 결정하는 국민투표를 실시한 결과, 투표자의 58퍼센트가 가나와 합병하는 안에 찬성했다. 그러나 대부분의 에웨인은 북부 주민과 비에웨 주민과 큰 차이를 보이면서 토고와의 합병안에 찬성했던 것으로 보인다(Amenumey 1989: 266, 267).

비에웨인은 에웨인을 배타적이고 민족주의적이며, 심지어 분리주의적인 집단으로 인식하는 경향이 있어서, 폭력사태로는 번지지 않았지만 적대감을 종종 노골적으로 표출한다(가나 종족의 고정관념에 대해서는 Amonoo 1989: 34-37 참조). 에웨 민족주의가 현재의 국가정치에 어떤 영향을 미치는지는 다소 논란의 여지가 있지만, 구어뿐 아니라 문어도 에웨인의 자의식에 분명 중요한 요소이다. 표준 에웨어는 특히 브레멘선교회를 계승한 복음장로교회와, 독일이 지배하던 시기에 스테일러(Steyler) 선교회가 들여온 로마 가톨릭교회의 언어로서(Lawrance 2005: 220), 다른 가나 언어와는 달리 공적, 사적 영역에서 활발하게 사용된다.

8.5.3 가어

가어(Ga)는 앞에서 언급한 언어와는 상황이 전혀 다르다. 2000년도의 인구조사에 따르면, 가어 사용 인구는 국가 전체의 4퍼센트도 채 되지 않는다. 가어도 에웨어와 아칸어처럼 19세기 중반부터 문해와 교육, 기독교(주로 개신교)의 언어로 사용되었다. 그러나 가어 사용 지역은 이보다 훨씬 좁고, 사용 지역도 가나의 수도에 국한된다. 이 때문에 아크라는 실제로 가어로 '가(Ga)'라고 불린다.[12] 아크라는 17세기 이전부터 무역 중심지가 되었고, 1876년에는 식민지의 수도가 되었다(Owusu-Ansah and McFarland 1995: 11). 제2차 세계대전 이후에 이 도시가 확장되면서 (다른 열대지역의 도시처럼) 최근에 더욱 크게 성장했다. 이 도시화로 가나 도처에서 많은 사람이 아크라로 유입되었는데, 그중에서도 특히 아칸인이 많이 이주해 왔고, 현재는 가인을 제법 크게 앞지르고 있다. 또한 정부가 아크라에 소재하므로 상당히 넓은 가인 주거지가 공공 목적으로 양도되었다. 농지도 상업용 및 주거용 건물을 짓기 위해 (종종 수차례에 걸쳐) 팔려 나가고 있다. 이 때문에 가인은 대중적 불만이 많다. 그들은 자기 언어가 사라져 간다고 자주 불만을 토로하며, 도로명과 지명을 가어로 개명하려는 시위를 벌여 요구사항을 관철하기도 한다.[13]

　　그러나 이 경우에도 가어의 역할은 주로 상징적인 것이다. 가인은 더 넓은 세상과의 소통을 위해 오랫동안 다른 언어, 특히 아칸어와 유럽어를 사용했다. 반면에 그들의 언어를 다른 종족 집단에게도 사용하게 하려는 움직임은 실제로 없었다. 극소수를 제외하면 대부분의 가인은 그들의 언어가 문자매체로 사용되는 것에 별 흥미가 없다. 가어 성경이 새롭게 번

---

[12] 아크라의 언어에 대해서는 Dakubu(1997)를 참조한다.
[13] 그러한 소동에 대한 설명은 Dakubu(1997: 5ff.)를 참조한다.

역되는 등 가어는 여전히 사용되지만, 교회 예배를 가어로만 보는 경우는 거의 없고, 보통 교파와 신도의 사회계층에 따라 영어나 츠위어를 선호한다는 설이 있다.

어쨌든 아크라는 국제적인 곳이지만, 이곳은 특히 어부와 그들의 식솔을 비롯하여 전통적인 생활방식을 따르고 자기 말을 사용하는 가인의 고향이기도 하다. (원곡이 가어로 된) 아래의 노래는 가인이 느끼는 아크라와의 일체감과, 다른 언어가 사용되는 먼 타향에서 가인이 받는 소외감을 동시에 표현한다.[14] 이 가사 중 이탤릭체 단어는 피진 영어인데, 이는 노래 속 상황을 다언어적으로 묘사함으로써 모르는 언어에 대한 사람들의 좌절감을 표현한다. 여기서 말하는 부코(Buko) 또는 부콤(Bukom)은 가인 생활의 중심지인 아크라의 한 번화가이다.

> We are going to Bukom, *talk* (우리는 부콤에 가고 있어요, *말해 줘요*)
>
> ……
>
> *Talk to me, talk to me* (나에게 말해 줘요, 나에게 말해 줘요)
>
> *Talk to me in Bukom language* (부콤어로 나에게 말해 줘요)
>
> We were going to Tamale (우리는 타말레에 가고 있었어요)
>
> We went to the lorry station (우리는 트럭 정거장에 갔어요)
>
> We boarded the vehicle (우리는 차에 탔어요)
>
> We left Accra behind us (우리는 아크라를 뒤로 하고 떠났어요)

---

14 이 가사는 대니얼 노티(Daniel Nortey) 씨가 채록해서 옮겨 쓰고 번역했다. 이 텍스트의 사용을 허락해 준 노티 씨에게 감사의 뜻을 표한다. 이 노래는 북부 지방으로 여행을 떠난 합창단이 경찰과 군인의 제지를 받으면서 나눈 대화 과정에서 알아들을 수 없었던 말 때문에 괴로워했던 일을 묘사한 것이다.

We were going to Tamale (우리는 타말레에 가고 있었어요)

We travelled for a while (우리는 한동안 여행을 했어요)

We saw a vast plain (우리는 드넓은 평원을 보았어요)

They have proper eagles there (그곳에는 그곳 특유의 독수리들이 있지요)

When we got to Tamale (우리가 타말레에 도착했을 때)

They did not speak *in Bukom language* (그들은 부콤어로 말하지 않았어요)

We said we do not understand their language (우리는 그들의 언어를 이해할 수 없다고 말했어요)

They said they are speaking Dagomba (그들은 다곰바어를 말한다고 했어요)

We are going to our home town, *brother* (*형제여*, 우리는 고향으로 돌아갈 거예요)

We are going straight to our home town (우리는 고향으로 바로 돌아갈 거예요)

8.5.4 구안어

구안어는 10여 개 또는 그 이상의 언어로 구성되며, 각 언어마다 화자가 수천 명이다. 이 언어는 북부 지방(Northern Region)의 곤자(Gonja)에서 볼타 강 유역을 따라 아크라 서쪽의 세냐 베라쿠(Senya Beraku) 해안에 이르기까지 초승달 모양으로 분포한다. 그러나 북동부를 제외한 다른 지역에는 이 언어들이 분산되어 있다. 구안어는 다른 언어와의 오랜 접촉으로 서로 차이가 제법 나기는 하지만, 계통적으로 매우 가깝다. 가장 북쪽에 있는 곤자어만이 맞춤법이 있으며, 교육 언어로 인정받고 있다.

1980년대와 1990년대 초반에 '구안인의 사회와 정치, 문화 부흥의 목적'으로 공동체 단합을 증진하기 위한 구안 대표자회의(Guan Delegate Conferences and Congresses)가 몇 차례 열렸다(Guan Congress 1988 프로그램: 3). 언뜻 보기에 이 모임은 작은 규모 때문에 개별 행동을 하기 어려운 여러 소수 종족 집단이 비슷한 언어를 기반으로 종족 정체성을 주장하기 위한 연합 단체 같다. 그러나 알려진 차이에도 불구하고 이 회합은 구안어라는 공통의 언어유산이 공통의 문화와 역사유산을 요구한다는 전제가 분명히 있었다.

그러나 사실은 참여 집단 모두가 계통 관계가 분명한 구안어를 사용한 것은 아니었다.[15] 본질적으로 정치적 목적으로 '구안어 혹은 구앙어(Guang)'로 간주되는 언어에는 볼타 지방의 다른 소수 언어도 포함되는데, 이들은 구안어와 어파를 형성하는 코모에어 혹은 아카닉어(Akanic)와는 관계가 확실하지만, 분명 구안어는 아니다.[16] 이들의 언어관계는 분명하지만, 그 관계가 지나치게 과장되어 아직 정확한 언어관계를 설정할 수 없다. 외견상 언어관계가 이렇게 과장된 이유는 구안인이 그 지역에 역사적으로 가까운 다른 집단을 끌어들여 화자 수를 늘려서 비아칸 정체성과 비에웨 정체성을 구축해 아칸과 에웨의 두 거대 언어 집단에 맞서고자 했기 때문이다. 누겐트(Nugent 2000: 179)는 이 문제가 부족장의 신분을 둘러싼 논쟁 때문에 빚어졌다고 주장한다.

---

15 구안어(Guan-g)의 언어 목록과 언어학계에서 현재 인정하는 구안어 분류는 Dakubu(1988: 51, 79)와 Bendor-Samuel(1989: 225ff)을 참조한다.

16 1991년도(22쪽)와 1988년도(22쪽) 구안회의의 기념 소책자에 실린 목록을 참조한다. 이 목록은 실제로 구앙어에 하이네(Heine 1968)의 중부 토고어 ['Togorestsprachen(토고 잔류어)']의 NA 분류를 추가하여 만든 것으로 보인다. 언어적으로 관계가 좀 더 먼 KA군에 속하는 언어는 이 목록에 없다.

8.5.5 북부 가나

꽤 최근까지 별다른 공론이 없었던 가나의 북부 지역에 대한 구체적인 정보는 거의 없다. 이 지역의 언어, 특히 현재의 어퍼 이스트(Upper East)와 어퍼 웨스트(Upper West) 지방의 언어는 대부분 현재의 부르키나파소가 있는 북부에서 이 지역으로 들어온 가톨릭 신부들('White Fathers')이 처음 문자로 기록했다. 그들은 주로 종교 자료를 만들었지만, 대부분이 지금까지 출간되지 않았거나 고작 등사판만 남아 있다. 이 자료는 교회가 운영하는 학교에서 사용되었고, 또 1960년대 이전까지 이 지역에 미션학교 이외의 학교는 거의 없었다.

어퍼 웨스트 지방의 지라파(Jirapa)는 다가레어 사용 지역으로 이곳은 1930년대에 가톨릭이 최초로 전파된 곳이다. 따라서 다가레어는 문자를 널리 사용한 최초의 언어였다. 가나언어사무국이 채택한 이 맞춤법은 독립 이후에 학교에서 가르치는 표준형이 되었다. 이 언어는 몇몇 주요 방언으로 나뉘는데, 특히 부르키나파소까지 확산된 지라파 북부 방언인 다가라어(Dagara)는 언어가 상당히 달라 상호 의사소통이 잘되지 않는다. 최근에는 현재 통용되는 표준어의 생존 가능성에 대한 논쟁이 벌어졌고, 그 근저에는 종족과 언어에 대한 충성심뿐만 아니라, 각기 다른 민족주의 감정이 깔려 있다.[17]

9개에 달하는 가나의 고유 행정 지방은 그 지방 주도(州都)의 전통 언어가 교육적으로 인정받은 언어였다. 그러나 어퍼 지방이 어퍼 이스트와 어퍼 웨스트로 분리된 후, 어퍼 이스트의 주도인 볼가탕가(Bolgatanga)의 언어인 구레네어(Gurene) 또는 프라프라어(Frafra)가 다수 언어임에도 인정받지 못했다. 이 언어로 기록된 가톨릭 관련 문서가 약간 있으나,

---

17 이 논쟁은 Bemile(2000: 218-219)에 기술되어 있다.

인쇄된 것은 거의 없다. 이 문제를 인식한 볼가탕가 지방의회(Bolgatanga District Assembly)는 1980년대에 언어발전위원회를 발족해 맞춤법 개발 사업을 후원했다. 이 사업에는 필자 중 한 사람도 참여했다. 구레네어 사용자는 공교롭게도 단순한 가사노동이나 육체노동자로 인식되어 남부 지역에서 특히 열악한 지위로 오랫동안 고통받았다. 그들은 고향과 아크라의 지역협회를 통해 자기 언어의 문헌 개발에 큰 관심을 보였다. 예컨대, 사전은 유용한 도구일 뿐만 아니라 공동체의 실체를 확인해 주고, 종족의 자긍심과 다른 집단의 존중을 받는 기념비나 상징으로 여긴다.

8.6 결론

가나가 독립한 이래 그동안 나온 담론은 국민 통합에 대한 갈망을 치열하게 불러일으켰다. 국가 통합은 시급한 문제로 인식되었고, 여기에는 언어가 주요 지표인 종족 집단의 다양성과 민주주의가 크게 작용했다. 특히 민주주의는 통치 담론에 자유롭게 참여하고, 통치 언어에 자유로운 접근이 필요한 것으로 인식된다. 전면적인 민주주의는 그러한 담론이 사람들이 진정 이해할 수 있는 언어, 즉 토착어로 이루어져야만 달성된다. 그러나 민주주의와 국가 통합은 가나 언어의 사용으로 둘 다 위험에 빠질 수도 있다. 그 이유는 가나가 그동안 많은 아프리카 국가를 괴롭혀 온 종족과 파벌 충돌은 거의 모면했지만, '부족주의'의 공포가 대중의식 속에 있기 때문이다.

　이러한 요인 때문에 국가 정체성이 관련되는 한 영어와 토착어는 서로 밀접한 관계를 유지해야 하고, 또 그렇게 유지할 가능성이 크다. 정치적 의지로 결정하고, 든든한 재정지원을 받는 교육제도를 통해 마련되고 시행되는 언어정책은 현 상황에 변화를 가져올 수도 있다. 가령 영어 구사력을 진정 보편적으로 육성하거나, 공식 상황에서 토착어를 진지하게 사용하는 것이다. 그러나 현재로서는 그러한 것에 대한 징후가 보이지 않는다.

제 9 장

코트디부아르

프랑스어의 절대 우위

안 모상 크누첸(Anne Moseng Knutsen)

9.1 서론

코트디부아르는 서쪽으로는 라이베리아와 기니, 북쪽으로는 말리와 부르키나파소, 동쪽으로는 가나, 남쪽으로는 북대서양과 접경하고 있다. 코트디부아르는 북부의 사바나 지대와 남부의 삼림 지대인 2개의 주요 권역으로 나뉜다. 가장 최근의 인구조사(1998)에 따르면, 1,500만 인구(CIA-World Factbook 2015년 기준 인구는 2,329만 5,302명임 – 역주) 중 78퍼센트가 남부의 삼림 지대에 거주하고,[1] 주민 대다수는 무슬림(39퍼센트)이거나 기독교도(30퍼센트)이다. 공식 수도는 야무수크로(Yamoussoukro)

---

1 모든 통계는 1998년 공식 인구조사에서 나온 것이다(Institut National de la Statistique 2001).

이지만, 아비장(Abidjan)은 인구 300만 명의 상업과 행정의 중심지이다. 그 외의 다른 주요 도시로는 부아케(Bouaké), 코로고(Korhogo), 달로아(Daloa), 가뇨아(Gagnoa), 상 페드로(San Pedro)가 있다. 코트디부아르는 1893~1960년에 프랑스 식민지였고, 1960년에 코트디부아르공화국으로 독립했다. 이 나라는 세계 제일의 커피와 코코아 생산국이자 수출국으로서 프랑스와 밀접한 유대관계를 유지하며, 많은 외국 투자를 끌어들였다. 사하라 이남 아프리카에서는 가장 번영하는 국가 중 하나로 발전 일로에 있었다. 하지만 국부(國父)인 펠릭스 우푸에 부아니(Félix Houphouët-Boigny)가 1993년에 사망하면서 코트디부아르는 심각한 종족과 정치 문제에 휘말렸고, 이로 인해 결국 정부가 장악한 남부와 반란군이 장악한 북부로 분열되었다.

코트디부아르는 서부 아프리카에서 언어가 가장 다양한 국가 중 하나이자, 서부 아프리카 지역에서 프랑스어를 가장 많이 사용하는 프랑스어권 국가로 알려져 있다. 프랑스어가 유일한 공용어이며, 이 나라의 어떤 토착 언어도 법적 지위를 누리지 못하고 있다. 이 장은 코트디부아르의 일반적인 사회언어학적 기술 외에 오늘날 프랑스어가 이 나라에서 차지하는 지배적 위치와, 여러 종족 집단 간의 잠정적 통일과 합의의 언어로서 프랑스어—(일부 학자는) 프랑스어가 국가 정체성을 표현하는 것으로 간주하기도 한다—의 출현에 대한 역사적, 정치적, 언어적 원인에 초점을 맞추어 논의할 것이다. 이 장은 언어가 현대의 종족정치적 갈등에 얼마나 큰 역할을 미치는지도 고찰한다.

9.2 인구

코트디부아르의 국경은 유럽 식민지배와 베를린회의(1884~1885)의 결과로 생겨났으며, '자연적인' 지리적 경계와는 아무 상관이 없다. 코트디부아르에는 사실상 현재의 국경 밖에 문화의 뿌리를 두고 있는 4개의 주요 종족 집단이 마구 섞여 있다. 남서부를 점유하는 크루인(Kru) 집단은 이곳의 최초 주민으로 간주되는데, 이들의 문화적 뿌리는 라이베리아일 것이다. 콰인(Kwa) 집단은 주로 아샨티(Ashanti) 연방 내의 불화로 10~18세기경 현재의 가나로부터 계속 인구가 이주해서 현재 코트디부아르의 남동부와 중부에 정착했다. 10세기 후에는 구르인(Gur) 집단이 오딘네(Odienné)와 콩(Kong) 사이 지역의 북부에 정착했고, 15세기 후에 콩족이 말리제국의 팽창과 함께 남쪽으로 이주한 말링케인(Malinke)에 의해 동쪽으로 떠밀려 왔다. 오늘날 이 4개의 주요 종족이 코트디부아르의 주요 해당 지역 4곳을 점유하고 있지만, 또 다른 중요한 통계도 있다. 최근 통계(1998)에 따르면 콰인(또는 아칸인) 집단이 전체 인구의 42퍼센트를 차지하고, 북부와 남부 만데인(말링케인)이 26.5퍼센트, 구르인이 18퍼센트, 크루인이 11퍼센트를 차지한다. 전체 인구의 26.5퍼센트가 이웃국가인 말리, 부르키나파소, 기니에서 이주한 이주민이다.[2] 특히 아비장과 남부 지방으로 이주민이 과도하게 유입되어 많은 주민이 뒤섞이면서 도시가 형성되었고, 종족 중립적인 문화가 대도시, 특히 아비장에서 발달했다. 그래서 아비장은 언어적으로나 문화적으로 용광로 같은 도시가 되었다.

코트디부아르 역사에는 장기간에 걸친 종족 집단 간 상호작용의 사례가 많지만, '코트디부아르의 국가 정체성'의 문제는 모호하다. 졸버그(Zolberg; Tice 1974: 211에서 재인용)는 코트디부아르의 "아프리카인이 자

---

2 그러나 현재 코트디부아르의 정치 상황에서 '이주민'은 문제가 있는 용어이다. 실제로 1998년의 인구조사에서 이주민으로 규정된 이들 상당수가 코트디부아르 영토에서 태어났다. Bouquet(2005: 184)는 코트디부아르 땅에서 태어난 사람을 코트디부아르인으로 규정하면, 진짜 이주민의 수는 13.7퍼센트에 불과할 것이라고 주장한다.

신의 역사에서 현대 통일의 신화 원천을 발견하지 못했다"고 주장한다. 부케(Bouquet 2005: 169)는 프랑스식 국가-시민의식과 종족적, 지역적 연계로 드러나는 가족, 마을 또는 지역의 정체성을 표현하는 권력 사이에 이중성이 있다고 강조했다. 흔히 종족이나 종교 단체의 형태로 드러나는 가족이나 지역 정체성은 코트디부아르의 시민생활과 정치생활에서 항상 중요한 역할을 담당했다. 이 나라의 주요한 종족문화적 경계는 바로 북부 무슬림과 남부 기독교의 경계이다. 하지만 이 종족문화적 경계는 엄밀히 말해 지리적인 것이 아니라 종교적인 것이다. 남부 태생 국민이 종교적 이유와 성씨(姓氏) 때문에 북부인(이슬람)으로 간주되는 경우도 있다. 남부와 북부 두 지역의 주요 차이는 프랑스 식민지배 시기에 생겨난 것으로, 특히 식민 통치가 남부 플랜테이션에 강제노동 정책을 강화하던 시기였다. 독립 이후 이 불평등은 인적 자원과 물적 자원이 남부에 집중되면

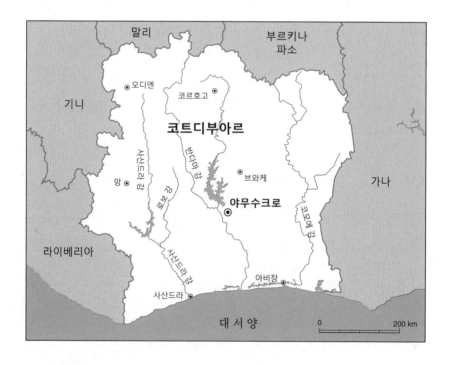

서 더욱 심화되었다(Woods 1988: 105). 우즈(Woods)의 지적대로 "남부에서의 인력 상실과 지역 불균형이 첨예화되면서 북부 무슬림과 남부 기독교 사이의 종족적, 종교적 차별이 고착화되었다"(Woods 1988). 오늘날에도 이러한 불균형이 일반화되어 있고, 교육 및 사회 인프라의 차별에도 반영되어 있다. 앞으로 살펴보겠지만, 우푸에 시절(1960~1993)에 형성된 문화 편차와 차별은 그의 사후에 더욱 증폭되었고, 종족정치적 위기를 낳았다.

9.3 역사적 배경

1945~1946년에 펠릭스 우푸에 부와니는 부유한 바울레인(Baule) 농장주의 아들로 태어나 **코트디부아르 민주당**(Parti Démocratique de Côte d'Ivoire, PDCI)을 창당하고, 프랑스 국회의 코트디부아르 대표로 선임되었다. 그는 반식민 범아프리카 운동인 **아프리카 민주결성**(Rassemblement Démocratique Africain, RDA)의 지도권을 장악하고, 프랑스어권 아프리카의 반식민 운동을 이끌었다. 하지만 코트디부아르가 1960년에 프랑스로부터 독립을 쟁취한 뒤 그는 과거의 식민 권력과 특권적인 협력을 결정했고, 프랑스는 오늘날까지 이 나라의 가장 중요한 동맹국으로 남아 있다.

우푸에는 대통령직을 수행하면서 국가를 신세습제 국가로 통치했다(Bouquet 2005: 205). 그의 통치권의 기초는 정치적 지지 세력과 반대 세력과 함께 경제 및 정치권력을 공히 분배하는 것이었는데, 이는 자신의 정권에 대한 충성을 확보하기 위해서였다. 종족 집단 및 토후 세력과 동맹을 맺은 코트디부아르 정권은 일당제 체제에서도 정치적 안정과 종족 간 균형을 유지할 수 있었다. 선거는 대통령 권력을 과시하는 형식적 장치였다. 공공 부문과 국영 기업의 직책은 국가 엘리트로 등장한 당원에게 나누어 주었다. 이러한 보스 정치체제(clientelist regime)는 독립 이후 1980년대까지 경제가 발전했기 때문에 가능했다. 실제로 1960년대와 1970년대에 코트디부아르는 주로 커피와 코코아 산업 덕분에 아프리카에서 가장 번창한 국가 중 하나였고, 이들 산업은 사회 인프라를 구축하고 사회발전을 달성하는 데 소요되는 국가의 중요한 자금원이었다.

이러한 아프리카의 경제 기적은 또한 수백만 명의 이주민을 끌어들였다. 이들 이주민은 호황기에 국가 건설을 돕는 노동력으로 국가 지도자의 큰 환영을 받았다. 이에 반대하는 비판적 목소리에 대해 우푸에는 "토지는 그것을 경작하는 자들의 것"이라는 반응을 보였다. 그리하여 이 나라는 서부 아프리카에서 환영받는 땅이 되었다. 특히 말리, 부르키나파소, 기니 같은 인접 빈국의 수백만 명의 이민자와 초청 노동자를 통합하고, 이들에게 선거권과 토지 소유권을 부여하기에 이르렀다.

1970년대와 1980년대 후반에 경제 불황이 코트디부아르를 강타하면서 코트디부아르는 엄청난 외채를 졌고, 브레튼우즈(Bretton Woods) 체제하에 구조조정 프로그램을 실시하였다. 이 불황체제로 인해 많은 정부 반대 세력과 일부 주민, 특히 대학생이 저항했고, 사상 처음으로 우푸에 정권을 타도하려고 했다. 1990년 라바울레에서 열린 프랑스-아프리카 정상회담 연설에서 프랑스의 미테랑 대통령은 아프리카 국가들이 프랑스의 원조를 받으려면 민주화의 길을 걸어야 한다고 역설했다. 부정적인 반대 여론과 국가적 압박에 우푸에는 1990년에 다당제 선거를 실시하지 않을 수 없었고, 이 선거에서 **코트디부아르 인민전선**(Front Populaire Ivoirien, FPI)의 당수인 로랑 박보(Laurent Gbagbo)를 꺾었다. 1993년 우푸에의 사망과 함께 33년간의 독재정권이 종식되었고, 국회의장인 앙리 코낭 베디에(Henri Konan Bédié)가 대통령직을 수행했다. 이 대행체제는 1999년에 쿠데타가 일어나는 계기가 되었고, 오늘날에도 내전에 버금가는 분쟁이 계속 이어지고 있다. 우푸에가 가까스로 모든 종족 집단을 연합해 일당제 국가를 만들었지만, 오늘날의 정치는 종족 집단별로 분열되어 있는 양상이다. 베디에는 대통령 임기 초에 '이부아리떼(ivoirité. 코트디부아르 정체성)'라는 개념을 만들었는데, 이는 세 가지 주요 개념, 즉 국적, 대통령의 자격, 토지 소유를 중심으로 발전되었다. 1994년에 의회는 비코트디부아르인을 선거에서 배제하는 선거법을 승인했고, 피선거권을 코트디부아르인 부모에게서 태어난 자로만 제한했다. 1998년에 국회는 전통적인 선조 대대의 토지 소유권을 부여하는 새로운 토지정책을 채택했다. 이부아리떼의 개념은 종족 긴장을 야기해서 농촌과 도시에 수많은 종족 충돌을 일으켰다. 2000년에 법원은 전임 수상이자 북부 주민의 정당인 **공화주의 연맹**(Rassemblement des Républicains, RDR)의 당수인 알라산 와타라(Alassane Ouattara)의 모친이 이웃 부르키니파소 출신이라는 이유로 대통령직 부적격자로 판결했다. 와타라를 배제한 것은 대다수의 북부인에게는 국가 핵심권력으로부터의 소외를 의미했다. 이로 인해 남부 기독교인과 북부 무슬림 간에 긴장이 고조되었고, 외국인 혐오와 종족 박해, 살육이 빈번히 자행되었다. 이러한 박해의 희생자는 대부분 디울라인(Diula)이었다. 이 용어는 반드시 말링케 디울라인 출신만을 가리키는 것이 아니라 북부인과 무슬림 전체를 지칭하는 것이었다. 1999년에 군 내부의 반란으로 쿠데타가 일어나 전임 사령관 로베르 게이(Robert Gueï)가 신임 대통령에 취임했다. 게이는 2000년에 다당제 선거를 실시했지만, 자신을 선거의 승자로 선포하자 대규모 민중 시위가 벌어졌다. 결국 2000년 10월에 그의 숙적인 로랑 박보가 사실상 대통령으로 선출되었다. 하지만 2002년 9월에 국내 분쟁과 소요가 재발했고, 북부 반란군이 아비장과 부아케를 공격했다. 수일간의 전투 끝에 코트디부아르는 반란군이 장악한 북부(북부의 10개 도)와 정부가 장악한 남부(남부의 48개 도)로 분열되었다. 수차례의 평화 협상[가장 중요한 협상은 2003년 1월 프랑스가 중재한 리나스-마르쿠시스(Linas-Marcoussis) 평화 협정이다. 이 협상에 거국적 화해를 담은 신정부 탄생이 들어 있다]에도 불구하고 코트디부아르는 남부와 북부로 여전히 분열되었다. 종족적이고 종교적인 균형을 유지하고, 정치적으로 안정되고, 경제적으로 번창했던 코트디부아르는 10년 만에 종족적, 정치적, 종교적 노선에 따라 확연하게 분열된 국가로 전락했다.[3]

9.4 사회언어학적 개요

코트디부아르는 서부 아프리카에서 언어적으로 가장 다양한 국가 중의 하나이지만, 60여 개로 추산되는 이곳의 언어는 모두 나이저콩고 어족에 속하며, 4개 어군으로 나뉜다. 이는 북부의 구르어군(세노포어, 콜랑고어, 로비리어), 남서부의 크루어군(베테어, 디다어, 워베-게레어), 남동부의 콰어군(바울레어, 아그니어), 만데어군으로, 만데어군은 다시 두 어파로 구분되는데, 북서 만데어파(마우칸어, 워제네칸어, 토착 거래어인 디울라어)와 서부 코트디부아르의 남부 만데어파(야쿠바어, 가구어, 고로어)가 그것이다.[4] 이들 4개 어군의 언어와 방언 사이의 상호 이해 정도는 상당히 가변적이다. 예컨대, 북부 만데어파의 언어는 한 언어의 방언으로 간주되지만, 남부 만데어파의 언어는 서로 이해할 수 없다. 언어와 종족 간 관계도 매우 복잡하다. 콰어군의 바울레어와 아그니어는 거의 완벽하게 서로 이해하지만, 각 언어의 화자는 서로 다른 종족에 속한다고 생각한다(Kouadio N' Guessan 2001).

---

3 이 장에서 코트디부아르인의 특성(ivoirité)과 현재 종족정치적 위기를 분석하는 것은 불가능하다. 이 갈등의 기저를 이루는 역사적, 정치적, 사회학적 이유에 대한 총체적 분석은 Bouquet(2005)를 참조한다.
4 여기 언급된 각 어군에서 가장 중요한 언어만이 가장 흔히 사용되는 표기방식으로 영문학에서 언급된다.

60여 개의 각 언어는 코트디부아르의 사회언어학적 구조 내에서 서로 다른 지위를 갖는다. 엄밀히 말해 코트디부아르의 언어 대부분은 시골에서는 종족 간에 사용되고, 도시에서는 가족/친지 사이에 사용된다. 하지만 몇몇 언어는 종족 간 (또는 지역 간) 기능을 확보하고, 더 광범한 종족적 맥락에서 사용된다. 야쿠바어(남부 만데어파), 아그니어(콰어군), 아티어(콰어군), 게레어(크루어군)는 종족의 언어를 제1언어로 사용하는 사람들이 제2언어로 학습하는 지역어이다. 바울레어(콰어군), 디울라어(만데어군), 배티어(크루어군), 세노포어(구르어군)의 4개 언어는 사용 지방을 넘어 각 어군의 가장 중요한 언어로 등장했다. 그리하여 이들은 특별한 법적 지위는 없지만, 흔히 국어로 지칭된다. 2000년 코트디부아르 헌법이 이들 언어를 구체적으로 명시하지는 않았지만 '국어'의 존재를 언급하고 있기 때문이다. 다른 코트디부아르 언어와 달리 이 4개 주요 언어는 다소 제도화되어 있다. 그것은 이들이 라디오와 텔레비전 방송프로그램에서 사용되고 있고, 이들 자국어에 대한 연구도 이루어지고 있기 때문이다 (Lafage 1982). 만데어 중 하나인 디울라어는 소통 언어의 기능을 넘어 서로 다른 종족군 사이에 교통어로 전국적으로 사용된다. 특히 비공식 상거래와 수송 부문, 그리고 소규모이기는 하지만 노동자(말리, 기니, 부르키나파소)가 일하는 농업 부문에서 디울라어가 상거래 언어로서 전국적으로 퍼지기는 했어도 남부인은 일반적으로 디울라어를 북부 지역과 연관 짓고(북부인의 주요 직업인 비공식 상거래와 연관을 짓는다), 이슬람과도 연관을 짓는다. 이는 무슬림이 디울라어를 사용하기를 꺼리는 이유를 설명해 준다.

코트디부아르가 서아프리카의 경제적 중심지라는 사실 덕분에 이웃 국가의 상당수 언어가 이 나라의 사회언어학적 현상에 중요한 역할을 한다. 기니와 말리의 만데어, 부르키나파소의 무어어, 니제르와 나이지리아의 하우사어가 그 대표적인 예이다. 코트디부아르에서 나타나는 아주 일반적인 공식 단일어의 면모로 인해 대부분의 국민이 이언어 사용자라는 사실이 은폐된다. 이 이언어 사용은 대부분 지리적 요인 때문에 생겨난 것이다. 시골 지역의 코트디부아르인은 프랑스어 이외에 제2언어로 지역 간 언어를 학습하며, 도시 지역 주민은 제1언어 외에 단지 프랑스어만을 학습한다. 이러한 다언어 상황에서 코트디부아르 언어는 대중적 합의나 언어계획에 의거해서 공용어나 국어로 인정받지 못하고 있다. 해안 지역의 심각한 도시화로 인해 사실상 지역 언어가 퇴조하면서 도시지역, 특히 아비장에서 프랑스어가 도시 주민 사이의 종족 문화적 유대로서 화자의 제1언어로 확실히 자리매김했고, 이들의 출신지는 무의미해졌다. 국가 차원에서 지배언어가 없기 때문에 사회 모든 영역에서 프랑스어가 광범하게 사용되고 있다. 대중의 합의된 언어와 공용어로 프랑스어를 선택한 배경에는 역사적, 정치적, 사회적 동기가 있다. 이를 이제 살펴본다.

9.5 언어정책: 프랑스어의 절대 우위

코트디부아르가 1960년에 프랑스로부터 독립한 이래 언어정책의 근간은 프랑스어의 특권적 지위였다. 식민지배 기간에 프랑스어는 공식 행정에 사용되는 유일한 언어였고, 코트디부아르 언어는 조직적으로 배제되었다. 지방 수장이나 일반 주민과의 의사소통을 위해 프랑스 식민체제는 아프리카 통역사를 교육했는데, 이는 식민정부의 모든 면모를 특징짓는 동화정책에 부응하는 조치였다. 코트디부아르가 1960년에 독립한 후 우푸에와 지도급 인사들은 프랑스어를 공용어로 채택했다(1960년 헌법 제1조). 이 헌법이 40년이 지난 2000년에 개정됐을 때 사실상 개정된 것이 하나도 없었다. 프랑스어는 여전히 공용어였고, 신헌법 제29조에 '국어'라는 막연한 언급이 있음에도 프랑스어는 코트디부아르에서 실질적 위상을 강화했다. 예컨대, 과거 아프리카어가 독점했던 영역에도 침투하여 의사소통 수단으로 더욱 빈번하게 사용되었고, 공공 행정과 학교교과에 사용되는 유일한 언어가 되었다. 앞으로는 코트디부아르 지도자가 프랑스어를 공용어로서 채택한 배경을 논의한다. 언어계획 전략에서 토착어 도입을 꺼려 함으로써 오늘날 코트디부아르의 공공 부문과 시민 부문 모두에서 프랑스어가 압도적으로 널리 사용되고 있다. 인접국가인 말리, 기니, 부르키나파소도 코트디부아르와 똑같은 식민역사를 갖고 있고, 유사한 사회언어학적 양상을 띠지만, 코트디부아르에서 프랑스어의 지위는 이들 국가보다 훨씬 강력하다.

1960년에 코트디부아르 정권은 국가적 정부 건설과 신국가를 구성하는 다수 종족 집단의 국가 통합과 관련해 시급한 문제에 봉착했다. 우푸에에게 국가 정체성 구축은 다종족 국가에서 잠재된 부족주의를 방지하기 위한 선결 조건이었는데, 이는 부족주의가 그의 통치권에 위협이 되기도 하고, 최악의 경우 이 신생국을 내전에 빠뜨릴 위험도 있었기 때문이었다. 사실상 국가 통합이 국정의 최우선 과제였고, 이를 바탕으로 다른 모든 문제를 판단할 수 있었다. 이러한 국가 건설이라는 맥락에서 하나의 토착어나 여러 토착어의 선택은 국가 건설을 위태롭게 하는 장애물로 여겨졌다. 그리하여 프랑스어가 종족 분열을 막는 유일한 언어로 간주되었다. 이 견해는 국회의장인 필립 야세(Philippe Yacé)가 1976년 유엔에서 발표한 연설에 잘 나타난다.

프랑스어를 채택한 것은 분명 국가 건설 과업을 성공적으로 조속히 달성할 수 있는 요인 가운데 하나였습니다. 이는 펠릭스 우푸에 부와니가 관심을 갖고 실천한 첫 번째 주제였습니다. 우리가 자유롭게 수용한 프랑스어는 코트디부아르의 결속 요인이었고, 이곳에서 프랑스어는 100여 개 종족 집단의 통일을 촉진했습니다(Turcotte 1981: 66에서 인용. 필자 번역).

사실상 우푸에는 1960년 독립기념 연설에서 프랑스어를 '우리 국어'라고 간접적으로 언급했을 뿐이다. 콰디오 응게산(Kouadio N'Guessan 2001) 같은 몇몇 코트디부아르 언어학자는 코트디부아르 정권, 특히 우푸에가 아프리카어에 아주 적대적인 태도를 취했다고 규정했다. 아비장 대학의 여러 학자가 1970년대와 1980년대에 언어 문제를 공개적으로 '논의'하려고 노력했지만, 코트디부아르 정권은 코트디부아르 언어에 대한 언어계획 주제를 다룰 때마다 그 문제를 조직적으로 무산시켰다.

공용어로서 프랑스어를 선호하는 두 번째 일반적 논거는 국제적 위상이다. 이 논리는 1960~1999년에 일어난 정치적 사건에 이르기까지 코트디부아르와 프랑스 간의 우호 관계와 관련해서 나타났다. 실제로 프랑스는 코트디부아르를 서아프리카에서 가장 신뢰하는 동맹국으로 간주하며, 이곳에서 거두는 상당한 경제적 이득을 보호했다. 한편 코트디부아르는 프랑스로부터 군사적 협력뿐만 아니라 문화적, 기술적, 교육적 지원을 수혜했다. 이러한 특수한 협력관계를 유지하는 상황에서 공용어로 프랑스어를 채택하는 것은 과거의 식민지배자에게 보내는 충성의 징표이자 프랑스-코트디부아르 관계를 촉진하는 수단이었다. 이는 특히 냉전 상황에서 매우 중요했는데, 코트디부아르는 프랑스어의 특권적 협력을 통해 서구 블록의 동반자가 되었기 때문이다. 이는 기니와 말리 같은 이웃국가가 동구권과 특권적 관계를 수립한 것과 대조되었다.

일부 학자는 공용어로 프랑스어를 선택한 것이 독립 후 특권 계층으로서 자신의 지위를 보존하기 위한 엘리트의 전략이라고 보았다. 정치가와 엘리트는 식민 프랑스 학교에서 교육을 받았고, 국가 공용어로 프랑스를 선택한 것은 부의 사회적 재생산을 보장하는 전략으로 해석할 수 있기 때문이다. 알렉상드르(Alexandre)는 이 견해를 다음과 같이 주장했다. "프랑스어권 아프리카에서 프랑스어를 사용함으로써 새로운 비부족적, 초부족적 집단이 탄생한다…… 이 집단은 이렇게 특수하고 강력한 지식 수단 또는 도구를 독점함으로써 일종의 소수 과두체 집권층이 되었다"(Alidou and Jung 2002: 65에서 재인용). 다른 학자는 공용어로서 프랑스어 선택의 기능적 측면을 더 강조한다. 아프리카어는 대부분 구어로 사용되고 문법이 없기 때문에 코트디부아르 집권자가 손쉽게 이용할 수 있는 유일한 작업 언어, 즉 프랑스어를 채택하여 독립의 소용돌이 속에서 새로운 국가 건설을 시작했다는 것이다.

1970년대와 1980년대에 아비장 대학 응용언어학 연구소(ILA) 소속 학자들은 프랑스어의 독점적 지위, 특히 교육에서 프랑스어가 지닌 역할에 대해 의문을 품기 시작했다. 교육에서는 미취학 아동(4~6세)의 교육과 농촌의 성인을 위한 토착어 문자체계의 고안 등 두 영역이 특히 중요한 것으로 간주되었다(Kokora 1983). 이러한 고찰로 코트디부아르 당국은 긍정적 평가를 받은 다양한 프로젝트를 시행했는데, 모포엠(Mopoyem)에서 미취학 교육을 아디오크로어(Adiokro)로 실시한 사례(1980), 야오코피크로(Yaokoffikro)에서 바울레어와 디울라어로 실시한 사례(1982), 돔플뢰(Dompleu)에서 야쿠바어(Yacuba)로 실시한 사례(1985), 1980년대 중반에 코르호고와 분디알리(Boundiali)에서 다울리어와 세노포어로 '북부 프로젝트(Projet Nord)'를 실시한 사례가 있다. 이러한 프로젝트는 ILA에 소중한 현장 경험을 제공했고, 교육 부문에서 코트디부아르 언어 통합을 위한 실천적 해결책을 만들어 내는 바탕이 되었다. 하지만 이러한 프로젝트에 대한 당국의 정치적, 경제적 지원 부족으로 인해 광범하게 실시하려는 국가적 열망은 끝나고 말았다. 오늘날 코트디부아르 언어로 실시하는 교육과 문해 교육 프로젝트의 대부분은 정부의 감독과 협조를 받지 못한 채 비정부기구들이 수행하고 있다. 이 때문에 이들 프로젝트는 다소 산발적이고 비체계적으로 운영된다.

1977년에 ILA는 1977년의 개정 법률 제80조의 국민 교육에 국어를 통합하는 이론적, 실천적 여건을 연구하는 권한을 위임받았다. 이 법률 제79조는 "공교육 제도에 국어 교육을 도입하는 것이 국가 통일의 요소이며, 동시에 우리 문화유산을 재확인하는 것"이라고 명문화하고 있다(Kouadio N'Guessan 2001. 필자 번역). 국가수반이 국가 통일에 심각한 위험으로 간주했던 아프리카어는 지위가 승격되어 이제 국가 통일의 수단으로 인식된 것이다. 국가 교육제도의 혁신을 준비하기 위해 이 문제에 대한 가장 중요한 논의가 POCI와 RDA(9.3절 참조)가 명령한 국가교육개혁위원회에서 이루어졌다. 이 위원회는 연구자, 학부모, 마을 협회 관계자 모두를 포함하는 공공/민간 위원회였다. 이처럼 위촉받은 위원들이 교육에 국어를 도입하는 것이 중요하다고 동의했지만, 어느 언어를 국어로 택해야 할지에 대해서는 합의를 보지 못했다. 이 위원회의 몇몇 위원은 다양한 종족 집단 간의 의사소통을 증진하기 위해 4개의 주요 언어 집단과 종족 집단에서 각기 1개의 주요 언어를 승격할 것을 주장했다. 다른 위원은 많은 지역에서 일어나는 인구이동으로 인해 학교는 지역 단체가 아닌 국가 단체라고 말하면서 서로 다른 지방어의 도입이 정치 문제로 비화될 것이라고 주장했다(Kouadio N'Guessan 2001: 186-187). 그럼에도 1977년 법률은 아프리카어의 중요성을 강조하고 학교교육에 이를 도입할 것을 규정하고 있지만, 이러한 원리를 실행하기 위한 위원회의 법적이거나 실천적인 해결책은 제시되지 않았다.

거의 20년 뒤인 1996년에 교육에서의 토착어 사용 문제가 다시 제기되었다. 학기 시작 몇 주 전에 교육부장관 피에르 키프레(Pierre Kipré)가 코트디부아르어를 학교에 도입할 것이라는 거의 예상하지 못한 발표를 했다. 이는 학교 행정가와 일반 국민 모두에게 상당한 혼란을 불러일으켰다. 콰디오 응게산(Kouadio N'Guessan 2001: 195)은 이러한 경솔한 행동이 코트디부아르 위정자들이 가진 교육부문의 국어 통합에 대한 태도라고 지적했다. 그들은 코트디부아르인이 코트디부아르어를 말하고 이해하기 때문에 언어적, 교육적, 실질적 준비 없이도 학교체제에서 갖가지 코트디부아르어가 손쉽게 통합될 것이라는 논지를 펼쳤다. 놀랄 것도 없이 키프레 법령은 한 번도 제대로 실행되지 않았다.

이렇게 수십 년간 언어 문제에 대한 논쟁이 산발적으로 일어났지만, 그 무엇도 코트디부아르 사회에서 프랑스어의 지배적 위치를 심각하게 위협하지 않았다. 1960년대 이후 매일의 일상에 파고든 프랑스어는 오늘날 코트디부아르의 서로 다른 종족 사이에서 교통어로서 역할을 한다. 도시 생활의 전제조건이 된 프랑스어 지식은 이제 교육받은 엘리트만의 특권이라고 말할 수 없다. 프랑스어를 말하는 사람과 말하지 않는 사람 사이의 상징적 경계는 이제 없지만, 표준 프랑스어를 말하는 사람과 대중 변이형, 즉 **아비장 대중 프랑스어**를 말하는 사람 사이에는 경계가 생겨났다. 이는 9.6절에서 논의한다.

9.6 아비장 대중 프랑스어

프랑스어가 기능적으로 확산되고 비정규교육 화자 사이에 대중화되면서 코트디부아르에서 널리 구사되는 프랑스어는 중요한 구조적 변화를 겪었다. 대개 아프리카의 프랑스어는 2개의 주요 형태로 구분된다. 첫 번째 형태는 프랑스어와 아프리카 지역어 사이의 명백한 단절을 특징으로 들 수 있는데, 심리적으로나 기능적으로 2개(또는 이상)의 분리된 언어체계를 유지할 수 있는 화자의 능력 덕분에 프랑스어의 규범적 변이가 비교적 잘 유지된다. 두 번째 형태는 프랑스어와 아프리카 지역어가 완전히 분리되지 않는 특징으로, 2개(또는 이상)의 언어체계를 혼합하는 결과를 낳았다. 코트디부아르에서 프랑스어는 두 번째 형태에 속하고, 서아프리카에서 가장 재구조화된 변이형 중 하나로 손꼽힌다. 코트디부아르 프랑스어는 중요한 변이형임에도 내부 체계(intra-systemic)와 상호 체계(inter-systemic)를 모두 지녀서 안정적 언어 기능과 비표준적 언어 기능을 분리할 수 있다. 아티제(Hattiger 1983)가 피진어로 언급한 코트디부아르 프랑스어는 언어적으로 안정화되어 있으며, 오늘날에는 캐나다 프랑스어 또는 어느 면에서는 크레올어와도 비교되는 새로운 프랑스어 변이형으로 등장했다.[5]

프랑스어의 코트디부아르 변이형은 여러 명칭으로 불렸는데, 그중 가장 널리 알려진 것이 **아비장 대중 프랑스어**이다. 이 이름은 이 변이형이 단지 아비장의 현상이라는 것을 암시하지만, 실제로 코트디부아르 전역의 의사소통 수단으로 사용된다. 다시 말해, 이민족 사이에서뿐만 아니라 같은 종족 사이에서 사용되고 특히 도시의 가족 사이에서도 사용된다. 이 지역 변이형은 표준 프랑스어에 반대하여 생겨난 것으로, 두 언어의 관계는 이언어 상황으로 가장 잘 설명할 수 있다. 원칙적으로 교육, 매체, 법제도에서 사용되는 표준 프랑스어는 높은 지위를 가지며, 비공식 의사소통과 때로 공공 및 대중문화에까지 사용되는 프랑스어의 지역 변이형은 낮은 지위를 가진다. 그러나 지역 변이형은 강한 상징적 기능을 갖고 있어서 화자는 이 언어를 통해 과거 식민시대와 신식민주의, 계급갈등과 관련이 있는 표준 프랑스어에 반대하는 코트디부아르의 정체성을 느낀다. 교육받은 화자는 표준 프랑스어와 지역 변이형 모두를 사용하는데, 상황이 얼마나 공식적이냐에 따라 두 언어 중 하나를 선택한다. 교육 수준이 떨어지는 화자는 지역 변이형밖에 사용하지 못하는데, 이는 특정한 공식 상황에서 부적절하게 비칠 수 있다. 결과적으로 표준 프랑스어와 지역 변이형 사이의 이언어 상황은 교육 접근이 불평등한 코트디부아르 사회에서 공식교육을 받은 사람과 그렇지 않은 사람 사이에 잠재된 갈등을 반영한다.

---

5 이 변이형의 사회언어학과 언어학적 설명은 Ploog(2002) 또는 Knutsen(2007)을 참조한다.

9.7 현대 코트디부아르 사회의 프랑스어와 아프리카어

코트디부아르의 교육체계와 교육과정은 독립 후 40년이 지난 지금에도 프랑스의 문화 가치에 기반을 두고 있으며, 프랑스어는 모든 과정의 교과목이자 배타적 학습 수단이다. 교육에서 프랑스어의 주도권 장악은 프랑스어권 서아프리카에서 보편적 문제로 인식되며, 아프리카 학교의 일반적 실패를 설명할 수도 있다. 코트디부아르는 프랑스어가 가장 막강한 국가 중 하나여서 교육에서 프랑스어를 배타적으로 사용함으로써 아동 교육에 초래한 결과는 다른 프랑스어 사용 국가보다 그리 인상적이지는 않다. 코트디부아르에서는 프랑스어가 교육 이외의 공적 영역과 일상생활 모두에서 사용되기 때문이다. 따라서 적어도 도시나 도시 근교에 사는 코트디부아르 아동 대부분은 입학할 때 이미 프랑스어를 어느 정도 통달하고, 프랑스어로 된 교육의 혜택을 받을 수 있다. 그러나 이러한 실용적 관점은 문화적 소외와 토착어로 실시하는 교육이나 이언어 교육이 암시하는 잠재적 발전은 고려하지 않는다. 그럼에도 현 상황에서 토착어로 하는 교육이나 이언어 교육을 추구하지는 않는데, 이는 코트디부아르의 지도자가 이들 교육의 전제조건인 언어계획 실시에 소극적이며 코트디부아르의 언어에 대한 체계적인 연구를 제대로 지원하지 않기 때문이다. 이렇게 학생의 언어 배경을 고려하지 않고 코트디부아르 사회가 요구하는 국가 정체성 발달에 중요한 문화적으로 적절한 교육과정을 제공하지 않는 교육 때문에 코트디부아르의 학생과 사회는 고초를 겪어야 했다.

프랑스어는 라디오, 텔레비전, 출판물에서 독점적 위치를 차지하지만, 국영 라디오텔레비전(RTI)은 매주 몇 시간씩 코트디부아르어로 뉴스를 제공한다. 프랑스어는 사법체계에서 사용되는 유일한 언어이고, 배심원이 되려면 반드시 프랑스어에 숙달해야 한다. 비공식 상업에서는 디울라어(Diula)가 주요 언어였지만, 오늘날에는 프랑스어가 특히 도시 시장에서 점점 많이 사용된다. 종교는 사실상 코트디부아르어가 중요한 위치를 점하고 있는 유일한 공식 영역이다. 코트디부아르 언어는 교회 예배에도 사용되고, 무슬림은 설교할 때 종종 디울라어를 사용한다. 단, 이슬람 의식은 늘 아랍어로 진행한다. 공적 영역에서 프랑스어의 주도권은 아주 강력해서 어느 정도 프랑스어 실력을 갖추지 않으면 사회활동에 전혀 참여할 수 없을 정도이다. 문맹자(인구의 60퍼센트로 추정된다)와 코트디부아르어로 소통이 힘든 사람은 민주주의에 걸림돌이 되기도 한다. 이에 대한 최근 사례로 2000년에 열린 헌법에 관한 국민투표를 들 수 있다. 당시 투표는 대다수 인구가 읽을 수 없는 언어로 작성된 30쪽의 문서로 진행되었다. 공식 단일어 사용의 악영향이 고문맹률로 더욱 증폭되었음에도, 당국은 평등한 교육기회 제공이나 글을 읽을 수 없는 사람을 위해 국어로 정보를 제공하는 식으로 모든 시민이 민주주의에 참여할 수 있는 조치를 취하지 않았다.

프랑스어의 패권 장악으로 인해 코트디부아르 언어는 가족과 종족 집단 내에서만 사용하는 언어로 입지가 줄어들었다. 그러나 최근 연구(Knutsen 2007)에서는 프랑스어가 도시 가정에서 더 빈번하게 사용되는 것으로 나타났다. 부모는 프랑스어 사용으로 문화적으로 소외될 것이라고 생각하면서도 자식에게 프랑스어를 배우고 말하게 하는데, 이는 프랑스어 숙달이 교육과 직업의 가장 중요한 열쇠라는 것을 잘 알기 때문이다. 국민은 코트디부아르 언어를 '전통적'인 것으로 보고 기술, 과학, 국제적 의사소통과 같은 현대생활과는 맞지 않는 것으로 여긴다. 아프리카 언어를 전통으로만 보는 시각은 단지 코트디부아르만의 현상이 아니라 서아프리카 전역에 만연한 것으로 보이며, 공적 영역에서 지역어 사용을 내켜 하지 않는 것(또는 무관심)도 이것으로 설명할 수 있다. 이러한 태도는 알렉산더(Alexander 2002)가 말한 '현상 유지 증후군(static maintenance syndrome)'에 해당한다. 이는 아프리카어가 가족과 공동체, 지역적 맥락에서는 적절하게 사용되지만, 권력의 언어로 발전하기에는 부적절하다는 사실을 시사한다. 코트디부아르 국민이 코트디부아르어가 공용어가 될 수 없다고 인식하게 된 것은 프랑스어와 코트디부아르 언어 사이의 선택이 항상 국가 대 부족주의의 양자택일의 양상으로 표출되었고, 공적 영역에서의 다언어 사용이 가능한 대안으로 논의되거나 제시된 적이 한 번도 없었기 때문인 것으로 보인다.

코트디부아르의 국가 정체성을 표출할 수 있도록 충분히 발전하고 널리 수용된 토착어가 부재한 상황에서, 프랑스어는 공용어 정책과 대중의 동의로 인해 시마르(Simard 1994: 23. 필자 번역)에 인용된 코트디부아르 정보 제공자가 묘사한 것과 같은 언어가 되었다.

> (1955년 이후 출생자는) 자신을 바울레인, 디울라인, 워베인, 세노포인이 아닌, 코트디부아르 국가에 소속된 코트디부아르인으로 여긴다. 교육 기간 내내 그들은 같은 생각과 세계관, 프랑스어라고 하는 같은 언어를 공유하는, 동서남북 출신의 친구들을 갖는다. 프랑스어는 특정 종족 집단에 속하지 않는다는 이점 덕분에 이민족 간 경쟁을 유발하지 않는 장점이 있다. 지역어가 지배하는 세상이라면 이러한 종족 경쟁은 쉽게 일어났을 것이다.

그러나 모든 것을 고려할 때, 특히 현재의 정치 위기를 생각하면, 우푸에 정권에서 코트디부아르 지도자들이 국가 정체성을 강화하기 위해 발전시킨 전략은 성공을 거두지 못한 것이 분명하다. 이러한 관점에서, 단일 공용어 사용은 근본적인 종족 대립과 권력 투쟁을 감춘 국가 정체성의 표상을 보여 주는 대표적 정책이라고 할 수 있다. 또한 앞의 인용문에서 제시된 국가 정체성은 이미 매우 취약해서 '코트디부아르 정체성'이라는 개념과 우푸에 정권 이후 종족정치적 권력 투쟁과 맞닥뜨리는 순간 바로 부패해 버렸다. 현재 이념적으로나 실질적으로 힘겨운 상황에서 수많은 코트디부아르 언어를 공용어나 교육어로 육성하는 것은 여전히 불가능해 보인다. 그러나 코트디부아르가 현재의 종족정치적 위기를 극복하고 코트디부아르인과 지도자가 국가 정체성을 재정비한다면, 진정한 종족 통합과 전 국민의 정보 공유를 위해 허구의 단일어사용에 대한 집착을 버리고 언어계획과 코트디부아르 언어 통합에 제일 먼저 몰두해야 할 것이다.

9.8 결론

1960년 이후의 코트디부아르 언어정책은 프랑스어에 일방적으로 기반을 둔 역사적, 정치적, 사회학적 동기를 지닌 선택이었다. 코트디부아르 언어는 구조적으로 소외되어 그 어떤 법적 지위도 누리지 못했고, 단지 2000년 헌법에서 '국어'로 (모호하게) 언급되었을 뿐이다. 단일 공용어 사용은 인구 대다수가 사실상 이언어 사용자라는 사실을 은폐했고, 인구 대다수가 프랑스어를 읽고 쓸 수 없는 상황에서 민주화는 정체되었다. 지배적인 국어의 부재로 인해 교육과 같은 공적 영역에서뿐만 아니라 종족 간 의사소통에서 프랑스어를 사용할 수밖에 없었다. 이러한 발달은 도시 지역에 종족 중립적 문화를 탄생시킨 대규모 국내 이주로 뒷받침되었다. 흔히 **아비장 대중 프랑스어**로 불리는 코트디부아르의 프랑스어 변이형은 아프리카에서 가장 재구조화된 변이형 중 하나로 등장했고, 신식민주의와 정규교육의 혜택을 받은 사람과 그렇지 않은 사람 사이의 계급갈등을 상징하는 표준 프랑스어에 저항함으로써 코트디부아르의 정체성을 드러냈다. 프랑스어가 '국어'로 등장해 '코트디부아르 정체성'을 나타냈다고 해도, 현재의 종족정치적 위기로 코트디부아르 내 종족 집단 간 심각한 적대감과 권력 투쟁이 드러났다. 따라서 프랑스어의 주도권 장악으로 끝난 공용어 정책은 코트디부아르인의 국가 정체성 구축 과정에 반드시 필요한 종족언어적 집단의 진정한 통합을 고려하지 않은 허울뿐인 국가 통합으로 보아야 할 것이다.

제 10 장

나이지리아

아프리카 대국의 종족언어적 경합

앤드류 심슨(Andrew Simpson)
B. 아킨툰데 오예타데(B. Akíntúndé Oyètádé)

10.1 서론

나이지리아는 아프리카에서 인구가 가장 많은 1억 4,000만 이상이며, 수백 개의 언어와 종족 집단[일부에서는 400개 이상, 2005년도의 에스놀로그(Ethnologue)에서는 510개 종족으로 추산]으로 구성된 국가이다. 그러나 과반수를 차지하는 종족 집단은 없고, 가장 큰 세 종족 집단이 합쳐서 국가전체 인구의 절반을 차지한다. 1914년에 영국 식민세력에 의해 한 영토로 통합된 나이지리아는 인위적인 국경 설정으로 인해, 어떤 종족은 나이지리아에 포함되고, 또 어떤 종족은 이웃국가로 임의로 분리되었다. 따라서 여러 면에서 복잡한 종족언어적 상황은 국가의 언어정책과 계획에 결정을 내리고, 국가 건설에서 언어의 잠재적인 역할을 규정할 시점에서 많은 아프리카의 신생 개발도상국이 직면한 전형적인 문제를 가장 적절하게 대변한다. 1960년에 나이지리아가 독립했을 때, 영어가 나이지리아의 유일한 공용어로서 합의되었고, 나이지리아 토착어에 국가 공용어의 역할을 부여하려는 노력에는 별다른 호응이 없었다. 이 글에서는 나이지리아에서 영어가 공용어로 선택된 사회정치적, 역사적 배경과 독립 이후의 나이지리아 발전 과정을 살펴보고, 다음과 같은 질문을 던져 본다. 나이지리아의 유일한 공용어인 영어와 함께한 지 50년이 지난 오늘, 나이지리아 국민이 원하는 바대로 국가의 언어정책을 재수립할 기회를 얻는다면, 영어 대신에 단일 토착어나 다수의 토착어를 고려하는 달라진 공용어 체계를 요구할 수 있을까? 아니면 나이지리아의 종족 구성을 감안해서 현재의 영어 중심의 공용어 구조를 만족스럽고 적절한 것으로 여길까? 이 물음과 더불어 이와 관련한 문제에 접근하기 위해 이 장에서는 최근 몇 년간 나이지리아 언어에 대한 일반인의 태도를 조사해서 언어와 국가 정체성 간의 관계에 유용한 시각을 제공한 나이지리아 사회언어학자들의 조사 결과를 참조한다. 이 장의 구성은 다음과 같다. 10.2절에서는 우선 나이지리아의 광범한 언어배치 상황을 개관한다. 여기서는 특히 나이지리아의 세 가지 주요 토착어인 하우사어(Hausa), 요루바어(Yoruba), 이보어(Igbo)의 특징과, 영어와 나이지리아에서 상당한 세력이 있는 나이지리아 피진 영어(Nigerian Pidgin English)의 영향력에 관한 논의에 초점을 둔다. 10.3절에서는 나이지리아가 역사적으로 어떻게 영국 통치령이 되었는지, 독립 당시 유산으로 물려받아 나이지리아의 미래에 수용된 행정구조와 언어계층이 무엇이었는지를 기술한다. 10.4절에서는 1960년대부터 20세기 말까지 나이지리아가 국가로서 어떻게 발전해 왔는지를 살펴본다. 이 기간은 1960년대 말에 발생했던 이보인과 정부군 간의 참혹한 내전을 포함하여, 그 후 수십 년에 걸쳐 정치권력과 자원을 놓고 종족 간 대립과 경쟁이 많았던 시기였다. 특히 나이지리아 북부의 하우사어를 사용하는 무슬림과 요루바인이 지배적인 남부의 기독교도는 더 나은 나이지리아 건설을 위해 협력하는 동포가 아니라 서로를 적으로 대하고 있었다. 10.5절과 10.6절에서는 다시 언어 문제로 돌아가 오늘날 나이지리아의 언어에 대한 태도를 논의한다. 여기서는 특히 여러 인구 계층이 자신이 속한 종족 집단의 규모와 지역적 위치에 따라 여러 언어를 어떻게 지지하는지를 고찰한다. 마지막 절은 경제적 요인 및 언어태도와 함께 본 종족의 배치 상황이 어떻게 국가 차원의 언어정책을 이끌어 낼 수 있는지를 가늠하면서 끝맺는다.

10.2 나이지리아 언어 개관

나이지리아 언어는 36개 주에 걸쳐 널리 퍼져 있고, 언어마다 인구 규모도 상당히 많은 차이가 난다. 각기 2,000만 명 이상의 모어 화자가 있는 세 종족 언어 집단은 전체 인구의 절반을 상회한다. 그리고 10개 언어는 100만~500만 명, 60개 언어는 10만~100만 명의 화자가 사용한다. 나머지 수백 개의 언어는 이보다 훨씬 적은 인구가 사용하며, 그중에는 사멸 위험에 처해 있는 언어도 꽤 있다.

　많은 집단이 정부로부터 더 많은 재원을 얻으려고 인구수를 종종 부풀려 보고한다는 사실 때문에 각 종족 집단의 인구에 대한 정확하고 믿을 수 있는 수치를 확보하는 것은 현재로서는 불가능하다. 그러나 바드루(Badru 1998: 3)를 이용해서 만든 〈표 10.1〉을 통해 나이지리아 거대 집단의 구성비율이 어느 정도인지는 충분히 가늠할 수 있다.[1]

1 　여기에 제시된 Badru(1998)의 수치는 1960년대에 나이지리아가 독립한 직후의 인구 비례를 반영한 것이다. 그 이후에도 대종족 집단의 인구추이는 크게 변하지 않았고(나이지리아 내전 기간에 이보인의 인구가 부분적으로 감소한 것은 예외), 개별 집단에 대한 다른 통계도 종종 다른 시기에 잡혔기 때문에

현재 인구가 2,500만~3,000만 명으로 추산되는 하우사인은 나이지리아의 세 주요 종족 중에서 인구가 가장 많고, 수적으로 북부 지역을 지배한다. 나이지리아 언어 절반 이상이 나이저콩고 어족에 속하는 것과는 달리, 하우사어는 아프로아시아 어족(차딕어군)에 속한다. 하우사어를 처음 사용했던 사람들은 첫 1,000년간 멀리 동쪽으로부터 나이지리아에 들어와서, 남부의 우림 지역과 북쪽의 사하라가 시작하는 지역 사이의 비옥한 사바나 지역에 정주했다. 하우사인은 통일제국을 형성하기보다는 별개의 도시국가를 건설하여 북아프리카에서 온 사하라 횡단 대상과 교역을 놓고 주기적인 다툼을 벌였고, 아랍 상인과의 관계를 촉진하는 과정에서 이슬람으로 개종했다(Nelson 1982: 13). 19세기에는 하우사랜드가 풀라니인의 침략을 받았다. '하우사랜드'는 원래 하우사어를 공통으로 사용하기 때문에 연결된 지역이었다. 풀라니인은 하우사인의 지배자로서 확고히 정착했지만, 대부분 하우사어와 문화를 받아들였다. 풀라니인과 하우사인이 서로 섞인 결과 풀라니인은 현재 하우사인과 흔히 구분되지 않는다. 또한 동화된 풀라니인과 하우사인을 함께 일컫는 말로 하우사-풀라니라는 용어가 때에 따라 사용되기도 한다.[2] 하우사어는 현재 북부 나이지리아 대부분의 지역뿐만 아니라, 니제르, 토고, 베냉, 가나, 말리와 같이 멀리 떨어진 서아프리카 지역에서도 모어와 교통어로 사용된다. 수세기 동안 아자미(Ajami)라고 하는 변형된 아랍문자로 표기된 하우사어는 식민시대 이후부터는 로마철자법으로 보통 표기되는데, 이 표기규약은 오늘날 나이지리아와 하우사어를 사용하는 다른 나라에서 모두 완전

　　〈표 10.1〉은 세 주요 집단의 규모가 서로 간에, 다른 대집단과 대비해서 어느 정도인지를 비교적 잘 알려 준다.

2　이 밖에도 오늘날의 세네갈에서 유래한 풀라니인은 푈(Peul, 세네갈), 풀라 (Fula, 말리)로 알려져 있으며, 계통적으로 나이저콩고 어족의 서대서양어군에 속하는 이들의 언어는 풀풀데어(Fulfulde)로도 불린다(Gordon 2003: 14).

히 표준화되었다. 하우사어는 또한 영국이 북부 나이지리아를 지배하는 동안 사용되어 오랫동안 부분적으로 표준화된 바 있다.

　　나이지리아에서 두 번째로 큰 종족언어적 집단은 요루바로서, 나이지리아의 남서부 지역을 장악하고 있다. 대부분의 역사시대에 요루바인은 공통의 정체성을 지닌 정치적으로 통일된 민족으로 존재하지 않았다. 대신 그들은 이페(Ife), 오요(Oyo), 이제부(Ijebu), 캅바(Kabba), 온도(Ondo) 등과 같이 전쟁을 종종 벌인 여러 하위 집단과 별개 왕국으로 조직되었다. 일반적으로 언급되는 용어인 '요루바'는 원래 정통 요루바인으로서 오요인을 가리키는 말이다. 그러나 실제로는 하우사인과 당시 기독교 선교사와 같은 외부인이 상호 의사소통이 가능한 '요루바어' 사용 집단을 부르기 위해 이 용어를 만들어 확산한 것으로 전해진다. 이 용어를

표 10.1 나이지리아 종족 집단

종족 집단	인구 비율(%)
하우사-풀라니(Hausa-Fulani)	29.5
요루바(Yoruba)	20.3
이보(Igbo)	16.6
카누리(Kanuri)	4.1
이비비오(Ibibio)	3.6
티브(Tiv)	2.5
이조(Ijaw)	2.0
에도(Edo)	1.7
누페(Nupe)	1.2
기타 종족	17.5

요루바어 화자가 받아들인 것은 이보다 훨씬 뒤의 일로서, 당시는 식민지 배 동안에 종족 간의 쟁탈전 때문에 순수한 공동의 정체성이 막 생겨나던 때였다(Gordon 2003: 12-13). 현재는 요루바어 화자가 나이지리아 남서 부뿐만 아니라, 유럽 식민열강에 의해 별개 영토로 분리된 인근의 베냉과 토고에도 분포한다. 또한 가나, 코트디부아르, 세네갈에도 요루바어를 사용하는 사람들이 있는데, 이들은 상업활동을 위해 최근에 이주하여 정착했다. 나이지리아 내에는 요루바랜드의 동쪽에 있는 '중서부'의 여러 다른 소수언어의 모어 화자가 요루바어를 사용하지만, 그 외에는 북부의 하우사어처럼 요루바어가 남부 지역의 교통어로서 그다지 확장되지는 않았다. 1974년에 나이지리아 요루바어 연구협회(Yoruba Studies Association of Nigeria)가 요루바어의 표준 맞춤법을 마련해서 현재는 오요 방언에 기반을 둔 표준 요루바어 교육에 사용하고 있다. 여전히 다양한 요루바어 방언이 요루바랜드에서 널리 사용되지만, 표준 요루바어로 된 인쇄물

이 점차 늘고 있고, 신문과 텔레비전, 라디오에서도 표준 요루바어를 종종 사용한다. 종교를 보면, 요루바인은 기독교도가 다수를 차지하지만, 기독교와 이슬람, 여러 전통종교 모두가 매우 평화롭게 공존한다. 종교 차이로 인해 요루바인 사이에 커다란 분쟁이 일어난 적은 없었다(Sadiku 1996: 127).

나이지리아의 남동부에 위치한 이보인은 세 번째로 큰 종족 집단이다. 요루바인과 마찬가지로 이보인도 식민시대 이전에는 단일 제국이나 왕국을 형성하지 않았고, 실제로는 각기 30여 개 촌락으로 구성된 200개 이상의 훨씬 더 작은 '촌락 집단(village group)' 단위로 살았다(Nelson 1982: 105). 공통의 언어(다양한 방언 형태로 존재)를 공유하지만 이보인도 요루바인과 마찬가지로 서로 간에 수차례 전쟁을 겪었다. 이보인은 20세기에야 비로소 범이보(pan-Igbo) 정체성을 발전시켰는데, 이는 특히 많은 이보인의 인명을 앗아 갔던 내전의 여파로 두드러지게 나타났다(10.4절 참조). 이보어는 하우사어보다 표기 역사가 짧지만, 표준형과 공인된 표준 맞춤법을 갖추고 있다. 그리고 부분적으로 이보인이 내전에서 패배한 결과로 하우사어나 요루바어에 비해 종족 간의 교통어로서 더 제한적으로 사용된다. 이슬람과 전통종교를 믿는 이보인도 있지만, 대다수의 이보인은 현재 기독교도이다.

아주 일반적으로 볼 때, 오늘날 나이지리아에서 가장 인구가 많은 지역은 이 세 언어가 사용되는 북부(특히 북쪽 중앙부)와 남서부, 남동부이며, 이 각 인구 밀집지역은 하우사, 요루바, 이보인이 대부분 점유하고 있다. 언어분할의 관점에서 대략 살펴보면, 나이지리아 남부의 2/3는 대부분 나이저콩고 어족(요루바어와 이보어를 포함해서)에 속하는 언어로 구성되고, 북부 지역은 주로 아프로아시아 어족의 언어가 분포한다. 그리고 이보다 훨씬 적은 수이지만 나일사하라 어족의 언어(약 300만 명의 화자가 있는 카누리어를 포함해서)도 일부 있다.

이 세 주요 토착어인 하우사어, 요루바어, 이보어 외에도 나이지리아인이 일상생활에서 유용하게 많이 사용하는 반토착적(semi-indigenous) 변이형이 나이지리아 피진 영어(Nigerian Pidgin English, NPE)이다. 이 언어는 특히 남부 나이지리아 지역에서 주로 제2의 교통어로 많이 사용되며, 이 언어를 알고 이해하는 비율은 전체 인구의 1/3 이상이다. 일반적으로 유럽인(처음에는 포르투갈인, 나중에는 영국인)과 나이지리아 해안가를 따라 살던 토착민과의 초기 접촉에서 나온 것으로 추정되는 NPE는 오늘날 두 지역 변이형인 포트하커트(Port-Harcourt)와 와리-사펠레-베닌(Warri-Sapele-Benin) 변이형이 있으며, 약 100만 명의 모어 화자가 있다. 아직까지는 NPE의 공인 표준형도 없고, 이를 표기하는 방식도 완전히 용인된 바가 없지만, NPE는 텔레비전과 라디오, 특정한 인쇄물에 사용된다. NPE의 지위와 오늘날 나이지리아 사회의 표준 영어, 이 두 언어와 결부된 화자의 다양한 태도는 10.5절에서 다시 다룬다. 이 장에서는 우선 식민시대와 식민 이후의 나이지리아의 사회정치적, 언어적 발전을 고찰한다.

10.3 식민지배와 나이지리아의 탄생

유럽과 나이지리아 지역의 접촉은 15세기에 포르투갈인이 들어오면서 시작되었다. 이어서 16세기에는 영국, 프랑스, 네덜란드인이 들어왔다. 유럽인이 나이지리아에 처음 들어왔을 때, 가장 번영을 누리던 지역은 하우사인이 살던 북부의 사바나 지역이었다. 당시 이 지역에는 제법 규모가 큰 도시가 여럿 있었는데, 이들은 수 세기 동안 직물, 금, 소금, 향료, 노예 등의 품목으로 사하라 횡단무역에 관여하면서 많은 이득을 얻었다. 유럽인이 해안 지역에 정착해서 중요한 대서양 횡단 노예무역을 새롭게 전개하자

사하라 교역의 상업적 중심이 나이지리아 남부로 바뀌기 시작했다. 19세기 초에 노예무역이 폐지되고, 수지맞는 해상 교역으로 대치되면서 팜유, 고무, 커피와 같은 산물이 담배, 총, 철 등의 유럽에서 생산된 다양한 물품과 교환되어 유럽으로 운송되자 남부 지역으로의 상업 중심지 전환이 더욱 가속화되었다(Falola 1999: 46). 남부 나이지리아의 교역활동 독점권은 당시에 영국인과 왕립나이저회사(Royal Niger Company)에 주둔하던 영국 해군이 부여했다. 왕립나이저회사는 자신이 감독하는 교역의 세금을 거둘 권한을 부여받아 현지 부족장과 맺은 조약과 무력으로 나이지리아 내륙 지배권을 강화해 나갔다. 남부 내륙지역이 탐사된 후 영국의 상업적 이해에 따라 개발되자, 특히 19세기 중반에 선교활동이 이 지역에 두드러졌다. 이러한 선교활동의 결과 요루바어, 누페어, 에픽어, 카누리어를 포함한 언어의 문법서가 만들어지고, 토착어 연구와 기술이 점점 늘어났다(Crowder 1962b: 132-133). 일정 기간 유럽인과의 접촉으로 교역에서 사용된 피진어도 발달했다. 한편 북부 나이지리아에서는 19세기 초에 풀라니인이 이슬람을 확장하고 개혁하기 위해 일으킨 대규모 지하드로 그 지역에 있던 하우사 왕국들이 멸망했다. 19세기 이전까지 이슬람은 주로 북부 나이지리아의 하우사 귀족층만이 숭배했다. 하우사 지도층이 셰이크 우스만 단 포디오(Sheikh Uthman dan Fodio)가 이끄는 풀라니인으로 성공적으로 대체되면서 거대한 규모의 소코토 칼리프제국(Sokoto Caliphate)이 세워졌고, 이슬람은 북부 나이지리아의 우세한 종교로 폭넓게 자리 잡았다.

19세기 후반과 20세기 초반에 영국인은 오늘날 나이지리아의 거의 전역으로 지배를 확대했다. 영국 소유지 경계가 당시에 서아프리카 영토를 놓고 경쟁하던 다른 유럽 열강세력인 프랑스와 독일과의 협상을 통해 확정되자 요루바인과 하우사인은 다른 국가로 분리되었고, 수많은 다른 종족은 단일 행정구조로 임의 합병되었다(Falola 1999: 60). 실제로 나이지리아 지역에는 우선 형식적으로 독립된 3개 지역이 나타났다. 즉, 남서부의 라고스 직할 식민지(Crown Colony of Lagos), 남부 나이지리아 보호령(Protectorate of Southern Nigeria), 북부 나이지리아 보호령(Protectorate of Northern Nigeria)이 그것이다. 앞의 두 지역은 얼마 지나지 않은 1906년에 남부 나이지리아 식민지 및 보호령(Colony and Protectorate of Southern Nigeria)으로 합병된 후, 1914년에 프레더릭 루거드 경(Lord Frederick Lugard)의 통치하에서 북부와 합병되었다. 그러나 루거드는 북부 나이지리아를 남부와는 아주 다르게 보았다. 따라서 그는 북부와 남부 지역에 별개의 정책을 시행하여 나이지리아의 균형된 통합을 막았다. 결과적으로 이 정책은 고질적인 내부 분열을 고착화하는 데 일조했으며, 나중에 발생할 문제의 원인이 되었다. 나이지리아 도처에서 간접통치와 현지 토착 지도자들을 이용하여 국정 운영을 결정했다. 토착 지도자들은 자신들의 권위를 영국인이 지원하고 합법화해 주는 대가로 영국인을 위해 세금을 걷고 분쟁을 해결했다. 간접통치의 논리적 근거는 거대한 나이지리아 영토를 통치하는 데 드는 관리 비용을 최소화하고, 영국의 식민주의 영향력과 이 영향력의 침투를 일반적으로 드러나지 않게 하는 것이었다. 간접통치는 북부에서 대성공을 거둔 것으로 알려졌다. 이곳에서 영국인은 풀라니 지도자들이 북부인의 왕과 지도자 역할을 계속 할 수 있도록 허용했고, 북부인의 일상에 최대한 간섭하지 않고, 이슬람을 계속 신봉하는 것을 존중하겠다고 약속했다. 이에 따라 북부의 기독교 선교활동은 이슬람이 없는 곳에서만 허용되었다(Akinwumi 2004: 20). 그러나 남부 곳곳에서는 간접통치 정책으로 요루바와 이보 사회와 같은 토착사회에서 전통적으로 허용된 것보다 훨씬 더 많은 권한이 현지 부족장에게 종종 부여되었으므로 이로 인해 적대감이 많이 생겨났다. 새로 임명된 현지 부족장들은 영국인에게만 효과적으로 대응하고, 책임져야 할 공동체의 지지는 받을 필요가 없었으므로 이들 중 다수가 권한 있는 직책을 악용하여 부패에 빠졌다(Gordon 2003: 77). 국민이 특정 지도자와 새로운 통치구조에 '할당'

되었으므로 이와 똑같이 이제 피지배자 간의 관계도 폭넓게 형성되고, 식민시대 이전에는 없었던 다양한 집단 정체성이 생겨났다.

공용어 사용 및 교육적 관점에서 볼 때, 영국인은 나이지리아의 북부 지역과 남부 지역을 서로 다른 방식으로 발전시켰다. 남부의 영국인은 토착민과의 소통에서 나이지리아 출신 통역인에게 크게 의존했는데, 통역인에게 잠재적 권한이 많이 부여되어 악용되기도 했다(Falola 1999: 73). 통역인과 남부 지역 행정부의 말단 관리는 영국인 고위관리와 소통하기 위해 영어를 숙달할 필요가 있었다. 단순 기술과 영어교육은 정부가 설립한 교육기관보다는 가능하면 선교학교가 기본적으로 제공하도록 했다. 대개 영국인은 식민지배를 지속하기 위한 방편으로 토착민을 대부분 그대로 방치한 채 저발전 상태로 두고자 했다. 따라서 선교학교가 필요한 만큼의 하급관리에게 영어 기초지식을 제공하는 한, 광범하게 대중교육을 따로 마련할 필요가 없었다. 그리하여 점증하는 소수 특권 엘리트층을 제외한 대다수의 토착민은 어떤 형태의 교육도 받을 수 없었다(Gordon 2003: 80).

한편 북부 나이지리아의 상황은 이와 사뭇 달랐다. 하우사어가 대부분의 북부에서 교통어로 사용되었기 때문에, 이를 행정 언어로 사용하자는 결정이 내려졌다. 하우사어는 북부 지역에서 널리 사용되지만, 식민시대 이전에 이미 표준화되어 문자전통을 가지고 쓰인다는 이점도 있었다(Adegbija 1994: 43). 게다가 하우사어는 식민 관료체제가 수용한 덕분에 더 효과적으로 퍼졌고, 영국 식민관리도 이를 습득해서 사용했다. 초기 식민시대 이래로 하우사어 발달의 중요한 변화는 하우사어를 공식 행정 언어로 채택했을 때, 아랍문자가 아니라 로마자로 표기하기로 한 결정이었다. 하우사어에 대한 정부 주도의 압력으로 하우사어의 로마자 표기법 지식이 일자리를 얻는 기회와 맞물려 하우사어를 표기했던 아자미 문자 사용은 쇠퇴했고, 결국 시간이 지나면서 로마자가 대부분 들어섰다

(Igboanusi and Peter 2005: 47).

영국인은 이슬람을 믿는 북부 지역에서 선교사를 배제하기로 약속하고, 하우사어를 행정 언어로 사용하기로 결정했다. 그 결과로 생긴 북부와 남부 간의 중요한 언어 차이는 영어를 가르치는 선교학교가 북부에 설립되지 않았다는 점과 영어 구사력이 높아진 곳이 남부에 국한되었다는 점이었다. 영어 지식에 대한 지리적인 불균형 때문에 나중에 나이지리아 독립이 가까워지면서 남부 출신 인사가 서구식 교육을 요구하는 직업뿐만 아니라, 영어 사용 국가의 관료체제의 지위를 차지하면서 남부와 북부의 관계는 악화되었다(Falola 1999: 78).

또한 나이지리아 남부의 교육은 서구 가치와 문화습관을 자주 갈망했던 야심 있는 신흥 엘리트층을 양산하는 결과를 가져왔다. 이러한 엘리트층이 발달함에 따라 이들은 스스로 영국인의 인종 차별과 나이지리아인으로서 공직 내의 승진에서 받는 뚜렷한 한계에 갈수록 큰 염증을 느꼈다. 1930년대에 때마침 불어닥친 세계 공황으로 더 큰 시련을 맞은 새로운 남부 엘리트층은 식민정부를 비판하는 한편 국정운영 참여를 더 많이 요구하기 시작했다. 그리하여 1930년대에 일기 시작한 민족운동은 국민단체와 다종족단체가 출현하는 계기가 되었다. 사회적 조건의 개선과 정치적 의사결정의 진정한 참여를 요구한 나이지리아청년운동(Nigeria Youth Movement)이 한 사례이다. 1940년대에는 교육받은 엘리트에게 국한되었던 민족운동이 대중적 기반을 얻자 나이지리아 국민에게 권력을 모두 양도할 것과 독립 일정표를 요구하기 시작했다. 당시에 생겨난 상당수의 정당이 종족이나 지역에 기반을 두었지만, 그들은 상호 협력을 확실히 하면서 민족 자결권을 획득하기 위한 공동 전선을 펼 것을 공개적으로 천명했다(Oyebade 2003: 23).

독립 달성이 보장되고, 곧 독립할 것으로 보였던 1950년대에는 정치 분위기가 극적으로 바뀌었다. 범나이지리아적 이상을 강조하고 종족적으로 통일된, 조화로운 국가를 일구자는 과거의 목표 대신에 정치유세와 선거지지를 끌어 모으려는 방편으로 종족, 지역, 종교 분열을 조장하는 말이 새롭게 쏟아져 나왔다. 정치가들은 지역과 종족 문제를 이용하는 것이 그들을 뽑아 줄 국민을 모으는 데 가장 쉽고도 효과적인 방법이라는 것을 알았다. 그리고 정당은 국가적 의제와 전국적으로 유권자의 지지를 얻겠다는 목표보다는 특정 종족 집단이나 지역에만 초점을 둔 독립단체로 진화했다. 남서부의 엑베 오모 오두두와(Egbe Omo Oduduwa)는 요루바어 화자의 공유 창조신화와 정신적 고향을 강조하면서 요루바 지역에 현존하는 모든 하위 집단을 결집하려 했던 요루바 정당이었다(Gordon 2003: 94). 반면에 남동부 지역의 이보주 연합(Igbo State Union)과 나이지리아 카메룬 국민회의[National Council of Nigeria and the Cameroons, NCNC. 나중에 나이지리아 국민회의(National Council of Nigerian Citizens)로 변경됨]는 모두 1950년대부터 비슷한 방식으로 이보국 설립의 대의명분을 옹호한 이보인 기반의 단체였다. 정치가들은 이러한 명분을 이보어 화자의 마음에 심고자 했고, 심지어 새로운 이보 국가도 작곡했다(Akinwumi 2004: 152). 북부 지역에서는 북부 국민당(Jamiyar Mutenan Arewa)과 북부 국민회의(Northern People's Congress)가 정치적 지지를 얻기 위하여 이슬람과 과거 소코토 칼리프제국의 영광을 준거로 움직였다(Falola 1999: 91). 다른 많은 소수 종족 집단도 특정 이익을 지키기 위해 정치단체를 결성했는데, 이비비오주 연합(Ibibio State Union), 티브 진보연합(Tiv Progressive Union), 칼라바르 진보연맹(Calabar Improvement League), 보르노 청년운동(Borno Youth Movement) 등이 대표적이다(Akinwumi 2004: 152). 많은 경우 이 새로운 정치단체들은 자기 단체가 대표한다고 주장한 종족을 대부분 새로이 만들고, 현지인과 지역주민에게 그들이 같은 종족 집단에 속한다는 점을 이해시키려고 했다. 역사적으로 요루바어, 이보어, 하우사어 화자는 자기 집단을 넘어 충성하는 통일 집단을 형성한 적이 없었기 때문에 많은 경우에 이 작업을 착수하기 어려웠지만,[3] 시간이 지나자 새로운 유형의 정치적 수사와 주장은 그들이 원하는 방향으로 선회했다. 고든(Gordon 2003: 83)은 이를 다음과 같이 표현한다. "얼마 지나지 않아 과거에는 자신을 한 민족으로 보지 않았던 여러 공동체가 스스로 부족으로 여기고, 이를 기초로 집결하기 시작했다." 따라서 1950년대의 정치가의 활동은 과거의 취약하고 불분명한 지역에서 폭넓고 새로운 종족 정체성을 취합하여 각인시키는 데 크게 집중했다. 요루바인, 하우사인, 이보인과 관련해서 보면, 영국이 나이지리아를 여러 지역으로 분할한 것이 지역 정체성과 종족 정체성의 발달을 크게 부추기는 계기가 되었다는 것이 일반적인 주장이다. 초기부터 나이지리아의 북부와 남부에 독자적인 지방 행정기구를 설치한 이후, 1939년에 남부 지역이 남서부와 남동부 지역으로 더 세분되었는데, 이는 이론적으로 지역 행정의 질과 처리 속도를 높이기 위한 것이었다. 그러나 그러한 분할로 인해 세 주요 언어 집단은 결과적으로 각기 자기 지역에서 수적으로 우세해졌다. 그리하여 지역과 주요 종족 언어 집단이 서로 밀착하게 되자 종족과 공식적인 홈랜드와 연계된 자원을 놓고 대립과 경쟁이 치열해졌다. 또한 세 행정지역 분할은 궁극적인 권력이양의 준비 과정에서 영국이 제정한 여러 헌법에서도 독립 이후에 지속되는 것으로 예견되었다. 더욱이 1954년 헌법에는 각 지역이 자치정부를 요구하도록 허용되어 (남)서부와 동부 지역은 1956년에, 북부 지역은 1959년에 자치정부가 설립되었다. 그 결과 나이지리아는 자체의 입법권과 행정권을 가진 세 지역으로 구성된 연방국가가 되었고, 중앙 자원에 대한 중대한 경쟁 상황을 제외하고는 세 지역 간의 관계가 소원

---

3 Gordon(2003: 96)은 1947~1951년의 4년에 걸쳐 이보어 화자 사이를 돌아다니면서 그들 모두가 같은 이보인에 속한다고 설득 작업(대부분 성공하지 못함)을 한 이후에도 이보 정체성이 실제로 존재하지 않았다는 한 이보인 족장이 시인한 사례를 언급한다.

해졌다.

요루바인과 하우사인, 이보인 사이에 강력한 종족 세력권이 형성되고, 이 세 지역이 우세해지자 소수 종족은 점차 미래를 걱정하기 시작했다. 그래서 그들은 고용과 교육에서 소외되거나 잠재적으로 차별 걱정 없이 살 수 있는 새로운 주의 창설을 요구했다. 북부와 남부 지역 간의 종교적 차이로 독립 이전의 긴장이 더 악화되었는데, 이는 독립 후에 남부의 엘리트가 국가를 지배할 것이라는 북부인의 일반적인 우려에 더해진 또 다른 걱정거리였다. 따라서 북부인은 자체의 방어적 정치권력이 보장될 수 있도록 독립 후의 어떤 정부에서든 더 많은 북부인에 대한 비례대표제가 보장되어야 한다고 주장했다. 고든(Gordon 2003: 97)은 나이지리아 독립 무렵에 있었던 몇 가지 주요 우려를 다음과 같이 요약했다.

- 북부는 경제적으로 더 발전된 남부가 지배하는 것을 우려했다. 북부는 남부의 경제적 지배를 정치적 지배로 상쇄하기로 결정했다.
- 남부는 북부가 지배하는 것을 우려했다. 북부는 인구 규모의 이점 때문에 연방정부를 통제하고, 북부의 이권 지원에 권력을 악용할 수 있다.
- 소수 종족 집단은 역내의 다수 종족 집단의 지배를 받을 우려가 있다. 따라서 소수 집단이 다수가 될 수 있는 지역을 더 많이 만들어야 소수 집단에 공정한 거래가 보장될 수 있다.

나이지리아가 1960년도에 마침내 독립했을 때, 1940년대의 범나이지리아 민족운동은 거의 사라지고, 대신 사리사욕에 젖은 종족적 지역 정치가 판을 쳤다. 이에 대해 팔롤라(Falola 1999: 91)는 다음과 같이 전한다. "지도자들이 범나이지리아 문제는 버리고, 지역 관심사에 점점 더 많은 관심을 두면서 상황이 이전과 달라졌다. 한 세대만에 민족주의자들은 이득을 좀 얻으려고 독립에 관심을 둔 부족주의자가 되었다." 나이지리아는 식민시대의 지역주의의 관행으로 국가의 면모를 갖추기도 전에 내부적인 불화 및 국가의 미래 안정과 위상을 둘러싼 심각한 의문점을 가진 독립국가로 탄생했다. 아킨우미(Akinwumi 2004: 155)는 "종족 전쟁이 투표함을 통해 벌어지고 있다"고 언급하면서, 당시 상황과 그것이 독립 후에 어떻게 전개되었는지를 나이지리아 학자의 말을 인용하여 다음과 같이 말한다.

1960년도에 독립할 당시, 나이지리아 정치는 곧 종족 간의 권력투쟁을 의미했다. 정치권력은 국가자원의 분배를 놓고 벌어진 종족 집단 간의 투쟁 도구로 인식되었다.

10.4 언어와 나이지리아의 발전: 1960~2003년

10.4.1 독립

나이지리아가 1960년도에 주요 종족 집단이 각기 지배하는 커다란 세 지역으로 구성된 국가로 독립하여 선거를 치른 결과, 북부 국민회의가 준연합세력으로서 이보인이 주도하는 NCNC의 지원을 얻어 새로운 정부를 다스리게 되었다. 서부와 동부 지역의 인구를 합친 것과 맞먹는 북부인의 투표권 행사에 힘입어 중앙정부의 상당한 지배권을 확보한 북부 정치 집단은 광활한 지역(나이지리아 전체 영토의 거의 3/4을 차지)에서 1957년에 처음 개시된 '북부화(Northernization)' 정책을 강화함으로써 내적 유대를 더 굳건히 다지는 조치를 취했다. 더 좋은 교육을 받고, 경제적으로 성공한 남부인이 북부인의 공무원직을 빼앗으며, 상업활동을 독점할 가능성을 우려해서 북부화 정책은 후보자의 자격이 엇비슷하면 정부의 인사채용에서 비북부인보다 북부인을 먼저 선택하도록 했다. 이 정책은 또한 남부인에게 공공 노동계약과 토지 매입을 제한했다. 북부인을 위한 이러한 차별 조치는 특히 북부 거주 이보인 이주자 사이에 많은 불만을 야기했으며, 많은 남부인이 실제로 정부 내의 일자리와 직책을 잃는 결과를 가져왔다(Okeke 1998: 7). 공식적인 북부화 전략은 또한 북부의 대인구를 계속 병합하여 '종교와 계급, 부족과 무관한 하나의 북부, 하나의 민족'이라는 모토하에 특정 종족 집단에 바치는 충성을 넘어 북부 지역에 더 크게 충성하도록 만드는 정책을 수립했다(Maduka-Durunze 1998: 80). 북부가 자체 발전을 위해 대부분이 동부의 원유 생산에서 들어오는 연방 세수를 일방적으로 전용한다는 인식과 더불어, 서부의 요루바 집단 간의 경쟁과 불화가 발생하면서 독립 직후의 첫 몇 년간은 독립 당시의 종족 갈등과 지역 갈등이 그대로 재연되었다.

상호 불신과 의혹, 때에 따라서는 노골적인 적개심이 난무한 상황에서 국정과 정체성을 책임져야 할 신생 독립국 나이지리아는 발전을 위해 국정 현안을 합의해야만 했다. 이 현안 중의 하나는 언어 문제로서, 어떤 언어 또는 언어들을 의회토론이나 대국민 연설 등의 국가 차원에 사용해야 하는가 하는 것이었다. 문제는 독립 이전의 언어 사용 관행을 실질적으로 변경해야 하느냐 아니면 그 관행을 그대로 유지하느냐 하는 것이었다. 1960년 독립 당시에 채택한 헌법은 식민시대와 마찬가지로 의회의 토론 언어, 즉 국가 차원의 공용어로 영어를 명시했다. 1961년에 자치정부를 조정할 때, 국어 문제가 의회에서 재론되어 뜨거운 논쟁을 일으켰다. 논의의 중심은 미래의 국어로서 하우사어, 요루바어, 이보어 중 하나를 선택하는 것을 궁극적인 목표로 전국에 걸쳐 이 세 언어의 교육을 확대하자는 발의였다(Elugbe 1994: 74). 소수 언어 집단 출신의 의원은 이 세 언어 중의 하나 혹은 잠재적이나마 세 언어 모두를 국어의 지위로 격상하자는 제안에 강력하게 반발했다(Igboanusi and Ohia 2001: 128). 언론매체에까지 알려질 정도로 격렬한 논란 끝에 미래의 국어(들)로 고려 대상이 된 후보로 하우사어, 요루바어, 이보어를 발전시키자는 발의는 실제로 통과되었지만, 그 이후에 구체적으로 실행되지는 못했다(Omamor 1994: 49). 그러한 움직임에 대한 대중의 반대가 거세고, 종족 간의 악화된 관계로 유발된 심각한 불안 상태에서 이 세 언어를 공공연히 가꾸고 장려하는 정책을 실험하는 것보다는 차라리 지나치다 싶을 정도로 조심하는 것이 더 현명하고, 실제로 더 안전할 것이라는 결론을 슬그머니 내렸다. 이에 따라 나이지리아는 국어 선택 문제에 대해서 뚜렷한 이정표를 마련하지 못한 채, 영국의 통치하에서처럼 국가 차원의 모든 공식 영역에서 영어를 실질적인 공용어로 사용하였다. 반조[Banjo 1981: 오마모르(Omamor 1994: 209)에서 인용]는 독립 이후의 위태로운 정치 상황에서 이러한 언어적 결말을 다음처럼 깔끔하게 요약했다. "분명하게 표명된 국가 언어정책의 문제가 폭발적인 의미 때문에 조심스럽게 봉합되었다." 그리하여 이 문제는 적어도 1970년대 말까지 변화가 없었다.

　　그러나 지역 차원에서는 북부화 운동의 일환으로 하우사어에 대한 공식적인 제도 지원이 북부 지역에서 마련되었고, 1963년도의 북부 헌법에서는 하우사어가 지역의회에서 영어와 더불어 잠재적으로 사용하는 공동 공용어로 선정되었다. 이는 하우사어가 북부에서 정부행정의 공용어로 인정받았던 식민시대의 관행을 사실상 따르고, 공식적으로 지지한 셈이었다(Omamor 1994: 48). 이 조치는 또한 1960년대에 하우사어가 북부 전역에 널리 퍼지는 데도 크게 기여했고, 종족을 초월한 공통의 북부 정체성의 지속적 성장에도 크게 도움이 되었다(Bamgbose 1991: 23).

10.4.2 증폭되는 갈등과 내전

독립 이후 초기 몇 년간 있었던 국어정책의 명시적 결정과 관련한 신중함과 자제는 그러한 결정이 종족 집단이나 지역을 다른 집단보다 선호하는 것으로 볼 정도로 나이지리아가 아주 불안한 상태에 있었기 때문이었다. 그러한 우려는 독립 이후에 나이지리아를 점차 괴롭혔던 종족 갈등이라는 배경 때문에 지극히 당연한 것이었다. 1960~1966년에 종족과 지역 간의 조화를 도모하는 데 시련이 계속 많았다. 예컨대, 1962년과 1963년에 인구조사 결과를 놓고 북부와 남부 지역 간에 심각한 분쟁이 있었고, 1962년과 1965~1966년의 지방선거 결과에 대해서도 다툼이 벌어져서 후자의 경우 서부 지역에서 수천 명이 사망했다. 비록 정부가 1963년에 서부 지역의 일부를 떼어 중서부 지역을 신설함으로써 다수 집단의 지배를 우려하는 다양한 소수 집단의 압박을 줄이고자 했음에도, 문제와 갈등은 1965년 말까지 계속해서 고조되었다. "조만간 근본적인, 어쩌면 폭력적인 변화가 일어나리라는 것이 점차 분명해졌다"(Mwakikagile 2001: 8).

이러한 변화가 나타난 때는 일군의 이보인 출신 군장교가 쿠데타를 일으켜 정부 타도에 성공한 1966년 초로서, 이들은 많은 고위 정치지도자를 제거하고 국가를 완전히 장악했다. 군의 정권 장악은 부패한 지도자를 없애고, 법과 질서를 회복할 목적을 가지고 있었지만, 쿠데타 동안에 어떠한 이보인 출신의 정치가나 핵심 군사요원도 사망하지 않았고, 쿠데타 이후 군부 내에서 고위직으로 새로 승진한 사람 가운데 90퍼센트가 이보인이었다는 사실이 밝혀지면서 쿠데타 주모자들과 그 동기는 곧 의혹에 휩싸였다(Falola 1999: 117-118). 또한 북부인은 지방정부가 운영하는 반자치 지역으로 분할된 나이지리아가 완전히 통일된 행정조직으로 대치될 것이라는 선포에 더욱 경악했다. 그러한 조치는 북부 지역의 일자리를 놓고 남부인과의 경쟁에서 북부화와 그 정책이 제공했던 보호막을 위협적으로 걷어낼 조짐으로 비쳤다. 또한 이 쿠데타가 단순히 남부인을 위해 정권을 잡고 이보인이 북부 지역을 상업적으로 착취하려는 시도일 것이라는 북부인의 의혹을 더욱 짙게 만들었다. 북부 지역에 살던 많은 이보

이주자들이 이 쿠데타를 분별없이 찬양한 것도 긴장을 더욱 악화시켰고, 북부의 이보인에 반대한 시위가 폭동과 폭력 사태로까지 번졌다. 얼마 후 북부 출신의 군인이 주도한 반쿠데타가 일어나 이보 군지도자들로부터 권력을 탈취했고, 이때 수백 명의 이보인 출신의 군인과 북부의 수천 명의 이보인이 사망했다. 이보인이 북부에서 다시 남동부로 집단 탈출하고, 이보 지도자들이 동부 지역을 나이지리아 연방에서 탈퇴시켜 자체 독립 국가를 선포하겠다고 위협한 이후, 결국에는 1967년에 내전이 발생했고, 내전은 1970년 탈진한 동부가 마침내 항복할 때까지 2년 반 동안 지속되었다. 따라서 나이지리아가 독립한 이후의 첫 10년은 취약한 신생국에서 종족-지역 간의 경쟁관계가 얼마나 쉽게 통제불능의 상태로 빠지는지를 여실히 보여 준 거대한 참사였다.

내전으로 인한 파괴와 인명 손실로 크게 가려지기는 했지만 전쟁의 직접적인 종족언어적 결과로는 이전에 이보 세력권 안에서 종족 간의 교통어로 이보어를 사용했던 동부의 소수 집단이 이제는 집단 간의 소통 목적으로 가장 흔하게 나이지리아 피진 영어를 사용하고, 이보다 빈번하지는 않지만 하우사어와 같은 다른 언어도 사용하는 것으로 바뀌었다 (Igboanusi and Peter 2005: 29, 51). 전쟁의 여파로 이보인에 대한 부정적 태도와, 이들과 가깝게 보일지 모른다는 우려로 인해 소수 집단은 언어적으로 이보와 거리를 두었고, 제2언어로서 이보어의 사용은 크게 줄어들었다. 이러한 추세는 전쟁이 발발하기 직전에 발생했던 또 다른 전개 상황에 더욱 힘을 얻었다. 즉, 나이지리아의 세 주요 지역의 대종족 집단이 계속 자기들을 지배해 왔다는 소수 집단의 오랜 관심사를 다루기 위해 고온 장군이 이끄는 정부가 국내의 행정구역을 근본적으로 재조정하여, 나이지리아를 12개 주로 분할했다. 과거에 과도하게 권력이 집중되고 치열하게 경쟁했던 지역을 여러 작은 주로 분할하여 바꾼 것은 국내의 거대 세력권이 정면으로 충돌할 위험성을 줄이려는 조치였다. 그리고 마침내 내전이 종식되자 이러한 조치가 구조개편으로 이어진 것이다. 이전의 동부 지역이 재편되면서 다양한 소수 집단이 이보인의 직접 통제에서 벗어나 새로운 주에서 살면서 자유롭게 다른 광역 소통 언어로 전환되었다.

10.4.3 1970년대: 경제성장과 발전

내전이 끝난 후에 나이지리아 정부는 국내의 타협과 화해를 강조했다. 특히 '승자도 없고 패자도 없다(No Victor No Vanquished)'는 구호와 더불어 이보인을 일반 사면했고, 이는 이보인과 나머지 국민 간의 단절된 관계를 회복하고, 이보인을 재통합하는 데 큰 도움이 되었다(Okeke 1998: 23). 1970년대의 나이지리아는 또한 유가의 급등으로 큰 혜택을 입었고, 그 결과로 국가 전역에 도로, 병원, 학교 등과 다른 시급한 기간시설을 건설하는 장기적인 주요 공공계획을 세울 수 있었다. 1970년대 후반부에는 경제성장으로 인하여 공교육이 크게 확대되면서 새로 설립된 많은 학교와 대학을 통해 이전보다 더 많은 사람이 교육을 받고 배울 수 있었다(Falola 1999: 139). 1970년대는 또한 과거 20년과 비교할 때 종족 갈등이 훨씬 줄어들고, 더 많이 안정된 시기였다. 이는 지역 구성이 12개의 작은 주로 바뀌고, 요루바인, 하우사인, 이보인이 각기 지배하던 막강한 세 지역이 사라졌기 때문이라고 할 수 있다. 소수 집단은 1970년대에 계속 압력을 넣어 주 구조를 확장했고, 결국 1976년에 7개 주가 새로 탄생해서 나이지리아는 모두 19개 주가 되었다. 다소 부정적인 측면을 살펴보면, 1970년대에 경험한 석유 위주의 경제성장은 정권을 장악한 사람 사이에 심각한 부패를 양산하는 계기도 되었다. 그러한 자리에서 벌이는 공공사업과 새로운 기간시설의 건설계약 체결로 보통 그 결정을 통제하는 소수가 막대한 부를 쌓았다. 게다가 정부가 책정한 자원을 얻기 위한 쟁탈에서 인구수를 부풀리는 관행이 고질적 병폐로 나타났고, 그 결과로 인구조사에 대한 의혹이 어김없이 생겨나면서 수치가 지나치게 과장되었다는 주장이 종종 제기되었다(Falola 1999: 25).

1970년대 후반에 언어의 지위 및 발전과 관련하여 두 가지 중요한 사건이 발생했다. 첫 번째 사건은 1977년(1981년에 수정됨)의 국가교육정책(National Policy on Education)의 선포였다. 이것은 초등교육과 중등교육의 언어 사용에 대한 최초로 명확한 공식 지침이었다. 첫 발표에서 언급한 것은 초등학교 저학년(그리고 유치원)의 교육매체가 아동이 습득한 모어이거나 지역사회의 공용어여야 한다는 것이었다. 그 이후 특히 중등학교 전 학년에는 영어를 강의매체로 사용하기로 예정되었다. 국가교육정책은 또한 국가 통합을 장려하고 발전시키는 방편으로 중등학교에 다니는 모든 학생이 모어 외에 하우사어, 요루바어, 이보어의 3개 주요 언어 중 하나를 배우도록 명시했다. 따라서 정부의 정책입안자는 조기 학교교육에서의 모어교육의 가치를 인식한 한편 하우사어, 요루바어, 이보어의 제2언어 학습이 다언어 국가에 대한 소속의식을 잠재적으로 더 많이 증진할 것으로 기대했다. 그 무렵에 초등학교에서 모어를 사용하는 교육이 효과적이라는 것은 이페 대학교(University of Ife) 교육연구소의 프로젝트에서 명백히 입증되었다. 이 프로젝트에서는 첫 6년간의 교육과정에서 요루바어로만 교육받은 초등학교의 학생들을 같은 기간에 영어로 교육받은 학생들과 비교했다. 1976년에 나온 결과에 따르면, 모어를 통해 교육받은 학생들이 다른 외국어로 교육받은 학생보다 더 뛰어난 학업성취를 보였는데, 이는 모어교육의 중요성에 대한 국제사회의 일반적인 새로운 가설을 뒷받침하는 것이었다.

나이지리아의 언어 사용과 관련하여 발생한 두 번째로 중요한 사건은 정부가 1979년의 헌법에 언어와 관련된 지시 조항을 실은 일이었다. 이로 인해 의회의 토론 언어로 영어와 함께 하우사어, 이보어, 요루바어가 공식적으로 승인되었다. 헌법은 또한 국가 하위의 주 차원에서도 지방의 여러 하원에서 사용될 언어는 영어와 해당 주의 주력 언어가 되어야 한다고 명시하는데, 이는 또다시 토착어에 (국지적으로) 공식 지위를 부여하는 것을 허용한 것이었다(Bamgbose 2000: 114). 헌법에는 두 가지의 국가적 목표가 명시되어 있다. 하나는 국가 내의 문맹을 퇴치하는 일이고, 다른 하나는 모든 국민에게 초등학교에서부터 무상 교육을 제공하는 일이다. 이로써 모든 나이지리아 아동을 대상으로 한 의무초등교육이 시행되었다(Bamgbose 1994: 9). 3년 뒤에는 국가 차원에서 10년 이내에 문맹퇴치의 달성을 목표로 대대적인 문맹퇴치운동을 전개했다. 따라서 1970년대 말에는 언어 문제가 나이지리아의 의제로 공개적으로 논의되었고, 교육과 공공 업무에서 토착어의 숙지와 함께 공식적인 환경에서 토착어의 사용을 크게 장려하는 일이 탄력을 얻기 시작했다. 이는 당시에 나이지리아 경제가 전반적으로 호황을 누렸고, 이 덕분에 교육시설이 많이 늘어났기 때문에 가능했다.

10.4.4 1980년대와 1990년대: 군부통치와 경제 쇠퇴

그러나 1980년대와 1990년대에는 1970년대의 긍정적인 성장이 여러 심각한 문제로 인해 시련을 겪었다. 유가가 하락하고, 경제가 곤두박질쳤으며, 군부가 정치지도자의 부패와 횡령을 없애기 위하여 권력을 장악했지만, 이들이 적어도 15년 이상 권좌에 있는 동안 실업, 범죄, 종교와 관련된 폭력분쟁 등은 계속 크게 증가했다. 이 기간에 경제는 아주 심각하게 붕괴하여, 1970년대에 1,500파운드에 달한 1인당 소득이 1998년에는 300파운드 이하로 떨어졌다(Falola 1999: 16). 이로 인하여 생활수준이 독립 이후 최악의 상태가 되었고, 교육을 포함한 여러 공공 서비스도 재정지원 부족으로 대량으로 무너졌다. 팔롤라(Falola 1999: 200)는 이에 대해 다음과 같이 전한다. "언론과 대중은 복구에 수십 년이 걸리는 국가 파멸에 대해 비판하기 시작했다." 그는 또한 '각자 스스로를 지키자(every man for himself)'라는 태도가 협동 정신을 대치하면서 국민의 사기에 중대한 결과를 초래했다고 덧붙였다. 즉, "애국심과 민족주의가 붕괴되었으므로—많은 사람에게 나이지리아는 더 이상 지킬 가치가 없는 나라였다—스스로를 위해 국가를 이용해야 한다"는 것이었다(Falola 1999: 175). 국가를 담보로 저지른 부패와 축재는 따라서 지배 엘리트층의 중대한 문제였고, 그러한 어려운 상황에서 어떠한 발전이 있었던 간에 발전에 방해되는 요인이 되었다.

소수 집단은 자기 보호와 더불어 자원을 놓고 거대 집단과 싸워야 했기 때문에 주를 더 많이 신설할 것을 요구했다. 그 결과로 1987년에 2개 주가, 1991년에 9개 주가 추가로 신설되었다. 그러나 이는 여러 면에서 경제발전의 여지가 거의 없었고, 국민의 관심을 국가가 아니라 지역에 집중시킨 자치행정부의 단편적인 임시변통에 불과했다. 정치적으로 볼 때, 1993년의 대선에서 남부 지역의 요루바인 출신 후보가 분명히 당선되었음에도, 그 결과가 군부에 의해 무효가 되자 사람들은 절망하고 분노했다. 군부를 계속해서 북부인이 장악했기 때문에 남부인은 북부에 충성하는 세력이 정권을 절대 남부인에게 내주지 않을 것이라고 생각했고, 이로써 북부와 남부 간의 관계는 더욱 악화되었다.

1980년대와 1990년대에 경제가 크게 악화되었기 때문에 초등학교의 모어교육을 전국적으로 시행하려는 정부 목표와 관련해서 실질적인 진전이 거의 없었다는 것은 놀라운 일이 아니다. 어디서나 아동이 초등학교에서 처음 3년간 모어나 그 지역사회의 언어로 교육을 받도록 하는 것이 야심찬 의도였지만, 실질적으로는 간헐적으로만 이러한 교육이 이루어졌다. 그리고 그나마 교육이 이루어진 곳도 소수 집단의 거주지나 사교육 현장보다는 요루바, 하우사, 이보 지역과 공립학교에서 더 많이 이루어졌다. 사교육의 경우에는 아주 어린 시기부터 모든 교육을 영어에 맞추어 제공했는데, 이는 기본적으로 자식이 영어를 잘 배워서 나중에 더 좋은 일자리를 얻기를 바라는 수업료를 내는 부모의 소망을 충족하기 위한 것이었다. 흔히 제기된 주장 중의 하나는 학교가 모어교육을 실행할 수 없었던 이유는 만성적인 자원 부족 때문(이 문제는 오늘날에도 상당 부분 지속되고 있다)이라는 것이었다. 그 때문에 영어 외의 언어로 가르칠 수 있는 훈련된 교사가 부족했고, 특히 주요 언어가 아닌 언어를 비롯하여 나이지리아 언어로 된 강의교재도 극히 부족할 수밖에 없었다. 오두무(Odumuh 2000)는 아부자 근처의 소수 언어 지역의 공립학교와 사립학교 일부를 무작위로 선택하여 모어교육의 실태를 조사했다. 이 조사에서는 초등학교 교사의 64퍼센트가 수업에서 영어만을 사용했고, 나머지 36퍼센트는 영어와 나이지리아 언어를 혼용한 것으로 나타났다. 후자의 경우, 혼용된 나이지리아 언어는 그 지역사회의 언어나 취학 아동의 모어가 아니라 대개 요루바어, 하우사어, 이보어였다. 심지어 교사가 그 지역사회의 소수 언어를 잘 알고 있더라도, 적절한 강의교재가 없거나 개발되지 않아서 그 언어를 수업에서 사용하지 못한 경우도 있었다고 보고한다. 어떤 교사는 다른 지역에서 자랐기 때문에 자신이 가르쳤던 그 지역 언어를 몰랐다고도 전했다. 이 조사는 3개 주요 언어로 된 교재를 일부 개발한 것을 제외하면, 모어교육의 시행을 위한 어떠한 실질적인 방안도 정부의 재정지원을 받지 못했기 때문에 영어가 앞으로 상당 기간 초등학교의 주요 교육매체로 남을 가능성이 높다고 결론을 맺었다.[4·5]

---

4 초등학교에서 목표로 삼은 3년간의 모어교육을 받은 이후에 사실 초등학생과 중등학생이 영어 외의 다른 언어를 사용하는 것이 방해를 받는 것으로 종종 보고되었고, 심지어는 현지어를 사용한다는 이유로 학생들이 벌을 받을 수도 있었다(Adegbija 1994).
5 학교가 언어 교습과 관련된 정부의 훈령을 따르는 데 어려움을 겪는 가운데 얼마 전에는 또 다른 난제가 불거졌다. 즉, 1998년에 나이지리아의 군부지도자였던 아바차 장군(General Abacha)이 프랑스어가 이제부터 나이지리아의 공동

1979년 헌법에서 규정된, 국회의 토론 언어로 요루바어, 하우사어, 이보어를 사용하는 데도 마찬가지로 큰 진전이 없었다. 이는 적어도 부분적으로 정부가 그러한 언어 확산에 필요한 지원을 제공해 주지 못한 탓에 상위의 공식 영역에서 이 주요 언어가 발전하지 못했기 때문이었다. 비록 여러 새로운 영역에서 이 주요 언어가 사용될 수 있도록 새로운 관련 용어를 만드는 프로젝트가 시작되고, 여러 언어로 진행되는 국회 토론의 지원을 위해 통역사를 고용하자는 제안이 있었지만, 1983년에 제2공화국이 끝나고 군부가 정권을 장악하자, 그러한 계획은 중단되었고 발전도 멈추었다(Bamgbose 1991). 또 다른 경우에는 정치 관련 기관에서 영어 외의 다른 언어를 사용하는 것에 대해 강하게 반발하는 태도도 나타났다. 아뎀비테(Adegbite 2004: 94)에 따르면, 1991년에 라고스 주 하원이 요루바어가 그 주의 주력 언어이자 의원의 모어이므로 회의에서 요루바어 사용을 허용할지 검토했지만, 결국에는 다음 이유로 그 가능성을 기각했다.

요루바어는 라고스가 국제적인 도시이기 때문에 하원 업무를 수행하는 데 적합하지 않다. 게다가 요루바어를 사용하는 것은 입법부 의원의 품위를 손상하고 지적 능력을 떨어뜨릴 수 있다(*The Guardian*, 1999년 12월 10일자; Adegbite 2004: 94에서 재인용).

공용어가 되고, 모든 학생이 프랑스어를 배워야 한다고 발표한 것이다. 나이지리아 전역에 있는 학교에서 프랑스어를 가르칠 수 있는 교사를 즉각 찾는다는 것은 당연히 불가능한 일이었다. 그러나 그해 아바차가 사망하자, 프랑스어를 공동 공용어로 지정하려는 계획은 대부분 잊힌 것으로 보인다. 한편 아바차가 1998년에 프랑스어를 공식적으로 지지한 것은 본질상 정치적 수단에 지나지 않은 것으로서, 이는 나이지리아 군사정권이 서방의 다른 영어권 국가로부터 고립되었을 때 프랑스의 지원을 얻고자 기획된 것이었다(Igboanusi and Peter 2004: 122).

추정하건대, 나이지리아 토착어가 1980년대와 1990년대에 상대적으로 새로운 영역에서 확실한 진전을 보인 유일한 분야는 농업 관련 분야로서, 여기에서는 정부관리가 농부와 교류를 할 수 있도록 현지어를 익혔다 (Oyetade 2001: 16). 한편 영어는 계속 공식 생활 영역을 지배했고, 월레 소잉카(Wole Soyinka)가 1986년에 노벨문학상을 수상한 최초의 아프리카 작가가 되자, 문학 분야에서도 뚜렷한 발전을 보였다. 영어로 글을 쓰는 나이지리아 작가는 1960년대부터 대체로 큰 성공을 거두었고, 소잉카, 치누아 아체베(Chinua Achebe), 아모스 투투올라(Amos Tutuola)와 같은 작가의 수준 높은 작품은 1980년대와 1990년대의 어려움 속에서도 유지되었다.

10.5 오늘날의 나이지리아 언어: 유형과 태도

나이지리아가 독립하고, 유일한 공용어로 계속해서 영어를 채택한 지 이제 거의 반세기가 지났다. 그 이후부터 나이지리아는 많은 일을 겪었는데, 내전, 획기적 번영, 심각한 경제 위기, 주기적으로 맞는 민주주의뿐만 아니라 군사통치도 지나왔다. 21세기에 들어설 무렵, 많은 존경을 받는 나이지리아의 역사학자인 토인 팔롤라(Toyin Falola)는 나이지리아의 지위에 대하여 다음과 같이 암울한 의견을 피력했다.

> 나이지리아는 혼란에 빠진 경제, 불안정한 정치, 크게 더럽힌 외적 이미지, 커다란 절망과 고통에 시달리는 국민, 일상적으로 일어나는 폭력 시위와 사회갈등을 보이는 쇠약해진 국가로 다음 새 천년에 들어선다. 이 '아프리카의 거인'을 이제 세계은행이 세계에서 가장 가난한 20개국에 속하는 국가로 명단에 올려놓았다(Falola 1999: 16).

그러나 이보다 좀 더 낙관적인 목소리도 들리며, 종족지역적 정치의 파괴력이 마침내 변할 것이라는 조짐도 있다. 1999년에 올루세군 오바산조(Olusegun Obasanjo)가 남부 출신으로는 처음으로 대통령에 당선되었고, 2003년 선거에서 재선에 성공했다. 기독교를 믿는 요루바인이 자기 종족이 있는 고향보다 무슬림이 지배하는 북부에서 더 많은 지지를 얻었다는 사실은 편협한 종족, 종교, 지역 노선에 따른 투표가 더 이상 과거처럼 거의 자동으로 발생하는 것이 아니고, 나이지리아의 정치경쟁도 새롭고 열린 마음으로 점차 성숙해 가는 표시로 여겨졌다(Gordon 2003: 265). 이 마지막 절에서 필자가 묻고자 하는 것은 독자적으로 발전한 지 50년이 지난 후에 영어를 유일한 공용어로 삼는 식민시대의 계승된 정책이 불완전하더라도 여전히 나이지리아에 가장 적합하고 알맞은 정책인가 하는 것이다. 그렇지 않다면, 과연 공론이 현재의 언어 상황이 변화하는 것을 원해서 의미 있고 폭넓은 역할을 하면서 지금까지 매우 소홀히 했던 국민통합과 국가 건설 과정에 도움을 줄 만한 하나의 국어나 혹은 여러 국어의 선정을 지지할 수 있을까? 여기에서 국어 문제를 다시 돌아보면서, 최근 몇 년 동안 나이지리아 언어에 대한 태도를 주제로 한 몇 가지 유용한 연구조사를 이용한다. 이 조사들은 다양한 집단의 화자가 공식과 비공식의 두 영역에서 자신의 언어와 타인의 언어를 어떻게 생각하는지를 알아보기 위해 실시되었다. 대표적인 조사로는 오예타데(Oyetade 2001), 익보아누시와 피터(Igboanusi and Peter 2005), 바바지데(Babajide 2001), 익보아누시와 오히아(Igboanusi and Ohia 2001), 아덱비자(Adegbija 1994, 2000) 등이 있다.[6] 염두에 둘 것은 이 조사들이 기본적으로 학생, 교사, 언론인, 공무원과 같은 전형적인 중산층의 교육받은 화자의 관점을 조사했

---

6 참고로 Adegbija(1994)는 설문지를 이용한 조사가 아니라, 나이지리아 언어에 대한 태도를 둘러싼 일반적인 인식을 저자가 개관한 것이다.

다는 사실이다. 이것이 이러한 조사에서 정규 교육을 덜 받은 사람들의 견해가 직접 조사되지 않았다는 것을 의미하지만, 교육받은 중산층은 분명 언어 문제에 관해 명확한 입장과 의견을 가지면서 언어정책의 변화에 대해 가장 큰 목소리를 낼 가능성이 높은 사회계층이기 때문에 이 언어 조사들이 이 계층 집단에 초점을 둔 것은 타당하다고 할 수 있다. 밝혀진 바에 따르면, 조사된 다양한 언어집단(요루바, 하우사, 이보, 소수인 언어집단 등) 사이에 분명한 의견 차가 있기 때문에 교육 습득이 언어에 대한 일련의 획일적인 태도를 이끄는 것은 아니며, 종족 간의 차이도 여전히 규명할 수 있다.

모어에 대한 화자의 태도를 우선 살펴보면, 조사에서 질문을 받은 거의 모든 언어의 화자가 모어에 대해 분명하고도 강한 충성심을 표시하고 있음은 다양한 연구를 통해 일관성 있게 나오는 현상이다[이에 대한 개관은 예컨대 Adegbija(1994)를 참조]. 세 주요 언어 가운데서 하우사어에 대한 충성도가 일반적으로 가장 높았고, 요루바어와 이보어가 그 뒤를 따랐다(Maduka-Durunze 1998: 74). 익보아누시와 피터(Igboanusi and Peter 2005: 141)의 포괄적인 조사에서 나온 실질적인 수치를 보면, 하우사어 화자의 87퍼센트가 일반적으로 선호하는 언어로 하우사어를 꼽았고, 요루바어와 이보어를 일반적으로 선호하는 언어로 명시한 요루바어 화자와 이보어 화자는 각기 54퍼센트와 52퍼센트였다.[7] 이 연구는 TV, 라디오, 신문, 잡지 등에서의 언어 소비 양상에 대한 조사도 했는데, 하우사어, 요루바어, 이보어 화자 사이에서 선호하는 언어의 비율이 엇비슷하게 나타났다. 그러나 읽기 측면에서 선호하는 언어의 비율은 최소한 1/3가량이 더 낮았다. 특히 상당수의 이보어 화자가 대중매체와 출

---

7 인터뷰에 응한 요루바어와 이보어 화자의 경우, 영어를 선호하는 언어로 밝힌 화자 비율은 42퍼센트였다.

판물에서 하우사어와 요루바어 화자보다 자신들의 모어를 덜 선호하는 것으로 나타났다. 한편 아덱비자(Adegbija 2000)와 같은 연구에 따르면 소수 언어 화자는 모어에 대해 높은 충성도와 긍정적인 태도를 보이며, 소수 언어 대부분이 전통적인 생활 영역에서 여전히 높은 가치를 인정받는다. 그러나 그들은 일반적인 선호도에 따라 언어의 순위를 명시적으로 매기는 데 있어서 자신들의 모어를 존중은 하지만 대개 가장 선호하는 언어로는 꼽지 않는 것으로 나타난다. 이보아누시와 오히아(Igboanusi and Ohia 2001: 132)에 따르면 북부와 남부의 소수 종족에 대한 조사에서 평균적으로 현지의 소수 언어보다(42퍼센트) 영어(50퍼센트)에 대한 일반적인 선호도가 더 높게 나타난다.

다양한 집단에 속한 나이지리아인이 비공식 영역에서 현재 실제로 어떤 언어를 사용하는지의 문제(화자가 어떤 언어를 일반적으로 선호한다고 밝히는 것과는 반대로)로 방향을 돌려보면, 하우사어는 98퍼센트, 이보어는 81퍼센트, 요루바어는 73퍼센트의 모어 화자가 각기 모어를 가정에서 사용하는 것으로 나타났다(Igboanusi and Peter 2005: 142). 이는 언어교차적으로 볼 때, 모어가 흔히 비공식 영역과 가정에서 주로 사용되는 만큼 쉽게 예견할 수 있다. 그러나 같은 연구에서 밝힌 소수 언어 화자의 경우에는 놀랍게도 북부 지역의 소수 집단의 57퍼센트가 하우사어를 가정에서 보통 사용하고, 18퍼센트가 영어를 사용하는 것으로 나타났다. 남부 지역에서는 39퍼센트의 소수 언어 화자가 영어를, 24퍼센트가 나이지리아 피진어를 가정에서 사용한다고 밝혔다. 이 조사자들이 지적한 바와 같이, 하우사어와 영어, 나이지리아 피진어는 따라서 모어 사용이 예상되는 비공식 영역에서도 점점 지배적인 소통 언어가 되고 있으며, 이는 소수 언어의 계속적인 전승에 심각한 위협이 된다. 연구자들이 관측한 바에 따르면, 개별 주정부가 각자 관할 역내의 소수 언어를 제도적으로 지원하는 일은 대체로 드물었다. 이는 심지어 특정 소수 언어를 하나의 주 내의 대다수 국민이 사용하는 경우에도 그랬다. 그리고 모어교육 정책이 시행되지 못함에 따라 학교에서 영어와 하우사어(북부 지역의 경우)를 더 많이 습득해서, 경우에 따라 심지어는 부모의 권유로 이 언어들을 가정으로 들여오는 세대가 늘어난다는 것도 알려졌다. 한편 나이지리아 피진어는 대중매체, 음악, 상업광고, 정치선전, 스포츠 분야 등과 같은 다양한 영역에서 점차 그 사용이 늘어나는 것으로 보이며, 군대와 경찰에서도 보완적으로 널리 사용된다. 그러나 이 언어는 표준화되어 있지 않고, 발달도 되지 않아 더 공식적 영역에서는 아직 사용되지 않고 있다. 그러므로 피진어는 단지 비공식 교류 상황과 대부분 교육을 받지 못한 사람 사이에서만 소수 언어 사용에 대한 위협과 대중적인 경쟁상대로 남아 있다.

교육과 정부행정과 같은 더욱 공식적인 영역에서 나타나는 나이지리아 언어의 사용 양상과 잠재적인 사용 태도에 관해서는 다음과 같은 내용이 최근 여러 조사를 통해 알려졌다. 아덱비자(Adegbija 2000)가 보고한 연구조사에 따르면, 교육 분야에서 600명의 응답자 가운데 77퍼센트가 학교의 강의매체인 영어를 나이지리아 언어로 대체하는 것에 반대했다. 그러나 57퍼센트의 응답자가 학생들이 모어를 통해 교육을 받는다면 더 효과적으로 배울 수 있다는 점은 인정했다. 이보다 앞선 연구(Iruafemi 1988; Oyetade 2001: 19에서 참조)에서는 더 많은 응답자가 답을 했는데, 부모의 6퍼센트만이 모어를, 24퍼센트만이 영어를 조기교육의 매체로 선호하였고, 이들의 70퍼센트는 영어와 모어를 공동 교육매체로 사용하는 것에 찬성했다. 한편 아동이 제2언어 과목으로 주요 나이지리아 언어를 배우도록 하는 정부정책과 관련해서 연구를 진행한 익보아누아시와 오히아(Igboanusi and Ohia 2001: 137)에 따르면, 그들이 인터뷰한 소수 언어 집단의 70퍼센트 이상이 정부정책이 바람직하다고 생각했다. 그러나 질문을 받은 사람 중 25퍼센트만이 학교에서 주요 언어를 배우는 것이 자신이나 자식에게 실제로 분명한 이득이 될 것이라고 생각했다. 이 정책의 가치는 통합에서 이 정책이 어떤 역할을 하느냐에 따라 달라질 수 있는데, 응답자의 56퍼센트가 이 세 주요 언어가 점점 더 널리 사용된다면 나이지리아인의 통합이 촉진될 것이라고 답했다. 위의 조사는 또한 주요 언어를 배움으로써 생기는 개인의 이익에 관한 질문도 포함했는데, 응답자의 대답에서 드러난 토착어의 상대적으로 낮은 도구적 가치 인식과 관련해서 볼 때, 요루바어, 이보어, (이보다는 정도가 덜한) 하우사어에 초점을 맞춘 대학 학위 과정의 입학률이 낮았는데, 이것은 주요 토착어가 좋은 일자리를 얻는 데 일반적으로 중요하게 생각되지 않는다는 사실을 보여 준다.

과학과 기술 응용에 주요 언어가 효과적으로 대처할 수 있는지를 묻는 아덱비자(Adegbija 2000)의 연구조사에서 언급된 질문에, 73퍼센트나 되는 응답자가 가능하지 않을 것이라고 답했다. 토착어가 과학적이고 선진적인 학문기술에 본질적으로 부적합하다는 이 같은 편견은 다른 연구에서도 흔히 보고된다. 한편 언어가 공식 기능을 담당하는 분야에서의 선호도와 관련해서는 나이지리아 언어가 높은 평가를 받지 못하는 것으로 보인다. 익보아누시와 피터(Igboanusi and Peter 2005: 101)에 따르면, 전체 집단의 대다수 화자가 공식 영역에서 영어 사용을 선호하는 것으로 나타났다. 수치상으로 보면, 요루바인, 이보인, 소수 종족 집단의 90퍼센트, 하우사어 사용자의 56퍼센트가 영어를 선호했다(하우사어 사용자 중의 40퍼센트는 하우사어가 공식 기능에서 사용되는 것에 찬성했다). 끝으로 미래 전망과 관련해서 익보아누시와 피터(Igboanusi and Peter 2005: 98)는 미래의 교통어에 대한 일반적인 화자 선호도를 조사했다. 이 연구에서 밝혀진 바에 따르면, 하우사어 사용자가 유일하게 그중의 과반수(58퍼센트)가 자신의 언어를 미래의 국가 교통어로 꼽은 집단으로 나타났다. 이보어와 요루바어 사용자가 자신의 언어를 미래의 국가 교통어로 선호한다고 응답한 비율은 25퍼센트 미만이었다. 다양한 생활 영역에서 사용되는 토착어에 대한 태도를 둘러싼 마지막의 이러한 흥미로운 관찰을 염두에 두면서, 이제부터는 현재 나이지리아의 공식적인 생활 영역을 지배하는 비토착적 경쟁언어인 영어에 대한 태도를 고찰한다.

앞에서 언급했듯이, 영어는 대부분의 정부행정, 교육(조기 모어교육은 제외), 비즈니스, 대부분의 문서작업, 대다수의 언론매체에서 사용하는 언어이자, 교육받은 사람들이 종족 간의 소통 수단으로 사용하는 언어이기도 하다. 최근의 다양한 연구에서 밝혀진 바대로, 영어에 대한 태도를 고찰하기 전에 우선 공식 영역에서 나이지리아의 주력 언어로서 영어의 지위에 대한 주요 찬반 논란을 기술하는 것이 도움이 될 것이다. 그 이유는 이러한 논란이 종종 영어에 대한 태도의 직접적인 근거가 되기 때문이다. 일반적으로 나이지리아의 유일한 공용어인 영어에 대한 비판은 크게 두 가지이다. 첫 번째는 영어가 과거의 식민세력에게서 물려받은 것이므로 비토착어인 동시에 가능한 한 원칙적으로 제거해야 할 과거 식민통치와 착취의 굴욕감을 끊임없이 상기시키는 언어라는 것이다. 아데사노예(Adesanoye 1994: 86)는 이러한 시각에 깔린 의미를 요약하면서, "적지 않은 선의의 나이지리아인이 우리가 여전히 우리의 '자체적인' 일을 과거의 식민주의자의 언어로 실행하는 한 완전한 독립은 요원하다는 의견을 가진다"고 언급했다. 영어를 나이지리아의 공용어로 유지하는 것과 관련해 자주 언급되는 두 번째의 부정적 요점은 영어를 아는 사람은 소수에 불과하고, 영어를 모르는 사람은 자동적으로 나이지리아의 정치생활에 참여할 수 없다는 것이다. 후자의 근거는 관직에 오르려면 적어도 중등교육 이상을 수료해야 하는데, 그것은 영어 능력이 요구되기 때문이었다(Maduka-Durunze 1998: 95).[8] 최근 들어 자주 오르내리는 세 번째 비판은

---

8 영어를 이해하고 말할 수 있는 실제 인구비율과 관련해서는 아직 잘 알려져 있지 않고, 문헌에 따라 낮게는 약 10퍼센트부터 높게는 30퍼센트 이상까지 다양한 통계가 나와 있다. 최근에 나온 Simire(2004: 139)의 연구는 약 인구의 33퍼

많은 공직 부서의 영어 수준이 종종 형편없어서 낮은 수준과 때에 따라서는 높은 수준을 모두 보인다는 것이다(Bamgbose 1994: 4). 교육 분야에서도 이와 마찬가지로 영어를 잘 터득하지 못하는 이유가 중등학교의 높은 중퇴율에 부분적인 책임이 있고(Ogunsiji 2001: 153), 초등학교 교사와 대학생의 영어 능력 또한 만족스럽지 못하다는 점이 언급되었다(Abdulkadir 2000: 245).[9]

이제 영어를 나이지리아의 공용어로 유지하는 주요 이점으로 흔히 강조되는 것이 무엇인지에 대한 문제로 방향을 돌려보면, 영어는 나이지리아 언어가 확실히 따라 할 수 없는 두 가지 주요 기능을 가진다. 우선, 영어는 본질적으로 외국에서 들어왔기 때문에 특정 집단에 명백한 이점을 부여하지 않으면서 나이지리아의 다른 종족언어적 집단을 통합할 능력이 있는, 종족 중립적인 언어로 여겨진다. 영어가 실제로 통합력을 가지고 있다는 점, 만약 영어가 중립 언어로서 종족 간의 소통에 사용되지 않으면, 더 많은 갈등이 생길 것이라는 점은 널리 인정된

센트가 영어를 말하고 읽고 쓸 수 있는 것으로 추산하지만, 직장생활에서 영어를 정기적으로 사용하는 비율은 실제로 15퍼센트에 불과하다. 이론적으로 본다면, 3년 이상의 교육을 마친 사람은 누구나 학교에서 영어를 접하고, 적어도 기본적으로는 영어에 친숙해졌을 것이다. 그러나 1980년대부터 교육제도가 자금 조달과 인력채용에서 어려움을 겪었기 때문에 학교에서 성공할 확률, 따라서 영어를 충분히 습득하는 것은 분명히 이상과 거리가 멀다.

9 공정하게 말하면, 높은 수준의 영어 능력을 갖추는 데 이렇게 일반적으로 실패하는 이유가 다른 언어에 비해서 특히 영어를 익히는 데 내재적인 어려움이 있어서인지는 불분명하다. 예를 들어, 아프로아시아 어족에 속하는 하우사어가 나이저콩고 계통의 소수언어 사용자가 다니는 학교에서 영어를 대치한다고 할 때(하우사어가 북부의 여러 주에서 교육매체로 영어를 대체할 때 발생할 수 있듯이), 학생들의 성취도가 더 높을지는 불분명하다. 게다가 영어의 비토착적 특징이 토착적이지만 다른 아프리카 어족에 속하는 언어보다 영어 습득을 자동적으로 더 어렵게 만들지는 않을 것이다. 오히려 여기서 비난받아야 할 것은 제2언어가 교육매체로서 그렇게 광범하게 사용되도록 하는 제도나, 교사가 영어 경쟁력을 갖추도록 충분한 교육을 하지 못하는 상황이다.

다(Bamgbose 1994: 84; Igboanusi and Peter 2005: 16). 이러한 영어의 중립적인 영향력은 세 주요 언어의 사용자에게 지배당한다고 느끼는 소수 종족 집단이 특히 높이 평가하는 부분이다. 영어가 아주 큰 '점수를 따는' 두 번째 영역은 더 넓은 외부세계와 더불어 나이지리아가 발전하고, 다른 국가와 성공적으로 경쟁하는 데 필요한 과학과 기술에 접근 가능하게 하고, 이와 연결해 주는 영어의 능력이다. 나이지리아의 교육 받은 엘리트가 영어(혹은 다른 국제적인 광역 소통언어)를 잘 구사하지 못하면, 나이지리아는 개발되는 지식을 이용하는 많은 영역에서 큰 손해를 볼 것이다.

앞에서 언급한 요인은 영어에 대한 태도에 직접적으로 영향을 준다. 나이지리아 언어에 대한 태도를 주제로 한 주요 연구에서 연구자들은 영어가 공식 영역의 언어로서 일관되게 매우 높은 평가를 받으며, 사용자의 절대다수가 어김없이 영어를 (1) 공직사회와 행정 및 (2) 서면소통에서 선호하는 언어로, (3) 중등학교 수준까지의 완전한 교육이수에 가장 중요한 언어로, (4) 미래의 일반적인 나이지리아의 교통어로 선호하는 언어로 간주한다고 보고했다. 앞에서 언급했듯이, 공식 생활 맥락에서의 소수 집단의 일반적인 영어 선호도는 이보다 더 광범하다. 익보아누시와 오히아(Igboanusi and Ohia 2001: 132)가 남부와 북부의 소수 집단을 대상으로 평균 응답을 조사한 바에 따르면, 과반수의 언어 사용자(50퍼센트)가 전 영역에 걸쳐 선호한 언어는 실제로 영어였다(한편 모어를 선호한다고 응답한 비율은 42퍼센트이다). 영어는 또한 다양한 집단의 많은 화자에게 위세, 교육, 현대성을 상징하는 언어로도 높이 평가받는다(Igboanusi and Peter 2005: 131). 언어태도에 관한 수많은 조사와 연구에서 보고된 이러한 의식 유형에 대한 한 가지 분명한 예외는 다른 집단보다 영어에 대하여 훨씬 더 양면적인 태도를 보이는 하우사어 모어 사용자이다. 하우사인은 자신의 언어에 자부심이 매우 큰 것으로 잘 알려져 있는데, 전하는 바에 따르면 그러한 열정으로 일부 화자 사이에서 언어 우월감이 생겨날 정도였다. 또한 하우사인은 다른 집단보다 영어에 훨씬 더 자주 부정적인 태도를 보였다. 바바지데(Babajide 2001: 7)의 추산에 따르면, 하우사인의 약 62.5퍼센트가 영어에 대해 부정적인 감정을 가지는데, 이는 이보인과 소수집단의 15퍼센트, 요루바인의 25퍼센트만이 이와 같은 감정을 가지고 있는 것과 대비된다. 그럼에도 익보아누시와 피터(Igboanusi and Peter 2005: 113)는 영어가 무슬림인 하우사어 사용자 가운데서 부정적인 감정을 낳더라도, 일자리를 얻고, 외부세계를 학습하는 데 영어에 대한 지식이 도구적 가치가 높다는 점은 일반적으로 인정한다고 말한다. 게다가 공식 영역에서 영어가 가진 유용성은 더욱 크게 인정받아, 같은 연구에서 하우사어 사용자의 56퍼센트가 선호하는 것으로 나타났다. 그 결과 나이지리아의 전체 인구로 확대해서 보면, 개인 발전, 과학과 기술, 경제, 교육 부문의 일반적인 발전을 위해서 영어의 중요성과 가치는 분명히 인정받는 것으로 보인다. 나이지리아가 영어에서 탈피하고, 토착어 중의 하나로 영어를 대치해야 한다는 일각의 주장에 대해 한 응답자는 다른 나이지리아인도 지지할 수 있는 다음 감정을 피력했다.

당신은 언어로부터의 해방을 간단히 말할 수 없다. 우리가 필요한 것, 우리가 필요한 식량, 우리가 필요한 기술을 만들 수 없는 상황으로부터 해방은 어떤가? 우리한테는 이러한 것이 새로운 언어를 개발하는 데 쓸데없이 돈을 낭비하는 것보다 더 중요하고 소중하다. 그들은 내가 더 이상 영어로 말하지 않도록 돈을 어떻게 쓸지 궁리하느라고 바쁘다(Adegbija 1994: 61).

영어가 특히 공식적인 생활 영역을 비롯해서 여러 영역과 관련하여 긍정적으로 매우 높게 평가받는 가운데, 하우사인 일각에서 나타나는 반응을 제외하면 영어가 그다지 아주 부정적인 감정의 대상이 아니라는 점도 언급할 수 있다. 북부와 남부 지역의 소수 집단을 대상으로 실시한 한 연구(Igboanusi and Ohia 2001: 132)에서 나이지리아에서 가장 싫어하는 언어가 무엇인지를 물었을 때, 응답자 가운데 40퍼센트가 하우사어를, 21퍼센트가 요루바어를, 27퍼센트가 이보어를, 고작 3퍼센트가 영어를 가장 싫어하는 언어로 꼽았다. 또한 영어가 종족 중립 언어로서 나이지리아의 다양한 집단을 통합할 수 있는 능력이 있다는 점과, 어느 쪽에도 언어적 지배권을 갖지 않고 사람 간에 소통 수단으로 사용될 수 있다는 점도 공히 널리 알려져 있다. 오군시지(Ogunsiji 2001: 156, 157)는 "영어가 우리의 다양성 속에서 우리를 통합하여 하나의 국가로서 계속해서 존속할 수 있도록 보장해 준다"고 말한다. 이에 덧붙여서 그는 "따라서 영어는 국민통합의 중요한 상징이며, 국가를 결속하는 것 중의 하나이다"라고 주장한다. 마지막으로, 영어를 독립한 나이지리아의 일상에 식민주의가 지속적으로 침투하는 것으로 보는 부정적인 인식과 관련해서는 많은 연구가 이 부분에서의 태도가 변화하고 있음을 언급한다. 영어가 세계화되고, 세계 도처의 많은 인구가 영어를 제2언어로 사용하는 사례가 증가함에 따라 영어를 영국인의 '특별한 전유물'로 보기보다는 '국제적인 소통 수단'으로 보는 경우가 점점 많아지고 있다(Adesanoye 1994: 93). 과거에 영어를 영국 및 식민지배와 자동으로 결부지은 관행도 수년에 걸쳐 나이지리아 영어 형태가 발달하면서 더욱 희미해졌다. 예컨대, 서아프리카에 가나 영어와 카메룬 영어와 같이 다른 새로운 영어의 현지 형태가 있는 것처럼, 나이지리아 영어에는 영어를 나이지리아에 접목해 생긴 어휘와 발음이 있다. 그런 까닭에 영어와 식민지배의 부정적인 심적 연계가 수십 년 전만큼 강하게 나타나지 않고, 대다수의 국민이 볼 때 공식 영역에서 영어 사용에 반대하는 중대한 이유가 되지 않을 가능성이 있다. 이 논문의 작성 시점에 21세기의 나이지리아인이 어느 정도까지 영어와 영국 제국주의를 계속해서 연관 짓는지를 보여 주는 통계가 나오지 않아서, 이 부분은 흥미로운 연구 거리가 될 수 있다. 그러나 더 많은 시간이 흘러 식민시대와 멀어질수록 식민통치의 부정적인 기억을 갖는 사람이 더 적어질 것은 확실하다. 그리고 현재 나이지리아 국민의 과반수는 실제로 1960년도에 영국이 물러간 후의 어느 시점에 태어났을 것이다.

10.6 국어 문제의 재조명

이제 10.5절과 앞의 여러 절에서 쌓인 정보를 토대로, 이 정보가 국어와 통합의 문제에 어떻게 연관되는지를 살펴본다. 그동안 이 장에서 언급한 바와 같이, 나이지리아는 독립 이후에 매우 복잡한 종족언어적 구성과 국가건설 과정의 난제를 줄곧 처리해야 했다. 나이지리아는 소말리아, 르완다, 부룬디, 마다가스카르와 같이 단일어 국가에서 나타나는, 자연스럽게 국어로 발전시켜 사용할 수 있는 뚜렷한 주력 언어 없이 단일 영토에 수백 개의 다양한 집단이 존재하는 국가로 탄생했다. 그 대신 나이지리아에는 인구의 대략 절반에서 2/3가 사용하는 상당히 규모가 큰 세 언어와 전국에 흩어져 있는, 적어도 인구의 1/3이 모어로 사용하는 수많은 중소 규모의 언어가 존재한다. 1960년 독립 당시, 종족 간의 경쟁과 지역정치의 경합이라는 커다란 격동에 직면한 상황에서 영어를 유일한 공용어로 인정하는 독립 이전의 정책이 단순히 유지되었고, 그 후 오늘날까지 수십 년이 지나는 동안 나이지리아에서 국어 개발에 대한 관심이 분명하게 표명된 적이 없었다. 1970년대에 세 주요 언어를 미래의 잠재적인 국어로 발전시키는 것에 합의한 몇 가지 정책이 물론 있었다. 영어가 국내의 여러 활동 부문에서 사용되는 공용어로 존재하기 때문에 국어 문제가 부분적으로 실제 등한시되었을 가능성도 있다. 이에 대해 오군시지(Ogunsiji 2001: 158)는 다음과 같이 언급한다. "영어가 국어의 역할을 수행하는 언어로 여겨지기 때문에, 나이지리아 정부와 언어계획 수립자, 언어학자 등은 참된 국어의 필요성을 느끼지 못한 것으로 보인다." 여기서 문제는 영어를 유일한 공용어로 삼는 정책이 시행된 지 거의 50년이 지난 이 시점에서 언어계층을 재편하고, 가장 높은 국가적/공식적 층위에서 언어를 토착화하는 것이 필요한지와, 확인이 가능하다면 공론이 그러한 움직임을 과연 뒷받침해 줄 것인지이다.

아주 일반적으로 볼 때, 나이지리아의 영토에서 나온 국어라는 의미 있는 개념을 발전시킨다면, 이는 실제로 세 주요 토착어인 하우사어, 요루바어, 이보어의 합성물일 것이다.[10] 내전이 끝난 직후에 나온 니다와 원덜리(Nida and Wonderly 1971: 65)의 자주 인용되는 다음 발언은 나이지리아가 종족 갈등 때문에 거의 갈라졌던 1971년 당시와 마찬가지로 오늘날에도 잘 들어맞는다.

나이지리아에는 단순히 정치적으로 중립적인 [토착]어는 없다……만약 정부가 이 세 언어 중의 어느 하나를 유일한 국어로 승격한다면, 국가로서 나이지리아의 정치적 생존은 한층 더 심각하게 위협받을 것이다.

그러나 1970년대부터 시간과 경험이 보여 왔듯이, 이 세 토착어를

---

10 세 주요 언어를 발전시키는 것에 대한 대안으로 나이지리아 피진어를 국어로 발전시키는 것은 그다지 진지한 지지를 얻지 못하는 것으로 보인다. 나이지리아 피진어가 남부 지역에서 널리 사용되고 알려져 있기는 하지만, 밤보세(Bamgbose 1994: 6)는 이 언어가 표준화되어 있지 않고 많은 변이형이 있기 때문에, 나이지리아 여타 지역에 이 언어를 널리 주지시키는 것은 매우 어려울 것이라고 지적한다. 이 외에도 나이지리아 피진어는 피진어로서 전형적으로 부정적 태도와 관련되며, 많은 사람이 이 언어를 완전히 비공식 영역 외에서 사용하는 것이 부적합하다고 생각한다. 따라서 나이지리아 피진어에 더 높은 공식적인 국어의 지위를 부여하려는 모든 시도가 커다란 저항에 부딪힐 수 있다.

교육제도를 통해 전국적으로 장려하려는 시도는 교사양성을 비롯해서 수업교재를 제작하고, 알맞은 장소에 교사를 신중하게 배치하는 일에 정부가 재정지원 형식으로 매우 진지하고도 장기간에 걸쳐 전념할 것을 요구한다. 그러한 계획과 자원 없이는 모어교육 정책이 지금까지 낸 결과가 일반적으로 좋지 않았다는 사실에서 알 수 있듯이, 이 세 언어를 필요한 만큼 널리 주지시키는 일은 실패로 돌아갈 것이다. 캐나다, 싱가포르, 스위스와 같은 나라에서 참된 공용어 다중주의를 유지하는 데 많은 비용이 든 것처럼, 이 세 주요 언어를 공식적이고 형식적인 모든 영역에서 영어와 동등하게 만들거나 영어를 대체하면서 국가 공용어로 승격하는 일에도 정부재원을 지속적이고도 대량으로 투입해야 할 것이다. 현시점에서 이와 같은 종류의 중대한 지출은 불행하게도 나이지리아가 감당할 수 없을 것으로 보인다. 1980년대부터 나이지리아 경제가 급격한 침체를 겪으면서 전국적으로 새로운 기반시설을 도입하고 발전시킬 국가 능력이 마비되었으므로, 지금은 재정지원이 열악한 새로운 언어정책으로 실험할 때가 아닌 것으로 보인다. 새로운 언어정책이 실패하거나, 더 심각하게는 이 때문에 종족 간의 불화가 심해지는 것을 보기보다는 경제가 새로운 국어 기획의 부담을 이론적이나마 질 수 있는 상태로 복구될 때까지 사실상 나이지리아는 적어도 가까운 미래를 위하여 현 상태를 현실적으로 고수해야 할 것이다. 그러나 상당 부분이 외적인 재정제한으로 강요된 그러한 결론이 낙담하게 만들거나 반드시 환영받지 못하는 것은 아니다. 언어태도에 관한 여러 조사에서 나온 증거를 보면, 관직과 교육의 연결 언어로서 사용되는 영어에 대해 다양한 이유로 실제로 매우 긍정적인 태도가 광범하게 나타난다. 이것이 국민이 공유하는 나이지리아의 국가 정체성을 구성하는 데 직접적으로 기여하여 국가 건설에 이바지하는 것이 아닐지라도, 국민통합에서 언어의 역할이 새로운 형태의 정체성을 적극적으로 형성하기보다는 언어 관련 문제 때문에 야기될 수 있는 갈등과 국민

분열을 최소화하는 때가 있다. 여러 국가에서 역사의 어떤 시점에서 공유 언어가 국가의 강력한 상징으로 손쉽게 발전할 수 있도록 도와주는 상황이 조성되기도 했으나, 수십 년간 감정에 휩싸인 종족 지역정치와 경쟁으로 생겨난 나이지리아는 현재 다종족 국가로서 미래를 지키는 데 도움이 되는 가장 안전한 언어전략을 채택할 필요가 있다. 따라서 결론적으로 현재로서 단일한 나이지리아 민족이 강력하게 성장하는 데 더 나은 기반을 마련할 때까지 영어를 국가 공용어로 유지하는 것이 나이지리아를 위해서 불완전하지만 최선의 방법일 것이다. 그리고 최근 조사에서 대다수의 국민이 민족주의적(nationalist) 언어정책보다 그러한 '국가주의적(nationist)' 언어정책의 높은 실용적 책무와 유용성을 인정하는 모습을 보인다(Bamgbose 1991).[11]

11　예를 들어 Adegbija(1994: 66)에서 참조한 연구에 따르면, 응답자의 73.5퍼센트가 영어를 나이지리아의 공용어로 유지하기를 원했다. Igboanusi and Ohia(2001: 134)의 연구에서는 설문한 응답자의 66퍼센트가 유지되기를 바라는 미래 나이지리아의 교통어로 영어를 꼽은 것으로 나타났다. Igboanusi and Peter(2005: 98)는 평균적으로는 68퍼센트가, 모든 비하우사 집단의 경우는 73퍼센트 이상이 영어의 이와 같은 지위를 인정한 것으로 보고했다. 다른 연구도 이와 비슷한 결론을 내린다.

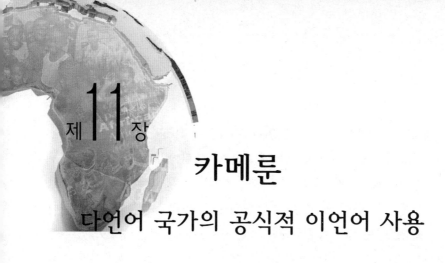

제**11**장

카메룬

다언어 국가의 공식적 이언어 사용

에드몽 빌로아(Edmond Biloa)
조르주 에추(George Echu)

11.1 서론

카메룬은 언어의 용광로이며, 아프리카 대륙에서 확인된 4개의 어족 중 3개 어족에 속하는 250개 이상의 언어가 존재한다. 그러나 이렇게 많은 카메룬 토착어 중에서 다수의 인구가 사용하는 언어는 없고, 대부분이 상대적으로 소수의 화자가 사용한다. 식민지화의 결과로 영어와 프랑스어가 카메룬의 공용어가 되었고, 공식적인 이언어 사용(bilingualism) 정책이 국가헌법에 규정되어 있다. 이에 따라 영어와 프랑스어는 다음의 영역에서 사용된다. 즉, (1) 정부(모든 행정문서는 프랑스어나 영어, 또는 두 언어를 사용해서 작성), (2) 상거래, (3) 공교육과 사교육, (4) 출판 미디어, (5) 라디오와 텔레비전 방송, (6) 행정, (7) 국내 통신 영역이다.

그러나 영어와 프랑스어가 공식적으로 같은 지위임에도 공공장소에서는 영어보다 프랑스어가 더 많이 사용된다. 예를 들어, 매체의 경우 인쇄매체의 90퍼센트가 프랑스어이다. 라디오와 텔레비전 방송프로그램은 65퍼센트가 프랑스어이고, 35퍼센트가 영어이다. 이렇게 된 이유는 인구의 약 80퍼센트를 차지하는 아주 넓은 지역이 프랑스 식민지배하에 있었고, 과거 영국 관할 식민지에 사는 인구는 20퍼센트에 불과하기 때문이다. 프랑스어는 대도시에서 광역 소통 언어로 사용되는 경향이 있지만, 영어는 현재 피진 영어가 유행하면서 위협을 받고 있다. 고등교육을 받은 사람들의 언어이자 공식 상황에서 많이 사용하는 영어에 비해 피진 영어는 광역 의사소통 수단으로 더 많이 사용된다.

프랑스어와 영어를 사용하는 공식적인 이언어 정책은 카메룬의 독립 이후 국민통합을 증진하고, 사회평화를 유지하며, 헌법상의 권리를 보장하고, 국가의 사회경제적 발전을 도모하기 위해 국가가 채택한 정책으로서, 이후 정부는 이언어 정책을 실행하는 데 많은 비용을 지출했다. 그렇지만 결국에는 프랑스어 사용자와 영어 사용자 간의 교류가 사실상 조화롭지 못했다. 이 두 언어집단은 결국 언어관계 때문에 언어적, 정치적으로 갈등이 빚어질 정도로 스스로를 이 두 유럽어와 동일시했다. 영어권 엘리트는 언어적으로나 정치적으로나 프랑스어권 엘리트에게 눌려 있다고 느끼고, 현재는 통일국가인 카메룬이 분리된 두 연방국가(영어권 서카메룬과 프랑스어권 동카메룬)였던 1961~1972년의 연방체제로 돌아가기를 원한다. 이러한 카메룬의 연방주의 혹은 분리 움직임은 '영어권 문제(the Anglophone problem)'로 알려졌다(Konings and Nyamnjoh 1997).[1]

---

1 이 장에서 'Anglophone(영어권)'과 'Francophone(프랑스어권)'이라는 용어는 영어와 프랑스어 사용에 기반을 두지만, 이 두 언어 지식으로 완전히 정의되지 않는 카메룬의 특정 언어집단을 일컫기 위해 사용하므로 첫 글자를 대문자로 표기한다(11.3절 참조). 따라서 이 용어는 소문자로 시작하는 'anglophone'

이 장에서는 우선 11.2절에서 카메룬의 사회언어학적 상황을 개관하고, 11.3절에서 다언어 상황과 국가 정체성, 언어정책을 검토한다. 11.4절에서는 특히 영어권 문제 고찰과 영어와 프랑스어의 접촉으로 발생된 갈등에 초점을 두고, 마지막으로 11.5절에서는 카메룬의 국가적 종족 정체성 및 국가 이하의 종족 정체성과 언어와의 연계성에 대한 의견을 요약하면서 결론을 맺는다.

11.2 카메룬의 언어 상황 개관

중부 아프리카에 위치한 카메룬은 인구가 1,600만 명을 약간 상회하며 (2005년 추정; CIA-World Factbook 2015년 기준 인구는 2,373만 9,218명임 ─ 역주), 면적은 47만 5,442평방킬로미터이다. 카메룬은 서쪽의 나이지리아, 북동쪽의 차드, 동쪽의 중앙아프리카공화국, 적도기니, 가봉, 남쪽의 콩고공화국[브라자빌; 본문에는 콩고민주공화국(Democratic Republic of Congo, Brazzaville)으로 잘못 표기되어 있어서 바로잡음 ─ 역주]과 국경을 맞대고 있다.

브레튼과 포통(Breton and Fohtung 1991)에 따르면, 카메룬에는 248개의 토착어가 있다. 이 언어 수는 카메룬 언어를 각기 279개와 285개로 추정한 에스놀로그(Ethnologue)와 비차 코디(Bitja'a Kody 2003)와 대비된다.[2] 현재 카메룬 언어 수가 정확히 얼마가 되든 간에 분명한 것은 카메

과 'francophone'의 일반 용법과는 다른 광의의 명칭이다.

2 한 가지 언급할 점은 1996년과 2003년 사이에 몇몇 언어가 사라졌거나 급격히 사라지기 때문에 Grimes(1996)의 통계는 현재 다소 어긋난다는 사실이다 (Bitja'a Kody 2003). 대부분의 연구자는 실제로 Breton and Fohtung(1991)의 수치를 받아들이는데, 그 이유는 이들이 제공하는 지도가 각 언어의 지리적 위

룬이 4개 주요 어족 중 세 어족이 걸쳐 있으며, 아프리카에서 언어밀도가 가장 높은 국가 중 하나라는 점이다. 극북 주(Far North province)에서 사용되는 58개 아프로아시아 어족의 언어와 단 2개뿐인 나일사하라 계통의 언어를 제외한 나머지 188개 언어는 모두 나이저콩고 어족에 속한 언어로 카메룬 전역에 퍼져 있다.[3]

사회언어학적 측면에서 볼 때 카메룬 언어는 세 범주로 분류되는데, 그것은 공용어, 광역 소통언어, 토착 종족어이다.[4] 사회적으로 공용어는 다른 두 범주의 언어보다 더 위세가 있으므로 사회의 언어 사용이라는 측면에서 더 높은 지위를 점한다. 이 뒤를 여러 광역 소통언어가 바짝 뒤를 쫓는데, 바사어(Basaa), 베티-팡어(Beti-Fang), 두알라어(Duala), 페페어(Fe'fe'), 풀풀데어(Fulfulde), 고말라어(Ghomala), 하우사어(Hausa), 카누리어(Kanuri), 뭉가카어(Mungaka), 완달라어(Wandala), 슈와 아랍어(Shuwa Arabic), 카메룬 피진 영어(Cameroon Pidgin English)와 같은 언어이다. 이 언어들은 지방, 지역, 국가에 관계없이 종족경계를 넘나들며 사용된다. 예컨대, 베티-팡어는 중부, 남부, 동부 주에서 200만 명 이상이 사용하며(Ethnologue 2004),[5] 풀풀데어는 카메룬 북부에 위치한 아다마와(Adamawa), 북부, 극북 주의 대부분의 지역에서 사용한다. 카메룬 피진 영어는 카메룬 전역의 카메룬인뿐만 아니라 이웃 나이지리아 출신의 비원어민도 사용한다. 토드와 줌밤(Todd and Jumbam 1992: 4)은 잠재적인 피진어 사용(pidginophone) 인구가 600만 명에 육박할 것으로 추산한다. 사회언어학적 층위의 맨 아래에는 토착 종족어가 자리한다. 이들 언어는

치에 대한 세부 정보를 담고 있기 때문이다.
3 카메룬에 없는 유일한 아프리카 어군은 코이산어군이다.
4 스페인어, 독어, 아랍어 등과 같이 카메룬의 학교에서 가르치는 외국어는 이 분류에 포함되지 않는다.
5 http://www.ethnologue.com/

일반적으로 화자가 속한 다양한 종족 집단에만 국한되기 때문에 언어 위세가 거의 없다.

먼저 중요하게 지적할 점은 카메룬 토착어는 국가 정체성의 문제에서 이렇다 할 중요한 역할을 한 적이 결코 없었으며, 여러 주요 집단 정체성의 구축에 결정적으로 작용한 언어는 옛 식민종주국의 언어인 영어와 프랑스어라는 사실이다. 이는 카메룬에서 가장 널리 퍼져 있는 언어가 실제로 영어, 프랑스어, 피진 영어이며, 화자가 많거나 국가 전역에 영향을 줄 만큼 강한 토착어가 없다는 사실에 기인한다. 이와 같은 광의의 국가 정체성 문제에 카메룬의 개별 토착어가 참여하지 못하기 때문에 이 장의 대부분의 논의는 카메룬의 영어와 프랑스어, 피진 영어의 역학관계에 초점을 맞춘다. 이 부분은 또한 카메룬의 종족언어적 정체성 및 국가 정체성과 관련한 더욱 중대한 문제가 논의되는 지점이기도 하다.

11.3 다언어 사용, 국가 정체성, 언어정책

영토상으로 카메룬은 처음에 독일 식민지였으나 제1차 세계대전이 끝나면서 조정을 거쳐 영국과 프랑스 사이에서 분할되어, 2개 지역은 영국에, 5개 지역은 프랑스의 관할에 편입되었다. 독일이 카메룬에 들어오기 전에 피진 영어는 이미 해안 지역뿐만 아니라 내륙 곳곳에서 상업 교통어로 사용되고 있었다. 독일 지배하에서도 피진 영어는 독일어가 카메룬의 특정 지역에서 공식적으로 교습되었음에도 교통어로서 인기를 계속 누렸다. 독일 통치를 이어받은 프랑스 식민 행정 당국은 동화정책의 기치하에 프랑스 문화의 습득과 사용을 적극 장려하는 한편, 프랑스령 카메룬 지역에서 피진 영어를 금지했다. 이와 달리 영국 식민 행정 당국은 간섭이 그리 심하지 않았으며, 문화와 언어의 동화정책도 프랑스만큼 강하게 밀어붙이지 않았다. 따라서 영국령 카메룬 지역은 학교에서 표준 영어를 교습했지만, 피진 영어 사용을 금지하지 않았다.

 카메룬이 영국과 프랑스 관할의 두 행정 지역으로 나뉨에 따라 이 양국의 식민지배 기간에 각기 독자적으로 이원 교육제도를 실시했고, 두 식민종주국의 언어를 각 양국의 공공 영역에서 사용했다. 카메룬이 독립하자 결국 이 두 언어는 카메룬을 다언어 사용 단일 국가로 통합하려는 노력의 일환으로 국가 공용어로 채택되었다. 두 유럽어를 공용어로 선택하면서 그중 어느 한 언어가 모든 공공 영역에서 우월적으로 사용되어 영어권과 프랑스어권 중 어느 한 언어권이 소외되지 않도록 언어정책을 주도면밀하게 실시했다. 현실적으로 공용어로 선택할 분명한 토착어가 없었으므로—영어와 프랑스어가 누리는 만큼 넓은 지리적 영토에서 사용되는 토착어가 없었고, 당시 대부분의 언어가 표준화되지 않았기 때문이다—영어와 프랑스어를 공동 공용어로 선택한 것은 독립 당시 카메룬이 처한 상황에서 가장 실용적인 언어 문제의 해결책이었다. 공식적인 이언어 사용 정책을 수용한 상황과 정책 결정으로 말미암아 카메룬은 아프리카에서도 독특하게 두 유럽어를 국가 공용어로 채택한 국가가 되었다. 그러나 곧 살펴보겠지만, 카메룬의 공식적인 이언어 사용 정책의 실행과정이 결코 순탄한 것만은 아니었고, 카메룬은 여전히 영어권 정체성과 프랑스어권 정체성이 확연히 구분된 채로 남아 있다.

1개 혹은 여러 개의 국어를 선택하는 문제와 관련해서 우선 카메룬의 다언어 상황과 특정 언어만을 국어로 지정했을 때 발생할 수 있는 언어갈등 때문에[6] 1974년에 국립문화문제위원회(the National Council for Cultural Affairs)의 위원들은 만장일치로 카메룬의 모든 토착어를 '국어'로 부르기로 합의했다. 이처럼 카메룬의 모든 토착어를 인정하는 조치를 취한 이유는 카메룬에 더 우월하거나 열등한 토착어가 없다는 점을 알리기 위한 것이었다. 따라서 모든 카메룬 토착어를 국어로 부르기로 결정한 데에는 국민통합과 국가 건설이 가장 큰 이유로 작용했다. 그리고 1974년부터는 언어학자뿐만 아니라 언어학계에 종사하지 않는 사람도 그동안 단한 번도 인정받지 못한 카메룬 피진 영어를 제외한 모든 토착어를 지칭하는 데 '국어'라는 용어를 사용하기 시작했다. 시간이 지나면서 이러한 국어에 대한 '거국적(global)'인 시각은 국가의 지지도 얻었다. 즉, 카메룬 역사 최초로 1996년의 헌법이 국가 언어정책의 일환으로 국어를 보호하

---

6 카메룬 정부 당국은 특정 토착어에 어떤 형태이건 특혜가 주어질 경우에 언어 갈등이 조장될 수 있다는 두려움에 항상 사로잡혀 왔다. 예컨대 1970~1977년에 야운데 대학교의 아프리카 언어학과에 개설되었던 두알라어, 바사어, 에윈도어, 불루어, 풀풀데어, 페페어 강좌가 나중에 폐강되었는데, 그 이유는 다름 아닌 강좌가 개설되지 않은 언어의 사용자가 반감을 품고 저항할 것이라는 두려움 때문이었다(Echu 2003: 37).

고 장려할 것을 명시적으로 언급한 것이다. 논리적으로 볼 때, 모든 토착어를 국어로 격상할 뿐만 아니라 이를 보호하고 장려하는 것을 보장하는 법률은 이 토착어들을 모두 합쳐서 국가 정체성의 집단적 상징과 문화유산의 표현으로 간주한다는 사실에 기인한다.

한 가지 주목할 점은 카메룬의 토착어와 관련한 중대한 조치가 이와 같이 계획된 토착어 장려라는 진전이 있기 오래전에도 이미 있었다는 사실이다. 특히 식민통치 기간에 그러한 조치가 많았다. 예컨대, 두알라어, 뭉가카어, 불루어, 에원도어와 같은 특정 토착어가 독일, 영국, 프랑스의 식민지배기에 선교사에 의해 학교와 교회 모두에서 널리 사용되었다. 바젤 선교회(Basel Mission)는 영어권 지역에서 두알라어와 뭉가카어 사용을 장려한 반면에 미국의 장로교회 선교사는 남부 지역의 학교에서 불루어를 가르쳤고, 가톨릭 선교회는 현재의 중부 주 부근에서 에원도어 사용을 촉진했다. 선교사가 주도한 이러한 조치의 원래 의도는 기독교를 손쉽게 전파하는 것이었지만, 토착민 사이에 그들의 언어의 효용성과 위세에 대한 각성을 새롭게 불러일으키는 등의 토착어 사용을 촉진하는 데 크게 기여했다. 또 다른 중요한 조치로는 바문(Bamoun) 지역의 술탄이었던 은조야(Njoya)가 취한 조치이다. 1896년 이 지역에서 바문어 사용이 촉진되면서 이 목적으로 문을 연 47개 학교에서 바문어 교육이 이루어졌고, 특수 인쇄기 1대가 설치되었다. 이 학교들은 얼마 지나지 않아 프랑스 식민 행정 당국에 의해 폐교되고 인쇄기도 파괴되었지만, 이러한 시도가 있었다는 것은 이미 그 당시에도 토착어에 대한 자부심이 있었다는 점을 여실히 보여 준다. 마찬가지로 한참 뒤인 1967년에 유네스코가 에원도어, 바사어, 두알라어, 고말라어, 마카어, 풀풀데어, 바피아어, 람은소어, 바퀘리어 등의 토착어를 문해력 증진을 위한 언어로 지정한 점도 중요한 사실이다.

그러나 토착어가 카메룬의 국가 정체성을 (공동으로) 드러내고 표현한다고 하더라도 이들 언어 대부분은 여전히 표준화가 안 되어 있고, 기본적으로 주로 구어로만 사용된다. 그러므로 사려 깊은 언어계획만이 이 언어들을 장기적 관점에서 보존하고, 그 가치를 보장할 수 있는 유일한 길인 것으로 보인다. "어떤 언어를 학교와 정부에서 사용하려면 문자체계, 철자법, 용어법, 학문과 정치적 소통 양식 등 간단히 말해 사전, 문법, 양식 지침이 필요하다는"(Fishman 1997: 339) 점을 감안할 때, 카메룬의 토착어 계획과 발달정책을 진지하게 수립하지 않으면 이 토착어는 국가 차원에서 중요성을 가질 수 없다.

전반적으로 볼 때, 독립 이후의 언어정책은 1961년에 실시된 공식적인 이언어 사용 정책을 통해 영어와 프랑스어라는 두 공용어를 선호하는 경향을 보여 왔다. 이 정책은 영어와 프랑스어의 성장과 발전에 유리하게 작용했고, 이들과 다른 두 가지 지역변이형인 카메룬 영어(Cameroon English)와 카메룬 프랑스어(Cameroon French)가 탄생하는 계기가 되었다. 이 새로운 변이형이 지역과 국가의 영어와 프랑스어로 확고하게 인정받으려면, 어법, 철자법, 문체 규정 등의 영역에서 상당한 수준의 언어자료 계획(corpus planning)이 필요하다. 실제로 이러한 종류의 작업은 1970년대 말 카메룬 프랑스어의 어휘 특성 조사(Inventaire des particularités lexicales du français du Cameroun)라는 이름으로 전개된 프로젝트의 연장선상에서 카메룬 프랑스어를 대상으로 수행되었다. 그러나 카메룬 영어와 관련해서는 이곳저곳에서 일부 움직임이 있었지만, 안타깝게도 이에 필적할 만한 작업이 없었다. 그렇지만 국제적으로는 이 두 변이형의 존재를 인정하는 조치가 있는 것 같다. 예컨대, 월드와이드웹과 정보기술 영역, 두 언어형에 대한 학술연구에 카메룬 영어와 카메룬 프랑스어와 관련된 정보가 발견된다. 게다가 카메룬 영어와 카메룬 프랑스어는 카메룬의 맥락에서 특징적으로 출현하는 어휘와 어구를 통해 카메룬 국민의 특별한 국가 정체성과 문화를 표현한다. 또한 카메룬 영어와 카메룬 프랑스어는 표준 영어와 표준 프랑스어보다 더 생동감 있고 정확한 방식으로 카메룬 특유의 생활상을 표현할 수 있는 것으로 여겨진다.

한 가지 더 주목해야 할 점은 이 두 변이형이 일반 국민으로서의 카메룬인의 삶에 대한 공통 목표와 전망을 나타내는 어법을 발달시킨 것인데, 특히 더 유력한 공용어인 프랑스어의 표현이 많다. 예컨대, 잘 알려진 신조어 중에서 눈에 띄는 것은, 'le Cameroon c'est le Cameroon(카메룬은 카메룬이다. 그 자체의 독자성이 있다)', 'l'impossible n'est pas camerounais(카메룬에는 불가능이란 없다)', 'le pays des Lions Indomptables'(불굴의 사자의 나라)'[7] 등이다. 이러한 말은 카메룬인이 단일 국민으로서 공동 운명체라는 믿음을 강화해 국민에게 소속감과 일체감을 갖게 한다.

그러나 공식적인 이언어 사용 정책을 통해 카메룬인 사이에 소속감과 일체감을 조장하기 위한 정부의 끊임없는 노력에도 불구하고 영어와 프랑스어, 이 두 언어에 대한 지식 편차는 매우 크다. 일반적으로 영어권 사람의 프랑스어 구사력과 의사소통 능력이 프랑스어권 사람의 영어 구사력과 의사소통 능력보다 더 뛰어난 것으로 보인다. 예를 들어, (현재 8개 주로 구성된) 프랑스어권의 공공 행정기관에 근무하는 공무원은 영어를 거의 구사하지 못하는 것으로 밝혀진 것과 달리, (2개 주로 구성된) 영어권의 공무원은 프랑스어를 유창하게 구사하는 경우가 많다. 전반적으로 볼 때, 영어권 카메룬인이 프랑스어에 노출되는 빈도가 프랑스어권 카메룬인이 영어에 노출되는 빈도보다 더 많으므로 공용어에 지속적으로 노출되는 기회가 분명히 결정적 요인이라고 볼 수 있다. 비차 코디(Bitja'a Kody 1999)와 빌로아(Biloa 2003, 2006)는 영어와 프랑스어가 동등한 공용어라고 선포했음에도 다양한 공공생활 영역에서 프랑스어가 영어보다 확연하게 눈에 띈다는 점을 지적했다. 현재 인쇄매체의 90퍼센트가 프랑스어로

---

7 불굴의 사자는 아프리카 네이션스컵과 월드컵 참가를 통해 국민통합과 카메룬 국민의 자부심을 나타내는 카메룬 축구 국가대표팀을 부르는 말이다.

제작되고, 카메룬 국영 방송국인 CRTV의 라디오와 텔레비전 방송프로그램의 65퍼센트를 프랑스어 방송이 차지하는 데 비해, 영어 방송은 고작 35퍼센트에 불과하다. 더욱이 (다양한 형태의) 프랑스어가 카메룬의 모든 주요 도시에서 공식 영역과 비공식 영역을 모두 아우르는 광역 소통언어로 사용되는 반면 영어는 주로 공식 상황이나 지식인의 의사소통 수단으로 이용된다. 피진 영어도 또한 영어권에서 광역 소통언어로서 폭넓게 사용된다.

그러나 더 많은 젊은 세대가 교육을 통해 프랑스어와 영어 두 언어를 충분히 접하므로 프랑스어의 우세한 지위와 프랑스어/영어의 이언어 사용의 확산과 분포가 불균형하다는 것은 뭔가 변화의 조짐을 나타내는 것일 수도 있다. 오늘날에는 대부분의 도심에서 영어 사용 학교에 다니는 모든 아동이 프랑스어를 의무적으로 배운다. 마찬가지로 프랑스어 사용 학교에 다니는 프랑스어권의 모든 아동도 영어를 배워야 한다. 따라서 멀지 않아 프랑스어/영어의 이언어 사용은 영어권과 프랑스어권 도시 전역에서 현재보다 더 크게 확산될 것으로 보인다. 실제로 응가마쑤(Ngamassu 1999)나 에추(Echu 2006)와 같은 학자는 점차 프랑스어권의 더 많은 부모가 자식을 이언어 사용 학교나 영어 학교에 보낸다는 사실을 보고한 바 있다. 같은 맥락에서 에추(Echu 2006: 184)도 프랑스어권 아동이 영어를 더 많이 배우고, 영국과 미국 대사관이 제공하는 영어 몰입교육 프로그램을 이용하면서 현재 프랑스어 사용 젊은 층의 이언어 사용이 크게 진전했다고 말한다. 이와 같이 프랑스어권의 젊은이 사이에 영어에 대한 관심이 높아진 이유는 세계어, 국제어로서 영어의 지위가 갈수록 높아지고 있고, 영어 능력을 갖춘 이들에게 새로운 기회가 많이 생기기 때문이다.

그러나 이와 같은 교육 부문의 발전 가능성이 있었지만 영어권의 많은 사람은 두 공용어가 공평하게 균형을 맞추려면 아직 할 일이 많다고 느낀다. 이 문제는 11.4절에서 다시 다룬다. 두 공용어인 프랑스어와 영어 외에도 카메룬 전체의 집단 정체성의 표식으로 자주 인식되는 카메룬 피진 영어(Cameroon Pidgin English)와 캄프랑글레어(Camfranglais)라는 또 다른 두 가지 언어형이 있다.

카메룬의 피진 영어는 갈수록 영어권의 정체성을 나타내는 명백한 표지로 간주되며, 프랑스어권의 카메룬인은 일반적으로 카메룬 피진 영어와 이 피진어의 사용자 모두에 대해 부정적인 태도를 보인다. 많은 프랑스어권 사람은 피진 영어가 (표준) 영어에 좋지 않은 영향을 끼친다고 믿음으로써 (피진어)를 사용하는 영어권 사람을 경멸하는 태도를 보인다. 따라서 '위축된' 피진 영어의 위험성 때문에 자식이 영어권 사람과 교제하는 것을 원치 않는 경우도 많다. 게다가 카메룬 피진 영어가 계속해서 영어권과 강하게 결부되어 있는 한, 이 언어가 나라 도처에서 널리 사용되더라도 다수파인 프랑스어권 정부가 이를 별달리 중요하게 생각하지 않고 단순히 언어로서의 존재를 계속해서 무시할 가능성이 크다. 카메룬 피진 영어는 사실상 다음 측면에서 '이중적으로 소외되어' 시달리고 있다. 즉, 늦게나마 공공 영역과 엘리트에게 주목과 공감을 얻은 토착어와는 달리 피진 영어는 계속해서 정책 입안자의 실질적인 주목도 사회의 존중도 거의 받지 못하고 있다. 그러나 사회적으로 그렇게 무시당해도 카메룬 피진 영어는 영어권 내에서는 큰 인기를 누린다(Echu, 근간; 2007년 출간됨-역주). 이 교통어(피진 영어)는 카메룬 표준 영어 이상의 기능을 가지고 영어권 두 지역뿐만 아니라 카메룬의 다른 지역에서도 절대다수의 영어권 사람이 사용함으로써 명실상부 영어권 지역의 가장 강력한 정체성 상징으로 자리 잡았다.[8] 추가로 카메룬 피진 영어 사용자 가운데 개인

---

8 표준 영어가 종종 영어권 지역을 상징하는 것으로 간주되지만, 단순히 남서 지역과 북서 지역 출신이라는 이유로 영어권 카메룬인으로 불리는 대다수 사람은 표준 영어를 정작 말하지도 이해하지도 못한다. 반면 이들은 보통 공교육을 통

이 사용하는 특정 형태의 변이형이 실제로 그 화자가 영어권 사람인지 아닌지의 여부를 판가름하는 중요한 역할을 한다는 점이다.[9] 그래스랜드, 보로로, 해안의 피진 영어 변이형 사용자는 영어권 사람으로 간주되는 반면에 프랑스어권의 다른 피진 영어 변이형을 사용하는 사람은 아무리 잘 구사하더라도 일반적으로 영어권 사람으로 분류되지 않는다. 카메룬에서 영어권으로 분류된다는 것이 실제로는 단순히 언어적 판단 기준의 결과가 아니라 언어와는 별로 관계가 없는 다른 요인이 일부 작용한다는 사실이 일반적으로 그 근저에 깔려 있다. 예를 들어, 두 영어권 지역 중 어느 한 지역에서 태어나고 자란 노파는 영어와 피진 영어를 아예 못하거나 둘 중 어느 하나만 구사하더라도 영어권 사람으로 간주하는 데 별 문제가 없다. 반대로 이 두 영어권 지역 중 어느 곳에서 태어나고 자랐지만 명백히 프랑스어권 출신의 부모를 둔 사람은 아무리 영어와 피진 영어에 능통하더라도 대부분 영어권에 속할 수가 없다. 이렇게 집단 성원의 배척을 받는 것은 언어적 요인보다는 종족적 이유가 분명히 더 크게 작용하고, 종족 언어적 집단의 자격을 언어 구사 능력보다는 혈통과 관련짓기 때문이다.

캄프랑글레어는 프랑스어권의 크고 작은 주요 도시에 사는 젊은층에 급격하게 퍼지고 있는 기발한 통용어(Kouega 2003)로서, 많은 사람이 카메룬 정체성의 새로운 상징으로 여긴다. 카메룬어(Camerounais), 프랑스어(Français), 영어(Anglais)[10]를 일컫는 단어의 어두문자어(acronym)인 캄

해 배우는 표준 (카메룬) 영어와 달리 비공식적으로 카메룬 피진 영어를 습득했음에도 일반적으로 이를 상당한 수준으로 구사한다.

9 Echu(근간; 2007년 출간됨-역주)에 따르면 카메룬 피진 영어는 기본적으로 다음과 같은 네 가지 변이형으로 구분된다. 북서 지역에서 사용하는 초원(Grassland) 변이형, 보로로(Bororo) 사람들이 사용하는 보로로 변이형, 남서 지역에서 사용하는 해안(Coastal) 변이형, 프랑스어권 지역 사람들이 사용하는 프랑스어권 변이형이다.

10 Mbah Onana and Mbah Onana(1994: 29)를 참조한다.

프랑글레어는 프랑스어, 영어, 카메룬 피진 영어, 카메룬의 다양한 토착어뿐만 아니라 스페인어, 독일어, 심지어 라틴어까지 카메룬에서 배우거나 사용되는 외국어로 구성된 프랑스어 기반의 은어(slang)이다. 따라서 캄프랑글레어는 카메룬의 다언어 혼합 상태를 보여 주는, 다양한 언어가 뒤섞인 혼합어이자 그 표본이고, 이 점에서 카메룬의 다언어 사용 상황을 진정으로 표상하는 용어이다. 캄프랑글레어는 학생, 학교 중퇴자, 소상업에 종사하는 도시 거주자를 포함한 젊은층이 프랑스어권의 도심에서 만들고 발전시킨 언어로서, 내부자만이 제대로 이해할 수 있는 그들만의 비밀 코드를 만듦으로써 다른 사람과 차별적으로 보이기를 원하는 젊은 세대 사이에서 집단 유대감과 정체성을 성공적으로 잘 형성하고 있다. 그러므로 카롤 드 페랄(Carole de Féral)이 적절하게 표현하듯이, 두 언어를 공용어로 사용하는 카메룬에서 캄프랑글레어를 할 줄 안다는 것은 자신이 다양한 카메룬의 정체성을 요구하는 젊은 도시인이라는 사실을 나타내는 것이다(de Féral 1993: 213). 캄프랑글레어는 실제로 카메룬 피진 영어와 두 공용어에 비해 화자 수가 적고 사용 제약이 있지만, 카메룬인의 생활방식과 쾌활하고도 특히 익살스러운 상황을 표현하는 데 잘 어울리는 언어형으로 많은 사람의 격찬을 받는다.[11]

11.4 영어권의 민족주의와 언어 문제

억압과 박해, 차별을 받는다고 생각하는 소수민족에게 언어가 충성심의 대상이 된다는 사실은 잘 알려져 있다. 예컨대, 20세기 중반 캐나다의 프

---

11 많은 사람이 부정적으로 생각하는 다소 자발적인 피진어화 과정을 통해 캄프랑글레어 사용자가 인위적으로 이 언어를 만들었기 때문에 캄프랑글레어는 때때로 현지 피진어라는 오명을 받기도 한다(Echu and Grundstrom 1999: xix 참조).

랑스어나 1975~2002년까지의 인도네시아가 점령한 동티모르의 테툼어 (Tetum)의 경우가 그 좋은 사례이다. 카메룬의 언어갈등이 여러 환경과 다양한 층위에서 나타나지만, 그중에서도 영어와 프랑스어와의 갈등이 가장 뚜렷하게 드러난다. 오늘날 소외받는 소수의 영어권 사회집단에서 분명히 영어는 강한 충성심의 대상이다. 이러한 상황은 영어권 주민의 '영어권 정서(Anglophoneness)'나 앵글로색슨 식민 문화유산을 한층 더 옹호하는 계기가 되었다. 그 결과 널리 공유된 영어가 남서부와 북서부 주 출신 카메룬인의 정체성을 표현하는 지배적인 역할을 한다. 전체 인구의 약 20퍼센트를 차지하는 영어권 사람들은 카메룬의 지배언어인 프랑스어가 행정, 정치, 경제, 미디어 등 한마디로 온갖 형태의 공공생활을 통제하는 것으로 여긴다. 이 상황에서 좌절감과 소외감이 싹트고, 결국은 권리를 보장받지 못하는 영어권 집단 내에 반항심과 민족주의가 생겨난다.

두 공용어와 관련한 현재의 갈등 상황은 1961년의 연방헌법으로 거슬러 올라간다. 당시 이 헌법은 영어와 프랑스어가 독립 카메룬에서 동등한 지위를 가질 것이라는 잘못된 인상을 심어 주었다. 그 당시, 과거에 영국이 관할했던 남부 카메룬은 서부 카메룬 연방주(Federated State of West Cameroon)로 개명되고, 이 주는 동부 카메룬 연방주(Federated State of East Cameroon)로 개명된 이전의 프랑스 관할지역과 결합하여 2개 주로 새로이 구성된 연방체제인 카메룬연방공화국(Federal Republic of Cameroon)으로 탄생했다. 이 연방제에서는 두 공용어가 다소 제한적으로만 사용되었으므로 카메룬 내의 영어와 프랑스어 사이의 불균형이 가려지는 효과가 있었다. 영어는 영어권 카메룬(서부 카메룬)에서 주로 사용되었고, 프랑스어는 주로 프랑스어권 카메룬(동부 카메룬)에서 사용되었다. 그러나 1972년에 아이조(Ahidjo) 대통령이 일방적으로 카메룬의 연방제에 종지부를 찍고, 단일 비연방 국가체제로 전환했다. 이때부터 영어권 카메룬인은 프랑스어가 더 널리 확산되는 것에 예민해졌고, 인구로나 언어로나 자신들이 소수집단이라는 사실을 곧 깨달았다.

언어 층위에서 프랑스어는 곧 단일 국가체제의 정치와 행정을 지배했다. 이는 법안, 법령, 명령서, 판결문, 회람공문, 근무일지 등과 같은 대부분의 공문서가 우선적으로 거의 프랑스어로 작성된다는 사실에서 알 수 있다. 특히 이러한 점이 두드러지게 나타나는 사례가 경쟁이 치열한 공무원시험이다. 공무원시험 문제는 종종 프랑스어로 작성되고 난 후에 영어로 번역되는데, 번역된 시험 문제는 거의 예외 없이 프랑스어 원문의 문제를 형편없이 번역한 번역문이다(Shey 1989). 두 공용어를 사용한 지 40년이 지난 오늘날에도 영어는 일반적으로 프랑스어 다음의 자리를 차지하거나, 군대와 같이 오직 프랑스어만 사용되는 일부 생활 영역에서 사실상 배제된다(Constable 1974; Elime 2000 참조). 정부가 그동안 여러 기회를 통해 호소하고 상기시켜 왔지만,[12] 카메룬의 공용어 사용과 관련한 대차대조표는 거의 프랑스어 쪽으로 편향되어 있다. 이 상황은 영어권에 종종 소외감을 불러일으키고, 일부 영어권 카메룬인은 영어에 온갖 피해를 입으면서 프랑스어를 강요받는 듯한 인상을 느낀다. 영어권 사람이 자주 지적하는 사례 중 하나가 영어권의 림베(Limbe)에 위치한 국립정유공장(SONARA)과 같은 국영기업으로, 이 회사는 일반적으로 프랑스어가 가능한 카메룬인을 고용하고, 대부분의 업무를 프랑스어로 본다.

이러한 프랑스어의 위압감과 더불어 영어권과 프랑스어권의 관계를 종종 규정하는 심리적 적개심 때문에 카메룬의 영어권 사회에는 영어를 강력하게 지원하는 사태가 당연히 조성되었다. 영어권 사람들 스스로가 다수파인 프랑스어권 집단에 의해 차별받는다고 생각하므로, 역사

---

12 예컨대, 공공 부문에서의 두 공용어 사용과 공문서를 영어와 프랑스어로 동시에 작성하는 것과 관련하여 총리회람공문(No. 001/CAB/PM, 1991년 8월 16일), 대통령령(No. 03/CAB/PR, 1996년 5월 30일), 총리회람공문(No. A685/CAB/PM, 2000년 4월 25일) 등이 있다.

언어적 집단(historico-linguistic group)으로서 스스로를 방어하는 것 외에는 별다른 선택의 여지가 없다고 느낀다. 이러한 역사적이고 언어적인 동기와 같은 집단 소속감이 다양한 사회정치적 조직체와 단체를 탄생시키는 원인이다. 대표적으로 영어권민족주의운동(Anglophone Nationalist Movements)이 그러한 단체인데, 이 단체의 주요 기능은 영어권 사회의 이해관계가 위협받을 때마다 영어권 단체를 동원하는 것으로, 여기에는 카메룬영어권운동(Cameroon Anglophone Movement), 전영어권회의(All Anglophone Conference), 카메룬교사협회(Teachers' Association of Cameroon), 남부카메룬국민회의(Southern Cameroons National Council) 등이 참여한다.[13]

카메룬의 실질적인 **영어권 민족주의**의 발전 과정에서 영어는 완전히 배타적이지는 않지만, 그것은 하나의 공통 요소이자 정체성의 상징으로 뚜렷이 나타난다. 또 다른 요소는 피진 영어로서, 이 언어도 카메룬의 영어권 정체성의 표지로 인식된다.[14] 사실 영어권 민족주의운동은 이 카메룬 지역이 식민지배로부터 독립하기 오래전에 탄생했다. 이 운동의 최초의 단체는 1941년에 라고스에서 결성된 카메룬청년연맹(Cameroon Youth League)이었다. 바멘다 진보협회(Bamenda Improvement Association)와 바퀘리 연합(Bakweri Union)과 같은 다른 단체도 나이지리아의 여러 정치집단 내에서 남부 카메룬의 정체성을 보존하려고 노력했으며, 은데 은투마자(Ndeh Ntumazah)가 이끌던 카메룬통일운동(One Kamerun

---

13 그러한 동원의 한 예를 들면, 1991~1992년에 영어권 사회가 카메룬교사협회와 카메룬영어권학부모교사연합을 강력하게 지지하면서, 전국적으로 수많은 시위활동을 벌인 적이 있었다. 이들이 당시에 요구했던 것은 교육위원회의 카메룬 일반증명시험을 새롭게 만들자는 것으로서, 결국 정부는 1993년에 이 요구를 승인했다(Nyamnjoh 1996).
14 그러나 11.3절에서 언급했듯이 프랑스어권 지방에서 주로 사용되는 피진 영어의 변이형은 이 경우에 해당하지 않는다.

Movement)과 같은 정당도 민족주의적 동기가 확실히 있었다. 1961년에 재통합된 이후, 영어권 민족주의는 아이조 독재시대에 정치억압을 받으면서도 생존했지만 비교적 잠잠해졌다. 1972년 이후에도 경쟁이 치열한 이 단일국가는 단일체제를 지지하는 국민투표를 시행한 방식에 대한 영어권 사람들의 암묵적인 불만을 무릅쓰고 이들에게서 뚜렷한 국가주의적인 감정을 유발시키지 못했고, 모든 영어권 지역의 정치행위는 기본적으로 은밀히 행해졌다. 그러나 1990년대 초반, 비야 정권이 정치적 다원주의를 도입하면서 영어권 민족주의가 다시 한 번 표면에 떠올랐다. 카메룬 영어권운동, 전영어권회의, 남부카메룬국민회의와 같은 단체가 연방주의로의 회귀, 더 큰 자치권, 연방제 내의 정치적 독립 등을 요구하면서 정치무대를 점유하기 시작했고, 일부에서는 영어권 카메룬을 카메룬공화국에서 완전히 분리하자는 주장도 나왔다.

1993년 3월에는 전영어권회의로 알려진 영어권 카메룬인 총회가 여러 영어권 지도층 인사의 주도로 남서 지역의 부에아(Buea)에서 개최되었다. 이 회의가 열리는 동안, 전국 각지의 영어권 사람들이 집결하여 공통 사안을 논의하는 한편 **부에아 평화발의안**(Buea Peace Initiative)으로 명명된 문서를 통해 그간 프랑스어권 사람들에게 받은 소외감을 처음으로 공개적으로 표출했다. 이 총회에서 채택한 중요한 결의안 중 하나는 카메룬의 영어권과 프랑스어권 국민의 평화 공존을 위한 필수조건으로 연방주의로 복귀할 것을 요구하는 것이었다. 수많은 총회 참석자 가운데는 카메룬 부통령(1961~1968)과 서부 카메룬 수상(1961~1965)을 역임한 존 응구 폰차(John Ngu Foncha)와 카메룬 부통령(1968~1972)과 국회대변인(1973~1988)을 지낸 바 있는 솔로몬 탄뎅 무나(Solomon Tandeng Muna)도 있었다. 남부 카메룬과 프랑스어권 카메룬의 재통합에 중요 역할을 담당했던 이 두 인물의 총회 참석은 영어권 사람들이 이 부에아 총회와 그들의 심각한 의도를 얼마나 중요하게 생각했는지에 대한 명확한 증거이다.

전영어권회의가 압력단체로서 전국적인 영향을 미치는 데 궁극적으로 실패했지만, 남부카메룬국민회의(SCNC)는 두 영어권 지역을 카메룬공화국으로부터 완전히 분리할 것을 주장하고, 영어권 민족주의의 극단주의적인 입장을 확실히 취하면서 카메룬 정치에서 현재 중요한 위치를 차지했다. SCNC의 지도부는 영어권 문제의 원인을 국제사회에 알리기 위해 여러 차례에 걸쳐 사절단을 해외로 파견한 것(1995년의 뉴욕의 유엔총회와 같이) 외에도 국내적으로 대중의 관심을 끌고, 이를 민족주의로 귀결할 목적으로 두 영어권 지역에서 다양한 활동을 전개했다. 2005년 9월에 영어권 사회의 긴장이 고조되고, 영어권 카메룬의 독립선포계획이 알려지자 카메룬 정부는 남서 주와 북서 주의 SCNC 운동가에 대해 대대적인 탄압을 가했다. 따라서 SCNC의 활동은 카메룬에 '영어권 문제'가 존재한다는 사실을 각인시켰는데, 이를 해결하는 최상의 방법은 탄압과 협박행위가 아니라, 건설적인 대화와 지역마다 특정 지방 자치권한을 부여한 1996년의 헌법을 엄격하게 시행하는 것이었다.[15]

일반적으로 볼 때, 카메룬의 영어권 민족주의의 가장 근본적인 특징으로 언어(영어)가 있고, 합심해서 영어를 통해 공통의 정체성을 보존하기를 강력히 원하는 것은 분명하다. 역사의 행운과 불행이 영어의 지위 및 그 운명과 밀접하게 연관되고, 결국은 영어권 카메룬인의 숙명으로 귀결된다는 사실을 감안하면 이 점이 쉽게 이해된다. 그리고 이렇게 수용된 공용어가 카메룬인에게 태생적으로 외래어일지라도 영어는 급격하게 영어권 사람의 문화 정체성을 나타내는 중요하고도 필수적인 요소로 자리잡고 있다. 영어권 카메룬인은 프랑스어권 카메룬인과 공존한 지 40년이 넘은 오늘날에 일반적으로 그 어느 때보다 불만이 팽배해 있다. 그것은 민족주의 정신의 고취와 프랑스어권 카메룬과 결별할 것을 요구하는 불

---

15 카메룬 내의 영어권 문제에 대해서는 Konings and Nyamnjoh(1997)도 참조한다.

만으로 표출된다. 하지만 이렇게 날로 더해 가는 언어갈등 상황은 영어와 프랑스어의 평등을 보장한 법을 올바로 시행하고, 두 공용어의 균등한 사용을 보장하는 합리적인 언어계획 체계를 궁극적으로 마련하면 바로잡거나 억제할 수 있다.[16] 만약 그러한 중재가 이루어지지 않으면, 적지 않은 영어권 집단에 만연한 불평등의 의식으로 인해 국민통합이 계속 심각한 타격을 받을 것이고, 나아가서는 독립 요구의 기폭제가 될 것이다.

11.5 결론

카메룬은 200개 이상의 토착어가 (국가의 두 공용어인) 영어와 프랑스어, (널리 퍼진 교통어인) 카메룬 피진 영어, (프랑스어 기반의 피진어화한 은어인) 캄프랑글레어와 밀집하여 공존하는 다언어 국가이다. 단일 국가에서 식민종주국의 두 비토착 언어가 공용어로 사용된다는 점에서 이는 아프리카에서도 아주 독특한 언어 상황이며, 독립을 달성한 카메룬의 특별한 역사적 조건의 산물이다. 카메룬의 각기 다른 지역의 공공생활과 기타 영역에서 영어와 프랑스어가 장려되어 뿌리를 내린 장기간의 영국과 프랑스의 식민통치로 인해, 독립 당시 영어와 프랑스어가 국가 공용어로 선택되었다. 현실적으로 공용어의 지위를 부여할 카메룬 토착어가 없었다는 점, 또 그러한 시도를 할 경우 국민의 동요를 불러올 수도 있다는 우려, 프랑스어건 영어건 어느 한 언어만 공용어로 선택할 경우 심각한 언어갈등과 심지어 내전까지도 초래할 위험성 등의 견해가 그러한 결정에 작용했다. 게다가 두 언어 모두를 선택해서 공식적인 이언어 사용 정책과 접목하면, 잠재

---

16 1996년 헌법에는 다음과 같이 언급되어 있다. "카메룬공화국의 공용어는 영어와 프랑스어이며, 두 언어의 지위는 같다. 국가는 전국적으로 두 언어의 상용을 장려할 것을 보장한다."

적으로 전체 국민을 결집하여 통일된 다언어 국가로서 카메룬을 건설하는 데 도움이 될 것이라는 기대감도 있었다. 언어 문제로 인해 독립 이후에 국가가 크게 갈라지지 않은 이상 카메룬이 공동 공용어로 영어와 프랑스어를 선택한 것은 성공이었고, 힘겨운 다언어적, 다종족적 상황을 잘 방어한 것으로 볼 수도 있다. 그러나 이 과정을 다소 부정적으로 평가해 보면, 카메룬의 공식적인 이언어 사용 정책이 과연 국민을 화합하는 데 도움이 되었고, 납득할 만한 통합과 국가 건설을 이루었는지에 대한 물음에 그렇게 낙관적으로 대답할 수만은 없다. 독립한 지 50년이 지났지만, 그동안 카메룬 정부가 시행해 온 언어정책이 단일한 공통의 국가 정체성을 증진하는 데 궁극적으로 도움이 되지는 않았던 것으로 볼 수 있다. 그 대신 이 나라는 대략적으로 언어를 충성심의 가장 중요한 징표로 삼는 영어권 집단과 이보다 더 규모가 큰 프랑스어권 집단이라는 주요 두 언어 집단 정체성으로 크게 나뉘었다. 영어와 프랑스어가 태생적으로 식민통치와 결부된 수입 언어임에도 카메룬 독립 이후 많은 카메룬인은 이제 스스로를 먼저 영어권 사람이나 프랑스어권 사람이라고 간주하고, 카메룬 국민이라는 것은 그다음으로 생각할 만큼 영어와 프랑스어는 카메룬 문화유산의 큰 부분을 차지한다. 이 현상은 어쩌면 영어와 영어권 사람이 프랑스어의 지배 상황을 평등한 생활 참여에 대한 위협으로 간주하고, 그 결과 강한 영어 충성심을 갖게 된 영어권 사람에게서 가장 분명히 나타난다. 영어권 사람은 카메룬의 영어와 프랑스어의 현재 상황에 아주 불만이 많고, 두 공용어의 불평등한 지위를 노골적으로 불평한다. 또한 언어와 관련하여 생긴 영어권 지역 문제에 대한 해결책으로 분리나 연방주의로의 복귀도 주장한다. 영어와 프랑스어를 단순한 공용어가 아니라 국어로 더 크게 여기는 (강한 경쟁심을 유발하고 대집단에 충성의 중심축으로 기능한다는 점에서) 언어 중심의 양극화 때문에 영어권과 프랑스어권 사람을 카메룬의 단일 국가 정체성으로 수렴하는 과정은 훨씬 더 오랜 시간이 걸릴 것으로 보인다. 게다가 국민

사이에서 지금까지 이루어진 정체성의 공통 연계가 무엇이었든 간에 그것은 잠재적 구속력을 가진 언어 덕분에 그렇게 된 것이 아니라, 그러한 언어에도 불구하고 이루어진 것이다. 따라서 공식적인 이언어 사용은 카메룬 통합의 기제로서 원활하게 작동하지 않았는데, 그 원인은 분명히 실현 가능한 국가정책으로서의 다언어 사용 정책에 내재하는 근원적인 결함이 아니라 그러한 언어정책을 공정하게 실행하지 못했기 때문이다.

제12장

콩고민주공화국
언어와 '진정한 민족주의'

에얌바 G. 보캄바(Eyamba G. Bokamba)

12.1 개관

오늘날 이른바 콩고민주공화국(Democratic Republic of the Congo, 이하 DRC)은 아프리카에서 으뜸가는 다국어 사용 국가로서 현재 사용되는 언어는 214개이고, 수많은 종족 집단이 있다(Ethnologue 2005). 이 수치에는 DRC가 공용어로 공표한 프랑스어와, 도심지의 주요 공동체가 구사하는 레바논 아랍어, 영어, 그리스어, 힌디어, 포르투갈어, 월로프어 같은 비토착어도 포함된다. DRC에서 사용하는 언어의 최종 통계와 각 자료의 정확성은 언어를 포함한 인구통계의 부재로 인해 의심스럽다. 그러나 분명한 것은 DRC는 안정된 다국어 사용 국가로 21개의 주요 토착어를 사용하고, 언어당 적어도 약 50만 명의 화자가 있다는 것이다(Ethnologue 2005). 이들 가운데 4개 언어, 즉 콩고어(Kikongo), 스와힐리어(Kiswahili),[1] 링갈라어(Lingala), 루바어(Tshiluba)는 제한된 지역에서 국어 역할을 하고, 대부분 지역에서는 프랑스어를 공통어로 사용한다(Bokamba 1976. 이후 발표).

만연한 이러한 유형의 다언어주의와 함께 언어와 국가 정체성의 맥락에서 자연스럽게 제기되는 의문점은, 언어분열이 단일 정체성 또는 다수의 경쟁적 정체성을 형성했는지에 관한 것이다. 이 장에서는 역사적 사실과 언어관행에 기반을 두고 콩고 민족주의의 특징적 요소를 확인하면서, 이 문제와 이와 관련된 세부 문제에 대해 살펴본다. 이 연구는 언어정책, 콩고 음악, 정치의 역할과, 제2공화국(1965~1997)하에서 콩고의 정체성 구축에 이용된 '진정성(authenticity)'의 이념을 검토할 것이다. 우선, 서양에 팽배한 인식, 즉 다언어주의가 분열을 초래한다는 인식과 반대로 다언어주의가 정착된 나라에서 국가 정체성 의식을 개발하는 것이 실제로 가능하다는 것을 주장할 것이다. 다음으로, DRC는 개인이나 사회의 다언어주의가 만연해 있지만 1996년 이후의 위기에도 불구하고 콩고의 정체성을 지키고 발전시키기 위해 여러 가지 요소가 상호작용을 했다는 것을 주장하고, 마지막으로, 2006년 대통령 선거 당시 서구 언론에서 스와힐리어를 사용하는 DRC와 링갈라어를 사용하는 DRC로 묘사됐던 동콩고와 서콩고를 분리하려는 국제사회의 시도가 실패로 끝났는데, 이것이 콩고 민족주의의 회복을 보여 주는 가장 강력한 최근 증거라는 것을 주장한다.

---

1 스와힐리어(Kiswahili)는 종종 접두사 Ki- 없이 Swahili로도 지칭된다. 두 용어 간에 차이는 없지만 접두사가 붙은 용어를 사용하는 것이 언어학적으로 좀 더 정확한 것으로 생각된다.

12.2 지리적, 역사적 배경

1971~1997년까지 자이르공화국(Republic of Zaire)으로 알려진 DRC는 적도 아프리카 대륙의 중앙에 위치해 있으며, 총 9개국과 국경이 맞닿아 있다. DRC의 면적은 90만 5,365평방마일로 수단에 이어 두 번째로 넓고, 약 6,000만 명으로 추정되는 인구는 아프리카 국가 가운데 네 번째로 많다 (*Wikipedia* 2006; CIA-World Factbook 2015년 기준 인구는 7,937만 5,136명임 – 역주).

DRC의 영토는 19세기 후반, 콩고 자유국(Congo Free State)이라는 이름하에 벨기에 왕 레오폴 2세의 개인 영지로서 공식적으로 처음 확정되었다. 1908년에 콩고 자유국은 토착 주민을 잔혹하게 다루어 주민의 약 50퍼센트가 죽게 되자 국제적으로 비난을 받았고, 레오폴 왕은 그 영지에 관한 소유권을 포기하라는 압력을 받자 그곳을 벨기에 왕국의 식민지로 기부했다(Hochschild 1998). 그 후 1960년 6월 30일에 정치적으로 독립할 때까지 이곳은 '벨기에령 콩고(Belgian Congo)'로 지칭되었다. 벨기에의 직접 통치는 레오폴 왕만큼 잔인하지는 않았지만, 식민정부는 대부분의 주요 영역과 분야에서 노골적으로 인종을 차별하고 인종 분리정책을 폈다. 그리고 식민정부는 투표권을 포함하여 공직 출마권, 공정한 급여권, 공교육권 등 콩고인의 기본권을 대부분 부정했다(Anstey 1966; Nzongola-Ntalaja 2002).

1960년에 벨기에령 콩고는 마침내 벨기에로부터 독립을 쟁취했다. 그러나 얼마 지나지 않아 DRC는 해방으로 가는 길에 심각한 위기를 맞이했다. 킨샤사에서 일어난 국민군(Force Publique: 과거 식민지 국군)의 반란(1960년 7월 5~9일), 이 반란을 진압하기 위한 벨기에군의 개입, 참모총장 조제프 모부투(Joseph Mobutu) 중령의 주도하에 콩고군이 일으킨 쿠데타(1960년 9월 14일), 카탕가의 엘리자베스빌에서 있었던 DRC 초대 수상 파트리스 루뭄바(Patrice Lumumba)의 암살(1961년 1월 17일), 1960~1963년에 서구가 사주하여 일어난, 풍부한 광물자원이 매장된 카탕가와 카사이 2개 주의 분리독립 등의 격변이 있었다. 카탕가 분리독립의 위기는 주민의 염원이 아니라, 아무런 제지도 없이 DRC의 자원을 탈취하려고 한 벨기에와 다국적 회사의 욕망에서 비롯한 것이었다. 그럼에도 이들 위기는 국가 정체성 형성의 기반이 되었고, 통일에 대한 분위기가 고조되었다.

카탕가의 분리독립을 막기 위해 2년 반 동안 내전이 벌어졌고, 1965년 5월 최초로 다당제 선거가 자유공명선거로 전국적으로 실시되었다. 그 후 모부투는 두 번째 쿠데타를 일으켜(1965년 11월 24일) 강력한 중앙집권적 정부를 설립했다. 1990년 4월 24일에 다당제 정치체제의 수립을 허가하라는 내적·외적 압력에 굴복하기 전까지 서구의 지원 아래 독재적이고 약탈적으로 DRC를 통치했다. 이 시점에서 가장 의미 있는 역사적 사건은 킨샤사에서 **국민주권회의**(Sovereign National Conference)가 소집된 것이었다. DRC의 각 사회 분야를 대표하는 2,842명의 대표자로 구성된 국민주권회의는 과도적 심의기관으로서 DRC의 민족주의를 다시 고취하고, 의회책임제, 다당제와 참여민주주의를 재도입하기 위해 실행 가능한 정강을 만들었고, 모부투는 이러한 노력을 좌절시키기 위해 권력을 총동원했다(Nzongola-Ntalaja 2002, 2006). 모부투에 대한 일반적인 평판은 통치 중에 국가통일을 유지하고, 1965년 쿠데타가 일어나기 전까지 6개 주에서 21개 주까지 급증했던 주의 수를 11개로 줄인 것을 지적할 수 있다.

모부투 정권이 적극적으로 인기를 얻지 못하고 국가 자원을 부실하게 관리한 결과 경제가 붕괴되었고, 특히 중동부[키부(Kivu) 주]의 국경지대에서 통제력을 상실했다. 이를 기회로 1996년(그 후 1998년)에 우간다와 르완다는 전면에 콩고 국민을 앞세우고 DRC를 침공했는데, 서부 르완다의 게릴라 기지로 이용되던 후투족의 난민촌을 없애겠다는 것이 표면상의 구실이었다. 이 전쟁이 끝난 후 분석에 따르면, 침략의 주된 목적은 르완다의 게릴라 전투를 막기 위한 것이 아니라 킨샤사 정권의 교체 및 키부의 남북 2개 주에 대한 르완다의 영토 확장의 합법화, 르완다, 우간다, 서방 동맹국 같은 자원 의존국의 DRC 동부 자원의 약탈을 위한 것이었다(Madsen 1999; Nzongola-Ntalaja 2002; Ngbanda 2004). 1996년에 침략이 성공하자 로랑 데지레 카빌라(Laurent Desire Kabila)가 킨샤사의 권력을 접수하고 스스로 대통령직에 올라 1997년 5월 17일에 국명을 자이르공화국(Republic of Zaire)에서 DRC로 일방적으로 변경했다. 카빌라 대통령의 선언은 국내외에서 측근으로 있던 르완다와 우간다의 후원 세력을 경악시켰고, 카빌라와 이들 사이에 즉각 긴장이 조성되었다.

처음에 카빌라는 장기 독재자였던 모부투로부터 킨샤사 주민을 해방시켜 준 반가운 해방자로 받아들여졌다. 민주화 세력은 수차례 모부투를 권좌에서 쫓아내려고 했지만 실패했다. 하지만 카빌라의 대통령 취임 후 몇 달도 채 지나지 않아서 킨샤사 주민은 해방군이 아니라 주둔군 배치를 비난하기 시작했다. 1998년에 카빌라에 의해 측근 자리에서 쫓겨나 추방된 르완다 군장교들은 그에게 등을 돌리고, 우간다군과 DRC 내 세력의 협조를 얻어 DRC를 재침공했다(Madsen 1999; Nzongola-Ntalaja 2002). 침략군이 킨샤사의 서부 진입에서 공략하지 못한 것은, 카빌라가 재빨리 앙골라, 짐바브웨, 나미비아에 군사지원을 요청했기 때문이었다. 이들의 재침략은 DRC 정부에 발판을 확보해서 막대한 천연자원에 자유롭게 접근하기 위한 것이었다. 이 분쟁의 결과, DRC는 카빌라 정부와 함께 군지휘자가 관리하는 4개 지역으로 분할되었고, 정체(政體)로서의 DRC 통일과 국가 정부로서의 생존 능력을 위협하는 소국(小國) 분할방식(balkanization)이 도입되었다. 카빌라는 처음에 '반군'을 인정하고, 아프리카 통일기구가 소집한 회의에서 반군과 협상하는 것을 거절했다가 마지못해 동의했고, 이것이 빌미가 되어 결국 2001년 1월 16일에 암살당했다.

DRC 군대와 반란 파벌 사이의 공개적인 전쟁은 2002년 12월 17일에 남아프리카 프리토리아에서 폭넓은 합의가 이루어짐으로써 공식적으로 종식됐다. 통일된 국가로서 2년간의 과도정부 설립과 대통령(로랑 카빌라의 양자인 조제프 카빌라) 1인과 부통령(두 주요 반란운동기구였던 카빌라 정부와 비무장 반대파/시민사회 대표자) 4인을 두기로 합의했다. 이 협정 이후 킨샤사에서 시작된 통일정부에 대한 인식이 되살아났고, 400만 명 이상의 목숨을 앗아간 동부 지역의 전쟁은 종식되었다.

2006년에 총선거가 실시되었고, 많은 DRC 국민이 선거 결과에 이의를 제기했음에도 벰바(Bemba) 41.95퍼센트, 카빌라 58.05퍼센트의 득표로 카빌라가 대통령에 당선되었다. 뿐만 아니라 대통령 선거 결과는 동서 분열을 보여 주었다. 벰바는 수도 킨샤사를 포함해 서부의 6개 주에서 앞선 반면 카빌라는 동부의 5개 주에서 엇비슷하게 앞선 것으로 드러났다. 국제 언론이 보도하는 것보다 훨씬 더 복잡한 이 동서 분열은 '링갈라어권'과 '스와힐리어권'의 분리로도 묘사되었다. 이는 스와힐리어는 동부 DRC에서 많이 사용되고, 링갈라어는 서부 DRC에서 많이 쓰였고, 또한 벰바는 응갈라(Mongala, 링갈라어 사용자)였고 카빌라는 링갈라어를 모르는 스와힐리인(Muswahili, 스와힐리어 사용자)이었기 때문에 그러했다. 그러나 12.3.2절의 국어에 대한 기술에서 볼 수 있듯이, 교통어 자리를 두고 링갈라어는 동부 주에서는 스와힐리어와 경쟁하지만, 동서 카사이 2개 주에서는 루바어와 겨루지 않는다. 게다가 링갈라어는 키부 2개 주에서 모두 입지가 강하다. 그러므로 언론에서 말하는 동서 분열은 지나치게 단순하고, 정치 목적을 위해 실제로 존재하지 않는 언어 차별을 만들려는 시도였다.

DRC 독립 전후의 정치적, 역사적 발전을 고려할 때, 콩고자유정부 수립 이후 현재까지 오랫동안 고통에 시달렸던 DRC 국민의 강한 회복력과 일체감, 민족주의, 다시 말해 그들의 '콩고 고유성(Congolité)'에 주목할 만하다. 서구 정치전문가들은 DRC를 '끝없는 위기'의 나라, '실패한 국가'의 전형으로 묘사해 왔다. 이러한 실패 원인은 여러 가지인데, 독립 후 통치에 대비한 준비 부족, 대학교육을 받은 요인(要人)의 부재, 부족주의, 부실관리, 부정부패, 후진국형의 통치 무능력과 도둑정치 등이었다(Leslie 1983; Young and Turner 1985). 더 최근 연구에 따르면, DRC의 사회경제적 실패는 서방 국가의 내정 간섭, 경제적 이익 수탈, 민주주의 정착 노력의 의도적 무력화로 생긴 결과였다(Pongo 1999; Madsen 1999; Nzongola-Ntalaja 2002; Braeckman 2003; French 2004; Ngbanda 2004; Kankwenda 2005). 초창기 대부분의 연구자는, DRC가 소국 분할이나 '소말리아화(Somalization)'처럼 군소 국가로 와해될 것으로 예상했다. 하지만 이 예측은 빗나갔다. 1998~2002년까지 침략과 파괴, 전쟁이 일어났고, 르완다는 키부 2개 주에 자국의 행정체계를 공공연히 도입하는가 하면, 콩고 프랑의 유통을 금지하고, 키부 주민에게 르완다 번호체계로 된 차량번호판을 살 것을 강요하는 거센 압력을 넣었지만 DRC 국민은 이러한 국가분단에 저항했기 때문이다. 이들 주에 사는 DRC 국민은 신식민주의적 조치에[2] 노골적으로 항거했고, 국가는 분열되지 않았으며, 전후의 정치에서 느슨한 연방국가라는 개념도 진지하게 거론되지 않았다. 연방주의 가능성은 사실상 단호히 거부되었다. DRC의 통일에 대한 이러한 열정적인 애착심을 고려할 때, 정권 교체 및 침략 전쟁의 발발 전후 DRC의 강력한 민족주의를 어떤 요인으로 설명할 수 있는가에 대한 질문은 당연한 것이다. 그 대답은 DRC의 복합적인 사회역사적 발전에 있다. 이에 대해서는 12.3절과 12.4절에서 재론한다.

12.3 DRC의 언어 양상: 과거와 현재

12.3.1 식민시대의 언어

DRC의 언어와 민족주의 결탁을 이해하려면, 독립 전후 DRC의 언어정책 전개 과정을 파악하는 것이 중요하다. 식민시대에 기독교와 서양식 교육을 도입하고 확산하기 위해 로마 가톨릭교와 신교는 식민지에서 기초교육을 실시하는 학교 설립을 허가받았다. 그들은 학교 운영을 상당히 자유롭게 할 수 있었고, 학교제도를 도입운영하고, 이를 위한 언어정책도 자

---

2 일례로 DRC 국민은 르완다 통제지역의 중등학교 학생들이 킨샤사 교육부에서 제공한 '국가고시'와 다른 별도시험을 치르는 것을 거부했다.

체로 제정할 수 있었다. 시간이 흐르면서 선교와 교육을 위해 다수의 지방어를 선택하여 철자법을 만들고, 이를 언어 자료 계획과 언어정책에 편입시켰다. 선택된 언어로는 콩고어, 스와힐리어, 테텔라어(Kitetela), 링갈라어, 몽고어(Lomongo), 루바어, 잔데어(Zande)가 있었다(Polomé 1968; Bokamba 1976; Yates 1981).

1906~1920년까지 식민정부는 소수의 미션스쿨이 아닌 학교(이른바 공립수도회학교)를 세웠지만, 교사는 로마 가톨릭교단을 통해 파송됐다(Georis and Agbiano 1965). 1946년에 식민정부가 토착인의 교육에 크게 주목하고 관리하기 시작할 때까지 보조금을 우선적으로 제공한 로마 가톨릭 교회와 교회 선교가 교육 부문을 계속 관장했다. 이렇게 40년간 교회 선교는 더 확산되면서 교육과 관련한 언어정책에 큰 영향을 끼쳤다. 1948년에 신교육과정이 발표되면서 교회 선교는 초등교육에 콩고어, 스와힐리어, 테텔라어, 링갈라어, 몽고어, 루바어, 잔데어, 르완다어(Kinyarwanda)[3]를 사용하도록 했다. 이 교육과정이 실시되면서 정부 보조금을 받은 초등학교 이수과목에 프랑스어가 도입되었고, 4학년부터 중등학교까지 4년간 프랑스어로 수업이 진행되었다(Polomé 1968; Ndoma 1977). 마침내 1958년에 모든 국립학교와 정부 보조금을 지원받는 학교는 프랑스어로만 수업을 실시했다. 프랑스어와 함께 벨기에 공용어인 플랑드르어(Flemish)는 중등학교에서 영어나 독일어와 함께 외국어 선택과목으로 도입됐다(Bokamba 1976; Yates 1981). 1960년 6월 30일에 정치적으로 독립한 DRC는 공용어로 프랑스어만을 채택하기로 결정했고, 이는 의회에서 즉시 통과됐다. 위에 언급한 7개 토착어 중 콩고어, 스와힐리어,

---

3 르완다어가 널리 쓰이는 르완다와 룬디어(Kirundi)가 광범하게 쓰이는 부룬디는 벨기에에 의해 단일 행정단위로 1925년에 콩고에 통합되었다. 벨기에령 콩고(Le Congo Belge)와 루안다우룬디(Le Ruanda-Urundi)라는 이름으로 각각 알려졌다(Nzongola-Ntalaja 2000).

링갈라어, 루바어의 4개 언어는 공공 부문에 따라 국어로 인정되고, 이들 언어가 집중적으로 사용되는 지방의 초·중등학교에서는 필수과목이 됐다(Polomé 1968; Ndoma 1977). 또한 이들은 1980년대 후반까지 대학 언어학부의 교과목으로 개설됐다.

12.3.2 만연한 다언어주의

정치적 독립 이후로 DRC 내 공공부문의 언어정책은 사실상 변한 것이 없고, 이 나라는 다언어주의가 만연했다. DRC의 언어는 214개로 추정되는데, 주로 반투어군과 북부 지방의 소수의 나일사하라 어족에 속한다. 언어는 나이지리아(521개 언어)와 카메룬(286개 언어)의 뒤를 이어 아프리카에서 세 번째로 많다(Ethnologue 2005). 이렇듯 다양한 언어와 거기에 담긴 문화는 서양의 시각으로 볼 때는 당연히 근본적인 질문을 많이 제기한다. 예컨대 민족주의를 정의하고 성취하는 근거가 (만약에 있다면) 무엇인지, 종족 간에 의사소통은 어떻게 이루어지는지, 공공 부문의 담화는 어떻게 전달되는지와 같은 것이다.

　19세기에 다양한 왕국과 제국, 족장사회로부터 성립된 최초의 콩고 자유정부는 현재의 DRC 다언어주의 국가가 되었고, 종족경계를 넘나들며 다양한 활동과 접촉으로 몇몇 토착어는 '지방어'나 '교역어'로 선택되어 널리 확산되었다. 그중 제일 많이 알려진 6개 언어는 콩고어, 스와힐리어, 링갈라어, 몽고어, 루바어, 잔데어이다.[4] 일곱 번째 언어로 간주되는 프랑스어는 엘리트와 '상위 영역'의 언어였다. DRC의 국가 정체성에

4　이 6개의 언어와 더불어 그 밖에 분류된 콩고의 언어는 다음과 같다. Alur, Bushi, Ginandza, Ikeleve, Kibemba/Cibemba, Kilega, Kinande, Kiruund, Kisanga, Lingombe, Lokele, Lugbara, Lunda, Mangbetu, Ndembu, Ngbaka, Ngbandi, Tshokwe/Cokwe(Ndoma 1977).

서 갖는 언어의 지위를 더 잘 가늠하기 위해 이제 DRC의 7개 주요 언어의 지리적 분포와 기능적 분포를 개략적으로 살펴본다.

콩고어는 북부 앙골라와 남부 콩고브라자빌의 일부를 포함하는 옛 콩고 왕국의 언어로서 서부의 바콩고(Bas-Congo) 주와 반둔두(Bandundu) 주에서 교통어로 널리 사용된다. 또한 콩고어는 1920년대 후반 링갈라어가 추월하기 전까지 레오폴빌(현재의 킨샤사)의 지배적 다수어였다. 이 언어는 가족 간, 콩고어를 모르는 종족 간 의사소통, 특정 종교의 예배, 지역시장과 지방행정에 사용된다. 국립라디오방송국의 특정 교육프로그램과, 뉴스전달과 교육 기능을 가진 지방방송 역시 콩고어로 진행된다. 국가 차원에서 보면, 킨샤사에 있는 콩고 국립라디오텔레비전방송국(RTNC)의 특정 방송프로그램, 특히 번역 뉴스방송이나 다양한 교육프로그램에서는 콩고어가 일부 사용된다. 나아가 '수쿠스(Soukous)'나 '콩고룸바(Congolese rumba)'로 널리 알려진 DRC 대중음악에도 일부 사용되며, 종종 링갈라어와 섞인 혼합 변이형 형태로도 사용된다. 교육 분야를 보면, 2개 주가 저학년 교육(3학년까지)은 콩고어로 수업을 실시하고, 중등과 대학교육에 콩고어 과목이 개설되어 있다.

스와힐리어는 동부의 여러 지역, 즉 동부 주와, 북부 키부, 남부 키부, 마니에마(Maniema), 카탕가(Katanga) 주에서 가장 많이 쓰이는 교통어이다. 동부 주에서는 링갈라어가 스와힐리어와 서로 엇비슷하게 많이 쓰이고, 카탕가 주에서는 루바어가 스와힐리어와 비등하게 많이 쓰이지만, 스와힐리어는 비공식 일반 대화에서 여전히 많이 사용되는 기본적인 지역 교통어이다. 콩고어와 마찬가지로 스와힐리어는 예배, 지방/지역방송, 시장, 지역/지방행정, RTNC 번역 뉴스방송이나 교육프로그램에서 사용된다. 또한 스와힐리어는 콩고어처럼 DRC 음악에도 사용된다. 로랑 카빌라 대통령이 짧게 집권하는 동안 이 언어는 다종족 소년병 군대[카도고(kadogo)]와 르완다군과 우간다군이 실질적으로 사용하는 공용어였다.

뿐만 아니라 널리 사용되는 주에서는 초등학교 저학년 수업은 스와힐리어로 진행하고, 중등과 대학교육에는 스와힐리어 과목이 개설되어 있다.

링갈라어는 에콰퇴르(Equateur) 주에서 기원한다. 링갈라어는 첫째, 이 주의 지배적 다수어로서, 수도 킨샤사에서 일상대화의 무표적 기본 언어로 가장 많이 쓰이고, 둘째, 바콩고 주와 반둔두 주에서는 교통어 자리를 놓고 콩고어와 겨루고, 동부 주에서는 스와힐리어와 경쟁한다. 콩고어와 스와힐리어처럼 링갈라어는 지방/지역행정, 교회, RTNC의 뉴스나 교육프로그램 방송, 모든 (소)구역에 널려 있는 시장, 텔레비전이나 라디오 광고에서 사용된다. 또한 킨샤사에 있는 RTNC의 연속극이나 연극공연은 주로 링갈라어로 진행된다. 나아가 에콰퇴르 주와 킨샤사 연방구에서는 초등학교 저학년 교육을 링갈라어로 실시하고, 중등과 대학교육에는 링갈라어 과목이 개설된다. 콩고어와 스와힐리어와 달리 링갈라어는 전국적으로 기능하는데, 식민시대 이후 발달해 왔기에 심지어 공용어(프랑스어)의 기능을 훨씬 넘어선다. 링갈라어는 1930년 이래 콩고군의 공용어이자(Polomé 1968 ; Bokamba 1976), 1966년부터 가톨릭 성직자와 DRC의 대교구인 킨샤사교구의 공식 예배어이다. 또한 시장과 서부의 콩고 강과 동부 주의 키상가니(Kisangani)까지 뻗어 있는 지류를 따라 가장 널리 사용되는 교역어이며, DRC 음악의 (적어도 70퍼센트를 차지하는) 지배적 다수어이다. 경찰과 콩고군(ANC)을 포함하여 치안부대에서도 널리 사용되고, DRC 음악에서도 링갈라어는 국민적 매체이다. DRC의 어느 곳에서나 거의 모든 계층의 사람들이 링갈라어를 사용하고 말하는 것을 들을 수 있다. 식민시대와 독립 후 DRC 군대의 부대 지역배치 정책으로 링갈라어는 각 지방으로 쉽사리 확산되었다. 이것은 주요 경쟁어인 스와힐리어에게는 무척 불리한 처사였다.

몽고어 또는 응쿤도어(Lonkundo)는 에콰퇴르 주의 소지역의 주요 국어로서, 이 곳의 두 지역인 에콰퇴르와 추아파(Tshuapa)에서 사용되는 주요 교통어이다. 이 언어는 1920년대 말에 링갈라어가 추월하기 전까지 에콰퇴르 주도(州都)인 음반다카(Mbandaka)의 지배 다수어였다. 또한 비도시 지역 중심가의 예배어이고, 특정 교육프로그램과 소구역 간 거래에서 사용되는 교역어이다. 1950년대 후반까지 주요 개신교 교파인 사도교회(Disciples of Christ) 선교사들은 음반다카에 도착해서 선교지에 파송되기 전까지 몽고어를 배웠다. 그 후 이 관행은 주의 교통어인 링갈라어의 압력으로 중단되었다.

루바어는 동부 카사이와 서부 카사이 주의 국어이자 지배 교통어이다. 또한 카탕가 주에서는 스와힐리어와 교통어 자리를 놓고 경쟁한다. 다른 3개 국어처럼 루바어는 지역/지방행정, 시장, 지역/지방의 특정 방송프로그램, 카사이의 2개 주와 카탕가 일부 지역의 예배, DRC 대중음악, RTNC의 번역 뉴스방송이나 교육프로그램에 교통어로 사용된다. 또한 카사이 2개 주에서는 초등학교 저학년 교육에 루바어가 사용되며, 중등과 대학교육에 루바어 과목이 있다. 식민시대에 루바어가 카탕가에 퍼진 것은 루붐바시(Lubumbashi), 콜웨지(Kolwezi), 리카시(Likasi), 칼레미(Kalemie) 같은 주요 도시가 구리 광산업으로 이주 노동자가 많았기 때문이다.

잔데어는 DRC에서 여섯 번째 가는 주요 국어이며, 스와힐리어나 링갈라어가 우세한 동부 주 외의 최북단에 위치한 바우엘레(Bas-Uélé)에서 사용된다. 잔데어는 예배와 시장에서 사용되는 소지역 교통어이며, 역내 종족 간 의사소통에 사용된다.

마지막으로 프랑스어는 해방 이래 유일한 공용어이며, 지역적, 국가적 차원의 모든 방면에서 행정 언어이자 국제교류 및 교육 언어이다. 프랑스어는 종교 예배와 현대 종교음악과 대중음악, 대기업의 공용어로 사용된다. DRC에서 '제2언어'로 프랑스어를 사용하는 화자의 비율은 상당하고(12~15퍼센트로 추정), 주요 공공 부문에서 프랑스어의 역할은 중요하지만, 실제로 프랑스어는 학식 있는 엘리트가 사용하는 제한된 소수언어이다. 프랑스어는 공식 담화에서 사용되며, 일반시민의 일상적 의사소통에서는 사용되지 않는다. 게다가 거리에서 구어로 습득하는 국어나 소지역 언어와는 달리 프랑스어는 주로 학교에서 제2언어/외국어로 정식으로 학습한다. 1980년대 후반까지 초등학생과 교사의 형편없는 프랑스어 학습이 학생 수의 감소, 중도 탈락률 증가, 낮은 학업 성취도의 원인으로 비난받았다(Ndoma 1977; Bokamba 1986).

12.3.3 DRC의 언어정책

독립을 목전에 두고 콩고는 1948년에 개정된 교육과정을 따르는 언어정책을 그대로 물려받았다. 이것은 위에서 열거한 6개 지방어를 포함한 DRC 토착어를 초등학교 저학년(1~3학년까지)의 교습 언어로 채택할 것, 2학년부터는 한 과목을 프랑스어로 지정해 의무적으로 교육할 것, 4학년부터 시작해 대학에 이르기까지 프랑스어를 교습 언어로 사용할 것을 규정했다(Bokamba 1976; Yates 1981). 이 정책은 식민정부로부터 거액의 보조금을 받는, 교회기반 학교와 미션스쿨에는 모두 적용되었지만, '본국의 교육제도'하에서 '비종교 공립학교'로 불리는 국가지원의 도시학교에는 이 정책이 적용되지 않았다. 이들 학교에서는 1학년부터 프랑스어로만 수업이 진행되었는데, 킨샤사는 1957년부터, 다른 도시는 1958년부터 시행되었다. 그러나 소도시나 농촌의 초등학교에는 자격을 갖춘 내국인 교사가 부족했기 때문에 전반적인 정책 실현은 매우 산발적이었다. 이러한 이유로 5학년까지 대부분의 과목에는 (각주 4에 언급된) 지방어와 국어가 계속해서 사용됐다.

엘리트 계층에서는 벨기에의 교육프로그램을 DRC까지 연장하는 교육제도로서 두 나라의 교육 '균등'을 확립하는 프랑스어 기반의 정책을 매우 환영했다. 그러나 국가적 차원에서 목소리를 높이는 지식인 단체와 정치지도자 단체는 이에 반대했다.

이 반론은 1960년 7월 9일 국무총리 루뭄바가 콩고 국군의 아프리카화를 언급한 공개 연설에서 처음으로 그 조짐이 드러났다.

> 오늘날 '경찰'에서 수석 경찰국장이나 지휘관으로 임명받은 자는 진정 프랑스어를 안다고 해도 스와힐리어나 링갈라어로 소통해야 한다. 우리는 우리만이 가진 민족적 플랑드르어가 있다(van Lierde, 1963: 246).[5]

키상가니 주도(州都) 출신이며 스와힐리어 화자인 국무총리의 정치 경력이 단명인데도 종종 대중집회에서 링갈라어로 연설했던 것을 보면 이 성명은 전혀 놀라운 것이 아니었다.

그 후 얼마 지나지 않아 1962년에 대학 수준의 콩고 학생연합인 **콩고 대학생 전국연합**(UGEC)의 제2차 연례회의에서 콩고의 공용어를 프랑스어에서 토착어로 교체해 달라는 단호한 요구가 있었다. 회의 참가자들은 중앙정부위원회와 교육/언어전문가가 콩고 국어를 연구하여 그중 한 언어를 모든 중등학교에서 교육하고, 초중등학교에서 이 국어가 프랑스어와 똑같은 비중을 갖도록 제안했다.

세 번째로, 4년 후인 1966년 6월에 언어정책 변화를 단호히 지지하고 요구하는 움직임이 나타났다. 콩고(당시는 자이르)의 가톨릭교단이 링갈라어를 교단의 공용어로 채택하는 안을 압도적으로 지지하고, 성직자 훈련과정에 링갈라어를 사용할 것을 요구했다. 이 칙령은 특히 유의미했고, 국가적으로 주목을 받을 만했다. 왜냐하면 가톨릭교단은 식민정부의 한쪽 팔—당시 콩고는 과거 벨기에 식민지로서 절대다수가 가톨릭교 신

---

5 루뭄바의 성명 중 반 리데(van Lierde)의 프랑스어 인용을 해석한 것이다.

자인 국가였기에—이자 국가 보조금을 제일 많이 지원받는 수혜자였기 때문이다.

결국 같은 해에, 킨샤사에서 열린 제3차 국립교육기관장 전국회의는 두 가지 요구사항을 결의안으로 채택했다. (1) 전국에서 교습언어로 사용할 콩고 국어를 선정할 것과 (2) 학교교육에서 주요 토착어를 가르칠 것 (Bokamba 1976)이 그것이다.

얼마 후 모부투 대통령이 자이르 국립대학(UNAZA)의 언어학자들에게 공용어로 채택할 자이르어 하나를 신중히 골라 정부에 제의해 달라고 부탁한 것은 국어 문제에서 이러한 이해관계의 배경에 반하는 조치였다. 부분적으로는 대통령의 명령으로, 1974년 5월 22~26일까지 UNAZA의 루붐바시 캠퍼스에서 이 주제를 논의하기 위해 회의가 소집되었다. 탈식민지 이후 국가에서 이러한 회의가 개최된 것은 처음이었다. 이 회의에서는 관련된 두 목표는 달성했지만, 세 번째 목표는 달성하지 못했다. 보캄바(Bokamba 1976)에서 논의했듯이, 이 회의를 계기로 전국 자이르 언어학자협회(National Society of Zairian Linguists)가 결성됐고, 몇몇 언어정책 제안사항이 채택되었다. 이러한 제안사항 중 첫 두 부분을 아래에 그대로 제시했는데, 이는 모부투 대통령이 제기한 진정한 자이르 문화로의 회귀라는 생각에 자극을 받아 국어/토착어를 적극 지원하겠다는 의지를 보여주었다(12.4.3절 참조).

이 회의에서 나온 제안을 보면, 학교교육에서 지역 간에 통용되는 언어를 가르치고 증진할 것, 8학년까지 모든 과목을 이 언어들로 가르칠 것, 사회과학과 인문학 과목의 교습 언어로서 활용도를 넓힐 것 등이었다. 반면 프랑스어 과목은 3학년부터 가르치는 것으로 미루고, 교습 언어로는 중등교육의 상급학년에만 사용할 것을 건의했다.

우리 자이르 언어학자들은 (1974년) 5월 22~26일까지 여기(루붐바시)

에 모여 (1) 초등학교와 중등학교에서 자이르어 사용 및 자이르어 교습의 중요성, (2) 자이르 진정성으로의 회귀정책, (3) 자이르어의 현재 상태 등을 고려하여 다음과 같이 제안한다.

1. 초등학교 수준
a) 수업은 자이르어로 진행하고, 1학년부터 6학년까지 모든 과목의 교습 언어로 채택한다.
b) 1974~1975학년도부터 자이르어를 교습 언어로 삼고, 다음 해 (1975~1976)에는 2학년 수업에 도입하고, (프랑스어로 수업을 진행하는) 현행제도를 단계적으로 폐지할 때까지 점차 늘려 간다.
c) 지역 간 통용되는 언어, 즉 학교가 있는 지역의 지배적 다수어를 교습 언어로 선택한다.
d) 1학년부터 교습언어로 사용되는 자이르어를 3학년부터 과목으로 가르친다.
e) 프랑스어는 학과목으로 3학년에 개설하지만, 교습 언어로 사용하지 않고, 중등학교 2학년까지 심화하고, 중등학교 4년차부터 교습 언어로 사용한다.

2. 중등학교 수준
a) 중등학교 수준에서 1, 2학년의 모든 과정은 자이르어로 진행한다.
b) 중등학교 3학년에 제2의 자이르어를 추가하여 과목으로는 인정하지만, 교습 언어로는 사용하지 않는다. (그리고) 현실적으로 중요하면 선택할 수도 있다.
c) 중등학교 3학년 초에 1학년부터 교습 언어로 사용하던 자이르어를 사회학, 위생학, 작문, 종교, 윤리, 영양, 상업, 통신, 미학 등의 과목에 교습 언어로 사용한다.
d) 중등학교 3학년 이후 몇몇 과목은 일시적으로 프랑스어로 가르친

다[위의 (c)와 비교].

e) 중등학교 4학년부터는 영어를 계속 가르친다(Bokamba 1976: 130-131).

모부투 체제가 언어정책으로 채택한 이러한 제안은 그동안 지속된 식민지정책으로부터 근본적으로 벗어나는 것을 의미했다. 필자는 이러한 발전이 가능하게 된 근본 요인은 무엇보다 루뭄바와, 모부투 대통령의 자이르의 진정성 원리에 바탕을 둔 기존 정책의 '재검토'였다는 것을 나중에 논의한다.

그러나 앞에 제시한 것처럼, 다음 진술에서 언급한 세 가지 주된 이유 때문에 국가 공용어로 제안할 특정 언어를 채택하지 못한 채 회의는 끝났다.

유일한 국어 선택을 위한 [길고 열띤 토론] 끝에, [자이르 언어학자] 회의는 다음 결론을 얻었다. (1) 현재로서는 유일한 국어를 선택하기 위한 모든 (필요한) 조건이 충족되지 않았다. (2) 그러므로 이 사안에 대해 결정을 내리는 것은 시기상조이다. (3) 언어통일을 촉진하기 위해 학생들 스스로가 선택한 제2의 자이르어를 공부할 기회를 제공해야 한다(Faik-Nzuji 1974: 2-3).

이제 1960년대 후반부터 1970년대까지 콩고 국민의 민족주의를 고취한 선구적 역할을 한 여러 국가 입법부서의 선언과 법률을 살펴본다. 이 선언과 법률은 콩고 국민이 자신들의 언어가 국가 공용어로서의 지위를 갖는다는 것에 얼마나 큰 관심이 있었는지를 잘 보여 주며, 1970년대 중반에 제기된 합의 또한 증언한다.

12.4 국가 정체성

12.4.1 언어와 국가 정체성의 건설

한 국가의 주민이 공유하는 공통어는 흔히 민족주의를 정의하는 주요 요인 중의 하나이다. 그래서 세계의 많은 나라에서 국명과 언어명칭이 같은 것을 볼 수 있다. 예컨대 프랑스/프랑스어, 독일/독일어, 일본/일본어, 러시아/러시아어 등이다. 한 나라의 발전과 고유한 단일어 사이에서 인지되는 관계는 '영광스러운 과거', 문화 진정성, 일정한 국적에서 '자아 정체성 확인'과 연결되는 고리로서 언어의 실체화를 잘 설명한다(Fishman 1972; Bokamba 1976). 그러나 한 국가가 굳건한 민족주의 의식을 고취하기 위해 공용어를 사용해야 한다는 가정은 DRC나 그 외의 비슷한 상황에 놓인 인도, 남아프리카공화국, 스위스 같은 다언어 사용국의 경우, 이들 국가의 확실한 정체성의 존재를 설명하지 못한다. 다언어 국가에서도 민족주의와 국가 정체성이 확실히 존재한다는 것을 설명하기 위해 필자는 다음에 나오는 피시먼(Fishman 1972: 5)의 민족주의에 대한 좀 더 포괄적인 정의를 이용한다.

> 민족주의는…… <u>스스로 인정한 종족문화적 자기 이해를 위해 행위를 하는 사회의 고도로 조직된 정교한 신념, 태도, 행동(에서 나온다).</u>

그 덕택에 국가 정체성 형성에 기여하는 분명한 요인, 예를 들어 언어, 광범한 통합, 공유된 문화 진정성, 역사, 신념, 사회관행, 자신과 타인에 대한 행동양식 등을 밝힐 수 있다. 이 요인들이 민족주의라는 방정식에 어떻게 설정되는가는 해당 국가의 역사를 통해 이루어진 이 요인들의 상호작용과 기본적인 적절한 문화를 만들고 펼치는 엘리트의 역할에 달려 있는 것 같다. 그럼 이제 DRC의 언어 정체성과 종족 정체성의 문제를 고찰한다.

12.4.2 언어 정체성과 종족 정체성

앞에서 보았듯이 DRC는 주요 언어와 소수언어를 포함해 200여 개가 넘는 언어군의 산실이다. '어디 사람입니까?' 또는 '어떤 종족 사람입니까?'라는 질문을 받을 때, 대부분의 DRC 국민, 특히 교육 수준이 낮은 농촌 주민인 룬두인(Lendu), 켈레인(Lokele), 루바인(Moluba), 응갈라인(Mongala)은 언어종족의 집단명칭을 사용해 신원을 밝힌다. 그러나 '국적이 어디입니까?'라는 질문을 받았을 때 자신을 종족 집단과 동일시하는 DRC 국민은 거의 없다. 이러한 이유로 언어 정체성과 종족 정체성이 국가 하위 집단의 근거와 의식(儀式)에 적용되기도 하고, 정당 전통의 부재로 종종 정치적 목적에 악용되기도 하고, 선발 및 고용 기준이 제대로 없어 도심지 취업에도 이용된다. 학식 있는 DRC 국민은 탈식민지 시절부터 자신을 소규모 국가적 정부에 속한 '부족민(tribespersons)'이 아니라 콩고 국민으로 간주했다. 독립 이전의 콩고 역사에서 종족분쟁이 있었음에도, 1960년대 이래로 특정 종족 집단이 일으킨 이렇다 할 반란이 하나도 없었다는 사실은 이 관측을 뒷받침한다. 더 나아가 모부투 체제에서 카사이 주와 카탕가 주에서 정치적 이유로 자행된 인종청소 사태를 제외하고, 독립 후 DRC에서는 동쪽의 인근 소국가인 르완다와 부룬디가 겪었던 후투인과 투치인의 종족 집단 간 분쟁과 같은 사태는 일어나지 않았다.

이렇게 다양성 안에서 일어나는 순응적이고 기본적인 평화공존을 어떻게 설명할 수 있을까? 필자는 위에서 정의한 민족주의와 그 후의 논의에서 부분적으로 언급한 다양한 힘(forces)에 해답이 있다고 생각한다. 여기에는 특히 DRC의 영토 보존에서 시작된 DRC 국민의 국가의식(意識), 식민지배하에서 겪은 고난 공유의 역사, 해방을 쟁취한 후 외부에서 작용한 약탈적 경제관행에 대한 투쟁, 국가 정체성을 강화하기 위해 콩고 정치가와 성직자가 기울인 신중한 노력이 모두 여기에 포함된다. 이들 주제 중 몇 가지는 이미 거론했기에, 이제 12.4.3절에서는 모부투 대통령이 장려했던 진정성 정책(doctrine of authenticity)을 강조하고, 국가 지도자 중 몇몇 사람의 사려 깊은 지도적 행동으로 DRC 국민의 국가의식이 종족적이고 언어적인 지역주의를 일부 대체했다는 것을 주장한다.

12.4.3 진정성과 국어의 선택: 모부투 시대

'진정성으로의 회귀' 정책은 1967년에 모부투 대통령이 도입했는데, 이는 1980년대 후반까지 시행된 철학이다. 보캄바(Bokamba 1976)가 폭넓게 다룬 바와 같이, 진정성이란 근본적으로 외부 세계, 특히 80년간의 식민시대에 문화적으로 거부당한 서양에 대해 자이르 콩고 국민이 가진 자기 평가와 긍정의 민족주의 이념이다. 1973년 10월 4일에 뉴욕에서 열린 유엔총회 연설에서 모부투 대통령은 이를 다음과 같이 정의했다.

(진정성이란) 자이르 국민의 뿌리로 되돌아가서 선조의 가치체계를 발견하고, 그중에서 조화롭고 자연스러운 국가발전에 기여하는 가치를 분별력 있게 선별하기 위한 자이르 국민의 정치적 자각(自覺)이다. 이것은 타국의 이념을 맹목적으로 받아들이지 않겠다는 자이르 국민의 의지이다. 이것은 그가 어디에 속하는지, 그가 자신의 지적 능력과 사회구조를 통해 어떻게 만들어졌는지에 대한 자이르인의 긍정, 요컨대 인간에 대한 긍정이다.

진정성으로의 회귀는 편협한 민족주의나 과거로의 맹목적 귀환이 아니라, 국가 간 평화를 위한 도구, 사회공동체 사이의 필수적인 생활조건, (그리고) 국가 간 협동을 위한 발판이다. 왜냐하면 진정성은 자기 문화에 대한 면밀한 지식을 보여 줄 뿐만 아니라 다른 문화유산에 대한 경외심을 나타내기 때문이다(Mobutu 1973: 2).

진정성이라는 개념은 은셀레 선언(Manifesto of N'Sele)으로 알려진 활동정강의 모습으로 등장했다. 이 선언에서 국가를 위한 세 가지 전반적 목표는 (1) 전국에 걸친 중앙정부의 권한 회복과 외세의 존중 획득, (2) 경제독립 및 재정 안정, 사회발전의 성취, (3) 업무와 노동력 개선에 주안점을 둔 사회정의 프로그램을 통한 시민복지의 촉진이었다(Dubois 1973: 5). 이 세 가지 목표는 '진정한 민족주의'라는 정책을 적극 활용함으로써 달성되었다(Kangafu-Kutumbagana 1973; Bokamba 1976; Ndaywell è Nziem 1998). 1967년에 모부투가 처음으로 진정성으로의 회귀를 주창했지만, 자이르와 아프리카의 문화유산에 대한 자부심을 재차 강조하고, 이것이 국민화합을 위해 중요하다는 것을 긍정적으로 역설한 것은 1950년대와 1960년대 초로 거슬러 올라간다. 이는 마비카 칼란다(Mabika-Kalanda 1962)와 같은 자이르 지식인의 저서와, 당시 여러 사상가 중 미래의 국무총리 파트리스 루뭄바의 연설에서 일부 찾을 수 있다.

초기에는 킨샤사 가톨릭 교구가 이에 격렬히 반대했지만(Ndaywell è Nziem 1998), 자이르 국민은 진정성이라는 개념을 가슴으로 받아들여 이를 세 가지 방식으로 표현했다. 우선 서양식 이름을 쓰지 않고 진정한 콩고식 이름이나 아프리카식 이름으로 대체하고, 서양어로 지은 도시명을 토착어 명칭으로 대체했다(예컨대, '레오폴빌'을 원래 이름이었던 '킨샤사'로 바꾸거나, '스탠리빌'을 '키상가니'로, '엘리자베스빌'을 '루붐바시'로 개명하는 것). 또한 서양식 정장을 네루식(Nehru-type)으로 바꾼 남성복 **아바코스트** (abacost)와 서양식 여성복 대신 **맘푸타**(mamputa)라는 '몸에 두르는' 의상을 착용했다. 머리카락도 백인을 모방해서 곧게 펴지 않고 전통 방식으로 길게 땋았다. 늘 인기를 얻어 온 콩고 음악 역시 진정성 캠페인을 통해 레퍼토리에 전통춤을 더 많이 곁들이고, 신인 음악가도 이에 자극을 받아 전통 춤사위를 현대적인 춤과 새로이 접목했다. 뿐만 아니라 신문도 프랑스식 이름 대신 링갈라어나 다른 언어로 된 이름을 붙였다(하지만 신문기사에는 여전히 프랑스어가 쓰였다). 나아가 모부투는 진정성 캠페인의 명칭 교체의 일환으로 국명을 **자이르**로 개명하는 수순을 밟았다(하지만 '콩고'란 용어는 '진정성이 없는' 것이 아니라 오랜 역사를 통해 토착적으로 사용된 것이었다).

전체적으로 보면, 초기에 지식계층이 거부했던 진정성은 각계각층의 대중과 엘리트에게 아주 인기 있는 '새로운 자각' 운동으로 부상했다. 그것은 기본적이고 명료하며, 즉각적이고 거의 모든 사람에게 실용적이며, 모든 콩고 국민에게 무언가를 제공하는 면이 있었다. 그것은 지식인에게는 국가에 대한 자부심을 느끼게 하고 국민에게는 역사와 예술작품에 새로운 자부심을 느끼게 하는 토대가 됐다(Kangafu-Kutumbagana 1973; Dubois 1973). 또한 일반시민에게는 문화유산과 동일시하는 준거와 이념적 맥락을 제공했다. 콩고 국민이 진정성의 일부로 느끼는 문화유산은, 콩고의 일상에서 현대 서양문화의 잠식이 가속화될 때 콩고 국민에게 절실히 필요했던 균형을 제공했고, 식민세력이 '야만적'이라고 거부했던 토착문화의 위신을 세워 주었다. 마침내 1967년에 자이르는 국가 건설이라는 어려운 국정과제 수행을 위해 국가의 가장 역동적 요소를 통합하기 위한 강령이 필요했다. 이것은 콩고 국민이 거의 80년간의 식민지배 시대에 겪었던(Mabika-Kalanda 1962) 토착문화의 뿌리에서 멀어진 정신적 소외(déracinement)와 모부투 대통령의 정권쟁취 전에 겪었던 독립 후 초기 5년간의 국정혼란을 특별히 고려한 것이었다. 1960년대와 1970년대에 자이르는 분열이 초래됨으로써 국가의 영토보존을 위협할 수 있는 종족 집단이나 지방분권에 대항해 균형을 찾아 줄 조직이 필요했다. 진정성으로의 회귀나 진정한 민족주의라는 이념은 그 강령으로 드러난 것이다.

아주 일반적으로 말해서, 식민시대에 고통을 공유하고 자부심과 진정한 민족주의의 조성을 목표로 활동한 지적 엘리트와 정치 엘리트 덕분에 콩고 민족주의는 꽤 많이 진화했다고 할 수 있다. 루뭄바의 콩고 민족주의, 범아프리카주의와 문화적 진정성은 그가 암살당하면서 너무 빨리 고사(枯死)됐고, 모부투는 사기업의 부실경영과, 행정부를 속속들이 부패로 물들인 도둑정치로 널리 알려졌지만, 이들 각각은 직간접적으로 콩고의 민족주의 형성에 지대하게 이바지했다. 루뭄바는 콩고의 민족주의와 민주주의적 이상, 그들만의 방식으로 건설하는 콩고국의 필요성을 옹호했다. 짧은 정치 경력에도 불구하고 그는 자주 기회가 있을 때마다 스와힐리어(동부)와 링갈라어(서부)로 정치집회 연설을 하면서 정치철학을 구현했다. 모부투도 종종 대중집회를 링갈라어로 진행했다. 이 두 국가 지도자는 보안부대가 공용어로 링갈라어를 쓰는지도 감독했다. 이러한 이유로 루뭄바시 회의에 참석한 언어학자들이 국가 공용어로 토착어를 채택하는 것을 자제했음에도, 일부 공공부문에서 4개 국어 사용이 장려되었고, 콩고 국민의 진정성을 입법화함으로써 4개 국어로 상징되는 폭넓은 다언어주의와 함께 콩고 민족주의가 잉태될 수 있었다. 이미 언급한 것처럼 다언어주의의 상황에서 이런 종류의 민족주의는 새롭지도 독특하지도 않겠지만, 콩고가 독립 초기에 겪은 혼란을 고려하면 이는 놀랄 만한 일이다. 사람들은 주(州) 경계나 주요 언어 경계선을 따라 심각한 분열이 있을 것으로 예상했지만 실제로는 그렇지 않았다. 독립 이래로 콩고에서는 언어적이거나 종족언어적 주장에 근거한 분리 독립의 시도는 전혀 일어나지 않았다.

12.4.4 모부투 이후의 국가 정체성

다언어주의하에서 콩고의 국가 정체성은 모부투 체제에서 번창했고, 임기 후반 6년 반 동안 모부투의 인기가 하락한 가운데서도 살아남았을 뿐만 아니라, 독립 후 가장 위협적인 위기도 극복했다. 르완다와 우간다가 1996~1997년의 정권교체를 목적으로 자행한 침략과, 이어 천연자원을 놓고 이들 두 국가가 자행한 1998~2002년의 분쟁 등이 바로 그 위기 사례이다. 전자의 군사행동은 표면상 르완다에서 활동하는 후투인 게릴라를 궤멸하기 위해 DRC 동부에서 일어난 최초의 내정간섭으로, 결국 모부투의 독재정권을 타도하기 위한 전면전으로 발전해서 주로 스와힐리어를 구사하는 병력을 수도 킨샤사에 배치했다. 이로써 킨샤사에 스와힐리어를 구사하는 인구가 급증했을 뿐만 아니라 중앙요직이나 주요 사업이 스와힐리어화되었다. 모부투 부대가 패한 이후, 새 DRC 군대가 사용하는 사실상의 공용어는 링갈라어 대신 스와힐리어가 되었고, 로랑 카빌라는 1997년 5월 17일에 국가의 새 대통령직에 올랐다. 이 기간에 카빌라 정권은 새로운 언어정책을 제시하려고 공공연히 노력했다. 예를 들어, 화폐에서 5프랑, 100프랑, 500프랑 콩고 지폐의 앞면에는 프랑스어 외에도 스와힐리어와 영어가 추가되었지만, 과거 화폐 단위인 자이르(zaire)에 있던 링갈라어는 사라졌다. 이런 것이 DRC의 정체성을 심각하게 위협한 것은 아니었지만, 카빌라가 루뭄바 체제에서 복무했고, 30년간 모부투에 대항해 (별 볼일 없는) 반란에 가담했던 것으로 알려진 정치가였기에 국가가 색다른 민족주의적 방향을 채택한 것 같은 느낌이 든다. 그것은 스와힐리어를 사용하는 동부 발(發) 민족주의였다.

DRC의 국민화합을 가장 크게 위협했던 사건은 1998년에 일어났다. 카빌라를 대통령으로 만들었지만 오히려 카빌라에 의해 강제로 해산된 르완다 장교들이 재침략했고, 그 후 2년간 DRC 국민이 대리 반란을 일으키도록 사주한, 이른바 내전을 틈타 천연자원을 약탈했다. 2002년에 이르기까지 이 군부는 사실상 국가를 3개 주요 지방과 분리정부로 분할했고, 중앙정부는 북부와 동부 주 대부분의 지역에서 통제력을 상실했다. 이러한 국가분할과 DRC의 지속적 통일에 대한 명백한 위협에도 불구하고, 이 사건들이 DRC 국민의 다언어 국가 정체성의 인식에 부정적 영향을 준 것만은 아니었다. 실제로 반군 지도자와 '외국인' 정권의 합법화로 야기된 현존하는 위험은 반대로 역효과를 가져왔고, 오히려 DRC 국민의 민족주의를 고조했다. 역사 속의 비슷한 사건이 강한 애국심을 고취한 사실을 떠올릴 때 이는 그리 놀라운 일이 아니다.

12.5 DRC 언어에 대한 태도

지금까지의 논의로 봤을 때, DRC 국민은 자기 언어와 문화의 다양성에 강한 애착을 느끼는 진정한 다언어 사용자(multilinguals)로 짐작된다. 콩고 음악은 대개 링갈라어로 제작되는데, 모어에 대한 충성심과는 상관없이 국가 전역에서 즐기는 지배적인 오락이다. 킨샤사에 있는 RTNC의 가장 인기 있는 텔레비전 방송프로그램은 프랑스어로 만든 프로그램이나 영화가 아닌 링갈라어로 만든 연속극이다. 그 외의 다른 국어가 지배적으로 사용되는 지역에서 이 언어들은 종종 프랑스어와 경쟁하며 기득권을 지닌 영역에서 똑같이 사용되고 제대로 인정받는다. 특히 도심지에서는 대개 국어로, 다른 비도시 공동체에서는 주요 소지역 언어로 진행되는 기독교 예배에서 특히 그렇다. 또한 라디오 방송프로그램에서도 프랑스어와 국어가 연속으로 사용된다. 콩고 강과 그 지류를 따라 난 무역로와 자유시장에서 국어와 소지역 언어는 일상적 의사소통에서 쓰는 매개수단 이다.

일반적으로 말해, 독립 이후에 콩고 국민이 프랑스어나 광역 소통언어(languages of wider communication, LWC)에 언어 열등감을 느꼈다는 증거는 거의 없다. 실제로 콩고 국민은 의사전달의 필요성이 요구하는 만큼 많은 언어를 배우고 사용하는데, 흔히 언어혼합 변이형(code-mixed variety)을 사용한다. 이것은 서로 다른 DRC 언어가 섞인 변이형이 되거나, DRC 언어가 프랑스어와 혼합된 변이형이 되기도 한다(Bokamba 1988). 이러한 긍정적인 태도에 비추어 흥미로운 것은, 콩고 국민이 이른 바 영어, 프랑스어, 포르투갈어를 구사하는 다른 아프리카의 국가와 마찬 가지로(Swigart 2001; Stroud 2002) 중등교육 이후부터는 유럽어가 다른 토 착어를 능가하는 최고의 수단이며, 학식 있는 사람으로 보이려면 프랑스 어나 다른 유럽어로 교육을 받아야 한다는 식민시대의 이데올로기를 내 면화하고 있다는 사실이다(Bokamba 1976). 프랑스어가 다른 대부분의 국 어보다 다양한 분야에서 더 시장성이 있는 것은 사실이지만, DRC 내에 서조차 그것이 교육의 결정기준이 되어야 한다는 결론은 식민통치로부터 물려받은 부정적 태도이다.

고등교육에 프랑스어가 훨씬 더 적합하다는 신화에 동의하는 것을 제외하면, 콩고 국민의 언어 사용은 매우 실용적이다. 사회언어학자가 **상황 맥락**으로 명명한 바에 따라 각자 습득한 언어를 사용하는 것에 익숙하 기 때문이다. 콩고 국민은 언제 어디서나 손쉽게 언어혼합과 언어전환을 한다. 한 세기가 넘도록 전개된 의사전달 관행의 결과로, 프랑스어와 국 어가 서로 차용되듯이 콩고 언어 사이에도 서로 차용어가 존재한다. 영어 는 1950년대 말 중등학교에서 필수 외국어로 도입되었고, 이어 대학 수준 에서 1년 과정의 필수교과가 되었으며, DRC 언어와 주요 서양어 가운데 서 더욱 사용 범위가 확장되었다. 거기에 카빌라 정권과 세계화의 출현으 로 도심지의 영어 사용이 증가되었고, 그로 인해 콩고 국가의 국어와 영 어의 접촉도 늘어났다. 그러자 높은 사회적 지위와 교육의 준거 언어였던 프랑스어의 가치가 흥미로울 정도로 줄어들었다.

DRC의 굳건한 다언어주의, 영어나 프랑스어 같은 LWC의 수용, 주 요 언어와 국어에 대한 국민의 긍정적 태도는 부상하는 두 가지 문제, 즉 언어전환과 세대 간의 언어상실을 은폐하는 것으로 지적할 수 있다. 지금 까지 DRC의 언어 사이에 일어나는 이런 현상을 광범위하게 다룬 실증적 연구는 없었다고 해도, DRC 내 다양한 언어에 언어전이와 언어상실이 계속 일어난다는 것을 산발적으로 보여 주는 증거는 상당히 많다. 1950년대 DRC에서 성장한 필자의 개인적 경험과 더불어 최근 수십 년간 킨샤사에서 대가족 구성원의 패턴과 사회 전반을 관찰한 결과, 이러한 현상은 종족 집단이나 가족 영역 내에서 주로 사용되는 소수언어에 영향을 끼친 것으로 보인다.[6]

DRC의 식민통치기에 도심지가 형성되어 농촌사회로부터 이주민이 유입되자 언어전이가 서서히 일어났다. 주요 상업 중심지에서 거주하려는 시골이나 소도시 출신의 언어 사용자는 종종 링갈라어, 스와힐리어, 콩고어, 루바어 같은 국어 중 하나를 주로 사용하는 언어공동체와 접촉했다. 도시로 온 이민 1세대 노동자는 일반적으로 모어를 지키는 한편 지배적으로 널리 사용되는 교통어를 배웠다. 경우에 따라서 1개 국어 구사자는 또 다른 국어를 배워야만 했고, 시간이 지남에 따라 언어위계에 따라 모어는 교통어보다 부차적이 되면서 언어전이가 이루어졌다. 수도에 거주하는 콩고어 사용자의 경우도 그렇다. 링갈라어가 1920년대 후반부터 다수의 비공식 영역을 지배했고, 그들은 링갈라어를 배우고 사용해야 했다. 또한 같은 시대에 루붐바시에 거주하는 루바어와 벰바어 사용자의 경우는 스와힐리어를 배워야 했다. 잔데어와 켈레어 사용자는 키상가니에서 스와힐리어를 배우고, 몽고어 사용자는 음반다카(Mbandaka)에서 링갈라어를 배워야 하는 비슷한 상황에 직면했다. 바콩고 주 마타디(Matadi)와 보마(Boma)에서 일하는 링갈라어 사용자도 당시 그 주와 두

---

6 킨샤사에 거주하는 필자의 가족 중에는 킨샤사에서 태어난 6명의 아이가 있는데, 그중 2명은 킨샤사에 잠바어(Dzamba)를 구사하는 꽤 큰 사회공동체가 있었음에도 링갈라어와 관련된 소수 반투어이자 부모의 모어인 잠바어를 말하지 못한다. 또 다른 가족은 킨샤사에서 태어난 6명의 아이 모두가 부모의 모어를 이해하지도 말하지도 못한다. 두 가족에게 링갈라어는 일상 의사소통의 주요 언어가 된다.

도시의 지배적 다수어인 콩고어를 배워야 했다.

　도시로 이주한 이민 1세대가 이러한 상황에서 모어를 지키는 가운데 언어전환의 흔적을 거의 보이지 않았지만, 다언어 환경에 노출된 자녀는(Fishman 2004) 종종 언어전환을 더 강력하게 드러냈다. 이러한 화자에게 교통어나 국어는 지배적 다수어가 되고, 주로 가족 사이에서만 한정적으로 사용하는 모어나 아버지에게서 물려받은 언어는 다른 영역에서 사용하기에 불편한 언어가 되었다. 모어로 읽고 쓰는 전통이 오래된 언어집단에서 2세대 이주자 사이에 일어나는 언어전환은 빈번할지 모르지만, (완벽한) 언어상실은 그렇게 자주 일어나지 않는다(Zentella 2004; Silva-Corvalan 2004 참조). DRC에서 관찰되는 언어전환이나 언어상실은 2세대에서, 특히 1~2개의 국어가 지배적으로 사용되는 주요 도심지에서 일어나는 현상으로 보인다. 이러한 화자의 자녀, 즉 가족의 제3세대인 이들은 전형적인 세대 간의 언어상실을 드러냈다. 소수 집단은 모어나 부친어에 대한 지식을 수동적으로 갖고 있지만, 대부분은 부모의 언어 습득에 실패했다. 그들 고향에서 사용하는 교통어/국어는 모어가 되었지만, 자녀는 거주 지역과 교육에서 사용되는 지배적 다수어가 별도로 있으면 모어/부친어에 거의 흥미를 보이지 않았다. 이러한 상황은 아프리카의 다른 도심지에서도 많이 관찰되는데, 이는 소수언어의 보존에 심각한 위협이다. 그러나 국가통합이라는 특정 관점에서 봤을 때, 소수언어의 교체와 상실은 DRC의 많은 소수언어를 줄이고 국어 사용을 늘리는 것으로 DRC의 국가정체성을 강화하는 것으로도 보인다.

12.6 결론

12.4.1절에서 보듯이, 어떤 국가에 절대다수의 국민이 구사하는 언어가 있

다는 것은 국가 정체성을 조성하고 성장시키는 데 필수적인 선결조건으로 보인다. 국경을 따라 공유되는 단 하나의 언어, 공통의 역사, 이미 존재하거나 새로운 관습의 공유는 국가에 대한 소속감을 고취하고 강조하는 데 이용될 수 있다. 그런 이유로 한 나라에 다수의 언어가 존재하는 것은 종종 다민족주의의 양산(量産)으로 이어지거나, 심하게는 같은 영토 내에서 '부족주의(tribalism)', 전통의 공유와 관련 문화의 결핍으로 이어질 가능성이 높은 것으로 인식되었다. 그 결과로 국가 정체성을 광범하게 공유하는 것은 불가능하다고 여겨졌다. 이러한 난점을 피하기 위해 정말로 많은 나라가 미국처럼 실질적으로나(de facto, Fishman 2004; Wiley 2004) 또는 프랑스처럼 법적으로나(de jure, Laitin 2001; Judge 2000) 언어제도화에 몰입한다.

이 장에서는 국가 정체성을 단일어 사용으로 특징짓는 것이 사실상 잘못된 것임을 논의했지만, DRC처럼 확고한 다언어 사회에서 강력한 민족주의의 명백한 사례를 관찰하지는 못했다. DRC의 사례가 보여 주는 것은, 광범하게 공유되는 언어가 민족주의의 중대한 요소는 될 수 있지만, 그것이 국가 발전에 항상 필수적이거나 지배적인 핵심이 될 수는 없다는 것이다. 국가 정체성을 정의하는 데 여타 요소도 똑같이 중요하고, 국가 정체성을 '고취하기' 위한 국가 엘리트 계층의 역할 역시 대단히 중요하다. 식민시대와 탈식민시대에 콩고 국민이 함께 겪은 고통의 역사, 탄압하는 지배자로부터의 자유를 향한 공통의 열망, 아프리카 대륙을 거쳐 전 세계적으로 인기를 얻는 대중음악에 대한 자부심은 엘리트 계층이 콩고 국민의 민족주의-콩고 고유성을 강화하기 위해 이용한 요소였다. 이처럼 일정 국경 내에서 대중이 구사하는 공통의 언어는 국민이 통합된 것처럼 보여 주고 또 그렇게 될 수도 있지만, 현재 분열되기는 했으나 단일어를 사용하는 소말리아가 증명하듯이 이 모습은 큰 그림이 아니라 그저 신기루일 수도 있다. 사실 국가 정체성은 단일어 국가뿐만 아니라 다언어 국가에서도 크게 발달할 수 있다. 어쩌면 DRC 음악과 대부분의 콩고 국민의 디아스포라에게 지배적 다수어인 링갈라어는 언젠가는 콩고 고유성을 보여 줄 단 하나의 가장 중요한 상징이 될 수도 있다. 하지만 이것이 지금처럼 계속 번창하는 콩고 국민의 국가 정체성에 꼭 필요한 것으로 보이지는 않는다.

제13장 케냐
언어와 국가 정체성 탐색

체게 기씨오라(Chege Githiora)

13.1 개관

케냐는 독립한 지 43년이 된 공화국으로, 국가 내에 다양한 종족이 있는 다중 복합 사회이다.[1] 아프리카의 다른 국가처럼 현대 케냐는 근대 국가로서 응집력, 통일, 집단 정체성을 찾으려고 한다. 이러한 노력은 국가 내 모든 집단 공동체의 언어권과 문화를 인정하고, 문화적, 언어적 다원주의를 채택하는 일반 정책의 근저를 이룬다. 이러한 상황에서 언어는 사회 정체

---

[1] 소위 '부족(tribes)'이란 용어는 '국가, 민족(nation)'이라는 용어가 포괄하는 복잡한 정치적, 경제적, 사회적 구조를 기술하기에는 부적합한 것으로 여겨진다. 따라서 이 장에서 이 용어의 사용은 피한다. 또한 '부족'이란 용어와 흔히 결부된 후진성(낙후성)의 의미가 세계 다른 지역의 종족 집단(ethnic group)과 '부족'의 유사성을 은폐하는 데 이용될 수도 있음을 지적한다(Barbour and Carmichael 2000: 7).

성의 형성과 표현을 규정하거나 중재하는 역할을 한다. 개인은 종교, 언어, 사회경제적 계층, 성(性, gender)과 종교적, 종족적 요인뿐만 아니라 정치적, 경제적 요인도 포함하는 매우 복합적인 정체성을 가진다. 케냐의 '국가' 정체성은 최근의 현상일 뿐이다. 왜냐하면 국가로서 '케냐'의 개념은 순전히 유럽 제국주의와 식민주의가 만들어 낸 근대의 산물이기 때문이다. 적어도 42개의 종족언어적 집단으로[2] 구성된 케냐 국민은 강한 지역 기반의 정체성을 지니고 있으며, 이 정체성은 언어뿐만 아니라 물리적 공간, 외적 공동체 유대, 경제적 역할과 사회 관행을 통해서도 정의된다. 이 모든 요인은 새로운 국경 내에서 형성된 다양하게 변화한 생활방식을 반영한다.

근대적 의미에서 국가라는 개념은 비교적 최근의 정치 현상이며, 오늘날 세계의 현행 경제질서의 핵심에 있다. 앤서니 스미스(Anthony Smith 1991)는 국가를 두 종류로 나누는데, 하나는 종족 정체성을 수정·확대하여 더 광범한 주민을 포괄하는 종족 집단에서 발전한 국가이고, 다른 하나는 국가 정체성 의식이 국가 내 기존의 다양한 주민을 포괄하는 특정 국가에서 발전된 국가이다.[3] 케냐는 후자의 국가로 보이며, 언어가 국민의 국가 정체성 의식을 함양하는 데 중요한 역할을 한다. 겨우 40년에 걸쳐 '국가적' 문화가 형성된 케냐에서는 국가 정체성이 신분증과 출생신고서 같은 명백한 상징을 초월한다. 예컨대, 스와힐리어는 '국어'로서 널리 수용되고 있고, 지역적, 사회적 배경을 지닌 모든 케냐인 사이의 소통어가 되었다. 스와힐리어는 전체 인구의 2/3 이상이 사용하며(Heine and Möhlig 1980), 따라서 대부분의 케냐인이 잘 아는 언어가 되었다. 케냐의 연대성을 나타내는 언어로 기능하는 스와힐리어는 일상어의 역할을 넘어

---

2   이는 가장 널리 이용되는 실제 수치이지만, 다음 절에서 언어 구분이나 언어 수를 계산하는 데 따른 문제를 몇 가지 지적할 것이다.
3   Barbour and Carmichael(2000)을 참조한다.

서 화자 사이에 공통 기반, 통일의식, 친밀감, '공동 운명' 같은 것을 확립하는 기능을 한다(Brown and Gilman 1960). 1980년대 초에 실시된 교육정책(8.4.4. 교육제도)은 초중등교육을 이수한 31세 이하의 케냐인(이 글을 쓰는 시점에서)이 고등학교까지 스와힐리어로 정규교육을 받는다는 것을 뜻한다. 식민시대의 언어인 영어는 교육, 과학, 대기업, 법률, 의회, 고임금 직업 등에서 특권적 용도로 사용되는 언어로 남아 있다. 따라서 영어는 권력의 언어이며, 이 언어권력을 행사함으로써 화자 사이에 공식성과 사회적 거리가 형성된다. 스와힐리어와 영어의 불균형 관계는 특정 맥락에서 어느 언어를 사용할지를 선택할 때 그 역할과 기능에서 나타난다. 스와힐리어와 영어, 이 두 언어는 교통어로서 상당히 가변적으로 사용되지만, 케냐의 정체성을 투사하는 범종족적 수단으로도 사용된다. 이 두 언어는 흔히 민족주의를 표현하는 데도 사용되는데, 이 기능은 근대의 통일국가 형성의 지난한 과정을 겪는 국가에서는 더욱 강조되고 있다. 하지만 **우카빌라**(ukabila), 즉 부정적 종족 이기주의가 케냐의 국가통일에 불안한 그늘을 드리우고 있다. 이에 대항하는 끊임없는 '투쟁'은 신문 사설, 편집자에게 보내는 서한, 뉴스 분석, 정부 보고서, 케냐 사회의 많은 인사의 정치논평과 같은 국민적 담화에 빈번히 나타난다.

13.2 케냐의 언어

13.2.1 케냐 언어 개관

다양한 출처의 자료에 따르면, 케냐는 약 50개의 언어와 방언이 사용되는 다언어, 다종족 국가이다.[4] 현재 3,300만 명의 인구(CIA-World Factbook

---

4 Ethnologue 2005도 포함한다.

2015년 기준 인구는 4,592만 5,301명임 - 역주)가 케냐의 해안과 중부, 서부 지역에 밀집해 있으며, 북동부에서는 밀도가 다소 희박하다. 케냐의 언어는 다양한 어족과 어군에 속하며, 범언어적인 상호작용을 보여 준다. 나이저콩고 어족에 속하는 반투어와 그 외의 언어(예컨대, 스와힐리어, 루이야어, 기쿠유어, 캄바어)를 사용하는 사람이 케냐 인구의 65퍼센트나 된다.[5] 나일사하라 어족은 나일어군으로 대표되는데, 이는 케냐 전체 언어의 약 30퍼센트를 차지한다(예컨대, 마사이어, 루오어, 난다어). 그리고 케냐 인구의 3퍼센트가 아프로아시아 어족에 속하는 쿠시어(예컨대, 소말리어, 오르마어, 보라나어)를 사용한다. 인도유럽어족에 속하는 언어 화자가 사용하는 소수언어로는 펀잡어, 구자라티어, 힌디어, 영어 등이 있다. 반면 아프리카 토착어, 예컨대 엘몰로어(El Molo), 오키에크어(Okiek)는 거의 사멸 상태에 있는데, 이는 이들 언어의 화자가 마어(Maa), 칼렌진어(Kalenjin), 기쿠유어(Gikuyu) 같은 더 큰 화자 집단에 동화되었기 때문이다(Heine and Möhlig 1980; Ethnologue 2005). 케냐 언어의 지역적 분포는 아주 놀라운 대조를 보여 주는데 대부분의 반투어는 전 국토의 약 20퍼센트에만 사용되며, 나일어는 약 35퍼센트, 쿠시어는 국토의 40퍼센트 이상에 걸쳐 사용된다.[6]

---

5 케냐의 반투어는 보통 일반적으로 세 어파로 나뉜다. 서부(루이야어, 쿠리아어 등), 중부(기쿠유어, 캄바어 등), 해안 지역(스와힐리어, 디고어, 타이타어 등)이다. 반투어의 주요 특징은 명사부류인데, 문장의 머리 명사나 구는 동사에 동사 호응을 '유발하며', 형용사와 같은 수식어에 성, 수 등이 '호응'되어 단수와 복수 형태가 구성된다. 스와힐리어를 제외한 케냐의 모든 반투어는 성조 언어로서 어휘적으로나 문법적으로 변별적인 성조 대조를 이용한다.

6 케냐 국립청각장애자협회 같은 담당 공공기관이 인정한 케냐수화언어(KSL)는 1961년 이래 약간 변경되어 표준화되었지만, 다른 국가의 수화언어와 무관한 것처럼 보인다. 예컨대, 이웃국가인 우간다와 탄자니아의 청각장애자는 실제로 KSL을 이해하지 못하는 것으로 보인다. 하지만 케냐의 여러 지방에 사는 사람들은 방언상의 차이는 있으나 서로 간에 완전한 의사소통이 가능하다.

13.2.2 언어와 방언

케냐에서도 언어와 방언의 경계를 분명히 구분하기 힘들기 때문에 연구보고서에 따라 전체 언어 수가 30여 개에서 60개로 차이가 나는 이유가 설명된다. 방언 경계는 분명한 등어선이 아니라 오히려 방언의 연속체이며, 이는 언어구조나 유형론의 순수한 언어학적 기준이 아니라 문화나 종족성이 언어와 방언의 구별 기준으로 사용되면서 더욱 모호해졌다. 그것은 사회적 특권, 역사적, 문화적 유대관계, 정치 변동, 국경 또는 순전히 편의상의 이유 때문에 그렇다. 예컨대, '루이야어(Luyia)' 화자로 알려진 아발루이야(Abaluyia; 루이야어로 '루이야인들'이라는 뜻임 – 역주)는 1969년과 1991년 인구조사에 따르면 케냐 제3의 대종족 집단이다.[7] 그러나 케냐의 서부 지방에 거주하는 루이야인은 통일된 단일어가 아니라 밀접한 관계를 가진 방언(16개에서 26개로 추산되는 방언, 예컨대 마사바어, 카브라스어, 사미아어, 부쿠수어 등)을 사용한다. 또한 동부 우간다에 사는 루이야어의 방언을 사용하는 사람도 많은데, 이들은 케냐루이야어 연구에서 일반적으로 제외된다(Agongo 1980). 그리하여 일상언어와 문화관행에 근거한 더 광범한 루이야어의 정체성이 있지만, 종족언어적 경계보다 정치적 국경에 의해 분리된다. 그 결과 언어 자체가 아니라 근대 케냐와 우간다 국가에 뿌리를 둔 언어 국수주의가 출현했다. 동일한 공동사회 내에서도 각 방언 화자의 실질적 차이나 외견상 인지된 구별에 근거한 집단 내적 정체성이 생겨났다. 이러한 이차적 정체성은 국가적 정치변동, 문화 유대관계의 재조정, 경제적 연계성 등에 따라 변할 수도 있다. 킵시기스어, 케이요어, 난디어가 한 집단을 이루고, 칼렌진어로 불리는 단일어로 합병되면서 화자 집

---

7 케냐통계청(KBS), 정부인쇄기관. 어떤 문헌에는 '루히야(Luhyia)'로도 알려져 있다.

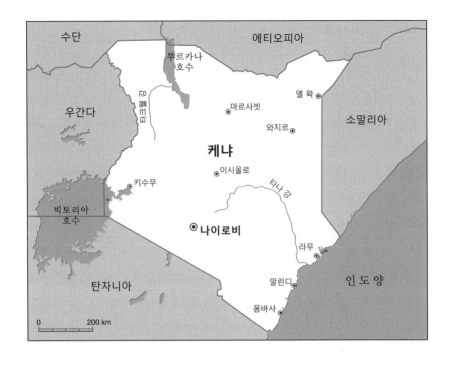

단 내의 언어 차이는 무시되었다. 마찬가지로 케냐 북동부의 넓은 지역은 문화적으로 거의 차이가 나지 않는다는 이유로 **소말리어** 사용 지역으로 간주된다. 더 많은 소말리어 화자도 있지만, 보라나어(Borana), 사쿠예어 (Sakuye), 가레흐어(Garreh), 아주란어(Ajuran) 같은 다수의 서로 다른 오로모어(쿠시어군)도 있다. 해안지방 출신의 많은 케냐인은 종교적, 문화적 관습 때문에 자신을 '스와힐리어' 사용자로 간주하는데, 자신의 토착어가 스와힐리어가 아니라는 사실을 알지 못한다. 이처럼 케냐인 대부분의 정체성은 여러 단계를 거쳐 동심원을 이룬다. 이러한 정체성은 대개 언어에 기반을 두며, 케냐 국가 정체성이 복합적이라는 것을 암시한다.

13.2.3 소수어와 사멸 위기의 언어

뒤의 13.3절과 13.4절에서 자세히 논의하려는 스와힐리어는 케냐어 연구
의 대부분을 차지한다. 하지만 소수언어도 언어접촉과 언어교체, 사멸 위
기, 언어사멸의 문제에 대해 많은 것을 알려 준다는 점에서 언어학적으로
중요한 위치에 있다. 앞에서 언급한 대로 케냐인의 2/3가 스와힐리어와 모
어를 사용하는 이언어 사용자이다. 하지만 가정, 학교, 사회화 과정에서
영어만을 사용하는, 모어 능력을 상실한 집단도 매우 많다. 대화자 집단(예
컨대, 루오어, 루이야어, 마사이어)에는 이언어 사용이 안정적으로 존재하
지만, 소수 종족/언어 사회에서 "현저한 이언어 사용"(Batibo 2005)은 이
들 사회가 경제적으로 부유한 집단의 생활방식을 채택함으로써 지배적 언
어와 문화에 거의 전적으로 동화시키는 힘으로 작용한다. 언어사회의 가
치체계를 채택하는 언어전환은 더 큰 화자 집단에 흡수되기 위한 필수조
건이 되었다. 서구 산업사회에서는 언어전환으로 '옛 국가'의 언어의 상
실 외에도 생활관습, 경제적 역할과 노동의 변화가 초래되었다. 케냐의 경
우, 대화자 집단에 동화됨으로써 어업에서 유목으로 생활관습이 근본적으
로 변화되었다. 예컨대, 북부 케냐의 투르카나(Turkana) 호수 주변에 거주
하는 엘몰로족은 더 큰 마사이 집단이나 투르카나 집단에 동화되어 언어
사멸의 위기를 맞고 있으며, 현재 남아 있는 인구는 약 8명에서 500명으
로 추산된다.[8] 쿠시어의 두 언어인 야쿠어(Yaaku)와 오모티크어(Omotik)
의 경우, 화자가 나일어인 마사이어를 채택하고 모어를 버림으로써 완전
한 언어교체가 일어났다. 이 두 언어는 거의 사멸했다. 이와 유사한 문화
적, 언어적 동화로 나일어에 속하는 오키에크어도 거의 사멸어가 되었다.

---

8 물론 그러한 생활방식의 변화는 언어 변화 없이도 내적으로 일어날 수 있는데,
예컨대 유목 외에도 농경을 실시하는 남부 마사이족의 경우가 해당한다.

또 다른 사례로 반투어인 수바어(Suba)는 수적으로 우세한 루오어(나일어)에 거의 흡수되었다.

케냐에는 아직 중요한 피진어가 출현하지 않고 있다. '쿠치 스와힐리어[Cutchie Swahili. 또는 아시아 스와힐리어(Asian Swahili)]'나 '샴바 스와힐리어(Shamba Swahili)'는 기본적으로 아시아 거래상과 유럽 정착 농민이 사용하던 비표준 스와힐리어 사회방언이다. 케냐의 공인 크레올어는 누비어[또는 스와힐리어로 '키누비(Kinubi)']로 그 기원은 식민지배 시대로 거슬러 올라가며, 현재의 북부 우간다와 수단에 거주하던 소수부족이 사용하던 크레올어화된 변이형이다. 대영제국의 **왕실경호대**(King's African Rifles, KAR)는 렌두인(Lendu), 알루루인(Aluru), 바카인(Bakaa), 무루인(Muru), 카콰인(Kakwaa)과 같은 다양한 부족에서 군인과 하인을 모집했다. 부상하는 동아프리카 식민지 건설과 행정, 반노예 운동에 참여했던 그들은 현재 그 후손들이 거주하는 나이로비의 키베라(Kibera) 구역에 정착했고, 서부 케냐의 키시(Kisii)에서 수 킬로미터 떨어진 아주 작은 마을에도 정착했다(Whitely 1974; Heine and Möhlig 1980).[9] 키베라 구역에서는 누비어가 세대 간에 전수되어 여전히 사용되고, 노인은 아주 유창하게 구사하지만, 10대와 사춘기 이전의 아동은 계산 같은 단순한 말을 하는 것도 어려워한다. 누비어는 누비인 가정의 식구가 사용하는 언어이자 가족과 친구 사이에 친밀함을 나타내는 언어이다. 하지만 누비어 화자는 스와힐리어의 숙달 정도도 매우 높은데, 이는 그들이 스와힐리어를 케냐인으로서의 정체성을 나타내는 중요한 수단으로 생각하기 때문이다. 스와힐리어는 거리와 지방기업, 더 큰 누비어 공동체의 일상적 상호작용에 사

---

9 영국 정부가 4,000에이커의 구획 토지에 이들을 정착시켰는데, 누비인은 이 토지를 그들의 말로 '나무, 숲'을 의미하는 '키브라(kibra)'로 사용한다. 케냐인의 심각한 농촌-도시 이주로 인해 누비인은 현재 아프리카에서 인구밀도가 가장 높은 지역의 토지 소유권 일부를 주장한다.

용되는 언어이다.[10] 누비어를 저학년의 교육수단으로 사용하는 학교는 거의 없고, 이 언어로 라디오 프로그램을 방송하거나 출판하는 경우는 아예 없다.[11] 누비어는 아프리카의 인구 밀집지역에서도 유창한 화자가 적어서 사멸 위기를 맞고 있는데, 젊은 세대가 스와힐리어에 강하게 동화되는 맥락에서 더욱 그렇다.[12]

13.3 케냐의 언어: 사회언어학적 차원

13.3.1 권력과 연대

1884년의 베를린회의에서 유럽 열강에 의해 탄생한 케냐는 이후 20세기 초 수년간 '보호자' 영국의 수탈을 받았고, 1910년에 '식민지'로 선포되었다. '케냐'로 명명된 국가의 국경은 다양한 민족을 끌어 모았고, 기존 정착민을 분산했으며, 민족이동 역시 신생 '국가'의 국경 내로 고착되었다. 케냐의 대규모 종족 화자 집단, 예컨대 소말리인, 루오인, 루이야인, 마사이인의 일부는 소말리아, 에티오피아, 우간다, 탄자니아 같은 이웃 국가에서도 거주한다.

영국 지배 초기에 새로운 식민지에 이식된 영어는 식민 행정기관의

---

10 케냐 국경 밖에 유대나 기원을 지닌 소수어 공동체 사람들의 신분이나 국적 서약은 정부 당국의 의심을 받기도 한다. 누비인, 소말리인, 스와힐리인 등의 개개인은 국적 증명의 부담을 진다.

11 현재는 말소되고 없는 '새로운 새벽(The New Dawn)'으로 불리는 '키베라 토지위원회(Kibera Lands Committee)'의 책자가 있다.

12 1만여 명으로 추산되는 케냐의 누비어 화자 중 3,000~6,000명이 키베라에 거주한다. 키베라의 인구는 38만 6,315명이며, 키베라, 라이니 사바(Laini Saba), 세라 응곰베(Sera Ngombe)를 포함하는 지역에 산다(출처: 1999 Population and Housing Census, Kenya Government Printers, January 2001).

지원을 받는 극소수의 사람만이 사용했으나 신질서 내의 권력 언어로 지각되면서 곧 널리 사용되기 시작했다. 스와힐리어는 꾸란의 영향을 받고 기독교 복음전파에 부적절하다는 반대가 있었지만, 그 잠재력을 알아차린 선교사 집단과 식민 정부가 스와힐리어를 기독교 선교와 아프리카인의 기본 문해교육에 가장 적합한 언어로 승격시켰다.[13] KAR 동아프리카 사단의 군인과 더불어 제국주의 군대조직도 스와힐리어를 사용했는데, 이는 양차 세계대전 사이에 "아프리카 식민군대의 다양한 종족언어적 배경 가운데 별도의 정체성을 구축하려는" 의도에서 비롯한 것이었다(Mutonya and Parsaons 2004). 식민정부의 관행은 동부 아프리카의 더 광범위한 정치적 통일을 촉진하는 범종족 연대의 언어로서 스와힐리어의 기능을 공고히 하는 실질적 효과를 가져왔다. 1922년에는 동아프리카노동조합이 아프리카인과 아시아인의 권리투쟁 및 강제노동과 세수증대, 토지박탈에 저항하기 위해 결성되었다(Singh 1969). 이러한 초기 정치조직은 케냐 전 지역 출신으로 구성되었고, 이들의 주요 일상언어와 정치적 상호연대의 언어는 스와힐리어였다. 1940년대 후반과 1950년대에 걸친 아주 활발한 정치활동['소요(騷擾)']이 케냐를 규정했고, 독립을 염원하는 케냐의 모든 아프리카인을 결집하기 위한 정치지도자의 반식민 메시지가 주로 스와힐리어를 통해 케냐인에게 전달되었다. 스와힐리어가 아프리카의 정치적 불만을 한 목소리로 도출하는 데 성공하자 식민정부는 스와힐리어의 역할이 확대되는 결과를 우려하여 개입하기 시작했다. 1952년에 반식민 운동이 폭력화하자 정부위원회는 스와힐리어를 학교교육과 행정에서 배제했고(스와힐리어가 모어인 지역은 제외되었다), 선별된 '부족어'는 유지했다(1952년도 Binn Report). 몇 년 뒤에는 다른 위원회(Prator/

---

13 Topan(1992)에 인용된 Roel(1930)은 "스와힐리어를 기독교 선교에 사용하려면 아랍 요소를 제거해야 한다"고 주장했다.

Hutasoit)가 영어를 유일한 교육언어로 규정하고, 초등교육에 '영어 중개를 통한 접근법(English Medium Approach)'을 채택했는데, 1964년에 독립 후 최초의 케냐교육위원회는 이 정책에 아무런 영향도 행사하지 못했다(Ominde Report; Chimerah 1998 참조). 이처럼 초기 언어 민족주의의 태동과 함께 스와힐리어의 보편적 사용이 저지되었고, 각 종족사회의 언어를 사용하도록 강요되었다. 그 결과 케냐인은 민족주의 이념과 선전을 케냐의 지방어로 표현하였다. 키쿠유어, 캄바어, 루오어와 그 외의 언어로 작성된 정치 팸플릿은 많았지만 이들 종족사회를 벗어나서는 그 영향력이 자연스럽게 단절되었다.[14]

13.3.2 케냐의 영어

당연히 영어는 케냐의 식민지배가 남긴 핵심 유산으로, 국가 정체성의 문제와 직접 연관된다. 영어는 근대화와 경제 개발에 필요한 세계적 기술과 과학정보 및 지식에 접근할 수 있게 해 주는 언어로 개념화되었다. 이러한 접근을 스와힐리어를 통해 추구했던 이웃국가 탄자니아에서는 당연히 이 개념에 저항했다. 케냐에서도 지식인과 문화계 인사들이 교육과정에서 스와힐리어를 더욱 고차원에서 사용할 것을 지속적으로 요구했다(Chimerah 1998; Mazrui and Mazrui 1998; Mbaabu 1985; Thiong'o 1981). 그러나 영어는 실제로 아무 도전도 받지 않고 고등교육에서 계속 사용되었고, 일터에서도 마찬가지였다. 케냐의 대학 졸업생 대다수의 스와힐리어 지식은 그리 많지 않으며, 스와힐리어로 쓰인 책, 신문, 기타 과학 및 기술 서적도 태

---

14 예컨대, 조모 케냐타(Jomo Kenyatta)의 *Mūiguithania*('조정자, 화해자'), 헨리 무오리아(Henry Muoria)의 *Mūmenyereri*('보호자'), 빌다드 칵기아(Bildad Kaggia)의 *Inooro ria Agĩkũyũ*('기쿠유인의 숫돌'), 존 체계(John Cege)의 *Wĩyathi*('자유') 등이 있다.

부족이다. 직장인이나 과학자, 엔지니어, 기술관료, 연구자들이 케냐어보다 영어로 교육해야 한다고 주장하는 것은 바로 이 때문이다. 그리하여 케냐에서 영어는 문어 의사소통, 전문가 토론 등 교육받은 케냐인과 전문가의 일상 의사소통에 사용되고, 스와힐리어와 다른 케냐 토착어는 공동체와 가정, 대중정치와 대중문화에서 사용된다. 일반적으로 케냐인은 최상위 수준의 언어구사와 사고를 스와힐리어로 하지 못한다고 해서 그 나라 국민이 아니라고 생각하지는 않는 것 같다. 영어는 사회경제적 지위가 매우 높은 가정에서 가족 및 사회적 인간관계에 사용하는 언어이고, 스와힐리어는 가정부, 정원사, 가게 주인, 신문판매상과 말할 때 사용하는 언어이다. 교육제도, 법률, 행정 역시 모두 영어에 기초한다. 최고의 교육을 받은 사람은 (최초 4년 동안의 초등교육 후) 스와힐리어보다 영어를 더 많이 사용하고, 소수의 사람만이 모어뿐만 아니라 이 두 언어를 능란하게 구사한다. 사회경제적 계층은 차별화된 언어 사용을 통해 나타난다. 상류 집단은 스와힐리어보다 영어를 더 능통하게 사용하고, 하위 집단은 스와힐리어나 다른 토착어를 일차적으로 구사하며, 영어는 기본적 의사소통만 가능하다. 소수의 정치적, 경제적 영향력이 있는 케냐의 영어 화자는—원어민이건 동화되었건—국어 능력이 떨어지는 사람이 민족주의자가 되는 것을 모순으로 보지 않는다. 그들은 영어를 할 수 있다고 해서 꼭 훌륭한 케냐인이 되지 말라는 법은 없다고 느끼는 것 같다.

13.3.3 언어와 민족주의

케냐 민족주의자들은 영어를 부흥하고 스와힐리어를 적극 저지하는 영국의 식민행정 정책을 명백하게 인식했다. 스와힐리어는 독립 직후 국가의 이상(理想)과 정치적 열망, 독립국 케냐의 미래에 대한 약속을 표현하는 언어로 채택되었다. 이는 19세기 초 라틴 아메리카의 신생 독립국가의 상황과 비슷하다(Anderson 1991). 새로운 독립국가의 지도자는 케냐 국민을 새로운 자유, 즉 우후루(uhuru)의 아이콘, 다시 말해 독립 영연방공화국(Commonwealth Republic)의 깃발인 국기와 애국가 주위에 집결했다. 신생 케냐의 공영방송과 대중집회 연설에서 민족주의의 연대 메시지를 전달하는 언어는 스와힐리어였다. 1964년 최초의 독립국가위원회는 국가 통일을 새로 탄생한 국가의 주요 목표로 삼았지만, 각 종족 집단의 문화와 언어를 보존할 필요성도 지적했다.[15] 이 위원회는 스와힐리어를 국가 통일의 언어로 인정할 것을 주장한 반면 영어는 주요 교육 수단으로 유지할 것을 요청했다. 케냐의 토착어는 입학 후 3년간 주당 몇 시간만 교육했다. 1969년 의회 연설에서 조모 케냐타는 스와힐리어를 국어로 선포하면서 영어를 '제국주의'의 언어로 규정했고, 신생 케냐는 영어에서 자유로워야 한다고 했다. 그는 또한 스와힐리어를 자부심과 정체성을 확보하는 국어로 제정할 것을 의회에 촉구했다. 1974년에 그는 의회에서 스와힐리어로 토론할 것을 명했고, 이는 몇 년간 지속되었지만, 영어로 작성된 법률 내용을 스와힐리어로 겨우 반복하는 수준이어서 영어로 다시 개정하고 기록했다. 그러나 스와힐리어를 케냐의 진정한 국어로 제정하려는 시도가 계속되어, 1976년에 위원회는 1단계와 2단계 수준의 스와힐리어 시험을 권고하는 〈가차티 보고서(Gachathi Report)〉를 제출했다. 이와 함께 초중학교의 하급 학년에서 케냐 토착어를 계속 사용할 것도 권고했다. 하지만 이러한 권고와 촉구에도 불구하고 비즈니스와 교육에서 영어가 갖는 상위 지위의 역할은 대신할 수 없었다. 스와힐리어가 고등교육의 언어, 국제거래의 언어로서 영어를 대체할 수 있는지에 대한 논의가 의회, 대중언론과 대중매체에서 꾸준히 진행되었다. 어떤 학자는 스와힐리어가 과학과 고등교육의

---

15 Kenya Education Commission, 1964. Chimerah(1998)과 Mazrui and Mazrui (1995)를 참조한다.

용어를 충분히 발달시키지 못했으며, 스와힐리어로 쓰인 책이나 교육 자료로 충분하지 못하다고 주장했다. 나아가 비즈니스 세계와 국제적 직업 전선에서 경쟁할 수 있는 국제어로 학생들을 훈련할 필요가 있다고 제안하기도 했다. 영어와 같은 과거의 식민지배어가 가장 '중립적인' 것이라는 것이 기존의 견해였다. 이는 식민지배어가 종족 간 경쟁과 자기 언어를 승격하려는 각 집단의 경합이 이루어지는 정치계의 '국외자'이기 때문이었다. 이에 대한 반론으로 스와힐리어를 지지하는 가장 강력하고 널리 수용된 주장은 스와힐리어가 케냐의 가장 잠재력 있는 통일 매개체이며, 갖가지 종족적, 지역적 배경을 지닌 케냐인이 '중립' 언어로 쉽게 받아들일 수 있는 '아프리카어'라는 것이었다. 그것은 이 언어가 모어인 사람들이 정치적으로는 지배적이지 않고 종족적으로도 소수여서 권력에 대한 함축 의미를 갖지 않기에 그렇다.

케냐의 언어 교육제도에서 가장 중요한 구조적 변화는 1981년 맥케이(MacCay) 보고서에 등장하는데, 이는 일반적으로 '8:4:4'로 알려진 교육제도 수정안을 입안한 것이었다. 이 보고서는 초등교육 8년, 중등교육 4년, 대학교육 4년으로 구성하고, 과거 영국식의 O와 A 수준 교육제도를 교체하는 것이었다. 영어는 계속해서 교육 언어였지만, 스와힐리어는 초등과 중등교육에서만 의무 시험과목이었고, 다른 토착어는 초등학교의 저학년 수준에서 최소의 역할만을 했다. 하지만 몇 년 지나지 않아 경제발전을 위해서는 영어를 숙달하고, 학문 가치를 위해서는 스와힐리어를 숙달해야 한다는 압력으로 토착어는 지위가 약화되어 많은 경우 학교에서 배울 수 없거나 사용되지 못했다. 역설적이게도 교사들의 주장은 학생의 국가수행능력시험에 필요한 언어인 영어 구사력을 향상하려면 토착어 교육에 할당된 시간을 [영어에] 투자할 것을 바란다는 것이었다. 그러나 '8:4:4' 교육제도가 각 수준의 학생들에게 교육 초기단계부터 스와힐리어 교육을 의무화함으로써 이들이 스와힐리어를 제대로 많이 알게 되었다는 것이 가장 타당한 주장이다. 스와힐리어 구사능력을 잘 습득함으로써 이는 바람직한 국가 통합의 목표 달성에 상당 부분 기여했다.

대중정치와 대중문화에서 스와힐리어가 갖는 역할은 자명하다. 스와힐리어는 케냐의 민족사와 정치를 표현하는 데 가장 많이 사용되고, 범종족적 메시지 전달과 민족주의적 이미지 환기에 이용된다. 국가 지도자는 전국적인 정치 캠페인에서 스와힐리어를 이용하여 대중에게 다가가고, 스와힐리어 단어, 고안된 구절과 슬로건을 통해 사건들을 국가적 유산으로 영원히 존속시키고, 민족주의 감정과 동질적 의식을 유발시킨다. 케냐인에게 알려진 몇몇 뛰어난 사례는 스와힐리어가 어떻게 해서 정치를 대중문화에 각인하는 데 사용되었는지를 증명한다. 예컨대, *Uhuru na Kazi*('자유와 일')는 독립 후 최초로 정부와 국민이 하람베(Harambee) 정신으로 협업하고 자조하여 학교와 병원을 건설하고, 점차 일반복지 향상을 위해 열심히 일하게 촉구하는 소집 구호였다. 1980년대 국가 슬로건인 *Fuata Nyayo*('발소리를 따르라')는 국가 초석을 닦은 초대 대통령의 사후에 후임자들이 국정 운영의 흐름을 바꾸지 않겠다는 약속이었다. 이후 다른 두 슬로건으로는 *Yote yawezekana*('모든 것이 가능하다')와 특히 도시 젊은이 사이에 널리 퍼진 스와힐리어인 셍어(Sheng) 슬로건 *Unbwogable* 이 있다. 후자는 '쳐부술 수 없는', '정복할 수 없는'이라는 뜻의 대중 힙합음악 제목인데, 2002년 총선에서 승리를 거둔 정당이 이것을 캠페인 슬로건으로 채택하여 승리를 거두었다. 이 모든 것을 볼 때 스와힐리어가 '케냐의 언어'이며, 거의 대부분의 국민이 국어로서 선호하는 것은 분명하다. 이는 나이로비의 표본조사로도 증명되었다(Githiora 2002).

지성계의 언어학자, 교육자, 문화 활동가는 아프리카어 사용을 옹호한다. 그들은 스와힐리어 같은 단일어 채택을 통해 국가 정체성을 표현하고, 통합 증진을 위해 높은 수준의 영어를 교육받은 소수의 엘리트(약 20퍼센트)를 절대 다수로부터 소외해서는 안 된다고 주장한다. 전후 상황과 무관한 언어는 유의미한 교육을 할 수 없지만, 영어는 그렇지 않다는 것이 그 이유였다(Thiong'o 1981, 1993). 또한 학생들이 잘 이해하는 언어로 지식을 전달하는 것이 교육적으로 더 용이하다고 강조하는 이도 있다(Mazrui and Mazrui 1995; Chimerah 1998). 국립스와힐리어위원회(CHAKITA) 같은 기구는 동부 아프리카 스와힐리어위원회(CHAKAMA)와 함께 활발히 활동하고, 나아가서 스와힐리어를 교육제도에 정착시키기 위해 스와힐리어 학교 설립을 요청하며, 정부와 정치계에 스와힐리어가 더 큰 공식적 지위를 갖도록 캠페인을 벌이고, 스와힐리어를 정부와 공공정책의 언어로 전적으로 포용할 것, 즉 공식화할 것을 요청했다. 국가의 신헌법에 공용어로 스와힐리어를 최초로 포함한 것은 상당 부분 이러한 단체의 로비활동의 결과이다.

13.4 스와힐리어와 국가 지위: 케냐와 탄자니아

케냐에서 스와힐리어가 차지하는 역할을 고찰하면서 역시 스와힐리어가 공용어인 탄자니아에서의 스와힐리어 상황과 간단히 비교해 볼 필요가 있다. 오늘날 스와힐리어는 공식적으로 케냐의 국어이면서 영어와 함께 케냐의 공용어이다.[16] 이는 독립 후 케냐 헌법의 제일 점검사항으로

---

16 적어도 중부와 동부 아프리카의 6,000만 명이 매일 일상적으로 토착어로서나 지방어로서 스와힐리어를 교통어로 사용하는 것으로 일반적으로 알려져 있다. 실제로는 이보다는 상당히 더 많을 것이다. 탄자니아와 케냐의 전체 인구는 각각 3,000만 명 정도이고, 또한 각 나라의 인구 95퍼센트와 65퍼센트가 스와힐리어 구사 능력이 있다. 이보다는 수가 적지만 콩고민주공화국, 르완다, 브룬디, 모잠비크와 걸프만 국가, 유럽과 미국의 디아스포라 중 상당 비율의 사람들도 스와힐리어를 사용한다.

헌법조문에 규정되어 있다(2004년 케냐의 헌법 초안[17]). 또한 오늘날 스와힐리어가 소규모 상거래와 미디어 분야에서 케냐의 보편적 공용어라는 사실에는 의심의 여지가 없다. 반면 탄자니아에서는 이상하게도 사실상의 공용어인 스와힐리어가 국가 헌법에는 공식적으로 규정되어 있지 않다.

탄자니아에서의 스와힐리어의 확산과 발달은 20세기 초반 이탈리아의 표준 이탈리아어의 확산 과정과 유사하다. 루자(Ruzza 2000: 174)는 이탈리아의 언어 상황을 논의하는 가운데 "파시즘과 함께 초중등 교육이 어떻게 보편화되고, 농민과 도시 빈민 사이에 표준 이탈리아어를 확산했는지"를 기술하면서, 파시스트 지도자가 이탈리아의 역사와 힘을 재차 강조하자 표준어에 대한 새로운 각성과 자부심이 생겨났다는 점을 지적한다. 탄자니아의 경우, 국가 초석을 닦은 대통령인 줄리어스 녜레레(Julius Nyerere)는 파시스트 이데올로기가 아닌 반제국주의에 고무되었고, 스와힐리어로 우자마(Ujamaa)라고 알려진 '사회주의적' 사회경제적 개발노선을 따랐다. 이 모델은 무상 의무교육 프로그램, 정치, 정부, 행정 등 새로운 국가 건설 작업의 모든 분야에서 스와힐리어를 완벽하게 제도화하자는 주장이었다. 반제국주의 입장의 천명과 국민 중심 리더십은 강력한 민족주의와 범아프리카주의 감정을 신생 독립국가의 국민 사이에 불러일으켰고, 결과적으로 지금까지 모든 아프리카 국가가 부러워하는 국가 정체성과 광범한 결속력을 탄생시켰다. 녜레레는 스와힐리어가 혁명적 반식민 지배와 반제국주의에 대한 열망을 나타낸다고 믿었다. 모든 거리 명칭이 새롭게 바뀌었고, 대학 졸업자로 구성된 청년단이 스와힐리어로 된 교과를 가르치기 위해 전국으로 파견되었으며, 국내의 서로 다른 배경을 지

---

17 제8조 제1항 케냐 공화국의 국어는 키스와힐리이다. 제8조 제2항 케냐의 공용어는 키스와힐리와 영어이며, 모든 공문서는 이들 언어로 작성할 수 있다(CRKC 채택된 버전은 http://www.eastandard.net/pdf/draft050505.pdf에서 이용 가능하다).

닌 종족의 국내 이주가 적극 전개되었다.[18] 그러한 진지한 계획과 실행 가운데는 언어적으로 통일국가를 건설하는 안도 있었다. 스와힐리어는 탄자니아의 진정한 '국어'가 되었고, 이는 두 가지 중요한 결과를 낳았다. 첫째 스와힐리어를 더 큰 국가를 위해 이용하고 모어 화자의 지역적 종족 정체성과 분리했다. 따라서 '새로운 탄자니아'는 스와힐리어의 지역방언이 아닌 표준 스와힐리어를 사용함으로써 탄생했다.[19] 둘째, 국어로서 스와힐리어를 신속하고 광범하게 채택함으로써 탄자니아의 소수언어가 대거 소멸했다(Batibo 2005).

독립 후 케냐의 국가발전 노선이 '아프리카 사회주의'에 기반을 둔 국가 경제정책을 추구하는 것이라는 초기 주장에는 이데올로기적으로 뚜렷한 입장이 없었다.[20] 그러나 케냐의 국가 지위는 종족적, 종교적 이해와 통제에 초점을 맞추어 설정된 식민지배 프로젝트에서 벗어나지 않았고 이 입장은 흔들리지 않았다. 이 입장은 '조심스러운 보수적 민족주의(Maloba 1989)'를 내세운 리더십에 의해 구체화되었는데, 보수적 민족주의는 정치적 독립은 쟁취하되 몰락하는 대영제국의 식민지배 구조나 케냐의 입장을 근본적으로 바꾸지 않는 것이었다. 1969년 초에 초대 국가 대통령이 스와힐리어를 공인했음에도 스와힐리어를 제도화하려는 국가 계획은 추진되지 않았다. 오히려 그 뒤를 이은 정부들은 업무 처리에서 영어에 일차적 역할을 계속 부여했고, 스와힐리어는 대중에게 말하거나 영어로 하는 공식 연설의 말미에 사용하는 등 하위 기능만을 부여했다.

국가 교육과정 역시 식민시대와 독립 이후의 케냐에 와서 케냐의 토

---

18 케냐의 여러 지방 간의 국내 이주 장려는 파시스트 치하의 이탈리아의 국가 건설 시기의 특징이기도 하다(Ruzza 2000).
19 나아가 마쌈바는 사실상 '스와힐리인(Waswahili)'은 스와힐리어가 사용되는 동부 아프리카 해안에 사는 모든 사람이라는 논란의 여지가 있는 입장을 취한다 (2002: 272, 필자 강조).
20 KANU 독립 선언문, 사회 민주주의와 안정. KANU(1960/61. 12).

착어를 그다지 강조하지 않았다. 초등학교 4학년까지는 토착어로 영어와 스와힐리어 과목을 가르쳤다. 초등교육 이상의 수준에서는 대학에서 수행하는 스와힐리어 연구를 제외하면 영어가 교육 수단이었다. 케냐의 토착어를 방임하는 태도에는 특정 이데올로기상의 근거나 응집성이 아예 없었다. 그 결과 의도적이고 집중적인 계획이나 규제 없이 지역적으로 언어가 발달했고, 케냐의 스와힐리어 어법은 지역에 따라 통일성이 없어졌으며, 지역적, 지방적 영향과 사회지위에 따라 변동했다. 언어적 관점에서 볼 때, 언어변동과 경제적, 지방적 불균형 사이의 대비가 분명해서 도시-농촌의 구분 역시 명확하게 이루어졌다. 대부분의 케냐인은 영어의 특권적 용도로 인해 영어를 우위에 두고, 토착어는 지역연대가 필요한 곳에 이용했다. 스와힐리어는 토착어로서의 과거 역할을 유지하며, 동시에 와스와힐리(Waswahili)로 알려진 특정 종족 집단의 언어로도 인지된다. 그리하여 스와힐리어는 비종족적 스와힐리 가족의 가정어 또는 토착어로서의 지위를 지키고 있는데, 이는 언어와 종족에 대한 케냐인의 일반적 태도와 일맥상통한다.

지금까지 케냐의 언어정책은 여러 위원회가 목표로 삼은 선언과 보고서를 벗어나지 않았다. 보고서에는 현실적 실행방법이 결여되어 있었는데, 이는 대부분이 보수적 리더십을 위한 인기 위주의 성명이었기 때문이다. 이에 따르면, 상위 언어인 영어 없이는 아프리카어를 우선시하는 민족주의적 프로그램을 추진하기는 어렵다고 한다. 언어계획에 진지성이 부족하다는 것은 케냐의 사회언어학적 상황에 대한 면밀한 연구가 없다는 사실로도 분명해진다. 이러한 연구는 케냐의 토착어 발달을 추진하는 데 과학적이고 실행 가능한 근거를 제공할 수 있다. 예컨대, 대규모 언어공학 사업에는 50여 개 언어와 방언의 국가 내 업무수행 기능이 각기 다르다는 것을 명확히 이해할 필요가 있다. 동시에 매우 일반적인 원리가 케냐 토착어와 교육정책의 근거가 되어야 할 것이다. 예컨대, 모어 사용과 국가 건설에서 차지하는 문화의 역할에 대해 케냐 임명직위원회는 1950년 유엔헌장(이후 결의안도)의 유엔선언을 인용한다.

> 제17조: 민족 혹은 소수 종족이나 집단은 교육의 문화적 정체성을 보존할 권리를 지닌다.
> 제19조: 문화적 자율성은 각 수준의 교육에서 각 집단의 언어로 학습을 진행하는 교육제도를 의미한다.
> 제20조: 언어 자율성은 행정기관 및 사법기관에서 모어 사용을 촉진하는 것을 의미한다.

오늘날 대부분의 케냐인은 가정에서 케냐 모어를 사용하거나 토착어로 스와힐리어를 사용한다. 활기차고 경쟁적인 TV 산업과 '지방 라디오'는 뉴스와 오락을 여러 케냐 토착어와 스와힐리어, 영어로 방송한다. 케냐 지폐, 의회 토론, 법률, 규정은 여전히 영어로 작성하며, 소수 의원은 스와힐리어로 토론하기도 한다. 법원 통역사는 청각장애자에게는 케냐시각언어(KSL)로, 필요에 따라서는 스와힐리어와 다른 케냐 토착어로 통번역 서비스를 한다. 두 가지 공용어 중 어느 하나에 대한 전반적인 능력을 숙달하기는 어렵지만 하이네와 묄리히(Heine and Möhlig 1980)는 케냐인이 '평균 1.01개의 제2언어' 능력을 지니고 있다고 보고했다. 이는 국민이 적어도 제1언어와 하나 이상의 언어를 말할 수 있다는 뜻이다. 수도 나이로비는 케냐의 종족언어적 모자이크의 축소판으로 케냐 문화와 동아프리카 상업 허브의 진정한 '용광로'이다. 다언어주의와 언어 사용에 대한 최근의 어느 연구는 도시 거주자가 사용하는 평균 언어 수가 3개이며, 조사 표본인구의 25퍼센트가 이언어 사용 가정이라고 보고한다(Githiora 2002).

13.5 국가 정체성의 기초로서 스와힐리어

13세기부터 동부 해안의 일상어가 된 스와힐리어는 아랍어의 영향을 많이 받았고, 힌디어, 페르시아어, 포르투갈어, 영어에서 많은 차용어를 가져왔다. 가변적인 상황에서도 사용할 수 있는 능력 덕분에 스와힐리어는 동부와 중부 아프리카 언어 가운데 유일한 위치를 차지했다. 잔지바르에서 사용되는 웅구자어(Kiunguja)는 키스와힐리 사니푸(Kiswahili Sanifu) 또는 표준 스와힐리어로 알려져 있고, 케냐의 학교에서 교육하는 변이형이다. 하지만 실제로 케냐의 스와힐리어 화자에게 가장 큰 영향을 미친 방언은 몸바사 방언인 음비타어(Kimvita)와, 영향이 좀 적기는 하지만 라무(Lamu)의 북부 해안 섬에서 사용되는 아무어(Kiamu)이다. 역사적으로 볼 때 전자는 스와힐리인과 스와힐리어의 기원이 되는 핵심 지역방언이고, 후자는 아랍어 문자로 기록된 최고(最古) 스와힐리어 필사본의 가장 고상한 문헌어이다. '표준어'를 공식화하려는 결정은 근대 (동아프리카) 국가 탄생의 일반 특징이지만, 키스와힐리 사니푸로 웅구자어를 선택한 것은 다른 방언 화자와 지지자의 저항을 받았다. 하지만 1933년 국제언어위원회(ITLC)의 결정이 널리 수용되었고, 근대 표준문어는 이 방언에 기초한다.

　일상적인 케냐 구어 스와힐리어는 비공식 상호작용, 매스미디어, 문화에서 특히 지역적 영향력을 갖는다. 최근에는 셍어(Sheng)로 알려진 도시 스와힐리어 혼합 코드가 나이로비에 출현해서 소도시와 시골의 젊은 화자에게까지 퍼졌다. 그것은 라무와 파테 섬 같은 해안지방의 전통적으로 보수적인 스와힐리어 공동체에도 영향을 미쳤다.[21] 이 새로운 언어코드는 방언이나 지방 변이, 언어혁신, 모어의 영향 등에 관한 논의에 기름을 부었고, 그러한 코드가 의사소통, 교육, **표준 스와힐리어**의 사용과 확

---

21 개인적 견해, 2005.

산에 어떤 영향을 미치는지에 대한 논의에도 영향을 미쳤다. 교육자의 큰 관심사는 셍어가 교실 내 공식 학습에도 관여한다는 사실인데, 그 이유는 학생들이 셍어와 표준 스와힐리어의 경계를 지각하지 못하기 때문이었다. 결국 많은 젊은이가 교실의 (표준) 스와힐리어보다 제약이 있는 셍어를 더 유창하게 사용한다. 이러한 비판에 대해 셍어 지지자는 셍어 코드가 현대 케냐를 가장 잘 반영한다고 주장하는데, 이는 셍어가 케냐의 여러 다른 언어와 즉각 혼합될 수 있었기 때문이다.

13.5.1 케냐 스와힐리어의 특징

스와힐리어는 현대적 의미에서 단일 **민족국가**(nation-state)에서 생겨난 것이 아니고, 동부와 중부 아프리카의 **민족국가**마다 변별적 특성과 취향의 스와힐리어 변이형이 존재한다. 따라서 특정 국가를 **언어공동체**로 확인 가능하도록 만드는 '발화방식'이 스와힐리어 변이형을 만들어 냈다(Hymes 1974). 이 발화방식은 국가 정체성을 그대로 드러내는 '우리'와 '그들' 사이의 경계를 문자 그대로 표시하는 표지이다. 스와힐리어를 사용하는 주요 국가인 케냐와 탄자니아가 국가와 정체성 형성에서 취한 노선은 언어 사용과 관행에 대한 연구의 중요한 차이를 명백히 드러냈다. 케냐에서는 종족적 민족주의와 스와힐리어의 발달과 통일된 확산이 없어서 모어의 간섭 현상이 아주 심하다(스와힐리어의 지역방언, 즉 **토착 스와힐리어**의 간섭도 포함된다). 부차적으로 상당히 높은 비율의 국민(35퍼센트)이 비반투어를 사용한다. 이러한 사실은 언어적으로도 묘한 결과를 낳아서, 이들 화자는 언어를 쉽게 습득했고, 반투어인 스와힐리어의 능력이 향상되었다.[22] 이러

---

22 Heine and Möhlig(1980)가 보고한 실증적 연구는 비반투어를 구사하는 소수
   어 화자 사이에 스와힐리어를 능숙히 말하는 화자의 비율이 매우 높다고 지적
   한다. 이는 경제적 자립도가 낮은 소수 집단에게 더 널리 사용되는 제2언어를

한 언어적, 지역적, 역사적 요인은 정치적 이데올로기와 함께 별개 형태의 케냐 스와힐리어를 형성하는 데 기여했다. 케냐 스와힐리어는 확인 가능한 독특한 특징이 있다. 어떤 표지는 케냐 스와힐리어와 탄자니아 스와힐리어를 명확히 구분한다. 탄자니아 스와힐리어는 언어 행동과 사용 능력이 고도로 통일성을 보이고, 전 국토에 걸쳐 거의 보편적으로 사용된다. 케냐 스와힐리어는 **콩고 스와힐리어**와도 명백하게 대조된다. 콩고 스와힐리어는 반투어 성향이 아주 강하고,[23] 링갈라어나 콩고어, 프랑스어(중부 아프리카의 식민지배 언어) 같은 지역언어에서 유래하는 차용어가 많다. 이러한 현실적인 차이와 때로는 지각된 차이는 국가 정체성을 드러내는 중요한 표지를 만들어 낸다.

예컨대, 케냐 스와힐리어에서 표준 스와힐리어의 일치체계가 훨씬 간소화되었는데, 이러한 표준 스와힐리어와의 많은 차이는 모어의 간섭이나 지역화된 (스와힐리어) 방언의 영향 때문이다. 표준 스와힐리어와 다른 케냐 스와힐리어의 문법의 또 다른 측면으로 관계절과 장소가 자율형태소를 통해 표현되는 방식을 들 수 있다. 케냐 스와힐리어의 화자는 표준 스와힐리어가 어렵다고 불평하며, 해안 지역의 토착 화자는 자녀가 교실 이외에서는 별로 접촉해 보지 못한 방언에 기초해서 출제된 스와힐리어 국가시험에서 좋은 성적을 얻지 못한다고 짜증을 낸다. 일반적인 케냐 스와힐리어와 표준 스와힐리어가 보여 주는 광범한 차이 외에도 도시의 젊은이는 셍어의 영향을 점차 강하게 받고 있다. 이렇게 늘어나는 새로운 형태의 비표준 스와힐리어는 오늘날 가장 두드러진 케냐 구어 스와힐리어의 변별표지이다. 하지만 스와힐리어는 케냐인이 간직한 진정한 단일

채택하도록 압박하기 때문일 것이다.

[23] 예컨대, 콩고 스와힐리어는 *makumi mawili*(20), *makumi matatu*(30) 같은 반투어를 사용하며, 아랍어에서 파생된 표준 스와힐리어 *ishirini*, *thelathini* 등을 사용하지 않는다. 특히 명사부류 호응과 관련한 형태통사적 차이도 많다.

어이다. 이것은 여러 구어 형태의 특징을 지니며, 불균등하게 분포하고, 의사소통 능력에 차이가 있다.

13.6 결론

스와힐리어는 부상하는 케냐의 국민에게 반식민지배 메시지를 전달할 때 민족주의의 주된 표현수단으로 사용된다. 독립 직후 (1964년의 케냐 교육위원회 참조) 스와힐리어는 국가 이상, 정치 열망과 독립국가로서 미래 낙관론을 표현하는 언어로 채택되었다. 초대 대통령 조모 케냐타는 1969년 의회연설에서 스와힐리어를 '국어'로 선포했다. 하지만 스와힐리어의 채택과 그러한 초기 선언이 지닌 스와힐리어의 제도 정착을 위한 진정한 국가적 계획은 추진되지 않았다. 이러한 공식 태도(또는 태도의 결여)는 이데올로기적 기반이나 응집력이 없어서 스와힐리어는 자연적으로 발달하여 지역마다 다른 방식으로 구사되고, 화자 집단에 따라 변동하는 결과를 낳았다. 그 이후의 정부들은 정부의 사업 시행에서 영어에 일시적으로나마 우선적 역할을 부여했고, 스와힐리어는 몇몇 행사 때 대중연설이나 국경일 축하행사의 영어 연설의 말미에 사용되는 정도였다. 보수적 성향의 정치경제계의 후원으로 영어는 상위 역할을 유지했고, 스와힐리어는 고등교육, 언론, 법, 기술, 대기업에서 그 자리를 차지하는 데 실패했다. 이는 언어 계층상 영어를 상위에, 케냐어를 하위에 두는 식민주의 방식을 유지했기 때문이었다. 아프리카 언어에 대한 뿌리 깊은 '심리적 불신'은 공식적 의사소통 및 지식생산과 예술 영역에서 잠재적 기능을 발휘하지 못하게 제약했다. 이런 상황으로 인해 스와힐리어를 국가 통합 전반에 걸친 언어 수단이 되게 하려는 바람이 계속 좌절되었다. 고위직 집단에서 스와힐리어는 옛 '수단'이라는 의미, 즉 종족 간 기본 의사소통의 수단이나 상징적 연대 목적을 위한 수단이라는 의미로 하급직과 대화할 때만 사용하는 저급언어로 남아 있다. 케냐의 스와힐리어는 와스와힐리로 알려진 특정 종족 집단의 언어로 인식되어 종족적으로 스와힐리가 아닌 가정에서는 가정어나 토착어로서 인정을 받지 못하고 있다.

케냐에서 영어는 정체성을 투사하는 범종족적 수단이자 민족주의의 표현으로서는 스와힐리어보다 많이 사용되지 않는다. 스와힐리어는 케냐를 통합하는 최선의 통일 수단으로 선호된다. 그것은 여러 종족적, 지역적 배경을 가진 케냐인에게 국어로 쉽게 수용되는 아프리카어이고, 권력이나 정치적, 경제적 지배라는 함축 의미가 없는 '중립적' 언어로 다양한 지역적, 사회적 배경을 지닌 케냐인이 사용하는 의사소통 수단이기 때문이다. 그것은 또한 국제적으로 인정받고 광범하게 확산된 아프리카어이며, 케냐인이 자부심을 갖는 학문과 문헌을 지닌 언어이기 때문이다. 스와힐리어는 케냐 인구의 2/3 이상이 사용하는 언어로서 지위가 자명한 언어이며, 케냐의 민중사에 정치를 이야기하고 보여 주는 가장 일반적으로 사용되는 언어이다. 그리고 범종족적 메시지를 전달하고 민족주의적 이미지를 환기하는 언어이기도 하다. 국가수반은 전국적 정치 캠페인에서 스와힐리어를 사용하여 국민에게 다가가고, 국가 기념식에서 과거 사건을 추념하고, 민족주의 감정을 불러일으킨다. 케냐의 사회, 정치, 학계 대중예술과 문화계의 대표적 주요 인사는 스와힐리어가 사실상 케냐의 국어라는 견해를 설득력 있게 표명한다. 케냐 「신헌법」(2004)의 한 구절은 곧 수정되어 스와힐리어를 법적으로 국어이자 공용어로 규정할 것이다. 과거 교육과정에서는 케냐 토착어와 영어를 교과목으로 강조했지만, '8:4:4' 교육제도는 각 학교 학생에게 스와힐리어를 초기 단계에서 의무화하여 이 언어에 대한 정규 지식을 많이 쌓도록 했다. 그런 식으로 스와힐리어 지식을 더 깊이 습득하여 스와힐리어가 국가 통합에 이바지하고, 케냐의 '토착' 언어에서 진정한 국어로 완전히 승격되도록 해야 할 것이다.

제14장
탄자니아
국어와 공용어로서 스와힐리어의 발전

파루크 토판(Farouk Topan)

14.1 서론

탄자니아는 약 3,500만 명의 인구(2002년 인구조사 기준; CIA-World Factbook 2015년 기준 인구는 5,104만 5,882명임 – 역주)를 가진 다언어 국가로, 그중 거의 100만 명은 반 자치도서인 잔지바르[웅구자(Unguja)와 펨바(Pemba)]에 거주한다.[1] 폴로메(Polomé 1980: 3)가 지적했듯이, 탄자니아의 언어를 열거하는 것은 '꽤 어려운 일'이다. 일반적으로 통용되는 언어

---

1 탕가니카(Tanganyika)와 잔지바르(Zanzibar)가 합쳐진 탄자니아연합공화국은 두 나라의 지도자가 연합하기로 결정한 1964년 4월 26일에 탄생했다. 그중 탕가니카는 1961년 12월에 영국으로부터 먼저 독립하여 1년 뒤에 공화국이 되었다. 잔지바르도 1963년 12월에 (역시 영국으로부터) 독립했지만 명목상의 통치자인 부사이디 술탄(Busaidi Sultan)이 지배하는 술탄 왕국으로 잠시 있다가 1964년 1월에 혁명으로 왕정이 끝났다.

수는 124개(Batibo 2005: 155) 또는 127개(*Ethnologue* 2005에서 인용)이다. 탕가니카가 1961년에 영국으로부터 독립했을 때 이전 식민지배로부터 물려받은 유산 중 적어도 긍정적으로 평가할 만한 것은 (비록 외부에 의해 설정되기는 했지만) 국경이 안정되었다는 점과 스와힐리어가 교통어로서뿐만 아니라 이 신생국의 우뚝 솟은 국어로 확실히 받아들여졌다는 점이다. 이 당시의 언어지도와 그 밑에 깔린 국가적 대망은 '부족주의(tribalism)'의 재앙을 크게 겪지 않았던 신흥 아프리카 국가에 하나의 모델로 여겨졌다. 정치적으로 우위를 점할 만큼 규모가 큰 종족 집단도 없었고, 외견상 그렇게 하려는 집단도 없었다. 이 장에서는 교역, 식민세력의 영향, 선교사의 개종활동과 교육에 대한 노력, 탄자니아의 초대 대통령으로서 시민이 스스로를 최우선적으로 '탄자니아인'이라고 여기는 사회주의 국가를 건설하고자 했던 줄리어스 네레레(Julius Nyerere, 1999년 사망)의 계획 등을 포함하여 위와 같은 상황을 조성한 여러 요인을 고찰한다. 이러한 국면에는 언어, 좀 더 구체적으로 말하면 스와힐리어가 중요한 촉매 역할을 담당했다.

14.2 스와힐리어의 확장: 식민 이전과 식민 시대

스와힐리어는 방대한 양의 공통 어휘와 정교한 명사부류 체계를 서로 공유하는 반투어군(Bantu)에 속한다. 스와힐리어는 탄자니아, 케냐, 르완다, 부룬디, 콩고 일부 지역, 코모로 군도, 남부 소말리아, 북부 음숨비지(Msumbiji, 모잠비크) 등을 포함한 동부와 중부 아프리카 일부 지역에서 사용된다. 수 세기에 걸친 동아프리카와 아랍권 국가 간의 접촉으로 스와힐리어에 많은 아랍 차용 어휘가 들어왔는데, 이 때문에 스와힐리어가 때때로 '혼합언어(mixed language)'라는 잘못된 생각을 갖는 원인이 되기도 했다.

스와힐리어가 본거지인 해안과 도서 지역에서 탕가니카의 내륙으로 확장된 과정은 크게 3개 단계로 구분할 수 있다. 첫 번째 확장 단계는 스와힐리어를 사용하는 사람들이 이끄는 대상(caravan)들이 교역을 위해 이 지역의 북부, 서부, 남부로 길을 튼 시기이다. 19세기 초에 사이드 빈 술탄(Said bin Sultan)으로 시작된 잔지바르의 부사이디 술탄 왕국의 통합은 이러한 상업활동을 더욱 발전시키고 제도화했을 뿐만 아니라 '스와힐리어가 교역로를 따라 교통어로 성장'하는 데 초석을 마련하는 계기가 되었다(Abdulaziz 1980: 140).

하이네(Heine 1977)가 '수평적(horizontal)'이라고 특징지은 이러한 방식의 스와힐리어 확장은 자연발생적이고도 비공식적인 것이었다. 이 수평적 방식은 스와힐리어가 학교에서 공식적으로 교육되어 확장되고 체

계화되었던 다음 2개 단계에서 '수직적(vertical)' 방식으로 변화했다.

두 번째 확장 단계는 선교사의 활동이었다. 사람들의 전도와 교회 간 행물의 언어로 스와힐리어를 사용했다. 처음에는 다른 현지어를 사용해서 지역 사람들에게 접근하는 것이 더 좋지 않을까 하는 의견이 있었으나, 스와힐리어가 이미 광범하게 사용되고 있는 데다가 경제적으로도 단일어를 사용하는 이점이 있어서 스와힐리어의 사용에 대해 선교사들은 합의했다. 몸바사(Mombasa)에 기반을 두고 활동했던 독일 선교사 루드비히 크라프(Ludwig Krapf)는 적도에서부터 남쪽으로 포르투갈인의 모잠비크 정착지까지, '이 지역에서 사용되는 지역어 중에서 스와힐리어가 가장 세련된 언어'이므로 스와힐리어를 채택하는 것이 '실용적'이라고 생각했다. 이와 같은 이유로, "소수 인구만이 사용하는 내륙의 보잘것없는 지역어는 가능한 한 많이 대체되어야 한다"고 주장했다(Krapf 1882: xi). 잔지바르의 영국인 주교였던 에드워드 스티어(Edward Steere)는 크라프의 이러한 주장을 훨씬 더 강하게 옹호했다.

우리의 중앙아프리카 지역선교에 가장 큰 핵심 중 하나는 스와힐리어를 철저하게 조사해서 잘 배우는 일이다. 왜냐하면 선교사가 이미 이 언어를 잘 알고 있는 상태로, 게다가 그들의 필요에 맞는 책과 번역물을 갖춘 채로 잔지바르에서 출발하거나 더 좋게는 영국을 떠날 수 있다면, 그 이름조차 잘 알지 못하는 무한히 많은 생소한 지역어의 비밀을 풀 수 있는 열쇠를 그들이 지니고 가는 셈이 되기 때문이다(Steere 1870: iii).

초창기 선교사의 마음을 어지럽힌 유일한 문제는 어떤 스와힐리 방언을 이 같은 목적을 위해 선택할 것인가 하는 것이었다. 크라프와 그의 조교였던 레브만(Rebmann)은 몸바사의 방언인 음비타어(KiMvita)를 사용할 것을 강하게 옹호했다. 반면에 스티어는 잔지바르에서 사용되는 웅구자어(KiUnguja)에 강한 애착을 느꼈다(Topan 1992: 337-338).[2] 결국 크라프가 웅구자어에 대해 '쓸모가 없는 것은 아니다'라고 생각을 바꾸면서 논쟁에서 승리했다. 이 방언은 많은 수의 사람이 사용할 뿐만 아니라, "번역자가 스와힐리어로 적당한 표현을 찾기가 어려울 때 언제든지 아랍어 단어를 차용할 수 있는 수단을 제공해 준다"(Krapf 1882: xii).

초창기 선교사—그중 일부는 스와힐리어 학자였다—는 아랍어를 어휘 가운데에서도 특히 종교 관련 용어를 끌어낼 수 있는 유용한 원천으로 생각했다. 그러나 이후의 선교사는 이러한 인식에서 벗어나 오히려 탕가니카 본토의 사회집단에 점점 더 정통해졌다. 당시에 웅구자어는 이슬람과 연관된 개념을 반영한 많은 아랍 차용 어휘를 담고 있었기 때문에 자산이 아니라 갚아야 할 빚으로 여겨졌다. 이러한 시각의 대표적 주창자였던 독일 선교사 룁(Roehl)은 성경 번역에서 사용된 이 언어를 '탈아랍어화(de-Arabicize)'하는 데 열중했다. 그 결과 1930년도의 슈투트가르트 성경이 스와힐리어로 출간되었는데, 그는 여기에서 가능한 한 많은 단어를 '반투어화(Bantuize)'하고자 했다. 룁의 번역은 잔지바르의 캐넌 브룸필드(Canon Broomfield 1931: 77-85)에게 비판받았지만, 이 슈투트가르트 성경판은 본토 사람들에게 인기가 증명되었다(Topan 1992: 341).

세 번째 확장 단계는 선교활동과 주로 맞물려 그 지원을 받은 것으로, 1890년대 초부터 탕가니카가 독립한 1961년까지의 식민시대와 관련된다. 처음에는 독일이 통치했고, 그 후 영국이 통치했던 이 시기는 스와힐리어가 교통어로 확장되는 데 토대가 되고 성장하는 시기였다. 이 기간에 행정, 교육, 대중매체, 학문 등의 4개 영역에서 많은 발전이 이루어졌다.

---

2 이 언어들의 영어 표기는 다음과 같다. 이 장에서 'Swahili'는 스와힐리어를 일컫는 영어 명칭으로 사용하는 관례를 따르지만, 스와힐리 방언을 나타낼 때는 접두사 'ki-'를 그대로 유지한다. 형용사로 사용된 'Swahili'도 접두사 'ki-' 없이 사용된다.

탕가니카에 지배 기반을 마련한 독일인은 우선 행정과 교육 영역에서 그들의 언어를 도입하고자 했다. 그러나 독일어가 성공하지 못할 것이라는 점이 분명해지자 그들은 스와힐리어에 관심과 역량을 기울였다. 전통적인 현지 지도층과 협력하여 촌락 (및 그 이상의) 단위에서 행정조직을 점차 확대했다. 예컨대, 1893년에는 해안마을인 탕가(Tanga)에 아프리카인을 말단 행정공무원으로 양성하기 위한 학교를 설립했다. 1914년에 이르러서는 화이틀리(Whiteley 1969: 60)가 지적하듯이, "행정 당국이 촌락의 수장들과 스와힐리어로 대부분 교신을 할 수 있었다." 실제로 스와힐리어나 독일어로 작성되지 않은 문서에는 별다른 관심을 기울이지 않았던 것으로 보인다. 그러므로 스와힐리어에 대한 실용적 지식이 말단 공무원을 통한 행정 참여의 전제 조건이었다.

이러한 상황을 강화하고, 거기에 걸맞게 개개인이 준비되도록 한 것은 정부와 선교학교였다. 제1차 세계대전 전까지의 20여 년 동안 독일인은 세 종류의 학교를 설립했다. 우선, 스와힐리어로 3년의 교육과정을 갖춘 촌락의 초등학교(Nebenschulen; 독일어로 원래는 '분교'의 의미임−역주)가 60개가 있었다. 그리고 9개의 중학교(Hauptschulen; 독일어로 원래는 '본교'의 의미임−역주)에서 2년 과정으로 읽기와 쓰기, 산수 등을 가르쳤다. 마지막으로, (앞에서 언급한 바 있는) 탕가에 있는 1개의 고등학교(Oberschule; 독일어로 '고등학교'의 의미임−역주)에서 사무원, 산업노동자, 교사의 훈련을 담당했다(Cameron and Dodd 1970: 56, Abdulaziz 1980: 140에서 인용). 그러나 이러한 초창기 서구교육의 중추는 탕가니카의 여러 지역에 설치된 다양한 선교회(주로 독일, 영국, 프랑스에서 파견함)가 운영하는 선교학교였다. 힐데브란트(Hildebrandt 1981: 194)는 식민정부가 "1878~1914년에 이러한 선교회가 세운 모든 학교를 설립할 수 (혹은 설립할 의사가) 없었을 것"이라고 주장한다.

학교 교재의 준비 또한 국가적으로 스와힐리어의 사용을 확대하고 확고히 하는 데 도움을 준 또 다른 활동이었다. 선교회의 출판물 일부가 현지어로 출간되었지만, 재정적이고 실용적인 이유 때문에 곧 스와힐리어에 자리를 내주었다. 스와힐리어를 연구하고 학술적 결과를 출간한 초창기의 서구학자 가운데는 선교사도 있었다. 크라프와 스티어 모두 스와힐리어 연구에 지대한 공헌을 했다. 1960년대 초까지 선교사가 펴낸 수많은 출간물 중 두 사례인 스티어의《스와힐리어 핸드북(*A Handbook of the Swahili Language*)》(1870)과 크라프의《스와힐리어 사전(*A Dictionary of the Swahili Language*)》(1882)은 모두 스와힐리어의 문법과 어휘와 관련한 선구적인 연구서이다. 베를린의 동방연구소(Oriental Seminar)는 탕가니카로 부임하는 독일 관리를 위해 스와힐리어 강좌를 개설했다. 영국도 나중에 이와 마찬가지로 런던에 있는 동방·아프리카연구소(School of Oriental and African Studies)를 통해 스와힐리어 강좌를 제공했다.

독일의 식민통치 기간에 스와힐리어를 확장하고 뿌리내리는 데 기여한 또 다른 중요한 계기는 행정 당국과 어쩌면 이보다 더 효과적이었던 선교회의 신문 발간이었다. 화이틀리(Whiteley 1969: 60)는 그러한 신문 중 몇 개를 언급하는데, 여기에는 중앙아프리카의 대학선교회(Universities' Mission to Central Africa)가 후원한 최초의 신문인 *Msimulizi*('내레이터', 1888)와 *Habari za Mwezi*('월간 뉴스', 1894년으로 추정)가 포함되어 있다. 널리 보급되었던 신문인 *Kiongozi*('지도자')는 1905년에 창간되었다. 영국은 나중에 이러한 신문을 지속적으로 발간했다. 영국의 통치기에 가장 잘 알려진 스와힐리어 신문은 1923년에 창간된 *Mambo Leo*('시사')로서 그 독자층은 전국적이었다. 라디오도 또한 식민 후기에 언어 사용과 전파의 중요 매체가 되었다.

제1차 세계대전이 끝나고 탕가니카에 대한 통치권이 영국의 손으로 넘어갔을 때는 이미 스와힐리어가 이 지역에 확고히 뿌리를 내린 뒤였다. 영국인이 단일어를 통해 교육, 공무, 경찰, 군대 등의 행정업무를 수행할 수 있었던 것은 그들에게는 매우 다행한 일이었다. 가령 직원 문제가 줄어들었고, 공무원이 근무지를 옮길 수 있었다. 여기서 중요한 점은 화이틀리가 지적하듯이, 지역에 따라 상당한 차이가 나기는 했지만 "이러한 요인이 부족보다 더 큰 단위에 대한 소속감을 발생시킨 증거도 일부 있었다"는 사실이다(1969: 61).

영국인은 대부분의 경우, 독일인이 도입한 체제를 발판으로 삼아 다방면으로 스와힐리어의 발전을 공고히 했다. 그러나 서로 중복되는 세 영역인 언어, 제도, 교육에서 그들이 시도한 것은 언어에 지속적으로 영향을 끼쳤으며, 결국에는 스와힐리어를 통해 다듬어진 국가 정체성의 인식에 악영향을 미쳤다. 1930년에 취한 첫 번째 조치는 웅구자어(잔지바르 방언)를 '표준' 스와힐리어로 선택하도록 결정한 일이었다. 역시 같은 해에 실행된 두 번째 조치는 스와힐리어의 표준화와 발전 과정을 감독하기 위해 영토 간 언어위원회(Inter-Territorial Language Committee)를 설립한 일이었다. '영토 간'이라는 용어는 그 당시에도 스와힐리어가 국경을 초월하여(즉, 탕가니카, 케냐, 잔지바르와 이보다 정도는 덜하지만 우간다도 포함) 중요했다는 것을 표현하기 때문에 중요했다. '표준화'에 관해서는 실제로 다음과 같은 두 가지 측면이 강조되었다. 첫째는 발음과 문법 적용의 일관성—특히 문어체 스와힐리에서—이었고, 두 번째는 언어 철자법의 일관성이었다.[3] 문학작품의 원고뿐만 아니라 학교 교재도 위원회의 심사를 받아야 했다. 사용된 스와힐리어가 '올바른' 것으로 판명되면 위원회가 '출판허가'를 내주었고, 이는 책의 첫머리에 정식으로 인쇄되었다. 위원

---

3 프레더릭 존슨(Frederick Johnson 1939)의 감독 아래 위원회가 출간한 《표준 스와힐리어-영어 사전(*Standard Swahili–English Dictionary*)》과 애시튼(E. O. Ashton 1944)의 《스와힐리어 문법(*Swahili Grammar*)》은 "스와힐리어의 표준화 과정에서 획기적인 일"이었다(Blommaert 1999: 88). 두 책 모두 스와힐리어를 배우는 모든 학생에게 오랫동안 필독서였다.

회가 주로 식민관리로 구성되었으므로—아프리카인이 실질적으로 참여하기 시작한 때는 전쟁이 끝난 후인 1946년이었다—이러한 절차와 이와 같은 표준화 방식에 반대하는 감정의 목소리가 아프리카인과 비아프리카인 모두에게서 터져 나왔다.[4] 어떤 의미로는 이와 같은 비판이 국민의 언어로서 스와힐리어의 지위를 전체적으로 반영한다고 볼 수 있다. 다시 말해, 국민 스스로가 자기 언어를 발전시켜야 한다고 느낀 것이다.

영국인이 취한 세 번째의 광범한 조치는 동아프리카의 행정과 교육 제도에 영어를 도입한 일이었다. 탕가니카와 잔지바르에서 영어는 식민기에 사실상의 공용어가 되었다. 영어는 학과목으로 가르쳤을 뿐만 아니라, 일찍이 초등학교에서부터 중등학교를 거쳐 사범대학까지 줄곧 교육 수단으로 사용되었다. 군, 경찰, 사법부의 고위층 인사가 영어를 사용했고, 정부의 입법기관에서도 영어를 사용했다. 또한 정부관리가 진급이나 승진을 하려면 영어 능력을 갖추어야 했다. 따라서 영어는 발전, 진보, 사회계층 이동의 언어로 점차 인식되었다. 줄리어스 녜레레가 1954년에 탕가니카 아프리카 민족연합(Tanganyika African National Union, TANU)을 설립하면서 정치 무대에 등장했을 무렵, 탕가니카와 잔지바르에서는 두 언어를 공식적으로 사용했다. 하나는 스와힐리어로 광범하고 대중적인 '수평적' 의사소통 영역에서 사용했고, 다른 하나는 영어로서 상층의 의

---

4 1934년도에 나온 위원회의 《회보(Bulletin)》에는 케냐의 교육부 직원이 다음 시각을 담은 글을 작성했다. "스와힐리어가 여느 언어와 마찬가지로 이주 공동체 문화의 영향으로 형태, 관용구, 어휘 영역에서 발전하고 성장해야 한다는 점은 의심할 여지없이 누구나 받아들일 준비가 되어 있지만, 분명한 것은 그러한 발전이 스와힐리인의 마음에서 이루어져야 하며 아무것도 없는 데서 그들에게 얹어져서는 안 된다. 그런데 이게 바로 우리가 지금까지 해 왔고, 여전히 하고 있는 것으로, 그 결과 스와힐리인에게 책이라는 매체를 통해 그들의 언어를 가르치는 다소 우스꽝스러운 입장에 놓여 있다. 왜냐하면 이 책의 상당수가 형태나 내용에서 스와힐리어가 아니고, 책에 사용된 언어도 쓰는 말과 비슷한 점이 거의 없기 때문이다"(Whiteley 1969: 85).

사소통 영역, 사회적으로 전략적인 '수직적' 영역을 차지했다.

14.3 독립 무렵과 그 이후

애초부터 녜레레는 스와힐리어가 사람 사이에서 어떤 지위와 역할, 호소력을 갖고 있는지를 잘 알고 있었다. 본인 스스로가 자나키(Zanaki)라는 소수 종족 집단에 속했음에도 스와힐리어를 자유자재로 구사할 수 있었고, 웅변할 때 이를 최대한 효과적으로 이용했다. 따라서 그는 탄자니아의 언어적 이상을 구현했다고 할 수 있다. 그러나 스와힐리어에 대한 개인적 사랑과 그 구사 능력 외에도,[5] 녜레레는 스와힐리어를 국가적으로 사용하는 것이 세 가지 사회정치적 이점이 있다고 보았다. 첫 번째 이점은 어쩌면 가장 중요한 것으로서 스와힐리어를 통해 국민이 하나가 된다는 것이었다. 가령 다른 국가의 통치자와는 달리 그는 대중이 이해할 수 있는 언어로 그들과 직접 소통할 수 있었다. 그가 독립되기 전의 '자유를 위한 투쟁기'에 통역사가 필요하다고 느꼈던 적은 단지 세 차례뿐이었다. 두 번째 이점은 첫 번째 이점에서 나왔다. 녜레레는 스와힐리어 사용이 탄자니아가 부족주의로 빠지는 것을 막아 줄 것이라고 확신했다. 라이틴(Laitin 1992: 91-92)의 인용문이 보여 주듯이, 그는 1990년에 당의 의장에서 물러날 때 행한 연설에서 이 두 가지 측면을 연관 지었다. 이 연설에는 그의 생각의

---

5 녜레레는 또한 스와힐리 시에 정통한 시인이자, 셰익스피어 작품을 스와힐리어로 번역한 최초의 작가이기도 했다[1963년에 그가 번역한 《줄리어스 시저(*Julius Caesar*)》와 1969년에 번역한 《베니스의 상인(*Merchant of Venice*)》은 또 다른 스와힐리 학자인 무시(S. S. Mushi)에게 영감을 주어 그도 마찬가지로 1968년에 《맥베스(*Macbeth*)》를, 1969년에 《폭풍우(*The Tempest*)》를 번역했다]. 블로메어트(Blommaert)는 여러 연구(특히 1990, 1991, 1999년)를 통해 녜레레의 문체와 정치 담화를 분석한 바 있다.

단편과 (실질적으로는 1954년부터 시작한) 공직 기간에 대한 평가가 담겨 있다.

　　스와힐리어를 탄자니아의 언어로 삼은 일은 부족주의에 대한 싸움에서 우리에게 큰 도움이 되었다. 탄자니아인 각자가 자기 부족어를 사용하는 것을 고수했거나 영어를 탄자니아의 공용어로 삼았더라면, 단언하건대 현재 우리가 누리는 국민통합을 이루지 못했을 것이다. 본인 개인적으로는 영어가 세계의 스와힐리어인 셈이므로 학교에서 계속해서 영어를 가르쳐야 한다고는 생각하지만, 우리는 스와힐리어를 계속해서 장려하고 고양할 지대한 의무가 있다. 스와힐리어는 조국 통합의 훌륭한 무기이다.

　　언어를 통하여 일반시민의 지위를 끌어올리는 것은 세 번째 이점이었다. 독립 이전 시기에 민족주의자들이 가졌던 가장 큰 고민거리는 개인이 정치 과정에 완전히 참여할 수 있느냐의 문제였다. 그런데 스와힐리어로 이것이 가능하게 되었다. 게다가 카니키(Kaniki 1974: 3)가 지적하듯이, 스와힐리어는 "TANU의 지도자들을 어느 특정 종족 집단의 지도자가 아니라 탕가니카의 지도자로 쉽게 받아들일 수 있게 만들었다." 처음부터 TANU는 자체 조직, 회합, 유세, 대중과의 소통 등에서 두루 스와힐리어를 사용했고, 그럼으로써 스와힐리어를 '국가 정체성, 통합, 발전'과 결부시켰다(Abdulaziz 1980: 146).[6]

　　독립 이후 녜레레는 여러 방식으로 스와힐리어 사용을 정력적으로

6　TANU는 1977년에 잔지바르의 아프로-시라지(Afro-Shirazi) 당과 합당하여 혁명당(*Chama cha Mapinduzi*, CCM)이 되었고, 그에 따라 당 명칭도 영어에서 스와힐리어로 바뀌었다. CCM은 현재 (탕가니카와 잔지바르의) 두 연합지역정부의 여당이다.

장려했다. 그는 스와힐리어를 국어로 정하고, 1962년 12월 10일에 신생 공화국의 초대 대통령으로서 국회에서 첫 연설을 스와힐리어로 했는데, 이는 "영어로부터 일반적으로 벗어나는 길을 닦은" 진일보였다(Legère 2006: 379). 1967년에는 부통령인 라시디 카와와(Rashidi Kawawa)가 정부와 준 정부기관에서 앞으로 가능한 한 스와힐리어를 사용하고, 영어는 필요한 경우에만 사용하도록 명했다(Abdulaziz 1980: 146). 같은 해에는 정부와 여당의 두 가지 근본적인 정책인 아루샤 선언(Arusha Declaration)과 '자립교육(Education for Self-reliance)'이 도입되었는데, 두 정책 모두 그 성공 조건으로 대중이 스와힐리어를 사용해야 한다는 것이었다.

아루샤 선언은 탄자니아 국민의 생활 영역 전체에 두루 영향을 미친 것으로 간주된 녜레레의 우자마(ujamaa. '가족 공동체'라는 뜻이지만, 보통 '아프리카 사회주의'로 번역) 정책의 닻이었다. 이 선언에서는 평등, 존엄성, 노동윤리, 자원의 소유권, 타인 착취의 거부, 계급 없는 사회창조 등의 원칙이 공표되었다. 이 선언은 "탄자니아 민족주의를 위한 이념적 근거의 청사진이 되고자 했다"(Abdulaziz 1980: 146). 사회주의 정책을 실행하는 방법 중 한 가지는 작은 촌락 주민을 더 큰 단위의 공동 자치제로 모으는 '마을화(villagization)' 작업이었다. 스와힐리어는 그러한 마을에서 실제로 전국적으로 우자마 문제를 공표하고 설명하고 토론하는 데 사용되는 공통의 언어였다.[7] 과연 녜레레 자신도 이 캠페인의 선두에 서서 일반적인 단어와 문구에 새롭고 참신한 정치적 의미를 불어넣었다. 예를 들어, '지

---

7 녜레레의 우자마 정책과 이 정책이 탄자니아에 미친 영향에 대해서는 1980년대 중반까지 그리고 그 후 이 정책이 서서히 폐기된 뒤에도 꽤 많은 저작물이 나왔다. 예컨대, 우자마에 대한 녜레레 자신의 주요 글은 Legère(2006: 400-402)에 소개되어 있다. 우자마와 스와힐리어의 관계에 대한 더 자세한 내용은 블로메어트(Blommaert 1990, 1991, 1999)와 Russell(1990)을 참조하고, 우자마가 스와힐리 문학에 미친 영향은 Topan(2006a)에서 논의된다.

푸라기'를 뜻하는 음리자(*mrija*)라는 단어는 '착취'라는 의미를 얻었는데, 이는 여러 나라와 대양을 가로질러 있는 수많은 지푸라기를 통해 외국 신식민주의자들이 탄자니아의 자원을 빨아들이는(*kunyonya*) 영상 이미지와 연관된다(이 비유적 묘사는 당시의 신문에 실린 시사만화에 나왔다). 그러한 단어와 문구가 새롭게 은유적으로 사용되는 것이 유행하면서 1960년대 말과 1970년대에 흔하게 사용하는 말의 일부가 되었다.

언어는 또한 아루샤 선언 한 달 뒤인 1967년 3월에 공표된 '자립교육'이라는 두 번째 중요한 국가 건설 정책의 수단이었다. 이 정책에는 실용적이고도 통찰력 있는 구상이 깔려 있었으며, 대다수 탄자니아인의 경제 및 사회조건과 관련된다. 당시에 이 신생국이 물려받았던 식민시대의 교육제도가 중등교육과 고등교육의 중요성을 크게 강조했지만, 초등학생의 10~15퍼센트만이 실제로 중등학교에 입학했을 뿐, 나머지 85~90퍼센트는 생활비를 벌기 위해 초등학교마저 관두고 자기 기술로 삶을 임시방편으로 꾸려 나갈 수밖에 없다는 점이 지적되었다. 녜레레는 '자립교육' 정책을 통하여 학교에 가는 대다수 사람의 필요에 맞추어 초등교육을 충분하게 하는 것에 힘쓰고자 했다. 또한 사회주의를 추구하는 전형적인 농업사회에서의 삶에 필요한 기초 기술을 학생들에게 가르치고자 했다. 녜레레는 본인 생각에 사람들에게 필요한 것은 다음과 같은 것이라고 설명했다.

인민에게 중요한 것은 그들이 스와힐리어로 잘 읽고 쓸 수 있어야 하며, 셈할 능력을 갖추어야 하고, 국가 및 정부의 역사와 가치, 활동에 대해 무엇인가 알아야 하며, 먹고사는 데 필요한 기술을 익혀야 한다는 것이다(Nyerere 1967: 24).

따라서 스와힐리어는 국가 건설의 선봉에 서 있었고, 위의 두 정책은 국민의 발전을 위해 스와힐리어를 이용했다. 1960년대 말과 1970년대 초 무렵에 스와힐리어의 지위는 네 가지 측면에서 '이상화'되었다 (Blommaert 1999: 69-72). 첫째, 스와힐리어는 아프리카와 탄자니아 가치의 매개체로 여겨져 '낭만적으로' 묘사되었다. 또한 '인종적 자부심, 자유, 우자마, 반식민주의'와도 관련지어졌다(Blommaert 1999: 69). 둘째, 스와힐리어는 '반부족적'인 언어로서 국민 통합의 상징으로 여겨졌다. 셋째, 스와힐리어는 모든 이에게 속한 평등한 언어, 즉 '종족상으로 무표적'인 언어였다. 왜냐하면 스와힐리어를 모어로 쓰는 사람들이 독립 탄자니아 내에서 우세한(혹은 잠재적으로 우세한) 집단이 아니어서 스와힐리어를 중심으로 하는 포괄적인 국가 정체성의 구축에 위협이 되지 않았기 때문이었다(Blommaert 1999: 70). 마지막으로, 스와힐리어는 오늘날 모든 계층의 탄자니아인이 사용할 수 있는 현대적 언어로 간주되었다.

러셀(Russell 1990: 366)이 부른 바와 같이 이러한 '녜레레 요인'은 스와힐리어에 대한 인식을 끌어올리는 데 중요하게 작용했고, 스와힐리어 발전을 위해 만들어진 연구소도 실제로 사용할 수 있는 자료를 제공하는 역할을 담당했다. 예전의 영토 간 언어위원회는 스와힐리어연구소(Institute of Swahili Research)로 바뀌어, 1964년에 다르에스살람대학(University College of Dar es Salaam)의 부속기관이 되었다. 이 대학이 1970년도에 [동아프리카 대학교(the University of East Africa)의 해체로] 정식 대학교로 승격되었을 때, 기록적으로 많은 신입생과 함께 스와힐리어과가 탄생했다. 정부 또한 1967년의 「국회법」을 통하여 전국적으로 스와힐리어의 사용을 장려하고 발전시킨다는 거국적인 취지로 국립스와힐리어위원회(National Swahili Council)를 설립했다. 이러한 학술연구기관과 정부기관 외에도 시인협회나 작가협회와 같은 많은 대중단체가 나타나 독자적인 방식으로 스와힐리어 발전에 참여했다.

여러 학술연구기관이 기여한 바는 매우 컸다. 예컨대, 이따금씩 스와 힐리어과와 연계하여 연구를 수행했던 스와힐리어연구소는 단어집, 사전 (영어-스와힐리어와 스와힐리어-영어), 스와힐리어와 스와힐리 어문학의 특 징을 다룬 연구서, 학술지 등을 발간했다. 이러한 연구기관의 방대한 결 과물은 특히 사전학과 스와힐리 언어학과 같은 분야에서 스와힐리어 연 구를 질적으로 향상했을 뿐만 아니라, 스와힐리어로도 이러한 학술 분야 의 전문용어를 새롭게 만들어 냈다. 신세대 스와힐리어 학자와 작가들은 훈련 과정에서 이러한 담론을 이용해 왔고, 현재는 확신을 가지고 이를 사용한다. 다르에스살람 대학교의 스와힐리어 학자들이 녜레레가 염두 에 둔 방식대로 스와힐리어를 국가적, 문화적으로 사용하는 데 적극 지지 했다는 사실은 어쩌면 그리 놀라운 일이 아니었다. 스와힐리 문학자인 셍 코로(F. E. M. K. Senkoro)는 스와힐리 문학을 정의하면서 탄자니아 정체 성과 스와힐리 정체성 간에 직접적인 연관성이 있음을 다음과 같이 옹호 한다.

우리는 어떤 특정한 작품이 스와힐리 문학인지의 여부를 스와힐리인 의 문화를 거기에 투영해 보고, 서로 간의 관계를 토대로 판단할 것이 다. 여기에서 스와힐리라는 용어는 오늘날 그러한 종족 집단이 존재하 지 않으므로 스와힐리 종족 집단을 의미하지 않는다. 여기서 말하는 스 와힐리인은 일반적으로 동부와 중부 아프리카에 살고 있는 시민이며, 꼭 이러한 나라의 해안 지대에 거주하는 사람만을 가리키는 것은 아니다 [Senkoro 1988; Mazrui and Shariff 1993: 90의 번역문에서 인용].

그러므로 스와힐리인으로부터 의미 있는 방식으로 언어를 빼앗아서 이들이 사용하는 언어를 전용할 뿐만 아니라 해안과 도서 지역에서 지속 적으로 살아 온 '근원적인(core)' 스와힐리인(즉, 오늘날 적어도 100만 명에

달하는 '원래의' 모어 화자)의 존재도 거부된다.[8]

14.4 스와힐리어와 영어

탄자니아가 독립한 이후, 스와힐리어가 탕가니카(이후 탄자니아)의 국어로 강력하게 장려되었지만, 영어도 계속해서 국가 공용어로서 두드러지게 사용되었다. 그러나 지금까지 살펴보았듯이 독립 이후의 시기, 특히 1967년 이후에 스와힐리어에 붙은 탄력과 기세로 인해 이 언어는 공식 영역에서 영어의 유력한 동반자로, 점차 영어에 대한 대안으로 표면화되었다. 그러한 영역 중의 하나가 교육이었고, 현재도 그렇다. 교육에서 이 두 언어의 역할은 탄자니아에서 거의 40년간 논쟁의 대상이었다. 다시 말해, 스와힐리어가 중등학교와 그 이후의 제3차 교육에서 강의매체로서 영어를 대치해야 하는지의 여부가 오랫동안 논란의 중심에 있었다.[9]

식민시대에 스와힐리어는 초등학교에서 처음 4년간 교육매체로 사용되었다(수준 1~4까지). 영어는 수준 3과 4의 학과목으로 강의되었고,

---

8 탄자니아의 국가 정체성과는 구분되는 종족상의 스와힐리 정체성의 침식이 다음의 세 영역에서 나타났다. 첫째, 지역성의 관점에서 볼 때 초기의 스와힐리 종족 정체성은 지리적으로 (그리고 종족적으로) 해안과 도서 지역에서 탄자니아 전체로 확대되었다. 둘째, 언어의 관점에서 볼 때, 모든 탄자니아인은 스와힐리어를 국어로 사용해야 한다고 공표되어 있다. 셋째, 종교의 관점에서 볼 때, 더 이상 '스와힐리인'이라고 해서 꼭 무슬림인 것은 아니다. 이러한 시각에 대한 논의는 Eastman(1971), Mazrui and Shariff(1993), Salim(1985), Topan(2006b)을 참조한다.

9 이 문제에 관해 양쪽 주장을 대변하는 글이 영어와 스와힐리어로 많이 나와 있다. Roy-Campbell(2001)에는 특히 5~7장에 탄자니아 상황을 자세하게 분석한 내용이 실려 있다. 이 논쟁의 여러 주요 국면과 사건에 대한 명료한 요약은 Brock-Utne(2005: 51-87)를 참조한다.

수준 5부터 8까지는 중등학교에서 교육매체로 사용되었다. 이 정책은 스와힐리어가 탄자니아에서 초등학교 전체 7년 과정의 교육매체로 지정되었을 때인 1967년까지 계속되었다. 이는 탄자니아의 제2차 5개년 계획 (1969~1974)에서 "교육체계의 전 과정에서 교육매체로서 스와힐리어를 사용하기 위한 원대한 계획의 일부"로 여겨졌다(Brock-Utne 2005: 56). 이러한 변화의 논리적 근거는 그 계획에서 다음과 같이 설명하고 있다.

> 초등학교 수준의 스와힐리어 교육과 중등학교 수준의 영어 교육을 따로 구분한다면, 서로 다른 집단 간의 언어적 균열이 생겨나 영구화될 것이다. 이는 또한 경향상 고등교육에 이질적 환경을 조성해서 사회집단의 문제로부터 필연적으로 이를 멀어지게 만들 것이다(Brock-Utne 2005: 56).

따라서 1969년의 탄자니아 정부는 사회언어학적 불평등을 제거하고, 사람들이 교육을 더 쉽게 받을 수 있게 만드는 교육조치를 안착시키려는 의도가 있었다고 할 수 있는데, 이는 우자마의 교훈에 들어맞는 목표였다. 이러한 목적으로 국가교육부는 1969~1973년의 기간에 중등학교의 여러 특정 과목에 교육매체로서 스와힐리어를 단계적으로 도입할 시간표를 세웠다. 그러나 이 시간표는 중등학교 과목인 정치학과 스와힐리어를 빼고는 지켜지지 않았다.

이 문제가 다시 대두한 것은 1977년에 국립스와힐리어위원회가 중등학교 학생들이 영어로 가르치는 과목을 이해하기 어려워한다는 내용의 보고서를 낸 이후였다. 잭슨 마퀘타(Jackson Makweta) 교육부 장관이 이끄는 대통령 직속위원회는 1982년에 중등교육과 제3차 교육에서의 교육매체를 스와힐리어로 전환할 것을 권고했다. 다시 한 번 단계별 프로그램을 만들어, 1985년 1월에는 유형 I(Form I)을, 1991년에는 대학 차원에서의 프로그램을 시작했다. 그러나 1983년 8월에 마퀘타가 "기대한 교육 매체의 변화가 나타나지 않을 것이라고 말한 것으로 언론에 보도되었다" (Brock-Utne 2005 : 57).

　이 문제에 관한 정부의 심경 변화에 대해 많은 학자와 분석가가 다양한 원인을 내놓았는데, 영어만큼이나 스와힐리어와 관련된 원인도 많았다. 스와힐리어와 관련해서는 이 언어가 중등학교와 그 이상의 교육기관에서 교육매체로서의 기능을 담당하기에 '부적합'하고, 번역할 만한 교과서와 자료가 충분하지 않으며, 숙련된 교사도 부족하다는 점, 그리고 일반적으로 아직 준비가 덜 된 상태라는 점 등이 주요 원인으로 언급되었다. 로이-캠벨(Roy-Campbell 2001)은 그러한 원인을 자세히 분석하고, 영어의 유지에 우호적으로 (주로 정치가와 일부 교육자에 의해) 개진된 논지도 같이 다루었다. 여기에서는 이를 일일이 다 언급할 수는 없고, 그중에서 탄자니아의 정체성 인식을 고민하게 만드는, 따라서 우리 주제와 관련 있는 두 가지 사항만을 다룬다. 녜레레 자신이 직접 언급하기도 한 첫 번째 사항은 탄자니아가 적은 인구(5퍼센트를 약간 상회)만이 영어를 사용하더라도 국민이 스와힐리어와 영어를 동시에 사용하는 이언어 사용 국가여야 한다는 것이다. 영어는 바깥세상과 이에 대한 지식, 상업, 세계문화에 탄자니아인이 접근하게 만든다. 여기에는 일부 정치가와 학부모, 교사와 학생 사이에 만연한 태도, 즉 영어가 특히 과학, 기술, 일반 지식 부문에서 '기능적'인 언어일 뿐만 아니라 '사회발전의 도구'이기도 하다는 사고가 깔려 있다(Roy-Campbell 2001 : 151). 그러한 태도에서 두 번째 결론이 나온다. 영어는 국가에 이익을 가져다주므로 탄자니아에서 반드시 유지해야 한다는 것이다.

　녜레레는 영어와 스와힐리어의 역할을 일부 스와힐리 민족주의자가 바라본 방식과는 다르게 보았다. 그에게 두 언어는 보완적이지 경쟁관계에 있는 것이 아니었다. 따라서 그가 1984년에 강하게 주장했듯이 잠재적이나마 영어를 대치해야 할 하등의 이유가 없었다.

영어는 세계의 스와힐리어이므로 가르쳐야 하고, 마땅히 우리나라에서 그만한 무게를 지녀야 한다…… 영어를 고사하게 내버려 두는 것은 잘못이다. 영어를 거부하는 것은 바보 같은 짓이고, 애국심이 아니다…… 영어는 단순히 일반과목으로 내버려 두면 고사할 수 있기 때문에 중등학교와 고등교육기관에서 교육매체로 사용해야 할 것이다(Roy-Campbell 2001: 100에서 인용).

따라서 초등교육 이후에 스와힐리어를 강의 언어로 사용하도록 한 1982년의 대통령 직속 교육위원회의 권고사항을 녜레레가 거부한 것은 놀라운 일이 아니다. 게다가 그는 '강의요목의 개발, 교사 훈련, 도서 공급' 등의 방법으로 영어교습 지원사업(1987~1991)을 통해 탄자니아의 학교에서 영어 학습과 교습을 강화하기 위한 영국 정부의 제안도 받아들였다(Roy-Campbell 2001: 103).[10] 중등학교 학생의 영어 능력이 떨어져서 영어로 강의되는 다른 과목의 이해에 영향을 미친다는 점도 알려졌다. 녜레레와 영어에 호의적인 사람들에게 그 해결책은 영어 지식을 향상하는 것이었다. 스와힐리어를 찬성하는 쪽(정부 내에서조차)은 영어를 스와힐리어로 대치해서 아이들이 유창하게 구사하는 언어로 초등학교 때부터 지속성을 유지하도록 만드는 것이 해결책이었다. 이 논쟁은 국내외적으로 이념, 교육, 실용적 필요성에 대한 사고를 바탕으로 탄자니아에서 지속되

---

10 로이-캠벨에 따르면, "이 사업의 자금원인 영국 정부 산하의 해외개발국(Overseas Development Agency, ODA)이 내건 사업조건 중의 하나는 탄자니아 정부가 받아들였던 조건인, 영어가 중등학교에서 강의매체로 유지되는 것을 교육부가 보장해야 한다는 것"이었다(2001: 103). 이 조건은 교육에서의 영어 사용에 대한 녜레레 자신의 생각에 잘 부합했던 것으로 보인다.

었다(1999년 녜레레 사후에도).[11]

14.5 종족 언어

탄자니아 정부가 장려한 덕분에 스와힐리어가 국어와 공용어로서 성공을
거둔 결과, 스와힐리어는 다른 토착어보다 우위를 점유했다. 앞에서 이미
보았듯이, 애당초 목표는 '부족주의'를 타파하는 것이었으며, 또한 단일
한 국어를 적극적으로 수용할 뿐만 아니라 동시에 공식 상황이나 기타 국
내 상황에서 다른 토착어의 사용을 막는다는 것을 의미했다. 바티보에 따
르면, 녜레레는 1984년의 한 연설에서 "스와힐리어를 국어로 격상하면 이
나라의 다른 언어에 영향을 줄 가능성이 크다는 점을 인정했다. 그에게 있
어서 이는 훌륭한 조치가 본의 아니게 종종 부작용을 낳을 수 있는 것처럼
불가피한 발전의 산물이었다"(Batibo 2005: 59). 스와힐리어는 전에 토착
어를 사용했던 지역을 느리지만 꾸준히 잠식해 갔다. 한편 녜레레와 다른
지도자들은 의식적으로 다른 언어의 단어와 어구를 스와힐리어에 도입했
다. 잘 알려진 두 가지 예로는 '의회'를 뜻하는 *bunge*(붕게)와 '의사당'을
뜻하는 *ikulu*(이쿨루)가 있다.

---

11 브록-우트네에 따르면, 1997년에 교육문화부는 '교육과 훈련의 모든 과정에서
교육매체로서 스와힐리어 사용을 가능케 하는 특별 계획'을 이 부처가 세울 의
도가 있음을 알리는 정책을 설명했다. 언론기관을 비롯하여 여러 세미나 및 모
임에서 다양한 논의를 거친 후 당시 교육부 장관이었던 조지프 뭉가이(Joseph
Mungai)는 2001년에 중등학교의 강의매체로 영어를 대체할 생각이 없다고 밝
혔다. 브록-우트네는 이 교육부 장관이 2003년 10월에 있었던 BBC와의 한 인
터뷰에서 한 말을 들어 다음과 같이 전한다. "그는 스와힐리어가 고등교육 단
계에서 교육매체로 사용되기에 적합하지 않다"고 보았으며, 학부모도 그렇게
되는 것을 바라지 않았다(Brock-Utne 2005: 69).

이와 같이 국가적 차원에서의 확실한 지위가 다른 토착어에 부여되지는 않았지만, 이 언어들의 독창적이고도 표현력이 넘치는 특징은 학교의 교과활동에서 다루어진다. 대개는 스와힐리어를 통해 매개되지만, 탄자니아의 다른 토착어에서 나온 노래, 시, 춤, 기타 언어예술 등도 학교에서 교육된다. 전통학자와 연구가가 각자 종족의 풍습이나 역사, 기타 지역문화의 특징을 스와힐리어로 기록해서 책을 펴냈다는 사실도 언급할 만하다. 그러나 전체적으로 볼 때, 토착어는 스와힐리어에 눌려서 옆으로 밀려난 경향이 있다. 바티보(Batibo 2005: 151-152)는 탄자니아의 언어 가운데에서 33개를 '고도로 위험에 처한' 언어로, 9개를 '이미 소멸했거나 소멸 직전에 있는' 언어로 범주화했다. 그러나 이러한 상황은 "현재 현지의 특정 발전계획에 따라 점검 중이다"(Batibo 2005: 11). 이에 대해서는 다음에서 다룬다.

14.6 결론

탄자니아는 교통어가 국어로도 사용되는 사하라 이남의 몇 안 되는 국가 중 하나이다. 앞에서 보았듯이, 스와힐리어의 성공에는 다음과 같은 다양한 요인이 작용했다. 스와힐리어가 교통어로 성장할 수 있는 계기가 된 대상로를 구축한 점, 독일인과 영국인이 관할하는 식민행정 업무에서 스와힐리어가 광범하게 사용된 점, 선교사가 학교와 기타 개종활동에서 스와힐리어를 사용한 점, 탄자니아의 국가 정체성을 새로 만들어 내는 것이 목표였던 줄리어스 녜레레가 스와힐리어를 국어로 강력하게 장려한 점 등이다. 스와힐리어에 국어의 지위를 부여한 과정의 정점으로 녜레레의 노력을 들 수 있다. 식민지배에서 벗어나 하나의 현대 '국가'가 탄생한 시기가 바로 그가 통치했던 시기이기 때문이다.

영국으로부터의 독립과 더불어 녜레레의 '국가 건설(*kujenga taifa*)' 과정이 본격적으로 시작되었고, 이 과정의 주안점은 수많은 종족 집단에서 하나의 국가를 창출하는 것이었다. 라이틴(Laitin 1992: 9)은 좀 더 실용적인 관점에서 그러한 노력을 '국가 구축(state construction)'이라고 부르는데, 이는 '사회질서를 유지하고, 사회로부터 자원을 추출하는 능력을 가진 조직'을 구성하는 데 언어가 사용되는 '영토경계에 효과적인 사회통치체제'를 구축하는 것을 의미한다. 독립한 이후에 국가의 언어 현실화(language rationalization)의 정책도구로서 국어인 스와힐리어를 사용했다는 점은 이 과정에서 매우 중요했다. 실제로 라이틴(Laitin 1992: 192)은 탄자니아를 '아프리카에서 가장 축복받은 언어 현실화의 사례'로 불렀다.[12] 그러나 이와 같은 인식은 독립 이후에 발생한 다음의 세 가지 발전 맥락 속에서 바라볼 필요가 있다.

첫 번째 맥락은 1930년대에 처음 시작된 스와힐리어의 표준화와 관계가 있다. 화이틀리(Whiteley 1969: 94)는 스와힐리어가 "말하자면, 밖으로부터 표준화되었다"라고 말한 바 있는데, 이 말은 이 과정에 참여한 사람들 대부분이 사실은 국외 거주자였다는 것을 의미한다. 앞에서 지적했듯이, 독립 이후에 스와힐리어와 관련된 탄자니아의 연구기관은 **표준 스와힐리어**(*Kiswahili sanifu*)의 다양한 모습을 연구함으로써 균형을 맞추고자 했다. 그러나 섬 지역에는 다르에스살람에서 장려되는 스와힐리 형태가 더 이상 잔지바르의 방언인 정통 웅구자어(KiUnguja proper)가 아니라, '표준화된' 방언이라는 뜻의 사니푸어(*Kisanifu*)라는 별칭을 가진, 새로운 형태의 무엇인가 다른 '공식적' 언어형이라는 인식이 있다. 키웅구자 방

---

12 라이틴(Laitin 1992: 9)은 '언어 현실화'를 '효율적 관리와 통치를 목적으로 하나의 공통어를 영토적으로 지정하는 것'으로 정의한다. 그러한 정책은 또한 '국민이 그 영토 안에서 폭넓은 사회 유동성의 기회를 이용하기 위하여 단일어에 대한 구사 능력을 갖출 필요가 있다는 것'도 의미한다(Laitin 1992: 9).

언을 모어로 사용하는 아동은 반드시 표준 스와힐리어로 무언가를 잘 수행할 필요는 없다. 케냐 아동을 대상으로 이와 비슷한 관심을 가진 킹에이는 이로 인하여 '비-웅구자어 스와힐리 원어민'이 표준형을 얼마나 받아들이는지를 연구했다(King'ei 2000: 81-88). 이 연구에서 그가 발견한 사실은 케냐에는 "언어에 대한 원어민의 태도에 대해 그동안 학계에서 연구된 바가 거의 없었다"는 것이었다(King'ei 2000: 81).[13] 물론 이와 같은 상황을 잔지바르와 탄자니아 내륙의 스와힐리어 연구기관 사이에 원활한 교류가 이루어지는 탄자니아의 상황과 비교할 수는 없다. 게다가 탄자니아의 각 연구기관은 상당히 독립적으로 운영된다. 다르에스살람과 내륙의 연구기관들은 오랜 역사와 풍부한 경험을 가진다. 예컨대, 스와힐리어 연구소는 2005년도에 창립 50주년을 기념했다. 이와 달리 잔지바르에 있는 연구기관들은 역사가 짧다. 그러나 양쪽 모두 스와힐리어와 국가 정체성과 관련한 자신의 역할에 대해 헌신을 아끼지 않는다.

　여전히 진행 중인 두 번째 발전 맥락은 다양한 영역에서 영어와 스와힐리어가 계속해서 공존하는 사실과 연관된다. 국어로서의 스와힐리어의 지위에 대해서는 이론의 여지가 없지만—스와힐리어의 지위가 탄자니아의 헌법에 명시되기를 바라는(놀랍게도 명시되어 있지 않다) 학자와 정치가

---

13 따라서 웅구자어와 음비타어의 일부 화자가 표준 스와힐리어에 대해 (어쩌면 서로 다른 이유 때문에) 무엇인가 공통의 감정을 가지고 있다는 사실은 흥미롭다. 그러나 그들이 표준 스와힐리어에 '반대'한다고 말하는 것은 그들의 관점을 지나치게 과장되게 해석하는 일이다. 해안과 섬 지역의 일부 스와힐리 학자가 표현한 바 있는 또 다른 공통된 시각은 그들이 사용하는 상당수의 스와힐리어 어휘가 그 지역 출신의 작가가 쓴 소설을 빼면 체계적으로 채록되거나 기록되지 않기 때문에 점차 사라지고 있다는 점이다. 심지어 소설조차도 출판사가 요구하는 학교교재의 표준에 맞추기 위해 자주 표준화된다. 1970년대 중반에는 슝과야(Shungwaya)라는 스와힐리 출판사가 사투리로 글을 쓰고자 하는 작가를 포용하기 위해 설립되었다. 그러나 이 출판사는 1980년대 중반에 결국 문을 닫았다.

도 있다―공용어로서의 두 언어의 관계는 좀 더 언급할 필요가 있다. 위에서 스와힐리어가 중등학교와 고등교육에서 교육매체로 영어를 대치해야 하는지의 문제를 둘러싸고 모호한 교육 영역에서 있었던 주요 논쟁을 논의한 바 있다. 그러나 다른 영역에서는 독립 이후에 "스와힐리어가 영어를 대가로 해서 확장되었다"(Batibo 2005: 10). 영어는 오늘날 (이미 언급한 바와 같이) 중등학교와 제3차 교육, 고등법원(필요시 통역 대동), 국제소통 등에서 사용된다. 일부 공문서, 간판, 도로 표지판도 영어로 되어 있는데, 그중에서 간판과 도로 표지판은 '소통의 필요 때문이라기보다는 지위 감정(status sentiment)'의 결과라고 바티보는 설명한다(Batibo 2005). 현재 영어가 사용되는 새로운 영역으로는 컴퓨터와 인터넷 소통, (특히 사적 소유의) 라디오와 텔레비전 방송국, 신문, 위성방송국 등이 있다. 또한 오늘날에는 영어로부터 상당히 많은 외래어가 수입되어, 스와힐리 발음에 맞춰지는 느낌도 든다. 이러한 경향은 특히 신문과 라디오에서 찾아볼 수 있다. 게다가 서구식 교육을 받은 사람들이 코드 전환을 이용하여 대화하는 모습도 흔히 볼 수 있다. 따라서 스와힐리어가 성공적으로 국어가 되었다고 해서 탄자니아의 특정한 공공생활 영역이나 국가 차원에서 영어가 완전히 사라진 것은 아니다.

독립 이후 세 번째의 중요한 발전 양상은 탄자니아의 다른 토착어와 관련된 것이다. 스와힐리어는 현재 국어로 확고하게 자리를 잡았기 때문에 이를 위협할 만한 다른 탄자니아 언어는 없다. 이렇게 효과적으로 스와힐리어를 국가 차원에서 장려함으로써 탄자니아에서 '부족주의'의 위협을 없애겠다고 한 녜레레와 그의 정부의 원래 목표는 기본적으로 달성되었다. 게다가 독립 이후에 나타난 타 종족과의 혼인과 언어교체로 인하여 새로운 세대는 스와힐리어를 유창하게 구사할 뿐만 아니라―점차적으로 모어 화자로서―이제는 자신들의 국가 정체성과 언어 상황을 아주 편하게 받아들여서 부모 언어의 '종족적' 기원도 기꺼이 인정한다. 이와 관련하여 바티보(Batibo 2005: 11)는 '지역의식, 행정의 지방분권, 경제 자유화'와 같은 다양한 현지의 발전으로 인해 최근에는 현지 토착어가 사멸 위기의 상황과 사멸되는 것이 실제로 지연되는 경향이 나타났다고 언급한다.

지금까지 기술한 바와 같이 스와힐리어가 탄자니아에서 (유일한) 국어의 지위를 가질 수 있게 된 것은 여러 가지 역사적 상황과 정치적 상황이 합쳐졌기 때문이다. 그리고 탄자니아의 초대 대통령이었던 줄리어스 녜레레의 노력으로 스와힐리어는 국가 정체성을 구축하는 과정에서 중요한 역할을 부여받았다. 녜레레의 카리스마와 지도력 덕분에 스와힐리어는 탄자니아에서 이 같은 중요한 지위를 반세기 동안 계속해서 유지해 왔으며, 확고하고도 성공적으로 국민의 일상생활에 스며들었다. 미래가 어떻게 전개될지와 관련해서 라이틴(Laitin 1992)이 제시한, 녜레레 이후의 현 상황에 대한 평가를 인용한다(이 글 또한 라이틴이 다른 학자에게서 받은 여러 관점을 요약한 것이다).

언어 현실화를 향한 커다란 원동력이 결코 변하지 않는 것은 아니다. 탄자니아의 유일한 공용어로서의 스와힐리어를 확실하게 보전하고, [미래에] 발전시키기 위해서 녜레레의 후계자들은 많은 정치적 노력을 기울일 것이다. 그러나 여러 역사적 상황과 끈질긴 정치적 노력에 힘입은 녜레레의 현실화 전략이 성공을 거두고, 스와힐리어가 탄자니아 도처에서 소통과 교육, 직업적 유동성의 유일무이한 언어가 될 가능성도 남아 있다"(Laitin 1992: 141. 또한 각주 5도 참조).

미래에 대한 예측을 조심스럽게 한다면, 현재의 국면으로는 국어로서의 스와힐리어의 강력한 현 지위가 흔들릴 것 같지는 않고, 탄자니아인도 21세기에 점차적으로 이 언어를 통해 스스로를 규정할 것으로 보인다.

그러나 필자 개인의 생각으로는 스와힐리어가 공용어로서의 지위를 영어와 계속해서 공유하는 동시에 영어와의 불안한 관계도 계속 유지할 것으로 보인다. 역사적으로 스와힐리어의 기본적인 문화적 특징의 하나는 '타자(the other)'에게 편안함, 신뢰감, 자신감을 제공하는 것을 꺼려 하지 않는다는 것이다. 탄자니아가 앞으로 발전하면서 탄자니아인도 따라서 이와 같은 방식으로 영어와 계속해서 타협할 것으로 보인다.

제15장

아프리카의 뿔

에티오피아, 에리트레아, 지부티, 소말리아

데이비드 애플야드(David Appleyard)
마틴 오윈(Martin Orwin)

15.1 서론

여기에서 말하는 아프리카의 뿔(the Horn of Africa) 지역에는 지부티, 에리트레아, 에티오피아, 소말리아 4개국이 포함된다. 그중 면적이 가장 넓고 인구가 가장 많은 국가는 에티오피아이며(CIA-World Factbook 2015년 기준 인구는 9,946만 5,819명임 – 역주), 그다음이 소말리아, 에리트레아, 지부티의 순서이다. 에티오피아는 전반적으로 인구밀도가 4개국 중에서 가장 높다. 4개국 모두 지리적으로 서로 가까운 탓에 일부 역사를 부분적으로 공유하고, 문화적 유형과 영향력도 공통점이 있지만, 이 지역을 가로지르는 역사와 문화 모두에 중심적인 지배적 요인은 고대부터 내려오면서 때때로 갈등의 원인이 되었던 세계적 종교인 기독교와 이슬람이다. 기독교는 에티오피아의 고원지대와 에리트레아 지역의 종교였고, 이슬람은 그 외의 지역에서 신봉되었다. 역사적으로 한 정체(政體)를 형성했던 에티오피아와 에리트레아는 4세기부터 기독교가 득세하였으며, 에티오피아 왕국은 이미 이 시기 이전부터 에티오피아 고원지대에서 정치적으로나 문화적으로 광범한 중추를 이루고 있었다. 이슬람은 이미 7세기와 8세기에 이 아프리카의 뿔 지역에 유입되었고, 13세기에 이 지역의 남부와 동부 지방에 여러 이슬람 국가가 발흥하면서 이 기독교 왕국과의 갈등이 불가피해졌다. 이슬람은 오늘날 뿔 지역 동부와 홍해 연안 지역, 지부티, 소말리아 등지에서 세력을 떨치고 있으며, 에리트레아 인구의 절반가량이 무슬림이다. 적어도 연대기와 성인전과 같은 사료로 판단해 볼 때, 언어보다는 종교가 역사적으로 정체성과, 정체나 국가에 대한 충성도의 주요 판단 기준이었던 것으로 보인다.

이 지역은 다양한 식민지배를 경험했다. 지부티와 에리트레아, 소말리아는 사하라 이남 대부분의 다른 아프리카 국가와 마찬가지로 오랫동안 식민지배를 받았다. 예컨대, 지부티는 1862~1977년에 프랑스의 지배 하에 있었으며, 독립 이후에도 프랑스의 영향력이 여전히 강하게 남아 있다. 에리트레아는 1890~1941년에 이탈리아의 식민지였다가 이후 영국과 에티오피아의 지배를 차례로 받았다. 소말리아는 1960년에 이전의 두 식민지가 합병되면서 형성되었다. 즉, 1886년부터 영국 보호령이었던 북부 지역의 영국령 소말리아(British Somaliland)와 1889~1927년에 걸쳐 경계가 최종 확정된, 인구가 더 많은 남부의 이탈리아령 소말리아(Italian Somaliland)이다. 지부티와 소말리아 모두 역사적으로 어떤 정치체제에서 출발한 것이 아니라 프랑스령, 영국령, 이탈리아령 소말리아라고 하는 인위적으로 형성된 영토에서 생겨났다는 점과, 에리트레아 또한 역사적으로 에티오피아 왕국에 소속되었던 지역을 이탈리아가 점령하면서 생겨났다는 점에서 이 세 나라는 식민지배의 역사에서 비롯했다고 말할 수 있다. 이와 달리 에티오피아는 이탈리아가 점령한 시기인 1935~1941년에만 잠시 외세를 경험했을 뿐, 역사적으로 이렇다 할 식민지배 경험이 없어서 이를 비켜 간 몇 안 되는 아프리카 국가 중의 하나이다. 에티오피아 왕국이 가장 크게 확장되었던 19세기 말에서 20세기 초에 에티오피아가 오히려 식민지배 세력이었다는 말이 나오는데, 특히 에티오피아의 민족주의자들이 그러한 주장을 해 왔다.

아프리카의 뿔 지역은 20세기의 마지막 40년 동안 상당한 불안과 정치 격변으로 최근까지 시달려 왔다. 첫 번째는 30년에 걸친 에리트레아의 분리 투쟁으로, 1991년에 에티오피아의 패배로 정점을 찍은 후 결국 1993년에 에리트레아가 완전히 독립하고 분리된 사건이다. 두 번째는 이와 거의 비슷한 시기에 발생한 소말리아 관련 사건이다. 30여 년 전에 영국과 이탈리아 식민 종주국으로부터 가까스로 독립한 소말리아는 파벌 간의 전쟁으로 갈기갈기 찢겨 모든 면에서 볼 때 더 이상 국가라고 말할 수 없고, 현재는 국제적으로 지위를 인정받지 못한 여러 파벌로 분열되어 있다. 소말리아의 붕괴 원인은 소말리아인이 거주하던 에티오피아 남동부 지역인 오가덴(Ogaden) 지방을 놓고 1977~1978년에 에티오피아와 벌인 파괴적 전쟁이었다. 그 후 에리트레아가 에티오피아와 분리되면서 두 국가는 잘못 획정된 공동 국경 지역을 놓고 처참한 전쟁을 벌였다. 이 모든 갈등의 근저에는 상당 부분이 종족 정체성 의식과 이러한 의식이 민족 국가 차원에서 공식적인 인정을 받아야 한다는 인식이 있었다.

뿔 지역은 그곳에서 사용되는 언어 수로 볼 때 언어적으로 매우 복잡하고 다양한 지역에 속한다. 에스놀로그(Ethnologue 2005)에 따르면, 이 지역에는 4개국에 114개의 언어가 있다. 지부티에는 5개 언어(여기에는 구식민 종주국의 언어인 프랑스어와 표준 아랍어가 포함된다)가 있고, 에리트레아에는 12개 언어(역시 구식민 종주국의 언어인 영어와 이탈리아어, 표준 아랍어 포함)가 있고, 에티오피아에는 84개 언어(영어 포함), 소말리아에는

13개 언어(역시 영어와 표준 아랍어 포함)가 있다. '외부에서 들어온' 광역 소통언어를 제외하면 뿔 지역에 100개를 약간 넘는 언어가 있는 셈이다. 에스놀로그 목록에 있는 일부 언어는 이 지역의 한 국가 이상에서 사용되는데, 예를 들어 소말리어(Somali)는 소말리아뿐만 아니라 에티오피아와 지부티에서도 사용하고, 티그리냐어는 에리트레아와 에티오피아에서 사용한다. 에스놀로그에서 제시한 언어 수는 약간 부풀려진 감이 있는데, 그 이유는 일부 지역에서 일반적으로 한 언어의 변이형이 각기 다른 개별 언어로 취급되기 때문이다. 소말리어가 그러한 경우로, 에스놀로그의 소말리아 편을 보면 표준어와 더불어 5개의 변이형이 열거되어 있다. 이 지역의 또 다른 주요 언어인 오로모어(Oromo)도 주로 에티오피아에서 사용되지만, 소말리아와 정확히 말하면 뿔 지역이 아닌 케냐에서도 쓰인다. 이러한 요인을 고려하더라도 100개를 약간 넘는 전체 언어 수는 이 지역의 전반적인 언어 상황을 비교적 잘 대변한다.

그러나 이 지역의 언어 분포를 실제로 살펴보면, 에티오피아의 서부 지역과 특히 남서부 지역의 언어 밀도가 가장 높다. 이것은 꼭 개별어의 수뿐만 아니라 이 언어들이 속한 어군의 범위가 다양하다는 면에서도 그렇다. 물론 언어가 이 정도로 다양하다고 해서 이보다 언어적 다양성이 훨씬 높은 나이지리아나 동아프리카(탄자니아, 케냐, 우간다)와 같은 다른 아프리카 국가나 지역에 견줄 수는 없겠지만, 그래도 뿔 지역의 언어는 예컨대 남아프리카공화국, 보츠와나, 스와질란드, 레소토를 모두 합친 것보다는 다양하다.

15.2 에티오피아와 1993년까지의 에리트레아[1]

후에 에티오피아와 에리트레아로 발전하게 된 왕국들은 역사가 2,000년 이상 오래되었다. 기원전 1세기에 국명을 수도의 명칭에서 따온 악숨(Aksum) 왕국은 현재의 에리트레아와 북부 에티오피아 지역의 소규모 독립 왕국과 추장 관할 집단들이 합병되면서 탄생했다. 그 후 이 왕국은 7세기에 이슬람이 발흥하기 전까지 아프리카의 뿔 지역과 홍해 양안 지역 모두를 관장하는 강력하고도 팽창적인 교역 국가가 되었다. 악숨 왕국은 적어도 통치자들이 세 언어로 쓰인 자료를 남겼다는 점에서 문자 사회였다. 당대의 국제어였던 그리스어, 에티오피아가 오랫동안 문화적 접촉을 해온 남부 아라비아의 주요 고대어였던 사바어(Sabaic) — 이 언어는 그때에도 에티오피아에서 역사적으로 명성이 다소 있었다 — 와 악숨 왕국의 토착어였던 게에즈어(Ge'ez)가 그것이다. 서기 340년경에 기독교가 악숨 왕국의 종교로 채택되고, 추정컨대 5세기 말 무렵까지 성경과 일부 기독교 문서가 게에즈어로 번역되면서 게에즈어는 문어 지위를 획득하고 이 지역에서 구어로서보다는 훨씬 더 생명이 오래 지속되었다. 수 세기 동안, 특히 이슬람 확장과 홍해 해안을 아랍인이 점령하면서 에티오피아가 이 지역에 대한 통제권을 상실한 후에 이 기독교 왕국의 중추는 점차 더 남쪽의 에티오피아 고원지대로 옮겨 갔으며, 여기에서 악숨 지역의 통용어였던 게에즈어가 구어로서의 기능을 상실한 것으로 보인다. 악숨 왕국의 중심 이남 지역에는 게에즈어와 연관된 셈어 계열의 언어 사용자와 암하라어 같은 근대어 사용자의 조상, 주로 아가우어(Agaw)나 중부 쿠시어(Central

---

1 에티오피아와 에리트레아는 역사적으로 볼 때 최근까지도 단일 국가였다. 따라서 적어도 이 범위 내에서 이 국가들은 언어사적 측면에서 공유하는 점이 많기 때문에 여기서는 1993년에 완전한 독립을 이루기 전까지의 에리트레아의 언어와 정체성을 에티오피아와 같이 묶어서 논의한다.

Cushitic)와 같은 쿠시어 사용자가 섞여 산 것으로 추정된다.[2] 그러나 교회 언어로서 게에즈어는 구어 기능을 상실한 이후에도 오랫동안 기독교 왕국의 유일한 문자어로서 명성을 유지했다. 한편 암하라어가 처음 나타난 흔적을 보이는 적어도 14세기까지는 어떤 언어가 구어로 사용되었는지는 단지 추측만 가능하다.

에티오피아의 언어는 대부분 아프로아시아 어족 또는 거대 어군 (super-family)에 속하는데, 이 어족에는 셈어군(Semitic), 쿠시어군 (Cushitic), 오모어군(Omotic)의 세 어군이 속한다. 셈어군에는 당연히 아랍어와 히브리어를 비롯한 아프리카 밖의 중동 지역에서 사용되는 다수

---

2 에티오피아 언어에 대한 간략한 소개는 아래의 내용을 참조한다.

의 언어가 포함된다. 그러나 에티오피아의 모든 셈어는 이 어군의 에티오피아 셈어파[때때로 에티오셈어파(Ethiosemitic)라고도 한다]에 속한다. 이 어파에서 가장 크고 잘 알려진 언어는 암하라어와 티그리냐어로서, 최근의 인구조사(Ethnologue 2005)에 따르면 각기 약 1,750만 명과 450만 명의 화자가 있다.[3] 쿠시어군에 속하는 언어는 대부분 뿔 지역에서 사용되지만, 베자어(Beja)와 같이 에리트레아뿐만 아니라 뿔 지역을 벗어난 수단 인접 지역에서 사용되는 언어도 있고, 케냐와 탄자니아에도 일부 쿠시어가 남아 있다. 쿠시어 중에서 가장 크고 잘 알려진 언어는 소말리어와 오로모어로서 각기 1,250만 명과 1,750만 명의 화자가 있다.[4] 소말리어는 이미 앞에서 밝혔듯이 에리트레아를 제외한 뿔 지역의 모든 나라에서 사용되고, 오로모어도 에티오피아 외에 소말리아와 케냐에서도 사용된다. 오모어는 모두 에티오피아 남서쪽의 언어적으로 다양하고 복잡한 지역에서만 사용된다. 가장 큰 오모어는 월라이타어(Wolaytta)로 화자 수가 100만 명을 조금 넘는다.

---

3 1998년의 에티오피아 인구조사, 에리트레아의 티그리냐어에 대해서는 2001년의 에리트레아 인구조사를 기준으로 한다. 일반적으로 이 지역의 인구조사 수치는 언어와 관련해서는 절대적으로 신뢰할 수 없으며, 때에 따라서 (1) 스스로를 특정 종족 집단(예컨대, 암하라)으로 여기는 사람의 수와 (2) 관련 언어(예컨대, 암하라어)를 모어로 사용한다고 표명한 사람의 수가 일치하지 않는 경우도 있다. 따라서 여기에서 제시한 수치는 대략적인 수치이다.

4 오로모어의 화자 수는 출처에 따라 최고 3,000만 명까지 이르는 등 그 차이 폭이 상당히 크다. 3,000만 명이라는 수치는 오로모어를 사용하는 사람의 수라기보다는 스스로를 오로모인이라고 여기는 사람의 수라고 보는 것이 적절하다. 에스놀로그(Ethnologue 2005)는 오로모어의 모든 변이형을 합쳐 약 1,730만 명의 화자 수를 제시한다. 다른 출처에서는 이 수치가 2,400만 명과 2,500만 명 사이로 증가한다. 그러나 1994년의 에티오피아 국가 인구조사에서는 오로모인이 전체 인구의 32.1퍼센트에 달하는 가장 큰 종족 집단으로 기록되었는데, 이 비율을 1994년 당시의 인구로 환산하면 약 1,715만 명이 되며, 이는 30.2퍼센트로 조사된 암하라인(당시 인구로 환산하면 약 1,615만 명)보다 더 높은 비율이다.

아프로아시아 언어 외에도 서부 에리트레아와 서부 및 남서부 에티오피아에는 나일사하라 어족에 속하는 많은 언어가 있다. 물론 대부분의 나일사하라 언어는 뿔 지역 밖, 특히 케냐, 우간다, 수단, 차드, 그 외의 서쪽 지역에서 분포한다. 실제로 에티오피아의 많은 나일사하라 언어가 수단에서도 사용되거나 그곳에 계통적으로 가까운 언어를 두고 있다. 전적으로 뿔 지역 내에서만 사용되는 나일사하라 언어는 모두 에티오피아에서만 쓰이는 쿠나마어(Kunama)와 나라어(Nara) 2개 언어뿐이다.

에티오피아와 에리트레아의 80개가 넘는 언어 중[5] 36퍼센트는 화자 수가 1만~10만 명이고, 약 28퍼센트는 화자 수가 1만 명 이하이며, 약 13퍼센트는 화자 수가 3,000명 이하여서 취약한 상태이다. 언어가 소멸 위험에 처해 있다고 판정되기 전에 특정 언어의 최소 화자 수를 언급하는 것이 바람직하지는 않지만, 몇몇 에티오피아의 소수언어의 생존이 불투명한 것은 의심할 여지가 없다. 에스놀로그의 수치를 이용해서 오로모어의 세 변이형을 하나로 합쳐 계산하면(표 15.1 참조). 에리트레아와 에티오피아에는 8개 언어만이(전체의 9.5퍼센트) 100만 명 이상의 화자가 있다. 표에서 주목할 점은 오모어의 세 변이형[중부 오메토(Central Ometo) 하위집단에 속함]인 가모어(Gamo), 고파어(Gofa), 다우로어(Dawro)가 다른 곳에서는 개별어로 표시되고, 그중 60만 명 이상의 화자가 있는 변이형은

---

5 에스놀로그(Ethnologue 2005)에는 현재 사용되는 84개의 언어가 제시되어 있으나, 여기에는 영어와 에티오피아 수화가 포함된다. 또한 한편으로는 일부 등재된 언어가 다른 곳에서 독자적인 언어[예컨대, 5개 변이형인 체하어(Chäha), 구라어(Gura), 무헤르어(Muher), 계토어(Gyéto), 에자어(Ezha)를 포함하는 '세바트 베트 구라게어(Säbat Bét Guragé)]로 기재된 변이형과 방언을 몇 가지 포함하고, 다른 한편으로는 오로모어의 몇몇 방언도 별도로 들어가 있다[보라나-아르시-구지 오로모어(Boranaa-Arsi-Gujii Oromo), 동부(Eastern) 혹은 꽃뚜 오로모어(Qottu Oromo), 마차어(Macha) 혹은 왈라가 오로모어(Wallagga Oromo), 왈로 오로모어(Wallo Oromo)와 툴라마 오로모어(Tuulamaa Oromo)를 포함하는 서부 중앙 오로모어(West Central Oromo)].

	화자 수		화자 수
암하라어	17,372,913	시다모어	1,876,329
오로모어	17,080,000	아파르어	1,439,367
티그리냐어	4,424,875	가모-고파-다우로어	1,236,637
소말리어	3,334,113	월라이타어	1,231,678

없다는 사실이다.

에티오피아(그리고 독립 이전의 에리트레아)의 가장 유력한 언어는 역사적으로 암하라어였다. 1980년대와 특히 1991년의 정권교체 이후에 에티오피아의 언어정책이 광범위하게 변화했음에도 암하라어는 관료체제와 정부의 언어일 뿐만 아니라 가장 널리 보급되어 사용되는 언어로서 여전히 세력을 유지하고 있다. 암하라어는 에티오피아의 주요 교통어이고, 영어와 함께 법적으로 승인된 국가 공용어이다. 또한 티그리냐어가 모어로 사용되는 곳을 제외하면, 도시 거주 에티오피아인의 대다수가 사용하는 다수어이다.

암하라어의 현재 지위와 이 언어가 널리 분포한 이유는 무엇보다도 19세기 말부터 여러 에티오피아 정부가 실행해 온 치밀한 암하라어화(amharization) 정책 때문이다. 그러나 암하라어가 우세를 점하기 시작한 것은 이보다 훨씬 전으로 거슬러 올라간다. 암하라어는 1270년에 솔로몬 왕조가 등장한 이래로 에티오피아의 왕실과 유력한 정치 엘리트의 언어로 사용되었다. 계속 확장되는 에티오피아 고원지대에서 암하라어는 여러 에티오피아 통치자의 잇따른 정복 전쟁과 맞물려 널리 퍼졌고, 최초로는 14세기에 암더 쎄욘 대왕(King Amdä S'eyon)이,[6] 좀 더 최근인 19세

---

6 Haile Sellassie, Addis Ababa 등과 같이 어느 정도 용인된 영어 철자법을 가진

기 말과 20세기 전반기에는 메닐레크 2세(Menilek II)와 하일레 셀라씨에 (Haile Sellassie) 황제가 새로 편입된 지역의 정착 식민 이주자에게 적용한 관행 덕분에 한층 더 공고해졌다. 흥미롭게도 새 영토에 정주한 모든 사람이 암하라 주민은 아니었지만, 그들은 암하라어를 사용했고, 그럼으로써 주요 에티오피아의 교통어로서 암하라어의 지위가 더욱 확고해졌다.

암하라인은 오늘날의 중부 에티오피아 지역과, 때로 암하라로 불린 지역에서 유래한다.[7] 권력을 잡으면서 이들은 기독교도였던 악숨인의 전통을 이어받았는데, 이러한 연계는 악숨 왕조를 통해 솔로몬 왕과 시바 여왕의 혼인까지 거슬러 올라가는 왕조의 건국 전설로 생겨났다. 그 후에 추진된 암하라어화 과정에서는 비단 암하라어뿐만 아니라, 에티오피아 정교신앙도 수용되면서 이 둘은 서로 뗄 수 없는 관계가 되었다. 그 결과 오늘날 에티오피아의 일부 다른 종족 집단에게는 '암하라'라는 용어가 정교회 기독교인을 의미하기도 한다. 따라서 암하라어는 기독교를 믿는 에티오피아의 교통어로서 역사가 길다. 이미 1620년에 에티오피아를 방문했던 포르투갈 출신의 한 예수회 사제는 암하라어가 에티오피아 왕국 내의 서로 다른 언어 집단 사이에 의사소통 수단으로 널리 사용되었다고 전한 바 있다.

게에즈어가 교회 언어로서, 왕국의 주요 문자 언어로서 역할을 유지한 반면 암하라어는 통치 언어가 되어 '국왕의 언어,' 즉 게에즈어로 렛사너 네구스(lessanä negus)로 간주되었다. 하지만 근대 이전에 나온 암하라어 문자 기록도 일부 남아 있다. 현존하는 가장 오래된 견본은 유명한 '왕의 노래(Royal Songs)'이다. 이것은 원래 구전되던 것으로, 앞에서 언급한

소수의 명칭을 제외하고는 게에즈어, 암하라어, 티그리냐어로 된 이름과 용어는 체계적인 발음표기 방식에 따라 표현된다.

7   오늘날에 암하라로 불리는 지역은 고대의 암하라 지역보다 영토가 훨씬 더 넓다.

바 있는 암더 쎄욘 대왕을 비롯하여, 예샤끄(Yeshaq), 저라 야에꼬브(Zär' a Ya'eqob), 후일의 걸라우데워스(Gälawdéwos) 왕까지 여러 왕을 찬양하는 내용을 담고 있다. 따라서 비록 후대에 문자로 기록되었지만, 이 노래들이 나온 시기도 14~16세기로 다양하다. 이 운문에는 같은 장르의 더 많은 문서를 추가할 수 있는데, 예컨대 아발러 크레스토스(Abalä Krestos)를 찬양하는 4편의 짧은 운문이다. 이 운문은 서르써 뎅겔(Särs'ä Dengel)과 수세뇨스(Susenyos) 왕 시기의 오로모인과 맞서 전쟁에서 승리한 공적을 찬양한 것으로서, 그 시기는 16세기 말에서 17세기 초 무렵이다. 추측하건대, 에티오피아 필사본의 주석에서 이와 유사한 종류의 구전 찬양시를 앞으로 발견할 가능성도 있다. 이러한 종류의 문헌이 틀림없이 자주 기록되었을 것이 분명하기 때문이다. 그러나 다행히도 암하라어 역사에서 특별한 가치가 있는 것은 수백 명이 계속해서 입으로 전하다가 종국에는 잊힐 수 있는 이 특별한 운문을 누군가가 어떤 이유로든 기록하려고 했다는 사실이다.

하지만 문자로 기록된 암하라어 문헌이 세속 문학에만 완전히 국한된 것은 아니다. 17세기, 이르면 16세기 말에 나온 종교 논쟁의 문헌도 일부 존재하는데, 이 문헌은 표면상으로 볼 때 에티오피아의 예수교 사제의 선교활동에 부응하여 작성되었다. 예수회 사제들은 가톨릭 신앙을 장려하기 위해 암하라어로 문서를 작성한 것으로 알려져 있는데, 이는 에티오피아의 종교교육에서 토착어를 사용한다는 독창적인 생각을 채택한 것이었다. 에티오피아 정교회는 암하라어나, 게에즈어와 암하라어를 혼용하여 작성한 정교회 교육 문서로 이에 대응했고, 그럼으로써 일반 성직자와 신도가 이 문서를 좀 더 쉽게 이용하도록 만들었다. 게다가 기독교의 다양한 측면에 대해 게에즈어로 작성한 여러 논저가 이 시기에 암하라어로 번역된 것으로 보인다.

19세기 이전에 기록으로 남겨진 암하라어 자료 유형, 예컨대 찬양시,

종교 논쟁술, 성경 주해, 마법적 의술 및 치료법, 서와세우(säwasew)로 불리는 전통문법의 어휘 자료 등을 살펴보면, 종교 논쟁술과 어쩌면 적어도 어휘와 문법 자료 일부를 제외한 대부분이 원래는 구전 문서였을 가능성을 생각해 볼 수도 있다. 그렇지만 심지어 어휘와 문법 자료도 어느 정도는 전통적인 교회학교의 맥락에서 구전을 통해 유래했을지 모른다. 19세기까지 에티오피아의 문헌사를 통틀어서 볼 때, 이미 언급한 대로 교회 언어였던 게에즈어는 기본적으로 기독교 국가인 에티오피아의 문해언어(language of literacy)로서 아성을 확고하게 지켜 왔다.

하지만 19세기 후반에 와서 2세기 이상 에티오피아는 멸망하고 분열되었으며, 이후 지역 통치자와 군벌의 손에 국가가 분권화되는 과정을 겪은 끝에 제국주의 세력이 부활하여 공고해졌다. 이는 여러 가지 점에서 선교사뿐만 아니라 여행자와 상인, 유럽 정부가 파견한 공식 사절단을 통해 유럽과 접촉이 재개되면서 생겨난 문제에 대한 반응이었다. 19세기 초기에는 유럽 정부와의 교신이 게에즈어나 아랍어(당시에 드넓은 지역의 '국제어'였다)가 아니라 암하라어로 이루어졌다. 심지어는 티그레(Tigray)의 서바가데스(Säbagades)와 같이 암하라어를 제1언어로 쓰지 않는 통치자도 모어인 티그리냐어가 아니라 암하라어로 글을 썼다. 이러한 점에서 기본적으로 에티오피아 왕국을 다시 부활한 테워드로스(Téwodros, 1855~1868년 재위) 2세가 암하라어로 외국과 서신왕래를 했을 뿐만 아니라, 전임자들처럼 게에즈어가 아니라 암하라어로 왕국의 공식 역사[8]를 기록하도록 규정한 것은 매우 중요하다. 그때부터 암하라어는 당시 꽃피던 문자문학을 포함하여 속세의 비즈니스에서 사용하는 문자언어가 되었다. 심지어 티그레의 황제인 요하네스(Yohannes, 1872~1889년 재위) 4세는 티그리냐어가 제1언어였고 이를 구어로 사용했을 가능성이 아주 높았

---

8 테오드로스 왕의 통치에 관한 연대기가 실제로 세 가지 남아 있다.

겠지만, 그의 통치 기간에 암하라어는 정치 언어로 자리를 잡았다. 따라서 이 무렵에는 암하라어가 에티오피아의 문자소통과 정치의 교통어로서 모어 사용자에게만 국한된 것이 아니라, '더 적당한 용어는 없지만 아비시니아(Abyssinian) 문화와 정치생활의 표현수단'이었다고 볼 수 있다 (Bahru 2004 : 310).

20세기에 들어, 특히 언어적인 면에서 볼 때 암하라어화 과정은 에티오피아 제국이 다소 자동적으로 확장되는 과정에서 신중한 정부정책이 되었다. 하일레 셀라씨에 황제(1930~1974년 재위)는 특히 이탈리아가 에티오피아를 '중간에 잠깐 점령(interlude)'한 이후인 1941년에 복권된 후 전임자들이 시행했던 중앙집권정책을 계속 유지했다. 그는 현대적인 서구식 교육제도를 확장하고, 암하라어를 공통어로 삼아 다종족적인 제국 도처에서 군사체제 및 국가관료제를 공고히 하고자 노력했다. 하일레 셀라씨에 황제가 재위하는 동안, 암하라어는 1963년에 초등학교에서 영어를 대치하는 등 교육에서 사용한 유일한 에티오피아 언어가 되었다. 에티오피아의 90여 개 언어 중에서 암하라어와 티그리냐어만이 출판과 방송에서 허용되었다. 당시에는 선교사들에 의한 성경번역이나 교리문답서, 강의 교재나 학자들이 수집한 구전문학과 같은 대부분 외국인이 펴낸 드물게 나오는 간행물 외에는, 어떠한 에티오피아 언어도 문자로 기록되지 않았다. 물론 게에즈어는 예외였다. 선교사들은 항상 암하라어가 아닌 현지 언어를 매개로 초기 교육을 하도록 허락받았다. 왜냐하면 에티오피아 정교회가 아직 제대로 자리를 잡지 못한 지역에만 선교활동이 허락되었기 때문이었다. 그러나 그들이 가르치는 사람들의 암하라어 실력이 충분하면, 선교사들은 언어를 암하라어로 바꿀 필요가 있었다. 암하라어가 실질적인 지배언어가 된 가운데, 1955년도의 수정 헌법에서 암하라어가 에티오피아의 공용어라는 사실이 처음으로 표명되고 더 큰 법적 지위를 부여받았다. 그럼으로써 암하라어는 학교, 법률상의 업무(비록 통역사를 둘 권리가 있더라도), 정부행정, 대중매체에서부터 작게는 지폐와 우표에 이르기까지 실제로 모든 곳에서 사용되었다. 이러한 맥락에서 1952~1962년에 에리트레아가 에티오피아와 연방을 형성한 시기에 아랍어와 티그리냐어가 에리트레아의 공용어로서 학교에서 사용되었지만, 1962년에 에리트레아가 에티오피아로 완전히 재통합되면서 암하라어가 강의매체로 도입되었다는 사실은 특기할 만하다(Cooper 1976: 188-189; Bahru 2004: 312).

이러한 언어정책은 제국주의 정부가 추진하던 국민통합과 중앙집권화된 국가에 대한 포괄적이고 여러 면에서 필요불가결한 중앙집권적 구상이었다. 이러한 중앙집권체제에서는 국가의 다언어주의 포용정책이 지역 분리주의나 종족 분리주의를 야기하는 여건을 조장한다고 일반적으로 인식되기 때문에, 다른 언어를 발달시키려는 구상은 상상할 수 없다. 그러나 1960년대 중반과 1970년대 초에 지역주의와 종족민족주의 의식이 점점 커지고, 언어표현에 대한 요청이 생겨나면서 다양한 문제를 노출하기 시작했다. 이에 대한 대응 과정에서 특히 두 언어가 혜택을 보았다. 하나는 소말리어로서, 암하라어 외에 라디오 에티오피아(Radio Ethiopia)의 방송 프로그램에서 사용한 최초의 에티오피아 언어가 되었다. 다른 하나는 티그리냐어로서, 인쇄매체에서 더 많이 자유롭게 사용되었다. 물론 이전에도 티그리냐어로 일부 출판된 적이 있었지만, 그 규모도 작았고, 대부분이 특정 지방에만 국한되었다. 에티오피아의 이러한 두 가지 대응책은 말할 필요도 없이 당면한 여러 정치압력과 연관되어 있었다. 첫 번째는 소말리아인이 거주하던 오가덴(Ogaden) 지역과 새로 독립국가로 탄생한 소말리아의 동요에 대한 반응이었고, 두 번째는 에리트레아가 다시 자결권을 가져야 한다는 목소리가 점점 커지는 것에 대한 반응이었다. 그 당시 에티오피아에서 언어 문제는 국가의식 및 종족의식과 뗄 수 없는 확고한 일부가 되었다.

그러나 지속적으로 중앙집권화하고 암하라어화하려는 하일레 셀라씨에의 에티오피아 정부의 유일한 난제는 다른 종족과 언어를 인정하라는 요구만이 아니었다. 1970년 이후 좌파적인 마르크스주의의 입장을 취한 정치화된 학생운동 세력의 급진적인 큰 목소리는 1974년에 가차 없이 에티오피아 혁명을 초래했다. 처음에 이 혁명은 상대적으로 온건한 군사정변이었지만 마르크스주의 목소리가 순식간에 대세가 되자, 멩게스투 하일러 마리얌(Mängestu Haylä Maryam)이 이끄는 소장파 장교와 더르그[Därg. 암하라어로 '위원회(committee)'의 뜻]가 불과 몇 달 이내에 권력을 잡으면서, 마르크스주의는 새 정권의 이념이 되었다. 신정부가 옹호한 마르크스주의 이념 원칙 중의 한 가지는 소련을 본보기로 한 민족 자결권이었다. 더르그의 마르크스주의는 참된 이념적 확신에 기초한 것이 아니라 정치적 허례였고, '실질적이라기보다는 수사'에 가까웠다(Bahru 2004: 313). 또한 해외원조의 공급원을 하일레 셀라씨에 황제 치하에서처럼 미국 주도의 서방국가에서 소련과 그 동맹국, 특히 동독으로 전환하는 데도 꼭 필요한 일이었다. 민족 자결권을 인정하는 것과 관련해서 많은 대화가 오가기는 했지만, 실제로는 허울뿐이었고 국가와 영토 보존을 위태롭게 하는 그 무엇도 절대 허용하지 않았다. 혁명정부는 한편으로는 '에티오피아의 다양한 문화를 제국주의 문화로부터 해방하기 위해 온갖 필요한 노력을 기울이고', '각 민족의 역사, 문화, 언어, 종교를 동등하게 인정해서 민족 간의 우열을 없앨 것'을 공약으로 내걸었다. 그러나 다른 한편으로 에리트레아의 독립 요구에 대해서는 이전보다 한층 더 강력하게 대처했는데, 그 결과 북부 지역에서 전면전이 벌어졌고, 1991년에 더르그가 몰락하면서 종전되었다.

그럼에도 언어권의 문제와 관련해서 제국주의 정권하에서 허용된 것과 비교할 때 주목할 만한 발전이 이루어졌다. 오로모어는 암하라어만큼 일부 권위자의 추산으로는 더 많은 제1언어 사용자가 있음에도 그 이전까지 심한 억압에 시달렸지만, 최초의 주간 신문인 《바릿사(*Barissa*)》가 창간되었고, 다른 모든 신문처럼 정보부에 의해 간행되었다. 오로모어와 티그리냐어로 송출되는 라디오 방송도 제한적이나마 개시되었다. 그리고 졸업시험의 일부로서 암하라어를 의무적으로 선택하도록 한 관행도 사라졌다. 그러나 무엇보다도 가장 중요한 사건은 지역언어에 대한 문자교육 수업을 도입한 일이었다. 먼저 시작된 언어는 오로모어와 티그리냐어였다. 물론 티그리냐어는 이미 19세기에 암하라어와 같은 문자를 사용해서 표기를 했다. 문자교육운동에 참여한 언어 수는 후에 여러 단계를 거쳐 확장되었고, 1984년에는 15개의 언어가 선정되었다. 이들 15개 언어 사용자 비율은 에티오피아 전 국민의 90퍼센트를 상회한 것으로 알려져 있다. 이 15개 언어는 암하라어, 오로모어, 티그리냐어, 월라이타어, 소말리어, 하디야어(Hadiyya), 캄바타어(Kambaata), 게데오어(Gedeo), 티그레어(Tigre), 쿠나마어(Kunama), 시다모어(Sidamo), 실떼어(Silt'e), 아파르어(Afar), 카파-모차어(Kafa-Mocha), 사호어(Saho)이다. 이 목록의 대부분 언어가 상대적으로 많은 화자 수(즉, 50만 이상) 때문에 선정된 것은 분명하지만, 사호어는 오늘날 사용자가 20만 명을 갓 넘는다. 한편 이 목록에 있지 않은 가모어(Gamo)를 사용하는 사람은 거의 60만 명에 달한다. 집단적인 문자교육운동은 다양한 언어로 된 훈련교재뿐만 아니라, 다른 인쇄매체도 만들어 낼 수 있다. 그러나 아프리카의 여타 경우와 마찬가지로, 이 운동은 훈련된 교사와 강의교재 같은 자원 부족으로 큰 진척이 없다. 이보다 더 중대한 문제는 에티오피아에서 암하라어가 출세와 발전의 필수언어로 자리하는 상황에서 학습자가 이 언어들을 읽고 쓰는 법을 배워야 할 필요성을 납득하지 못한다는 사실이다. 암하라어는 여전히 교육제도를 통해 상급 과정으로 올라가는 데 요구되고, 비즈니스, 정부, 군사 분야의 경력을 쌓는 데 반드시 필요한 언어이다.

또한 선정된 언어의 문자교육은 정부가 국민통합과 국가유산의 표지로 여기는 에티오피아 문자체계를 통해 전적으로 이루어졌다. 에티오피아 문자는 33개 자음과 7개 모음의 결합을 문자가 표시하는 음절문자이다. 이 때문에 에티오피아 문자체계는 예컨대 알파벳과는 달리 음운체계가 다른 언어에 쉽게 적용할 수 없다. 따라서 이 문자체계는 특히 암하라어와 티그리냐어보다 모음이 더 많은 음운체계를 가진, 위에 열거된 언어를 표기하는 데 부적합하다. 특히 오로모 해방전선(Oromo Liberation Front, OLF)과 같은 일부 민족주의자와 분리주의자 집단은 이 문자체계를 암하라인이 주도하는 정권과 매우 밀착된 것으로 여겼기 때문에 '아비시니아적(Abyssinian)'인 모든 것과 더불어 거부했다. 따라서 이미 1974년에 OLF는 망명 집단이 발전시켜 사용하던 라틴문자 기반의 알파벳을 도입하기로 결정했다.

오로모어와 티그리냐어는 암하라어 다음으로 화자가 많은 에티오피아의 언어로서, 에티오피아와 현재의 에리트레아(티그리냐어의 경우)의 언어권과 사용권에 관한 논쟁에서 특수한 위치를 점했고, 지금도 여전히 점하고 있다. 그리고 오로모인과 티그레인은 현대 에티오피아의 모든 생활에서 그들의 언어를 사용하도록 요구하는 일에 앞장섰다. 언어권은 다른 종족의 권리를 인정하는 첫 번째의 가장 가시적인 측면이다. 앞에서 말한 바와 같이 티그리냐어는 기록언어로서의 역사가 있다. 이 언어는 현지에서 출간된 텍스트뿐만 아니라, 예컨대 1690년대 욥 루돌프(Job Ludolf)의 저작물과 같이 유럽에서 에티오피아에 관해 쓰인 가장 오래된 일부 자료에도 언급되어 있다.[9] 그러나 기록된 시기가 17세기나 18세기로 추정되

---

9 이탈리아의 학자인 카를로 콘티 롯시니(Carlo Conti Rossini)는 마우로 다 레오넷사(Mauro da Leonessa)가 쓴 티그리냐어 문법에 대한 소개의 글에서 한 가지 특별히 흥미로운 지적을 했는데, 여기에서 그는 엔더 압바 맛따(Endä Abba Matta)의 토지 계약서에서 "티그리냐어가 13세기에 이미 형성되었다는 여러 징후"를 볼 수 있다고 말한다. 그는 또한 1403~1450년에 티그리냐어로 글을 썼다고 전해지는 예샤끄(Yeshaq)라는 에리트레아의 수도사도 언급한다. 그러

는 원고 형태의 매우 간략한 티그리냐어-터키어 어휘집과 티그리냐어-아랍어 어휘집을 제외하면, 19세기 이전의 티그리냐어로 기록된 현존 사례는 없는 것으로 보인다. 다른 모든 티그리냐어의 초기 기록 사례는 확실하게 19세기로 그 시기를 산정할 수 있다. 가장 초기의 것은 록고 사르다(Loggo Sarda)의 법령으로 알려진 관습법 법전으로서, 현지의 다른 법전과 마찬가지로 원래 구전으로 전승된 것으로 추정된다. 비록 1866년까지 출간되지는 않았지만, 1830년대에 복음성가가 아드와('Adwa)의 더브터라 마테워스(Däbtära Matéwos)에 의해 번역되었다. 19세기에 출간된 거의 다른 모든 티그리냐어 텍스트는 가톨릭 선교회와 특히 스웨덴 복음선교회와 같은 유럽선교회 활동의 직접적인 결과로 생겨났다. 그러나 19세기가 끝나갈 무렵, 페쎄하 기요르기스(Fesseha Giyorgis)가 티그리냐어로 된 원저작물을 3종 생산했는데, 그중 두 가지는 1895년과 1897년에 로마에서 각각 출판되었고, 에티오피아 역사를 다룬 세 번째 저작은 1987년까지 출판되지 못했다. 에리트레아에서는 영국 위임 통치기인 1942년에 최초의 티그리냐어 신문인 《에리트레아 주간 뉴스(The Eritrean Weekly News)》[티그리냐어로 나이 에레트라 서무나위 가제따(Nay Eretra Sämunawi Gazét'a)]가 영국 정보국에 의해 발간되었지만, 이 신문은 1953년에 제국주의 정부가 모든 에리트레아의 신문 발간을 금지하면서 폐간되었다. 한편 오로모어는 유일하게 선교사와 외국 학자만이 일반적으로 에티오피아 음절문자를 사용하여 기록했다. 가장 이른 시기에 출판된 것으로는 19세기 후반부에 나온 소수의 유럽어 문법서 및 사전과 오네시무스 네시브(Onesimus Nesib)가 쓴 1894년에 출간된 맞춤법집과 1899년에 스위스에서 출간된 성경 번역본이 있다. 오로모어는 토착적으로 생산된 기록문

나 이러한 '징후'가 정확히 어떤 내용을 담고 있었는지, 그러한 초기의 티그리냐어 자료가 무엇이었는지에 대해서는 현재 알려진 것이 없다.

학의 전통이 없다. 그러나 오로모어는 예전부터 에티오피아 남부에서 암하라어와 경쟁하면서, 특히 장터와 같은 일상적인 거래 장소에서 제1언어가 다른 다양한 집단이 사용하는 주요 교통어였다.

15.3 1991년 이후의 에티오피아

1991년에 멩게스투 하일러 마리얌 정권을 무너뜨린 티그레족 주도하의 정부[10]는 기본적으로 지방분권제를 마련하여 에티오피아의 주요 종족 집단에게 전례 없는 권력을 안겨 주고, 대체로 종족 노선에 따라 에티오피아의 행정지도를 총체적으로 재편했다. 1996년에 일부는 수 세기에 걸쳐 다양한 형태로 존속해 왔고, 또 다른 일부는 19세기 말과 20세기 초의 정복전쟁에 의해서 생겨난 이전의 지방들이 폐지되고, 11개의 '주' 혹은 지역[암하라어로 **켈렐**(kellel)]이 새로 만들어졌다. 그중 여러 주의 명칭은 그 주의 주요 종족 집단의 명칭에 따라 지어졌다. 암하라, 오로미아, 아파르, 베니샹굴-구무즈(Benishangul-Gumuz), 소말리 등이다. 이러한 분할 과정은 1994년에 이루어졌는데, 이때 에티오피아는 중앙연방정부와, 내부적으로 자체 정부조직을 가진 종족 기반의 지방자치주라는 2개 단계로 계층화된 에티오피아 연방민주공화국이 되었다. 언어권의 관점에서 보면, 암하라어가 정부에서 사용되는 언어가 되었고, 지방과 하위 지역에는 자체적으로 사용할 언어와 초등교육의 강의매체 선택권이 부여되었다. 대부분은 그 지역의 주요 언어를 선택했다. 암하라어는 제1언어로 사용되지 않은 지역

---

10 이 정부는 티그레 인민해방전선(Tigrean People's Liberation Front, TPLF)이 지배했던 예전의 에티오피아 인민해방민주전선(Ethiopian People's Revolutionary Democratic Front, EPRDF)으로부터 형성되었다.

을 포함하여 학교에서 학과목으로 강의되지만, 중등학교에서는 암하라어와 영어가 강의어로 다양하게 혼용되고, 그 이상의 고급과정에서는 영어가 그 지위를 차지한다.

그러나 1991년 이후에 들어선 정부의 언어정책에 문제가 전혀 없었던 것은 아니었다. 제1언어가 암하라어가 아니거나 암하라가 배경이 아닌 많은 부모가 현지어보다 암하라어가 자식들에게 더 나은 기회를 제공한다고 여긴다. '남부 민족, 민족성, 인민의 지역(Southern Nations, Nationalities, and Peoples' Region, SNNPR)'이라는 어색한 이름으로 불리는 캄바타(Kambaata)와 같은 일부 종족 집단은 암하라와 관계를 유지하기로 결정했지만, 그들과 이웃이자 언어적으로 가까운 하디야(Hadiyya)인은 자신들의 언어를 선택했다. 에티오피아 정부는 또한 언어를 발전시키는 과정에서 각 민족에게 자기 언어에 대한 철자법을 개발할 선택권을 주었다. 철자법은 에티오피아 문자에 기반을 두거나 라틴문자에 기반을 둔 형식이었는데, 이는 1970년대에 오로모어를 둘러쌌던 논란을 연상시킨다. 그리고 재앙에 가까운 조치도 있었다. 예컨대, 어쩌면 남부에서 언어적으로 가장 다양한 SNNPR은 그와 같이 복잡한 지역에 후보로 내세울 뚜렷한 현지어가 없었기 때문에 어쩔 수 없이 암하라어를 선택할 수밖에 없었다. 반면에 다양한 그 하위 지역은 각기 현지어를 선택했다. 그러나 이 정도로 복잡한 언어 상황에서 시도된 언어실험도 대중의 동요로 끝이 났다. 이는 새롭게 종족적으로 규정된 에티오피아에서 언어가 얼마나 예민한 문제인지를 너무나도 생생히 보여 준 예이다. 그리고 오모어군에 속하는 서로 가까운 네 언어인 월라이타어(Wolaytta), 가모어(Gamo), 고파어(Gofa), 다우로어(Dawro)를 인위적으로 워가고다어(Wogagoda)라고 하는 단일 '방언'으로 합병하려는 시도도 있었다. 워가고다라는 이름은 각 언어명의 첫 음절을 따서 만든 것이다. 이와 관련하여 소동이 벌어졌고, 이를 막기 위해 연방군이 개입한 끝에 이 잘못된 착상으로 생겨난 언

어를 폐기했다.[11]

　아프리카의 다른 지역과 마찬가지로, 오늘날 에티오피아의 언어 사용에서 차지하는 중요 요인은 높은 도시화 비율과, 많은 사람의 마을 이주이다. 에티오피아는 기본적으로 농촌과 농업사회지만, 마을과 도시가 커지고 있다. 예컨대, 1970년도에는 아디스아바바 인구를 68만 3,500명으로 추산했으나, 1995/1996년에는 약 208만 4,000명에 달했다. 쿠퍼 (Robert L. Cooper)의 주도로 네 차례 수행한 연구 결과(1976년에 출판)에 따르면, 에티오피아 마을에서는 암하라어, 티그리냐어(북부 지역, 티그레와 에리트레아), 오로모어(주로 에티오피아 서부 지역)의 순으로 중요하게 나타났다.[12] 공장 근로자 가운데에서는 암하라어와 오로모어를 제1언어와 제2언어로 가장 흔하게 사용했다. 더욱이 암하라어를 제1언어로 사용하지 않는 사람의 거의 95퍼센트가 암하라어를 사용했다. 대학생 가운데에서는 예상대로 암하라어를 제1언어로 가장 많이 사용했고, 다른 화자는 주요 언어나 제2언어로 사용했다. 그러나 시장의 언어 사용에 대한 연구 결과는 연구자의 예상과는 달리, 암하라어가 전반적으로 사용되는 교통어가 아닌 것으로 나타났다. 물론 시장은 에티오피아에서 전형적으로 다양한 종족이 몰리는 환경이다. 이곳은 때에 따라 상당히 큰 반경의 시골 사람을 끌어들이며, 여러 언어가 자연스럽게 복잡한 언어환경에서 정기적으로 사용된다. 시장은 공장이나 대학은 물론 마을과도 달리 에티오피아의 오래된 전통 시설로서, 상인은 오랫동안 적어도 장사하는 데 충분한 고객의 언어를 늘 사용해 왔기 때문에 단일한 교통어가 발생할 수 없었다. 에티오피아의 마을 거주 학생들의 언어 사용에 대한 최근 연구(Meyer and Richter 2003)에서도 도시환경에서 암하라어가 지배적인 위치를 차지

11　역설적이게도 에스놀로그(Ethnologue 2005)에서는 여전히 이 언어들이 한 단일 언어의 방언으로 간주된다.
12　Bender et al. (1976)의 11, 13, 15, 16장을 참조한다.

하고 있음이 밝혀졌다. 당시에 인터뷰한 암하라인이 아닌 학생의 65.2퍼센트가 제1언어 외에 암하라어를 사용하는 이언어 사용자였고, 11퍼센트는 이보다 더 나아가 이 두 언어 외에 제3의 언어를 사용하는 다언어 사용자였다. 바흐루(Bahru 2004: 315)가 지적하듯이, 암하라어를 따르는 과정에서 마을로 '이주한 언어'의 특징이 나타난 것이다. 이러한 현장 상황은 다른 민족의 정치언어적 감수성과 갈망이 무엇을 나타내든 암하라어의 지배력을 강화하는 데 도움이 된다. 바흐루(Bahru 2004: 303)는 1991년에 멩게스투 하일러 마리얌 정권이 몰락한 후에 들어선 에티오피아 과도정부의 헌장비준회의에 대한 이야기를 다소 생생하게 전해 주는데, 그 회의진행의 첫 순서는 회의에서 사용할 언어를 정하는 일이었다고 한다. 회의에 참석한 모든 대표자의 다양한 제1언어 통역사를 구하기가 어려웠기 때문에, 모든 참석자가 아는 암하라어를 사용하기로 결정했다. 반면에 통역사를 대동한 단체는 원할 경우 자신의 언어를 사용하는 것을 허용했다. 바흐루에 따르면, 에리트레아 대표자는 티그리냐어를 선택했지만, 그가 데려온 통역사의 암하라어 통역 내용에 불만을 역력히 드러냈다. 그 이유는 분명히 그 대표자가 통역사보다 암하라어를 더 잘 알고 있었기 때문이다. 오로모인 단체인 OLF의 대변인은 오로모어를 사용했으나 그의 말은 영어로 통역했는데, 이는 추정하건대 OLF가 암하라어를 완강히 거부했기 때문이었던 것으로 보인다. 그러나 다른 사절단과 대표자의 영어 실력은 형편없었기 때문에 통역 내용을 이해할 수 없었고, OLF의 발표를 따라갈 수 없었다. 이러한 사례와 위에 인용한 여러 연구는 암하라어가 현재 에티오피아에서 가장 효과적이고, 가장 널리 사용되는 종족 간의 의사소통 매체로 자리 잡은 것은 암하라어의 역사 때문이라는 점을 잘 보여 준다. 시간이 지나면서 에티오피아의 또 다른 2개 주요 언어인 티그리냐어와 오로모어가 광역 소통언어로서 암하라어의 지위를 점점 위협하고 있지만, 이 두 언어의 영향은 상대적으로 좁은 지역에 머물 공산이 크다. 즉, 티그리냐어는 북부에서, 오로모어는 서부 및 남부 여러 지역에서 사용한다. 아파르어, 소말리어, 윌라이타어, 시다모어 등의 여타 언어도 지역적으로 한층 뚜렷하게 국한해서 중요성을 유지할 가능성이 높다.

15.4 1993년 이후의 에리트레아

에리트레아에서는 9개 언어를 사용한다. 언어 화자 수의 순서로 살펴보면, 티그리냐어, 티그레어, 사호어, 아파르어, 베자어, 쿠나마어, 나라어, 빌린어(Bilin), 라샤이다 아랍어(Rasha'ida Arabic) 순이다. 그중에서 처음 네 언어는 에티오피아에서도 사용한다. 라샤이다의 아랍어는 19세기에 홍해의 아라비아 해안 출신의 소수 이주자가 에리트레아로 들여온 히자지(Hijazi) 방언이다. 이 토착어 외에 영어와 표준 아랍어도 에리트레아에서 사용이 인정되고, 이 나라의 식민지배의 결과로 이탈리아어를 쓰는 사람도 여전히 일부 남아 있다. 한때 에리트레아가 에티오피아에 속한 시기가 있었기 때문에 교육받은 에리트레아인이 암하라어도 어느 정도 사용한다. 에스놀로그(Ethnologue 2005)의 추산으로 에리트레아에 약 120만 명의 화자가 있는 티그리냐어와 약 80만 명이 사용하는 티그레어는 에리트레아에서 단연 가장 중요한 언어들이다.[13] 이 두 언어는 모두 에티오피아 셈어군에 속하며, 서로 매우 가까운 친근관계로 게에즈어와 함께 이 어군의 북부 어파

---

[13] 전체 인구가 429만 8,269명으로 집계된 1992년도의 인구조사(CIA-World Factbook 2015년 기준 인구는 652만 7,689명임—역주)에서 티그리냐어 사용자가 대략 절반을 차지하는 것으로 나왔기 때문에 에리트레아의 티그리냐어 사용자는 이 수치보다 더 많을 것으로 보인다. 마찬가지로 티그레어 사용자도 전체 인구의 약 31퍼센트를 차지하는 것으로 전해지는데, 그렇다면 티그레어 사용자 수는 약 130만 명으로 더 많아진다.

를 이룬다. 이 어파의 또 다른 언어이자 또 다른 에리트레아의 언어로는 해안에서 떨어진 다흘락(Dahlak) 섬에서 사용하는 다할릭어(Dahalik)이다. 현재 이 언어가 실제로 독자적인 언어인지 아니면 티그레어에서 특별히 떨어져 나간 방언인지에 대해서는 이견이 있어서, 에리트레아 정부의 언어계획에서는 이 언어를 개별 언어로 인정하지 않는다. 위에서 언급된 언어 중에서 사호어, 아파르어, 베자어, 빌린어는 쿠시어군에 속하며, 나라어는 나일사하라 어족 혹은 거대 어군의 독립 어파를 형성한다.

에티오피아로부터 독립하기 위한 에리트레아의 투쟁은 처음에는 에리트레아 해방전선(Eritrean Liberation Front, ELF)과 에리트레아 인민해방전선(Eritrean People's Liberation Front, EPLF)이 주도했다. ELF는 저지대에 살던 무슬림이 주류를 이루었는데, 이들은 '범아랍(pan-Arab)' 혁명 정

체성을 수용했다. EPLF는 마르크스주의 경향을 띤 고지대의 기독교도가 이끌었으며, 대부분이 티그리냐어를 사용하는 사람들이었다. 결국에는 EPLF가 주도권을 장악했는데, 이들은 북부 에티오피아에서 멩게스투 하일러 마리얌 정권을 무너뜨리는 데 선봉에 서기도 했다. 그리고 이사야스 아퍼워르끼(Isayyas Afäwärqi)가 이끈 때인 1993년에 국민투표를 거쳐 에티오피아로부터 에리트레아의 공식적인 독립을 확보했다.

그러므로 에리트레아의 주요 언어로서 티그리냐어가 우월한 지위를 확보한 것은 이 언어 사용자가 다른 언어보다 더 많았기 때문만은 아니었다. 그러나 에티오피아처럼 새로 등장한 에리트레아 정부도 국가 내의 다른 민족을 인정하고, 지위를 향상하는 계획을 기꺼이 지지했다. 에리트레아의 9개 언어 모두가 초등학교에서 사용되는데, 여기에는 철자법과 강의교재 등을 포함한 표준화 계획이 필요했다. 선교사들이 만든 일반자료와 외국의 학술자료, 스웨덴과 노르웨이의 재외 교민사회가 각기 제작한 빌린어 사전과 문법서 같은 소규모 저작물을 빼면, 이전에 문자표기를 했던 언어는 티그리냐어뿐이었다. 에리트레아 교육부는 에티오피아 음절문자의 사용을 셈어인 티그리냐어와 티그레어에만 국한하는 정책을 채택하고, 당연히 아랍어를 제외한 다른 언어에 대해서는 라틴문자에 의거한 철자법을 장려했다. 그러나 대부분이 무슬림인 티그레어 사용자는 이 정책에 반대했다. 그들은 한편으로는 에티오피아 문자가 정통 기독교문화와 너무 밀접하게 연관되어 있다고 여겼기 때문에 이의 사용을 원치 않았고, 또한 자식들이 아랍어로 교육받기를 원했다. 아랍어와 같은 국제언어를 사용하면 학생들이 더 넓은 세계로 접근할 수 있는 반면에 소수가 사용하는 언어로 교육하면 장애요인이 될 수 있다는 널리 알려진 우려의 목소리가 나왔다. 티그리냐어, 표준 아랍어, 영어는 현재 중등교육과 대학교육에서 사용된다.

15.5 지부티

지부티공화국(수도도 지부티임)은 아덴만(Gulf of Aden), 자칭 소말릴란드공화국(self-declared Republic of Somaliland), 에티오피아, 에리트레아 사이에 위치하며, 약 2만 3,000평방킬로미터의 면적에 대략 50~80만 명으로 추정되는 인구가 있다(CIA-World Factbook 2015년 기준 인구는 82만 8,324명임 – 역주). 이 지역에는 1862년부터 프랑스인이 살기 시작했는데, 프랑스령 소말리아와 종속지 해안(Côte Française des Somalis et Dépendances)의 탄생을 가능케 한 법령은 1896년에야 비로소 만들어졌다. 1946년에는 이 지역이 프랑스 해외영토(Territoire Française d'Outre-mer)가 되었다가, 1967년에 프랑스령 아파르 및 잇사(Territoire Française des Afars et des Issas)로 명칭이 변경되고, 1977년에 프랑스로부터 독립하여 지부티공화국이 되었다. 언어적 측면에서 볼 때, 지부티는 상대적으로 작은 나라임에도 주요하게 사용하는 언어가 없으며, 소말리어와 아파르어를 각기 토착 인구의 대략 절반이 사용한다. 이 언어들은 친근관계가 있으며, 아프로아시아 어족의 저지 동부 쿠시어 어파에 속한다. 이들 언어 사용자는 똑같이 이슬람을 신봉하며, 주로 낙타, 양, 염소를 모는 유목 목축생활을 한다. 이 두 집단은 지부티에만 사는 것은 아니며, 아파르인은 에리트레아와 에티오피아에서, 소말리아인은 소말릴란드, 소말리아, 에티오피아, 케냐 등지에도 거주한다.

수도인 지부티는 홍해 바로 남쪽에 위치한 아덴만의 주요 항구도시로서 여러 언어를 사용하는 사람들이 모인 국제적인 장소이다. 큰 규모의 예멘 아랍어 사용자 집단이 무역과 비즈니스에 종사하면서 이 도시에 살고 있는데, 이들은 예멘의 아랍어 변이형을 사용한다. 다른 중요한 재외 집단은 여전히 수도에서 쉽게 찾아볼 수 있는 프랑스인으로서, 이들은 교육과 군대와 같은 다양한 영역에서 활동한다. 지부티 시의 거리에서는 상대적으로 적은 수가 사용하지만 암하라어, 하라리어(Harari), 그리스어, 힌디어, 티그리냐어 등도 사용한다.

국어 문제와 관련해서 아파르어와 소말리어 모두 국어로서의 기능은 없다. 대부분의 주민이 일상에서 거의 사용하지는 않지만, 프랑스어와 아랍어가 국어이다. 이러한 국어의 지위는 여러 가지 방식으로 반영되어 있다. 예를 들어, 국회의원으로 선출되고자 하는 사람은 읽고 쓰는 법을 알아야 하고, 프랑스어 혹은 아랍어를 능숙하게 구사해야 한다고 헌법에 표명되어 있다. 여기서 말하는 아랍어는 특정한 구어체 변이형이 아니라 현대 표준 문어체 아랍어를 의미한다. 주로 의사소통과 공식적인 서신 교환에서처럼 법률도 이 두 언어로 입안된다. 그러나 프랑스어가 아랍어보다 좀 더 많이 사용되고 더 잘 알려진 듯한데, 이는 대부분의 교육받은 성인이 아랍어보다는 프랑스어로 교육을 받았기 때문인 것 같다.

이 두 언어의 지위가 중요한 또 다른 영역은 교육이다. 아파르어와 소말리어가 초급 단계에서 어느 정도 사용되므로, 학교가 대부분 소말리어 학교나 아파르어 학교가 될 수는 있지만, 정부가 마련한 교육은 프랑스식 교육제도를 따른다. 또한 이슬람 단체가 재정지원을 해서 아랍어로 교육을 하는 학교도 있다.

지부티에 대하여 흥미로운 점은 이처럼 작은 나라가 서로 다른 두 언어로 언어와 정체성을 집중시킨다는 점이다. 두 토착어와 이와 관련된 인간 집단이 언어가 더 많은 국가보다 더 '경쟁적'인 환경에 있다는 것은 무언가 의미를 가진다. 그리고 어느 특정 언어를 선호한다는 의식을 없애기 위해 두 토착어에 국어의 지위를 부여하지 않은 대신, 역사적인 이유와 종교적인 이유로 지부티의 두 외래어인 프랑스어와 아랍어에 국어의 지위를 부여했다.

15.6 소말리아/소말릴란드

지부티 남쪽의 훨씬 더 큰 이웃 국가인 소말리아는 종종 아프리카에서 단일어를 사용하는 국가 사례로 언급된다(CIA-World Factbook 2015년 기준 인구는 1,061만 6,380명임 - 역주). 따라서 소말리아는 국내의 언어적 다양성이 일반적으로 통용되는, 대륙(혹은 실제로는 전 세계)에서 드문 경우로 볼 수 있다. 그러나 소말리아나 소말리어를 이러한 시각에서 보는 것은 전체적으로 소말리아인의 언어 및 정체성과 관련한 중요한 문제를 놓치는 것이다. 소말리아인은 지부티 남서 지역에서 케냐의 타나(Tana) 강까지 이어지는 동쪽 선상의 아프리카 뿔 지역에 산다. 아프리카 뿔에는 소말리아 공화국과 자칭 소말릴란드공화국,[14] 지부티, 에티오피아, 케냐 일부 지역이 포함된다. 다시 말해, 소말리아가 단지 소말리어만을 사용하는 국가는 아니라는 말이다. 오히려 소말리어는 소말릴란드가 독자적인 국가로 간주되는지의 여부에 따라 4~5개 국가에서 사용된다. 1960년대와 1970년대의 소말리아 정치는 독립하기 전과 마찬가지로 그 대부분이 외세가 설정한 경계로 갈라진 단일 종족 문제를 다루었다. 이 문제를 처리하는 방식은 1969년에 발생한 군사정변의 빌미가 되었고, 1977~1978년에 벌어진 오가덴(Ogaden) 전쟁에서 에티오피아와의 갈등도 야기했다. 이 전쟁으로 말미암아 오가덴 지역은 커다란 격변을 겪었고, 그 후유증은 오늘날에도 계속 남아 있다. 공식 국경을 가로지르는 공통적인 소말리 정체성의 중심에는 소말리어가 있으며, 이는 과거에도 그랬고, 오늘날도 그렇다. 더불어 이슬람과 주로 유목 목축생활에 기초한 공통의 사회경제체제도 여기에 한

---

14 소말릴란드는 1991년에 소말리아의 나머지 지역으로부터 독립을 선언했다. 소말릴란드는 처음에 영국령 소말릴란드보호령이었던 지역으로, 이 지역과 이탈리아가 관리했던 소말리아의 유엔신탁통치령이 독립한 때인 1960년에 합병되어 소말리아가 되었다.

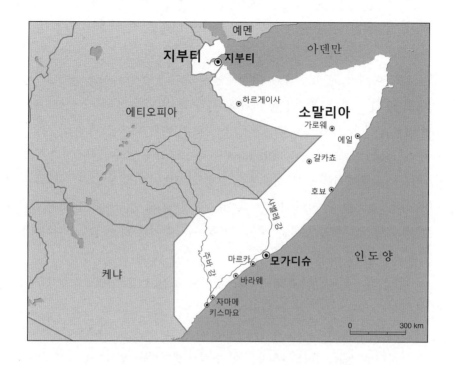

몫을 한다.

소말리어는 아프로아시아 어족 내의 저지 동부 쿠시 어파 중 특히 오모-타나(Omo-Tana)로 알려진 하위 어파에 속한다. 이 하위 어파의 다른 언어로는 렌딜레어(Rendille), 보니어(Boni), 다세네츠어(Dhaasenech), 바이소어(Bayso)가 있는데, 이 언어들을 사용하는 사람은 1,250만 명으로 추산되는 소말리어 사용자보다 훨씬 적다.[15] 소말리어는 여러 방언군으로 나눌 수 있다(예컨대, Lamberti 1986: 14-32 참조). '북부' 방언은 주로 유목 목축생활을 하는 사람들이 사용하는데, 이 방언군에 '북부'라는 영어 명칭이 있어도 이 방언들은 소말리 영토의 서부와 남서부 지역

---

15 http://www.ethnologue.com/show_language.asp?code=som

에서도 사용된다. 이 방언 집단의 소말리어 명칭은 아프 마하드 티디(Af Maxaad Tidhi)인데, 이 명칭은 이 집단을 특정한 지리적 지역과 연관 지은 것이 아니라, 이 방언군과 다른 방언군 간의 문법적 차이를 나타낸 것으로서, 더 적절한 명칭이다. 마이(May)와 디길(Digil) 방언 집단으로 이루어진 중부 방언은 소말리아 영토의 중부 지역에 흐르는 2개 주요 강인 주바(Jubba) 강과 샤벨레(Shabeelle) 강 사이의 정주 농민이 사용한다. 그 밖의 다른 곳에서는 남부 해안과 남부 중앙 소말리아 일부에서 사용되는 베나디르(Benaadir) 방언과 모가디슈(Mogadishu)와 모가디슈 남서쪽 해안에 위치한 마르카(Marka) 부근, 그 북부 지역에서 사용되는 아시라프(Ashraf) 방언이 있다. 서로 의사소통이 가능한 이 베나디르 방언군은 중부 방언보다 북부 방언에 더 가까운 것으로 보인다. 그러나 그러한 방언의 차이가 있음에도 모든 소말리아인은 현재 표준 소말리어로 불리는 언어를 알고, 대체로 스스로가 한 언어를 사용하는 것으로 간주한다. 특히 아프 마이(Af May) 방언 사용자는 이 특별한 방언이 전체적으로 소말리아 사회에서 그들의 정체성을 나타내는 중요한 것인데도 그렇다.

여러 국가를 가로질러 뻗어 있는 언어 지역으로서가 아니라 국가로서 소말리아를 보면, 소말리어와 함께 소수언어가 약간 존재한다. 반면에 소말릴란드 영토에는 언어적인 소수 집단이 없다. 쿠시어와 관련해서는 남서부 여러 지역에 오로모어를 사용하는 집단이 있고, 훨씬 더 남쪽에는 보니어를 사용하는 집단이 있다. 그리고 스와힐리어의 북부 변이형을 사용하는 집단이 소말리아 남부 해안을 따라 살고 있다. 바주니어(KiBajuni)는 주바강 하류지역과 특히 키스마요(Kismaayo) 시의 긴 해안지역을 따라 사용되며, 므위니어(Chi-Mwiini)는 바라웨(Baraawe 혹은 Brava) 시와 인근 해안, 이 언어를 바주니어라고 부르는 바준(Bajun) 섬에서 사용된다. 또 다른 반투어인 무슝굴루어(Mushungulu)는 자마메(Jamaame) 시 주변을 흐르는 주바강 기슭을 따라 사용되는데, 이 언어는 탄자니아의 샴바어(Shambaa)와 같은 것으로 여겨진다[Lamberti 1986: 33에서 언급된 묄리히(W. I. G. Möhlig)에 따름].

현재 영어로 표준 소말리어(Standard Somali)로 일컬어지는 언어, 즉 BBC 월드서비스와 같은 주요 방송국과 대부분의 글을 통해 사용되는 소통어는 북부 방언 집단, 더 정확하게는 마하드 티디 방언에 기초한다. 표준 소말리어가 이와 같이 발달하게 된 것은 이 방언들이 방송과 대중매체에서 사용되기에 앞서 이미 교통어로 사용되었기 때문이다. 교통어가 된 요인은 두 가지이다. 첫째, 마하드 티디 방언은 소말리아의 여러 지역을 돌아다니는 유목민이 사용하기 때문에 가장 널리 퍼져 있었다. 둘째, 이 언어로 지어진 가장 잘 알려진 시는 유목민이 지은 시로서, 이 시들이 단시간에 멀리 퍼지자 언어도 널리 퍼졌다. 그러나 여기서 주의해야 할 표준 소말리어의 특징 가운데 하나는 이 언어가 공식적으로 표준화된 것이 아니라는 점이다. 여기서 '표준'이라는 명칭은 특정 변이형을 일컫기보다는 일반적으로 소말리어 화자가 이해하는 여러 변이형을 나타내는 것으로 보인다. 이 때문에 표준 변이형은 일부 차이가 나타나는데, 이러한 차이로 인해 언어 사용자들은 출신 지역을 대략 유추할 수 있다. 북부 지역의 변이형 사용자는 예를 들어 *yidhi*처럼 동사에 접두사를 붙이지만, 남부 지역 사람들은 이 동사에 접미사를 사용할 가능성이 높다. 따라서 북부 변이형에서는 *wuu yidhi* '그가 말했다', 남부 변이형에서는 *wuu dhahay* '그가 말했다'가 되어 서로 대비되지만, 모든 화자는 이 두 가지 형태를 이해한다.

이제 주제를 소말리어의 표기방식과 국어로서의 지위로 돌려보자. 소말리어 표기의 중요성은 오늘날의 소말리아 북서 지역(자칭 소말리아공화국)의 영국령 보호령과 소말리아 남부 지역에 해당하는 이탈리아 관리하의 유엔 신탁통치령 주민이 소말리아인 자치의 단일 독립국가를 구상했을 때 특히 두드러지게 나타났다. 물론 독립 이전에도 소말리아어 표준 철자법 고안과 관련하여 토론이 많았지만, 어떤 문자를 채택해야 할지에 대한 결정은 내리지 않았고, 이는 곧 1960년의 독립 당시에 소말리어를 공용어로 채택하는 데 방해 요인이 되었다. 새롭게 독립한 소말리아 관료는 (과거의) 영국령과 이탈리아령 지역 출신이었기 때문에, 이탈리아어로 교육을 받은 이들은 습관적으로 이탈리아어로 서신왕래를 했고, 영어로 교육을 받은 이들은 영어를 사용했다. 이들 중 일부는 아랍어도 알고 있어서 서신왕래에 이용하기도 했지만, 유럽어를 계속해서 공식 의사소통에서 많이 사용했다. 이로 인해 소말리아 관료가 문자로 기록된 내용을 이해할 수 있도록 한 유럽어에서 다른 유럽어로 번역하는 이상한 상황이 벌어지기도 했다. 그리고 이 상황은 이 관료들이 어려움 없이 소말리어를 말할 수 있었음에도 발생했다. 1972년에 마침내 표기체계가 공식적으로 도입되었는데, 모하메드 시야드 바레(Mohamed Siyaad Barre)가 이끄는 군사정권이 라틴 알파벳을 소말리어의 표기에 사용하도록 한 법령을 제정했기 때문이다. 1972년의 법령포고 이전에 있었던 문자 선택 의제는 정체성과 관련한 여러 다양한 문제를 수반했는데, 이제 이에 대해 좀 더 자세히 들여다본다.

가장 일찌감치 알려진 소말리어 표기법은 아랍문자를 이용한 것이었다. 아랍어는 오랫동안 소말리아인이 꾸란과 그 밖의 종교서적을 학습하고 강독하는 데 사용함으로써 생활의 일부가 되었다. 그리고 많은 학자가 이슬람 문헌 연구와 아프리카 뿔 지역 및 더 먼 거리의 여러 학문적 중심지를 방문하면서 아랍어 지식을 더 많이 쌓을 수 있었다. 그러한 학자와 더불어 좀 더 집중적으로 종교교육을 받을 기회가 있었던 이들이 글을 통한 소통수단으로 아랍어를 사용했다. 여기서 강조할 중요 사실은 이러한 경우에 사용된 언어가 아랍문자로 표기된 소말리어가 아니라 아랍어였다는 점이다. 그러나 아랍문자는 특정한 경우에 소말리어를 표현하기 위해서 추가로 사용되기도 했는데, 알려진 몇 가지 사례 중에서 가장 유명한 것은 셰크 우웨이스 알-바라위(Sheekh Uweys al-Baraawi)가 지은 시이다 [Cerulli(1964)에서 출판됨]. 또한 일부는 아랍어(언어와 문자)로, 또 다른 일부는 아랍문자를 사용한 소말리어로 쓰인 기록이 있다는 사실도 알려져 있다. 그러나 대다수의 소말리아인에게는 글을 통한 의사소통이 단순히 삶의 일부가 아니었다. 그들이 멀리 있는 누군가에게 어떤 소식을 전하고자 할 때 구두 전갈이 일반적으로 행해지던 전달방식이었다. 즉, 그쪽 방향으로 가는 사람에게 소식을 주면, 그 사람이 받을 사람에게 소식을 직접 전해 주거나 그 사람이 제3자에게 전해 주어서 계속 전달하는 방식이었다. 소말리아 문화에 중심이 된 시 또한 이러한 방식으로 전달되었는데, 자기 시가 더 널리 퍼져 나가기를 원했던 시인들은 '완전한 형태의 시문'이 생겨났을 정도로 다양한 시를 글자대로 쓰고 기억하며 암송했다(Orwin 2003).

소말리어의 표기 필요성이 크게 대두한 20세기 중반에 다양한 문자체계 후보가 명확히 드러나기 시작했다. 후보로는 아랍문자와 라틴 알파벳, 토착적 표기체계의 고안 가능성이었다. 아랍문자는 앞에서 보았듯이 이전에 소말리어 표기에 어느 정도 사용되었지만, 체계적으로나 표준화된 방식으로 사용된 것은 아니었다. 아랍어 기반의 표기법을 개발하기 위해 다양한 노력을 기울인 것은 표준화된 철자법을 만들려는 생각이 있었기 때문이었다. 그래서 이러한 표기법이 공식적으로 인정받기 위한 후보가 될 수 있었던 것이다.

그러나 이상하게도 최초로 출판된 표기법 사례는 실제로는 이보다 훨씬 이전인 1887년에 인도 육군에 복무하던 영국인 대위가 《인도골동품연구(Indian Antiquary)》에 자신이 만든 표기법을 발표했을 때였다(King 1887). 후에 이 표기법을 기꺼이 사용하려는 사람들이 증가할 당시에, 저명한 소말리아 학자이자 시인인 무세 갈랄(Muuse Galaal)이 다른 표기법을 발표했다(Muuse 1954). 아랍문자 채택에 찬성하는 주된 이유는 비록 얼마 되지는 않지만, 아랍어로 꾸란 읽기 학습을 포함한 종교교육을 통해 이 문자가 사람들에게 많이 알려졌다는 점 때문이었다. 또한 종교적 관점, 즉 무슬림이라는 소말리아인의 정체성의 관점에서 볼 때 아랍문자가 꾸란에서 사용된 문자라는 것도 이 문자가 다른 문자보다 더 높은 지위를 얻은 원인이었다. 더욱이 아랍문자를 사용하면 소말리아와 국민이 서구 세계보다 아랍어를 사용하는 이슬람 세계와 더 밀접한 관계에 있다는 점을 외부로 표출할 것이라는 의식도 작용했다. 이러한 점이 아랍문자의 사용을 찬성하는 이유였다면, 그 반대 이유는 아랍문자의 상태로는 소말리어 음성을 모두 쉽게 표현할 수 없다는 것이었다. 특히 모음이 그에 해당했다. 아랍문자체계에는 장모음을 나타내는 3개 문자와, 3개의 단모음을 구분해 주는 3개의 식별부호가 있다. 그러나 소말리어에는 5개의 장모음과 5개의 단모음이 있다. 손으로 쉽게 표현할 수 있는 문자체계를 만들 수는 있겠지만, 그럴 경우에 인쇄기와 타자기를 바꾸어야 하므로 비용과 시간이 많이 들고, 계속해서 문제가 발생할 소지가 있다는 점이 지적되었다.

두 번째의 문자 후보는 고안된 토착 문자였다. 표기법 창안과 관련해 새롭게 독립한 소말리아를 돕기 위해 1960년대에 설립된 유네스코위원회는 소말리아에 10개의 고유한 문자체계가 있음을 발견했다(Laitin 1977: 87). 그중에서 단 한 가지만이 상당 기간 사용되었는데, 그것은 오스만 유수프 케나디드(Osman Yuusuf Keenadiid)가 1920년대에 고안한 오스마니아(Osmania) 문자였다. 오스마니아 문자는 소말리어를 표현하는 수단으로서 아주 훌륭하게 기능했으므로, 전문 언어학적 관점에서도 더할 나위 없이 안정적이었다. 오스마니아 문자를 찬성한 두 번째 중요한 이유는 이 문자가 소말리아인의 고유 문자였기 때문에 소말리아 정체성을 표현하는 것으로 여겨졌다는 사실이었다. 그러나 많은 사람에게는 여기에 소말리아 정체성의 중대한 씨족 문제도 개입되어, 일부는 이 문자를 소말리아 문자로 보기보다는 이 문자를 고안한 자가 속한 특정 씨족, 즉 다로드(Daarood) 씨족 집단인 마제르텐(Majerteen)의 오스만 마무드(Osman

Mahmoud) 가문의 문자로 보았다. 오스마니아 문자의 채택에 반하는 또 다른 문제는 실용적인 문제로서, 인쇄와 타자와 관련이 있었다. 왜냐하면 이 문자를 사용하는 데 필요한 기계와 기술을 모두 새롭게 설계하거나 제 작해야 했기 때문이었다.

표준 소말리어 철자법의 수립을 위한 세 번째 후보는 라틴 알파벳을 이용한 것이었다. 라틴 알파벳은 소말리어의 모든 음을 처리할 수 있었으 므로 이 언어를 표기하기에 적당한 문자였다. 게다가 이 문자체계는 영 어와 이탈리아어로 된 인쇄물을 생산해 온 인쇄기와 타자기를 쉽게 구할 수 있었기 때문에 기술적 관점에서도 매우 적합했다. 라틴 알파벳에 반대 한 주요 논거는 소말리아인이자 무슬림이라는 소말리아인의 정체성과 관 련된 것으로서, 이 문자체계가 다름 아닌 유럽 열강에 의해 이 지역에 도 입되었다고 여겼기 때문이었다. 아랍문자를 옹호한 사람들은 한때 *Latin laa diin*(라틴은 종교가 아니다)이라는 이목을 끄는 아랍어 문구를 사용하 여 그들의 입장을 널리 알리고자 한 적도 있었다.

행정 업무에서 공식적으로 사용할 서법체계를 수립하는 문제는 독립 준비시기에 많은 토론이 이루어졌으나, 서로 다른 소말리아 정체성(소말 리아인, 무슬림, 특정 씨족의 일원)과 결부된 이 세 가지 문자의 옹호자의 입 장이 각기 완강했기 때문에, 특정한 표기체계를 채택하는 결정은 당시에 내려지지 못했다. 그러다가 1972년에야 바레 군사정권이 라틴 알파벳 사 용을 선포하면서 마침내 최종 결정이 내려졌다. 당시에 선택된 특별 버전 은 시레 자마 아흐메드(Shire Jama Ahmed)가 고안한 것으로서, 이 서법은 1950년대 초에 소말릴란드의 영국 식민 당국이 계획한 공동 연구에서 무 세 갈랄(Muuse Galaal)과 안드르제예브스키(B. W. Andrzejewski)가 개발 한 여러 문자체계를 기초로 한 것이었다. 그러나 갈랄과 안드르제예브스 키의 체계와 달리 시레의 서법은 식별부호도 없고, 글자 모양도 변형하지 않았으므로 인쇄하거나 타자 치기가 훨씬 더 수월했다. 실제로 시레 자신도 이미 1960년대에 소말리어로 된 여러 시집이나 속담집, 민담 등을 인쇄할 때 자신이 고안한 라틴 알파벳 체계를 이용했다.[16]

새로운 알파벳 표기법을 공식적으로 채택하자, 소말리어를 문어로 사용하는 것에 대해 많은 낙관론이 고개를 들었고, 대다수의 사람은 이 조치를 그들이 여전히 자부심을 가진 소말리어 발전의 진일보로 환영했다. 1972년부터 이 문자체계는 실제로 매우 성공적인 것으로 드러났는데, 특히 최근 이메일, 인터넷과 같은 정보컴퓨터 기술이 확장되면서 소말리어를 현재 놀라울 만큼 쉽게 사용할 수 있다.

소말리어의 표기에 라틴 알파벳 문자를 사용하기로 한 결정이 실질적으로 내려진 이후, 그다음에 나온 시급한 문제는 사람들이 이 새로운 문자체계를 어떻게 배우고, 소말리어를 어떻게 국어로 만드느냐였다. 이러한 문제는 정도의 차이는 있지만 동시다발적으로 다루어졌다. 첫째, 소말리어는 1972년에 문자체계가 도입되었을 당시에 공식적으로 국어로 선포되어, 공식 영역에서 영어, 이탈리아어, 아랍어를 대치하였고, 모든 정부 관리는 소말리어 문자를 익혀서 검증을 받아야 했다. 그리고 이 문자체계를 일반 국민에게 알리기 위해 처음에는 주요 도시와 그 후에는 시골에서 대대적인 국가문맹퇴치운동을 벌였다. 이러한 운동을 주도한 것은 교사와 학생들이었는데, 특히 중등학교에서 많은 사람이 동원되어 도시와 마을을 돌아다니며 가르쳤고, 시골에서는 임시학교를 만들어 유목민에게 가르쳤다. 그 덕택에 이 새로운 문자체계는 대부분의 소말리아인에게 널리 퍼졌다. 알파벳 문자는 배우기 쉬운 데다가 기본적으로 소말리어를 이제 소리 나는 대로 적을 수 있다는 이유로 소말리아 국민의 문해

---

16 소말리어의 표기에 대해 한 가지 중요한 점을 보충 설명하면, 최근에 소말리어의 중부 방언인 아프 마이 방언의 정서법을 만들고자 하는 움직임이 있었다. 이로 말미암아 토론토와 런던에 기반을 둔 쿨룽기술위원회라는 포럼이 라틴 알파벳을 기초로 한 알파벳 체계를 개발했다. 아프 마이 방언이 이를 계기로 얼마나 문어로서 지속적으로 사용될지는 앞으로 지켜볼 일이다.

력이 급속히 증가할 것이라는 희망이 많았다. 이와 같은 발전은 교육 부문에도 의미가 있었다. 왜냐하면 이제 학교의 초기 교육을 소말리어로 할 수 있어서 더 많은 사람이 공교육의 혜택을 받을 수 있었기 때문이었다. 그러나 그 이후의 아프리카 뿔 지역의 정치적 전개 상황은 이 문맹퇴치 운동의 확산에 방해가 되었다. 1972년부터 몇 년간 문해율이 상당 폭으로 증가했음에도 1977~1978년에 있었던 에티오피아와의 오가덴 전쟁, 1980년대 말에 발생한 소말리아 내전, 1991년 이후의 분열 상황 등으로 인해 가장 기본적 수준의 교육 기회조차도 대부분의 국민에게 거의 제공되지 못했다.[17]

그러나 교육받을 기회를 누린 사람에게는 소말리어 표기법의 발전이 과거 30년 이상에 걸쳐 여러 일반적인 난관을 크게 겪어야 했던 세계의 한 지역의 중요한 성공 사례인 것은 분명하다. 국가의 공유 언어를 표기하면서 예전에는 의사소통이 불가능했던 사람들 사이에 글을 통한 의사소통이 가능해졌고, 최근에는 소말리어를 인터넷상으로도 사용할 수 있다. 1970년대부터 소말리어를 공문서에서 새롭게 사용할 수 있게 된 덕택에 사람들은 소말리 정체성이 이전의 구전문화에서는 없었던 중요한 방식으로 실현되는 것을 겪었고, 기록문서와 다양한 서식을 훨씬 더 손쉽게 이해했다.[18] 이와 같은 소말리어 문제의 발전과 더불어 한 국가로서 소말

---

17 자칭 소말릴란드공화국 당국은 푼트란드(Puntland) 자치지역과 마찬가지로 학교를 설립했다. 또한 이 지역에는 대학교도 몇 개 있는데, 대학수업은 적어도 소말릴란드에서는 소말리 문학을 제외하면 모두 영어로 이루어진다. 다른 지역에서도 현지 주민과 비정부단체가 학교를 세웠고, 런던에 본부를 둔 아프리카 교육위탁단체(Africa Educational Trust)와 같은 국제단체도 소말리아 전역의 많은 사람에게 문해교육과 셈법 등을 비롯한 기초교육을 하는 활동을 해 왔다. 그러나 그러한 노력에도 소말리아인의 전반적인 문해율은 세계에서 여전히 가장 낮은 편이다.

18 사람들은 그러한 문서를 직접 읽거나, 읽지 못하는 사람에게는 읽을 수 있는 사람이 공문서의 내용을 소리 내서 크게 읽어 주었다.

리아도 각급 학교에서 아랍어와 영어교육을 통해 바깥세상에 언어의 문을 개방하고 있으며, 오늘날 이 언어들은 소말리아인에게 기회를 제공해 주므로 학습 인기가 매우 높다.[19]

소말리어가 국어로 선포되고, 다양한 공공 영역에서 영어, 이탈리아어, 아랍어를 대치한 사실은 분명 소말리아와 국민에게 매우 중요한 긍정적인 발전이었다. 그럼으로써 소말리아는 아프리카 국가 중에서 보기 드물게 토착어가 다른 식민종주국의 언어 대신에 국어와 공용어의 기능을 성공적으로 가진 사례로 널리 칭송을 받았다. 그러나 언어와 국가 정체성과의 관련성을 고려할 때는 소말리아가 최근 수십 년 동안 심각한 국내 갈등을 겪었고, 국민 단합도 확연히 이루어지지 않아 불행하게도 큰 고통을 받았다는 사실을 잊어서는 안 된다. 소말리아의 언어 상황에 대한 연구를 통해 일반적으로 드러난 요점은 지배적으로 단일어가 사용되고, 같은 문화와 종교를 공유한다고 해서 국민이 다른 사회나 지역, 정치조직에 충성하지 않고 서로 뭉쳐서 국가에 충성하리라는 보장은 없다는 사실이다. 오히려 소말리아와 같이 매우 동질적인 사회조차도 여러 다른 세력에 의해 산산이 찢길 수 있다. 소말리아의 분열을 초래한 최근 20년 이상에 걸친 문제는 이 나라의 모든 사람이 자부심을 갖는 공동의 국어와 문화와 종교적으로 여러 공통점이 있음에도 발생했다. 이는 그러한 연대가 아무리 강해도 단일한 종족언어 집단의 통일을 확보하는 데 충분하지 않다는 것을 보여 준다. 그럼에도 소말리아와 소말릴란드에서 바라는 것은 말로 하건 글로 하건 모든 소말리아인이 같은 언어로 서로 소통할 수 있는 능력이 앞으로 여러 지역에 흩어져 사는 소말리아인 사이에서 평화와 화해를 되찾는 데 도움이 될 것이라는 점이다.

---

19 유럽과 걸프 국가, 북미에 산재하는 대규모의 소말리아 디아스포라는 이 언어들의 학습에 자극을 주는 요인 중의 하나이다.

제16장

잠비아

'하나의 잠비아, 하나의 국가, 다양한 언어'

루츠 마텐(Lutz Marten)
낸시 C. 쿨라(Nancy C. Kula)

16.1 서론

이 장에서는 잠비아의 언어 상황을 이해하고 잠비아인의 맥락에서 언어와 국가 정체성이 결부된 방식을 파악하는 것을 목표로 한다. 잠비아는 중앙아프리카 중심부에 위치하며 북쪽의 콩고민주공화국, 동쪽의 탄자니아, 말라위, 모잠비크, 남쪽의 짐바브웨, 보츠와나, 나미비아, 서쪽의 앙골라와 국경을 마주하고 있다. 잠비아에서 해양에 직접 접근할 수는 없으나, 아프리카에서 가장 긴 강의 하나인 잠베지 강이 잠비아를 통과하여 약 1,000킬로미터를 흐른다. 또한 잠비아는 반투어 사용 지역의 중심에 있다. 역사적으로 반투어는 기원전 300년경부터 사하라 이남 아프리카에서 널리 쓰였다. 오늘날 잠비아 반투어는 수차례에 걸친 언어발달의 산물로 지난 2,000년간 점진적인 이주, 언어접촉, 언어교체 과정을 통해 현재 사용하는 언어가 되었다. 19세기 후반부터 특히 교육을 비롯한 선교활동과 영국의 식민통치를 통해 다양한 유럽어가 오늘날의 잠비아 지역에 전해졌다. 이 시기의 유산인 영어는 1964년에 잠비아가 독립한 후 공용어가 되어 현재 언어 상황에서 주도적인 역할을 수행하고 있다. 1991년에 일당제에서 다당제 민주주의로 재편된 잠비아는 7개 국어인 벰바어(Bemba), 냔자어(Nyanja), 통가어(Tonga), 로지어(Lozi), 룬다어(Lunda), 루발레어(Luvale), 카온데어(Kaonde)의 사용을 장려하는 데 중점을 두고 있다. 현대 잠비아는 다언어 사용 국가의 명백한 예가 되었다.

언어와 정체성 문제는 새로운 정부에서 국가 정체성이 주요 무대로 등장한 독립 이후를 비롯하여 현대 잠비아 역사를 통틀어 주된 역할을 해왔다. 잠비아에서 언어는 국가, 정치, 민족 정체성, 의사소통, 교육, 대중문화에서 중요한 역할을 담당한다. 어떤 점에서 잠비아의 언어 상황은 여타 아프리카 국가와 유사하지만 잠비아 특유의 지역 특성이 분명 존재한다. 특히 이 장에서는 잠비아의 언어 정체성이 유럽인과 접촉하기 이전부터 고유한 다언어 구조와 전통체계로 구성되어 있었음을 밝힌다.

이 장은 다음과 같이 구성되어 있다. 16.2절에서는 언어, 언어 상황, 다양한 분야의 잠비아 언어 사용 배경을 다룬다. 16.3절에서는 잠비아의 언어분포, 언어 사용, 언어정책을 역사적으로 기술하고 이러한 요소가 다양한 정체성의 형성과 융합에 있어 어떤 연관이 있는지 설명한다. 16.4절에서는 상술한 역사 배경에 비추어 현 상황을 논의하고 잠비아 국민의 맥락에서 중요한 구체적 주제를 고찰한다. 마지막으로 16.5절은 16장의 결론으로 이 장의 주요 논지를 요약한다.

16.2 잠비아의 언어와 언어 사용

잠비아에서 쓰는 언어 수는 외견상 간단한 질문처럼 보이지만, 실제로는 대답하기 쉬운 문제가 아니며, 20~80개 이상에 이르는 등 추정치가 다양하다. 그 원인으로 방언과 대립하는 것으로 언어를 정의하는 것이 무척 어려운 문제라는 점과 다른 한편으로 잠비아 국민의 맥락에서 언어와 부족이 맺고 있는 관계를 들 수 있다(Kashoki 1978 참조). 잠비아에는 지도자이며 구심점인 부족장을 통하여 민족을 부족으로 파악하는 오랜 전통이 있지만, 이 전통은 식민지배 아래 노골적으로 조작되어 왔다. 오늘날 부족 합병은 문화 정체성과 정치연합 형성(Posner 2005) 모두에 중요한 역할을 한다. 1990년과 2000년에 이루어진 두 차례 인구조사(CIA-World Factbook

2015년 기준 인구는 1,506만 6,266명임 – 역주)에서 전체 부족 수는 72개로 나타났다. 그러나 부족 정체성은 언어 특수성과 바로 일치하지 않으며, 언어 수는 부족 수보다 적다. 잠비아에서 수행된 주요 언어조사에서 오한네시언과 카쇼키(Ohannessian and Kashoki 1978)는 어휘 및 문법 유사성과 상호 이해도를 기준으로 83개의 언어(유럽어, 인도어, 코이산어는 제외)를 26개의 방언 군집 또는 '언어군'으로 구분했다. 이 방언 군집과 언어군은 오한네시언과 카쇼키(Ohannessian and Kashoki 1978)에 따라 〈표 16.1〉에 나타낸 바와 같이 16개 집단으로 다시 분류된다(Chanda 1996, 2002; Kula 2006; Bickmore 2006 참조).

1978년 조사에 따르면 이 26개의 토착 반투 언어군 이외에 공용어인 영어, 그리고 구자라트어와 언어 사용자가 각각 1,000명 미만인 이탈리아어, 독일어, 힌디어, 프랑스어, 우르두어, 포르투갈어 등의 유럽어와 아시아어가 잠비아에서 쓰인다. 서부 잠비아에는 이웃 앙골라에서 내전으로 도피한 소규모의 코에어[Kxoe, 산(San)] 사용자 공동체가 거주하며, 그 수는 약 300~400명으로 추산된다(Robins et al. 2001).

잠비아 언어는 언어 사용 및 사용자 수에 상당한 차이가 있다. 이 기준에 비추어 보았을 때 언어 사용에서 우세언어(전체 인구의 백분율) 및 제2언어(제2언어를 사용한다고 응답한 사람의 백분율)는 〈표 16.2〉와 같으며, 잠비아의 주요 언어는 뱀바어, 냔자어, 통가어, 로지어, 영어이다.[1]

〈표 16.2〉의 데이터는 제1언어 또는 제2언어로 뱀바어, 냔자어, 통가어, 영어를 사용하는 비율이 10퍼센트 이상 더 높음을 보여 준다. 또한

---

1 870만 2,932명은 유아와 언어장애가 있는 사람을 제외하고 제1언어 사용자로 간주하는 총인원이다. 338만 5,745명은 제2언어 사용자로 추산되는 인원으로 전체 인구의 34퍼센트를 차지한다. 이처럼 제2언어 사용자 수가 상대적으로 적은 것은 인구조사 통계에서 실제 언어 행위가 아닌 조사 대상자가 스스로 추측한 언어 행위 기록을 반영했기 때문일 것이다.

집단	방언 군집과 지역
A	아우시, 치싱가, 카벤데, 무쿨루, 응굼보, 트와, 웅가, 벰바, 브윌레, 루운다, 쉴라, 타브와[북부 주] 비사, 쿤다[북부 주와 동부 주의 경계] 랄라, 암보, 루아노, 스와카[동부 주 및 중부 주] 람바, 리마[코퍼벨트 주 및 중부 주]
B	카온데[북서부 주]
C1	로지[서부 주]
C2	크완디, 크왕가, 음보웨, 음부미[서부 주] 시마, 이밀랑구, 므웨뉘, 넹고, 마코마, 리유와, 물롱가[서부 주] 마시, 콴두, 음부쿠슈[서부 주]
D	룬다, 코사, 은뎀부[북서부 주]
E	루발레, 루차지, 음분다[서부 주와 북서부 주의 경계] 초퀘[북서부 주]
F	맘브웨, 룽구[북부 주] 이나므왕가, 이와, 탐보, 람비야[북부 주와 동부 주의 경계]
G	뉘하, 완디아어[북부 주와 동부 주의 경계]
H	응코야, 루콜웨(혹은 음브웰라), 루샹기, 마샤샤[북서부 주 및 서부 주와 남부 주의 경계]
I	은셍가[동부 주]
J	체와(냔자라고도 함)[동부 주]
K	통가, 토카, 토텔라, 레야, 수비야, 트와, 샨조, 프웨[남부 주 및 서부 주와 남부 주의 경계] 일라, 룬드웨, 룸부, 살라[남부 주와 중부 주의 경계] 렌제, 트와[중부 주] 솔리[중부 주]
L	툼부카, 풍그웨, 셍가, 욤베[동부 주]
M	고바, 쇼나[중부 주]
N	치쿤다[중부 주]
O	스와힐리[북부 주 및 코퍼벨트 주]

표 16.2 언어 사용자 수별 언어(2000년 인구조사 기준)

언어	우세언어로 사용(%)	제2언어로 사용(%)	언어	우세언어로 사용(%)	제2언어로 사용(%)
벰바어	30.1	20.2	영어	1.7	26.3
냔자어	10.7	19.5	루발레어	1.7	1.9
통가어	10.6	4.4	렌제어	1.4	1.5
로지어	5.7	5.2	나므왕가어	1.3	0.8
체와어	4.7	2.3	응고니어	1.2	1.2
은셍가어	3.4	1.6	맘브웨어	1.2	0.9
툼부카어	2.5	1.3	비사어	1.0	0.4
룬다어	2.2	1.3	일라어	0.8	0.8
랄라어	2.0	1.0	룽구어	0.6	0.4
카온데어	2.0	1.8	셍가어	0.6	0.2
람바어	1.9	1.4			

표에 따르면 많은 소수언어가 제2언어로 통용되고 있다. 비록 모든 사례에서 인구의 2퍼센트 미만이 사용하고 있지만, 루발레어와 렌제어(Lenje) 같은 언어는 제1언어보다 제2언어로 쓰는 사용자가 더 많고, 일라어(Ila)처럼 제2언어 사용자 수가 제1언어 사용자와 비슷한 경우도 있다. 이는 다음에서 자세히 논의할 다언어 사용 관행이 만연함을 나타낸다. 〈표 16.2〉의 통계는 방언군집의 규모를 기준으로 한다. 그러나 잠비아 언어는 동족 변이형이 다수 포함된 방언 군집 차원보다는 방언군 차원에서 논의되는 경우가 많다. 언어 집단을 기준으로 언어 사용을 비교해 보면 30년간의 자료를 대조한 〈표 16.3〉과 같이 벰바어, 냔자어, 통가어, 로지어, 영어의 중요성이 더욱 명확해진다.[2]

---

2 2000년 인구조사에서는 일반적인 종족 집단과 일치하는 벰바, 통가, 북서부,

언어 집단	전체 인구 비율(%)					
	1980년		1990년		2000년	
	제1언어	제2언어	제1언어	제2언어	제1언어	제2언어
뱀바어	39.7	24.4	39.7	27.5	38.5	24.1
냔자어	19.0	18.0	20.1	25.5	20.6	25.0
통가어	13.3	7.8	14.8	8.1	13.9	7.7
로지어	8.0	7.5	7.5	8.4	6.9	6.4
영어	4.6	0.8	1.1	17.8	1.7	26.3

〈표 16.3〉과 같이 언어 집단으로서 뱀바어는 잠비아에서 제1언어로 가장 많이 쓰이는 언어이다. 냔자어와 영어를 제2언어로 사용하는 사용자는 1980~2000년에 가장 큰 폭으로 증가했다. 뱀바어, 냔자어, 통가어(Tonga)를 제1언어로 사용하는 비율이 각 인구의 10퍼센트 이상을 차지하며, 이를 합치면 전체 인구의 약 75퍼센트에 해당한다. 70퍼센트가 넘는 제2언어 사용자가 뱀바어와 냔자어를 영어와 함께 사용한다. 제1언어와 제2언어로 로지어를 사용하는 사용자는 10퍼센트 미만이다. 이와 달리 영어는 제1언어로 사용하는 비율과 제2언어로 사용하는 비율에 큰 차이가 있다. 2000년 당시 잠비아 인구의 2퍼센트 미만이 제1언어로 영어를 사용했지만, 제2언어로 영어를 사용하는 인구의 비율은 25퍼센트가 넘었다. 또한 표의 통계는 1980~1990년에 5개 언어를 제2언어로 사용하는 비율이 증가했음을 보여 준다. 그와 달리 1990~2000년에 급성장세를 보인 영어를 제외하고 나머지 언어를 제2언어로 사용하는 비율은 모두 감소했다(냔자어 사용 비율은 큰 변동이 없다). 2000년 당시 잠비아 언어의 제

바로체(로지), 냔자(또는 동부 주), 맘브웨(Mambwe), 툼부카(Tumbuka) 등의 7개 언어 집단(영어 제외)이 확인된다. 〈표 16.3〉에는 그중 4개를 제시한다.

2언어 사용 비율이 감소한 것은 영어 사용 비율이 증가했기 때문일 수 있다. 1990년 당시 제2언어 사용자가 없는 것으로 기록되었던 소수언어에서 2000년에 제2언어 사용자 수치가 나타난 점은 흥미롭다. 가령 비사어(Bisa), 룽구어(Lungu), 셍가어(Senga)는 1990년에 제2언어 사용자가 없었지만 2000년에는 각각 0.4퍼센트, 0.4퍼센트, 0.2퍼센트를 기록했다(표 16.2 참조). 통계에 나타난 양상을 살펴보면 복잡하고 역동적인 다언어 상황 속에서 비교적 단기간에 언어 사용이 현저하게 변했음을 알 수 있다.

　　잠비아의 언어 상황에서 또 하나의 중요한 요소는 다양한 언어가 지닌 사회적 지위와 정치적 지위이다. 영어는 잠비아의 공용어로 1991년에 헌법으로 인정된 유일한 언어이다. 영어 이외에도 벰바어, 냔자어, 통가어, 로지어, 카온데어, 루발레어, 룬다어 등 7개의 아프리카 언어가 국어로 지정되었다.[3] 영어는 매체, 관공서, 비즈니스, 교육 분야를 비롯하여 대부분의 공식적 및 준공식적 맥락, 특히 도시 환경에서 광범하게 사용된다. 3대 주요 일간지인 《잠비아 타임스(*Times of Zambia*)》, 《포스트(*Post*)》, 《데일리 메일(*Daily Mail*)》은 모두 영어로 발행되며, 다른 언어를 사용하는 인쇄매체는 주간지나 월간지로 한정된다.[4] 잠비아국립방송사(Zambian National Broadcasting Corporation, ZNBC)의 텔레비전 프로그램은 주로 영어로 송출되며, 단신 뉴스 프로그램만이 국어로 송출된다. 또한 남아프리카공화국 방송사에서 주로 도시 지역에 공급하는 위성 및 케이블 텔레비전 프로그램은 영어나 남아프리카공화국 국어를 사용하며 잠비아 언어는 사용하지 않는다. 영어는 라디오에서도 널리 쓰이지만 국어

3　앞으로 '공용어' 혹은 '공식 국어'는 영어를 가리키고, '국어'는 국내에서 공인된 7개의 아프리카 언어를 가리키고, '잠비아 언어'는 토착 잠비아 언어(유럽어 제외)를 가리키고, '지역어'는 특정 지역에서 사용되는 잠비아 언어를 가리킨다.
4　유명 주간지 또는 월간지로 *Imbila*(벰바어), *Intanda*(통가어), *Liseli*(로지어), *Tsopano*(냔자어), *Lukanga*(벰바어, 렌제어), *Ngoma*(카온데어, 룬다어, 루발레어)가 있다.

로 제작된 프로그램에서는 토착 잠비아 언어도 들을 수 있다. 라디오 프로그램은 중요한 정치 및 경제 사안에서부터 다양한 일반 관심사에 대해 편안하게 견해를 밝히는 '전화 참여' 프로그램에 이르기까지 광범한 주제를 다룬다.[5] 영어는 잠비아 교육에서도 중요한 역할을 맡고 있다. 영어는 독립 이후 모든 교육 단계의 지배언어가 되었다. 다른 국어는 학과 과목으로 교육하고, 영어는 전면적인 교육매체로 사용해 왔다. 최근 초등학교 교육언어로 국어를 채택하면서 상황이 변하고 있지만(Carmody 2004), 중등 및 고등 교육에서는 아직도 영어가 거의 독점적으로 쓰인다. 매체나 교육 분야와 마찬가지로 영어는 정부, 행정, 비즈니스 부문의 지배적 언어이다. 영어는 국회에서 사용하는 언어이며, 국회의원에 입후보하려는 사람은 공용어를 능통하게 사용할 수 있어야 한다고 헌법에 명시되어 있으므로 정부 및 공식 웹사이트뿐만 아니라 정부 간행물 대다수가 영어로 되어 있다. 영어가 비즈니스와 행정 언어로 광범하게 쓰일 뿐 아니라 매체, 정부, 교육 분야에서도 지배적으로 사용된다는 것은 적어도 '공공' 부문에서 일자리를 구하는 데 영어 지식이 매우 중요함을 의미한다. 이와 같이 영어는 잠비아에서 비교적 높은 사회적 지위를 지닌다.

7개의 잠비아 국어는 다양한 맥락에서 영어와 함께 쓰인다. 앞에서 언급한 바와 같이 초등교육과 라디오에서 국어 사용이 증가하고 있다. 국어는 특정 정부 정책이나 건강 정보를 전달(예컨대, 콜레라 경고)하는 데에도 사용된다. 게다가 국어는 공식적인 하위 행정 부문에서도 사용되지만, 특히 입말을 사용하거나 덜 공식적인 맥락에서 폭넓게 의사소통할 때 쓰이는 주요 매체이기도 하다. 법률제도는 영어로 되어 있지만, 예를 들어

---

5 Chanda(1996)에 따르면, ZNBC의 다언어 방송 Radio 1에서 지역어로 송출되는 주당 라디오 방송 시간은 벰바어, 통가어 방송 시간이 각 23시간, 냔자어, 로지어 방송 시간이 각 21시간, 카온데어, 루발레어, 룬다어 방송 시간이 각 15시간이다.

지방법원의 절차는 해당 지역의 국어로 진행된다.[6] 또 다른 예로는 지역어나 현지어로 보통 수행되는 경찰 심문을 들 수 있다. 각 언어는 해당 언어가 주로 사용되는 특정 지역에 기반을 둔다. 벰바어는 북부 주, 루아풀라 주, 코퍼벨트 주의 주요 언어로서 정도는 덜하지만 중부 주에서도 주요 언어로 쓰인다. 냔자어는 벰바어, 영어와 함께 동부 주와 루사카 주의 주요 언어이며, 통가어는 남부 주, 로지어는 서부 주에서 각기 주요 언어로 사용된다. 지배언어가 없는 북서부 주에서는 룬다어, 루발레어, 카온데어가 사용된다(지도 참조). 지역을 막론하고 국어는 농촌 지역의 광역 소통언어로 중요한 역할을 수행하지만 도시 지역에서는 영어와 함께 쓰인다. 앞에서 제시된 언어 사용 통계를 살펴보면 농촌 지역보다 도시 지역에서 영어를 더욱 많이 사용하지만, 영어는 지리적 제한 없이 잠비아 전역에서 쓰이므로 잠비아의 주요 교통어는 영어라고 할 수 있다. 한편 벰바어와 냔자어 사용자 대다수는 잠비아 중부, 북부, 동부에 거주하지만 이 두 언어를 의사소통 수단으로 사용하는 사람이 영어 사용자의 수보다 많다(Kashoki 1978: 31 참조).

앞에서 본 바와 같이 잠비아에는 영어와 7개의 국어 외에도 더 많은 언어가 있다. 또한 많은 잠비아 언어가 국어뿐만 아니라 제1언어와 제2언어로 쓰인다. 항상 그렇지는 않지만 통계에 따르면 이러한 언어는 종종 제한된 지역에서 소수의 사용자만 쓰는 경우가 많다. 예를 들어, 국어인 룬다어, 루발레어, 카온데어 사용자보다 툼부카어를 사용하는 사용자가 더 많다. 룬다어, 루발레어, 카온데어가 국어가 된 이유는 북서부 주에서 이 언어들이 지니는 상대적 비중과 관련이 있다. 이와 달리 툼부카어가 쓰이는 동부 주에서는 주로 냔자어를 광역 의사소통 수단으로 사용하

---

6 하급 법원, 상급 법원, 대법원이 관할하는 사법체계에서 지방법원은 최하급 법원이다.

므로 냔자어가 국어로 지정되었다. 앞에서 지적한 바와 같이 대다수 경우 종족 집단과 언어 집단 간의 관계가 복잡하므로 잠비아 언어분포와 상호 작용을 철저히 이해하려면 더 상세한 연구가 필요하다. 그러나 잠비아 대부분의 지역에 복잡한 언어 사용, 다언어, 코드 전환 환경이 있으므로 언어 사용자가 다양한 맥락에서 다양한 언어를 사용한다고 할 수 있다. 예컨대, 언어 사용자는 은셍가어를 모어 및 지역 소통언어로 사용할 수 있지만 냔자어와 영어를 광역 소통 언어로 사용할 수도 있다. 뿐만 아니라 은셍가어 사용자가 코퍼벨트 주에서 직업을 갖는다면 언어 목록에 벰바어를 추가할 가능성이 높으므로 이 경우 사용자는 4개 언어 중에서 한 언어를 선택한다.

이 절에서는 잠비아의 언어와 사용자 수, 언어 사용 등을 다소 상세하게 소개하여 상황의 복잡성과 역동성, 잠비아의 언어 현실에 대한 기술 문제(예컨대, 방언과 언어 사이에서의 변이형의 지위 선택, 언어 사용을 평가하는 데 따른 어려움, 비공식적 맥락에서의 다언어 사용 정도)를 설명했다. 그러나 전반적으로 잠비아의 언어 상황에 대해서는 잘 기술되어 있고 잘 알려져 있다. 오한네시언과 카쇼키(Ohannessian and Kashoki 1978)에 따르면 잠비아에서 쓰는 언어는 30개를 약간 넘는다. 영어는 국가 공용어이며, 공공부문에서 광범하게 사용된다. 그러나 사용자 수 측면에서 잠비아의 7개 국어인 벰바어, 냔자어, 통가어, 로지어, 룬다어, 루발레어, 카온데어가 더 중요한 광역 소통언어로 쓰이며, 특히 제1언어 및 제2언어 사용자 대다수는 벰바어, 냔자어, 통가어, 로지어를 사용한다. 잠비아는 언어적으로 복잡하고 역동적인 국가로 다양한 맥락에서 다양한 역할을 수행하는 다양한 언어가 있으며, 언어가 사회와 국가 정체성 구축과 협상에서 주된 역할을 담당하는 나라이다.

16.3 역사적 배경

현대 잠비아 언어 상황의 많은 양상은 비교적 오랜 기간에 걸쳐 이루어진 역사 발전의 산물이다.[7] 오늘날 잠비아의 언어 분포와 토대는 기원전 300년경 반투어가 잠비아에 처음 들어온 후 오랜 기간 완만한 이주 과정과 언어 교체를 거쳐 마련되었다. 뒤이은 민족이동, 언어접촉, 역내 교역 및 원거리 교역, 식민지배 그리고 1964년의 독립을 거쳐 21세기 언어환경이 만들어졌다. 현재의 언어 상황 대부분 또는 전부를 식민정치의 결과라고 추정하는 경우도 있다. 영어의 도입과 주요 교통어의 하나로 영어가 차지하는 현 지위를 고려할 때 이는 분명한 사실이다. 그러나 이 절에서는 현대 잠비아의 여러 언어 상황 양상이 식민시대 이전까지 거슬러 올라갈 수 있으며, 많은 발전과 변화를 거쳤음에도 현재 상황의 특징을 나타내는 지속적 요소가 있음을 밝힌다. 오늘날 잠비아 언어 상황을 규정하는 특정 다언어 사용 관행에는 유럽인과의 접촉보다 선행하는 역사적 뿌리가 있다. 이는 잠비아가 독립한 이후 완만하게 발전한 국가 정체성과 다언어 사용의 상호관계를 강화하는 주된 배경을 보여 주므로 오늘날 잠비아의 언어 상황을 역사적 관점에 두는 것이 도움이 된다.

16.3.1 언어 상황 전개: 18세기까지의 잠비아

근대에 들어온 유럽어와 인도어, 소수의 코이산어를 제외하면, 오늘날 잠비아에서 사용하는 거의 모든 언어는 반투어 집단에 속한다. 반투어는 서 아프리카의 나이지리아와 카메룬 국경 지방에서 소규모의 이주, 언어접촉, 언어교체 과정을 통해 남쪽과 동쪽으로 확산되기 시작했고, 이후 적

---

7 본문에서 언급한 역사 정보의 주요 출처는 Ehret(1998, 2002), Roberts(1976), Rotberg(1966), Vansina(1990, 1995)이다.

도 북쪽에서 남아프리카 지역에 이르는 동부, 중부, 남부 아프리카에서 쓰이게 되었다(예컨대, Nurse 2006 참조). 고고학 및 언어학적 증거에 따르면 반투어는 점진적인 경제, 사회, 문화, 언어혁신 과정을 거치며 기원 전후 수 세기 동안 철기기술, 농업, 가축과 함께 잠비아에 도달했다. 5세기경부터 새로운 반투어와 함께 신기술과 농작법이 도입되어 북부, 동부, 중부 잠비아에 널리 보급되면서 변화의 시기가 몇 차례 뒤따랐다. 그러나 여러 혁신 중에서도 독특한 도기 문양과 철 제련기술은 잠비아 극서 지방에 미치지 않았다. 이 지역의 문화 지속성 양상은 기원후 5세기로 그 기원이 거슬러 올라간다. 전반적인 현대 잠비아 언어 상황은 이 시기에서 비롯한 것이며, 11~15세기에 이르러 확실히 자리를 잡았다. 이 시기와 뒤이은 시기에 혁신의 주 무대는 북부 지방인 경우가 많았다. 이 지역은 현재의 콩고민주공화국 남동부에 위치하며, 16~17세기에 룬다와 루바 왕국이 잠비아에 강력한 영향력을 행사했던 곳이다. 이 외에 다른 관계도 존재했으나 특히 서부와 남부 이웃 국가를 비롯하여 본격적으로 유의미한 접촉이 이루어진 시기는 18세기 이후부터이다. 유럽인이 중앙아프리카에 도착하기 이전의 지역사회는 각 촌락 너머로 거의 접촉이 없었고, 경제적, 사회적 발전이나 언어적 발전이 비교적 진행되지 않은 소규모 집단으로 구성되었다(예컨대, Wilson 1941: 11; Mulford 1967: 2; Posner 2005: 57 참조). 그러나 발견된 증거에 따르면 위와 같은 묘사는 상당히 부정확할 수 있다. 11~18세기경의 '중세'는 오늘날 잠비아에 해당하는 대부분 지역에서 교역, 중계, 혁신을 누린 시기였다. 북동부 지역에서는 삼림지를 태워 그 재를 비료로 이용하는 치테메네(citemene) 농법을 통해 수수재배를 확장하여 일대 혁신이 일어났다. 체체파리가 없는 남부 지방에서는 소를 기르기 시작했다. 교역에서는 소금, 철, 구리가 거래되었다. 철과 철기는 일반적으로 농업 및 식량 생산에 사용하는 도구로 유용했지만, 경도가 낮아 특정한 용도가 없었던 구리는 장식고리, 십자가, 팔찌 형태의 장신구로 거래되었다. 소금, 철, 구리는 고고학 기록에 따르면 국지적으로 쓰인 양보다 더 많이 생산되는 것이 대부분이었다. 생산 중심지에서 멀리 떨어진 곳에서 생산품이 발견되어 교역망이 어느 정도 조직되어 있었다는 사실을 알 수 있다. 예를 들어, 5세기 이후 구리 채광이 시작된 솔웨지(Solwezi) 근처 칸산시(Kansanshi) 광산이 속했던 교역망은 오늘날 콩고민주공화국 남부 지방의 염전과 900년대 이후 잠비아 북서부 지방 및 앙골라 동부 지방에 거주한 르웨나(Lwena) 및 은뎀부(Ndembu) 공동체와 관련이 있는 것으로 보인다(Vansina 2003). 지방 및 지역 간 접촉은 재화뿐만 아니라 새로운 개념과 발상을 교환하게 하여 별개의 전통이 출현한 넓은 지역의 사람들을 연결했다. 예를 들어, 고고학자들은 루앙과(Luangwa), 룽궤붕구(Lungwebungu), 통가 디아스포라(Tonga Diaspora)라고 하는 세 가지 주요 전통으로 도기문양을 분류하는데, 이들 전통은 각기 현재 잠비아의 북동부, 중부, 남부 지방에 해당한다. 이와 마찬가지로 오늘날 다양한 지역의 음악 전통을 북부 지방의 초궤(Cokwe)/룬다(Lunda)/루바(Luba)/벰바(Bemba) 벨트 음악으로 분류할 수 있다. 위 음악은 잠비아 나머지 대부분의 지역에서 사용되는 4화음 대신 3화음을 사용한다(Baird 2004). 이 음악 전통은 현대 문화권을 크게 아울러 식민지 시대 이전의 접촉을 반영하는 것으로 보인다. 이처럼 광범한 문화 유사성을 지닌 넓은 지역에 걸쳐 나타나는 교역과 문화전통은 고립된 정태적 공동체에서는 생겨날 수 없다. 한편 이는 많은 사람의 삶에서 변화와 혁신이 계속 진행되었으며, 다양한 공동체와 다양한 언어 사용자 사이에 활발한 교환과 접촉이 있었음을 뜻한다. 이와 더불어 지난 2,000년간 중앙아프리카 사회의 상호성을 입증하는 가장 설득력 있는 증거는 대부분 비교언어학에서 나온 것이다. 다양한 언어 사용자 집단이 상대적으로 고립된 채 거주하면 언어의 필연적인 변화 속성 때문에 시간이 흐르면서 그들이 사용하는 말이 달라지고 결국에는 다른 언어로 발전한다. 역사언어학자들은 이를 분기(divergence) 효과라고 한다. 반면 시간이 흐르는 동안 언어가 어떤 측면에서 유사해지면 수렴(convergence) 효과가 발생한다. 언어는 무수한 방식으로 변화할 수 있고 또 그렇게 변화하므로 언어 사용자 간의 접촉만이 수렴 효과를 설명할 수 있다. 잠비아의 반투어는 모두 같은 계통의 언어이므로 어느 정도는 유사한 면이 있다. 하지만 약 2,000년 전 잠비아에 들어온 초기 반투어 사용자 다수가 고립된 채 머물렀다면 언어 분기가 발생하여 그들이 사용했던 말이 수많은 서로 다른 언어로 꽤 확연하게 갈라져 나갔을 것이라고 예상할 수 있다. 그러나 대규모 반투어 비교연구(Bastin et al. 1999)에서 내린 결론에 따르면, 반투 지역을 전체적으로 특징짓는 것은 지역적 혁신의 교차(분기)와 접촉에 따른 혁신의 전파(수렴)이다. 이 사실은 반투 지역의 중심에 있는 잠비아 반투어에도 들어맞으며, 16.2절에서 논의한 바와 같이 실제로 잠비아의 방언과 언어의 경계 구분이 왜 그토록 어려운지에 대한 이유이기도 하다. 그러므로 식민지시대 이전의 잠비아는, 예를 들어 북부 지방의 벰바나 서부 지방의 루야나(Luyana)처럼 문화 및 언어적으로 상당히 균질적인 사회발전을 이룩했을 것이다. 일부 사회는 이웃과 거의 접촉하지 않았을 수 있다. 일반적으로 19세기 이전의 많은 잠비아인은 한 가지 이상의 방법(예컨대, 교역, 혼인 또는 이주)으로 그들이 직접 맞닿은 문화권과 언어권 외부의 민족과 상호 영향을 주고받았던 것으로 보인다. 다음 절에서 다시 검토하겠지만 잠비아 언어 상황의 많은 주요 양상은 분명히 근래 역사에서 비롯했다. 그러나 오늘날 언어 분포의 토대와 언어접촉 관행은 그것 자체가 다언어 사용의 한 형태로, 지난 2,000년 동안 점진적인 확산을 통해 확립된 것으로 볼 수 있다.

16.3.2 근래의 변화와 이주: 18세기부터 1964년까지

18세기 이후부터 남부 지방의 주민 이동과 상아, 노예, 총포 등의 국제교역, 식민주의 및 산업화를 통해 잠비아인과 외부인의 접촉이 급격히 증가했다. 소토어(Sotho)에 속한 언어이자 로지어라고 알려지게 된 콜롤로어(Kololo), 응구니어군, 영어가 3대 주요 언어가 되어 언어 무대를 주도했다. 한편 기존의 언어 사용 양상은 새로운 형태의 교육과 노동운동을 통하면서 변화했다.

해안에서 멀리 떨어진 지역에서 식민지 건설 활동이 증가하고, 교역로와 신대륙의 대규모 농장에서 금, 상아, 노동력을 찾는 국제 수요가 증가했다. 이로 인해 잠비아는 국제교역에 관여했고, 많은 잠비아인이 공인된 전통과 유럽의 통제를 벗어나 있던 유럽인과 지역 '상인'이 초래한 노예제와 강제노동, 그리고 점증하는 폭력과 사회 불안정으로 고통을 받았다. 주요 교역과 접촉 경로는 북부의 옛 스와힐리 교역로를 따라 동아프리카 해안에서 출발하여 남부에서는 당시 포르투갈 영토인 모잠비크를 통했으며, 서부에서는 앙골라의 포르투갈 상인으로 이어졌다. 이 기간 동안 경제와 정치가 크게 변화하고, 많은 사람이 고통을 겪기는 했지만 더 지속적인 영향이 나타난 것은 후에 남부 지역과의 접촉이 이루어지면서부터였다.

19세기 초반 줄루(Zulu) 민족주의가 멀리 떨어진 북쪽 국가까지 번지면서 남아프리카에 투쟁의 시대가 도래했다. 줄루어로 '분쇄, 분산'을 일컫는 음페짜네(mfecane)의 여파로 남부 아프리카의 응구니어(Nguni)와 소토어 사용 집단이 원래 살던 남부의 고향을 떠나 북부 지역으로 피난했고, 그곳 사람들 사이에 정착했다. 잠비아에서는 응고니(Ngoni)로 알려진 추방된 응구니 전사 집단이 동부 주와 말라위로 이동했다. 한편 서쪽에서는 소토어 사용 집단인 콜롤로인(Kololo)이 루이(Luyi) 왕국을 정복하고 루이 왕국의 언어 정체성을 변화시켰다. 1840년대 이후 다양한 응고니 집단이 잠비아 남동부 지역에 들어왔다. 이들은 본래 새로운 지역을 정복하려는 줄루 군대에 쫓겨 후퇴하던 게릴라 전사 집단이었다. 응고니 집단은 이질적인 언어와 문화로 조직되었기 때문에 피정복 민족을 자신들이 발전시킨 정교한 군체제로 흡수하는 것은 상대적으로 어렵지 않았다. 몇 차례의 부침을 겪은 후 응고니 집단은 동부 주에 살던 체와인(Chewa), 은셍가인, 툼부카인 사이에 정착하여 이들 집단의 언어를 수용했다. 이를테면 음악, 운문, 의식을 비롯하여 다수의 응고니 집단의 관습과 문화전통을 현대 잠비아에서 쉽게 찾아볼 수 있고, 이것이 응고니인의 정체성을 유지하는 데 도움이 된 경우가 많지만, 오늘날 응구니어는 잠비아에서 실제 사용되지는 않는다.

비슷한 시기에 서부 잠비아에서는 거의 상반되는 사례가 발생했다. 같은 음페짜네 피해자로 소토어를 사용하는 콜롤로인이 오늘날의 보츠와나와 잠비아 국경 지점인 카중굴라(Kazungula)에서 잠베지 강을 건넜다. 콜롤로인은 그 무렵 정치 및 행정 구조가 잘 정립되어 있던 루이 왕국을 정복했다. 콜롤로인의 지배는 1860년대에 끝났지만 그들의 언어는 그대로 유지되어 오늘날의 로지어(루이를 일컫는 콜롤로 용어)는 소토어와 매우 유사하다. 반면 루이어는 의례상의 언어로만 사용된다(Gowlett 1989).

남부 지방에서 미친 세 번째 영향으로 영어가 무대에 등장한다. 식민지 확대론자의 이해관계에 따라 1890년에 로즈(Rhodes)의 영국 남아프리카회사(British South Africa Company)는 다른 유럽인이 자리를 잡는 것을 미연에 방지하기 위해 북로디지아(Northern Rhodesia) 지역을 장악했다. 1924년 이후 독립할 때까지 영국 정부는 북로디지아를 식민지로 경영했고, 북로디지아는 로디지아 냐살란드연방(Federation of Rhodesia and Nyasaland)의 일부로서 1953~1963년에 북로디지아와 남로디지아(현재의 짐바브웨), 냐살란드(현재의 말라위)를 구성했다. 영국의 지배는 전체적으로 암울한 사건이었다. 영국은 처음에 주로 전략적 이점을 차지하기 위해 잠비아 영토를 점령했지만 이후 값싼 노동력의 보고로 지역을 착취하고, 1930년대에 대규모 채굴이 시작된 구리광산에서 이득을 취하는 쪽으로 역점을 옮겼다. 이 시기 대부분은 돈을 챙겨 달아나는 일이 비일비재했던 것으로 보이며, 구리 채굴과 판매에서 나오는 이익 배당금에 비해 공공복지, 교육, 기간시설 투자는 극히 적었다. 1920년대까지, 그리고 그 이후에도 교육은 이 지역에서 활동하던 다양한 선교관과 18개 선교회의 전초 지부가 거의 대부분을 담당했다(Küster 1999). 선교는 아프리카 언어 발전에 큰 영향을 미쳤다. 선교회에서 설립한 학교의 교육매체로 아프리카 언어를 사용하고 성경 번역과 초기 기록문학에 문자언어를 도입함으로써 현대 잠비아에서 교통어가 성장하도록 이끈 것은 부분적으로 선교활동에서 기인한 것이다. 이러한 활동은 영어가 더 나은 직업을 구할 수 있는 기회를 주었기 때문에 이를 선호했던 학생들의 소망에 때에 따라서는 반하는 것이기도 했다(Carmody 2004). 이전에는 벰바어, 냔자어, 로지어, 통가어를 광역 소통 언어로 사용했지만 이제 이 언어들은 새로운 정규 교육체계에서도 널리 쓰였다. 반대로 북서부 지방에서는 선교활동이 두드러지지 않았으며 현대적 교육도 이루어지지 않았다. 이는 이 지역에서 널리 쓰이는 교통어가 부재하게 된 원인이 되었다(Posner 2005). 식민 지배가 미친 두 번째 영향은 대규모의 노동운동과 도시화 현상이 나타난 점이었다. 1930년대 이후 많은 잠비아인이 임금 노동자가 되기 위해 남로디지아와 남아프리카공화국의 국경 남쪽으로 이동해야 했다. 이와 달리 코퍼벨트 주에서는 구리 생산이 증가하여 많은 노동력이 필요했다. 코퍼벨트 주 광산 노동자가 대부분 북부 주의 벰바어 사용자였던 것은 회사정책이 부분적으로 작용한 결과였다. 이에 따라 벰바어는 광산의 교통어로 자리를 잡았고, 종종 '도시 벰바어(Town Bemba)'라고 불리는 독특한 변이형이 발전하기도 했다. 이는 코퍼벨트 주의 다언어 상황에서 고도의 언어접촉이 이루어졌음을 보여 준다(Spitulnik 1998 참조). 마지막으로 정치, 행정, 비즈니스 언어로 영어가 도입된 것도 물론 식민지의 유산이다. 잠비아의 백인 정착민 수가 남아프리카공화국이나 이웃 짐바브웨만큼 많지는 않았지만 그래도 독립 전후로 영어 사용자는 많이 있었다. 그중 일부는 농부였지만 대부분은 정부, 행정, 보건 및 교육 분야에 종사했다. 아프리카인은 학교에서 영어를 배웠는데, 학교에서는 영어가 현지어에 버금가게 널리 쓰였다. 영어를 배운 아프리카인은 그로 인해 보수가 더 좋은 직업을 구할 수 있었으므로 높은 사회적 지위를 누릴 수 있었다. 이들은 처음에는 주로 교사로 일을 했으며, 이후 식민시대 말에 다양한 사무직이 아프리카인에게 개방되면서 상점과 사무실에서도 일을 할 수 있었다. 그러나 영어가 교통어로 크게 성장한 것은 잠비아가 독립한 이후부터였다.

20세기에는 영국 식민통치에 대한 저항이 계속 거세졌다. 서로 밀접한 관련이 있는 세 가지 목표(모든 잠비아인의 전면적인 정치 과정 참여, 국민을 위한 국가 자원의 사용, 남로디지아의 식민 권력과 인종주의적인 백인 정권으로부터의 자치권 획득)가 저항을 주도했다. 코퍼벨트 주에서는 경제 참여를 요구하는 목소리가 두드러졌는데, 1935년에 벌어진 광산 노동자의 집단파업을 잠비아 국가 정체성의 초기 선례로 들 수 있다. 파업 중인 노동자는 광산회사가 지정한 이른바 부족 연장자를 통한 협상을 명백히 거부했다. 회사가 이들을 지정한 것은 부족 정체성을 인위적으로 만들어서 날조하려는 교활한 식민전략의 일환으로, 서로 다른 종족 사이에 정치의식이 고취되지 못하도록 방해하기 위한 것이었다. 광산 노동자는 서로 다른 광산 간의 효과적인 의사소통과 조직화 수단으로 백인 관리자가 '무해'하다고 여긴 전통적인 음베니(Mbeni) 무용단을 활용했다. 또한 이들은 코퍼벨트에서 의사소통에 널리 쓰이는 아프리카 언어인 벰바어를 사용해 자신들의 목적을 상세히 알리는 메시지도 게시했는데, 행정 당국에서는 이를 번역할 수밖에 없었다(Matongo 1992). 그러나 궁극적으로 독립운동을 이끈 주된 원동력은 1953~1963년에 걸쳐 지속된 '백인' 남부 주와의 연합이었다. 북로디지아 식민지에서 아프리카인의 이해관계는 특별히 높이 평가되지 않았지만, 당시에 많은 잠비아인은 북부 지역의 정세가 남부 지역보다 낫다고 생각했다. 북부의 광산 노동자는 더 뛰어난 정치조직을 가지고 있었으며, 1960년도에 북부 지역 광산 노동자의 임금은 남부 지역 노동자 임금의 약 2배에 달했다. 구리산업이 호황을 누렸고, 식민지 맥락에서 이해하는 한 인종 간의 관계도 나쁘지 않았다. 국경 남부 지방에서 적극적으로 모방하던 남아프리카공화국의 새로운 아파르트헤이트 정권 치하보다는 분명히 나은 상황이었다. 북로디지아에는 통행법(pass law)이 없었고, 식민 당국이 임명한 아프리카인 사무대표를 통해 의회에서 아프리카인을 대표할 수 있었다. 게다가 북부 지방이 연방예산에서 지출된 금액보다 더 많은 액수를 연방예산에 납입하고 있다는 것이 순식간에 밝혀졌다. 1963년에 북로디지아는 9,700만 파운드의 순손실을 입었고, 2억 6,000만 파운드의 광산 수익이 런던, 솔즈베리, 요하네스버그 등지로 유출되었다. 한편 이 자금 중 극히 일부만이 국내로 유입되었다. 이로 인해 잠비아 흑인과 백인(또는 적어도 새로 독립한 잠비아에 동질감을 느낀 사람들) 사이에 정치적 동맹을 맺었다는 점이 이 상황의 긍정적인 측면이다. 분노한 흑인과 자신의 국가를 팔아넘기는 데 분개한 백인은 독립 이후에 신뢰할 수 있는 비인종차별주의 정책이 성공적으로 실행되도록 이끌었다.

독립이 임박했던 당시 잠비아는 약 2세기 동안 격동적인 사건을 겪었고 국가의 많은 부분이 바뀌었다. 구리광산은 산업화되어 소득의 주요 원천이 되었다. 남부의 리빙스턴과 북부의 루사카 및 코퍼벨트 주를 연결하는 '철도'는 사회지리적으로 중요한 기능을 수행하였고, 잠비아는 남부 아프리카에서 가장 도시화된 국가의 하나가 되었다. 남부 지역과 유럽에서 유입된 이주민과 남로디지아, 남아프리카공화국, 콩고민주공화국, 탄자니아로 향하는 잠비아인 노동자 이주로 인해 잠비아인은 새로운 민족, 새로운 발상, 새로운 생활방식과 접촉했다. 교육도 전래의 비정규적인 사회화 및 훈육 방식에서 정규적인 학교교육으로 양상이 바뀌었고, 기독교가 주요 종교가 되었다. 영어는 상업, 정부, 행정에서 쓰는 주요 언어로 자리를 잡았다. 이 모든 새로운 발전과 변화 때문에 그 안에 있는 넓은 의미의 지속성을 자칫 놓칠 수도 있다. 그러나 극적으로 변한 것은 많지 않았다. 산업화시대 이전의 규모임을 감안하더라도 구리는 1,000년 이상 채굴되어 왔다. 때에 따라서는 20세기에 현대적 광산이 세워진 곳과 같은 지점에서 구리가 채굴된 경우도 있었다. 더 중요한 것은 어쩌면 대부분의 잠비아인이 수 세기간 그 지역에 거주해 왔다는 사실일 것이다. 식민행정관과 인류학자들은 이해관계와 편견에 따라 종종 부족장과 부족 조직을 인위적으로 만들고, 달리 해석하기도 했다. 한편 많은 잠비아인은 유럽인과의 접촉 이전에 부족으로 파악되었는데, 벰바와 로지(당시 루이) 같은 집단에는 족장과 대족장[벰바족의 **치티무쿨루**(Chitimukulu)]이나 왕[로지족의 **리퉁가**(Litunga)]에게 충성을 맹세하는 다층 구조가 있었다. 이는 북부 지방의 루바 왕국과 룬다 왕국의 정치제도에서 도입된 것이었다. 사실 국제교역은 유럽인과의 접촉과 서구의 시장원리를 통해서 비로소 시작되었으나, 역내 교역은 수 세기 동안 잘 발달된 교역로와 저명한 상인을 통해 이미 확립되어 있었다. 식민지시대 이전의 잠비아 언어 사용에 관해서는 상대적으로 알려진 바가 거의 없지만 다양한 형태의 사회조직, 여러 정체성을 지닌 다양한 종족 집단, 교역과 기타 요인을 통한 접촉, 넓은 지역에 걸쳐 문화적 유사성이 있었다는 점을 고려해 볼 때 잠비아의 다언어 사용 양식에는 오랜 전통이 있다고 볼 수 있다. 또한 유럽인과의 접촉이 초래한 언어변화, 즉 영어의 도입과 교통어로서 아프리카 언어의 발전도 다양한 맥락에서 다양한 언어를 사용하는 기존 체계에 흡수된 것으로 보인다.

16.3.3 오늘날의 잠비아: 1964년부터 현재까지

잠비아공화국은 1964년 10월 24일에 공식적으로 건국되었다. 독립기념행사는 루사카의 새로 건립된 독립기념경기장(Independence Stadium)에서 열렸는데, 여기에는 물러나는 식민권력에 해당하는 영국의 왕녀와 마지막 총독인 에블린 혼(Evelyn Hone) 그리고 새로운 대통령인 케네스 카운다(Kenneth Kaunda)와 시몬 카프웨프웨(Simon Kapwepwe) 부통령 등의 신구 정치지도자가 대거 참석했다. 독립 절차는 원만하게 진행되었다. 20세기 초의 회사의 지배와 비교할 때 식민 당국은 해악의 정도가 덜했으며, 비록 약하기는 했으나 연방정부에 대한 잠비아의 투쟁과 이후의 독립운동도 지원했다. 독립운동은 주로 **차차차**(cha-cha-cha) 운동이라고 하는 비폭력적인 시민 불복종 운동으로 전개되었으며, 중심 정당인 카운다의 통일민족독립당(United National Independence Party: UNIP)은 비인종적이고 비종족적인 커다란 플랫폼을 구축하려고 노력했다. 또한 독립운동에 원동력이 된 두 가지 주된 원인인 구리 수익의 통제 및 분배와 연방정부에 대한 투쟁이 새 공화국 초기에 효과적인 역할을 했다. 구리 수익을 증대하고 여기에서 창출된 자금으로 모든 잠비아인을 위한 일자리, 교육, 의료 서비스, 주택, 높은 생활수준을 제공하는 것이 국내 정책의 주목적이었다면, 남부 아프리카에서의 식민주의와 백인 지배를 종식하려는 분투가 외교정책을 결정했다. 독립 당시에 잠비아는 포르투갈 식민지인 앙골라와 모잠비크, 남아프리카공화국이 점령한 나미비아, 1965년에 일방적으로 독립을 선언한 이후 소수 백인 정권하에서 로디지아가 되어 비우호적 국가에서 명백한 적대적 국가로 변한 남로디지아 등 4개의 비우호적인 이웃국가를 두고 있었다. 당시 외부 세계와의 모든 교역관계는 사실상 로디지아를 통해 이루어졌으므로 잠비아는 독립 이후 처음 몇 해 동안 석유, 기계, 대부분의 다른 상품을 수입하는 새로운 방법과 생동(生銅) 수출 방법을 찾기 위해 구조개혁 계획을 구상했다. 특히 수출 방법과 관련해서는 탄자니아의 다르에스살람과 앙골라의 로비토(Lobito)행 벵겔라(Benguela) 철도로 향하는 교통 기반 시설의 개선과 항공로에 관한 계획이 포함되었다. 정치적으로 잠비아는 탄자니아와 함께 가장 적극적인 '전선(frontline)' 국가가 되어 아프리카 대륙의 완전 해방을 지지했다. 남부 아프리카에서 독립운동에 참여한 다수의 정치인이 특정 시기에 루사카를 거쳤고, 또 여러 정치인이 수년간 그곳에 머물렀다. 또한 남아프리카공화국의 ANC를 비롯하여 다수의 독립 단체가 잠비아에 사무실을 두고 있었다. 짐바브웨, 모잠비크, 앙골라, 나미비아, 남아프리카공화국이 궁극적으로 해방되도록 지지한 잠비아의 역할은 지역사에서 중요한 부분을 차지한다(예컨대, Mbeki 2004 참조).

이와 같이 잠비아의 국가 정체성은 기본적으로 특히 외교정책을 비롯한 경제 및 정치 노선을 따라 형성되었다. 또한 공화국 초기는 케네스 카운다라는 통합형 인물과 '아프리카 휴머니즘'으로 대변되는 그의 국가 철학과 밀접한 관련이 있다. 아프리카 휴머니즘은 기독교에 입각한 여러 윤리 원칙을 구현한 것으로, 이웃 탄자니아의 우자마(ujamaa) 정책보다 정치적 의의가 크지는 않았다. 그러나 이처럼 국가 정체성에 강점이 있음에도 '부족주의'와 분리주의 경향이 신생 국가인 잠비아에게 위협으로 간주되었고, '국가 정체성' 확립이 막중한 과업이 되었다. 잠비아가 독립 이후 채택한 국시는 '하나의 잠비아, 하나의 국민'이었다. 이는 다양한 잠비아인을 통합하는 데 도움이 될 것이라는 관점에 따라 영어가 잠비아의 국어와 공용어가 되었다는 배경에 어긋난다. 반면에 아프리카 언어는 파벌주의와 부족주의를 촉진하는 것으로 간주되었다. 따라서 '하나의 잠비아, 하나의 국민, 하나의 언어'는 당시로서는 국시를 적절하게 확장한 것이라고 할 수 있다. 영어 또한 국내 및 국제 의사소통에 모두 사용할 수 있는 유일한 수단을 제공하는 것으로 여겨졌다. 이는 아프리카 언어와 아프리카 문화가 근본적으로 발전이 없고, 퇴보적이며, 고립된 채로 부족 정체성과 연결되어 있으므로 광역 의사소통이나 친근한 언어로 기능할 수 없다는 가정에 입각한 식민주의 관점이었다. 그러나 이는 앞에서 본 바와 같이 사실과 명백히 다르다(Kashoki 1990 참조).

부족주의에 대한 우려는 다당제 민주주의가 끝나고 잠비아가 '일당제 참여 민주주의' 국가가 된 1972/1973년의 '제2공화국' 수립에도 일정 부분 영향을 미쳤다. 이러한 움직임은 카운다가 부족에 기반을 둔 것으로 간주한 두 야당인 남부 주의 일라인 및 통가인과 관련이 있는 아프리카민족회의(ANC)와 카프웨프웨 전 부통령 주도하의 벰바인 정당인 통합진보당(UNIP)이 입지를 굳히고 선거에 승리하면서 촉발되었다. 이로 말미암아 카운다 정권 아래의 집권당인 UNIP의 세력이 효과적으로 강화되어 유권자가 UNIP와 카운다를 감시할 수 없게 되었다. 부족주의에 대한 혐의가 실제로 사실이건, 2개의 야당을 지역에 기반을 둔 것으로 똑같이 간주할 수 있건 간에, 그 어떤 경우도 이처럼 정당 폐지를 정당화하는 것과는 별개의 문제이다(예컨대, Meyns 1995 참조). 여하간 UNIP는 유일정당이 되었고, 카운다는 종족적으로 어느 정도 '균형 잡힌' 정부를 모색했다(Posner 2005). 제2공화국 시기에 잠비아의 상황은 악화되었다. UNIP와 대통령만이 정치 결정을 내릴 수 있었고, 공직은 사회의 이익을 대변하기보다 주로 돈벌이가 되는 경력을 쌓는 방법으로 여겨졌다. 이러는 동안에 경제는 교착 상태에 빠지고, 물가가 폭등했으며, 1980년대 말에는 약 70억 달러에 달할 만큼 외채가 급증하여 많은 잠비아인이 실직하고 경제적 어려움을 겪는 지경에 이르렀다. 동유럽의 급격한 정치 변화와 더불어 닥친 정치와 경제에 대한 불만은 체제 변화 요구에 충분한 동기를 부여했고, 약간의 소요를 겪은 후 1991년 10월 31일에 제3공화국 최초의 다당제 선거가 열렸다. 이 선거에서 카운다는 UNIP의 대통령 후보로 출마했으나 낙마했고, 잠비아 노동조합 대표회의의 전직 의장인 프레드릭 칠루바(Frederick Chiluba)의 주도하에 '때가 왔다(The Hour has Come)'라는 구호로 캠페인을 벌인 다당민주주의운동(Movement for Multiparty Democracy, MMD)이 정권을 잡았다. 카운다의 업적에 대해서는 이견이 있을 수 있지만, 대통령으로서 권력을 누렸음에도 선거에서 낙선한 후 품위 있게 사임했다는 점은 아프리카 정치에서 주목할 만하다. 이는 카운다가 2000년대에 원로 정치인으로 부흥을 맞이하는 데 분명 도움이 되었다.

칠루바의 주요 사안은 경제개혁이었다. 그는 격한 시위가 벌어지는 가운데 민영화와 경제 자유화를 단행했는데, 이에 대해 공과를 판단하기에는 아직 이른 것으로 보인다. 칠루바는 1996년에 재선에 성공했고, 2002년에 MMD의 대통령 후보로 출마한 레비 므와나와사(Levy Mwanawasa) 전 부통령이 그의 후임으로 대통령이 되었다. 21세기 초반 독립 이후 40년의 시간을 회고해 보면 잠비아는 큰 폭동, 전쟁이나 소요 사태를 겪지 않고 전반적으로 평화롭게 발전을 이룩했다. 이는 독립 이후 국가가 직면했던 여러 어려운 상황에 비추어 볼 때 대단히 괄목할 만하다. 또한 오늘날 잠비아의 모든 이웃 국가에서는 식민주의가 종식되었고, 남부 아프리카에는 민주적이고 평화적인 미래에 대한 염원이 존재한다. 경제적으로도 희망이 보인다. 잠비아는 2005년 세계은행이 실시하는 과다채무빈국계획(Heavily Indebted Poor Countries Initiative)의 전면 부채탕감 자격을 보유해 더 많은 자원을 인적 개발에 투자할 수 있었다. 그러나 지난 수십 년간 취학률 및 진학, 보건을 비롯한 여러 공공생활 영역이 쇠퇴했으므로 1970년대의 수준을 다시 회복하려면 시간이 다소 소요될 것이다. 현재 잠비아 복지를 크게 위협하는 요인 중의 하나는 '국가의 사회 및 경제 성장의 모든 측면에 영향을 미쳐 공공 부문을 약화하고 장기적인 국가 발전을 위협하는(WHO 2005)' HIV/AIDS의 유행이다.

16.4 언어와 정체성을 둘러싼 오늘날의 문제

앞의 절에서 살펴본 바와 같이 잠비아의 국가 정체성은 다른 무엇보다도 외교와 국내 정책, 그리고 새 대통령 카운다와의 공감을 통한 정치적 차원에서 확립되었다. 아프리카 언어는, 예컨대 1930년대 광산 노동자 파업과 1940년대 말 이후 아프리카 언어로 송출된 라디오 방송 등 독립으로 이어진 일부 정치 운동에서 역할을 담당하기는 했지만 그 정도는 매우 미미했다(Roberts 1976: 210). 반면에 잠비아에서 정치 및 공적 담론을 나누는 주된 언어는 영어가 되었다. (예컨대, 탄자니아의 스와힐리어와는 대조적으로) 잠비아에서는 아프리카 언어가 국민통합에 중요한 역할을 하지 않았기 때문에 잠비아 언어의 역할에 대한 국가적 논란이 곧 뒤따랐다. 앞에서 언급한 바와 같이 영어는 공용어가 되어 국민통합 수단으로 활용할 수 있는 유일한 '비부족(non-tribal)' 대안으로 여겨졌는데, 이는 식민시대 이후의 여러 아프리카 언어정책에서 단골로 제기된 논점이기도 하다. 영어는 또한 사회 위세를 나타내는 언어가 되었고, 현대화와 국제적인 의사소통에 접근할 수 있는 권리와 결부되었다. 그러나 이와 같은 언어정책을 비판하는 사람이 없는 것은 아니었다. 특히 잠비아의 언어학자 무방가 카쇼키(Mubanga Kashoki)는 주로 1970년대의 여러 논문과 집대성해서 출판한 책(Kashoki 1990)에서 이와 같은 접근방식에 문제가 많다고 지적했다. 카쇼키는 모든 언어가 역동적 체계이며, 아프리카 언어도 영어 못지않게 현대성과 결부될 수 있다고 주장한다. 영어가 주요 국제어라는 점은 사실이지만 그는 국어의 주된 기능이 국내 의사소통이어야 하며, 국제 의사소통에 대한 수요는 여러 유럽국가와 마찬가지로 영어를 제2언어로 사용함으로써 충족할 수 있다고 지적한다. 그는 또한 국내 의사소통의 관점에서 볼 때, 특히 광역 소통언어로 확실히 자리를 잡은 벰바어와 냔자어와 같은 아프리카 언어가 더 널리 이해될 수 있으므로 의사소통 기능을 더 잘 수행한다고 주장한다. 마지막으로 카쇼키는 영어가 특정한 의미에서만, 즉 어떠한 종족 집단과도 관련되지 않을 때 중립적이라고 지적한다. 예컨대, 교육 분야에서 유일한 매체로 사용되는 경우 영어는 중립적이지 않으며, 도시에서 교육을 받은 부유한 부모의 자녀 등 이미 가정에서 영어를 사용하는 아동에게는 오히려 영어가 유리하게 작용한다는 것이다. 카쇼키는 영어의 실익에 대한 주장에 의문을 던지면서 언어, 특히 하나의 언어가 국가 정체성에서 역할을 담당해야 하는지 묻는다. 잠비아의 국가 정체성이 정치적으로 확립되었으므로 잘 알려진 유럽의 '하나의 언어, 하나의 국가' 주장은 조금은 다르게 적용된다. (다소 단순하게 말하면) 많은 서유럽 국가에서는 하나의 언어를 사용하는 것이 국민 국가를 정의하는 데 중요했지만, 잠비아 국민 국가는 사전에 언어가 통합되지 않은 채 정의되었다. 따라서 잠비아의 국가 건설에서는 언어, 특히 하나의 언어가 유럽에서 흔히 그랬던 것과는 달리 통합하는 역할을 수행하지 못했다. 이러한 관점에서 국가는 여러 언어가 사용되는 실현 가능한 정치 단위이며, 다언어 사용 양식이 국가 정체성을 조성한다고 주장할 수 있다. 따라서 카쇼키는 잠비아 언어를 개발해야 하며, 국가 건설과 국가 정체성을 형성하는 데 잠비아 언어를 충분하게 사용해야 한다고 결론짓는다. 돌이켜 보면 카쇼키의 견해는 여러 가지 측면에서 1990년대 이후 잠비아에서 전개된 언어 역할 논쟁의 전조로 볼 수 있다.

16.4.1 잠비아 언어에 대한 인식의 전환

언어에 대한 인식, 특히 잠비아의 언어에 대한 인식은 제3공화국이 출범한 이후 변화를 겪어 왔다. 언어 문제에 대한 학문적 관심이 드높아졌고, 보기 좋게 포장된 잠비아 언어에 대한 문법개요서를 루사카의 고급 쇼핑몰 서점에서 찾아볼 수 있다. 영어 연설이 전형이었던 약 20년 전과는 달리 이제 정부 관료는 현지어와 때로는 지역어를 사용하여 청중에게 연설한다. 아직 법률에는 변화가 없지만, 카쇼키는 최근의 논문(Kashoki 2003)에서 제정법이 국가의 언어 다양성을 인정하고 헌법에 준거한 법규를 통해 언어권을 허용해야 한다고 주장한다. 그의 주장은 남아프리카공화국과 짐바브웨와 관련하여 제기된 것이었지만, 잠비아에도 동일하게 적용할 수 있을 것이다. 여론은 잠비아의 언어 유산과 다양성을 더 인정하는 데 확실히 호의적인 것으로 보인다. 이러한 동향에는 여러 가지 이유가 있다. 이는 보편적, 지역적, 국제적 동향의 일부로, 예를 들어 남아프리카공화국에서 이루어진 관련된 논의와 매우 유사하다. 이 동향은 제2공화국에서 제3공화국 사이에 이루어진 변화와 MMD가 표방하는 '하나'에 대립되는 '다수'로서의 다원성 철학, 그리고 좀 더 광범하게 중앙집권적 사회 형태를 종식하는 것과 관련이 있다. 이는 또한 국가 정체성의 의미를 새롭게 정립하는 데 대한 응답으로 볼 수 있다. 카운다의 대통령직 수행, 전선 국가로서의 지위, 국유화와 산업화를 통한 경제발전 등으로 만들어진 잠비아 국가 정체성의 토대는 1990년대에 그 자취를 감추었다. 이러한 기존 토대는 이제 새롭고 오래된, 지역적 기준으로는 정말 오랜 전통인 상대적 안정성, 법치, 민주주의 등이 대체하고 있다. 민주적 언어 권리는 이와 같은 일체감을 새롭게 표현하는 데 잘 어울린다. 이에 대해 포스너는 다음과 같이 특별한 해석을 내놓았다(Posner 2005). 그에 따르면, 잠비아에서 언어 정체성에 대한 관심이 증가한 것은 제2공화국에서 제3공화국으로 정치의 기본 원칙이 변화한 것과 유권자가 기본적으로 자신들의 부족이나 언어 집단 출신의 누군가가 정치권력을 갖게 되면 자신들이 혜택을 입을 수 있을 것이라고 생각하는 것과 관련이 있다. 제2공화국에서는 선거가 지역에서 치러져 UNIP의 다양한 지역후보를 고를 수 있었고, 부족 노선을 따라 정치 연합체가 형성되었다. 따라서 모든 후보자가 규모가 더 큰 동일 언어 집단에 속하는 경우가 많았다. 그러나 다당제 선거에서 국민의 과반수를 어느 정도 차지하려면 정치 연합체 규모가 상당히 커야 했지만, 이를 달성하기에는 각 부족 정체의 규모가 너무 작았다. 그러므로 제3공화국에서 유권자가 부족 집단이 아니라 같은 언어를 사용하는 집단과 동맹을 맺었다. 한 가지 덧붙이자면 부족 정체성은 정치적인 것과는 대조적으로 문화적인 면에서 여전히 중요하다. 다언어 사용에 대한 인식이 높아진 것처럼 부족 정체성도 지난 10년간 더욱 중요해졌는데, 이는 좀 더 다원적 사회를 향한 조류를 반영한다. 이와 같은 다양한 주장의 요지는 모두 언어에 대한 관점의 변화가 정체성에 대한 대중 인식의 폭넓은 변화에 포함된다는 사실을 보여 준다.

16.4.2   다언어 사용

현 논의의 골자 중 하나는 잠비아의 다언어 사용이다. 잠비아의 다언어 사용은 현재 국가 발전을 가로막는 장애물이라기보다 자산으로 간주된다. 앞에서 살펴본 바와 같이 언어를 어떻게 셈하건 간에 잠비아가 다언어 사용 국가라는 점은 분명하다. 잠비아인 대다수는 자신들의 언어 목록에 2개 이상의 언어가 있으며, 그중에서 소통은 물론이거니와 종족 정체성과 언어 정체성에 쓰이는 언어를 취사선택할 수 있다. 또한 국경 내에는 다수의 언어 사용자가 여러 상황 속에서 사용하는 다양한 언어가 있다. 그리고 여러 언어가 법률과 제도를 통해 일반 대중생활 속에서 점점 더 인정을 받고 있다. 다언어 사용은 현대 잠비아의 정체성을 구축하는 데 중요한 역할을 한다. 특히 수도 루사카와 같은 도심에서는 많은 잠비아인이 3~4개의 언어를 늘 사용한다. 예컨대, 다양한 공식적 맥락에서 사용되는 언어인 영어는 또한 문어로도 지배적으로 쓰이며, 벰바어와 냔자어는 도시에서 공적으로 폭넓게 소통하는 데 가장 많이 쓰이는 언어로서 여러(일부 언어 사용자의 경우에는 대부분의) 비공식적이거나 준공식적 상황에서 사용된다. 그 밖에 가정 내에서 쓰이는 언어도 다양하다(Chisanga 2002). 위에서 설명한 바와 같이 언어가 다양하게 서로 다른 기능 영역과 결부되어 있지만, 실상에서는 2개 이상의 언어를 이용한 코드 전환의 특징이 많이 나타난다. 여러 맥락에서 다양한 언어를 선택할 수 있다는 것은 잠비아에서 언어 사용자가 보유한 언어 목록의 중요한 측면으로, 사용자는 이를 이용하여 사회

정체성과 종족 정체성을 구성하고 협상한다. 예를 들어, 반다(Banda 2005)의 연구는 루사카의 한 사무실 환경에서 사회적 역할과 관계를 수립하고 변경하는 데 있어 품위 있는 잠비아 영어, 격식을 차리지 않은 잠비아 영어, 냔자어 사이에 코드 전환이 어떻게 이루어지는지를 보여 준다. 변이형 사이에 오가는 다양한 변화와, 특히 아프리카 언어의 존대를 나타내는 형식적 표시와 같이 변이형을 통해 사용 가능해진 특정 구조는 담화를 나누는 내내 연령과 성별에 기초를 둔 인간관계의 협상에 이용된다. 이와 유사하게 시아치테마(Siachitema 1991)의 연구를 통해서는 언어 선택이 담화 참여자의 사회관계와 어떤 관련이 있는지를 알 수 있다. 특히 이 연구에서 밝혀진 바에 따르면 젊은 사람이나 같은 또래에게 말을 걸 때는 영어가 더 쉽게 용인되지만, 연장자에게 말을 걸 때는 아프리카 사회에서 연장자에게 흔히 부여하는 존경의 표시로서 아프리카 언어가 더 적합하다. 냔자어와 벰바어가 주를 이루는 아프리카 언어와 관련된 코드 전환의 예는 최근 다시 활기를 띠고 모든 세대를 아우르는 현대 잠비아 대중음악에서도 발견된다. 다양한 음악인(예컨대, K'millian 2004 참조)이 노래 가사에 두 언어를 모두 사용하여 당대 루사카의 다언어 현실을 표현한다.

루사카처럼 도시의 다언어 상황이 일반적인 것은 아니지만 잠비아 전역에는 다양한 언어가 널리 사용된다. 16.3.1절에서 언급한 바와 같이 오늘날의 잠비아 언어 상황은 식민시대의 산물이라기보다 수 세기에 걸쳐 발전한 역동적인 다언어 사용체계에 근거한 것이다. 15세기경부터 이 지역에서는 현대의 언어 구성에 일조한 수많은 언어가 옛 형태를 간직한 채 사용되어 왔다. 로지어와 같은 여러 다른 아프리카 언어와 영어가 이러한 체계에 진입한 것은 훨씬 나중의 일이었다. 전체 잠비아 역사에 걸쳐 언어 정체성은 다양한 기능을 수행하는 여러 언어와 관련되어 표현되고 협상되어 왔다. 예컨대, 가정에서 사용하는 언어, 광역 소통언어, 내부인 혹은 새로 들어온 이주자의 언어로서 말이다. 지난 세기에 이루어진

산업과 정치에서의 변혁은 언어체계를 확장하는 데 도움이 되었지만, 본질적인 면에서는 그리 큰 의미가 없었다. 루사카나 코퍼벨트 주처럼 도시의 다언어 사용은 새로운 현상이기는 하지만 기저의 사용 관행은 그렇지 않다. 잠비아의 언어 정체성은 광역 의사소통에 쓰이는 주요 언어인 벰바어, 냔자어, 통가어, 로지어, 영어를 비롯한 특정한 다언어체계로 구성되는데, 이 언어들은 모두 지역, 사회, 종족 정체성으로 얽힌 망과 연결되어 있다. 언어와 국가 정체성에 관하여 독립 이후의 잠비아의 국가 정체성이 주로 대부분 정치적, 경제적 사건과 관계가 있음을 앞에서 언급한 바 있다. 또한 유럽의 대다수 국민 국가가 발흥한 것과는 달리 잠비아 정체성 수립에서는 언어가 통합 역할을 하지 않았다고도 했다. 영어를 국가 공용어에 편입하려는 최초의 시도 이후 현대 잠비아는 언어와 정체성의 신모델을 개발 중이다. 국가 건설과 다언어 사용은 양립할 수 있을 뿐만 아니라 잠비아의 독특한 다언어 사용 관행은 잠비아 국가 정체성의 일부로 볼 수 있다. 그러므로 이제는 '하나의 잠비아, 하나의 국민, 다양한 언어'가 더 적합한 국시로 존속할 수 있을 것이다.

16.4.3 일부 실용적 결과

1990년대 이후 아프리카 언어에 대한 관점이 변화하면서 여러 실용적인 결과도 나왔다. 그중의 두 가지는 교육 분야에서의 언어 사용과 국경을 넘어 사용되는 언어들을 조화롭게 표준화하려는 노력이었다. 식민 치하에서의 선교학교와 공립학교에서는 초등교육에서 아프리카 언어를 사용했지만, 독립 이후에는 영어가 유일한 교육 언어가 되었다. 이미 1970년대에 학생이 익숙하지 않은 언어를 마주하면 학습과 글의 이해에 역효과를 미친다는 여러 연구가 나왔지만, 2000년도에 들어서야 비로소 기초 교과과정의 틀 안에서 국가 차원의 개혁을 시행하기 시작했다. 이 틀에서 제시된 방안은 7개의 국어를 1학년 때부터 교육매체로 사용하고, 영어는 2학년 때부터 단지 점진적으로 도입하는 것이었다(Carmody 2004; Manchisi 2004). 이 계획은 지역별로 시행되었고, 정규교육 이전에 아동이 영어와 거의 또는 아예 접촉하지 않는 농촌 지역에서 특히 장려되었다.

국경을 넘어 사용되는 언어의 경우에는 아프리카 언어의 긍정적 위상이 높아짐에 따라 그 실용적 성과로 이웃 국가와 공유하는 언어를 다루는 새로운 통합적 관점이 도출되어 이 문제에 대한 늘어난 연구에 반영되었다. 잠비아의 인위적 국경으로 인해 많은 잠비아 언어가 이웃 국가에서도 사용된다. 이 사실은 오랫동안 잘 알려져 있었지만, 최근 아프리카 언어를 장려하는 경향이 나타난 이후에야 이 문제를 언어하저 관점에서 다루었다. 특히 여타 아프리카 지역과 마찬가지로 언어 상황을 평가하고 표준화된 표기언어를 제안하기 위해 다양한 연구 프로젝트를 시작했다. 예컨대, 동부의 잠비아와 말라위 국경의 언어(Banda 2002에 실린 논문)와 서부의 나미비아와 잠비아 국경에 걸쳐 있는 로지어(Kashoki et al. 1998), 그리고 잠비아와 콩고민주공화국 사이의 국경을 넘어 사용되는 벰바어(Kamwangamalu 1997)에 대한 연구가 이에 해당한다.

16.4.4   소수언어

16.2절에서 제시된 잠비아의 언어 사용 통계를 다시 살펴보면, 이제 이 절의 논의 배경에 반하여 거기에서 전개된 몇 가지 사항에 초점을 맞출 수 있다. 언어 사용자 수 측면에서 중요한 5개 언어 중에서 많은 수의 제2언어 사용자가 잠비아 동부, 북부, 중부 지역에서 광역 의사소통의 주 언어로 벰바어와 냔자어를 사용한다. 그 가운데 냔자어는 특히 도시 지역에서 증가세를 보인다. 영어 사용 또한 급격히 증가했는데, 이는 전반적인 정규교육 수준이 높아졌기 때문인 것으로 보인다. 로지어와 통가어는 남부와 서부

지역에서 소폭의 하락세를 보이며 계속 널리 쓰인다. 하락세를 보이는 까닭은 두 지역에서 소수언어가 폭넓게 사용된다는 의미이다. 북서부 주에서 사용되는 국어 3개는 사용자 수 측면에서 소수언어로 남아 있지만, 각각 7.7퍼센트와 6.8퍼센트의 제1언어 사용자 및 제2언어 사용자가 있는 언어 집단으로 꽤 순조롭게 존속하고 있다. '기타' 범주에서의 사용자 수 증가는 소수언어가 제1언어와 제2언어로 더 많이 사용되고 있음을 나타내지만, 인구조사 통계로는 나머지 잠비아 언어의 대부분을 자세히 알 수 없으므로 이 부분에 대해서는 별도의 연구가 필요하다. 우선 두 가지 경향이 있는 것으로 볼 수 있다. 한편으로는 국어 사용의 증가로 소수언어가 교체되고, 그 수가 감소했을 수 있다. 탄자니아의 스와힐리어가 이와 비슷한 사례이다. 다른 한편으로는 잠비아 언어를 새롭게 강조하고 긍정적인 태도로 대함으로써 소수언어의 환경이 개선되었을 수도 있다. 이 사실은 일부 경우에 나타난 것으로 보인다. 한 예로 응코야어(Nkoya)를 들 수 있다(van Binsbergen 1994). 서부 주 내의 동부 지역에 거주하는 응코야어 사용자는 역사적으로 로지인의 지배를 받아 왔다. 응코야 음악이 로지 문화의 일부를 구성하지만, 이 집단의 언어와 문화 정체성이 로지인의 지배에 의해 위협받고 있는 것으로 여겨진다. 그러나 1990년대 이후 새로운 정치 풍조에 힘입어 정부관료가 공개적으로 응코야어를 인정함으로써 응코야인은 혜택을 보기 시작했고, 특정 교육에서 응코야어를 사용하는 계획이 이전보다 현실성을 띨 수 있었다. 이와 같이 공식적으로는 국어에 역점을 두면서도 인구 동향을 보면, 벰바어와 냔자어가 상대적으로 성장하고 있지만, 잠비아의 새로운 다언어 사용 전통은 소수언어의 정체성을 증진하고, 언어의 복잡성을 더 널리 증대하는 데 작용할 수 있다.

16.5 결론

이 장에서는 언어와 국가 정체성 문제를 중심으로 잠비아의 언어 상황을 논의했다. 잠비아에서 사용되는 언어와 언어 사용을 개략적으로 설명한 다음 오늘날 잠비아의 상황을 역사적인 맥락과 관련지었다. 이 장의 목표는 잠비아 역사가 유럽과의 접촉으로 시작되지 않았으며, 구체적으로는 잠비아의 언어접촉 양상과 다언어 사용 관행이 1800년대보다 훨씬 이전에 자리를 잡았을 것이라는 사실을 개괄적으로 고찰하는 것이었다. 실제로 이 장에서 주장한 바는 현대 잠비아의 다언어 사용이 식민시대 이전에 역사적 뿌리를 두고 있으며, 영국이 통치하던 시기에 기존 체계가 단순히 확장되고 수정되었다는 점이다. 역사적 맥락을 소개하는 또 하나의 중요한 이유는 현대 잠비아의 국가 정체성이 본래 정치적, 경제적으로 어떻게 알려졌는지, 그리고 독립 당시에 언어는 국가 정체성의 주요 요소가 아니었다는 사실을 설명하기 위한 것이었다. 민족주의의 여파와 분리주의 경향에 대한 두려움에서 벗어나서 국가 정체성을 구축하려면 국어가 필요하다는 전제를 바탕으로 영어가 새로운 공화국의 국어가 되었다. 이 인식이 바뀐 것은 불과 1990년대였고, 그 후 잠비아의 정체성을 구축하기 위해 아프리카 언어에 더욱 역점을 두었다. 이 장에서는 주요 지역어로서 국어의 지위와 더불어 다양한 수준의 모든 언어를 포함한 잠비아 특유의 다언어 사용 양상과 지역을 넘나드는 소통언어인 벰바어, 영어, 냔자어가 잠비아의 현재 국가 정체성을 함께 구성하고 있다는 점, 더 나아가 이 국가 정체성이 오랜 역사적 전통 위에 세워졌다는 점을 중점적으로 논의했다.

제17장

남아프리카공화국
국가 건설을 향한 험난한 여정

라젠드 메스트리(Rajend Mesthrie)

17.1 서론

남아프리카공화국(이하 남아공)은 1990년대부터 현재까지 극적이고 광범한 변화를 겪어 온 국가로, 1994년에 인종 차별을 폐지하고 모든 인종과 종족 언어 집단의 평등권을 보장하는 입헌민주주의 국가로 부상했다. 남아공은 이에 앞서 두 식민 세력의 지배를 받았고, 언어 또한 종속되었다. 17세기 중반부터는 네덜란드가 지배했고, 19세기 초반부터는 영국이 각기 남아공을 지배했다. 이윽고 20세기에는 아파르트헤이트 제도 아래 인종 차별이 증가하고 불평등이 심화되었다. 네 주요 집단인 백인(White), 흑인(Black), 인도인(Indian), 유색인(Coloured)을 거의 철저하게 인종적으로 분리하는 정책을 선포했다. 식민지배기 초에는 네덜란드어가, 그 후에는 네덜란드어와 영어가 함께 남아공의 공용어가 되었다. 20세기에는 아프리칸스어(Afrikaans)가 남아프리카연방(Union of South Africa)의 지배적 언어로 급성장했다. 아프리칸스어는 유럽인이 아프리카에 정착한 이후 초기부터 나타난 네덜란드어의 한 형태로 현지어의 영향을 크게 받았다. 20세기에 아프리칸스어는 백인 아프리카너(Afrikaner) 민족주의의 상징으로 여겨져 장려되었다. 아파르트헤이트 정책 아래 아프리카 토착어가 공인되었지만, 이 토착어는 정부 당국에서 지정한 '홈랜드(homeland)'에서만 사용할 수 있었다. 홈랜드는 남아공 내 자치구역으로 지정한 곳으로, 예를 들어 줄루어(Zulu) 사용 집단이 거주하는 홈랜드인 콰줄루(KwaZulu)와 은데벨레어(Ndebele) 사용 집단이 거주하는 홈랜드인 콰은데벨레(KwaNdebele)는 언어종족적으로 경계가 구분된다. 아프리카너 정부는 헤르더(Herderian)의 민족·언어·문화 관점을 지지하여 남아공을 하나의 국가가 아니라 한 지역 안에 여러 국가가 공존하는 나라로 간주하고, 각 홈랜드가 '개별적으로 발전'하도록 허용했다(Alexander 1989). 그러나 홈랜드는 자원이 부족하고, 주로 농촌에 있었으며, 백인 정권이 명백한 분할통치 정책을 지속적으로 실시했기 때문에 흑인의 눈에 비친 홈랜드는 정당성이 없었다. 1970~1980년대 후반 극단으로 치달은 아파르트헤이트 정책은 마침내 위기에 봉착했다. 국내에서는 내전이 임박했고, 국제사회의 압력과 경제제재가 증가했다. 그 결과 1990년 당시 집권당이던 국민당(National Party)은 아파르트헤이트의 종식을 선언했고, 이는 1994년에 이루어진 다종족 민주주의의 길을 닦았다.

아파르트헤이트 전후 시기를 비교했을 때, 실질적인 변화는 대립세력 간의 협상 타결, 민주주의의 도입, 세계에서 손꼽히는 진보적인 새 헌법, 흑인[1] 신중산층의 역량 강화, 기존 국가 차원의 2개 공용어 사용 체계

---

1 이 장에서 '흑인(Black)'이라는 용어는 좁은 의미에서 '남아공 흑인(Black South African)'을 뜻하며, 다른 유색인(예컨대, '유색인' 및 '인도인')은 제외한다. 이들 집단 사이에서 결성된 정치연합은 때로 소문자 '흑인(black)'으로

를 9개 주요 토착어를 포함한 11개 공용어 체계로 전환한 것 등이다. 상대적으로 잘 드러나지 않은 변화로는 새로 제정한 헌법 이상과 그 정책의 구체적 실행 시도를 들 수 있다. 이 시도는 실질적 성과보다는 상징적 성과를 거두었다. 새 헌법이 제정된 지 10년이 지났지만, 어떤 의미에서 이 신흥국가는 여전히 대부분이 '건설 중'[2]이다. 이 장에서는 남아공의 현 상황에 대한 역사적 배경을 훑어보고, 민주주의 체제로 변화하면서 언어를 둘러싼 주요 논의, 자산 혹은 골칫거리로서의 언어 다양성, 그리고 교육, 행정, 경제 및 일반 국가 건설 과정에서 언어의 역할을 중점적으로 다룬다. 이 장에서는 남아공에서 언어가 어떻게 갈등의 장에 등장했고, 갈등이 당분간 어떻게 지속될 것인지 이해하기 위하여 그람시의 관점(Gramsci 1971)을 적용한다. 또한 상향식 사회언어학 관점을 사용하여 언어 다양성의 증가와 교육 분야의 언어 선택과 관련된 특정 딜레마를 기술한다.[3]

17.2 식민 역사와 언어정책

오랫동안 남아공 언어와 인종 구성이 진화한 방식을 고려했을 때 많은 언어 집단 중 가장 고유한 집단은 '코이산(Khoesan)'이다. 코이산은 코이코이(Khoekhoe)와 산(San)의 합성어로 본래 소가족이 모여 무리를 지어 살

지칭한다.

2 현대 남아공 인종 및 문화에 대한 책 제목에서 이 구절을 취한다(Distiller and Steyn 2004).

3 이 장은 2004년 10월, 이전에 반아파르트헤이트운동(Anti-Apartheid Movement) 이었던 아일랜드·남아프리카공화국연맹(Ireland-South Africa Association) 의 초청으로 강의한 연례 올리버 탐보 기념강연(Oliver Tambo Memorial Lecture) 원고를 갱신하고 확장한 버전이다.

던 수렵 채집민이었다.[4] 일부 코이산 집단은 목축에도 종사했다. 이 종족 언어 '집단'의 언어는 실제로 모두 동계어는 아니며, 트레일(Traill 2002)은 전통적으로 코이산이란 명칭은 별개의 세 어군을 가리킨다고 주장한다.[5] 종교 및 의학 개념, 동물 민담의 유사성으로 판단하건대, 남아프리카의 코이산인과 반투인은 광범한 접촉을 했던 것으로 보인다(Parsons 1982).

코이산인이 남아공 지역에 최초로 거주한 집단이지만, 남아공 인구

---

4 실제 코이산인은 이보다 더 북부 지방에서 유래했을 수 있는데, 고고학과 언어학 증거에 따르면, 북부 보츠와나가 기원일 가능성이 있다.

5 흡착음(click)을 사용하는 탄자니아 산다웨어(Sandawe)와 핫자어(Hadza)가 산어(San language)로 기술되는 경우가 있지만, 아직까지 이들 사이의 관계는 밝혀지지 않았으며, 어떠한 경우에도 산어일 가능성이 매우 희박하다(Güldemann and Vossen 2000).

(CIA-World Factbook 2015년 기준 인구는 5,367만 5,563명임―역주)의 대부분은 나이저코르도판(Niger-Kordofanian) 어족 내의 반투 하위 어군에 속한다. 반투 하위 어군의 원래 기원은 2000~3000년 전 오늘날의 카메룬·나이지리아 지역이다(Williamson and Blench 2000). 기원후 300년경, 잠베지(Zambesi) 강과 림포포(Limpopo) 강 남부에 처음 출현한 반투어를 사용하는 소수의 농민 집단이 그 후 이 지역에 철기문명을 들여왔다(Herbert and Bailey 2002: 50). 오랜 시간이 흐른 후 1652년에 근대 남아공 역사에서 중요한 사건이 발생하는데, 바로 당시 유럽의 가장 부유한 무역국인 네덜란드가 케이프 지역에 동인도 행로의 중간 경유지를 건설한 것이다. 곧 토지와 가축을 놓고 네덜란드인과 코이산인 사이에 다툼이 일어났고, 네덜란드는 새로운 식민지에 필요한 노동력을 다른 지역에서 구해야 했다. 1658년부터 마다가스카르, 모잠비크, 동인도 제도, 인도 등지에서 노예가 대규모로 수입되었다. 당시 수많은 아프리카 노예가 아프리카에서 신대륙으로 강제로 수출된 것과 달리, 아프리카 남단은 대부분이 동부에서 수입한 노예로 가득 찼다는 사실은 역사의 아이러니이다(Armstrong and Worden 1989). 이 과정에서 비롯한 케이프 주의 노예 집단은 기원, 종교, 문화, 언어의 측면에서 볼 때 세계에서 가장 다양성이 높은 집단의 하나였다. 웨스턴 케이프 주(Western Cape)의 다수를 차지하는 유색인의 기원은 이 시기로 거슬러 올라간다. 유색인의 조상은 코이산인, 아시아와 아프리카의 노예, 유럽인과 비유럽인의 자손 등으로 다양했다.[6] 한편 코이산인은 네덜란드와의 분쟁과 특히 1713년에 유행한 천연두 등 유럽인이 퍼뜨린 여러 질병으로 격감했다. 유럽 정착민과의 관계는

---

6 따라서 '유색인'은 일부 사회에서 그런 것처럼 '흑인'과 동등하지 않다. 이보다는 아파르트헤이트 분류에서 주요한 인종 범주로서 본질적으로 다양한 계보를 가진 사람을 가리키며, 여전히 인종과 문화 집단 둘 모두를 연상하거나 그 어느 한 가지를 연상하게 한다.

처음부터 우호적이지 않았고, 종국에는 이로 인해 코이코이족과 산족의 사회가 파괴되고 급격한 변화를 겪었다. 그 결과 오늘날 남아공에서는 노던 케이프(Northern Cape) 주의 리흐터스벨트(Richtersveld) 지역에서 사용하는 나마어(Nama) 일부를 제외하고 코이어는 더 이상 쓰지 않는다.[7] 산어는 나미비아, 보츠와나 등지에 계속 남아 있다. 산어 사용자는 백인 아프리카너와는 구분되는 고유 정체성을 지니는 경우도 있지만, 아프리칸스어로 언어가 교체된 남아공에서는 그 수가 급감하고 있다.

영국은 1800년경에 군사를 주둔하고 외교관계를 수립하여 케이프타운과 주변 지역을 지배하던 네덜란드를 축출했다. 그리고 그 후 20년이 지난 1820년에 처음으로 영국의 자유 정착민이 남아공에 이주했다. 영국인은 케이프 주에 영어화(Anglicization) 정책을 도입하여 정부, 교육, 사법 분야에서 쓰이던 네덜란드어를 영어로 대체했고(Lanham 1978), 그 결과 네덜란드인과 아프리카너의 불만이 팽배해졌다. 네덜란드인과 아프리카너는 자신의 종교, 문화, 언어가 위협받는 것으로 느꼈다. 1834년에 노예 해방으로 노예권이 약화되자 많은 아프리카너가 영국의 지배에서 벗어나기 위해 내륙으로 집단 이주했다. 당시 아프리칸스어는 다양한 언어가 섞인 네덜란드 구어체 변이형으로 발전했다.[8] 아프리칸스 문화는 네덜란드인과 남부 아프리카의 노예 경험을 통해 발달한 것으로 케이프타운으로 사람들이 이주하면서 구체화되었다.

현재 남아공에서 반투어를 사용하는 국민은 1820년대 이후 정치적 이합집산을 부단히 겪은 집단으로 간주된다. 전통 역사에 따르면, 나탈

---

7 나마어는 나미비아에서 여전히 널리 쓰며, 잔존하는 대표적인 코이어이다.
8 아프리칸스어는 때로 크레올어로 기술된다. 아프리칸스어를 유럽어에서 파생하여 케이프 코이어(Cape Khoe)와 말레이어(Malay)의 영향을 강하게 받은 언어로 간주하는 편이 적절한 것 같지만, 단정 지을 수는 없다. 아프리칸스어를 둘러싼 이념 문제에 대해서는 Roberge(1990)를 참조한다.

(Natal) 지역의 줄루 왕국 수립 과정에서 샤카(Shaka)가 권력을 잡는다. 줄루인의 통합으로 다른 족장과 충돌했고, 이 혼란기는 '사람들의 유랑, 분산'을 뜻하는 응구니어(Nguni) 단어 **음페짜네**(mfecane)로 알려져 있다. 특히 주목할 것은 줄루인 영토에서 하이펠트(highveld)로 이동한 은데벨레족이 그 후 아프리카너 군대를 피해 현재의 짐바브웨 남동쪽으로 이주했다는 점이다. 1820년대 이후는 서양 선교사들이 현지 안내자와 함께 최초로 아프리카 언어를 문자로 기록하여 성경을 번역했다. 이러한 까닭으로 상당수 지역에서 선교사들이 집필에 선택한 방언이 위세를 얻었다. 따라서 아프리카 언어의 기록은 서구에 익숙한 유형을 바탕으로 해서 나온 것은 아니었다. 다시 말해, 도시화 및 사회적으로 부유한 고위층의 특정 언어 집단과 결부된 위세와 상관없이 외부 세력인 선교사의 영향으로 생겨났다. 그리하여 아프리카 언어의 표준 변이형은 사회적 위세와 거리가 먼 농촌과 관련되는 현대적 모순을 보인다. 지위가 높은 젊은 흑인은 영어와 아프리카 언어의 비표준 도시 변이형을 사용하며, 광범한 어휘 차용, 코드 전환, 신조어 사용이 특징인 도시 생활에 밝고, '현대적' 사람일 가능성이 높다.[9] 따라서 선교 출판물, 설교, 19세기 사전을 통해 이루어진 아프리카 언어 표준화가 흑인의 사회적, 정치적 열망과 식민시대 이후와 아파르트헤이트 시대 이후의 민족주의의 새로운 가능성을 나타내는 규범으로 정착하기에는 시기상조라는 생각이 든다.

1840년대 후반에 영국인이 나탈에 두 번째로 정착하는데, 영국은 이미 1843년에 아프리카너로부터 이 지역을 합병한 터였다. 나탈에서 태어난 영국계 아동 대부분이 줄루어를 배웠지만, 파나칼로어[Fanakalo; 파나

---

9 때때로 문학에서는 이 양식을 구분하여 아프리카 언어의 '어두운' 버전과 '밝은' 버전으로 설명한다. 전자의 용어는 구식 농촌 양식에 해당하고, 후자는 혼용과 전환이 가득한 현대적 도시 변이형에 해당한다(Slabbert and Finlayson 2000).

갈로어(Fanagalo)라고도 부름−역주]라고 하는 새로운 피진어가 이스턴 케이프(Eastern Cape)와 나탈에서 영국인과 줄루인, 아프리카너가 서로 접촉하면서 생겨났다. 파나칼로어는 주로 줄루어에서 어휘를 차용하고, 영어에서 문법을 차용한 안정된 피진어이다. 처음에 줄루인이 저임금 육체노동에 저항했기 때문에 나탈의 식민지 개척자는 현지 줄루인이 아니라 값싼 노동력을 구해야 했다. 따라서 영국 정부는 저임금 노동의 공급원으로서 인도로 방향을 돌려 상당수의 인도인을 나탈로 데려왔다. 그러므로 아파르트헤이트 치하의 남아공의 주요 네 인종 집단(흑인, 백인, 유색인, 인도인)의 조상은 19세기 말에 이미 확립되었다.[10]

한편 집단 이주하던 아프리카너는 1850년대에 이르러 마침내 트란스발공화국(Transvaal)과 자유국(Free State)을 세웠다. 그들은 영국의 지배를 벗어나고, 이 두 공화국의 공용어로 네덜란드어를 지정했지만 영어의 영향력은 여전히 강하게 남아 있었다. 역설적이게도 아프리칸스어를 실제로 처음 기록한 사람들은 케이프 주에 살던 '백인이 아닌' 무슬림 노예의 후손이었다. 이들은 특히 1868~1910년에 아랍문자를 이용하여 아프리칸스어 종교 경전을 만들었다(Davids 1990: 1). 실제로 노동자 계층과 농촌의 유색인 문화는 다른 어떤 언어보다도 아프리칸스어와 관련이 깊으며, 도시에서 아프리칸스어와 영어 간의 코드 혼용(code-mixing)으로 보완되었다(McCormick 2002). 아프리칸스어는 1876년에 팔(Paarl)에서 '진정한 아프리카너 공동체(Genootskap van Regte Afrikaners)'가 세워지면서 백인에 의해 육성되기 시작했다. 처음에 이 단체는 네덜란드어 옹호자의 반대에 부딪혔는데, 1877년 9월 13일자 《케이프 아르고스(Cape Argus)》지는 이 단체를 '케이프타운 근처의 익살꾼(number of jokers near

---

10 19세기와 20세기 초반의 다양성과 유동성에 잘 맞지 않은 이러한 각 인종 집단에 아파르트헤이트 정부가 관료주의적 통합을 강요했다는 사실은 두말할 필요가 없다.

Cape Town)'이라고 언급했다(Davids 1991 : 2-3).

또 다른 중요한 진전은 북부 내륙에서 막대한 다이아몬드와 금광을 발견한 것으로서, 이 사건은 1860년대의 남아공에 영향을 주었다. 이 새로운 자원을 손에 넣기 위한 다툼은 영국과 아프리카너공화국의 물리적 충돌로 번졌고, 그 결과 1877년에 트란스발공화국이 영국 식민지로 합병되었다. 이 시기에 영국의 강탈에 분노하여 아프리카너 민족주의가 거세게 일어났고, 땅과 자원의 통제를 놓고 두 차례의 전쟁이 일어났다. 1881년에 발발한 첫 번째 전쟁에서는 아프리카너가 트란스발을 되찾았지만, 이후 오늘날 '남아프리카 전쟁(the South African War)'으로 불리는 1899~1902년의 전쟁에서는 아프리카너가 크게 패해 영국인의 가혹한 처분을 받았다. 다른 지역에서는 영국 군대가 1879년에 가상의 줄루인의 위협으로부터 새로운 트란스발 식민지를 지킨다는 명목으로 줄루란드(Zululand)를 침공했다. 이러한 공격으로 말미암아 19세기에 영국은 마침내 흑인을 모두 지배했다. 또한 19세기는 기독교와 유대교를 믿는 유럽인의 유입과 더불어 대대적인 도시화가 진행된 시기였다. 그리고 흑인과 코이산인/유색인도 각각 대규모로 빠르게 발전하는 광산 지역으로 이주하여 인도인과 중국인을 비롯하여 유럽, 미국, 호주 등 여러 등지에서 온 사람들과 접촉하였다. 마치 거대한 바벨탑처럼 혼란스러운 이곳에서 이스턴 케이프와 나탈 지역에서 유래한 피진어인 파나칼로어가 집단 간의 소통수단으로서 아주 유용하게 사용되었다. 또한 광산업에 다양한 집단이 모임으로써 20세기에 두각을 나타낸 혼합된 아프리카 언어의 도시 변이형[특히 쪼찌어(Tsotsitaal)]이 새롭게 생겨난 것으로 보인다.

19세기 직후, 정복당한 보어인 공화국은 훈장을 받은 영국 정치인 알프레드 밀너(Alfred Milner)에게 넘어갔다. 밀너는 1901~1905년에 요하네스버그 시에서 남아공을 통치했다. 밀너의 목표 중 하나는 아프리카너를 영국화하고, 대영제국의 일부로 편입하는 것이었다. 이 목적을 달성하기 위해 정부에서 백인에게 실시한 학교교육은 네덜란드어보다 영어에 중점을 두었다(흑인 교육은 교회와 선교학교의 몫으로 남겨졌고, 식민정부는 흑인에게 교육을 제공하지 않았다). 남아프리카 전쟁에서 벌어진 잔혹 행위의 결과, 아프리카너는 밀너의 영어화 정책에 강력히 저항했다. 이에 따라 현지 문화의 가치와 아프리카너 국가 정체성을 전달하는 아프리칸스어의 지위가 일약 중요해지기 시작했다. 영국에 대한 반감과 코이산인 및 흑인과의 이질감은 아프리카너 사이에서 민족주의가 거세게 발현하도록 부채질했다. 아프리카너 민족주의의 발달 과정에서 아프리카너 지도자들은 아프리카에서 아프리카너와 아프리칸스어가 지닌 고유성, 그들이 살아온 토지와의 오랜 유대관계를 역설했다.[11]

그 후 1910년에 과거의 두 보어공화국과 영국의 케이프와 나탈 식민지가 국가로 합병하여 남아프리카연방(Union of South Africa)을 창건했다. 이 연방의 공용어는 네덜란드어와 영어였고, 아프리칸스어는 1925년에 네덜란드어를 대체하기 전까지 공용어로 인정되지 않았다. 20세기 초에 정부는 계속해서 흑인 토지를 빼앗도록 지도했고, 1913년에 제정된 「토지법(Land Act)」을 통해 국유지 대부분을 백인이 통제하도록 해서 흑인이 경제적으로 독립하지 못하게 만들었다. 이후 국내 아프리카너의 권력이 신장되면서 아프리카너 민족주의 시대가 이어졌고, 1948년에 아프리카너의 국민당(National Party)이 선거에서 승리한 후 아파르트헤이트 정책의 토대가 마련되었다. 이 인종차별 철학은 일상생활에 심각한 사회적, 정치적 결과를 가져왔다. 1950년도의 「집단지구법(Group Areas Act)」은

---

11 토지권을 부여하는 주장 중 하나는 반투인이 북부에서 온 것처럼 네덜란드인이 17세기에 남부에서 남아공에 정착했다는 것이었다. 그러나 초기 반투인이 남아공에 정착한 것은 기원후 3세기로 거슬러 올라가므로 이 연대 서술은 잘못된 것이다. 또한 아프리카너가 내세운 최초 소유권 주장은 토착 코이산인의 소유권을 묵살한다.

기존의 공동체를 철거해서 네 인종 집단을 분리하는 한편 많은 흑인, 유색인, 인도인을 지정된 구역으로 이주시켰다. 곧이어 가족은 농촌에 그대로 둔 채로 흑인 노동자를 필요한 곳(산업현장, 백인 농장)에 보내어 규제하는 새로운 「통행법」을 도입했다. 전면적인 흑인 인구 재배치 정책의 일환으로 1940년대에는 모로카(Moroka)와 같은 흑인 거주구역이 급격히 증가했다. 이 지역은 이후 요하네스버그의 소웨토(Soweto) 중심부를 형성했다.[12] 전면적인 인종 인구분리 정책의 또 한 가지 중요한 양상은 흑인을 여러 하위 집단으로 분할한 것이다. 각 집단은 서로 다른 민족/민족 집단(volke)으로 인식되고, 언어적으로 정의되었다. 대부분의 경우 이와 같이 언어를 기준으로 한 분류는 집단 간 언어 차이의 중요성을 확대 해석했다고도 볼 수 있다. 예컨대, 응구니어에 속하는 은데벨레어, 줄루어, 코사어(Xhosas), 스와지어(Swazis)는 상호 이해가 가능했기 때문에 개별어로 뚜렷하게 구분되지 않았다(Kamwangamalu 2000). 각 종족언어적 집단은 엄격한 통제를 받는 여러 독립 자치 홈랜드에 거주하도록 지정되었다. 홈랜드는 남아프리카 전체 토지의 13퍼센트에 불과했고, 홈랜드 거주자가 다른 지역으로 여행하려면 특별 허가가 필요했다.

아파르트헤이트 시대의 교육과 관하여 1953년 제정된 반투 「교육법(Bantu Education Act)」으로 흑인은 열악한 공립학교에서 낙후된 교육을 받았다. 소수였지만 보통 인종 구분 없이 흑인에게도 양질의 교육을 제공했던 선교사 학교는 폐쇄되었고, 흑인 재학생은 강제로 공립학교에 다녀야 했다. 이와 같은 사회정치적 배치로 인해 다른 언어 및 변이형 사용자가 통상적인 접근권을 제한받는다는 면에서 이 조치는 남아공에서 언어 발전 과정에 영향을 분명히 주었으며, 이로 인해 종족에 따른 언어와 방언의 경계가 더욱 강화되었다. 학자들(예컨대, Harries 1989; Vail 1989;

---

12 이와 같은 도시의 흑인거주구역은 홈랜드에 속하지 않았다.

Makoni 1999 참조)은 아파르트헤이트 정부가 이전에 대부분 유동적이고 상호 교차하며 공통분모를 공유하던 정체성과 언어를 경직했다고 주장한다. 또한 급격하게 인구를 분리한 결과로 공용어인 아프리칸스어와 영어의 방언이 생겨나 굳어졌다. 뚜렷하게 구별되는 억양과 더불어 일부 구문상의 특징으로 인해 오늘날 여러 종족이 사용하는 영어의 각 주요 변이형이 독특해졌다. 아프리칸스어도 마찬가지로 여전히 백인과 유색인 인종 구분에 따라 변이형이 갈린다. 남아공 사회의 언어체계화 과정에서 아파르트헤이트 정부는 국가 차원의 정책으로 뚜렷한 언어위계를 일관되게 구축했고, 교육체계를 활용하여 이미 만연한 아프리칸스어와 영어의 경쟁의식을 더욱 부추겼다. 1950년대 반투 교육부(Department of Bantu Education)는 자체 위원회의 권고와 달리 영어와 아프리칸스어를 (이 언어들을 모르는) 1학년 아동의 학과목으로 도입하도록 결정했다. 이 위원회에서는 하나의 공용어(영어 또는 아프리칸스어)만 필수과목으로 정하도록 제안했지만, 교육부에서는 이 경우 영어만 선택할 것을 우려하여 두 언어의 도입을 강행했다. 같은 이유로 중등학교에서도 영어와 아프리칸스어를 교육매체로 사용했다(Hartshorne 1995: 310).

그러나 어떤 면에서 숨은 동기에 의문의 여지가 있었고, 많은 사람이 이를 아프리카너의 분할통치가 언어적으로 적용된 것이라고 보았더라도 초등학교 8학년까지의 아파르트헤이트 모어교육 정책이 그 자체로 부적절한 것만은 아니었다. 결과적으로 아프리카 언어가 중등학교까지 흑인 아동의 일반 교육매체로 쓰이게 되었기 때문이다. 1953년에 나온 '교육 분야의 고유어 사용(The use of vernacular languages in education)'이라는 제명의 유네스코 문서에서 그 당시 모어교육이 초기 학교교육에 중요한 가치가 있다는 점이 부각되었다. 그러나 문제는 이 정책을 실행한 방식과 학부모의 의견이 일반적으로 묵살되었다는 점이다. 고유어를 통한 교육은 흑인 교육에 대한 열악한 자원과 전체 교육과정의 내용이 엄격히 통제되는 상황에서 이루어졌다(Hartshorne 1995).

1960년에 아프리카너의 영향으로 남아공은 영국과의 공식적인 식민지 관계를 청산하고, 완전히 독자적인 새로운 공화국이 되었다.[13] 같은 해에 아파르트헤이트에 대한 국제사회의 반대로 새로 탄생한 이 공화국은 영연방에서 추방되었다. 이후 남아공은 당시 아프리카의 많은 지역을 휩쓸던 탈식민화 세력과 서유럽의 자유주의 경향이 없는 라거(laager) 국가로 발전했다.[14] 특히 '반투 교육'에서 구체화된 아파르트헤이트에 대한 저항은 1976년의 소웨토 항쟁으로 이어졌다. 이 항쟁에서 흑인 학생들은 중등학교에서 영어와 동등한 교육매체로 아프리칸스어를 사용하도록 한 정부의 결정[1974년의 아프리칸스어 매체법령(Afrikaans Medium Decree)]에 반대하는 시위를 벌였다. 몇 주에 걸쳐 등교거부 운동이 있은 후 6월 16일에 발생한 학생들의 연합시위가 무력으로 진압되어 그 과정에서 많은 학생이 경찰의 총에 맞아 사망했다. 이와 같이 정부와 큰 충돌을 빚은 후 1970년대와 1980년대에는 젊은 흑인과 유색인 학생들의 주도하에 백인 통치에 저항하는 격렬한 투쟁이 전개되었다. 시위가 광범하게 확대되면서 마침내 남아공에 민주주의를 불러온 이 사건이 사실상 언어 문제로 촉발되었으며, 흑인 학교에서 아프리칸스어를 거부하도록 고무했다는 점은 주목할 만하다. 그 이후 아프리칸스어는 도시의 노동 맥락에서 교통어로서의 가치를 일부 유지했지만, 분리 정책에 책임이 있는 아파르트헤이

---

13 백인을 대상으로 실시한 공화제 찬반 투표에서 찬성은 52퍼센트, 반대는 47퍼센트로 나타났다. 영어를 사용하는 백인이 아프리카너보다 우세했던 나탈 주에서는 과반수가 공화국에 반대표를 던졌다(Saunders 1994: 201).

14 라거(laager)라는 용어는 '내부의 사람과 가축을 보호하기 위해 마차를 한데 묶어 만든 야영지이자 공격해 온 사람들에게 총격을 가하는 방어벽으로 [집단 이주 중인 아프리카너]의 통상적인 방어체계'를 의미한다(Branford 1991: 171). 또한 이 단어는 남아공 영어로 강박관념이나 이념적으로 완고한 심적 경향을 빗대는 데도 사용된다.

트와 아프리카너가 이끄는 정부와의 부정적인 관계 때문에 흑인 대다수는 일반적으로 아프리칸스어를 좋게 여기지 않았다.[15] 이와 달리 영어는 도가 지나친 아파르트헤이트 지배에서 거의 어부지리로 긍정적인 이득을 본 언어이다. 언어적으로 섞인 반아파르트헤이트 정치 지도부에서 영어가 널리 사용되었기 때문에 영어는 흑인 사이에서 단결과 해방의 언어로 인식되었다. 흑인 학생도 자신의 모어에 자부심이 있었지만, 이러한 아프리카 언어가 아파르트헤이트의 분할통치 정책과 지나치게 밀접히 연관되었기 때문에 교육과 경제발전의 언어로 간주되지 않았다.

1980년대에 시민 불복종 운동과 정부의 상징물과 대리인을 겨냥한 폭력행위로 전개된 국내 압력과 경제제재와 아파르트헤이트에 대한 국제사회의 강한 비난을 통해 국외 압력이 한층 더 거세졌다. 마침내 드 클러르크(F. W. De Klerk) 정권은 남아공에 커다란 변화가 실질적으로 필요하다고 보고, 1990~1994년 사이에 아파르트헤이트 구조를 해체하기 시작했다. (1993년에) 모든 인종의 평등권을 보장하는 새 헌법을 선포하고, 이어 1994년 4월 26일에 남아공의 새로운 다원적 민주주의와 다인종 시대를 공식 선언했다.

17.3 아파르트헤이트 이후 시대와 언어정책

따라서 남아공의 참된 민주적 독립은 상대적으로 늦게 찾아온 셈이다. 1960년대에 성립된 공화국은 독립 이후 민주주의로 이어지지 않았다. 대신 유럽에서 유래한 정권이 남아공을 계속 지배했기 때문에 남아공

---

15 이미 언급한 주요 분리 정책 이외에 아파르트헤이트는 병원, 대중교통, 공중 화장실, 해변, 공동묘지, 공원과 기타 공공시설에서도 인종 분리를 시행했다.

은 1990년대에 들어서야 유럽의 다른 아프리카 및 아시아 식민지에서 30~40년 전에 일어난 탈식민화를 경험하기 시작했다. 이처럼 뒤늦게 찾아온 해방으로 인해 다음과 같은 두 가지 결과가 발생했다. 하나는 유럽어에서 파생된 언어가 남아공에 뿌리 깊게 박힌 점이고, 다른 하나는 독립 이후 해방과 더불어 국제어보다 현지어를 선호하는 토호 경제세력과 문화세력의 잠재적 성장에 대한 대항마로 1990년대에 세계화가 이미 출현했다는 사실이다.

일정 기간의 치열한 정치협상을 거쳐 1994년에 민주선거가 최초로 치러졌다. 협상장에는 그 당시의 여러 정당과 그동안 활동이 금지되었던 저항단체가 다수 등장했다. 가장 잘 알려진 저항단체는 아프리카민족회의(ANC)로서 올리버 탐보(Oliver Tambo), 월터 시술루(Walter Sisulu), 넬슨 만델라와 위니 만델라(Nelson and Winnie Mandela) 등이 당시에 지도부를 형성하였다. 비인종적 운동단체였던 ANC는 1960년대의 지도자 대부분이 국외로 강제 추방되었다. ANC는 모든 인종 집단에서 활동가를 모집했으며, 영어를 실질적인 교통어로 사용했다. 한때 ANC 지도부는 영어를 유일한 공용어로 선호하는 정책을 지향하는 것으로 보였다. 그러나 ANC의 우선순위가 아프리카너 민족주의를 표방하는 정당에 맞춰져 있었다는 점에서 언어 문제는 ANC에게 그리 중요하지 않았다. 아프리카너 민족주의와 아프리칸스어의 관계가 밀접했으므로 아프리칸스어의 입지 문제가 1994년 이전의 여러 협상에서 교섭을 유리하게 이끄는 데 중요하게 작용했다(Crawhall 1993). 동시에 많은 교육자와 사회언어학자가 문화와 언어의 다원주의에 비중을 두었다. 그들한테는 남아공 국민 다수의 권리를 향상하는 것이 곧 국민의 언어역량을 강화하는 것을 의미했다. 영어를 유일한 공용어로 삼는 정책은 결과적으로 많은 아프리칸스어 사용자의 극심한 반발을 불러일으킬 수 있다. 국가 공용어로 영어와 아프리칸스어를 모두 사용하는 것을 골자로 하는 두 번째 시나리오는 대다수 국민에게 언어 역학관계에서 변한 것이 거의 없다는 점을 시사할 수 있다. 영어와 아프리칸스어를 공용어로 채택한다면 특정 아프리카 언어에도 동등한 지위를 부여해야 한다는 강력한 논거가 분명히 생긴다. 신생 독립국은 식민화된 다언어 사회의 고전적인 딜레마에 빠졌다. 어떤 아프리카 언어를 선택해야 하는가? 정치인의 해결책은 홈랜드 체제에서 인정되었던 9개 아프리카 언어를 모두 채택하는 것이었다. 이 언어들은 전체적으로 흑인 인구의 99퍼센트가 사용하는 모어였다. 따라서 11개 언어정책은 특정 정당이 개진한 제안이기보다는 막판에 타협된 절충안이었으며, 이로 인해 남아공은 11개 언어를 국가 공용어로 공인한 국가가 되었다.

17.3.1 언어에 관한 남아공 헌법조문

1996년에 통과된 남아공의 새 헌법은 11개 언어를 공식 목적으로 사용할 수 있도록 공인하여 언어, 문화, 발전의 관계를 중요한 것으로 간주했다. 기존의 공용어였던 아프리칸스어와 영어 이외에 공동 공용어의 지위로 승격된 9개 아프리카 언어는 응구니 언어군에 속하는 코사어, 줄루어, 스와티어(Swati), 은데벨레어와 소토 언어군의 소토어[이전에 남소토어(South Sotho)로 알려짐], 페디어(Pedi), 츠와나어(Tswana), 그리고 소토 언어군과 응구니 언어군에 속하지 않는 총가어(Tsonga), 벤다어(Venda)이다.[16] 〈표 17.1〉에 제시된 2001년 인구조사의 수치가 보여 주듯이 남아공 국민 대부분은 11개 언어를 모어로 사용한다.[17]

---

16 이전에 페디어는 '북소토어(North Sotho)'로 불렸고, 스와티어는 '스와지어(Swazi)'로 불렸다. 일부 저자가 남아공의 토착어를 언급할 때 언어접두사(예컨대, isiZulu, siSwati, Setswana, Tshivenda, Xitsonga 등)를 함께 사용하지만, 필자는 영어로 표기할 때 언어접두사를 쓰지 않는 것을 선호한다. 이 점과 관련해서는 저자에 따라 선호하는 것이 다를 수 있다.

17 2001년 이후 대규모 인구가 이웃 아프리카 국가로부터 남아공에 이주하면서

구 분	언어 사용자 수	비율(%)
응구니 언어군		
은데벨레어	711,818	1.6
스와티어	1,194,428	2.6
코사어	7,907,154	17.6
줄루어	10,677,306	23.8
소토 언어군		
페디어	4,208,982	9.3
소토어	3,555,189	7.9
츠와나어	3,677,016	8.2
기타 언어		
총가어	1,992,207	4.4
벤다어	1,021,759	2.2
아프리칸스어	5,983,426	13.3
영어	3,673,197	8.1
기타	217,297	0.4
합계	44,819,779	99.4

* 인구조사에서 제2언어 사용에 대한 통계는 빠져 있다. 여기에서는 영어가 우세한 위치를 차지한다고 보는 편이 적절하다. 다른 주요 제2언어에는 줄루어와 아프리칸스어가 포함된다.

언어에 관한 헌법조문(제1장 제6절)에서는 독립국가로서의 지위와 관련한 여러 주요 주제를 언급하고 있다.

〈표 17.1〉의 모어 사용자 비율이 큰 폭으로 감소했다. 마지막 인구조사 이후 프랑스어(중부 및 서부 아프리카), 스와힐리어(동부 아프리카), 쇼나어(짐바브웨) 등의 비율이 현저히 증가하고 있다.

언어

6. (1) 남아공의 공용어는 페디어, 소토어, 츠와나어, 스와티어, 벤다어, 총가어, 아프리칸스어, 영어, 은데벨레어, 코사어, 줄루어이다.

(2) 남아공 국민의 토착어는 역사적으로 그 사용자가 감소하고 지위가 손상된 점이 인정되므로 국가는 그 지위를 올리고 토착어의 사용을 증진하기 위한 실질적이고도 적극적인 조치를 취해야 한다.

(3) 중앙정부와 지방정부는 하나의 공용어만 사용할 수 없는 경우에 사용법, 실용성, 비용, 지역 환경과 더불어 전체 혹은 각 지방 주민의 요구사항과 선호도를 균형적으로 고려하여 특정 공용어를 공무용으로 사용할 수 있다. 지방자치 당국은 주민의 언어 사용법과 선호도를 고려해야 한다.

(4) 중앙정부와 지방정부는 법률과 기타 조치를 통해 정부의 공용어 사용을 규제하고 감독해야 한다. 모든 공용어는 (2)의 규정을 손상하지 않으며, 동등하게 존중받고 공평하게 대우받아야 한다.

(5) 범남아공 언어위원회(Pan South African Language Board)는 다음과 같은 임무를 수행한다.

(a) 다음의 언어가 발전하고 사용될 수 있는 환경을 조성하고, 사용을 증진한다.

(i) 모든 공용어

(ii) 코이어, 나마어, 산어

(iii) 수화

(b) 독일어, 그리스어, 구자라트어, 힌디어, 포르투갈어, 타밀어, 텔루구어, 우르두어를 비롯하여 남아공 지역사회에서 일반적으로 사용되는 기타 언어와 종교적 목적으로 사용되는 아랍어, 히브

리어, 산스크리트어 등의 사용을 증진하고, 이 언어들이 존중받도록 보장한다.

　이 조문은 다언어를 사용하는 국민을 통합하고 언어유지를 지향하는 비전으로서 불만의 여지가 없다. 그러나 주요 공공부문에서 밝힌 것처럼 특히 높은 실업률, 낮은 문해율, 국제적인 경제 압력 때문에 이러한 큰 비전 안에서 사회변화를 단기간에 달성하는 것은 그리 쉽지 않다.[18] 응용언어학자와 교육자가 당면한 주요 문제는 언어에 대한 새 헌법의 유연성을 어느 정도까지 효과적으로 실천에 옮길 수 있느냐이다. 어떤 면에서 언어정책과 실행은 많은 부문에서 가장 효과적이면서도 가장 비분열적인 언어 선택을 계속해서 실험하면서 1994년 이후 부단히 변화해 왔다. 웹(Webb 2002: 40, 56)은 언어에 관한 헌법조문을 정책이라기보다 강령으로 규정한다. 뒤 플레시(Du Plessis 2000: 106) 또한 새 헌법이 제정되고 처음 5년이 지난 후에도 여전히 국가 언어정책과 법률이 이로부터 나오지 않았음을 지적한다.[19] 다른 학자는 정책안(案)은 만들어졌지만 이를 실행에 옮길 계획이 부족했다고 주장한다.

　몇몇 주요 언어단체와 위원회가 실제로 정책 수립과 기획에 기여했다. 예를 들어, **국립교육정책연구**(National Education Policy Investigation, NEPI)는 향후 정부에 교육과 관련된 여러 중요한 문제를 조언하기 위해 1990년대 초반에 만들어진 독자적인 이니셔티브이다. 언어 문제를 다루는 소집단에서는 소책자를 마련했는데, 이 책자는 특정 정책을 발의하기보다 다양한 선택권을 제안하는 데 강점이 있었다(NEPI 1992, Kay

---

18 《선데이 타임스(*The Sunday Times*)》(2006년 10월 9일자, 1쪽)에 따르면 남아공 성인 1/3이 초등교육을 받지 못했거나 초등학교를 중퇴했다. 이 조사는 읽고 쓰기 능력 문제를 다루는 비정부기구인 READ가 수행했다.
19 즉, 남아공에 11개의 공용어가 있기는 하나 공식적으로 인정된 국어는 없다.

McCormick, Zubeida Desai, and Sidney Zotwana 편집).[20] 1996년에 **언어직무행동그룹**(Language Task Action Group, LANGTAG)은 문화예술과학기술부(Department of Arts, Culture, Science and Technology, DACST)의 단기 이니셔티브였다. LANGTAG의 업무는 당시 장관이었던 벤 응구바네(Ben Ngubane)에게 새 헌법의 언어지침에 따라 정책수립 계획을 자문하는 것이었다. LANGTAG은 사회언어학자를 비롯한 다양한 언어 실무자와 협력하여 여러 지역사회 및 부문과 포괄적 협의를 하는 한편 집중적인 논의와 새로운 연구가 이루어지도록 했다(1996년 LANGTAG 최종 보고서 참조). 벤 응구바네 장관은 2002년에 나온 국어정책체계(National Language Policy Framework, NLPF)의 머리말에서 차후의 정책체계를 형성하는 데 있어서 LANGTAG이 수행한 역할에 사의를 표했다. **범남아공 언어위원회** (Pan South African Languages Board, PANSALB)는 언어권을 위한 주도적 행위자이자 이를 지키는 감시인으로 헌법에 기초를 두고 만들어진 상설 기구이다. 더딘 시작으로 적지 않은 비판(Alexander 2002; Heugh 2000, du Plessis 2000)을 초래한 끝에 아프리카 언어사전 편찬 및 일반언어 개발 분야가 체계화되기 시작했다(Marivate 2000). 한편 여전히 정비 중인 범남아공 언어위원회와 업무가 중복되는 부분도 있지만 문화예술과학기술부 산하의 언어서비스 부서는 명문화된 언어 조항을 실질적으로 구현하는 데 힘쓴다(Mkhulisi 2000).

1996년 이후 부수적인 실행계획과 더불어 정책문서도 꾸준히 생산되었다. 국가 차원에서 가장 중요한 것은 문화예술과학기술부에서 마련한 국어정책체계(NLPF. 2002년 11월에 최종안이 나옴)이다. 이 체계에서는 모든 정부 부처가 묶여 다언어로 운영된다. 또한 정부위원회가 실무언어

---

20 대규모 프로젝트의 일반적 성향에 따라 편집인이 출판물에 기명되지는 않지만, 이제는 이들의 노력을 인정할 때가 되었다.

를 합의할 때 다른 언어를 사용하는 개인의 권리를 충분히 고려하고, 시민이 선호하는 언어로 대중과 소통하도록 고시한다. 정부간행물은 다언어가 사용되는 현실을 감안해서 될 수 있으면 11개의 모든 공용어로 간행하되, 이것이 여의치 않을 경우에는 최소 6개 이상의 언어를 사용하도록 명시했다. 지정된 6개 언어는 총가어, 벤다어, 아프리칸스어, 영어, 응구니어와 소토어 각 1개씩이다. 응구니어와 소토어의 선택은 다음과 같이 순환적으로 이루어진다. 응구니어 계열의 코사어, 줄루어, 은데벨레어, 스와티어, 소토어 계열의 페디어, 소토어, 츠와나어이다. 언어법안(Languages Bill)으로 알려진 이 정책은 아직 국회의 비준을 기다리고 있다. 일부 학자는 비준이 상당히 지연되고 있는 것에 대해 우려를 표명했다.

17.3.2 1994~2006년의 언어계획 실행과 이에 대한 비판의 목소리

단기적으로 볼 때 헌법의 '기분 좋은 무지개주의'에도 불구하고 다른 언어를 희생하여 제 위치를 공고히 한 언어는 영어였다.[21] 만델라 전 대통령의 취향에 따라 아프리칸스어가 대중연설에서 간혹 사용되기도 했지만, 영어가 의회, 고등교육, 지방정부를 비롯해서 경찰, 국방부, 법원 등과 같은 기관에서 지배적으로 쓰였다. 반면에 아프리칸스어는 예상대로 지위와 힘을 급격히 잃었다. 네빌 알렉산더(Neville Alexander)의 인상적인 말(사적 대화)에 따르면 육군, 해군, 경찰에서 아프리칸스어(따라서 아프리카너의 세력 기반)의 우위는 '균등하게 축소'되었다. 그러나 이 같은 균등은 실제로 다른 9개 공용어가 영어의 지위, 힘, 효용성을 따라잡으려고 애쓰는 선에서만 이루어진다. 따라서 현실을 좀 더 반영한다면 '균등하게 축소'된 것

---

21 한때 무지개는 새로운 국가의 다양성 안에서의 통합을 나타내는 강력한 상징으로 여겨졌다. 무지개에 검은색, 흰색, 갈색이 없다고 해서 이 은유에 한계가 있다고 말하는 것은 적절하지 않은 것으로 보인다.

이 아니라 '불균등하게 축소'된 것이라고 하는 것이 옳을 것이다. 이 절의 나머지 부분에서는 다양한 이해관계자와 지식인이 이와 같은 전개 과정에 대해 제기한 비판과 더불어 이에 대한 반론도 함께 소개한다.

교육 분야 안팎에서 효과적인 다언어 사용 정책을 가장 활발하게 연구하고 캠페인을 펼치는 조직은 네빌 알렉산더가 창설한 NGO인 **남아공 대안교육 연구 프로젝트**(Project for the Study Alternative Education in South Africa, PRAESA)으로서 이 조직은 현재 케이프타운 대학교 (University of Cape Town)의 한 연구부서이다. 오랫동안 헌신적으로 활동해 온 알렉산더는 남아공 국민이 스스로는 물론, 국가 발전에 언어가 이들을 전면적으로 참여하게 만들므로 공정한 사회질서를 추구하려면 이를 반드시 고려해야 한다고 생각한다. 알렉산더가 기여한 것 중 일부는 자인한 바와 같이 이에 대한 담론을 제공했다는 점이다. 그는 공공생활에서 일반시민, 지식인, 교육지도자가 영어 단일어주의의 덫에서 벗어날 수 있도록 노력해 왔다. 동시에 PRAESA는 특히 코사어와 같은 아프리카 언어의 읽기와 쓰기 능력, 아프리카 모어를 통한 좀 더 효과적인 교육방법, 학교에서의 다언어 교육 등과 같이 다양한 사안을 놓고 활발히 연구를 진행하고 있다(Plüddemann et al. 2003). 아주 최근에는 PRAESA 회원이 남아공의 사회실천적 언어정책(Alexander and Heugh 1999) 연구와 아프리카 언어 전문용어 개발(Mahlalela and Heugh 2002)에 참여해 왔다. 알렉산더(2002: 122)는 다음과 같이 주장한다.

일반적으로 정치 계층과 특히 흑인 정치지도자는 국가의 '민원인' 대다수가 영어를 사용하여 정보에 접근할 수 없음을 대부분 알고 있지만, 공무에서 영어만 사용하는 단일어 정책을 장려하는 경향이 있다. 이는 당연히 민주주의 체제의 실행 가능성에 상당한 영향을 미친다. 이러한 연유로 새로운 남아공에서 민주주의를 강화하기 위해서는 각 언어공동체의 언어권을 지지하면서 이들을 집결하는 것이 매우 중요하다. 놀랍게도 해방 투쟁의 전통, 무엇보다 현지어 사용이 조직의 필요조건이었던 노동조합과 지역사회조직 부문의 민중 집결을 고려해 볼 때, 현 지도층은 아프리카의 독립과 해방운동을 이끈 이전 지도자와 똑같은 함정에 빠지는 경향이 있다.

그는 더욱 통렬하게 경고한다(Alexander 2002: 122-123).

오늘날 남아공의 언어계획 수립 과정에는 초현실적인 측면이 있다. 이는 지배 엘리트가 헌법상 의무적으로 해야 하는 것과 자신의 이해와 타성적 편의에 따라 하고 싶어 하는 것 사이의 긴장관계 때문이다. 한편에는 언어 문제를 다루는 공식 위원회, 자문단, 법정기관이 계획하고 탐구 중인 매우 진보적이고도 급진적인 움직임이 있다. 다른 한편에는 정치지도자와 결탁한 관료주의에 의해 이용되는 절차상의 장애물이 끝없는 사슬처럼 놓여 있다. 물론 정치지도자는 유권자의 조용한 목소리에 반응만 할 따름이다. 이러한 장애물 때문에 언어정책의 실행이 늦어지고 방해받는다. 오늘날 남아공에서 언어계획을 짜는 사람은 정치적 사기극과 학문적 소심함이 모두 등장하는 매우 흥미로운 구경거리이다.

다른 연구자도 사기극의 의혹을 증폭한다. 프리스테이트 대학교(University of the Free State)의 언어간편화 및 역량강화 팀을 이끌고 있는 테오 뒤 플레시(Theo du Plessis)는 11개의 공용어를 선언한 것과 영어가 갈수록 우세해지는 것 사이의 괴리를 한탄한다. "법적 구속력에도 불구하고 아프리칸스어의 공식적인 격하가 아프리카 언어의 지위 향상보다 더 중요하다는 인상을 받는다"(2001: 102). 더욱이 "새로운 의사결정자는 주로 아프리칸스어의 지위를 약화하기 위해 영어 전용정책을 강요하는 경향이 있는 것으로 보인다"(Plessis 2001 : 103).

웹(Webb 2002)은 아프리카 언어를 더 개발하자고 강력히 주장하면서 국가 건설, 경제적 이익, 교육적 편리가 주는 혜택을 그 근거로 든다. 그는 아프리카 언어의 역량을 (상징적 차원이 아니라) 실질적으로 강화할 것을 호소한다. 웹의 분석에 따라 2004년 현재 성공한 언어계획 실행 사례를 특기하면 다음과 같다.

- 아프리카 언어 개발에 자원을 할당한다.
- 컴퓨터 용어를 모든 공용어로 만든다.
- 음성인식 시스템에 관한 연구를 수행한다.
- 벤다어와 같이 상대적으로 소수언어가 텔레비전에 등장한다.
- 아프리카 언어가 공공기관, 대학교육 센터, 도시의 공공장소 등지에서 적어도 비공식적으로는 예전보다 많이 나타난다.
- 다양한 언어를 사용한 음악 전통이 계속 성장한다.
- 대학 기관이 아프리카 언어 사용에 여지를 좀 더 많이 두도록 촉구한다.

이러한 성공이 아프리카 언어가 영어와 동등해질 것이라고 즉각 보장하지는 않지만, 길고 굴곡진 여정에 중요한 첫발을 내디뎠다고 할 수 있다. 1875년에 애호가들이 하나의 언어로 선언한 아프리칸스어조차 즉시 수용되지 않았다는 사실에 주목할 필요가 있다. 또한 일부 학자(Alexander 2002; du Plessis 2001)도 영어(그리고 아프리카 정부에서 사용하는 다른 유럽어)가 현대화와 정치발전의 도구로 간주되는 정도를 과소평가하는 것으로 보인다. 영어는 아프리카 내에서 기술, 국제적 유대, 통신 네트워크, 정치활동과 관련이 있다. 이와 달리 웹은 아프리카 언어 화자의 자체적 관점에서 이 언어들의 가치를 과소평가하는 경향을 보인다. "이

언어들은 크게 낙인이 찍혔고, 대다수의 언어 사용자가 쓸모없는 것으로 생각한다"(Webb 2002: 13)와 같은 그의 결론이 그 예이다. 이는 토착어의 '숨겨진 위세'(Labov 1972)를 의식하지 못한 것으로 보인다(Slabbert and Finlayson 2000). 아프리카 언어는 지역 수준, 공동체 생활 및 가치 측면에서 음악, 스포츠, 라디오 방송의 자연스러운 매체로 간주된다. 또한 웹 (2002: 12)은 "남아공 흑인은 교육에 접근하는 유의미한 도구로서 효과적으로 사용할 수 있을 정도로 필요한 영어 구사력을 갖출 수 없었다"고 말한다. 이렇게 보면 웹의 입장은 더그 영(Doug Young)이 사용한 용어인 '반언어(semilingual)'적 입장에 가깝다(Young et al. 2004). 즉, 흑인 학생이 모어도 배우지 못하고, 학교에서 영어도 배우지 못한다는 것이다. 그러나 모든 사람은 편안하고 유창하게 사용할 수 있는 언어가 최소 한 가지는 있으므로 '미완의 이론'(Martin-Jones and Romaine 1985)인 반언어론(semilingualism)을 수용하는 사회언어학자는 없다. 이러한 언어는 반드시 표준어가 아닐 수도 있는데, 이 때문에 아동이 학교로 들여오는 모어의 유용성을 검증하기보다 이미 정착된 언어로 읽고 쓰기 능력을 가르치는 데 더 관심이 많은 교육자는 혼란을 느낀다. '반언어론'의 잠재적인 문제는 많은 언어를 구사할 수 있는 젊은 흑인 인구의 언어 능력을 왜곡한다는 점이다.[22]

퀘시 프라(Kwesi Prah)와 네빌 알렉산더는 또 다른 이니셔티브에서 아프리카 언어의 입지를 강화하기 위해 다른 아프리카 지역의 학자 및 언어 실무자와 강한 유대관계를 구축했다. 두 학자는 교육 및 대중생활에서 아프리카 언어를 보급하고 공교육에서 아프리카 언어가 유의미하고 경제적으로 실행 가능한 역할을 수행하기에 지나치게 작고 파편화되어 있다

---

[22] 어떤 언어로도 읽고 쓰기 능력을 습득하지 못하는 것은 또 다른 문제로, 이는 국가 건설 과정에서 추구하는 평등 목표를 실현하는 데 커다란 장애가 된다.

고 느끼는 운명론자를 넘어서는 데 '화합' 과정이 매우 중요하다고 보았다. 따라서 앞서 1940년대에 정치인 제이컵 은라포(Jacob Nhlapo)가 만들고 네빌 알렉산더(Neville Alexander 1989)가 제안한 화합 프로젝트가 발전하기 시작했다. 이 프로젝트는 줄루어, 코사어, 스와티어, 은데벨레어로 구성된 응구니어 '군집'에서 새로운 표준 응구니어를, 그리고 북소토어, 남소토어, 츠와나어에서 새로운 표준 소토어를 개발하는 계획이다. 이것이 이루어지면 (소수언어인 벤다어 및 총가어와 함께) 공용어 후보로서 2개의 주요 아프리카 언어가 생기는 만족스러운 성과를 낼 수 있다는 것이다. 언어학자들이 구어 차원에서 위와 같은 단일화가 실현될 수 있을지에 강한 의혹을 표명한 것에 대해 알렉산더는 단일화가 문어 차원에서 이점이 있다는 점을 강조했다. 아파르트헤이트 정부가 세운 수많은 아프리카 언어위원회는 서로 경쟁해 왔고, 새로운 전문용어를 결정할 때조차 차이를 강조하려고 노력했다. 이와 달리 알렉산더는 장기적으로 최소한 저술과 출판 수준에서 각 군집의 언어를 억지로 떼어 놓는 대신 한데로 모을 수 있으리라는 희망을 피력했다. 그러나 알렉산더는 학회에서 그의 제안에 반하여 개별 아프리카 언어의 상징과 문화적 가치를 강조했던 흑인 학자의 매서운 반응을 예상할 수 없었을 것이다. 이는 언어공학적으로 접근하는 어떠한 노력과도 어긋난 입장이었기 때문에 화합 프로젝트는 결국 보류되었다. 실질적으로 이는 (언어통합이 실현 가능했다고 가정할 때) 흑인 지식인이 집단으로서 통합을 이루려고 노력할 수는 있지만, 이러한 집단통합을 언어통합과는 결부하지 않음을 의미한다. 그러나 현재 한 정책 타협안이 화합 프로젝트의 논리적 근거를 간접적으로 지지한다. 상기한 바와 같이 아직 통과되지 않은 2002년 국어정책체계(NLPF)에서는 가능한 경우 정부부처가 11개의 공용어로 문서를 간행하고, 그렇지 못할 경우에는 최소한 6개 이상의 언어로 문서를 간행하도록 되어 있다. 6개의 언어는 총가어, 벤다어, 아프리칸스어, 영어, 각 1개씩의 응구니어와 소토어로서, 응구니어 군집에서는 코사어, 줄루어, 은데벨레어, 스와티어의 순서로, 소토어 군집에서는 페디어, 소토어, 츠와나어의 순서로 돌아가며 선택된다. 이는 한 언어의 표준형이 순환 기간에 그 집단의 나머지 언어를 대표한다는 점을 제외하면 화합 프로젝트의 분류와 일치한다.

일부 지식인은 언어를 공용어로 만들고 언어권을 주장하는 논쟁에 지나치게 많은 에너지를 허비한다고 느낀다. 아프리칸스어를 사용하는 정치평론가 막스 뒤 프레즈(Max du Preez)는 아프리칸스어의 지위를 주제로 한 또 다른 학회에서 목격한 사실에 대해 케이프타운 신문에 신랄한 비평을 실었다(2004년 8월).

남아공 국민의 생활에는 아프리칸스 언어에 대한 사안만큼 격렬한 허튼소리, 거짓말, 겉치레, 헛된 감정을 많이 이끌어 내는 다른 공적 사안은 없는 것 같다. 아프리칸스어 논쟁을 보면 마음속까지 지루함을 느낀다.

아프리칸스어는 나의 모어이고, 나는 아프리칸스어를 열렬히 사랑한다. 나는 나의 형제자매에게 아프리칸스어를 사용한다…… 아프리칸스어를 위해 싸우는 명망 높은 투사의 아이들과 달리, 내 아이도 아프리칸스어를 사용한다. 나의 강아지, 나의 오리, 나의 닭도 마찬가지이다. 나는 또한 아프리칸스어로만 맹세한다.

…… (거의가 마흔이 훌쩍 넘은) 학회 참석자 대부분은 출판인, 편집인, 언어학자, 교수, 정치인, 사업가, 아프리칸스어 문화 또는 아프리칸스어 로비 집단에 고용된 사람들로 아프리칸스어와 직업상 이해관계가 있다. 아프리칸스어가 쇠퇴한다면, 그들의 부도 이지러질 것이다.

…… 내 생각에 지금의 아프리칸스어는 압제자의 언어였을 때보다 더 창의적이고 활기차다. 실제로 아프리칸스어 음악은 1988년의 '대안적' 저항음악운동 이후에야 활기를 띠었다.

…… 우는 소리는 그만하고 당신의 언어를 향유하라. 무엇보다도 새

민주주의 체제에서 느끼는 권력, 위세, 특권의 상실감을 당신의 언어 권리와 혼동하지 말라[칼럼 '최대의 공간(Maximum Headroom)', 《아르고스 (*Argus*)》 2004년 9월 2일].

뒤 프레즈는 (다른 모든 정치평론가처럼) 자신의 경우를 과장해서 말하고 있지만, 그의 입장은 새 시대의 아프리칸스어와 언어계획에 대한 학자들의 설명에 필요한 균형 있는 입장이다. 뒤 프레즈의 비판은 학교와 대학교의 학생 수용 과정에서 예전보다 많은 언어가 사용되고, 남아공에서 영어 세력이 증가함에 따라 아프리칸스어가 교육매체로서 계속 약화되고 있음을 지적한 것일 수 있다. 뒤 프레즈의 글에서 나타난 또 다른 흥미로운 점은 그가 제시한 사회언어학적 상향식 관점을 다른 공용어 사용 공동체의 화자와 지식인이 암묵적이나마 공유할 수 있느냐이다. 즉, 직업적으로 언어와 직접 관련이 없는 아프리카 지식인도 언어(특히 자신들의 언어)를 무엇보다 우선시하려는 지식인의 목소리를 외면할까? 확신할 수는 없으나 알렉산더가 설명한 바와 같이, 이는 정부 관료의 시간끌기 전략을 설명하는 데 어느 정도 도움이 될 수 있을 것이다.

이제 언어 스펙트럼의 양 극단을 살펴볼 때이다. 총가어, 벤다어, 스와티어, 은데벨레어와 같은 소수언어 공동체는 헌법에서 응당 명시한 바대로 역량이 강화되었다고 여기지 않는다는 점이 지적되었다. 최근까지 불만을 품게 하는 부분은 특히 텔레비전 채널이 없다는 것이다(Beukman 2000: 142). 이후 다른 아프리카 공용어의 세력이 증가하는 것으로 여겨지자 이에 대항하여 소수언어 사용 집단 사이에 일종의 동맹을 형성했다 (Webb 2002; du Plessis 2000). 어쩌면 현재 다양한 시청자의 시선을 끄는 일련의 새 텔레비전 프로그램(특히 시트콤)에서 영어 자막과 함께 벤다어와 총가어가 도입된 것은 바로 이러한 로비의 압력 때문이었을지도 모른다. 한편 정부문서의 번역과 관련 있는 국어정책체계(NLPF)는 총가어와 벤다어를 다른 아프리카 언어보다 실제로 격상하여 (특정 시점에서 공문서 번역에 쓰이는 하나의 '대표' 언어만 있는 응구니어와 소토어 집단과는 대조적으로) 항상 번역되는 공용어인 아프리칸스어 및 영어와 대등한 위치에 올려놓을 것을 제안한다. 이처럼 수많은 소수언어 중에 이 2개의 소수언어를 격상하면 여러 가지 흥미로운 문제가 발생한다. 만약 이에 관한 언어법안이 국회에 상정된다면 뜨거운 논쟁이 벌어지리라는 것은 불 보듯 뻔하다. 예컨대, 북부 은데벨레어(Northern Ndebele), 포르투갈어, 코이산어, 인도어 사용자와 같은 다른 비공용어 집단 구성원도 자신들 언어의 비공식 지위로 인하여 자신들이 직접 당하거나 느끼는 경시감에 우려와 불만을 표명하라는 요청에 따라 PANSALB에 투서해 왔다(Beukman 2000: 142). 여기서 우리는 공용어 개념에 대한 오해를 볼 수 있다. 선택된 11개 언어에 속하지 않은 언어를 사용하는 사람들은 소외감을 표출하는 데 기회를 활용해 왔다. 그러나 공용어는 실용적 기능에 맞는 수단이지 단순한 동질감의 대상은 아니다. 이러한 점에서 볼 때, 광범한 언어교체를 겪어 온 포르투갈어, 인도어, 코이산어 사용자는 일상생활에서 영어나 아프리칸스어를 사용하지만, 상징적 차원에서 여전히 조상의 언어에 동질감을 느낀다. 소수언어 중에서 몇몇 경우는 추가 공용어로 고려할 여지가 다른 언어보다 더 많다. 예를 들어, (남부) 은데벨레어는 공용어인데 북부 은데벨레어가 공용어가 되지 못할 이유가 있을까? 마지막으로, 로비활동으로 일부 텔레비전 프로그램(특히 긴급뉴스)에 수화가 등장하였고, 교육 분야에서도 이 언어가 쓰이면서 수화가 비공식적으로 남아공의 '열두 번째 공용어'로 불리게 되었다는 사실도 주목할 만하다.

한편 언어 스펙트럼의 다른 극단에 있는 영어의 실용 가치에 대해서는 그 누구도 이론을 제기하지 않는다. 실제로 많은 학부모가 자식들이 가능한 한 빨리 영어를 많이 배우기를 원하는 것으로 보인다. 데 클레르크(De Klerk 2000)는 이전의 백인 학교(현재는 비인종적으로 바뀜)에 보낸 자식 사이에 모어가 사용되는 것을 적극적으로 막는 이스턴 케이프 주의 학부모 이야기를 소개한다. 그들이 '엘리트 가족'이 아니라는 사실에 비추어 보았을 때 이는 더욱 놀라운 일이다. 그러나 이 사례 연구가 보여 주는 것이 일반적이지 않을 수도 있다. 다시 말해, 이 경우는 대다수의 흑인 거주구역 주민에게 적용되지 않는 것으로 보인다. 알렉산더(2002: 123)는 자신의 목적을 위해 영어 매력의 논거를 이용하는 정치인에게 다음과 같이 경고한다. "사람들이 영어뿐만 아니라 자신들의 언어도 함께 원한다는 사실을 보여 주는 조사 결과가 있음에도, 그들(언어계획 입안자)은 정치적 '공상가'부터 '사람들이 영어를 원한다'는 말을 허구한 날 듣는다." 또 다른 학자는 아프리카 언어를 희생하지 않으면서 고등교육, 경제, 미디어 영역에서 영어를 분명한 주요 언어로 사용하자고 주장한다. 이러한 관점은 스탠리 리지(Stanley Ridge 2004)가 주창했다. 그는 영어를 지나치게 강조하는 관점과 다언어 사용을 지나치게 강조하는 관점 사이에서 중간 입장을 취할 것을 요구한다. 또한 다언어 사용과 개별어 사용에 관한 정책 문서에 별다른 입장 차이가 없다고 비판한다. 리지는 다음과 같이 다언어를 전면적으로 사용하도록 요구하면 언어 사용자가 개별어를 알맞게 사용하는 다양한 분야를 인식하지 못한다고 주장한다.

영어와 연관된 거대한 힘, 영어를 제1언어 및 제2언어로 쓰는 사용자가 흔히 현대성과 개발이라는 미명하에 다른 언어를 서서히 몰아내는 방식을 고려할 때 영어의 위치를 정하는 데 신중해야 할 필요성에 의문을 제기하는 응용언어학자는 거의 없을 것이다. 그러나 특정 상황에서 영어가 합법적으로 갖는 의미와 실제로 영어가 제공할 수 있는 것에 대한 현실감을 느낄 필요도 분명히 있다.

리지가 내건 요건과 무관한 집단 중 하나는 새로운 중산계급의 흑인

청년이다. 한때 백인 및 영어를 사용하는 다른 또래와 교류하지 않고, 양질의 교육도 받지 않겠다고 했던 흑인 학생들은 오늘날 이전의 백인 학교에 많이 다니는 것 같다. 또한 이들의 대학진학 과정도 '흑인거주구역' 학교 출신의 흑인 학생보다 더 쉬워 보인다. 비록 신흥 흑인 중산층은 여전히 그 수가 적고 앞에서 언급한 학교에서도 소수에 속하지만, 이들은 문법과 억양에서 백인 동년배와 실질적으로 동일하게 영어를 구사하고 자신감이 넘치고 아주 잘 드러나는 집단이다. 또한 이 집단과 이에 상응한 흑인 거주구역 출신 집단 사이에도 계층이 구분된다. 백인 친구를 모방하거나, 세계화된 패션과 음악 전형을 따르는 학생들은 코코넛(coconuts. '겉은 검은색, 속은 흰색') 혹은 멀티[multis. '다인종 학교 출신(from a multiracial school)'의 준말]로 표현되며, 자신들의 전통 문화를 잃고 있다는 비난을 받는다. 반대로 이러한 젊은 흑인 비평가에 대한 멀티들의 생각도 마찬가지로 그렇게 우호적이지는 않다. 현재 남아공 사회는 인종경계와 계층경계가 달라지면서 갈수록 더 분산되고 있다.

17.3.3 교육매체를 둘러싼 문제

국가 건설을 둘러싼 현실적 어려움과 이념적 어려움은 교육매체를 선택할 때 느낄 수 있다. 여기서 국가는 여러 다른 방면으로 나아갈 수 있다. 헌법은 언어와 선택권을 명시하지 않은 채 다언어 사용에 대한 기준을 사려 깊게 규정한다. 사회언어학자와 응용언어학자 대다수는 영어지식 없이 학교에 입학하는 아동이 모어를 통한 선행교육의 이점을 누려야 한다고 주장한다. 그들은 또한 자녀가 가능한 한 빨리 배우기를 많은 학부모가 바라는 매체가 영어임이 분명하므로 이를 조기에 교과목으로 도입할 것을 권고한다. 학부모는 이와 관련하여 아파르트헤이트 교육정책이 불이익을 조장했기 때문에 아프리카 언어를 교육매체로 사용하는 정책에 불신을 품고 있는 것으로 보인다. 또한 학부모 상당수가 초등학교 교과목으로 영어를 선택하는 것과 교육매체로 영어를 선택하는 것을 혼동하는 것으로 보인다. 정부 당국은 사회언어학적 입장을 지지해 왔지만, 민주주의라는 이해관계에서 언어 문제에 결정을 내리는 주체는 학교운영위원회이다. 현재로서는 어떠한 일관된 정책도 준비되어 있지 않다.

한때 아프리칸스어를 교육매체로 사용한 학교는 변화하는 환경에 맞추어 흑인 학생의 영어 선호에 따라 영어와 아프리칸스어를 모두 사용하는 이중 교육매체를 도입할 수밖에 없었다. 피터 플뤼데만(Peter Plüddemann, 사적 대화)은 웨스턴 케이프 주에서 아프리칸스어를 이전 교육매체로 사용한 일부 학교가 2개 단계의 변화를 겪는다는 사실에 주목한다. 학교는 처음에 아프리칸스어를 교육매체로 사용하다가 아프리칸스어와 영어를 모두 사용하고, 이윽고 흑인 학생의 입학이 늘어남에 따라 코사어를 가르쳐야 할 필요를 느끼며 초점을 전환한다. 이는 불가피하게 아프리칸스어의 입지를 약화하므로 어떤 학교의 운영위원회에서는 아프리칸스어를 사용하지 않는 학생 수를 제한하려고 한다. 이 문제로 일부 학교는 인종 포용주의를 널리 선전하는 지방정부와 마찰을 빚었다. 이와 관련하여 잘 알려진 한 가지 대표적 사건은 2005년에 재판에 회부된 웨스턴 케이프 주 교육감과 미크로(Mikro) 초등학교 운영위원회의 대립이다(아프리칸스어를 매체로 사용할 수 있도록 미크로 학교의 손을 들어준 판결은 http://www.law.wits.ac.za/sca/summary.php?case_id=13073//xxx에서 확인할 수 있다).

이와 마찬가지로 대학교육도 흥미롭고 복잡한 상황이 전개된다. 아파르트헤이트 시대에는 자원이 불공평하게 배분된 채로 인종 집단에 따라 대학교가 별도로 설립되었다. 아파르트헤이트 이후 정부는 같은 역내의 교육기관을 합병하여 자원 중복을 피하도록 노력했다. 예컨대, 콰줄루·나탈 대학교(University of KwaZulu-Natal)는 (이전의 인도인 학교인) 더

반·웨스트빌 대학교(University of Durban-Westville), (이전의 흑인[23] 학교인) 나탈 의과대학(University of Natal Medical School), (이전의 백인 학교인) 에지우드 사범대학(Edgewood College of Education)과 더반 및 피터마리츠버그(Pietermaritzburg)에 위치한 2개의 나탈 대학교 (백인) 캠퍼스가 합병한 결과이다. 과거에는 위의 모든 교육기관이 영어만을 교육매체로 사용했지만, 현재는 줄루어를 공동 교육매체로 도입하려는 움직임이 있다[《선데이 타임스(Sunday Times)》 2006년 5월 22일자]. 합병 자체에 실질적으로나 관념적으로 어려움이 따랐다면, 하향식으로 구상된 언어정책은 고등교육의 본질과 아프리카 환경에서 고등교육이 수행하는 역할에 대해 근본적인 의문을 제기한다. 이 정책을 지지하는 사람들은 언어 형평성(상기한 조항 2와 조항 4 참조)에 대한 헌법지침을 따르고, 줄루어가 주요 언어로 사용되는 지역에서 대학의 역할을 실증해야 한다고 주장한다. 이에 대해 대학 내의 회의론자들은 남아공, 아프리카 대륙, 세계 도처에서 학생이 입학하는 데 반하는 줄루어의 국지화를 지적한다. 또한 많은 사람이 줄루어를 사용하고, 일부가 읽을 수 있다고 하더라도 현대 과학 지식을 줄루어를 통해 과연 제대로 전달할 수 있을지에 대해 의문을 품는 사람도 있다. 앞으로 수년간은 대학과 응용언어학 연구에 분명 흥미로운 시간이 될 것이다. 고등교육에서의 아프리카 언어 사용 지지자가 흔히 제시하는 비교 사례는 상대적으로 작고 국지적인 언어였던 아프리칸스어도 20세기 초반에 과학과 기술을 전달할 수 있었는데, 줄루어와 벤다어가 그렇게 하지 못할 이유가 무엇이냐는 것이다(예컨대, Alexander 2002; Prah 1995 참조). 이는 바로 정치적 의지와 이념적 확신의 문제이다. 아프리칸스어는 발전도상에 있는 남아공의 다른 언어의 유사한 역량을 억누르며 독자적

---

[23] 여기에서 '흑인(black)'을 소문자로 표기한 것은 넓은 의미에서 '흑인, 인도인, 유색인'을 나타낸다.

으로 이와 같은 역할을 수행했다. 아프리칸스어를 고등교육에서 사용하도록 장려한 이념적 조건이 오늘날에도 동일하게 존재하는지는 분명치 않다. 줄루어(또는 다른 아프리카 언어)를 고등교육에서 성공적으로 사용하려면 1세기 전의 아프리칸스어 학자와 저술가들이 보여 준 수준의 헌신이 필요하다. 현재로서는 그럴 가능성이 없어 보인다. 아프리카화를 외치는 목소리가 높아지고, 대학에서 기능적 다언어 사용이 증가함에 따라 현재 아프리카 언어학과의 등록 인원은 감소하는 반면, 교육받은 남아공 국민 모두가 여러 분야에서 영어를 더욱 많이 사용한다. (수는 적지만 영향력 있는 집단으로 성장하기 시작한) 젊은 흑인 중산층은 점점 세계화되는 경제적, 문화적 환경에서 열망을 실현하는 언어로 영어를 사용하고 있다.

대학교육 수준에서 아프리칸스어가 안고 있는 딜레마는 하위 교육수준에서 나타나는 딜레마와 상당히 유사하다. (이전에 백인만 입학할 수 있었던) 5개 주요 아프리칸스어 대학교는 아파르트헤이트 이후의 변화된 현실에 맞추어 영어를 함께 사용하는 이중매체 체계를 받아들여야 했다. 이로 인해 강의가 중복되는 경우가 많았다. 아파르트헤이트 시대에 아프리칸스어를 사용하는 최고 명문대학교였던 스텔렌보시 대학교(Stellenbosch University)는 현재 학교의 언어철학관에 따라 분열되었다. 전통주의자 집단은 아프리칸스어를 유일한 교육매체로 유지하기를 바라며 공동 교육매체로 영어를 공인하면 고등교육의 언어로서 아프리칸스어의 지위가 위협을 받을 것이라고 주장한다. 이들은 남아공에 아프리칸스어를 유일한 교육매체로 사용하는 대학교가 적어도 하나는 있어야 한다고 주장한다. 여기에 반대하는 이들은 아프리칸스어를 유일한 교육매체로 사용하는 정책이 라거 효과로 이어져서 아프리카 언어 사용자를 학교에 들어오지 못하게 하는 부정적 방편으로 인식될 것이라고 주장한다(예컨대, www. educationworldonline.net/eduworld/article.php?의 개요 참조).[24]

---

[24] 이 대학교는 아프리칸스어를 사용하는 상당수의 유색인 학생을 끌어들이고 있

17.3.4 표준 영어와 영어 표준

국가 건설과 관련하여 영어의 위치 문제로 다시 돌아가 보면, (비정부기구인) 남아공 영어학술회(English Academy of South Africa)가 표준어 문제에 대해 몰두하는 것은 어느 정도 의의가 있다(Titlestad 1996; Wright 1996 참조). 이는 다른 공용어와 대조되는 것으로, 이들 언어에서는 교육 및 다른 공공 분야에서의 언어 사용권과 그러한 권리를 실질적으로 구현하는 것이 초미의 현안이 되어 왔다. 남아공의 영어 표준형과 관련하여 중요한 질문은 정확히 '누구의 표준인가?' 하는 것이다. 이는 영어 연구 분야에서 미국 영어와 영국 영어 사이의 관계에 대한 노아 웹스터(Noah Webster)의 기록까지 거슬러 올라가는 오랜 문제이다(Kahane 1982: 230). 1992년에 민주남아프리카공화국회의(Convention for a Democratic South Africa, CODESA)에 제출한 의견서에서 분명하게 표현된 남아공 영어학회의 입장은 L1 영어가 규범이 되어야 한다는 것이었다. 이 학회는 그러한 규범을 구체화하기 위해 표준 영국 영어를 상정하기까지 했다(Titlestad 1996: 169-170 참조). 남아공 영어의 규범이 주로 영국 남부에서 파생된 것은 사실이지만, 영어학회의 발표는 새 국가를 건설하는 중요한 첫 시점에서 오해를 불러일으키기에 딱 맞았다. 특히 이 발표는 남아공 흑인이 사용하는 여러 영어 규범을 무시하는 것으로 보였다. 최근 일부 학자는 이에 대응하여 흑인 규범에 맞추어 영어를 재표준화할 것을 요구해 왔다(Wade 1995; Makalela 2004). 실제로 이들은 남아공에서 사용되는 다양한 영어를 일치시킬 것을 제안하기도 했는데, 물론 이러한 요구는 이미 표준화된 아프리카 언어에 대한 은라포와 알렉산더(Nhlapo-Alexander)의 무게감 있는 입장을 풍자해서 따라 한 것은 아니었다. 유감스럽게도 남아공 국민은 언어 계획에서 과중한 신념 때문에 시달리는 것으로 보인다. 새로운 영어 표준

으므로 이 주장이 인종 구별에 전적으로 기반을 둔 것은 아니다.

을 설계하려는 그 어떤 시도와도 대조적으로 사회언어학자들은 학교에서 중산층 아동이 겪은 비인종적이고 다문화적인 경험에서 하나의 새로운 비공식 영어 변이형이 자연적이고 자발적인 방식으로 나타날 것이라는 기대를 하게 만든다. 이 과정은 점진적이고 유기적으로 진행될 것이다. 또한 이 변이형의 약간 더 '신중한' 형태가 공식 표준형이 될 수도 있을 것이다. 그러나 세계 기술시대의 매체 영향을 다시 고려해 볼 때, '일반 남아공 영어(General South African English)'의 규범이 전반적인 음성구조와 통사구조에서 아주 크게 바뀔 것 같지는 않다.[25] 그렇지만 이 새로운 공식 표준형에 교육받은 유색인 중산층 영향의 흔적이 들어 있지 않다면 놀라운 일이다. 실제로 작가이자 비평가인 은자불로 은데벨레(Njabulo Ndebele 1987)는 이 입장을 분명히 밝혔다. 그러나 이는 언어계획 입안자들이 생각할 때 화합의 입장이 아니다. 또한 이는 은데벨레의 글에서 제안하는 것처럼 성문문법 규범에도 잘 들어맞지 않는다.

영어학계에서 제기된 두 번째 문제(예컨대, Titlestad 1998 참조)는 고급 영어 텍스트를 토착어로 효과적으로 번역하고, 이러한 번역을 활용하는 데 새로운 정책이 지나치게 자신만만할 수도 있다는 점이다.[26] 티틀레스타드(Titlestad)는 모든 수준에서 영어교육을 개선하려면 불충분한 재원을 더 잘 활용하는 편이 나을 것이라고 주장한다. 그는 기본적으로 시장성이 있는 기술을 영어로 습득함으로써 역량을 강화할 수 있다고 본다. 그는 또한 초등학교에서는 비영어권 사용자를 위한 모어교육이 필수적이

---

25 '일반 남아공 영어(General South African English)'는 현재 통용되는 언어학 용어로서, 지금까지 백인 중산층에 특징적인 오명이 없는 남아공 영어 변이형을 일컫는다. 이는 영국 남부의 중산층이 사용하는 형태와 오명이 쓰인 '폭넓은' 의미의 남아공 영어와는 다르다(Lanham 1978; Lass 2002 참조).

26 이와 유사하게, Young, van der Vlugt, and Qanya(2004)는 초등 수준이라도 영어 과학용어를 번역하려는 시도는 아동에게 너무 '심오'해서 이해하기 힘든 것으로 판명되는 경우가 있다며 주의를 촉구한다.

지만, (갈수록 세계 변화의 추세에 따른) 시장의 수요 때문에 더 나은 수준의 영어 능력에 대한 필요성이 대두한다고 생각한다.

17.4 언어와 독립 국가의 지위: 두 가지 최종 관점

17.4.1 그람시의 사회학적 관점

안토니오 그람시(Antonio Gramsci 1971)의 잘 알려진 명제는 어떤 사회에서 새로운 질서가 태어나려고 분투하는 반면 낡은 질서는 죽어 가는 것으로 비칠 수 있다는 내용을 담고 있다. 그람시는 권력을 쥔 계급이 패권을 장악하려는 목적으로 언어를 사용하며, 대중토론에서 언어 문제가 대두하는 것은 정치와 사회의 재편성 또는 통합의 신호라고 주장했다. 크로홀(Crawhall 1993)에 따르면 그러한 거시정치적 관점에서 볼 때 1990년대에 채택된 11개의 공용어 정책은 이전 정부의 언어권력을 약화하기 위한 첫 번째 조치였다. 이는 이전에 육군, 해군, 경찰과 연계되었던 언어인 아프리칸스어를 격하하는 데 주로 적용되었다. 또한 이 정책으로 인해 영어와 영어 사용 지지자의 세력이 확연하게 증대했다. 크로홀의 분석에 따르면, 새로운 흑인 엘리트 계층이 기반을 잡을 때 주입식 영어교육이 도움이 되었다. 이들의 사회상징적 목록(socio-symbolic repertoire)은 다언어를 사용하지만 영어 문해력을 비롯하여 영어를 잘 구사하지 못하는 대중을 그들과 구별했다. 현재 발전 중인 다른 관점과 동향으로는, 아프리카 언어를 포함한 다언어의 필요성을 호소함으로써 여전히 경제 및 고등교육 부문에서 우위를 누리는 영어 사용자의 세력을 줄이려는 움직임을 들 수 있다. 한때는 다언어 사용을 옹호하는 두 집단인 아프리칸스어 지도자와 아프리카 언어 지식인이 서로 묘한 관계를 맺고 협력을 약속한 적도 있었다. 아파르트헤이트 이후 새로운 시대의 아프리칸스 지식인은 영어의 언어침식에 대항하여 이전까지의 배타성이 아닌 헌법적으로 보장된 다언어 사용을 토대로 자신들의 언어 권리를 위해 싸울 가능성을 보았다. 그러나 아프리카 언어학자들이 헤르더의 **민족·언어·문화** 세계관을 공유하는 것으로 보이지 않기 때문에 다언어 옹호 진영을 연합하려는 시도는 성과를 거두지 못했다. 마즈루이와 마즈루이(Mazrui and Mazrui 1998: 8)는 이처럼 언어, 문화, 국가 간의 정체성 개념에 기반을 둔 언어 민족주의가 아프리카에 드물며, 오직 소말리인과 아프리카너에서만 발견된다고 주장한다.

소말리인과 아프리카너만이 사하라 이남의 진정한 언어 민족주의자라면 토착어의 폭넓은 인정을 옹호하는 남아공 흑인은 어디에 두어야 하는가? 남아공 흑인이 아프리카 대륙의 다른 흑인과 같다면 그들은 언어적 순수성 혹은 자율성이 아닌 실제로 인종적 존엄성을 지키고 있다. 언어는 바로 인종을 지키는 또 다른 양상으로서 타당한 양상이다.

이 설명은 아프리카 언어의 옹호뿐만 아니라 식민 언어를 아프리카 엘리트가 받아들인 이유의 문제와도 관련된다. 인종적 존엄성에는 두 가지의 언어 양상이 있다. 하나는 아프리카 언어를 유지하는 것이고, 다른 하나는 (아프리카 지역에서 프랑스어, 포르투갈어, 영어를 지속적으로 사용하고, 그 지위와 관련해서) 유럽어를 사용하는 것이다. 전통의 중요성과 식민주의에 대한 수사적 도전에도 불구하고 식민 언어는 현대성과 밀접한 관계가 있다. 전술한 바와 같이 전통 아프리카 언어는 과거 농촌에서 선교사가 표준화한 결과이므로 덜 호의적인 인상을 준다.

영어는 단기간에 가장 많은 이득을 얻어 냈다. 기회와 성취에 불평등이 있는 한, 그람시의 견해와 같이 언어는 독립국가의 지위와 권력을 둘러싼 다툼에 철저히 연루되어 뜨거운 쟁점으로 남을 것이다. 우리는 이와 같은 모습을 위의 17.3.3에서 언급한 여러 대학 기관에서 분명히 보고 있다.

17.4.2 상향식 사회언어학적 관점

스폴스키와 쇼하미(Spolsky and Shohamy 2001: 357)는 언어계획 입안자에게 "언어 사용자의 관점에서 언어는 복잡한 사회, 문화, 경제 선택의 한 양상일 뿐이다"라며 주의를 촉구한다. 더 나아가 르 파주와 타부레 켈러(Le Page and Tabouret-Keller 1985)는 언어가 표지체인 동시에 정체성 표지체이며, 언어가 개인적 배경과 사회적 열망을 보여 준다고 강조한다. 이와 같이 언어는 은유적으로 우리가 어디에서 왔으며 어디로 현재 '가기'를 원하는지 나타낸다. 마즈루이와 마즈루이(Mazrui and Mazrui 1998: 18)가 '공동체주의(communalist)' 언어와 '보편주의(ecumenical)' 언어를 구분한 것은 의미심장하다. 공동체주의 언어는 '인종' 혹은 '부족'과 동일시되는 개념으로, 이 언어를 사용하는 사람을 같은 공동체에 속하는 것으로 특징짓는다. 아랍어와 하우사어가 바로 공동체주의 언어의 예이다. 보편주의 언어는 이러한 인종이나 종족상의 경계를 초월한다. 이에 대한 전형적인 예로 스와힐리어를 들 수 있는데, 그 이유는 스와힐리어를 사용한다고 해서 누구나 반드시 'Mswahili(스와힐리인)'의 정체성을 갖는 것은 아니기 때문이다. 언어정책을 입안하는 사람과 그 정책에 비판적인 사람은 모두 남아공 언어의 이와 같은 구분과 잠재적 양상을 유념해야 한다. (아마도 영어를 제외한) 남아공의 거의 모든 언어는 마즈루이와 마즈루이가 말하는 '공동체주의'[이보다는 간단히 '공동체 지향 언어(community-oriented languages)' 라고 부르는 것이 더 적절해 보임] 언어이다. 이 언어들은 특정 집단과 결부되어 있으나, 그 어떤 언어도 교통어로 발전하지 않는다. 줄루어가 가우텡 주(Gauteng) 지역으로 퍼지면서 교통어 역할을 수행할 조짐이 있었다. 그러나 전통적인 줄루 문화정당인 잉카타(Inkatha) 지지자와 모든 종족 집단 출신이 섞인 아프리카민족회의(ANC) 사이의 적대적 관계 때문에 줄루어의 확산이 지연되었을 수 있다(Buntu Mfenyana, 사적 대화, 1996). 특히 표준어에서 '공동체주의' 관계를 벗긴 쪼찌어, 짬토어(Isicamtho)와 같은 '대안적' 도시 코드가 젊은 남성 사이에서 생겨난 것은 놀라운 일이 아니다. 따라서 교육받은 남아프리카공화국 흑인이 보유한 언어 목록은 다음과 같다.

- 사회적 열망과 교육에 대한 열망, 그리고 응구니어나 소토어를 사용하지 않는 사람들과의 접촉을 나타내는 상위 H(high) 코드—영어('보편주의', 상층)
- 연장자와의 상호작용과 공동체 안에서 유대감을 나타내는 코드—다수의 모어 및 공동체 언어 중 하나('공동체주의', 상하층 모두 아님)
- (특히 남성 사이에서) 모어를 공유하지 않는 흑인이 연대감을 나타내는 하위 L코드—쪼찌어 및 짬토어('보편주의', 하층)

남아공 국민 대다수의 국가 정체성은 이 세 가지 층위의 균형에 따라 전수된다. 특정 맥락에서 전통 아프리카 언어를 지나치게 강조하는 것은 역설적이게도 많은 사람에게 인종 존엄성을 부정하던 아파르트헤이트 시대를 상기시키는 것 같다. 일반적으로 흑인은 영어를 과도하게 사용하는 남아공 흑인의 처신이 부적절하며, 이들이 '지나치게 백인처럼 행동한다'고 여긴다(Slabbert and Finlayson 2000). 이처럼 영어는 열망의 언어로 세력을 얻을 것으로 보인다. 그러나 아프리카 언어는 이 때문에 희생되지는 않고 국제적, 지적, 문화적 부담보다는 지역적 부담을 계속해서 짊어질 가능성이 높다. 문제는 우리가 믿는 이러한 상호 보완성이 남아공 국민의 교육적, 사회·정치적 행동으로 (예컨대, 인도 등지에서 확인된 바와 같이) 의미 있게 지탱될 수 있느냐는 것이다.

참고문헌

Abdulaziz, M. H. (1980), 'The Ecology of Tanzanian National Language Policy', in C. Polomé and C. P. Hill (eds.), *Language in Tanzania* (Oxford: Oxford University Press), 39-75.

Abdulkadir, H. (2000), 'Nigerian Pidgin: an Analytical View', in Molemobile (ed.), 245-53.

Acquah, Justice G. K. (2006), 'Citizenship', in *National Integration, Proceedings 2003* (Accra: Ghana Academy of Arts and Sciences), 39-59.

Adegbija, E. (1994), *Language Attitudes in Sub-Saharan Africa: a Sociolinguistic Overview* (Clevedon: Multilingual Matters).

_____ (2000), 'Language attitudes in West Africa', *International Journal of the Sociology of Language* 141: 75-100.

Adegbite, W. (2004), 'Enlightenment and Attitudes of the Nigerian Elite on the Roles of Languages in Nigeria', in Muthwii and Kioko (eds.), 89-100.

Adesanoye, F. A. (1994), 'An Outlook for English in Nigeria', in Asein and Adesanoye (eds.), 86-96.

Agongo, R. M. (1980), 'Linguistic and Attitudinal Factors in the Maintenance of Luyia Group Identity', Ph.D. dissertation, University of Texas at Austin.

Ahmed, J. M. (1960), *The Intellectual Origins of Egyptian Nationalism* (London: Oxford University Press).

Akinwumi, O. (2004), *Crises and Conflicts in Nigeria: a Political History since 1960* (Muenster: Lit Verlag).

Alexander, N. (1989), *Language Policy and National Unity in South Africa/Azania* (Cape Town: Buchu Books).

_____ (2002), 'Linguistic Rights, Language Planning and Democracy in Post-Apartheid South Africa', in S. Baker (ed.), *Language Policy: Lessons from Global Models* (Monterey: Monterey Institute of International Studies), 116-29.

_____ and Heugh, K. (1999), 'Language Policy in the New South Africa', in A. Zegeye and R. Kriger (eds.), *Cultural Change and Development in Southern*

Africa, Culturelink Special Issue 1998-1999 (Zagreb: Institute for International Relations), 9-34.

Alexandre, P. (1968), 'Some Linguistic Problems of Nation Building in Africa', in Fishman, Ferguson and Das Gupta (eds.), 119-27.

Alidou, H., and Jung, I. (2002), 'Education Languages Policies in Francophone Africa: What Have We Learned From Field Experiences?', in S. Baker (ed.), *Language Policy: Lessons from Global Models* (Monterey: Monterey Institute of International Studies), 59-73.

Aljabri, M. A. (1995), *Mas'alat Al huwiyya* (Beirut: Publications of the Center for Arab Unity Studies).

Almandjra, M. (1996), *La décolonisation culturelle* (Marrakesh:Walili).

Al-Sharkawi, M. (2002), 'Socio-Demographic Parameters of the Arabization of Egypt', *Language: Contributions to Arabic Linguistics* 3: 101-42 (Cairo Linguists Group and Arab Research Centre).

Amenumey, D. E. K. (1989), *The Ewe Unification Movement, a Political History* (Accra: Ghana Universities Press).

Amonoo, R. F. (1989), *Language and Nationhood*. J. B. Danquah Memorial Lectures, 22nd Series 2 (Accra: Ghana Academy of Arts and Sciences).

Anderson, B. (1991), *Imagined Communities: Reflections on the Origin and Spread of Nationalism* (New York: Verso).

Andriamirado, S. (1987), *Le Mali aujourd'hui* (Paris: Jeune Afrique).

Ansre, G. (1970), 'Language policy', paper presented at the International Conference on Cultural Diversity and National Understanding within West African Countries, held at Ile Ife, Nigeria.

Anstey, R. (1966), *King Leopold's Legacy* (London: Oxford University Press).

Anyidoho, A. (2004), 'English-only Medium of Instruction?', *Legon Journal of the Humanities* 15: 81-97.

Appel, R., and Muysken, P. (1987), *Language Contact and Bilingualism* (London: Edward Arnold).

Apronti, E. O. (1974), 'Language and National Integration in Ghana', *Legon Journal of the Humanities* 1: 54-60.

Armstrong, J. C., and Worden, N. (1989), 'The Slaves, 1652-1834', in R. Elphick and H. Giliomee (eds.), *The Shaping of South African Society, 1652-3*, 2nd edn. (Cape Town: Maskew Miller Longman), 109-83.

Asante, N. S. K. B. (2006), 'The Constitutional and Legal Framework of National Integration', *National Integration, Proceedings 2003* (Accra: Ghana Academy of Arts and Sciences), 1-27.

Asein, S. O., and Adesanoye, F. A. (1994) (eds.), *Language and Polity* (Ibadan: Sam Bookman).

'Awad, L. (1947), *Plutoland* (Cairo: Matba'at al-Karnak).

_____ (1993), *Muqaddima fi fiqh al-lugha al-'arabiyya* (Cairo: Dar Sina). (First published in 1980.)

Ayache, A. (1956), *Le Maroc, bilan d'une colonisation* (Paris: Editions sociales).

Babajide, A. (2001), 'Language Attitude Patterns of Nigerians', in Igboanusi (ed.), 1-13.

Badawi, E. S. (1973), *Mustawayaat al-'arabiyya al-mu'asira fii misr* (Cairo: Dar Al- Ma'arif).

Badru, P. (1998), *Imperialism and Ethnic Politics in Nigeria, 1960-96* (Trenton, NJ: Africa World Press).

Bahru, Z. (2004), 'The Changing Fortunes of the Amharic Language: Lingua Franca or Instrument of Domination?', in V. Böll, D. Nosnitsin, T. Rave,W. Smidt, and E. Sokolinskaia (eds.), *Studia Aethiopica. In Honour of Siegbert Uhlig on the Occasion of his 65th Birthday* (Wiesbaden: Harrassowitz Verlag), 303-18.

Baird, M. (2004), 'Music – Muziek', in T. Draisma, E. Kruzinga, and T. Scott (eds.), *Inside Zambia 1964-2004* (The Hague: Cordaid, Wageningen: ICCO, NGDO, and Werkgroup Zambia), 105-15.

Bamgbose, A. (1991), *Language and the Nation* (Edinburgh: Edinburgh University Press).

_____ (1994), 'Language and Nation Building', in Asein and Adesanoye (eds.), 1-14.

_____ (2000), 'Language Planning in West Africa', *International Journal of the Sociology of Language* 141: 101-17.

Banda, F. (2002) (ed.), *Language Across Borders* (Cape Town: CASAS).

_____ (2005), 'Analysing Social Identity in Casual Zambian/English Conversation: A Systemic Functional Linguistic Approach', *Southern African Linguistics and Applied Language Studies* 23: 217-31.

Bangura, A. K. (2006), 'The Krio Language: Diglossic and Political Realities', in Dixon-Fyle and Cole (eds.), 151-66.

Banjo, A. (1981), 'Grammars and Grammarians', Inaugural Lecture, Ibadan, University of Ibadan.

Barbour, S., and Carmichael, C. (2000), *Language and Nationalism in Europe* (Oxford: Oxford University Press).

Barry, A. (1988), 'Langues nationales et développement au Mali', in *Jamana, Revue culturelle malienne* (Bamako) 20: 22-6.

_____ (1990), 'Etude du plurilinguisme au Mali: le cas de Djenné', in *Boucle du Niger – approches multidisciplinaires* (Tokyo: Institut de Recherches sur les Langues et Cultures d'Asie et d'Afrique), 2: 183-210.

Bastin, Y., Coupez, A., and Mann, M. (1999), *Continuity and Divergence in the Bantu Languages: Perspectives from a Lexicostatistic Study* (Tervuren: Musée royal d'Afrique Centrale).

Batibo, H. M. (2005), *Language Decline and Death in Africa. Causes, Consequences and Challenges* (Clevedon: Multilingual Matters).

Bell, H. (1970), *Place Names in the Belly of Stones*, Linguistic Monograph Series 20 (Khartoum: Sudan Research Unit, University of Khartoum).

_____ (1976), *Language Survey Questionnaire Manual* (Khartoum: Institute of African and Asian Studies, University of Khartoum).

_____ (1978-80) (ed.), 'Language Survey of the Sudan', 'Sample of Locality'. Mimeo booklets nos. 1-29 (Khartoum: Institute of African and Asian Studies, University of Khartoum).

_____ and Haashim, M. J. (2006), 'Resolution of Ethnolinguistic Confiict: How Languages may Contribute to the Stability of the Sudan', paper presented at the 7th International Sudan Studies conference, April 2006, Bergen.

Bemile, S. K. (2000), 'Promotion of Ghanaian Languages and its Impact on National Unity: the Dagara Case', in C. Lentz and P. Nugent (eds.), *Ethnicity in Ghana, the Limits of Invention* (Basingstoke: MacMillan Press Ltd./New York: St. Martin's Press, Inc), 204-55.

Bender, M. L. (1983) (ed.), *Nilo-Saharan Studies* (East Lansing:Michigan State University, African Studies Center).

_____ (2003), *The Nilo-Saharan Languages*, Lincom Handbooks in Linguistics 06 (Munich: Lincom Europa).

Bowen, J., Cooper, R., and Ferguson, C. (1976) (eds.), *Language in Ethiopia* (London: Oxford University Press).

Bendor-Samuel, J. (1989) (ed.), *The Niger-Congo Languages* (New York: Lanham, London: University Press of America).

Bentahila, A., and Davies, A. E. (1991), 'Standards for Arabic:One, Two or Many?', *Indian Journal of Applied Linguistics*, 17: 69-88.

Bernus, E. (1992), 'Etre Touareg au Mali', in *Politique africaine*, no. 47: 'Le Mali. La transition' (Paris: Karthala), 23-30.

Beshir, M. O. (1969), *Educational Development in the Sudan, 1898 to 1956* (Oxford: Clarendon Press).

Beukman, J. (2000), 'Towards a Commission for the Promotion and Protection of the Rights of Cultural, Religious and Linguistic Communities', in de Prez and du Plessis (eds.) , 138-47.

Bickmore, L. (2006), Languages of Zambia Homepage. Available online at http://www.albany.edu/~lb527/LOZ.html.

Biloa, E. (2003), *La langue française au Cameroun* (Bern: Peter Lang).

_____ (2006), *Le français en contact avec l'anglais au Cameroun* (Munich: Lincom Europa).

Binsbergen, W. van (1994), 'Minority Language, Ethnicity and the State in Two African Situations', in R. Fardon andG. Furniss (eds.), *African Languages, Development and the State* (London, New York: Routledge), 142-88.

Bishai, W. B. (1960), 'Notes on the Coptic Substratum in Egyptian Arabic', *Journal of the American Oriental Society*, 80: 225-9.

Bishai, W. B. (1963), 'The Transition from Coptic to Arabic', *The Muslim World* 53: 145-50.

Bitja'a Kody, Z. D. (1999), 'Problématique de la cohabitation des langues', in G. M. Zé (ed.), *Le français langue africaine: enjeux et atouts pour la Francophonie* (Paris: Publisud), 80-95.

_____ (2003), *Annuaire des langues du Cameroun* (Yaoundé: Éditions du CERDOTOLA).

Blommaert, J. (1990), 'Modern African Political Style: Strategies and Genres in Swahili Political Discourse', *Discourse and Society* 1(2): 115-31.

_____ (1991), 'Some Problems in the Interpretation of Swahili Political Texts', in J. Blommaert (ed.), *Swahili Studies: Essays in Honour of Marcel van Spaandonck* (Ghent:Academia), 109-35.

_____ (1999), *State Ideology and Language in Tanzania* (Cologne: Rüdiger Köppe Verlag).

_____ (2006), 'Language Policy and National Identity', in T. Ricento (ed.), *An Introduction to Language Policy - Theory and Method* (Oxford: Blackwell Publishing), 238-54.

Boadi, L. K. A. (1976), 'Mother Tongue Education in Ghana', in A. Bamgbose (ed.), *Mother Tongue Education: The West African Experience* (London: Hodder and Stoughton), 83-112.

_____ (1994), *Linguistic Barriers to Communication in the Modern World*. The J. B. Danquah Memorial Lectures, 27th series (Accra: Ghana Academy of Arts and Sciences).

Bokamba, E. G. (1976), 'Authenticity and the Choice of a National Language: the Case of Zaire', *Présence Africaine*, 99-100: 104-42.

_____ (1986), 'Education and Development in Zaire', in G. Nzongola-Ntalaja (ed.), *The Crisis in Zaire: Myths and Realities* (Trenton, NJ: Africa World Press), 191-218.

_____ (1988), 'Code-mixing, Language Variation and Linguistic Theory: Evidence from Bantu Languages', *Lingua* 76: 21-62.

_____ (forthcoming), 'Arguments for Multilingual Policies in Public Domains in Africa', to appear in E. A. Anchimbe (ed.), *Linguistic Identity in Postcolonial Multilingual Spaces* (London: Cambridge Scholars Press).

Boukous, A. (1995), *Société, langues et cultures au Maroc* (Rabat: Publications of the Faculty of Letters, Rabat).

Bouquet, C. (2005), *Géopolitique de la Côte d'Ivoire. Le désespoir de Kourouma* (Paris: Armand Colin).

Bouwman, D. (2005), 'Throwing Stones at the Moon: the Role of Arabic in Contemporary Mali', Ph.D. dissertation, School of Asian, African and Amerindian Studies, Leiden, the Netherlands.

Braeckman, C. (2003), *Les nouveaux prédateurs: Politique des puissances en Afrique centrale* (Brussels: Librairie Arthème Fayard).

Branford, J. (withW. Branford) (1991), *A Dictionary of South African English* (Cape Town: Oxford University Press).

Breidlid, A. (2006), 'Educational Discourses in the Sudan: Confiict or Co-existence?', paper presented at the 7th International Sudan Studies conference, April 2006, Bergen, Norway.

Breton, R., and Fohtung, B. (1991), *Atlas administratif des langues nationales du Cameroun* (Yaoundé: CERDOTOLA/CREA, Paris: ACCT).

Brock-Utne, B. (2005), 'The Continued Battle over Kiswahili as the Language of Instruction in Tanzania', in B. Brock-Utne and R. K. Hopson (eds.), *Languages of Instruction for African Emancipation: Focus on Postcolonial Contexts and Considerations* (Dar es Salaam: Mkuki na Nyota Publishers; Cape Town: CASAS), 51-87.

Broomfield, G. W. (1931), 'The Re-Bantuization of the Swahili Language', *Africa* 4: 77-85.

Brown, R., and Gilman, A. (1960), 'Pronouns of Power and Solidarity', in T. Sebeok (ed.), *Style in Language* (Cambridge, MA: MIT Press), 253-76.

Calvet, L.-J. (1992), 'Les langues desmarchés au Mali', in L.-J. Calvet (ed.), *Les langues des marchés en Afrique* (Paris: Didier Erudition), 193-218.

Cameron, J., and Dodd, W. A. (1970), *Society, School and Progress in Tanzania* (Oxford: Pergamon Press).

Canut, C. (1996), *Dynamiques linguistiques au Mali* (Paris: Didier Erudition).

_____ and G. Dumestre (1993), 'Français, bambara et langues nationales au Mali', in D. de Robillard and M. Beniamino (eds.), *Le français dans l'espace francophone* (Paris: Champion), 1: 219-28.

_____ and B. Keita (1994), 'Dynamique linguistique en zone mandingue: attitudes et comportements', in Dumestre (ed.), 89-162.

Carmody, B. (2004), *The Evolution of Education in Zambia* (Lusaka: Bookworld Publishers).

Census Data Base (South Africa) (2001). http://www.statssa.gov.za.

Cerulli, E. (1964), *Somalia: scritti vari editi ed inediti III* (Rome: Ministero degli affari esteri).

Chanda, V.M. (1996), 'Les langues en Zambie', in J.-P. Daloz and J. D. Chileshe (eds.), *La Zambie contemporaine* (Paris: Karthala, Nairobi: IFRA), 301-16.

_____ (2002), 'Orthography Planning Across Languages and Countries: Some Thoughts and Proposals', in F. Banda (ed.), *Language Across Borders* (Cape Town, CASAS), 27-59.

Charrad, M. (2001), *States and Women's Rights: The Making of Postcolonial Tunisia, Algeria and Morocco* (Berkeley, CA: University of California Press).

Childs, G. T. (2003), *An Introduction to African Languages* (Amsterdam: John Benjamins).

Chimerah, R. (1998), *Kiswahili: Past, Present and Future Horizons* (Nairobi: University of Nairobi Press).

Chinebuah, I. (1977), 'The National Languages in Africa: the Case for Akan in Ghana', *African Languages/Langues Africaines* 3: 60-78.

Chisanga, T. (2002), 'Lusaka Chinyanja and Icibemba', in K. K. Prah (ed.), *Speaking in Unison: the Harmonisation of Southern African Languages* (Cape Town: CASAS), 103-16.

Chrétien, J.-P. and Prunier, G. (1989) (eds.), *Les ethnies ont une histoire* (Paris: Karthala).

Cissé, M. (2005), 'Les politiques linguistiques du Sénégal: entre attentisme et interventionnisme', Kotoba to Shakai [Language and Society], Special Issue on Post-empire and Multilingual Societies in Asia and Africa, 266-313.

Cissé, N. (1992), 'L'Etat malien face au multilinguisme', in *Des langues et des villes. Actes du colloque international, Dakar, 15-17 décembre 1990* (Paris: Didier Erudition), 185-92.

Cole, G. R. (2006), 'Re-thinking the Demographic Make-up of Krio Society', in Dixon-Fyle and Cole (eds.), 33-51.344 References

CONFEMEN (Conférence des ministres de l'éducation des Etats d'expression française) (1986), *Promotion et intégration des langues nationales dans les systèmes éducatifs. Bilan et inventaire* (Paris: Champion).

Conrad, D., and Frank, B. (1995) (eds.), *Status and Identity in West Africa: The Nyamakalaw of Mande* (Bloomington: Indiana University Press).

Constable, D. (1974), 'Bilingualism in the United Republic of Cameroon: Proficiency and Distribution', *Comparative Education* 10:3: 249-53.

Constitution du Mali (1992), in S. M. Ch. Diaby (no date), *Les textes fondamentaux de la IIIe République du Mali* (Bamako).

Cooper, R. L. (1976), 'Government Language Policy', in Bender, Bowen, Cooper, and Ferguson (eds.), *Language in Ethiopia* (London: Oxford University Press), 187-90.

Coury, R. (1982), 'Who "Invented" Egyptian Arab Nationalism? Part 2', *International Journal of Middle Eastern Studies* 14: 459-79.

Crawhall, N. (1993), 'Negotiations and Language Policy Options in South Africa', Cape Town: National Language Project. (Unpublished document.)

Crowder, M. (1962a), *Senegal: A Study in French Assimilation Policy* (London: Oxford University Press).

_____ (1962b), *The Story of Nigeria* (London: Faber and Faber).

Cruise O'Brien, D. B. (1971), *The Mourides of Senegal: The Political and Economic Organization of an Islamic Brotherhood* (Cambridge: Cambridge University Press).

_____ (1975), *Saints and Politicians: Essays in the Organization of a Senegalese Peasant Society* (Cambridge: Cambridge University Press).

Cruise O'Brien, D. B. (2003), 'The Shadow Politics of Wolofisation: Shuffiing Along to Nationhood?', in *Symbolic Confrontations: Muslims Imagining the State in Africa* (New York: Palgrave).

Cunnison, I. (1971), 'Classification by Genealogy: A Problemof the Baqqara Belt', in Y. F. Hasan (ed.), *Sudan in Africa* (Khartoum: Khartoum University Press), 186-96.

Dakubu, M. E. Kropp (1988), *The Languages of Ghana* (London: Kegan Paul Ltd.).

_____ (1997), *Korle Meets the Sea, a Sociolinguistic History of Accra* (New York: Oxford University Press).

_____ (2002/3), 'Dealing with the "Multilingualism Problem": Language Policy and the 2000 Population and Housing Census of Ghana', in *Language and Culture in Education and National Development*, Proceedings of the National Seminar organised by the Centre for the Advocacy on Language and Culture, University of Education,Winneba, 1-8.

Davids, A. (1990), 'Words the Slaves Made: a Socio-historical-linguistic Study', *South African Journal of Linguistics* 8(1): 1-24.

De Klerk, V. (2000), 'Language Shift in Grahamstown: a Case Study of Selected Xhosa Speakers', *International Journal of the Sociology of Language* 146: 86-110.

Deng, F. M. (1973), *The Dinka and Their Songs*, Oxford Library of African Literature (Oxford: Clarendon Press).

_____ and Daly, M. W. (1989), *'Bonds of Silk': The Human Factor in the British Administration of Sudan* (East Lansing: Michigan State University Press).

De Prez, K., and du Plessis, T. (2000) (eds.), *Multilingualism and Government: Belgium, Luxembourg, Switzerland, Former Yugoslavia, South Africa* (Pretoria: van Schaik).

_____ and Teck, L. (2001) (eds.), *Multilingualism, the Judiciary and Security Services: Belgium, Europe, South Africa, Southern Africa* (Pretoria: van Schaik).

Devisse, J. (1989), 'Islam et ethnies en Afrique', in Chrétien and Prunier (eds.), 103-15.

Diakité, D. (1989), 'Unification étatique et processus ethniques', in Chrétien and Prunier (eds.), 135-48.

_____ (2000), 'La crise scolaire au Mali', in I. Skattum (ed.), 6-28.

Diop, A.-B. (1981), *La société wolof, tradition et changement: Les systèmes d'inégalité et de domination* (Paris: Karthala).

Diouf, M. (1998), 'The French Colonial Policy of Assimilation and the Civility of the originaires of the Four Communes (Senegal): A Nineteenth Century Globalization Project', *Development and Change* 29: 671-96.

Distiller, N., and Steyn, M. (2004), *Under Construction: 'Race' and Identity in South Africa Today* (Sandton, Johannesburg: Heinemann).

Dixon-Fyle, M., and Cole, G. (2006), 'Introduction' in Dixon-Fyle and Cole (eds.),

1-23.

Dixon-Fyle, M., and Cole, G. (2006) (eds.), *New Perspectives on the Sierra Leone Krio* (New York: Peter Lang Publishing, Inc.).

Dombrowsky, K. (1993), 'Théorie et réalité de l'alphabétisation dans la zone Mali-Sud', in Dumestre (ed.), 5-142.

_____ (1994), 'La situation socio-linguistique du sud du Mali (pays minyanka)', in Dumestre (ed.), 13-88.

Doneux, J. L. (1975), 'Hypothèses pour la comparative des langues atlantiques', *Africana Linguistica* 6: 41-129.

Dreyfus, M., and Juillard, C. (2004), *Le plurilinguisme au Sénégal: Langues et identités en devenir* (Paris: Karthala).

Dubois, V. (1973), 'Zaire under President Sese SekoMobutu. Part I: The Return to Authenticity', *Fieldstaff Reports*, Vol. XVII, No. 1.

Dumestre, G. (1993) (ed.), *L'alphabétisation fonctionnelle en bambara dans une dynamique de développement. Le cas de la zone cotonnière* (Mali-Sud) (Paris: Didier Erudition).

_____ (1994a) (ed.), *Stratégies communicatives au Mali: langues régionales, bambara, français* (Paris: Didier Erudition).

_____ (1994b), 'La dynamique des langues au Mali: le trinôme langues régionales-bambara - français', in G. Dumestre (ed.), 3-12.

_____ (1997), 'De l'école au Mali', *Nordic Journal of African Studies* 6(2): 31-52.

_____ (2000), 'De la scolarité souffrante (compléments à "De l'école au Mali")', in Skattum(ed.), 172-86.

_____ (2003), *Grammaire fondamentale du bambara* (Paris: Karthala).

Du Plessis, T. (2000), 'South Africa: from Two to Eleven Official Languages', in de Prez and du Plessis (eds.), 95-110.

_____ (2001), 'Democratic Security in Multicultural Societies: The South African Case', in de Prez, du Plessis, and Teck (eds.), 95-105.

Du Preez, M. (2004), 'Maximum Headroom', *Cape Argus*, Cape Town, p. 14.

Eastman, C. M. (1971), 'Who are theWaswahili?', *Africa* 3: 228-36.

Echu, G. (2003) 'Coping with Multilingualism: Trends in the Evolution of Language Policy in Cameroon', *PhiN. Philologie im Netz 25/2003*, 31-46. http://www.fu-berlin.de/phin/phin25/p25i.htm.

_____ (2006), 'Bilinguisme official au Cameroun: du mythe à la réalité', post-scriptumin E. Biloa, 175-87.

Echu, G. (forthcoming) 'The Politics about Cameroon Pidgin English', to appear in The Carrier Pidgin.

_____ and Grundstrom, A. W. (1999) (eds.), *Official Bilingualism and Linguistic Communication in Cameroon* (New York: Peter Lang).

Ehret, C. (1998), *An African Classical Age: Eastern and Southern Africa in World History, 1000 B.C. to A.D. 400* (Oxford: James Currey).

Ehret, C. (2001), *A Historical-Comparative Reconstruction of Nilo-Saharan* (Cologne: Rüdiger Köppe Verlag).

_____ (2002), *The Civilizations of Africa: A History to 1800* (Oxford: James Currey).

Eid, M. (2002), 'Language is a Choice: Variations in EgyptianWomen'sWritten Discourse', in A. Rouchdy (ed.), *Language Contact and Language Conflict in Arabic: Variations on a Sociolinguistic Theme* (London: RoutledgeCurzon), 203-32.

Eisele, J. (2002), 'Approaching Diglossia: Authorities, Values and Representations', in A. Rouchdy (ed.), *Language Contact and Language Conflict in Arabic: Variations on a Sociolinguistic Theme* (London: Routledge/Curzon), 3-23.

Elbiad, M. (1985), 'A Sociolinguistic Study of the Arabization Process and Its Conditioning Factors in Morocco', Ph.D. dissertation, University of New York at Buffalo.

Elime, W. J. (2000), 'Official Language Bilingualism in the Cameroon Armed Forces: a Case Study of Some Military Personnel in the City of Yaoundé', Postgraduate dissertation, Ecole Normale Supérieure, University of Yaoundé I.

Eliraz, G. (1986), 'Tradition and Change: Egyptian Intellectuals and Linguistic Reforms, 1919-1939', *Asian and African Studies* 20: 233-62.

Elugbe, B. O. (1994), 'National Languages and National Development', in Asein and Adesanoye (eds.), 64-78.

Elzailaee, S. (2006), 'The Failure of the British Colonial Policies in the Nuba Mountains of Central Sudan', paper presented at the 7th International Sudan Studies conference, April 2006, Bergen, Norway.

Ennaji, M. (1988), 'Language Planning in Morocco and Changes in Arabic', *International Journal of the Sociology of Language* 74: 9-39.

_____ (1991) (ed.), *Sociolinguistics of the Maghreb.* Special Issue of *International Journal of the Sociology of Language* 87.

_____ (1995) (ed.), *Sociolinguistics in Morocco.* Special Issue of *International Journal of the Sociology of Language* 112.

_____ (1997) (ed.), *Berber Sociolinguistics.* Special Issue of *International Journal of the Sociology of Language* 123.

_____ (1999), 'The Arab World (Maghreb and Near East)', in J. A. Fishman (ed.), *Handbook of Language and Ethnic Identity* (London: Oxford University Press), 382-95.

_____ (2002), 'Language Contact, Arabization Policy and Education in Morocco', in A. Rouchdy (ed.), *Language Contact and Language Conflict in Arabic* (London: Routlege/Curzon), 70-88.

_____ (2005), *Multilingualism, Cultural Identity and Education in Morocco* (New York: Springer).

_____ *Ethnologue: Languages of the World* 12th edn. (1991), ed. B. F. Grimes (Dallas, Texas: Summer Institute of Linguistics/SIL).

Ennaji, M. 15th edn. (2005), ed. R. G. Gordon and B. F. Grimes (Dallas, Texas: Summer Institute of Linguistics International). http://www.ethnologue.com.

Evans-Pritchard, E. E. (1956), *Nuer Religion* (Oxford: Clarendon Press).

_____ (1962 [1948]), 'The Divine Kingship of the Shilluk of the Nilotic Sudan', in *Essays in Social Anthropology* (London: Faber and Faber), 66-86.

_____ (1971), *The Azande: History and Political Institutions* (Oxford: Clarendon Press).

Fagerberg-Diallo, S. (2001), 'Constructive Interdependence: the Response of a Senegalese Community to the Question of Why Become Literate', in D. R. Olson and N. Torrance (eds.), *The Making of Literate Societies* (Oxford: Blackwell Publishing), 153-77.

Faik-Nzuji, M. C. (1974), 'Premier seminaire national des linguistes du Zaïre', *Habari* 2, No. 7.

Falola, T. (1999), *The History of Nigeria* (London: Greenwood).

Féral, C. de (1993), 'Le français au Cameroun: approximations, vernacularisation et camfranglais', in D. de Robillard and M. Beniamino (eds.), *Le français dans l'espace francophone* (Paris: Champion), 1: 205-18.

Ferguson, C. (1959), 'Diglossia', *Word* 15: 325-40.

_____ (1996), 'Epilogue: Diglossia Revisited', in A. Elgibali (ed.), *Understanding Arabic: Essays in Contemporary Arabic Linguistics in Honour of El-Said Badawi*, (Cairo: The American University in Cairo Press), 49-67.

Finegan, E., and Rickford, J. (2004) (eds.), *Language in the USA: Themes for the Twenty-first Century* (Cambridge: Cambridge University Press).

Fishman, J. A. (1968), 'Nationality-Nationalism and Nation-Nationism', in Fishman, Ferguson, and Das Gupta (eds.), 39-51.

_____ (1971), 'National Languages and Languages of Wider Communication', in W. H. Whiteley (ed.), 27-56.

_____ (1972), *Language and Nationalism: Two Integrative Essays* (Rowley, MA: Newbury House).

_____ (1997), 'Language and Ethnicity: A View from Within', in F. Coulmas (ed.), *The Handbook of Sociolinguistics* (Malden: Blackwell), 327-43.

_____ (1999) (ed.), *Handbook of Language and Ethnic Identity* (Oxford: Oxford University Press).

_____ (2004), 'Multilingualism and non-English Mother Tongues', in Finegan and Rickford (eds.), 115-32.

Ferguson, C., and Das Gupta, J. (1968) (eds.), *Language Problems of Developing Nations* (New York: JohnWiley).

French, H. (2004), *A Continent for the Taking: The Tragedy and Hope of Africa* (New York: Alfred A. Knopf).

Gabjanda, J. D. (1976), 'An Axiomatic Functionalist Analysis of the Phonology of Yulu', Ph. D. dissertation, University of St. Andrews.

Gal, S., and Irvine, J. T. (1995), 'The Boundaries of Languages and Disciplines: How Ideologies Construct Difference', *Social Research* 62: 996-1001.

Gardi, B. (1989), 'Des "ingénieurs traditionnels" au Mali. Quelques remarques sur les "gens de caste" ', in Chrétien and Prunier (eds.), 91-8.

Gelder, G. van (2004), 'Lost Readers of Cairo', review of Haeri (2003) in *Times Literary Supplement* 30 January 2004, p. 24.

Georis, P., and Agbiano, B. (1965), *Evolution de l'enseignement en République Démocratique du Congo depuis l'indépendance* (Brussels: Edition CEMUBAC).

Gershoni, I., and Jankowski, I. (1986), *Egypt, Islam and the Arabs: The Search for Egyptian Nationalism 1900-1930* (New York and Oxford: Oxford University Press).

Gershoni, I., and Jankowski, I. (1995), *Redefining the Egyptian Nation, 1930-1945* (Cambridge: Cambridge University Press).

Ghana Academy of Arts and Sciences/Friedrich Ebert Stiftung [GAAS/FES] (2005), *Public Forum on Reconciling the Nation* (Accra: Friedrich Ebert Foundation).

Ghana Ministry of Education, Youth and Sports (October 2004), White Paper on the Report of the Education Reform Review Committee (Accra).

Gillespie,W. H. (1955), *The Gold Coast Police 1844-1938* (Accra: Government Printer).

Githiora, C. (2002), 'Sheng: Peer Language, Swahili Dialect or Emerging Creole?', *Journal of African Cultural Studies*, 15(2): 159-81.

Gordon, A. (2003) *Nigeria's Diverse Peoples* (Oxford: ABC).

Government of Ghana (2001), Population and Housing Census 2000 (Accra).

Gowlett, D. F. (1989) 'The Parentage and Development of Lozi', *Journal of African Languages and Linguistics* 11: 127-49.

Gramsci, A. (1971), *Selections from the Prison Notebooks of Antonio Gramsci,* ed. Q. Hoare and G. N. Smith (London: Lawrence and Wishart).

Grandguillaume, G. (1991), 'Arabisation et langues maternelles dans le contexte national au Maghreb', *International Journal of the Sociology of Language* 87: 45-54.

Greenberg, J. (1963), *The Languages of Africa* (Bloomington: Indiana University Press).

Grimes, B. F. (1996), 'Cameroon', in *Ethnologue: The Languages of the World* (Dallas: Summer Institute of Linguistics/SIL).

Guibernau, M. (1996), *Nationalisms: the Nation-state and Nationalism in the Twentieth Century* (Cambridge: Polity Press).

Güldemann, T., and Vossen, R. (2000), 'Khoisan', in Heine and Nurse (eds.), 99-122.

Haeri, N. (1997), *The Sociolinguistic Market of Cair: Gender, Class and Education* (London: Kegan Paul International).

_____ (2003), *Sacred Language, Ordinary People: Dilemmas of Culture and Politics in Egypt* (New York: Palgrave Macmillan).

Haïdara, M. L. (2005), 'Problématique de l'enseignement des/en langues nationales: le cas du Mali, Ph. D. dissertation, University of Bamako.

Hamid, E. E. (2006), 'The Development of Yulu Language in the Sudan', paper presented at the 7th International Sudan Studies conference, April 2006, Bergen, Norway.

Hannerz, U. (1987), 'The World in Creolisation', *Africa* 57: 546-59.

Harney, E. (2004), *In Senghor's Shadow: Art, Politics, and the Avant-garde in Senegal, 1960-1995* (Durham: Duke University Press).

Harries, P. (1989), 'Exclusion, Classification and Internal Colonialism: the Emergence of Ethnicity among the Tsonga Speakers of South Africa', in L. Vail (ed.), *The Creation of Tribalism in Southern Africa* (London: James Currey), 82-117.

Hartshorne, K. (1995), 'Language Policy in African Education: a Background to the Future', in R. Mesthrie (ed.), *Language and Social History: Studies in South African Sociolinguistics* (Cape Town: David Philip).

Hary, B. (1996), 'The Importance of the Language Continuum in Arabic Multiglossia', in A. Elgibali (ed.), *Understanding Arabic: Essays in Contemporary Arabic Linguistics in Honour of El-Said Badawi*, (Cairo: The American University in Cairo Press), 69-90.

Hattiger, J.-L. (1983), *Le français populaire d'Abidjan: un cas de pidginisation* (Abidjan: Université Nationale de Côte d'Ivoire, Institut de Linguistique Appliquée).

Haycock, B. G. (1971), 'The Place of the Napatan-Meroitic Culture in the History of the Sudan and Africa', in Y. F. Hasan (ed.), *Sudan in Africa* (Khartoum: Khartoum University Press), 26-41.

_____ (1978), 'The Problem of the Mèroitic Language', in R. Thelwall (ed.), *Aspects of Language in the Sudan* (Coleraine: The New University of Ulster), 50-81.

Heine, B. (1968), *Verbreitung und Gliederung der Togorestsprachen* (Berlin: Dietrich Reimer).

_____ (1977), 'Vertical and Horizontal Communication in Africa', *Afrika Spectrum*, 3: 231-8.

_____ and Möhlig W. (1980), *The Atlas of the Languages and Dialects of Kenya* (Berlin: Dietrich Reimer Verlag).

_____ and Nurse, D. (2000) (eds.), *African Languages: an Introduction* (Cambridge: Cambridge University Press).

_____ (2004) (eds.), *Les langues africaines* (Paris: Karthala).

Herbert, R. K., and Bailey, R. (2002), 'The Bantu Languages: Sociohistorical Perspectives', in Mesthrie (ed.), 50-78.

Heugh, K. (2000), *The Case against Bilingual and Multilingual Education in South Africa, PRAESA* [Project for the Study of Alternative Education in South Africa]

Occasional Papers No. 6, University of Cape Town.

Hijazi, A. A.-M. (1979), *Ru'ya hadariyya tabaqiyya li-'urubat misr: dirasa wawatha'iq* (Beirut: Dar Al-Adab).

Hildebrandt, J. (1981), *History of the Church in Africa. A Survey* (Achimota: Africa Christian Press).

Hochschild, A. (1998), *King Leopold's Ghost: A Story of Greed, Terror, and Heroism in Colonial Africa* (Boston: Houghton Mifflin Company).

Hourani, A. (1983), *Arabic Thought in the Liberal Age: 1789-1939* (Cambridge: Cambridge University Press).

Hussein, T. (1938), *Mustaqbal al-thaqafa fi misr* (Cairo: Matba'at al-Ma'arif).

Hymes, D. (1974), *Foundations in Sociolinguistics: an Ethnographic Approach* (Philadelphia: University of Pennsylvania Press).

Ibrahim,M.H. (1989), 'Communicating in Arabic: Problems and Prospects', in F. Coulmas (ed.), *Language Adaptation* (Cambridge: Cambridge University Press), 39-59.

Idris,H. F. (2006), 'The Status and Use of Arabic and Other Sudanese Languages in Sudan', paper presented at the 7th International Sudan Studies conference, April 2006, Bergen, Norway.

Igboanusi, H. (2001) (ed.), *Language Attitude and Language Conflict in West Africa* (Ibadan: Enicrownfit).

_____ and Ohia, I. (2001), 'Language Confiict in Nigeria: the Perspective of Linguistic Minorities', in Igboanusi (ed.), 125-42.

_____ and Peter, L. (2004), 'Oppressing the Oppressed: the Threats of Hausa and English to Nigeria's Minority Languages', *International Journal of the Sociology of Language* 170: 131-40.

_____ (2005), *Languages in Competition: the Struggle for Supremacy among Nigeria's Major Languages, English and Pidgin* (Frankfurt: Peter Lang).

Institut National de la Statistique, République de Côte d'Ivoire, Bureau Technique Permanent du Recensement (2001), *Premiers résultats définitifs du RGPH-98* (Abidjan: Institut National de la Statistique).

Iruafemi, V. E. (1988), 'Attitudes of Parents towards the Use of Indigenous Languages in the Early Stages of the Education of their Children', Ms., University of Ibadan.

Irvine, J. T. (1993), 'Mastering African Languages: The Politics of Linguistics in Nineteenth Century Senegal', *Social Analysis* 33: 27-46.

_____(2006), 'Wolof Communication and Society over Space and Time', keynote address at the International Symposium *Wolof Communication and Society*, Université Gaston Berger de Saint-Louis, Senegal.

_____and Gal, S. (2000), 'Language Ideology and Linguistic Differentiation', in P. V. Kroskrity (ed.), *Regimes of Language: Ideologies, Polities, and Identities* (Santa Fe: School of American Research Press/Oxford: James Currey), 35-83.

James, W. (1977), 'The Funj Mystique: Approaches to a Problem of Sudan History', in R. K. Jain (ed.), *Text and Context: The Social Anthropology of Tradition*, ASA Essays 2 (Philadelphia: ISHI), 95-133.

_____ (1988), *The Listening Ebony: Moral Knowledge, Religion and Power among the Uduk of Sudan*, paperback edn. with new preface, 1999 (Oxford: Clarendon Press).

_____ (2000), 'The Multiple Voices of Sudanese Airspace', in R. Fardon and G. Furniss (eds.), *African Broadcast Cultures* (Oxford: James Currey), 198-215.

_____ Baumann, G., and Johnson, D. H. (1996) (eds.), *Juan Maria Schuver's Travels in North East Africa, 1880-83* (London: The Hakluyt Society).

Johnson, D. H. (1994), *Nuer Prophets: A History of Prophecy in the Upper Nile in the Nineteenth and Twentieth Centuries* (Oxford: Clarendon Press).

_____ (2006), *The Root Causes of Sudan's Civil Wars*, rev. edn. (Oxford: James Currey).

Judge, A. (2000), 'France: One State, One Nation, One Language?' in S. Barbour and C. Carmichael (eds.), *Language and Nationalism in Europe* (Oxford: Oxford University Press), 44-82.

Juillard, C. (1995), *Sociolinguistique urbaine: La vie des langues à Ziguinchor (Sénégal)* (Paris: CNRS Editions).

Kahane, H. (1982), 'American English: from a Colonial Substandard to a Prestige Language', in B. B. Kachru (ed.), *The Other Tongue: English across Cultures* (Oxford: Pergamon).

Kamil, W. (n.d.), *Buhuth fi al-'arabiyya al-mu'asira.* (Cairo: 'Alam al-Kutub).

Kamwangamalu, N. M. (1997), 'Language Frontiers, Language Standardization, and Mother Tongue Education: the Zaire-Zambia Border Area with Reference to the Bemba Cluster', *South African Journal of African Languages* 17: 88-94.

_____ (2000), 'Apartheid and Ethnicity: Introductory Remarks', *International Journal of the Sociology of Language* 144: 1-6.

Kane, O. (1991), 'L'Enseignement islamique dans les medersas du Mali', in B. Sanankoua and L. Brenner (eds.), *L'Enseignement islamique au Mali* (Bamako: Jamana), 87-104.

Kangafu, K. (1973), *Discours sur l'Authenticité: essai sur le problematique idéologique du Recours à l'Authenticité* (Kinshasa: Les Presses Africaines).

Kaniki, M. H. Y. (1974), 'TANU - The Party of Independence and National Consolidation' in G. Rhumbika (ed.), *Towards Ujamaa* (Nairobi: East African Literature Bureau), 1-30.

Kankwenda, M. J. (2005), *L'économie politique de la prédation au Congo Kinshasa: Des origines à nos jours 1885-2003* (Kinshasa: ICREDES).

Kashoki, M. E. (1978), 'The Language Situation in Zambia', in Ohanessian and Kashoki (eds.), 9-46.

_____ (1990), *The Factor of Language* (Lusaka: Kenneth Kaunda Foundation).

_____ (2003), 'Language Policy Formulation in Multilingual Southern Africa',

Journal of Multilingual and Multicultural Development 24: 184-94.

Katengo, M. E., and Mundia, M. (1998), 'Cross-Border Language Perspectives: Experiences and Lessons from Zambia - Focus on Silozi', in K. Legère (ed.), *Cross-Border Languages* (Windhoek: Gamsberg Macmillan), 168-204.

Kellas, J. G. (1998), *The Politics of Nationalism and Ethnicity* (London: Macmillan Press).

Ki-Zerbo, J. (1978), *Histoire de l'Afrique noire: d'hier à demain* (Paris: Hatier).

King, J. S. (1887), 'Somali as a Written Language', *The Indian Antiquary*, August: 242-3 and October: 285-7.

King'ei, K. (2000), 'Problems of Acceptability of Standard Swahili Forms by Non-Kiunguja Native Kiswahili speakers', in K. Kahigi, Y. Kihore, and M. Mous (eds.), *Lugha za Tanzania. Languages of Tanzania* (Leiden: Research School for Asian, African, and Amerindian Studies (CNWS), Universiteit Leiden), 81-8.

Klein, M. A. (1968), *Islam and Imperialism in Senegal: Sine-Saloum, 1847-1914* (Stanford: Stanford University Press for the Hoover Institution on War, Revolution and Peace).

K'millian (2004), *My Music*, audio CD (Lusaka: Mondo Music).

Knutsen, A. M. (2007), *Variation du français à Abidjan* (Côte d'Ivoire). *Etude d'un continuum linguistique et social* (Oslo: Université d'Oslo, Acta Humaniora).

Köhler, O. (1970, 1971), 'The Early Study of the Nilotic Languages of the Sudan, 1812-1900', Parts I and II, *Sudan Notes and Records* 51: 85-94, 52: 56-62.

Kokora, P. D. (1983), 'Pourquoi parle-t-on tant de la promotion des langues nationales dans le système éducatif ? Le point de vue de l'Institut de Linguistique Appliquée de l'Université d'Abidjan', in *Cahiers Ivoiriens de Recherche Linguistique* 13: 93-101.

Konaré, A. O. (2005), Preface to *L'état de l'Afrique 2005*, special issue of *Jeune Afrique/L'Intelligent* (Paris: Jeune Afrique).

Konings, P., and Nyamnjoh, F. B. (1997), 'The Anglophone Problem in Cameroon', *Journal of Modern African Studies* 35(2): 207-29.

Kouadio N'Guessan, J. (2001), 'Ecole et langues nationales en Côte d'Ivoire: Dispositions légales et recherches', in R. Chaudenson and L.-J. Calvet (eds.), *Les langues dans l'espace francophone: de la coexistence au partenariat* (Paris: L'Harmattan: Institut de la Francophonie), 177-203.

Kouega, J.-P. (2003), 'Camfranglais: a Novel Slang in Cameroon Schools', *English Today* 19(2): 23-9.

Krapf, J. L. (1882), *A Dictionary of the Suahili Language* (London: Tubner & Co.).

Kula, N. C. (2006), 'Zambia: Language Situation', in K. Brown (ed.), *Encyclopedia of Languages and Linguistics* (Oxford: Elsevier), 13: 744-5.

Küster, S. (1999), *African Education in Colonial Zimbabwe, Zambia and Malawi* (Hamburg: LIT).

Labov, W. (1972), *Sociolinguistic Patterns* (Philadelphia: University of Pennsylvania Press).

Lafage, S. (1982), 'Esquisse des relations interlinguistiques en Côte d'Ivoire', *Bulletin de l'Observatoire du français contemporain en Afrique noire* 3: 9-27.

Laitin, D. (1977), *Politics, Language, and Thought: The Somali Experience* (Chicago: The University of Chicago Press).

_____ (1992), *Language Repertoires and State Construction in Africa* (Cambridge: Cambridge University Press).

_____ (2001), 'Multilingual States', in R. Mesthrie (ed.), *Concise Encyclopedia of Sociolinguistics* (Amsterdam: Elsevier), 652-57.

Lakhdar Ghazal, A. (1976) (ed.), *Méthodologie générale de l'arabisation de niveau.* (Rabat: IERA).

Lamberti, M. (1986), *Map of Somali Dialects in the Somali Democratic Republic.* With Supplement: *Speech Variation in Somalia with 6 Maps and Foreword by Andrzej Zaborski* (Hamburg: Helmut Buske Verlag).

Landry, R., and Bourhis, R. Y. (1997), 'Linguistic Landscape and Ethnolinguistic Vitality: An Empirical Study', *Journal of Language and Social Psychology* 16: 23-49.

LANGTAG [Language Task Action Group] (1996), *Towards a National Plan for South Africa.* Final Report of the Language Plan Task Group (LANGTAG) (Pretoria: Department of Arts, Culture, Science and Technology).

Lanham, L. (1978), 'South African English', in L. Lanham and K. Prinsloo (eds.), *Language and Communication Studies in South Africa* (Cape Town: Oxford University Press), 138-65.

Lass, R. (2002), 'South African English', in Mesthrie (ed.), 104-26.

Lawrance, B. (2005), 'The History of the Ewe Language and Ewe Language Education', in B. Lawrance (ed.), *The Ewe of Togo and Benin* (Accra: Woeli Publishing Services), 215-29.

Legère, K. (2006), 'J. K. Nyerere of Tanzania and the Empowerment of Swahili', in M. Pütz, J. Fishman, and J. Neff-van Aertselaer (eds.), *Along the Routes to Power: Explorations of Empowerment through Language* (Berlin, New York: Mouton de Gruyter), 373-403.

Le Page, R., and A. Tabouret-Keller (1985), *Acts of Identity* (Cambridge: Cambridge University Press).

Leslie, W. (1983), *Zaire: Continuity and Political Change in an Oppressive State* (Boulder, CO: Westview Press).

Lienhardt, R. G. (1961), *Divinity and Experience: The Religion of the Dinka* (Oxford: Clarendon Press).

Luffin, X. (2004), *Kinubi Texts*, Languages of the World/Text Collections 21 (Munich: Lincom Europa).

Mabika-Kalanda, A. (1962), *La remise en question, base de la décolonisation mentale* (Paris: Editions Remarques Africaines).

Madsen, W. (1999), *Genocide and Covert Operations in Africa, 1993-1999* (Lewiston, NY: The Edwin Mellen Press).

Maduka-Durunze, O. (1998), 'Linguistic Pluralism, the National Language Policy, and Problems of Nigerian Nationhood', in O. Okechukwu, A. Akpuru, and S. Emezue (eds.), 71-97.

Mahlalela, B., and Heugh, K. (2002), *Terminology and Schoolbooks in Southern African Languages: Aren't there Any?* PRAESA [Project for the Study of Alternative Education in South Africa] Occasional Papers No. 10, University of Cape Town.

Mahmud, U. A. (1983), *Arabic in the Southern Sudan: History and Spread of a Pidgin-Creole* (Khartoum: FAL Advertising and Print. Co.).

Maho, J. (2001), *African Languages Country by Country: a Reference Guide*, 5th edn. (major revision) (Gothenburg: Department of Oriental and African Languages).

Makalela, L. (2004), 'Making Sense of BSAE for Linguistic Democracy in South Africa', *World Englishes* 23: 355-66.

Makoni, S. (1999), 'Shifting Discourses in Language Studies in South Africa', in K. Prah (ed.), *Knowledge in Black and White* (Cape Town: Centre for Advanced Studies of African Societies, Book Series 2), 143-8.

Maloba, W. (1989), 'Nationalism and Decolonization 1947-1963', in W. R. Ochieng (ed.), *A Modern History of Kenya 1895-1980* (Nairobi: Evans Brothers Ltd.), 173-201.

Manchisi, P. C. (2004), 'The Status of the Indigenous Languages in Institutions of Learning in Zambia: Past, Present and Future', *The African Symposium Online Journal* 4. Available online at: http://www2.ncsu.edu/ncsu/aern/manpisi.html.

Mansour, G. (1993), *Multingualism and Nation Building* (Clevedon: Multilingual Matters).

_____ (2004), 'A Tale of Two Languages', review of N. Haeri (2003), *Al-Ahram Weekly Monthly Supplement*, issue no. 60: 24.

Marçais, W. (1930-1931), 'La diglossie: un pélérinage aux sources', *Bulletin de la Société Linguistique de Paris* 76(1): 61-98.

Marivate, C. (2000), 'The Mission and Activities of the Pan South African Language Board', in de Prez and du Plessis (eds.), 130-7.

Martin-Jones, M., and Romaine, S. (1985), 'Semilingualism: a Half-baked Theory of Communicative Competence', *Applied Linguistics* 6: 105-17.

Massamba, D. (2002), *Historia ya Kiswahili* (50 BK hadi 1500 BK) (Nairobi: Jomo Kenyatta Foundation).

Matongo, A. B. K. (1992), 'Popular Culture in a Colonial Society: Another Look at Mbeni and Kalela Dances on the Copperbelt 1930-1964', in S. N. Chipungu (ed.), *Guardians of Their Time. Experiences of Zambians Under Colonial Rule 1890-1946* (London, Basingstoke: Macmillan), 180-217.

Mazrui, A., and Mazrui, A. (1995), *Swahili State and Society: The Political Economy of an African Language* (London: James Currey).

_____ (1998), *The Power of Babel: Language and Governance in the African Experience* (Oxford: James Currey).

_____ and Shariff, I. N. (1993), *The Swahili: Idiom and Identity of an African People* (Trenton, NJ: Africa World Press).

Mbaabu, I. (1985), *Kiswahili: Past, Present and Future Horizons* (Nairobi: Jomo Kenyatta Foundation).

Mbah Onana, L., and Mbah Onana, M. (1994), 'Le camfranglais' *Diagonales* 32: 29-30.

Mbeki, T. (2004), Toast Remarks by the President of South Africa, Thabo Mbeki, at the State Banquet in his Honour by the President of Zambia, Levy Mwanawasa: Lusaka, Zambia, 23 October 2004, South African Government Information. Available online at http://www.info.gov.za/speeches/2004/04102708451004.htm.

McCormick, K. (2002), *Language in Cape Town's District Six* (Oxford: Oxford University Press).

McLaughlin, F. (1995), 'Haalpulaar Identity as a Response to Wolofization', *African Languages and Cultures* 8: 153-68.

_____ (2001), 'Dakar Wolof and the Configuration of an Urban Identity', *Journal of African Cultural Studies* 14: 153-72.

_____ (Forthcoming, a), 'The Ascent of Wolof as a Lingua Franca', in C. B. Vigouroux and S. S. Mufwene (eds.), *Globalization and Language Vitality: Perspectives from Black Africa* (London: Continuum Publishers).

_____ (Forthcoming, b), 'On the origins of urban Wolof: Evidence from Louis Descemet's 1864 phrase book', Ms.

McWilliam, H. O. A., and Kwamena-Poh, M. A. (1975), *The Development of Education in Ghana*, 2nd revised edition (London: Longman Group Limited).

Meinhof, C. (1912), *Die Sprachen der Hamiten* (Hamburg: Friederichsen).

Meldon, J. A. (1913), *English-Arabic Dictionary of Words and Phrases used by the Sudanese in Uganda*, Ms. 53704, School of Oriental and African Studies, University of London.

Mercer, P. (1971), 'Shilluk trade and politics from the mid-seventeenth century to 1861', *Journal of African History* 12: 407-26.

Mesthrie, R. (2002) (ed.), *Language in South Africa* (Cambridge: Cambridge University Press).

Meyer, R., and Richter, R. (2003), *Language Use in Ethiopia from a Network Perspective* (Frankfurt am Main: Peter Lang).

Meyns, P. (1995), *Zambia in der 3. Republik: demokratische Transition und politische Kontinuität* (Hamburg: Institut für Afrika-Kunde).

Miller, C. (2005) (ed.), *Land, Ethnicity and Political Legitimacy in Eastern Sudan:*

Kassala and Gedaref States (Cairo: CEDEJ; Khartoum: University of Khartoum Development Studies and Research Centre).

Miller, C. (2006), 'Language, Identities and Ideologies: A New Era for Sudan?', paper presented at the 7th International Sudan Studies conference, April 2006, Bergen, Norway.

Mitchell, T. F. (1978), 'Educated Spoken Arabic in Egypt and the Levant, with Special Reference to Participle and Tense', *Journal of Linguistics*, 14: 227-58.

_____ (1986), 'What is Educated Spoken Arabic?', *International Journal of the Sociology of Language*, 61: 7-32.

_____ (1998), *Colonising Egypt* (Cambridge: Cambridge University Press).

Mkhulisi, N. (2000), 'The National Language Service and the New Language Policy', in de Prez and du Plessis (eds.), 121-9.

Mobutu, S. S. (1973), *Discours du Président de la République à l'Assemblée Générale des Nations Unies, New York, le 4 octobre 1973* (Kinshasa: Département de l'orientation nationale).

Molemobile, V. S. (2000) (ed.), *Nigerianness* (Enugu: Vougasen).

Mouhssine, O. (1995), 'Ambivalence du discours sur l'arabization', *International Journal of the Sociology of Language* 112: 45-61.

Mulford, D. C. (1967), *Zambia: The Politics of Independence 1957-1964* (London: Oxford University Press).

Musa, S. (1947), *al-Balagha al-'asriyya wa-l-lugha al-'arabiyya* (Salama Musa li-l-Nashr wa-l-Tawzi'). (First published 1945.)

Muthwii, M. J., and Kioko, A. N. (2004) (eds.), *New Language Bearings in Africa* (Clevedon: Multilingual Matters).

Mutonya, M., and Parsons, T. (2004), 'KiKAR: A Swahili Variety in Kenya's Colonial Army', *Journal of Language and Linguistics* 25(2): 111-25

Muuse, G. (1954), 'Arabic Script for Somali', *Islamic Quarterly* 1/2: 114-18.

Mwakikagile, G. (2001), *Ethnic Politics in Kenya and Nigeria* (Huntingdon, NY: Nova).

Myers-Scotton, C. (1993), 'Elite Closure as a Powerful Language Strategy: the African Case', *International Journal of the Sociology of Language* 103: 149-63.

Ndaywell è Nziem, I. (1998), *Histoire générale du Congo: De l'héritage ancien à la République Démocratique* (Paris: De Boeck & Larcier, s.a).

Ndebele, N. (1987), 'The English Language and Social Change in South Africa', *English Academy Review* 4: 1-16.

Ndoma, U. (1977), 'Some Aspects of Planning Language Policy in Education in Belgian Congo: 1906-1960', Ph. D. dissertation, Northwestern University, Evanston, IL.

Nelson, H. (1982), *Nigeria: A Country Study* (Washington: U. S. Government Printing Office).

NEPI (National Education Policy Investigation) (1992), *Language* (ed. K.

McCormick, Z. Desai, and S. Zotwana) (Cape Town: Oxford University Press).

Ngamassu, D. (1999), 'Le bilinguisme dans l'enseignement extra-scolaire au Cameroun', in Echu and Grundstrom (eds.), 75-83.

Ngbanda, N. H. (2004), *Crimes organisés en Afrique Centrale: Révélations sur les réseux rwandais et occidentaux* (Paris: Editions Duboiris).

Nida, E., and Wonderly, W. (1971), 'Communication Roles of Languages in Multilingual Societies', in Whiteley (ed.), 57-74.

Niedzielski, N., and Preston, D. R. (2000), *Folk Linguistics* (Berlin/New York: Mouton de Gruyter).

Nugent, P. (2000), ' "A few lesser peoples": the Central Togo Minorities and their Ewe Neighbours', in Lentz and Nugent (eds.), *Ethnicity in Ghana, the Limits of Invention* (Basingstoke: MacMillan Press Ltd.; New York: St. Martin's Press, Inc), 162-82.

Nurse, D. (2006), 'Bantu Languages', in K. Brown (ed.), *Encyclopedia of Language and Linguistics* (Oxford: Elsevier), vol. 1, 679-85.

Nyamnjoh, F. (1996), *The Cameroon G. C. E. Crisis: A Test of Anglophone Solidarity* (Limbe: Nooremac Press).

Nyerere, J. K. (1967), *Education for Self-reliance* (Dar es Salaam: Government Printer).

Nzongola-Ntalaja, G. (2002), *The Congo, from Leopold to Kabila: A People's History* (London: Zed Books).

_____ (2006), 'The Democratic Transition in DR Congo: The Legacy of the Sovereign National Conference.' Unpublished paper.

Odumuh, T. O. (2000), 'A Look at Mother Tongue Education in Nigeria', in V. S. Molemobile (ed.), 236-44.

O'Fahey, R. S. (1980), *State and Society in Darfur* (London: Hurst).

_____ and Spaulding, J. (1974), *Kingdoms of the Sudan* (London: Methuen).

Ogunsiji, A. (2001), 'Utilitarian Dimensions of Language in Nigeria', in Igboanusi (ed.), 152-64.

Ohannessian, S., and Kashoki, M. E. (1978) (eds.), *Language in Zambia* (London: International African Institute).

Okechukwu, O., Akpuru, A., and Emezue, S. (1998) (eds.), *Issues in Contemporary Nigerian History* (Port Harcourt: Educational Books and Investments Ltd.).

Okehie-Offoha, M. U., and Sadiku, M. N. O (1996) (eds.), *Ethnic and Cultural Diversity in Nigeria* (Trenton: AfricaWorld Press).

Okeke, O. (1998), 'Inter-group Relations in Nigeria since 1960', in Okechukwu, Akpuru, and Emezue (eds.), 1-43.

Omamor, A. P. (1994), 'Language planning: Theory and Practice in Some African Countries', in Asein and Adesanoye (eds.), 32-63.

Opheim, M. (1999), 'L'éducation bilingue au Mali: le cas de Dougoukouna, une "école experimentale en bambara", Master's thesis, University of Oslo.

ORTM (Office de radiodiffusion télévision du Mali) (2006), www.ortm.net.

Orwin, M. (2003), 'On the Concept of "Definitive Text" in Somali Poetry', *Bulletin of the School of Oriental and African Studies*, 66(3): 334-47.

Osman, S. N. (2006), 'Proverbs and Idiomatic Phrases in Zaghawa Language', paper presented at the 7th International Sudan Studies conference, April 2006, Bergen, Norway.

Owusu-Ansah, A. (2006), 'Indigenous Languages for Ghana', *Daily Graphic, Monday,* June 2006, p. 17.

_____ and McFarland, D. M. (1995), *Historical Dictionary of Ghana*, 2nd edition (Metuchen/London: The Scarecrow Press Inc.).

Oyebade, A. (2003) (ed.), *The Foundations of Nigeria* (Trenton, NJ: Africa World Press).

_____ (2003) 'A Retrospect on Colonial Nigeria', in Oyebade (ed.), 15-25.

Oyetade, O. (2001) 'Attitude to Foreign Languages and Indigenous Language Use in Nigeria', in Igboanusi (ed.), 14-29.

Parsons, N. (1982), *A New History of Southern Africa* (London: Macmillan).

Pélissier, P. (1966), *Les paysans du Sénégal: Les civilizations agraires du Cayor à la Casamance* (Saint-Yrieix: Imprimerie Fabrègue).

Perbi, A. (2006), 'Who is a Ghanaian? - a Historical Perspective', in *National Integration, Proceedings 2003* (Accra: Ghana Academy of Arts and Sciences), 29-37.

Persson, A., and Persson, J., with Ahmad Hussein (1979), *Sudanese Colloquial Arabic for Beginners* (High Wycombe: Summer Institute of Linguistics).

_____ (1991) *Mödö: English Dictionary with Grammar*, Bilingual Dictionaries of Sudan, No. 1 (Nairobi: Summer Institute of Linguistics, Sudan).

Pichl,W. J. (1966), *The Cangin Group: A Language Group in Northern Senegal* (Pittsburgh: Institute of African Affairs, Duquesne University Press).

Platiel, S., and Kaboré, R. (1998) (eds.), *Les langues d'Afrique subsaharienne* (Paris: Ophrys).

Ploog, K. (2002), *Le français à Abidjan. Pour une approche syntaxique du non-standard* (Paris: CNRS Editions).

Plüddemann, P., Braam, D., October, M., and Wababa, Z. (2003), *Dual Medium and Parallel Medium Schooling in the Western Cape: from Default to Design* PRAESA (Project for the Study of Alternative Education in South Africa) Occasional Papers no. 17, University of Cape Town.

Plungian, V., and Tembiné, I. (1994), 'Vers une description sociolinguistique du pays dogon: attitudes linguistiques et problèmes de standardisation', in Dumestre (ed.), 163-96.

Polomé, E. (1968), 'The Choice of Official Languages in the Democratic Republic of the Congo', in Fishman, Ferguson, and Das Gupta (eds.), 295-312.

_____ (1980), 'The Languages of Tanzania', in E. C. Polomé and C. P. Hill (eds.),

Language in Tanzania (Oxford: Oxford University Press), 3-25.

Pongo, K. M. (1999), *Transition et conflits politiques au Congo-Kinshasa* (Paris: Editions Karthala).

Posner, D. N. (2005), *Institutions and Ethnic Politics in Africa* (Cambridge: Cambridge University Press).

Prah, K. (1995), *Mother Tongue for Scientific and Technological Development in Africa* (Bonn: German Foundation for International Development).

_____ (1998) (ed.), *Between Distinction and Extinction* (Johannesburg: Witwatersrand University Press).

Recensement général de la population et de l'habitat (1987), vol. 0, résultats définitifs, tome 1: 'Population, économie, habitat'. (Bamako: Bureau central de recensement, Ministère du Plan, Direction nationale de la statistique et de l'informatique).

Ridge, S. (2004), 'Language Planning in a Rapidly Changing Multilingual Society: the Case of English in South Africa', *Language Problems and Language Policy* 28(2): 199-215.

Rilly, C. (2004), 'The Linguistic Position of Meroitic,' *Arkamani, Sudan Journal of Archaeology and Anthropology* (online journal: see www.arkamani.org/arkamani-library/meroitic/rilly.htm).

Roberge, P. (1990), 'The Ideological Profile of Afrikaans Historical Linguistics', in J. Joseph and T. Taylor (eds.), *Ideologies of Language* (London: Routledge), 131-52.

Roberts, A. (1976), *A History of Zambia* (London: Heinemann).

Robins, S., Madzudzo, E., and Brenzinger, M. (2001), *An Assessment of the Status of the San in South Africa, Angola, Zambia and Zimbabwe* (Windhoek: Legal Assistance Centre).

Roel, K. (1930), 'The Linguistic Situation in East Africa', *Africa* 3: 191-202.

Rossillon, P. (1995) (ed.), *Atlas de la langue française* (Paris: Bordas).

Rotberg, R. I. (1966), *The Rise of Nationalism in Central Africa* (Cambridge, MA: Harvard University Press).

Roy-Campbell, Z. M. (2001), *Empowerment through Language: the African Experience: Tanzania and Beyond* (Trenton, NJ: AfricaWorld Press).

Rubenson, S. (1996), 'The Transition from Coptic to Arabic', *Egypte Monde Arabe, 27-28* (Centre d'études et de documentation économique, juridique et sociale, CEDEJ): 77-91.

Russell, J. (1990), 'Success as a Source of Conflict in Language-planning: The Tanzanian Case', *Journal of Multilingual and Multicultural Development*, 11(5): 363-75.

Ruzza, C. (2000), 'Language and Nationalism in Italy: Language as a Weak Marker of Identity', in Barbour and Carmichael (eds.), 168-82.

Sadiku, M. (1996), 'The Yoruba', in Okehie-Offoha and Sadiku (eds.), 125-46.

Sadiqi, F. (1991), 'The Spread of English in Morocco', *International Journal of the Sociology of Language* 87: 99-114.

Sadiqi, F. (1997), 'The Place of Berber in Morocco', *International Journal of the Sociology of Language* 123: 7-21.

_____ (2003), *Women, Gender and Language in Morocco* (Leiden/Boston: Brill Academic Publishers).

_____ (2007), 'The Gendered Use of Arabic and Other Languages in Morocco', in E. Benmamoun (ed.), *Perspectives on Arabic Linguistics* (Amsterdam: John Benjamins).

Salim, A. I. (1985), 'The Elusive "Mswahili": Some Reflections on his Identity and Culture', in J. Maw and D. Parkin (eds.), *Swahili Language and Society* (Wien: Institut für Afrikanistik und Ägyptologie der Universität), 215-27.

Sanderson, L. P., and Sanderson, N. (1981), *Education, Religion and Politics in Southern Sudan 1899-1964* (London: Ithaca Press).

Saunders, C. (1994) (ed.), *An Illustrated Dictionary of South African History* (Johannesburg: Ibis).

Schöpfiin, G. (1997), 'The Functions of Myths and a Taxonomy of Myths', in G. Hosking and G. Schöpfiin (eds.), *Myths and Nationhood* (London: Hurst), 19-35.

Searing, J. A. (2005), 'Signares and Sailors in Senegal's Atlantic Port Cities: Saint-Louis and Gorée, 1750-1850', paper presented at the Annual Meeting of the African Studies Association, Washington, DC.

Selim, S. (2004), *The Novel and the Rural Imaginary in Egypt, 1880-1985* (New York/London: Routledge Curzon).

Sengova, J. (1987), 'The National Language of Sierra Leone: A Decade of Policy Experimentation', *Africa* 57 (4): 519-30.

Sengova, J. (2006), 'Aborigines and Returnees: In Search of Linguistic and Historical Meaning in Delineations of Sierra Leone's Ethnicity and Heritage', in Dixon-Fyle and Cole (eds.), 167-99.

Senkoro, F. E. M. K. (1988), *Ushairi: nadharia na tahakiki* (Dar es Salaam: Dar es Salaam University Press).

Shey, D. Y. (1989), 'The Translation of Some Public Service Examination Questions in Cameroon', Master's degree thesis, University of Yaoundé.

Siachitema, A. (1991), 'The Social Significance of Language Use and Language Choice in a Zambian Urban Setting: An Empirical Study of Three Neighbourhoods in Lusaka', in J. Cheshire (ed.), *English around the World* (Cambridge: Cambridge University Press), 474-90.

Silva-Corvalan, C. (2004), 'Spanish in the Southwest', in Finegan and Rickford (eds.), 205-29.

Silverstein,M. (1996), 'Encountering Language and Languages of Encounter in North American Ethnohistory', *Journal of Linguistic Anthropology* 6: 126-44.

Silverstein,M. (1998), 'Contemporary Transformations of Local Linguistic Communities', *Annual Review of Anthropology*, 401-26.

Simard, Y. (1994), 'Les français de Côte d'Ivoire', *Langue française* 104: 20-36.

Simire, G. O. (2004), 'Developing and Promoting Multilingualism in Public Life and Society in Nigeria', in Muthwii and Kioko (eds.), 135-47.

Singh, M. (1969), *History of Kenya's Trade Union Movement to 1952* (Nairobi: East African Publishing House).

Skattum, I. (1994), 'La presse écrite au Mali: un état des lieux', in Dumestre (ed.), 309-60.

_____ (1997), 'L'éducation bilingue dans un contexte d'oralité et d'exoglossie: théories et réalités du terrain au Mali', *Nordic Journal of African Studies*, 6(2): 74-106.

_____ (1998), 'Droits de la personne et droits de la collectivité dans la presse écrite au Mali', in *Droits de la personne, droits de la collectivité en Afrique* (Paris, Yaoundé: Eds. Nouvelles du Sud), 67-100.

_____ (2000a) (ed.), *L'école et les langues nationales au Mali,* Special Issue of *Nordic Journal of African Studies* (Helsinki: Helsinki University Press), vol. 9, no 3.

_____ (2000b), 'L'apprentissage du français dans un pays "francophone": le cas du Mali', in A. Englebert, M. Pierrard, L. Rosier, and D. van Raemdonck (eds.), *Actes du XXIIe Congrès International de Linguistique et de Philologie Romanes, Bruxelles, 23-29 juillet 1998* (Tübingen: Niemeyer), vol. IX, 331-9.

Slabbert, S., and Finlayson, R. (2000), '"I'm a cleva!": the Linguistic Makeup of Identity in a South African Urban Environment', *International Journal of the Sociology of Language* 144: 119-36.

Smith, A. D. (1991), *National Identity* (Harmondsworth: Penguin).

Smith, I., and Morris, T. A. (2005), *Juba Arabic-English Dictionary*, rev. edn. (Kampala: Fountain Publishers; Oxford: African Books Collective).

Soghayroun, I. el Z. (1981), *The Sudanese Muslim Factor in Uganda* (Khartoum: Khartoum University Press).

Spaulding, J. (1985), *The Heroic Age in Sinnar* (East Lansing: Michigan State University, African Studies Center).

Spencer-Walters, T. (2006), 'Creolization and Kriodom (Re-)Visioning the "Sierra Leone Experiment"', in Dixon-Fyle and Cole (eds.), 223-55.

Spitulnik, D. (1998), 'The Language of the City: Town Bemba as Urban Hybridity', *Journal of Linguistic Anthropology* 8: 30-59.

Spitzer, L. (1974), *The Creoles of Sierra Leone: Responses to Colonialism, 1870-1945* (Madison, WI: The University of Wisconsin Press).

Spolsky, B., and Shohamy, E. (2001), 'Hebrew after a Century of RLS Efforts', in J. Fishman (ed.), *Can Threatened Languages Be Saved?* (Clevedon: Multilingual Matters), 349-62.

Steere, E. (1870), *A Handbook of the Swahili Language as Spoken at Zanzibar* (London: Bell & Daldy).

Steven, G. A. (2006), 'Education during the Civil War and after Civil War, South Sudan', paper presented at the 7th International Sudan Studies conference, April 2006, Bergen, Norway.

Stevenson, R. C. (1971), 'The Significance of the Sudan in Linguistic Research: Past, Present and Future', in Y. F. Hasan (ed.), *Sudan in Africa* (Khartoum: Khartoum University Press), 11–25.

Stroud, C. (2002), 'Framing Bourdieu Socioculturally: Alternative Forms of Linguistic Legitimacy in Postcolonial Mozambique', *Multilingua* 21: 247–73.

Suleiman, Y. (1996), 'Language and Identity in Egyptian Nationalism', in Y. Suleiman (ed.), *Language and Identity in the Middle East and North Africa* (Richmond: Curzon Press), 25–37.

_____ (2003), *The Arabic Language and National Identity: A Study in Ideology* (Edinburgh: Edinburgh University Press).

_____ (2004a), *A War of Words: Language and Conflict in the Middle East* (Cambridge: Cambridge University Press).

_____ (2004b), Review of Haeri (2003), *Journal of Sociolinguistics* 8: 142–6.

_____ (2006), 'Constructing Language, Constructing National Identities', in T. Omoniyi and G. White (eds.), *Sociolinguistics of Identity* (London: Continuum), 50–71.

Swigart, L. (2001), 'The Limits of Legitimacy: Language Ideology and Shift in Contemporary Senegal', *Journal of Linguistic Anthropology* 10, 1: 90–130.

Tamari, T. (1997), *Les castes de l'Afrique occidentale: Artisans et musiciens endogames* (Nanterre: Société d'Ethnologie).

_____ (2006), 'The Role of National Languages in Mali's Modernizing Islamic Schools (Madrasa)', paper presented at the LEA (Languages and Education in Africa) conference, University of Oslo, 19–22 June.

Thelwall, R. (1971), 'A Linguistic Survey in El Fasher Secondary School', *Sudan Notes and Records* 52: 46–55.

_____ (1978) (ed.), *Aspects of Language in the Sudan* (Coleraine: The New University of Ulster).

Thiong'o, N. (1981), *Decolonising the Mind: the Politics of Language in African Literature* (Oxford: James Currey; Nairobi: EAEP).

_____ (1993) *Moving the Centre: The Struggles for Cultural Freedoms* (Oxford: James Currey).

Thyness, H. (2003), 'Facteurs extra-, inter- et intrasystémiques du français au Mali, étudiés à travers les compétences linguistiques des élèves au lycée Abdoul Karim Camara dit Cabral de Ségou', Master's thesis, University of Oslo.

Tice, R. D. (1974), 'Administrative Structure, Ethnicity, and Nation-Building in the Ivory Coast', *Journal of Modern African Studies* 12(2): 211–29.

Titlestad, P. (1996), 'English, the Constitution and South Africa's Language Future', in V. de Klerk (ed.), *Focus on South Africa* (Amsterdam: John Benjamins), 162-73.

Titlestad, P. (1998), 'Some Thoughts on English in South Africa at the Present Time', in A. Foley (ed.), *English at the Turn of the Millennium* (Randburg, South Africa: Océ Outsourcing Co.), 33-8.

Todd, L., and Jumbam, M. (1992), 'Kamtok: Anatomy of a Pidgin', *English Today* 8(2): 3-11.

Topan, F. M. (1992), 'Swahili as a Religious Language', *Journal of Religion in Africa* 22(4): 331-49.

_____ (2006a), 'Why does a Swahili Writer Write? Euphoria, Pain, and Popular Aspirations in Swahili Literature', *Research in African Literatures* 37(3): 103-19.

_____ (2006b) 'From Coastal to Global: Erosion of the Swahili "Paradox"', in R. Loimeier and R. Seesemann (eds.), *The Global Worlds of the Swahili. Interfaces of Islam, Identity and Spaces in 19th-Century and 20th-Century East Africa* (Berlin: Lit Verlag), 55-66.

Traill, A. (2002), 'The Khoesan Languages', in Mesthrie (ed.), 27-49.

Traoré, M. L. (2006), 'L'utilisation des langues nationales dans le système éducatif malien: historique, défis et perspectives'. Keynote address at the LEA (Languages and Education in Africa) conference, University of Oslo, 19-22 June 2006.

Trimingham, J. S. (1946), *Sudan Colloquial Arabic* (London: Oxford University Press).

Tucker, A. N. (1978), 'The Classification of the Languages of the Sudan', in Thelwall (ed.), 211-21.

_____ and Bryan, M. A. (1955), *The Non-Bantu Languages of North-Eastern Africa* (London: Oxford University Press for the International African Institute).

_____ (1966), *Linguistic Analyses: The Non-Bantu Languages of North-Eastern Africa* (London: Oxford University Press for the International African Institute).

Turcotte, D. (1981), *La politique linguistique en Afrique francophone. Une étude comparative de la Côte d'Ivoire et de Madagascar* (Québec: Les Presses de l'Université Laval).

UNESCO (1974), *Two Studies on Ethnic Group Relations in Africa: Senegal, the United Republic of Tanzania* (Paris: UNESCO).

Vail, L. (1989), 'Introduction: Ethnicity in Southern African History', in L. Vail (ed.), *The Creation of Tribalism in Southern Africa* (London: James Currey), 1-20.

Vaillant, J. (1990), *Black, French, and African: a Life of Léopold Sédar Senghor* (Cambridge, MA: Harvard University Press).

van Lierde, J. (1963) (ed.), *La Pensée politique de Patrice Lumumba* (Paris: Présence Africaine).

Vanhove, M. (2006), 'The Beja Language Today in Sudan', paper presented at the 7th International Sudan Studies conference, April 2006, Bergen, Norway.

Vansina, J. (1990), *Paths in the Rainforest: Toward a History of Political Tradition in Equatorial Africa* (Oxford: James Currey).

Vansina, J. (1995), 'New Linguistic Evidence and "the Bantu Expansion"', *Journal of African History* 36: 173-95.

_____ (2003), 'Communications Between Angola and East Central Africa Before c. 1700', paper presented at the international symposium *Angola on the Move: Transport Routes, Communication and History*, Berlin, 24-26 September 2003. Available online at http://www.zmo.de/angola/.

Verney, P., et al. (1995), *Sudan: Conflict and Minorities*, MRG Report, 95: 3 (London: Minority Rights Group International).

Versteegh, K. (1997). *The Arabic Language* (Edinburgh: Edinburgh University Press).

Vydrine, V. (1994), 'Etude socio-linguistique en pays khassonké', in Dumestre (ed.), 197-280.

Wade, R. (1995), 'A New English for a New South Africa: Restandardisation of South African English', *South African Journal of Linguistics*, Supplement 27: 89-102.

Ward, W. E. F. (1948), *A History of Ghana* (London: George Allen and Unwin Ltd.).

Warschauer, M. (2002), 'Language Choice Online: Globalization and Identity in Egypt', *Journal of Computer-Mediated Communication* 7:4, http://jcmc. indiana.edu/vol7/issue4/warschauer.html

Webb, V. (2002), *Language in South Africa: The Role of Language in National Transformation, Reconstruction and Development* (Amsterdam: John Benjamins).

Wendell, C. (1972), *The Evolution of the Egyptian National Image: From its Origins to Ahmad Lutfi al-Sayyid* (Berkeley, CA: University of California Press).

Westermann, D. (1927), *Die westlichen Sudansprachen und ihre Beziehungen zum Bantu* (Hamburg: Reimer).

Whiteley, W. (1969), *Swahili. The rise of a National Language* (London: Methuen).

_____ (1971) (ed.), *Language Use and Social Change* (London: Oxford University Press for the International African Institute).

_____ (1974) (ed.), *Language in Kenya* (Nairobi: Oxford University Press).

WHO (2005), World Health Organization Country Profile Zambia, September 2005. Available online at http://www.who.int/hac/crises/zmb/en/

Wilcocks, William (1893), 'Lima la tujad quwwat al-ikhtira 'lada al-misriyyin al-an?' *Al- Azhar* 6, 1-10.

Wiley, T. G. (2004), 'Language Planning, Language Policy, and the English-Only Movement', in Finegan and Rickford (eds.), 319-38.

Wilks, I. (1993), *Forests of Gold* (Athens: Ohio University Press).

Williams, G. (1994), 'Intelligibility and Language Boundaries among the Cangin Peoples of Senegal', *Journal of West African Languages* 24: 47-67.

Williamson, K., and Blench, R. (2000), 'Niger-Congo', in Heine and Nurse (eds.),

11–42.

Wilson, G. (1941), *An Essay on the Economics of Detribalization in Northern Rhodesia*. The Rhodes-Livingstone Papers, No. 5, Part 1 (Lusaka: Rhodes-Livingstone Institute).

Wioland, F. (1965), *Enquête sur les langues parlées au Sénégal par les élèves de l'enseignment primaire* (Dakar: Centre de Linguistique Appliquée de Dakar).

_____ and Calvet, M. (1967), 'L'expansion du wolof au Sénégal' *Bulletin de l'IFAN* (Institut Fondamental de l'Afrique Noire) 29: 3–4.

Woods, D. (1988), 'State Action and Class Interests in the Ivory Coast', *African Studies Review*, 31(1): 93–116.

Wright, L. (1996), 'The Standardisation Question in Black South African English', in V. de Klerk (ed.), *Focus on South Africa* (Amsterdam: John Benjamins), 149–62.

Wyse, A. (1989), *The Krio of Sierra Leone: An Interpretive History* (London: C. Hurst & Co. Publishers Ltd.).

Yankah, K. (2004), *Language, the Mass Media and Democracy in Ghana. Annual Lecture in the Humanities*. (Accra: Ghana Academy of Arts and Sciences).

Yates, B. (1981), 'Educating Congolese Abroad: a Historical Note on an African Elite', *The International Journal of African Historical Studies* 14,1: 34–64.

Young, C.M., and Turner, T. (1985), *The Rise and Decline of the Zairian State* (Madison: University of Wisconsin Press).

Young, D., van der Vlugt, J., and Qanya, S. (2004), 'Concept Literacy and Language Use in Teaching and Learning Maths and Science', paper presented at the Southern African Applied Language Studies Association, University of the North, July 2004.

Youssef, A. A. (2003), *From Pharaoh's Lips: Ancient Egyptian Language in the Arabic of Today* (Cairo/New York: The American University in Cairo Press).

Youssi, A. (1995), 'The Moroccan Triglossia: Facts and Implications', *International Journal of the Sociology of Language* 112: 29–43.

Zambia Analytical Report: Census of Population, Housing and Agriculture (1990), Volume 10. Central Statistical Office, Lusaka.

Zambia Analytical Report: Census of Population, Housing and Agriculture (2000), Central Statistical Office, Lusaka.

Zentella, A. C. (2004), 'Spanish in the Northeast', in Finegan and Rickford (eds.), 182–204.

Zroukhi, I. (1999), *Al-dawla fi al-fikr al-'arabi al-hadith: dirasa fikriyya falsafiyya* (Cairo: Dar Al-Fajr li-l-Nashr wa-l-Tawzi')

구분		인구(명)[1]	언어 수[2]	공용어
이집트		88,487,396	12	아랍어
모로코		33,322,699	14	아랍어, 타마지그트어
수단	수단	36,108,853	76	아랍어, 영어
	남수단	12,042,910	68	영어
세네갈		13,975,834	38	프랑스어
말리		16,955,536	66	프랑스어
시에라리온		5,879,098	25	영어
가나		26,327,649	81	영어
코드디부아르		23,295,302	81	프랑스어
나이지리아		181,562,056	520	영어
카메룬		23,739,218	280	프랑스어, 영어
콩고민주공화국		79,375,136	210	프랑스어
케냐		45,925,301	67	영어, 스와힐리어
탄자니아		51,045,882	125	스와힐리어, 영어
에티오피아		99,465,819	86	암하라어
에리트레아		6,527,689	15	티그리냐어, 아랍어, 영어
소말리아		10,616,380	13	소말리어, 아랍어
지부티		828,324	5	프랑스어, 아랍어
잠비아		15,066,266	46	영어
남아프리카공화국		53,675,563	28	영어, 아프리칸스어, 줄루어, 코사어, 페디어, 츠와나어, 소토어, 총가어, 스와티어, 벤다어, 은데벨레어
합계			1,856	

출처: 1) CIA World Factbook(https://www.cia.gov/library/publications/resources/
the-world-factbook)

2) Ethnologue(http://www.ethnologue.com/region/Africa)

* 이해를 돕기 위해 최신자료를 참고로 추가하였다. ─역주

찾아보기

---

* 찾아보기에 나오는 언어 명칭은 종족 명칭이기도 하다. 종족 명칭은 별도로 병기하지 않았다. 또한 언어 명칭의 '―어'는 상위 어족, 어족, 어군 또는 어파, 개별어, 방언군 또는 방언을 가리키기도 한다.―역주

베냉(Benin)   272, 274

베르베르어(Berber)   3, 20, 22, 66, 68-71, 73, 75-78, 83-87, 161, 171

베자어(Beja)   109-110, 423, 439-440

벤다어(Venda)   504-506, 509, 512, 514, 516-517, 521

벰바어(Bemba)   360, 456, 458, 460-465, 472-473, 480, 483-484, 486-488

보조어(Bozo)   161, 163, 166, 174, 182

보편주의 언어(ecumenical languages)   527-528

부르키나파소(Burkina Faso)   149, 172, 224, 244, 255, 257

분기(divergence)   468-469

비정부기구(NGOs)   259

[ㅅ]

사비스만 크리오어(Savisman Krio)   15, 206

사전(dictionaries)   4, 60, 230, 245, 319, 358, 397-398, 405, 434, 441, 481, 495, 508

선교(missions)   472

선교사(missionaries)   98, 131, 174, 229, 238, 273, 280, 318, 345, 374, 392, 394-395, 397, 411, 428-429, 434, 441, 495, 499, 526

성(gender)   19, 63-64, 79-81, 84-85, 366

성전(bibles)   71, 157

세계화(globalization)   40, 60-61, 144, 305, 359, 503, 519, 522

세네갈(Senegal)   13, 15, 18, 29-30, 117-148, 274

세레르어(Seereer)   127, 130, 133, 142

셈어군(Semitic)   175, 422, 439

셍고르, 레오폴(Senghor, Léopold)   121, 125-128, 145

셍어(Sheng)   14, 379, 385-387

소닝케어(Soninke)   134, 138, 161, 166, 169, 171, 174, 182

소말릴란드(Somaliland)   442, 444, 446, 451, 454

소말리아(Somalia)   7, 17, 22, 24, 306, 362, 373, 444-454

소말리어(Somali)   7, 370, 420, 423, 425, 430, 439, 442-453